George Packer

Das Ende des amerikanischen Jahrhunderts

Richard Holbrookes Mission

Aus dem Englischen von Gregor Hens

ROWOHLT

Die englische Originalausgabe erschien 2019 unter dem Titel «Our Man: Richard Holbrooke and the End of the American Century» bei Alfred A. Knopf, New York.

Deutsche Erstausgabe
Veröffentlicht im Rowohlt Verlag, Hamburg, Dezember 2022
Copyright der deutschen Erstausgabe © 2022 by Rowohlt Verlag GmbH, Hamburg
«Our Man: Richard Holbrooke and the End of the American Century»
Copyright © 2019 by George Packer
Innengestaltung Daniel Sauthoff
Satz Chronicle Text bei Pinkuin Satz und Datentechnik, Berlin
Druck und Bindung GGP Media GmbH, Pößneck, Germany
ISBN 978-3-498-00218-3

Die Rowohlt Verlage haben sich zu einer nachhaltigen Buchproduktion verpflichtet. Gemeinsam mit unseren Partnern und Lieferanten setzen wir uns für eine klimaneutrale Buchproduktion ein, die den Erwerb von Klimazertifikaten zur Kompensation des CO_2-Ausstoßes einschließt.
www.klimaneutralerverlag.de

Für Les und Judy Gelb
und für Frank Wisner

Inhaltsverzeichnis

Holbrooke? Klar kannte ich den. Ich habe seine Stimme noch im Ohr. Ich höre sie sagen: «Sie haben das Buch nicht gelesen? Sie müssen es lesen, unbedingt.» Die Stimme sagt: «Ich habe das Gefühl, und ich hoffe, das klingt nicht zu selbstgefällig, dass ich in äußerst schwierigen Situationen, wenn niemand eine Antwort hat, zumindest weiß, welche Fragen über allem stehen und wie die Dinge ineinandergreifen.» Sie sagt: «Ich muss auflegen, Hillary ruft an.» Diese Stimme! Ruhig, näselnd, mit einem Hauch von altem New York, ein rhythmisierter Singsang, wenn er seinen Spaß mit einem hatte, während er auch immer etwas *von dir wollte*, wenn er drängte, schmeichelte, tyrannisierte, verführte, stichelte, analysierte, es immer noch etwas besser wissen musste – wenn er diesen stetigen Druck ausübte wie eine starke Tiefenströmung, sodass man sich am Ende eines Gesprächs, selbst nach zwei Minuten am Telefon, schon an einer ganz anderen Stelle wiederfand, nicht wissend, wie man dorthin gelangt war, und merkwürdig erschöpft.

Er war einen Meter zweiundachtzig groß, wirkte aber größer. Seine Glieder waren lang und dürr, er hatte eine breite Brust, ein breites Kreuz und kantige Schultern, auf denen ein seltsam kleiner Kopf steckte, der ein unermüdliches Hirn enthielt. Seine Füße waren so weit von seinem Rumpf entfernt, dass sie, als sich sein Körper abzunutzen begann und das Blut nicht mehr richtig zirkulierte, rot-weiß anschwollen, marmoriert wie ein Steak. Er ließ sich spezielle Schuhe anfertigen, in seinem ledernen Aktenkoffer waren immer Socken zum Wechseln, von denen er ein halbes Dutzend Paar am Tag durchschwitzte. Auf langen Flügen zog er sie aus und legte sie zum Trocknen über die Sitztasche in der ersten Klasse, manchmal stopfte er sie auch zu den Geheimdokumenten, die sich in seinem Koffer befanden. Als er an seinem Buch über die Beendigung des Bosnienkriegs arbeitete – hier konnte er sich in die Geschichtsbücher einschreiben, wie er es sich immer sehnlichst gewünscht hatte, aber auch das war ihm nie genug –, steckten seine Füße in einem Shiatsu-Fußmassagegerät von Brookstone. Eines Morgens, als er zu einem Gespräch in der Suite der Außenministerin im Waldorf Astoria erwartet wurde, kam er zu spät. Ohne Schuhe, mit heraushängendem Hemd und offenem Hosenstall tapste er durch das Zimmer und pflückte Trauben aus einem Obstkorb, während Madeleine Albright mit wütendem Blick jede seiner Bewegungen verfolgte. Bei einer Videokonferenz in der Vertretung der USA bei den Vereinten Nationen hatte er die Füße in einer Weise auf einen Stuhl gelegt, dass sie im abhörsicheren Lageraum unten im Weißen Haus beinahe die gesamte Leinwand einnahmen und die Konferenz derart störten, dass der Nationale Sicherheitsberater von Präsident Clinton schließlich einem Adjutanten befahl, das Bild auszuschalten. Wann immer er konnte, legte Holbrooke die Füße hoch, selbst im Weißen Haus, er legte sie auf Schreibtische und Wohnzimmertische – weil es ihm Linderung, und weil es ihm einen Vorteil verschaffte.

Gegen Ende schien es manchmal, als würden sich all seine Sorgen in seinen Füßen sammeln, das Vorhofflimmern, die ehelichen Spannungen, der enttäuschte Ehrgeiz, Kollegen, die seinen Sturz planten, Hunderttausende von Flugkilometern, korrupte Regierungschefs, ein Krieg, der sich der unerbittlichen Kraft seines Willens nicht beugen wollte. Doch am anderen Ende seines Körpers, weit von den Füßen entfernt, waren seine eisblauen Augen in ständiger Alarmbereitschaft. Ihr Strahlen verriet, dass sein Intellekt wachsam und ruhelos war. Sie nahmen beinahe alles auf und gaben kaum etwas preis, wie Einwegspiegel, die nur den Blick hinaus erlaubten, nicht hinein. Ich habe nie jemanden gekannt, der eine Gruppe von Menschen, einen Gegner, einen Zeitungsartikel, eine Reihe von Variablen in einer komplexen Situation – und selbst seinen eigenen, unmittelbar bevorstehenden Tod – derart schnell einordnen konnte. Dieses unaufhörliche Beurteilen verriet einen manischen Geist, der irgendwo in dieser tiefen Stimme, in den trägen Gliedern dieses Mannes wühlte. In den Achtzigerjahren ging er einmal auf der Madison Avenue spazieren, als ihn mit einem «Hallo, Dick!» ein Bekannter überholte. Holbrooke sah dem Mann hinterher, wandte sich an seine Begleiterin und sagte: «Ich frage mich, wie er das gemeint hat.» Es ist wahr, dass seine Locken dem Kamm nicht gehorchten, dass sein Anzug immer zerknittert war, dass er an Telefon und Fernseher klebte, dass er ständig Dinge verlor, dass er das Essen in sich hineinstopfte – einmal schnitt er sich die Nasenspitze an einer Muschelschale, zwei Stoffservietten waren nötig, um das Blut zu stoppen –, es ist wahr, dass er in vielerlei Hinsicht einen verlotterten Eindruck machte. Aber sein Blick war immer scharf, immer konzentriert.

Immer in Gedanken, aber niemals ganz bei sich. Er konnte nicht allein sein – weil er gezwungen gewesen wäre, den Blick auf sich selbst zu richten. Vielleicht war das etwas, das er sich nicht leisten konnte. Leslie Gelb, der fünfundvierzig Jahre mit Holbrooke befreundet war und täglich mehrere Anrufe von ihm erhielt, unterbrach einmal den Monolog, um zu fragen: «Wie ist er denn so – Obama?» Holbrooke lieferte eine scharfsinnige Analyse. «Und welchen Einfluss hast du auf ihn?» Holbrooke schwieg, ihm fiel nichts ein. Wie kam es dazu, dass er auf der Netzhaut diesen blinden Fleck hatte, der sein Inneres verbarg? Er verschaffte ihm einen großen Vorteil, denn keine Selbstbetrachtung, egal welcher Art, störte den Drang, eine Idee in Handeln umzusetzen. Gleichzeitig war es eine große Schwachstelle, die ihn am Ende sogar das Leben kostete.

Ich höre diese Stimme, die sagt: «Das ist jetzt Ihr Problem, nicht meins.»

Er liebte Geschwindigkeit. Holbrooke hörte nie auf, bewundernd über Franz Klammers halsbrecherische Abfahrt um die Goldmedaille im Jahr 1976 zu reden, man hätte fast meinen können, er selbst sei es gewesen, der sich in Innsbruck in diese gefährlichen Kurven gestürzt hatte. Er fuhr mit dem Fahrrad mitten auf eine chaotische Kreuzung in Saigon, während er einer blonden Journalistin, die gerade aus Manhattan angereist war, etwas über den Krieg erzählte. Er raste durch den Pariser Verkehr, während er einem Vorgesetzten aus dem Außenministerium erklärte, wie es um die Friedensgespräche in Vietnam stand. Sein Humvee schlitterte oberhalb der belagerten Stadt Sarajevo über die unbefestigten Serpentinen des Igman, verfolgt von einem gepanzerten Mannschaftstransporter, in dem seine dem Untergang geweihten Kollegen saßen.

Er alberte gern herum, weshalb es so großen Spaß machte, ihn zu begleiten, weshalb er auch so oft in vermeidbare Schwierigkeiten geriet. 1967 postierte er sich vor dem Büro von Robert McNamara im zweiten Stock des Pentagon, er war sechsundzwanzig, ein Neuling im Ministerium, und hoffte, den Verteidigungsminister abzufangen, aus dem einzigen Grund, dass er seine Karriere befördern wollte. Ein ranghoher Militär wartete ebenfalls, ein hochdekorierter Fallschirmjäger, der gerade aus Vietnam zurückgekehrt war, wo Holbrooke ihn kennengelernt hatte. Der Oberst war von Kopf bis Fuß geschniegelt, die Bügelfalten messerscharf, die vorsichtig in die Stiefel geschobenen Hosenbeine waren an den Waden perfekt gebauscht. Er hatte offenbar den ganzen Morgen damit zugebracht, sich fein zu machen. «Das sieht wirklich schön aus», sagte Holbrooke, bückte sich und zerrte ein Hosenbein aus dem Stiefel heraus. Der Oberst brüllte ihn an. Holbrooke lachte.

Damals, in der Zeit von Kennedy und Johnson, als er in den Staatsdienst drängte, wollte jeder ein «action intellectual» sein. Dann wurde der Begriff von den Ereignissen in Vietnam eingeholt, die Intellektuellen verbrannten sich die Finger. Aber die Bezeichnung passte auf Holbrooke. Es ging ihm immer um die Ideen, aber nicht um ihrer selbst willen, sondern nur, wenn sie zu Lösungen von Problemen führten. Nur mit den größten und komplexesten Problemen gab er sich überhaupt ab. Drei teuflische Kriege – so lässt sich seine Laufbahn zusammenfassen. Er war fast einzigartig in seiner Bereitschaft, alles immer wieder auf eine Karte zu setzen. Als er das Bosnienproblem gelöst hatte, nahm er sich Zypern vor, das Kosovo, den Kongo, das Horn von Afrika, Tibet, Indien, Pakistan und am Ende auch noch Afghanistan. Nur der Nahe Osten konnte ihn nicht locken. Während die Politik in Washington immer vorsichtiger wurde, wuchs sein Appetit auf Eroberungen. Kurz nach seinem Tod sagte Hillary Clinton: «Ich sehe ihn als Gulliver, den die Liliputaner am Boden gefesselt haben.»

Geschichte bedeutete ihm alles, so viel, dass er sie selbst schreiben wollte. Ein Satz wie «Er war ein bedeutender Mann» mag heute anachronistisch klingen, doch als Inspiration für menschliches Streben sollten wir die Idee, die ihm zugrunde liegt, vielleicht nicht ganz über Bord werfen. Er wuchs auf in einer Zeit, in der für diese Vorstellung noch Platz war, ein Platz, den nur ein Amerikaner einnehmen konnte. Damals in der unmittelbaren Nachkriegszeit wusste die in Trümmern liegende Welt das visionäre Handeln von Persönlichkeiten wie Acheson, Kennan, Marshall und Harriman noch zu schätzen. Sie rissen sich nicht einfach Gold und Ländereien unter den Nagel wie die Eliten früherer Weltreiche, sie bauten die Strukturen einer internationalen Ordnung auf, die drei Generationen währen sollte, länger als alles andere, und die erst jetzt im Begriff ist zu zerfallen. Es waren unsentimentale, überaus selbstbewusste, weiße protestantische Männer – Privilegierte, würde man heute sagen –, die um die Jahrhundertwende geboren worden waren, die sich alle gegenseitig kannten und die wussten, wie man Resultate erzielte. Diese Leute gingen nicht mal pissen, ohne es strategisch durchdacht zu haben. Holbrooke verehrte all diese Männer, und einige wurden zu Ersatzvätern. Er wollte ganz oben ankommen, bei ihnen, dazu kämpfte er sich den Berg eines Establishments hinauf, das unter seinen Steigeisen wegbrach. Er erreichte das höchste Basislager, aber beim Sturm auf den Gipfel scheiterte er immer wieder. Er liebte Bücher über Bergsteiger, und als Teenager kletterte er in den Schweizer Alpen. Er war ein Romantiker. Er sollte nie begreifen, dass er zu spät gekommen war.

Es heißt, er sei ein ungeheurer Egoist gewesen. Das stimmt. Es war sogar noch schlimmer. Inwiefern, das werde ich im Weiteren erklären. Er verletzte zahllose Menschen, und sie vergaben ihm nie, und da die meisten von ihnen ihre Wunden leckten, statt sich zu wehren, erzählten sie, als er fort war, gewöhnlich als Erstes nur davon. Sie mussten nur warten, bis sein Name fiel, was natürlich früher oder später immer geschah. Sie erzählten, wie er einmal zu einem Kollegen sagte: «Ich habe heute mehr Geld an der Börse verloren, als du in einem Jahr verdienst.» Wie er zwei Holocaust-Überlebenden, einem Ehepaar, am fünfzigsten Jahrestag der Befreiung von Auschwitz die Plätze im offiziellen Bus wegnahm, um sich selbst an der Seite von Elie Wiesel in die Delegation einzureihen, und wie das Paar dann mit Tränen in den Augen die polnischen Ordner anflehen musste, sie ins Lager zu lassen, damit sie die Gedenkfeier nicht verpassten. Wie er sich selbst für den Friedensnobelpreis ins Spiel brachte – Dinge dieser Art, immer wieder, so als müsste er alle paar Stunden einen Überschuss an Ego abwerfen, um sich im Gleichgewicht zu halten.

Und der Preis, den er zahlte, war gewaltig. Er zerrüttete seine erste

Ehe und zerstörte seine engste Freundschaft. Seine Charakterschwächen kosteten ihn seinen Traumjob, den des Außenministers, für den ihn seine Stärken eigentlich prädestinierten. Man kann das eine vom anderen nicht trennen. Ich dachte immer, Holbrooke hätte alles erreichen können, wenn man ihn nur ein wenig zurechtgebogen hätte – ein bisschen Selbstbeherrschung hier, ein klarer Blick nach innen dort –, aber das war ein Trugschluss. Wir sind, wer wir sind. Hätte man versucht, das zerstörerische Element herauszuschneiden, hätte man gleichzeitig das getötet, was ihn beinahe zu einem bedeutenden Mann gemacht hat.

Als Angehöriger jener niederen Klasse, die ein gutes, aber kein außerordentliches Leben anstrebt – der schon die Vorstellung eines solchen Strebens beängstigend und geschmacklos vorkommt –, fällt es mir äußerst schwer, das Ausmaß der Qual zu erfassen, die mit diesem «beinahe» verbunden ist. Man stelle sich vor: die endlose Reihe von Terminen, die strategische Planung all jener Abendessen, das Tag und Nacht brennende Hirn, und dann die Erkenntnis – so tief vergraben, dass er sie möglicherweise nur als körperlichen Schmerz empfand –, dass er sein unmögliches Streben nach Erhöhung nicht hatte einlösen können. Ich bewunderte ihn für diese Leidensbereitschaft. Sein Leben war voller Annehmlichkeiten, aber ich habe ihn nie beneidet.

Wir hatten nur wenige Gemeinsamkeiten, aber eine, die mir in den Sinn kommt, ist die Liebe zu Joseph Conrads Romanen. In einem seiner Briefe schrieb Conrad, dass «diese beiden unvereinbaren Instinkte» – Egoismus und Idealismus – «uns nur im undurchschaubaren Zusammenspiel ihrer widerstreitenden Kräfte dienen können. Jeder für sich allein würde unseren Ehrgeiz zunichte machen.» Ich glaube, das bedeutet, dass sie uns nur dann voranbringen, wenn sie gemeinsam aktiviert werden. Ohne ein Maß an Egoismus ist der Idealismus schwach; ohne den Idealismus entwickelt der Egoismus eine zerstörerische Kraft. Das beste Beispiel dafür war Holbrooke. Manchmal gerieten die beiden Instinkte aus dem Gleichgewicht. Manche Leute, darunter sein jüngerer Bruder Andrew, sahen nur noch den Egoismus, der seinen Idealismus überschattete. Andrew meinte, seinem Bruder fehle der Teil des Gehirns, der ihn empathisch für seine Mitmenschen gemacht hätte. Aber eine Handvoll Freunde, die ihn sein ganzes Leben begleiteten, ließen sich nicht provozieren, sie machten sich keine Illusionen und lachten über seine ungeheure Charakterschwäche. Sein Ehrgeiz und seine Selbstzweifel waren so offensichtlich, dass sie versuchten, ihn in Schutz zu nehmen. Hin und wieder mussten sie ihm wehtun, ihn in aller Schärfe zurechtweisen. Danach konnten sie ihn wieder lieben. Sie wussten, dass er der Talentierteste von ihnen war, und sie wollten, dass er es weit brachte – als Bestätigung für sie selbst, für ihre Generation, für ihre Vorstellung von Dienst am Volk, für ihr Land. Wenn Holbrooke es schaffen könnte, dann könnte Amerika noch immer ein Land des Abenteuers sein, des Aufbruchs in eine große Zeit. Er konnte nie genug kriegen, und sie wollten, dass er bekam, was er sich wünschte, und als er starb, trauerten sie nicht nur um einen Freund, sondern auch um die enttäuschte Hoffnung.

Er liebte Amerika. Nicht mit stolzgeschwellter Brust – er trug nicht einmal eine Flaggennadel am Revers –, sondern beinahe von Natur aus, denn seine Eltern hatten nur ein Ziel gehabt: Amerikaner zu werden, und in der Nachkriegszeit, in der er aufwuchs, gab es einen Haufen Beweise dafür, dass Amerika ein großartiges und freigiebiges Land war. Im Spätsommer 2010 ging er mit Kati, seiner dritten Frau und späteren Witwe, zum Lincoln Center, um eine Wiederauflage des Musicals «South Pacific» zu sehen. Seine engsten Freunde können sich nicht erinnern, Holbrooke jemals weinen gesehen zu haben, aber in «South Pacific» kamen ihm die Tränen, und andere Männer in seinem Alter weinten ebenfalls, und er wollte verstehen, warum das so war. Das war um die Zeit, als er begann, mithilfe eines Kassettenrekorders seine Gedanken festzuhalten, für die Zukunft, vielleicht für seine Memoiren, und dies ist, was er sagte: «Was mich berührt hat, war die Schönheit der Darstellung verbunden mit dieser Musik, und die Tatsache, dass dieses Musical so viele wichtige Momente der amerikanischen Geschichte in sich vereint, dass es 1949 in New York uraufgeführt wurde, in einer Ära also, als New York großartiger war als zu jedem anderen Zeitpunkt seiner Geschichte, und das Thema – Amerikaner im Krieg in einem fernen Land, auf irgendwelchen Inseln im Südpazifik –, dieses Gefühl, dass Amerika der Optimismus abhandengekommen ist, dass wir uns damals alles zutrauten. Der Kontrast zu heute …», hier versagt ihm die Stimme, und es fällt mir schwer, weiter zuzuhören, denn er hatte nur noch wenige Monate zu leben,

«... war sehr eindrucksvoll, und mir ging immer wieder durch den Kopf, wo wir heute stehen, als Nation, wie sehr es uns an Selbstvertrauen mangelt, an den Glauben an unsere eigene Führungsfähigkeit, verglichen mit 1949, als das Musical uraufgeführt wurde, das eine Ära heraufbeschwört, die damals erst fünf oder sieben Jahre zurücklag, als wir in die entferntesten Winkel der Erde vordrangen, um die Zivilisation zu retten.»

Ich überlege gerade, wo ich ansetzen soll, jetzt, da ich einmal in Fahrt bin. Es gibt zu viel zu erzählen, alles will gleichzeitig heraus. Sein Ehrgeiz, seine Loyalität, seine Grausamkeit, seine Zerbrechlichkeit, seine Treuebrüche, seine Narben, seine Ehefrauen, seine Freundinnen, seine Söhne, die offiziellen Mittagessen. Als er starb, mussten hundert Termine abgesagt werden, darunter einer mit mir. Er konnte nicht allein sein.

Ich kann von all dem erzählen, von Anfang an. Ich gehörte nicht zu seinem engeren Freundeskreis, aber ich habe ihn über viele Jahre genau beobachtet. Warum ich das tat? Nicht, weil er außergewöhnlich war, was er ja tatsächlich war, und mit der Leistung seiner Vorgänger hätte mithalten können, wenn auch er in Amerikas Blütezeit gelebt hätte. Nicht weil er faszinierend war, was er ja tatsächlich war – irgendwo auf der Welt unterhalten sich in diesem Augenblick mindestens vierzehn Menschen über ihn. Ja, ich werde ihn hin und wieder selbst zu Wort kommen lassen – denn reden, das konnte er –, aber ich erzähle diese Geschichte nicht um seinetwillen. Nein: Wir möchten sehen und spüren, was zu Holbrookes Lebzeiten mit Amerika geschehen ist, und das gelingt am besten, wenn wir uns an die Fersen eines Mannes heften, der beinahe zu den ganz Großen gehört hätte, denn er führt uns mit seiner Suche tiefer in die inneren Strukturen der Macht als die übliche Politprominenz (die er samt und sonders kannte), und sein ungestümes Ringen fördert mehr menschliche Wahrheit zutage als die offiziellen Biographien der bedeutendsten Männer und Frauen. So etwas muss Les Gelb gemeint haben, als er kurz nach dem Tod seines Freundes sagte: «Es wäre viel besser, einen Roman über Richard C. Holbrooke zu schreiben als eine Biographie, geschweige denn einen Nachruf.»

Das, was man das amerikanische Jahrhundert nennt, war in Wirklichkeit nur ein gutes halbes Jahrhundert, und das entspricht in etwa Holbrookes Lebensdaten. Es begann mit dem Zweiten Weltkrieg und der darauf folgenden, kraftvollen Erneuerung – die Vereinten Nationen, die NATO, die Politik der Eindämmung, die freie Welt –, es durchlief schwindelerregende Höhen und Tiefen, bis es vorgestern oder vorvorgestern zu Ende ging. Was auch immer es ist, das große Mächte und bedeutende Menschen zu Fall bringt – schlichte Hybris oder Dekadenz oder Verschwendungssucht, so etwas wie Unaufmerksamkeit oder Versagensangst, oder einfach nur das Alter –, genau das setzte irgendwann ein, und deshalb geht es hier um ein vergangenes Zeitalter. Ein Goldenes Zeitalter war es nicht, wir haben uns verrannt, und eine Menge ist schiefgegangen, doch ich trauere ihm jetzt schon nach. Wir hatten eine gute und eine schlechte Seite, und das eine ließ sich vom anderen nicht trennen. Aus dem Gefühl der Allmacht entstanden der Marshallplan und der Vietnamkrieg, der Friedensvertrag von Dayton und der endlose Afghanistankrieg. Unser Selbstvertrauen und unsere Energie, unsere Reichweite und unsere Einsatzmöglichkeiten, unser Überfluss und unsere Blindheit – entsprachen im Großen und Ganzen denen von Holbrooke. Er war unser Mann. Das ist der Grund, warum ich diese Geschichte erzählen möchte. Das ist der Grund, warum ich seine Stimme bis heute im Ohr habe.

Träume,
weit entfernt

Man möge mir verzeihen, wenn ich die ersten Jahre im Eiltempo erzähle. Es gibt in dieser Lebensgeschichte keine Geheimnisse, die sich anhand der Kindergartenzeit entschlüsseln ließen. Die Frage, wie Holbrooke zu dem wurde, was er war, muss nicht einmal beantwortet werden. Ich bezweifle, dass sie für überhaupt jemanden beantwortet werden kann. Für Holbrooke bestimmt nicht. Nur ein Detail ist wirklich wichtig, und das hat mit seinem Vater zu tun.

Sein Name war Abraham Dan Golbraich. Er wurde 1912 in Warschau geboren, wo er einmal zusehen musste, wie einige junge Polen chassidischen Juden die Bärte abschnitten. Im Ersten Weltkrieg flohen Abraham und seine Mutter Agnes, eine Krankenschwester, vor der deutschen Armee nach Osten, in ihre russische Heimatstadt Witebsk. Nach der Revolution von 1917 bezichtigte man Agnes, den Zaristen nahezustehen, sie floh mit ihrem Sohn nach Westen, quer durch Europa bis nach Frankreich. Golbraich wuchs in ärmlichen Verhältnissen auf. Als junger Mann war er ernsthaft, groß und gutaussehend, mit graugrünen Augen und blondem, welligem Haar – ein jüdischer Paul Henreid. Er studierte an der Sorbonne in Paris und schloss sein Medizinstudium in Bologna ab. Im Frühjahr 1939, kurz vor Kriegsausbruch, schiffte er sich in Rom ein und reiste allein nach New York. Im Sommer blätterte er in einem Telefonbuch von Manhattan und fand einen Namen, der ein wenig wie sein eigener klang: Holbrook. Er hängte ein effektvolles «e» an, trat vor den Richter und wurde Dr. Dan A. Holbrooke. Was für ein Land!

Gertrud Moos war dunkelhaarig, dunkeläugig und voller Lebensfreude. Sie wurde 1920 als Tochter der führenden deutschen Lederhändlerfamilie geboren. Ihr Vater Samuel diente im Ersten Weltkrieg in der kaiserlichen Armee, er ließ sich mit Pickelhaube fotografieren und wurde mit dem Eisernen Kreuz ausgezeichnet. Er kämpfte in Polen, Serbien und an der Westfront in Frankreich, wo er 1916 an seinen Schwager schrieb: «Nach dem Krieg werden die Amerikaner feststellen, dass die Deutschen ihnen nicht mehr gewogen sind. Möglich, dass sie ihr Verhalten noch bereuen werden, denn im zukünftigen Europa wird eine vitale und kraftvolle Macht wie Deutschland, das unbesiegbar ist, sehr einflussreich sein, einflussreicher noch als zuvor.» So klangen assimilierte deutsche Juden, bevor Hitler auf den Plan trat. Später hatte Sami Moos die Weitsicht, *Mein Kampf* zu lesen, und als die Nazis an die Macht kamen, erklärte er seinen Kindern, dass sie Juden seien und dass die Familie Hamburg und Deutschland auf immer verlassen würde. Sie fuhren mit dem Schiff nach Buenos Aires, wo die Firma ein Exportkontor hatte. Im Januar 1939 gab Trudi ihren mit Hakenkreuzen bestempelten deutschen Pass ab und erhielt einen argentinischen. Dann reiste sie weiter nach New York, wo sie sich niederließ.

Ein Jahr später lernten sich Dan und Trudi bei einem Essen im International House kennen, einem Treffpunkt für ausländische Studenten an der Upper West Side in Manhattan, und verliebten sich ineinander. Am Abend des 24. April 1941 brachte die zwanzigjährige Trudi einen Jungen zur Welt. Sie gaben ihm den Namen Richard Charles Albert Holbrooke – als könnten sie mit der Anhäufung von all diesen angelsächsischen Vornamen, die sie einem erfundenen Nachnamen hinzufügten, die Pogrome, die Bolschewiken, die Nazis und die Golbraichs, denen das junge Paar entflohen war, ein für alle Male begraben. Dan und Trudi verwendeten die zahlreichen europäischen Sprachen, die sie sprachen, im Haus nie. Die Religion ihrer Vorväter verschwiegen sie Dick und Andy, der 1946 dazukam. Später schickten sie die Jungen in eine Quäker-Sonntagsschule – wegen des hohen kulturellen Anspruchs, nicht wegen der Theologie (denn sie waren Atheisten). Sie waren schon im Jugendalter, als Trudi ihnen schließlich erzählte, woher sie kamen. Den ursprünglichen Namen seines Vaters erfuhr Dick erst, als er selbst bereits ein Mann im fortgeschrittenen Alter war. Auf beiden Seiten der Familie hatte die Alte Welt nur Schwierigkeiten gebracht. Die Holbrookes waren keine Juden mehr. Sie waren jetzt Amerikaner.

Und sie taten, was Amerikaner tun. Trudi kaufte ein Notizbuch mit einem pinkfarbenen Plastikeinband, auf dem stand: «Das Leben beginnt.» In dem mit babyblauen Vögeln und einem Engelsgesicht dekorierten Buch, das weißer und protestantischer nicht hätte sein können, hielt sie Dickies kometenhaften Aufstieg fest: Am dreiundzwanzigsten Tag lächelt er zum ersten Mal, nach vier Monaten hat er sein Geburtsgewicht verdoppelt, nach acht kann er allein stehen, nach vierzehn kann er gehen. Ich kann ihn mir offen gesagt nicht in Windeln vorstellen. Mit drei hätte er wohl gesagt: «Sie haben das Buch nicht gelesen? Sie müssen es unbedingt lesen.»

Nach dem Krieg zogen die Holbrookes wie so viele Amerikaner in die Vorstadt, und zwar nach Scarsdale, New York. Dan und Trudi traten in die Demokratische Partei ein. Sie begannen, sich für Kunst zu interessieren. Lipchitz und de Kooning ließen sich von Dr. Holbrooke behandeln, genau wie die vielen ärmeren Flüchtlinge, die manchmal mit Wein oder Salami zahlten. Samstags, wenn Dan seine Sprechstunde zu Hause abhielt, stand eine lange Reihe von Autos vor dem zweistöckigen gelben Stuckhaus am Obry Drive 2, das bei Weitem nicht das schönste in der Sackgasse war. Die Menschen im Viertel bewunderten ihn.

Seinen ältesten Sohn trieb er immer wieder zum Lernen an: «Warum willst du zu einem Baseballspiel gehen, wenn du ein Buch lesen kannst?» Denn sein Wunsch war, dass Dick eines Tages den Nobelpreis in einer wissenschaftlichen Disziplin gewinnen würde. Außerdem vermittelte er ihm einen Sinn für Geschichte. 1949 nahm er den Achtjährigen mit zum East River, wo gerade das Hauptquartier der UNO gebaut wurde. Mit der Stimme einer Hollywoodfigur von vage europäischer Herkunft, mit einem slawischen Akzent, der auf lateinischen Kadenzen ritt, erzählte er seinem Sohn von der neuen Organisation, die Kriege von der Art verhindern würde, die Dan und Trudis Jugend geprägt hatte.

Im Sommer 1956, Dick war fünfzehn Jahre alt, reiste er allein nach Europa, um die Verwandten auf Trudis Seite zu besuchen. Er schrieb seinem Vater Briefe, die informieren und beeindrucken sollten, und die sich lasen wie frühe diplomatische Depeschen. Die Suez-Krise war gerade ausgebrochen. «Ist Nasser ein weiterer Hitler?, fragen die britischen Zeitungen. Wenn das stimmt, dann muss jetzt gehandelt werden. Der Kanal ist lebenswichtig für die Briten, sie sind in Aufruhr. Seit achtzig Jahren gehört er zu dem Bedeutendsten, was sie besitzen, nur deshalb konnten sie sich an der Weltspitze halten. Die Briten sind zum Handeln bereit. Die Franzosen ebenfalls. Aber Ike zögert.» In allen anderen Bereichen war Amerika seiner Meinung nach weiter als Europa – in der Musik, im Film, in der Architektur und Wissenschaft. Aber nicht im Bereich der Außenpolitik. Amerika sollte führen. «Ich denke an Truman, der mit einer blitzschnellen Entscheidung den russischen Vorstoß in Korea aufgehalten hat. Jetzt muss [Ike], der die westliche Welt anführt, handeln, er darf nicht länger zögern. Die Welt wartet auf seine Entscheidung.»

Die Korrespondenz mit seiner Mutter dagegen war minimalistisch und gestelzt wie die eines Drittklässlers: «Ich werde Andy Schokolade schicken. Sie sollte in ein paar Tagen ankommen. Heute regnet es. Ich habe hier ein Mädchen aus meiner Klasse in Scarsdale getroffen.» Der Sohn war reserviert, die Mutter beschäftigt. Trudi pflegte ihren Mann, der seit 1950 schwer krank war.

In jenem Jahr hatte Dan einen Brief von seinem engen Freund Isamu Noguchi erhalten, einem Bildhauer, der sich gerade in Asien aufhielt. «Ich habe geträumt, dass du schwer krank bist. Ich wollte dir eigentlich schreiben, um zu erfahren, ob etwas daran ist, aber dann fand ich es einfach zu albern angesichts deiner Vitalität, deines Berufs – Träume, die in solch weiter Ferne geträumt werden, auf der anderen Seite der Erde in Bali, würden doch bestimmt jeder telepathischen Grundlage entbehren. Also schenkte ich ihm keinen Glauben.»

Doch Noguchis Traum war bereits Wirklichkeit: Dan litt an Darmkrebs, der anfangs nicht erkannt worden war. Sieben Jahre lang, beinahe Dicks gesamte Jugend hindurch, wurde sein Vater immer wieder ins Krankenhaus eingeliefert, immer wieder operiert.

Eines Tages im Januar 1957 kam Dick aus der Schule und fand Andy in der Küche vor. «Du weißt, dass Papa gestorben ist», sagte sein Bruder. «Ich weiß», sagte Dick. Das war alles, was er je dazu gesagt hat. Andy hörte ihn nie wieder über ihren Vater sprechen. Auch anderen gegenüber erwähnte er seinen Vater praktisch nie.

Einundvierzig Jahre später, im Jahr 1998, als Bill Clinton ihn in einer Zeremonie im Rose Garden des Weißen Hauses zum UNO-Botschafter ernannte, sprach Holbrooke über die Baustelle am East River: «Mein Vater erklärte mir damals, dass diese Gebäude die wichtigsten der Welt sein würden. Sie würden zukünftige Kriege verhindern.» Holbrooke schluckte, er war zutiefst bewegt. «Mein Vater hat es nicht mehr erlebt, wie sich sein Wunsch in der rauen Wirklichkeit des Kalten Krieges auflöste ...» – seine Stimme zitterte, er hielt inne und rieb sich die Nase. «Und in den Unzulänglichkeiten der Organisation selbst.» Er schluckte und holte tief Luft. «Aber diesen Ausflug damals habe ich nicht vergessen, und auch nicht den edlen, wenn auch viel zu idealistischen Traum meines Vaters.» Seine Stimme brach. Er rieb sich wieder die Nase. Dann wandte er sich zu Clinton, der neben ihm stand, und murmelte: «Entschuldigen Sie. Tut mir leid, ich spreche in der Öffentlichkeit normalerweise nicht über meinen Vater.» Clinton lächelte und klopfte ihm auf den Rücken.

In einem kurzen Segment der Abendnachrichten blitzte etwas auf, das Holbrooke ein Leben lang verdrängt hatte. Er hatte seinen Vater erwähnt, und es hätte ihn beinahe aus der Fassung gebracht. Was lagerte wohl in den tiefsten Schichten seiner Persönlichkeit, wenn schon diese wenigen Worte genügten, um seine Selbstbeherrschung in der Öffentlichkeit, die außerordentlich war, ins Wanken zu bringen? Dieser eine Mensch, dessen Anerkennung er mehr als alles andere ersehnte, war von Beginn seiner Laufbahn an nicht da, um sich beeindrucken zu lassen. Das ist es, was ich als Analyse anzubieten habe, mehr nicht. Doch Holbrookes Leben erfüllte sich in dem, was er tat, in seinem Handeln können wir ihn erkennen. Auch das erdrückende Schweigen, das sich über seine Jugend und den tragischen Tod des Vaters legte, war eine Art Handlung – eine bewusste Entscheidung.

Sich selbst zu erfinden, indem er sich selbst auslöschte, war möglicherweise ein radikalerer Schritt, als ein Telefonbuch aufzuschlagen, um sich einen neuen Namen zu geben. Er gehörte zu niemandem und war nirgends zu Hause – er wurde sein eigener Spross, der Sohn von Amerika selbst.

Nach dem Tod des Vaters wanderte er in die Familie eines Klassenkameraden namens David Rusk ein. David wurde sein bester Freund an der Schule in Scarsdale, sie gaben gemeinsam die Schülerzeitschrift heraus und spielten auf den Sandplätzen in der Stadt Tennis. Beim Training lief immer das Radio, so verfolgten sie einen Sommer lang die Berichte aus dem Libanon, wo eine amerikanische Militärintervention im Gange war. Holbrooke verbrachte mehr Zeit bei den Rusks, wo er oft auch übernachtete, als in seinem eigenen Elternhaus. Trudi, die bald einen neuen Mann fand, ersetzte er durch die gütige, immer ein wenig verlottert wirkende Virginia Rusk. An die Stelle seines verstorbenen Vaters trat Dean Rusk, ein kahlköpfiger Mann mit rundem Gesicht und verquollenen Augen. Holbrooke war kaum bewusst, dass Mr. Rusk die Rockefeller-Stiftung leitete, und er hatte keine Ahnung, dass Rusk in der Truman-Regierung in Dean Achesons Außenministerium als Assistant Secretary of State für Ostasien zuständig gewesen war und sich für einen Weg der Härte und Entschlossenheit ausgesprochen hatte, als Nordkorea 1950 den Süden angriff.

Rusk stammte aus Cherokee County in Georgia, wo er in sehr armen Verhältnissen aufgewachsen war – weshalb er sich als Ersatzvater eigentlich nicht eignete. Doch 1958, bei einem Frühstück an der Scarsdale High, erklärte er der versammelten Abschlussklasse: «Denkt bei eurer Berufswahl unbedingt auch an den Diplomatischen Dienst.» Es war das erste Mal, dass Holbrooke von dieser Möglichkeit hörte, und er war ganz Ohr.

Im Dezember 1960 ernannte der designierte Präsident Kennedy Rusk zum Außenminister. Rusk war nicht seine erste Wahl, aber Dean Acheson und Robert Lovett, Titanen der älteren Generation, hatten ihm versichert, dass Rusk ein derart loyaler und diskreter, durch und durch zuverlässiger Soldat des Kalten Krieges sei, dass Kennedy quasi sein eigener Außenminister sein könne. Rusk, erklärten sie, sei ein Asien-Spezialist, dem es irgendwie gelungen sei, den Verlust Chinas an die Kommunisten und das Patt in Korea unbeschadet zu überstehen.

Der neunzehnjährige Dick Holbrooke war begeistert. Es war das erste Mal, dass er jemanden kannte, der berühmt war – plötzlich war der widerwillige Ersatzvater jemand von internationaler Bedeutung, jemand, der mit dem jungen Präsidenten in direkter Verbindung stand. Holbrooke studierte damals im dritten Jahr an der Brown University in Providence, Rhode Island, er war der neue Herausgeber der Studentenzeitung *Brown Daily Herald*. Im Mai des vorangegangenen Jahres war es ihm gelungen, sich selbst nach Paris zu entsenden, um vom Viermächtegipfel zur Berlin-Krise zu berichten. Dort angekommen, hatte er einen Job als Laufbursche für die *New York Times* ergattert. Für zehn Dollar am Tag hielt er im Palais de Chaillot Plätze für die *Times*-Korrespondenten frei und schaffte Carlsberg-Bier heran, bis die Nachricht, dass eine Lockheed U-2, ein Spionageflugzeug der CIA, über der Sowjetunion abgeschossen worden war, Chruschtschow veranlasste, vor den versammelten Medien eine zweieinhalbstündige Schimpftirade abzuhalten, die das Gipfeltreffen zu einem plötzlichen Ende brachte.

Die Konferenz hatte immerhin lang genug gedauert, dass Holbrooke Clifton Daniel, den stellvertretenden Chefredakteur der *Times*, der zugleich auch Schwiegersohn von Präsident Truman war, beeindrucken und für den Sommer 1961 ein Praktikum in New York an Land ziehen konnte. Er mietete ein billiges Zimmer in Greenwich Village und fuhr mit der Eighth-Avenue-U-Bahn zum Büro der *Times*, wo er für die Inlandsredaktion arbeitete, jede Gelegenheit wahrnahm, kurze, unsignierte Artikel zu schreiben und berühmte Reporter wie Gay Talese kennenzulernen. Als er an die Brown University zurückkehrte, war er nicht mehr irgendein Student, sondern *der* Dick Holbrooke. Er hatte sich einen Namen gemacht. Freunden erzählte er – und niemand wusste so recht, wie ernst man ihn nehmen konnte –, dass er entweder Chefredakteur der *New York Times* werden wollte oder aber Außenminister.

Journalismus, Diplomatie: Die einen betrachteten die Macht von außen, die anderen handelten aus ihrem Inneren. Aber beide Optionen versetzten einen in den Mittelpunkt historischer Ereignisse. Sein ganzes Leben lang war Holbrooke bemüht, diese Kluft so gering zu halten wie möglich. Diplomaten waren neidisch und misstrauisch zugleich, weil er die Gesellschaft von Journalisten suchte. Die Journalisten verfolgten und verdächtigten ihn, weil er Diplomat war.

Wenn er in Washington war, wohnte er bei den Rusks. Noch als Student wurde er einmal zum Außenminister vorgelassen, um ihn für eine Abschlussarbeit in Geschichte zu interviewen, einen Vergleich zwischen Dean Rusk und Woodrow Wilson. Der Erste Weltkrieg beschäftigte Holbrooke sein Leben lang, das Thema wollte ihn nicht loslassen. Mit neunzehn war er per Anhalter quer durch Europa bis nach Sarajevo gefahren und hatte sich am Ufer der Miljacka, wo am 28. Juni 1914 der bosnisch-serbische Nationalist Gavrilo Princip die Schüsse abgefeuert hatte, die den Ersten Weltkrieg auslösten, in die Betonfußabdrücke gestellt – eine Gedenkstätte, die 1992, zu Beginn des Bosnienkrieges, von Muslimen zerstört werden sollte. Er las die Tagebücher von Harold Nicolson, einem Jungdiplomaten, der später in jenem Sommer 1914 dem deutschen Botschafter in London die Kriegserklärung überbracht hatte. Nach dem Krieg gehörte Nicolson zur britischen Delegation bei der Pariser Friedenskonferenz, wo die vier siegreichen Mächte die Welt neu aufteilten, wo Jugoslawien entstand und Ho Chi Minh, ein Hilfskoch im Hotel Ritz, Präsident Wilson eine Petition für die Selbstbestimmung des vietnamesischen Volks übergab, die ignoriert wurde. Alles – von Dan und Trudis Schicksal bis zu den Kriegen, mit denen Holbrooke als Diplomat befasst war – entstand aus dem, was der Historiker Fritz Stern, ein Freund von Holbrooke, als «die erste Katastrophe» des 20. Jahrhunderts bezeichnete, «aus der alle anderen Katastrophen hervorgingen».

Am Ende dieses Krieges stand zum ersten Mal in der Geschichte ein Amerikaner im Zentrum der Weltöffentlichkeit. In seiner Abschlussarbeit zeichnete Holbrooke Wilson als große und zugleich tragische Figur. Sein Traum vom globalen Frieden, von universeller Freiheit war «wunderschön», und er «strahlte am Himmel, dass ihn die ganze Welt sehen und zumindest eine Zeitlang auch glauben konnte». Es war derselbe Traum, den auch Dan Holbrooke geträumt hatte. Aber Wilson war zu moralistisch, zu verbohrt, um ihn Wirklichkeit werden zu lassen. Das Scheitern von Wilsons Vision, das sein Untergang bedeutete, sollte einundvierzig Jahre später durch den neuen Präsidenten und seinen Außenminister wettgemacht werden. Kennedy und Rusk waren härter, raffinierter und pragmatischer als ihre Vorgänger, ein Ergebnis der Konfrontationen, die in der Zwischenzeit stattgefunden hatten. Doch sie handelten in dem gleichen demokratischen Geist wie Wilson, der Amerika an der Seite der Gerechten sah, und ohne den Amerika nur ein weiteres großes Land gewesen wäre. Von diesem Geist hing alles ab.

1962 legte er die Prüfung für den Diplomatischen Dienst ab, bestand und erhielt ein Angebot. Gleichzeitig schloss sich wider Erwarten der zweite Karrierepfad. James Reston, der Korrespondent der *Times*, der das Hauptstadtbüro leitete, bot Holbrooke keine Einstiegsstelle an. Als junger Reporter hätte er sich erst ein paar Jahre lang bei einer kleineren Zeitung die Sporen verdienen müssen. Das aber entsprach nicht Holbrookes Plänen. Also wurde er nicht Chronist, sondern Protagonist.

Im Juli 1962 – drei Monate vor der Kubakrise – wurde er am Ausbildungsinstitut des Auswärtigen Dienstes vereidigt, und zwar von Außenminister Rusk selbst, der dem dankbaren Holbrooke eine Widmung in seine Ausgabe von *Satow's Guide to Diplomatic Practice*, 4. Auflage, schrieb: «Mit herzlichen Glückwünschen an meinen Freund Dick Holbrooke zum Eintritt in den großartigsten Beruf, den es gibt.» Holbrooke organisierte für sich und seinen Lehrgang eine Einladung ins Büro des Außenministers. Rusk nutzte die Gelegenheit, den Anwärtern einzuschärfen, dass sie immer wahrheitsgemäß berichten sollten, egal wie unangenehm die Wahrheit für ihre Vorgesetzten gelegentlich sei. Dann sagte er: «Näher als heute werdet ihr einem Außenminister vermutlich niemals kommen.»

Das sah Holbrooke anders. Er war einundzwanzig, der Jüngste im Lehrgang. Heute ist es überhaupt nicht mehr vorstellbar, dass jemand, der so jung, so begeisterungsfähig und ehrgeizig ist, den Diplomatischen Dienst wählt. Aber damals war das möglich. In der Wirtschaft war kein Platz für Heldentaten, für unternehmerischen Geist, sie war bürokratisch und langweilig. Wenn man nicht das Zeug hatte, Schriftsteller zu werden, Sportler, Filmstar oder Präsident der Vereinigten Staaten, hatte man in der Diplomatie immer noch die Möglichkeit, Bedeutendes zu erreichen. Später, als Holbrooke bereits eine Legende war, erklärte er seine Berufswahl mit Kennedys Aufruf an seine Generation, sich in den Dienst des Landes zu stellen – «Frag nicht, was dein Land für dich tun kann ...» – was zwar einleuchtete, aber nicht stimmte. Wenn es etwas gab, das ihn inspiriert hatte, dann war es die Geschichte selbst.

Ich sehe ihn vor mir: jung und doch schon so alt, groß und trottelig, der konservative Anzug und die schmale Krawatte der Sechzigerjahre, eine schwarze Hornbrille und ein schwaches Lächeln, das einen Hauch von schelmischer Ironie ausstrahlte, dazu all der Optimismus eines Amerikaners, der in eine Welt hinauszieht, in der Amerikaner schalten und walten konnten, wie sie wollten. An der Brown University gab es ein Mädchen, mit dem er verlobt war oder auch nicht, es war eigentlich egal. Er hatte seine Rolle in dem großen Konflikt zu spielen, der sich, so hieß es, möglicherweise zu einem richtigen Krieg auswachsen könnte. Als Erstes wurde er für zwei Jahre nach Südvietnam entsandt. Er war überglücklich.

Vietnam

Wie können wir verlieren,
wo wir uns doch so bemühen?

I.

Es war ein heißer, drückender Abend zu Beginn des Sommermonsuns, als Holbrooke in Saigon landete. Er stieg aus dem Flugzeug, und als er auf dem Flugfeld stand, war plötzlich alles lebendiger als zuvor – der Lärm der Pan-Am-Motoren, der Geruch von Treibstoff und nassem Asphalt, die schwere, schwüle Luft. In seiner ganzen Vietnamzeit sollte ihn dieses Gefühl der gesteigerten Wahrnehmung nicht mehr verlassen.

Er trug einen nagelneuen Tropenanzug, den er in Hongkong gekauft hatte. Genauso hatte es Vladimir Lehovich gemacht, sein Freund aus dem Lehrgang, mit dem er diese erste Stelle antrat. Als sie auf ihr Gepäck warteten, wurden sie von dem amerikanischen Beamten, der sie in Empfang nahm, ausgiebig gemustert. «Jungs, zieht diese Anzüge aus», sagte er. «Wenn ihr morgen zur Arbeit kommt, dann denkt bitte daran – wir arbeiten hemdsärmelig.»

Damals, bevor die Amerikaner ihre Militärpräsenz drastisch ausbauten, war Tan Son Nhut noch ein kleiner Zivilflughafen. Die H-21-Hubschrauber des amerikanischen Heeres und die Leichtflugzeuge der Air America waren in einigem Abstand zu den Verkehrsflugzeugen geparkt. Das Terminal war ein einfaches zweistöckiges Gebäude, auf dessen Dach der Regen mit ohrenbetäubendem Lärm trommelte. Die vietnamesischen Beamten in ihren frisch gestärkten weißen Uniformen wirkten gleichgültig und hielten sich im Hintergrund.

Zwei weitere Personen gehörten zu der kleinen Begrüßungsdelegation am Flughafen: Anthony und Antonia Lake – Tony und Toni. Um die beiden Hälften des Paars auseinanderzuhalten, wurden sie von ihren Freunden Er-Tony und Sie-Toni genannt. Er-Tony gehörte ebenfalls dem Jahrgang 1962 an, er war an der Botschaft in Saigon. Sie-Toni hatte im Ausbildungsinstitut des Auswärtigen Amts Vietnamesisch gelernt, keiner der Männer konnte die Sprache so gut wie sie. Die Lakes waren bereits seit zwei Monaten in Saigon. Unter all den jungen Männern, mit denen Holbrooke angefangen hatte, war es Lake, den er unbedingt zum Freund haben wollte. Unter all den amerikanischen Ehefrauen in Saigon suchte er vor allem den Umgang mit Toni. Die Lakes waren einer der Gründe, warum Holbrooke sich über seine Entsendung so gefreut hatte.

Sie fuhren vom Flughafen Richtung Süden, vorbei an Nachtmärkten, über leere, von Tamarinden- und Feuerbäumen gesäumte Boulevards, bis sie das Stadtzentrum erreichten, wo Holbrooke am 26. Juni 1963 die erste Nacht im offiziellen Gästehaus der Botschaft verbrachte.

Saigon war damals noch ein hübsches Provinznest im französischen Kolonialstil – es gab weiß getünchte Villen, Parks, Boulangerien und Nachtclubs –, allerdings hatten die meisten Franzosen nach 1954, als sie ihren eigenen Vietnamkrieg verloren, das Land verlassen. Der amerikanische Krieg stand noch bevor, und die Zerstörung von Saigon begann erst zwei Jahre später in einem Gedränge von Jeeps und Stacheldraht und amerikanischen Soldaten, die durch die Bars der Tu Do Street zogen. Sie begann, als die schattenspendenden Bäume gefällt wurden und eine Flut von Flüchtlingen und Kriegsversehrten aus den ländlichen Regionen hereindrängten. Aber im Sommer 1963 sprachen die Barmädchen noch Französisch. Die Ehefrauen des diplomatischen Korps waren noch nicht evakuiert worden, sie veranstalteten Teegesellschaften, wo sie geprägte Visitenkarten verteilten, auf denen die Titel ihrer Ehemänner standen. Zur Mittagszeit, wenn sich die Straßen mit Rikschas und blaugelben Renault-Taxis füllten, zog man sich nach Hause zurück, und um sechs Uhr wurde die Botschaft für die Nacht geschlossen. Der Krieg fand anderswo statt. Das Handbuch für die Korrespondenten der Associated Press bot diese Informationen: «Zu den Privatclubs in Saigon gehören Le Cercle Sportif (Schwimmen und Tennis), Le Cercle Hippique (Reiten) und Le Club Nautique (für Wassersport; aber fahren Sie nicht zu weit den Fluss hinauf. Einige Mitglieder, die es versucht haben, wurden von den Vietcong erschossen.)»

Was Saigon unter anderem faszinierend machte, war die entfernte Möglichkeit, getötet zu werden. Man konnte früh am Morgen für ein

Briefing nach My Tho an der Gabelung des Mekong-Deltas fahren, einen Einsatz der südvietnamesischen Armee beobachten und rechtzeitig wieder in der Stadt sein, um im Cercle ein paar Sätze Tennis zu spielen und im Le Diamant oder beim Chinesen in Cholon zu Krebs und französischem Wein über den Kriegsverlauf zu plaudern. Die Terrasse des Hotel Continental war mit einem Stahlgitter überdacht, um die Kaffee trinkenden Ausländer vor den Granaten eines Vietcong-Terroristen zu schützen, aber die Croissants waren so gut wie in Paris, und man konnte sich durchaus noch Graham Greene vorstellen, der mit seinen spitzen Augenbrauen dasaß und sich für sein wüstes, prophetisches Porträt der mörderischen amerikanischen Naivität Notizen machte, obwohl sein Roman *Der stille Amerikaner* bereits 1955 erschienen war.

Holbrooke hatte um eine Station in Südostasien gebeten. Er hatte Hemingway und Crane gelesen und wollte einen Krieg sehen, um herauszufinden, was Krieg war und welche Rolle er darin spielen könnte. Aber die großen Kriege waren vorbei. Vietnam war der einzige, der 1963 im Angebot war. David Halberstams Berichte in der *New York Times* über die sich zuspitzende militärische Lage im Delta hatten ihm kurz zu denken gegeben, doch nach dem Briefing, das er in Washington erhielt, war seine größte Sorge, nicht schnell genug nach Saigon zu kommen – dass der Krieg bereits gewonnen sein würde. In Südvietnam hielten sich damals etwa fünfzehntausend Amerikaner auf, die meisten waren Militärberater. Innerhalb weniger Jahre stieg die Zahl auf eine halbe Million, aber schon die fünfzehntausend waren Holbrooke zu viel, so als würde ihre Anwesenheit sein eigenes Erlebnis verwässern. Ungefähr fünfzig Amerikaner waren zu diesem Zeitpunkt gefallen. Auch diese Zahl schien ihm enorm hoch.

Offiziell wusste Holbrooke fast nichts über Vietnam. Das war schon immer der größte Schwachpunkt des amerikanischen Auswärtigen Dienstes – die anderen Länder. Es ist schwierig, Amerikaner für das Ausland zu interessieren, und je mehr man sich dafür interessiert, desto schlechter werden die Karriereaussichten. Seltsam, wenn man bedenkt, dass Amerika ein Einwanderungsland ist. Aber um Amerikaner zu werden, muss man seine Vergangenheit zurücklassen. Wir löschen diesen gewaltigen Wissensschatz über den Rest der Welt und verirren uns in dem endlosen Drama um die amerikanische Sonderrolle. Andere Länder sind deshalb für uns nie ganz real.

In der Vorbereitung hatte das Außenministerium Holbrooke und Lehovich nach Berkeley geschickt, wo man ihnen den Dialekt des Nordens beibrachte, nicht den der Vietnamesen in der Region um Saigon und im Delta. (Bei seiner Ankunft in Südvietnam wurde ihm klar, dass seine Sprachkenntnisse unterirdisch waren, was sich auch später nicht mehr ändern sollte.) Sein landeskundlicher Kurs wurde von Experten für Thailand und Malaya unterrichtet. Noch schlimmer war der Unterricht zur Entwicklungshilfe – statt handfester Informationen zu Landwirtschaft und Gesundheitswesen wurde nur eine Menge abstrakter sozialwissenschaftlicher Jargon geboten, dazu die absurde Warnung, sich von der vietnamesischen Politik fernzuhalten. Holbrooke fand die meisten seiner Kollegen und Dozenten intellektuell mittelmäßig, was ihnen nicht verborgen blieb. Bei seiner Abschlussprüfung, einer «Selbsteinschätzung», beantwortete er die meisten der fünfhundertfünfundsiebzig Fragen, ohne sich die Mühe gemacht zu haben, sie zu lesen. Sein Gutachter beklagte seinen schlechten Einfluss auf Lehovich und prophezeite ihm eine unterdurchschnittliche Karriere.

Gleichzeitig las er alles, was er zum Thema Aufstandsbekämpfung finden konnte – Bernhard Falls *Street Without Joy*, Jean Lartéguys *Die Zenturionen* und *Guerilla oder der vierte Tod des Che Guevara*, und George Tanhams *Communist Revolutionary Warfare*. Er erklärte, dass er «der führende Experte des Außenministeriums» werden wolle, «vielleicht sogar der führende Laienexperte in der ganzen gottverdammten freien Welt». Aufstandsbekämpfung war ein heißes Thema im Weißen Haus. Die Kennedys liebten die Vorstellung, dass amerikanische Spezialeinheiten im Dschungel von Laos und im Kongo gegen Guerillas kämpften und die Kommunisten in den Randgebieten der freien Welt bei ihrem eigenen Spiel schlugen, und das auch noch mit Stil. Es entsprach ihnen weitaus mehr als die dumpfe, statische Abschreckungspolitik der Eisenhower-Jahre. JFK hielt Reden über «begrenzte Kriege» und erweiterte das Budget der Spezialkräfte und paramilitärischen CIA-Einheiten um Millionen, und Robert Kennedy, der eigentlich Justizminister war, leitete die hochrangig besetzte Sonderkommission für Aufstandsbekämpfung, und all das wäre sehr vielversprechend gewesen, hätte man nicht vergessen, die Regierung von Südvietnam in die Planung einzubeziehen, ein Versäumnis der amerikanischen Seite, das sich noch einige Mal wiederholen sollte. Vor ihrer Abreise hatte Holbrooke mit einigen weiteren Anwärtern einen Sketch zur Aufstandsbekämpfung mit dem Titel «Modernisierungsmaßnahmen am Mekong» aufgeführt. Lake spielte darin den Botschafter und Holbrooke seinen politischen Gesandten. Vietcong-Guerillas kamen vor, chinesische Kommunisten und eine «katzenhafte, schlitzäugige, in Seide gehüllte Hure» – aber nicht ein einziges Mitglied der Regierung, zu deren Schutz die Amerikaner dort waren. Wenn sie nicht so jung und übermütig gewesen wären, hätten die Anwärter von 1962 dies vielleicht als schlechtes Zeichen werten können.

Das Außenministerium unterstellte Holbrooke der Agentur für Internationale Entwicklung (Agency for International Development, AID), und AID unterstellte ihn der United States Operations Mission (USOM) in Saigon. (Militärberater gehörten der MAAG an, die Armeeführung der MACV, die Öffentlichkeitsarbeit war USIS zugeordnet – zwei Jahre vor Ankunft der Bodentruppen fielen bereits die Akronyme ein.) Eine kleine, unkonventionelle Untereinheit von USOM hieß Rural Affairs, die Abteilung für die Angelegenheiten des ländlichen Raums. Dies war die Truppe der «Hemdsärmeligen».

Dass ein Jungdiplomat bei Rural Affairs landete, war äußerst ungewöhnlich. Genau genommen hatte es so etwas noch nie gegeben. Holbrooke und Lehovich waren auserkoren, als erste Mitarbeiter des Außenministeriums überhaupt dort Entwicklungshilfe zu leisten, wo sie gebraucht wurde. Sie sollten in den Hochburgen der Vietcong, wo der Krieg geführt wurde, Bulgur verteilen, Zement, Düngemittel und Stacheldraht. Als Junggesellen galten sie als relativ entbehrlich. Es war ein frühes Experiment der Aufstandsbekämpfung.

Rural Affairs wurde von Rufus Phillips geleitet, einem langbeinigen Mann aus Virginia mit einem romanhaften Lebenslauf: Studium an der Yale University, dann zur CIA, schließlich zum Militär, wo er psychologische Operationen leitete. Er war dreiunddreißig und geheimnisvoll, nicht zuletzt weil er ein Schützling von Oberst Edward Lansdale war, dem Vater der amerikanischen Aufstandsbekämpfung. Auch über Lansdale wusste Holbrooke nicht viel. Als er in Vietnam ankam, glaubte er noch, der Name würde Landsdale geschrieben, der Mann sei das Vorbild für eine Figur in einem berühmten Roman gewesen, und er habe «irgendetwas mit unserer Arbeit da draußen» zu tun. Doch von dem Morgen an, als Holbrooke bei Rural Affairs anfing, war Lansdales Gespenst überall.

Dies hier ist nur ein Aspekt der Geschichte dieses Krieges. Ich werde nicht die ganze Geschichte erzählen – wie die Franzosen das koloniale Indochina verloren, wie die Amerikaner den Kampf als einen Krieg gegen den Kommunismus fortführten, wie von Truman bis Ford jeder US-Präsident an dem Ziel festhielt, Südvietnam kommunistenfrei zu halten, wie jede gescheiterte amerikanische Anstrengung eine noch größere Anstrengung erforderte, weil nie versucht wurde, die Geschichte des Landes zu verstehen, und weil die Amerikaner nicht wussten, worauf sie sich eingelassen hatten. Um all das geht es mir hier nicht, aber falls Sie interessiert sind, kann ich Ihnen ein halbes Dutzend ausgezeichneter Bücher zum Thema empfehlen. Was mich beschäftigt, ist allein die Frage, worauf sich der junge Dick Holbrooke eingelassen hatte, und warum alles zu Anfang vielversprechend schien.

Lansdale, ein zurückhaltender Typ mit Pinselschnäuzer, war in der Werbung tätig gewesen, erst in Kalifornien, dann in Detroit. Im Zweiten Weltkrieg hatte er beim Nachrichtendienst der Armee gearbeitet, dann wurde er Nachrichtenoffizier der Air Force, wo er mit der CIA zusammenarbeitete. Sein Spezialgebiet war die psychologische Kriegsführung. Er war einer der Urväter des amerikanischen Jahrhunderts, mit dem Weg, den er ging, erfüllte er ein Grundbedürfnis des Kalten Krieges. Es musste jemanden geben, der die Politik der Eindämmung, die Meister des strategischen Denkens wie Kennan in Washington entwickelten, an seltsamen und gefährlichen Orten auf der ganzen Welt durchsetzte – und so wurde dieser nette Kerl mit seinem beinahe tonlosen Durchschnittsakzent und einem Händchen für die amerikanische Kunst der Öffentlichkeitsarbeit unsere hausbackene Version von T. E. Lawrence. Lansdale verstand es, sich an ausländische Spitzenpolitiker zu hängen, er gewann ihr Vertrauen, indem er ihnen heldenhaft zuhörte, und lenkte sie geduldig in die gewünschte Richtung: Er war eine Art Diktatoren-Flüsterer, das Gegenteil des lauten, rücksichtslosen Amerikaners, der in irgendwelche fremden Länder hineintrampelt, mit ein paar Stockhieben die Dinge zu richten versucht und am Ende ein noch größeres Chaos hinterlässt. Nein – wenn Lansdale Chaos anrichtete, dann tat er es viel raffinierter.

In den frühen Fünfzigerjahren half er der philippinischen Armee, einen kommunistischen Aufstand niederzuschlagen. Lansdale spielte Mundharmonika mit der einheimischen Landbevölkerung und sang ihre traditionellen Lieder. Seine nächste Station war Saigon, er traf 1954, unmittelbar nach der französischen Niederlage in Dien Bien Phu, ein. «Mach genau das, was du auf den Philippinen gemacht hast», wurde Lansdale angewiesen. Das Genfer Abkommen, das den Ersten Indochinakrieg beendet hatte, teilte Vietnam entlang des siebzehnten Breitengrads. Im Norden konnten Ho Chi Minhs Kommunisten die Nationalisten um sich versammeln, schließlich hatten sie die Franzosen besiegt. Südvietnam dagegen war ein Überbleibsel des Kolonialismus, das von einem Playboy beherrscht wurde, der die meiste Zeit in seinem Château an der Riviera verbrachte. Es war eigentlich gar kein Land. Lansdale nahm sich vor, es zu einem zu machen.

Er bildete sein eigenes Geheimdienstteam von etwa zehn Mann, darunter Rufus Phillips. Sie führten verdeckte Operationen auf der anderen Seite des siebzehnten Breitengrads durch. Sie versuchten, den Norden zu destabilisieren, indem sie Waffenverstecke anlegten, Papiere fälschten, Zucker in Benzintanks schütteten und Flugblätter verteilten, die Propaganda mit Wahrsagerei verbanden. Lansdale derweil bemühte sich, Ngo Dinh Diem besser kennenzulernen, den der Kaiser von der Riviera aus als Premier eingesetzt hatte. Die Ngos waren katholische Mandarine aus Hue. Bei der Teilung waren beinahe eine Million Katholiken aus dem Norden in den Süden geflohen – ein gewaltiger Exodus, der die soziale Struktur Südvietnams grundlegend verändert hatte. Diese Flüchtlinge bildeten Diems städtische Basis, sie waren seine Loyalisten im Militär und im Staatsdienst. Die meisten brachten nichts als Verachtung auf für die Mehrheit der buddhistischen Bauern, die sie regierten.

Zur gleichen Zeit hatten sich fünfzigtausend kommunistische Kämpfer in den Norden zurückgezogen, in den ländlichen Gebieten des Südens aber ein Netz von Kadern hinterlassen, die den Keim für den kommenden Aufstand bilden sollten.

Diem hatte insofern eine weiße Weste, als er mit den Franzosen nicht kollaboriert hatte. Doch als George Washington von Südvietnam eignete er sich eher nicht. Er war ein kleiner, dicker Mann, der ein Keuschheitsgelübde abgelegt hatte und durch die Menge watschelte wie ein Pinguin. Sein ballonartig geschnittener Zweireiher schimmerte weißlich, sein dichtes, gescheiteltes Haar war mit Pomade streng zurückgekämmt. Doch der Kampf gegen den Norden benötigte einen Anführer mit einem Anliegen und echten Überzeugungen, und Lansdale saß stundenlang, manchmal halbe Nächte lang im Palast und hörte Diem zu, der eine Zigarette nach der anderen anzündete und wieder ausdrückte und Vorträge hielt, die zwar von einem enzyklopädischen Wissen über die Geschichte und Kultur Vietnams zeugten, für jeden Ausländer außer Lansdale aber unerträglich waren. Sie unterhielten sich in einem Kabinett, das an Diems Schlafzimmer grenzte und so klein war, dass sich ihre Knie berührten. Lansdale mit seiner Menschenkenntnis nahm den schwachen Glanz eines trockenen Humors in Diems Augen wahr. Diems Leidenschaft war die Fotografie – und Lansdale half ihm, eine Dunkelkammer einzurichten. So gewann Lansdale Diems Vertrauen, das dieser sonst nur seiner eigenen Familie entgegenbrachte, er lud Lansdale sogar ein, im Palast zu wohnen. Lansdale lehnte ab, er zog es vor, im Hintergrund zu agieren, wo er Staatsstreiche verhinderte und die politische Konkurrenz vereinnahmte, während Diem religiöse Sekten und Gangster niederkämpfte, die gegen ihn vorgehen wollten. 1955 gewann Diem gegen den Kaiser die Wahl zum Staatsoberhaupt, dank massiven Wahlbetrugs mit achtundneunzig Prozent der Stimmen. Südvietnam wurde eine Republik. Jetzt hatten die USA den antikommunistischen Partner in Vietnam, den sie sich gewünscht hatten.

Und die Ziele? Demokratie und Selbstbestimmung natürlich. Lansdale war überzeugt, dass Südvietnam ohne ein positives Ideal der Anziehungskraft des Kommunismus nicht würde widerstehen können. Siegen konnte man in diesem Konflikt nur, wenn man der Landbevölkerung eine andere Erzählung über den Volkskrieg anbot – in der der Krieg zur Freiheit führte. Er empfahl Diem, in moskitoverseuchten Dörfern zu übernachten, den Bauern in die Augen zu sehen, eine Landreform durchzuführen und die Armee beim Bau von Schulen einzusetzen. Und solange Lansdale da war, folgte Diem seinem Rat. Lansdale hatte außerdem die Idee, eine vietnamesische Übersetzung von Thomas Paines *Common Sense* in Auftrag zu geben. Er glaubte an die universelle Anwendbarkeit der amerikanischen Unabhängigkeitserklärung und der Bill of Rights, zwei Dokumente, die er seinen Mitarbeitern hin und wieder sogar neu zu lesen auftrug, um ihre Inspiration aufzufrischen. Das Wohlwollen, das er den Asiaten entgegenbrachte, gründete auf der Überzeugung, dass zwischen ihnen und den Amerikanern ein brüderliches Verhältnis herrschte.

Wenn ein Amerikaner die Sorgen der Verbündeten vor Ort ernst nimmt, dauert es oft nicht lange, bis er für ihre Probleme amerikanische Lösungen findet. Und hierin liegt der grundlegende Widerspruch, hier, gleich zu Anfang der amerikanischen Verstrickung, ein Widerspruch, der niemals aufgelöst wurde, weil er den Kern des gesamten Projekts bildete: Die Amerikaner drängten die Vietnamesen, ein neues Land aufzubauen (grob nach amerikanischem Vorbild, denn sie waren ja Brüder). Aber solange die Amerikaner drängten, war es nicht das Land der Vietnamesen. Doch wenn sie nicht mehr gedrängt hätten, wäre es zusammengebrochen.

Niemand konnte die Ziele für den Einsatz so überzeugend und hochherzig darstellen wie Lansdale. Als er Asien 1956 verließ, wurde er zu einer Legende des Kalten Krieges. Er diente als kaum verschleiertes Vorbild für Colonel Edwin Hillandale, der in *Der hässliche Amerikaner,* einem später mit Marlon Brando verfilmten Bestseller von 1958, in einem fiktiven südostasiatischen Land im Einsatz ist und zu den Guten gehört. Die Botschaft des Romans lautete: Wenn wir weniger reden und besser zuhören, können wir die Kommunisten besiegen. *Der hässliche Amerikaner* war eins der Lieblingsbücher von Senator John F. Kennedy, der jedem seiner Kollegen ein Exemplar schenkte. Kennedy bezeichnete Lansdale als «unsere Antwort auf James Bond» – das höchste Lob, das er zu bieten hatte. In den ersten Monaten seiner Präsidentschaft lud er

Lansdale ins Weiße Haus ein und bat ihn, als US-Botschafter nach Saigon zurückzukehren.

Aber den Posten bekam er dann doch nicht. Holbrooke hörte das Gerücht, dass Dean Rusk Lansdales unkonventionelle Methoden so sehr missfielen, dass er mit Rücktritt gedroht hatte, falls Lansdale ernannt würde. Außerdem gab es im Pentagon Leute, die ihn nicht mochten, die Bürokraten unter McNamara hielten seinen Umgang mit der Kriegssituation für zu weich. Die Zahl der getöteten Feinde war das Einzige, was McNamara gelten ließ, während das, was Lansdale den «Faktor X» nannte – die Gefühle des vietnamesischen Volkes –, nicht zu quantifizieren und daher irrelevant war. Kennedy musste das Angebot also zurückziehen und übertrug ihm stattdessen die Verantwortung für Operation Mongoose, den hinterhältigen und vergeblichen Versuch, Fidel Castro zu ermorden.

Es gab Amerikaner, die überzeugt waren, dass der Krieg womöglich eine andere Wendung genommen hätte, wenn Lansdales Ernennung durchgesetzt worden wäre. Darunter war Rufus Phillips, der in den Fünfzigerjahren als junger Armee-Leutnant mit Lansdale zusammengearbeitet hatte. Als Phillips, ein großer, blonder, unerschütterlicher Mann, später für die CIA in Laos war, versuchte er, Lansdales Prinzipien anzuwenden. 1962 wurde Phillips nach Vietnam zurückgeschickt, um den Platz seines Mentors einzunehmen, der ihn Kennedy empfohlen hatte. Im September kam er an, um eine Organisation zu leiten, die er selbst erfunden hatte: Rural Affairs, die Abteilung für Angelegenheiten des ländlichen Raums und für die Aufstandsbekämpfung.

Der Aufstand der Vietcong ging bereits in sein viertes Jahr, die Rebellen gewannen im gesamten Süden und vor allem im Mekong-Delta an Boden. Die südvietnamesischen Streitkräfte und ihre amerikanischen Berater versuchten, einen konventionellen Krieg zu führen – Truppentransporte mit dem Hubschrauber, große Einheiten, die Dörfer durchkämmten, Luft- und Artilleriefeuer – gegen Guerillakämpfer, die sich tagsüber unter die Bevölkerung mischten und in der Nacht die Region fest im Griff hatten. Diems Regime war inzwischen äußerst unbeliebt – seine Leute waren korrupt, existierten in der Blase des Palasts, wo alle Macht gebündelt war, und ließen politische Gegner einsperren. Diems intelligenter und paranoider Bruder, Ngo Dinh Nhu, schürte Diems Autoritarismus und schnitt ihn von der Außenwelt ab, und Nhus Geheimpolizei terrorisierte die Bevölkerung. Die Amerikaner versuchten, Diem zu Reformen zu zwingen, als er sich aber widersetzte, ließen sie ihn gewähren. Stattdessen schickte Washington ganze Schiffsladungen von Hubschraubern und Kampfjets und Tausende von Militärberatern in der Hoffnung, irgendetwas zu bewirken. Kennedys Politik bestand darin, die Kommunisten zurückzudrängen und das Thema von den Titelseiten fernzuhalten, bis er wiedergewählt würde.

Rufus Phillips kannte mehr vietnamesische Politiker und Generäle als jeder andere Amerikaner. Er trat mit der Autorität des Lansdale-Vertrauten auf und kam mit zehn Millionen Dollar, umgetauscht in Piaster, die Kennedy persönlich freigegeben hatte. Die Grundidee bestand darin, die amerikanische Bürokratie und die vietnamesische Korruption zu umgehen, indem man in jede Provinz einen amerikanischen Zivilisten schickte, der vor Ort wohnte, der herausfand, was die Menschen vor Ort brauchten und unmittelbar verfügbare Mittel vergab für Dinge wie Brunnen und neue Reissorten. Das war die Lansdale-Methode zur Bekämpfung des Kommunismus. Phillips und seine Leute warteten auf den Tag, an dem der Held zurückkehren und Südvietnam retten würde.

Die Amerikaner sahen sich als Männer, die anpacken konnten, und Rural Affairs war der Kern ihrer Strategie. Das war die Bedeutung von «hemdsärmelig». Die Motivation war gut, Regeln mussten nicht befolgt werden. Das Personal und die Helfer vor Ort hatten sich allesamt freiwillig gemeldet, die Gruppe war eine Auswahlmannschaft aus Beamten und anderen, viele hatten zu Lansdales alter Truppe gehört – darunter ehemalige Spione, pensionierte Offiziere, Spezialisten für ländliche Entwicklung, Leute, die auch in die Peace Corps gepasst hätten. Es gab einen philippinischen Oberst, der sich bei der Jagd auf Guerillas in Luzon einen Namen gemacht hatte. Einige der Älteren waren so viele Jahre im Fernen Osten herumgezogen, dass es ihnen schwergefallen wäre, in die USA zurückzukehren. Es waren Antikommunisten der richtigen Art – sie hatten vietnamesische Freunde, sprachen ein paar Fetzen ihrer Sprache, und es machte ihnen nichts aus, in abgelegene Dörfer zu reisen. Sie waren ihrem höflich lächelnden, gewieften, charismatischen Chef Phillips treu ergeben, dessen CIA-Vergangenheit und Zugang zu Diem ihm die Aura eines Mannes verlieh, der mehr wusste, als er zugab. Sie *glaubten* an die Mission und arbeiteten Tag und Nacht in drückender Schwüle, um sie auszuführen. Das Handbuch von Rural Affairs erklärte, das Ziel der Aktivitäten sei, «den Vietnamesen etwas zu geben, für dessen Verteidigung es sich lohnt, sein Leben zu riskieren» und «den Vietnamesen zu helfen, das bessere Leben zu verwirklichen, nach dem sie streben». Nur so ließ sich ein Revolutionskrieg gewinnen. Die Schlagwörter lauteten «Selbsthilfe», «bürgerliches Engagement», «der Mensch kommt zuerst», «Herz und Verstand», «der andere Krieg» – und über allem stand der Begriff «Frieden schaffen».

Wenn man diese Schlagwörter heute hört, kann man eigentlich nur den Kopf schütteln. Einige klingen inzwischen beinahe bedrohlich. Und auch für Menschen wie Edward Lansdale oder Rufus Phillips – die Träume und hohe Ziele hatten – bringen wir heute eher wenig Verständnis auf. Aber sie verkörpern etwas sehr Amerikanisches, etwas, das ein Satz aus Graham Greenes *Der stille Amerikaner* zusammenfasst: «Noch nie habe ich jemanden kennengelernt, der für den ganzen Ärger, den er verursacht hat, bessere Gründe gehabt hätte.» Greene hatte den Roman bereits fertiggestellt, als Lansdale 1954 zum ersten Mal in Saigon war, und trotzdem gilt Lansdale oft als Vorbild für Alden Pyle, den naiven und skrupellosen Amerikaner des Titels, der mit hehren Vorstellungen über Demokratie und eine «dritte Kraft» nach Vietnam kommt und am Ende eine Menge Leute auf dem Gewissen hat. Dabei verabscheute Greene die Amerikaner – deren Bäder klimatisiert waren, deren Frauen Deodorant benutzten und die zu unbedarft waren, um Recht von Unrecht zu unterscheiden. Er vertrat eine linkskatholische Variante des üblichen Snobismus der britischen Oberschicht. Ich fand immer, dass Orwell Greene auf die Schliche gekommen war, als er diesen Snobismus als «Kult des geheiligten Sünders» bezeichnete, in dem es «als fein gilt, verdammt zu sein; die Hölle ist eine Art Nachtclub der Oberschicht». Und doch muss ich zugeben, dass Greene in Vietnam etwas verstanden hat. Die Intensität seiner Feindseligkeit hat ihn zum Hellseher gemacht.

In den frühen Sechzigerjahren lasen alle Amerikaner in Saigon Greenes Roman. Sie bewunderten seinen Stil, wünschten sich, sie hätten eine vietnamesische Freundin wie Phuong, die ihnen die Opiumpfeife stopfte, gaben sich mit der Warnung, die dieses Buch eben auch enthielt, aber nicht ab. «Wir saßen in diesen kleinen französischen Cafés herum und unterhielten uns über das Buch», erzählte David Halberstam später, «es ist der beste Roman über Vietnam ... Nur das Porträt des in seiner Unschuld unheimlichen Amerikaners weckte Zweifel, die uns ein wenig beunruhigten.» Lake las das Buch auf dem Flug und stellte sich nicht einmal die Frage, ob er selbst vielleicht eine Art Alden Pyle sei – der wie er aus Neuengland stammte und Harvard-Absolvent war. Pyle war eine lächerliche Figur, der nur Absurditäten von sich gab, Lake hielt das alles für zynischen kolonialistischen Quatsch. Die Amerikaner wollten überhaupt nicht verantwortlich sein – sie wollten nur den Südvietnamesen helfen, die Kommunisten zurückzudrängen, damit der Krieg nicht in Bangkok oder Honolulu ausgetragen werden musste. Holbrooke las das Buch vor seiner Abreise nach Vietnam an einem Abend durch: «Nicht schlecht – und auch nicht gut. Und auch nicht wirklich mein Ding.»

Es fällt nicht schwer, das als Selbsttäuschung abzutun. Doch man muss all das wegdenken, was erst später kam: Marineinfanteristen, die Feuerzeuge an Strohdächer hielten, Free-Fire-Zones, Napalm, die Tet-Offensive, die Massengräber von Mỹ Lai, der «ehrenvolle Frieden» (Nixon) die Roten Khmer, *Apocalypse Now* und *Platoon* und der schwarze Granit der Gedenkstätte für die Gefallenen in Washington, die Tatsache, dass ein Amerikaner heutzutage bei Sonnenuntergang auf dem Dach des Rex Hotels im Zentrum von Ho-Chi-Minh-Stadt an der Bar sitzen, ein Bier der Marke Saigon Export trinken und hinter dem Standbild von Ho das Dach des verfallenden Wohnhauses sehen kann, wo die Vietnamesen am 29. April 1975 über eine Leiter in den letzten Hubschrauber kletterten, und gleichzeitig bemerkt, dass «Seasons in the Sun», ein Hit aus dem Jahr vor dem Fall von Saigon, über das Soundsystem der Bar spielt, so als sollte dieser Amerikaner daran erinnert werden, dass der Krieg eine Illusion war, ein Wahnwitz, dass nichts davon hätte passieren müssen.

Wenn man all das wegdenkt und bis ins Jahr 1963 zurückgeht, stellt man fest, dass es in der gesamten US-Regierung kaum jemanden gab, der nicht überzeugt war, dass die Ausbreitung des Kommunismus in Vietnam gestoppt werden musste. Selbst die amerikanischen Journalisten in Saigon, die tagtäglich die Misserfolge und Lügen dieses Krieges aufdeckten, waren davon überzeugt. Viele Jahre später fragte Holbrooke einen der Besten unter ihnen: «Erinnern Sie sich, ob wir damals je zusammengesessen und die Frage diskutiert haben, ob die grundlegenden Ziele des Krieges richtig oder falsch waren?» Und Neil Sheehan antwortete: «Nein.»

Wenn ein junger Amerikaner im Sommer 1963 mitten im Geschehen sein wollte, dann reiste er entweder nach Südvietnam oder in die amerikanischen Südstaaten. Beides waren Orte, an denen für die Freiheit gekämpft wurde. Aus Saigon schrieb Holbrooke seinem Bruder Andy, der gerade die Schule abschloss:

> Der Kampf der Schwarzen ist tatsächlich ein Kampf für die Vereinigten Staaten selbst, für die Prinzipien, die wir in der Schule gelernt haben und so weiter. Wenn du in dieser Auseinandersetzung helfen kannst, wenn du ein Schild hochhältst oder eine Nacht im Gefängnis verbringst, obwohl du unschuldig bist, dann wirst du später stets das Gefühl haben, dass du an diesem großen Freiheitskampf teilgenommen, dass du deinen Teil beigetragen hast. Ich weiß nicht, ob es dir klar ist, Andy, aber wenn ich zu Hause wäre, würde ich mich auf jeden Fall irgendwie engagieren.

Man konnte die Schulkinder in Birmingham und den Krieg in den Reisfeldern unterstützen und überzeugt sein, dass man Amerika die Treue hielt. Vietnam war damals noch ein Land, in dem sich Idealisten wohlfühlten. Sie waren anders als die Diplomaten, die von ihren Schreibtischen in der Botschaft aus agierten, oder die Militärberater, die vietnamesische Einheiten zu sinnlosen Einsätzen flogen, bei denen ganze Dörfer ausgelöscht wurden. Sie sahen sich als diejenigen, die wussten, wie dieser Krieg zu führen war, denn sie waren die Jünger des großen Lansdale. Holbrooke war genau an der richtigen Stelle.

II.

Auf dem Weg nach Vietnam hatte er bei einem Zwischenstopp in Tokio ein Pressefoto gesehen, das weltweit auf den Titelseiten erschienen war: Es zeigte einen älteren buddhistischen Mönch, der im Lotussitz auf einer Straße in Saigon saß, die Hände zum Gebet zusammengelegt, und vom Feuer verzehrt wurde. Der Flammenschein umgab den kahlgeschorenen Kopf und den gewandeten Körper wie eine Aura des Göttlichen. Holbrooke hatte keine Ahnung, was es damit auf sich hatte.

Einen Monat zuvor hatten Buddhisten in der alten Kaiserstadt Hue gegen einen offiziellen Erlass demonstriert, der ihnen verbot, an Buddhas Geburtstag ihre Flagge zu hissen. Regierungstruppen hatten in die Menge geschossen und neun Menschen getötet. Ngo Dinh Nuh, Diems Bruder, leitete die Geheimpolizei, die die Demonstranten getötet hatte, doch Diem gab dem Vietcong die Schuld und fuhr fort, hart gegen die Proteste der Buddhisten vorzugehen, die sich bis nach Saigon ausbreiteten.

Am 11. Juli bahnte sich eine Prozession von mehreren hundert buddhistischen Mönchen und Nonnen, die vietnamesische und englische Schilder in die Höhe hielten und in Sprechchören riefen, den Weg bis an die belebte Kreuzung vor der kambodschanischen Botschaft, nur wenige Blocks vom Präsidentenpalast entfernt. Ein alter Mönch namens Thich Quang Duc stieg aus dem blassblauen Austin-Westminster, das die Prozession angeführt hatte, und setzte sich mitten auf der Straße auf ein kleines Kissen. Zwei jüngere Mönche schafften einen 20-Liter-Kanister Benzin aus dem Auto herbei, den sie über Kopf und Robe des alten Mönchs ausschütteten. Dann zündete Thich Quang Duc ein Streichholz und ging in Flammen auf.

Sein Gesicht verzerrte sich im Schmerz, aber sein Körper hielt in der Meditation still. Die Ruhe, die seine Körperhaltung ausstrahlte, war wie ein Wunder. Die Mönche und Nonnen an der Straßenkreuzung begannen zu stöhnen und zu weinen, viele warfen sich auf den Asphalt, ein Mönch mit einem Megaphon skandierte auf Englisch: «Ein buddhistischer Priester verbrennt sich, ein buddhistischer Priester wird zum

Märtyrer», ein öliger, schwarzer Rauch erfüllte die Luft mit dem Geruch von brennendem Menschenfleisch, und Malcolm Browne von der Associated Press, der vorher den Tipp erhalten hatte, dass etwas Bedeutsames passieren würde, schoss ein Foto nach dem anderen, als könnte er sich damit vor dem Horror schützen, so lange, bis der verkohlte Körper des alten Mönchs nach vier oder fünf Minuten schließlich umkippte. Brownes Foto von dem Moment, an dem sich der Mönch angezündet hatte, ging um die Welt und erreichte am Morgen das Weiße Haus. «Heilige Scheiße!», rief Präsident Kennedy, der noch im Bett lag.

Am Ende seines ersten Tages in Saigon trat Holbrooke aus dem Büro von Rural Affairs, um in seine provisorische Unterkunft zu gehen, als er hinter der Gartenmauer des Geländes eine Menschenmenge bemerkte, die unweit der Stelle, an der sich der Mönch verbrannt hatte, in eine Pagode strömte. Xa Loi, ein hohes, neues Gebäude aus rot-gelbem Kiesbeton, war die wichtigste Pagode von Saigon. Holbrooke wollte sehen, was los war, und folgte dem Strom der Pilger bis ins Innere des Heiligtums. Auf dem Altar stand ein Glaskelch, und in dem Glaskelch befand sich ein trockener schwarzer Klumpen, der wie ein Stück verbrannte Leber aussah, tatsächlich aber Thich Quang Ducs Herz war. Es hatte die rituelle Selbstverbrennung und auch die anschließende Einäscherung unversehrt überstanden. Jetzt, zwei Wochen später, wurde es als Reliquie verehrt, als Objekt religiöser Hingabe.

Sich in das Gedränge vor einer Pagode zu begeben, war für einen diplomatischen Neuling, der gerade erst seine erste Auslandsstelle angetreten hatte, eher untypisch. Es war eher das Verhalten eines Journalisten als eines Diplomaten. Aber Holbrookes Neugier führte ihn an die richtige Stelle, er begriff sofort, dass die Pilger in Xa Loi eine politische Meinung zum Ausdruck brachten, indem sie das Herz des Mönchs verehrten. Sie protestierten gegen ein Regime, das sie unterdrückte. Und so war er Zeuge – das allerdings verstand Holbrooke erst später – der ersten Anzeichen dafür, dass dieses Regime kurz vor dem Zusammenbruch stand.

An seinem zweiten Tag fuhr er mit einem Stellvertreter von Phillips, einem knorrigen, dauergestressten Mann namens George Melvin, aus der Stadt.

Melvin war für die Hilfsgelder verantwortlich, die der Region zwischen Saigon und dem zentralen Hochland – dem sogenannten III. Corps – zugeteilt waren. Er war ein Überbleibsel des Lansdale-Teams, ein Oberstleutnant im Ruhestand – angeblich Fernmelder, vermutlich aber vom Geheimdienst, wie die meisten Lansdale-Mitarbeiter. Groß und schlank und pockennarbig, war er mit Herz und Seele dabei. Er war zwar erst um die fünfzig, wirkte auf Holbrooke aber wesentlich älter. Seit Jahren war er nun schon im Fernen Osten im Einsatz, und er kannte den Krieg gut. Während sie auf der Route 13 – der «blutigen Route 13», wegen der Vietcong-Angriffe auf amerikanische Fahrzeuge – nach Norden fuhren, an Autowracks vorbei, die auf Unfälle und Landminen verwiesen, und an frisch gepflanzten Reisfeldern, die sich über viele Kilometer hinzogen und die Holbrooke zum ersten Mal sah, machte sich Melvin daran, Holbrooke in den Graubereichen des Kampfs gegen den Kommunismus zu unterweisen.

Im Laufe seiner Arbeit, erklärte Melvin, werde Holbrooke bestimmte Dinge hören, vielleicht sogar tun, von denen er niemandem erzählen solle. Außerdem gebe es Dinge, die er nicht verstehen würde, nach denen er auch nicht fragen solle, Dinge auf der dunklen Seite dieses Konflikts, die man den Vorgesetzten besser vorenthielt. Melvins Idealbild von einem US-Botschafter war ein «fast schon toter Körper, der gerade noch in der Lage ist, die Unterlagen zu unterzeichnen, die wir ihm vorlegen». Er hasste die Bürokraten beinahe so sehr wie die Kommunisten und war aus dem aktiven Dienst ausgeschieden, weil er die Arbeit im Hauptquartier nicht mehr ertragen hatte. Der Krieg wurde vor Ort gewonnen, mit einer Landreform und Aktionen, über die man besser nicht sprach. «Wir müssen dem Vietcong die Revolution abnehmen», sagte er immer wieder. Es gab keine Alternative zum Sieg.

Eines Abends, in einem Städtchen an der kambodschanischen Grenze, erzählte Melvin von seiner ersten Begegnung mit dem Kommunismus – in Chicago in den 1930er Jahren, als er für einen Mann gearbeitet hatte, der, wie sich herausstellte, einer Untergrundorganisation angehörte. Melvin entdeckte in seiner Schreibtischschublade einen Kanalisationsplan von Chicago und schloss daraus, dass die Kommunisten planten, die Stadt zu zerstören. Auf einer anderen Reise, zu einem Flugplatz in einer anderen Provinz, erklärte Melvin dem Leiter der örtlichen Behörde, einem gewissen Major Minh, dass der angebliche Konflikt zwischen Rotchina und der Sowjetunion nur vorgetäuscht sei. Moskau gebe die Befehle, Peking führe sie aus, und Hanoi müsse als Marionette beiden gehorchen. Major Minh, dessen Finanzplanung von Melvins Unterschrift abhing, stimmte voll und ganz zu.

Jemanden wie George Melvin hatte Holbrooke weder an der Brown University noch bei der *Times* noch im Außenministerium je kennengelernt. Melvins Eifer schüchterte Holbrooke ein wenig ein, und seine politische Haltung entsetzte ihn, aber nicht genug, um ihn daran zu hindern, die Gesellschaft des älteren Mannes zu genießen und ihm genau die Fragen zu stellen, die zu stellen Melvin ihn gewarnt hatte.

Den Rest des Sommers waren Holbrooke und Melvin ständig unterwegs. Im ganzen Land besuchten sie Dutzende von Projekten, die Rural Affairs förderte. Sie fuhren in Kanonenbooten und paddelten im Einbaum durch Sümpfe. Sie flogen in ungekennzeichneten Sechssitzern der Air America in die Berge, kreisten so lange über Flugplätzen, bis die bewaffnete Eskorte eintraf, landeten auf in den Dschungel geschlagenen Graspisten. Bei schlechtem Wetter blieben sie unter zweihundert Fuß und orientierten sich am Terrain, um nicht in die Berghänge zu stürzen. Über den vom Vietcong dominierten Gebieten flogen sie noch tiefer, um dem Beschuss vom Boden auszuweichen. Trotzdem wurden sie ein paar Mal getroffen, am Flugzeug entdeckten sie später Einschusslöcher. Einmal durfte Holbrooke das Steuer übernehmen, er flog das Flugzeug von Kambodscha bis zum Südchinesischen Meer. Er fühlte sich unverwundbar, wie ein herausragender Abfahrtsläufer, der sich die Piste hinunterstürzt. «Die schreckliche, uneingestandene Wahrheit ist», schrieb er später, «dass dieser Krieg für junge Männer ein großes Abenteuer war, zumindest für die Zivilisten und Journalisten unter ihnen, eigentlich für alle, die nicht gerade in einer Kampfeinheit eingesetzt waren oder Hubschrauberpatrouille flogen, sodass die Wahrscheinlichkeit, ernsthaft zu Schaden zu kommen, ziemlich gering war, wenn man sich nicht zu dämlich anstellte.»

An der Küste in Nha Trang sah Holbrooke Montagnards – Hochlandbewohner –, die von der südvietnamesischen Armee aus den Vietcongverseuchten Bergen vertrieben worden waren. Ihre Tiere und Hütten waren verbrannt worden, sie lebten zusammengezwängt in verwahrlosten Lagern und starben an der Ruhr. Dem sogenannten Wehrdorfprogramm lag die Idee zugrunde, die Zivilbevölkerung von den Guerillas zu trennen, um den Kämpfern das Wasser abzugraben. Es ging auf Sir Robert Thompson zurück, einen britischen Experten für Aufstandsbekämpfung, den Holbrooke im Marschland südlich von Saigon kennenlernte. In den Fünfzigerjahren hatte Thompson auf der Malaiischen Halbinsel Dörfer mit Verteidigungsanlagen ausstatten lassen, um einen von der chinesischen Minderheit getragenen kommunistischen Aufstand niederzuschlagen. Unter der Anleitung von Thompson und mit dem Geld der CIA verteidigte das Diem-Regime nun Dörfer im gesamten Süden des Landes, in kürzester Zeit wurden Tausende von Weilern mit Gräben, Stacheldraht und geschärften Bambuspfählen befestigt, Bürgerwehren wurden aufgestellt, Hunderttausende von Bauern von ihrem angestammten Land vertrieben. Das Programm wurde von Diems Bruder Nhu geleitet.

Die Aufgabe von Rural Affairs bestand darin, Hilfsgelder in diese Wehrdörfer zu bringen und sie zu Vorposten der Demokratie zu machen. Die Vietcong kamen in der Nacht, sie fielen in die Dörfer ein, erschossen die gewählten Ortsvorsteher und brannten Häuser nieder. In der Augustwoche, als Holbrooke auf Thompson traf, wurden in einem einzigen Dorf in der umkämpften Provinz Binh Duong einhundertsiebenunddreißig Häuser in Brand gesteckt.

Holbrooke wollte genau in einer solchen Provinz eingesetzt werden. Er wusste nicht, ob das Wehrdorfprogramm funktionierte – er bezweifelte, dass das Elend der Montagnards in Nha Trang irgendjemanden für die Regierung eingenommen hatte, gleichzeitig glaubte er aber auch, dass das brutale Vorgehen in Binh Duong auf die Vietcong zurückschlagen könnte. Er wusste nicht, ob die Regierung auf einen Sieg oder eine Niederlage zusteuerte, aber dass er Gelegenheit haben würde, sich selbst ein Bild zu machen, bevor der Krieg zu Ende war, davon war er jetzt überzeugt. Er empfand das Land nicht als schön, wie es andere Amerikaner taten – er fand es grausam und traurig. Aber er ging vollkommen darin auf.

Einmal, es war Anfang Juli, stand Holbrooke in der Tür einer Wohnung nahe der Tu Do Street im Zentrum von Saigon, zwei Blocks vom Flussufer entfernt. Drinnen, an einem unordentlichen Küchentisch, saßen sich David Halberstam und Neil Sheehan gegenüber und tippten. An der Wand hing eine laminierte Karte von Südostasien, auf der Sheehan mit einem Fettstift die Kampfhandlungen verzeichnete. Die Wohnung gehörte United Press International, seinem Arbeitgeber, Sheehan schlief – wenn er überhaupt schlafen konnte – in einem fensterlosen Zimmer im hinteren Teil der Wohnung. Zur Straße hin war die Wohnung komplett verglast, sie schrie förmlich danach, mit einer Wurfsendung von Plastiksprengstoff bedacht zu werden, vom Vietcong oder eher noch vom Diem-Regime.

Halberstam, der für die *New York Times* in Saigon war, hatte sich im Januar, nach einer größeren Schlacht in einem Dorf namens Ap Bac am Rand der südlich von Saigon gelegenen Schilfebene, mit Sheehan zusammengetan. Es war die bis dahin größte Niederlage der südvietnamesischen Armee und für Sheehan ein journalistischer Durchbruch. Die beiden ehrgeizigen und scharf konkurrierenden Journalisten arbeiteten damals, im Saigon von 1963, zusammen, weil sie einander brauchten. Sie waren beide noch keine dreißig. Halberstam, zwei Jahre älter als Sheehan, war ein paar Zentimeter größer und einige Dezibel lauter, und er brauchte einen Freund und ein Telefon. Sheehan, der für eine geizige Nachrichtenagentur arbeitete, die zusehen musste, dass sie von Malcolm Brownes voll besetztem Associated-Press-Büro in der nahen Rue Pasteur nicht abgehängt wurde, brauchte einen journalistischen Kumpel. Also taten sie sich zusammen, tauschten Tipps aus und stärkten sich gegenseitig den Rücken.

Was die Reporter in Saigon damals taten, war in der Geschichte des amerikanischen Journalismus neu und gefährlich. Sie befanden sich in zwei Kriegen zugleich. Da war der Krieg auf dem Land, über den sie berichten wollten – ein unübersichtlicher, blutiger Kampf mit den Vietcong – und da war der schärfere, gefährlichere Konflikt in Saigon, den sie mit dem Oberkommando des US-Militärs ausfochten, das einen Erfolg nach dem anderen vermeldete, während sich aus Sicht der Journalisten bereits die Niederlage abzeichnete. Sie waren nicht nach Vietnam gekommen, um die Autoritäten herauszufordern, und sie hatten sich auch nicht vorgenommen, den amerikanischen Journalismus in der Rolle des Gegenspielers neu zu erfinden – aber genau das war es, was sie am Ende taten. Sheehan war gerade erst aus dem Militärdienst ausgeschieden. Halberstam trug sein schwarzes Haar militärisch kurz geschnitten. Die Fünfzigerjahre hatten sie geprägt, sie waren beide Harvard-Absolventen, sie waren patriotisch und überzeugt, im Kalten Krieg auf der richtigen Seite zu stehen. Jetzt wollten sie die Kriegsanstrengungen unterstützen, indem sie genau und wahrheitsgemäß berichteten, damit die richtigen Entscheidungen getroffen werden konnten. Es stand Reportern in ihren Zwanzigern nicht an, Generäle, die doppelt so alt waren wie sie und sich allesamt im Großen Krieg bewiesen hatten, herauszufordern. Der Vier-Sterne-General Paul Harkins, Befehlshaber von MACV, war als Pattons Adjutant in Nordafrika, in Sizilien und Frankreich gewesen. In Vietnam trug er weiße Ausgehuniform und einen silberbeschlagenen Offiziersstock, die Zigaretten, die er rauchte, steckten in einer Elfenbeinspitze. Nie wäre er auf den Gedanken gekommen, an einem Reisfeld entlangzugehen oder die schlammigen Überreste einer Schlacht zu besichtigen. «So ein General bin ich nicht», sagte er. Lieber geleitete er hochrangigen Besuch – Verteidigungsminister McNamara, Rusk und hohe Militärs – zu schönfärberischen Lagebesprechungen und schickte sie mit Statistiken nach Washington zurück, die zeigten, dass der Sieg unmittelbar bevorstand.

In Ap Bac hatten sich die Vietcong, die schlechter ausgestattet und zahlenmäßig weit unterlegen waren, behauptet. Sie hatten eine Menge südvietnamesischer Soldaten und drei Amerikaner getötet, sie hatten fünf Hubschrauber abgeschossen, nur achtzehn ihrer eigenen Männer verloren und waren davongekommen. Die südvietnamesische Armee hatte den Kampf verweigert und war von den amerikanischen Militärberatern wüst beschimpft worden. Doch als später Admiral Harry Felt, der Kommandeur im Pazifik, aus Honolulu kam, um Ap Bac zu untersuchen, erklärte Harkins die Schlacht zum Sieg. Er dachte nicht einen Augenblick darüber nach, wie sich diese Reisfeldschlacht von der Ardennenoffensive unterscheiden könnte. Er hielt an seiner Vorhersage fest, dass der Krieg in einem Jahr vorüber sein würde.

Die offizielle Pressestrategie war Täuschung. Die Kennedy-Regierung wollte um jeden Preis vermeiden, dass die amerikanische Öffentlichkeit erfuhr, dass ihre Soldaten – angeblich Berater, die an den Kampfhandlungen nicht teilnahmen – in einem nicht erklärten Krieg in Südostasien kämpften und starben. Ende 1961 telegraphierte Rusk an die Botschaft in Saigon: «KOMMEN SIE PRESSE NICHT MEHR ALS NÖTIG ENTGEGEN BEI BERICHTERSTATTUNG ÜBER GEGENWÄRTIGE MILITÄROPERATIONEN IN VIETNAM.» Zwei Wochen danach glaubte man den Medien verheimlichen zu können, dass der Flugzeugträger USS Core, der eine Flotte von vierzig Hubschraubern transportierte, auf dem Saigon River zwischen den Sampans auftauchte, in Sichtweite der Dachbar des Hotel Majestic. Also verlangten die Reporter weitere Informationen, und als sie die nicht bekamen, versuchten sie, die Wahrheit selbst herauszufinden. Sie gingen auf die Schlachtfelder und sprachen mit unerschrockenen Stabsoffizieren vor Ort – von denen der unerschrockenste Oberstleutnant John Paul Vann war, der Halberstam und Sheehan im Delta auf den neuesten Stand brachte. Die Reporter kamen zu dem Schluss, dass Generäle und Diplomaten die Wahrheit vor ihnen verbargen.

Aber es war noch schlimmer: Die Verantwortlichen litten unter Wahnvorstellungen. Die Gewohnheit der Täuschung wurde unmerklich zur Selbsttäuschung. Auf dem Gipfel amerikanischer Macht waren die Generäle zu arrogant und selbstzufrieden, um zu begreifen, dass Bauern in schwarzen Schlafanzügen im Kampf gegen eine reguläre südvietnamesische Armee und amerikanische Militärtechnologie bestehen konnten. Frederick Nolting, Kennedys Botschafter in Saigon, klammerte sich an die Illusion, dass Präsident Diem, dessen Porträt in Südvietnam an allen Wänden hing, bei seinem Volk beliebt war. Einmal fragte Nolting François Sully, den Korrespondenten von Newsweek: «Monsieur Sully, warum sehen Sie eigentlich immer nur das Loch im Donut?» «Weil der Donut ein Loch hat, Monsieur l'Ambassadeur», antwortete Sully, der kurz darauf von Diem des Landes verwiesen wurde.

In Washington versuchten der Präsident und seine Berater, öffentlich gute Miene zu machen. Gleichzeitig verlangte Kennedy, dass ihm für jeden Artikel von Halberstam eine genaue Analyse vorgelegt wurde. Die CIA gab zu, dass die Berichte faktisch richtig waren, wollte die pessimistischen Schlussfolgerungen, die sie nahelegten, aber nicht akzeptieren. Kennedy versuchte schließlich, Halberstam versetzen zu lassen, doch die *Times* gab dem Druck nicht nach.

Das gegenseitige Misstrauen zwischen Journalisten und Vertretern des Staats in Saigon war vollkommen neu – im Zweiten Weltkrieg war die Presse beinahe noch ein Instrument der Militärpropaganda gewesen. Nach Ap Bac verschärfte sich das Misstrauen zu einer tiefen Feindseligkeit. Gegenseitig unterstellten sie sich, den Kriegsbemühungen zu schaden. Jede Seite versuchte, die andere aus dem Land zu vertreiben. Nolting warf Halberstam aus seinem Büro. In Tan Son Nhut kam es zu einem Wortgefecht zwischen Admiral Felt und Sheehan. Bei der Botschaftsfeier zum Unabhängigkeitstag verweigerte Halberstam Harkins den Handschlag.

Kurz nach dieser Feier tauchte Holbrooke in der Wohnung an der Tu Do Street auf. Dass Nhus Spione mit ihren Lederjacken draußen auf der Straße herumstanden, hatte er nicht bemerkt. Vielleicht hatte er sie auch einfach ignoriert. Er hatte ein Empfehlungsschreiben von Clifton Daniel dabei, dem zweitmächtigsten Mann der *Times*, den er 1960, während seiner kurzen Karriere als Auslandskorrespondent, in Paris aufgesucht hatte. Halberstam, das *enfant terrible* der Zeitung, quittierte den Brief mit Hohn, denn er kämpfte noch an einer weiteren Front, gegen seine übervorsichtigen Redakteure in New York. Außerdem verachtete er «E. Clifton Daniel» wegen seiner schmierigen Art, vielleicht auch wegen seiner Verbindung zu Truman, dessen Schwiegersohn er ja war.

Holbrookes Visite überraschte die beiden Journalisten. Dieser Jungdiplomat, zweiundzwanzig Jahre alt, kam von der anderen – der staatlichen – Seite. Was also wollte er mit seinem unangekündigten Besuch bezwecken? Wusste er denn nicht, dass die Botschaft und die Presse Krieg gegeneinander führten? Alle, die offiziell in Saigon zu tun hatten, waren misstrauisch und blieben auf Distanz, es sei denn, sie waren dumm oder mutig genug, um zu reden – was sie nur im Schutz der Anonymität taten. Einer von Halberstams ergiebigsten Quellen war Rufus

Phillips, der alte Freundschaften innerhalb der CIA-Residentur pflegte. Halberstam und Sheehan nahmen Holbrooke unter ihre Fittiche. Sie waren beide Außenseiter: Halberstam, jüdisch und bürgerlich, trug eine dicke Hornbrille, er gestikulierte scharf mit großen, behaarten Händen, strotzte vor moralischer Überlegenheit und wusste alles, auch sich selbst, in hochdramatischem Licht darzustellen. Sheehan stammte aus dem irischen Arbeitermilieu, er war der eigentliche Underdog, der zwar weniger aggressiv auftrat, aber nicht weniger ehrgeizig war. Er hatte in der Vergangenheit mit Alkoholproblemen gekämpft, sein Gesicht zuckte nervös, als könnte er nachts keinen Schlaf finden, er hatte depressive Phasen und Wutausbrüche. In dieser Rauheit fanden die beiden in dem jungen, unerschrockenen Diplomaten, der an ihrer Tür auftauchte, eine verwandte Seele.

Holbrooke, der gerade erst in Saigon angekommen war, war zu neu, um den Reportern von Nutzen zu sein – was sich aber bald ändern sollte. Er hatte sie aus demselben Grund aufgesucht, aus dem er sich in der Xa-Loi-Pagode umgesehen hatte, aus dem er auch Melvin kreuz und quer durch das Gebiet des III. Corps gefolgt war. Er wollte lernen. Und gab es denn bessere Lehrer als diese beiden «jungen Kommandosoldaten inmitten des Schlachtgetümmels der Saigon-Korrespondenten», wie er sie nannte? Sie machten eine Arbeit, von der er selbst geträumt hatte, und zwar unter denkbar dramatischen Umständen.

Sie luden Holbrooke zum Abendessen in eines ihrer Lieblingslokale ein. L'Admiral war ein feines Restaurant nahe des Flusses, das einem Korsen gehörte. Die Korsen, die Waffen und Opium aus Laos schmuggelten, waren im Land geblieben, als die Franzosen Saigon verließen. Holbrooke verschlang das Gespräch zusammen mit seinen Cannelloni, als Halberstam zu einer seiner wüsten Beschimpfungen ansetzte, die die amerikanische Beamtenschaft in Saigon zum Ziel hatte. «Trauen Sie diesen Dreckskerlen nicht, egal was sie Ihnen erzählen», wies er Holbrooke an. Bei einer Flasche Wein stellten sie den Kommandierenden General Harkins wegen Inkompetenz und Pflichtversäumnis vor eine Art Kriegsgericht. Bei jedem neuen Anklagepunkt donnerte Halberstams große Faust auf den Tisch, dass das Geschirr klapperte, er befand Harkins für schuldig, schuldig, schuldig, bis Sheehan den General zum

Tod durch ein Erschießungskommando verurteilte. Begleitet wurde die Verkündung von Maschinengewehrfeuer und derart lautem Gelächter, dass die Gäste an den anderen Tischen verstummten.

Holbrooke sah sich im Saal um, er befürchtete, erkannt zu werden. Plötzlich fragte er sich, was er in Gesellschaft dieser beiden Wüstlinge eigentlich machte. Seine Diplomatenlaufbahn sollte nicht nach der ersten Woche in Vietnam enden.

Er bewunderte die beiden Reporter aufs Äußerste, doch er war Halberstam zu ähnlich, um sein gelehriger Schüler zu werden. Waren sie sich im Klaren darüber, dass sie beide Söhne jüdischer Ärzte in New York waren, die jung gestorben waren? Nein – diese Art von Gespräch war es nicht. Holbrooke erwähnte seine Vergangenheit überhaupt nicht, sie sprachen nur über den Krieg. In jenem Sommer glühte Halberstam vor Wut, es war die Wut des Gerechten, der mit nacktem Oberkörper in der drückenden Hitze des Büros saß und Tag für Tag tausend Wörter in seine Olivetti hackte. Er verbarg seine Zufriedenheit mit dem Kriegsverlauf nicht, was Holbrooke ärgerte, der nicht weniger recht behalten wollte und immerhin auf der Regierungsseite stand. Außerdem hatte er seine Ausbildung in Vietnam noch nicht weit genug vorangetrieben, um die militärische Lage einschätzen zu können. Die Botschaft hatte Informationsquellen, die der Presse nicht zugänglich waren – wie also sollten die Reporter mehr wissen als die Beamten?

Tony Lake teilte Holbrookes Interesse an Halberstam nicht. Er hasste die Überheblichkeit des Journalisten, und er war ein zu guter Teamplayer, um sich als Quelle einspannen zu lassen. Als seine Frau Toni einmal mit Holbrooke in der Stadt unterwegs war und sie Halberstam begegneten, stellte Holbrooke sie einander vor, aber Halberstam zeigte sich derart desinteressiert, dass Holbrooke ihm, als sie bereits auseinandergingen, hinterherrief: «Aber Dave, sie ist hochintelligent! Sie hat am *Radcliffe College* studiert!»

Anthony Lake war nicht wie sie. Während diese Männer immer größer und bulliger erschienen, als sie in Wirklichkeit waren, wirkte er kleiner. Wo sie sich aufspielten, war er feinsinnig, wo sie sich selbst zu ernst nahmen, zeigte er Sinn für Ironie. Sein Wortwitz war entwaffnend, sein Humor richtete sich oft genug gegen sich selbst: seine riesigen

Ohren, die Verklemmtheit des Neuengländers. Dann grinste er von Ohr zu Ohr, und seine dunkelblauen Augen blitzten mysteriös. Ärger verbarg er hinter einer höflichen, aber eiskalten Fassade. Sein Schicksal war von Anfang bis Ende mit dem von Holbrooke verbunden, ähnlich wie bei Alexander Hamilton und seinem Rivalen Aaron Burr. Ich wüsste nur nicht zu sagen, wer wer war.

William Anthony Kirsopp Lake hatte von Geburt an die Art von Namen, den die Holbrookes erst erfinden mussten. Lakes Großvater väterlicherseits war ein eigensinniger anglikanischer Theologe, der nach Amerika eingewandert war und an der Harvard University überaus beliebte Kurse zur biblischen Theologie anbot. Lakes Vater, der die amerikanische Staatsbürgerschaft angenommen hatte, brach das Studium in Harvard ab und arbeitete in einer Textilfabrik, wo er ins Management aufstieg, doch er blieb ein derart leidenschaftlicher Verfechter der Sozialreformen des «New Deal», dass Adolf Berle, der wirtschaftspolitische Berater von Franklin D. Roosevelt, Tonys Taufpate wurde. Lakes Großvater mütterlicherseits war einer der Herausgeber der *New Republic*, einer einflussreichen, in den Anfängen noch sozialistisch orientierten Politikzeitschrift, als Berater spielte er im sogenannten Medizinball-Kabinett von Präsident Hoover. Lakes Mutter wuchs in Georgetown auf und war kurzzeitig mit George F. Kennan, einer Größe des Diplomatengeschäfts, verlobt. Sie arbeitete als Lektorin bei *Reader's Digest* und las dem kleinen Tony die Romane von Dickens vor – alles in allem ein solider Familienhintergrund für den überparteilichen Aufstieg im weißen, protestantischen Politmilieu, auch wenn er ab Mitte des Jahrhunderts ein wenig wie verarmter Adel wirkte. Die Lakes gehörten der Oberklasse an, weil sie viel erreicht, nicht, weil sie viel verdient hatten. Während sich Holbrooke seinen Platz in diese Welt erkämpfte, suchte Lake nach einem Ausweg.

Er wuchs in Fairfield County auf, in der Welt des Gregory-Peck-Streifens *Der Mann im grauen Flanell*. Die Sommer verbrachte die Familie in Sharon, nicht weit von Winsted entfernt, wo der junge Halberstam lebte. Doch er befand sich auf der anderen Seite der Linie, die die aufstrebende Mittelklasse der Nachkriegszeit vom protestantischen Establishment trennte. Lake musste rebellieren – sonst wäre ein wohlerzogener Langweiler aus ihm geworden, der seine Manieren mit seinem Alkoholpegel reguliert. Da er für sein Alter recht klein war und eine Klasse übersprungen hatte, wurde er von seinen Mitschülern gemobbt. Also machte er eine Zeitlang auf halbstark und begann zu klauen. Er flog aus der Schule und wurde in ein teures Internat bei Boston gesteckt, wo er ernsthafter wurde und sogar darüber nachdachte, ein episkopaler Geistlicher zu werden wie sein Großvater.

Selbstverständlich ging er nach Harvard. Er war der Vorsitzende einer studentischen Organisation junger Demokraten und Kapitän der Squash-Mannschaft, die damals die beste des Landes war. Kurz vor Abschluss des Studiums verlor er sein Match gegen Yale mit zwei Punkten Rückstand im fünften Spiel, womit auch die Meisterschaft für sein Team verloren war. Sein Gegner hatte vier fantastische Schläge gemacht, die genau in der Ecke landeten und an die sich Lake noch sechzig Jahre später lebhaft erinnerte. Als er vom Platz ging, lachte er über sich selbst.

So war er, dieser Tony Lake: Er kämpfte, aber er wusste auch, dass er nur dann siegen würde, wenn er es nicht verbissen tat. Konzentration war entscheidend, aber man durfte nicht so viel investieren, dass es wehtat, zu verlieren. Denn dann verlor man. Jahre später, als er von Studenten der Georgetown University gefragt wurde, wie man Außenminister wird, antwortete er: «Wenn Sie Ihr Leben lang Kacke fressen wie ein Hund, um es zu etwas zu bringen, dann werden Sie entweder 1) Ihr Ziel erreichen und feststellen, dass Sie nicht glücklich sind, oder 2) Ihr Ziel nicht erreichen, weil Sie Kacke fressen und es zu offensichtlich ist, dass Sie es zu etwas bringen wollen.» Vielleicht dachte er dabei an Holbrooke. Lake hielt sich in seinem Ehrgeiz bedeckter, er hatte ein ambivalenteres Verhältnis dazu als Holbrooke, doch es war ein Fehler, ihm zu glauben, wenn er diesen Ehrgeiz gelegentlich leugnete, ein Fehler, der letztendlich dazu führte, dass man den Kürzeren gegen ihn zog.

Er hatte Zugang zu den besten Clubs – dem Fly an der Harvard University, dem Century in New York, dem Council on Foreign Relations – weshalb es ihm leichtfiel, seine Mitgliedschaft niederzulegen, wenn ihm etwas nicht passte, wenn sie zum Beispiel Geld von ihm haben wollten, um Anwälte zu bezahlen, die verhindern sollten, dass Frauen Zugang erhielten. Er hasste die Reichen, eine soziologische Notwendigkeit für jemanden wie ihn, denn die Neureichen spuckten auf die Wertvorstellungen seines Standes, sie besaßen die Macht, die sein Stand für sich beanspruchte, und weckten den materiellen Neid, den er und die Seinen vorgaben, nicht zu empfinden. Niemand inspirierte die Machtgier dieser Klasse so sehr wie Jack Kennedy (und später erst wieder Barack Obama). Die intellektuelle Oberschicht akzeptierte den Reichtum der Kennedys, weil die Kennedys klug und geistreich waren. Am Wahlabend 1960 verließ Lake, der in seinem letzten Jahr in Harvard war, mit Freunden ein Restaurant in der Innenstadt von Boston, als die Wagenkolonne von Senator Kennedy vorüberfuhr. Lake wurde von der jubelnden Zuschauermenge nach vorn durchgeschoben und landete direkt am geöffneten Wagenfenster, aus dem der lächelnde Kandidat winkte. Lake spürte das Anbranden dieser Macht. Plötzlich war er bereit, Kennedy zu folgen, egal wohin. Da er ein Nachfahre der Puritaner war, interpretierte er diesen Taumel als eine Berufung, und er wurde einer der zweiundzwanzigtausend jungen Amerikaner, die sich im ersten Jahr der Kennedy-Regierung für den Diplomatischen Dienst bewarben. Ja, er war idealistisch – aber er hatte auch die Macht gewittert. Manchmal ist es schwer, das eine vom anderen zu trennen, und die Kombination kann gefährlich sein.

Eine Weile träumte er davon, Professor zu werden und sich auf die Geschichte der amerikanischen Kolonialzeit zu spezialisieren. Manchmal träumte er auch, als Botschafter in einem kleinen westafrikanischen Land die Beine hochzulegen wie ein britischer Diplomat des 19. Jahrhunderts und nebenbei der weltweit führende Experte für irgendeinen obskuren Stamm zu werden. Und dann träumte er davon, Kennedys Amerika zu dienen, indem er menschliches Leid in Asien minderte. Das war die Art von Dilemma, die es so interessant macht, sich in Lake hineinzuversetzen. Er löste den Konflikt während eines Stipendienjahrs in Cambridge, und als er nach Hause zurückkehrte, wurde er einer der Hoffnungsträger des Jahrgangs 1962 im Diplomatischen Dienst. Er erhielt in dem Kurs mit der Nummer A-100, den alle Einsteiger absolvierten, die zweitbeste Note (und ärgerte sich darüber). Und da er ein Star war und Sport trieb und lustig sein konnte, zog er die Aufmerksamkeit des etwas jüngeren, weniger kultivierten, aber ebenso vielversprechenden Kollegen Dick Holbrooke auf sich.

In jenem Sommer in Washington schlossen sie sich zusammen, sie wurden Freunde und bildeten ihre erste Seilschaft im Regierungsapparat. Sie verbrachten die Abende mit Gesprächen über Weltpolitik und erfanden ein Spiel namens Ventilatorball – ein Tennisball wird gegen die Decke geworfen, der auf höchster Stufe drehende Deckenventilator schlägt ihn weg, der Spieler fängt ihn und erhält einen Punkt. Ein freundschaftlicher Wettkampf natürlich.

Lake hatte inzwischen seine Freundin aus der Studienzeit geheiratet. Antonia Plehn war die Tochter deutscher Einwanderer und die Enkelin eines reichen Industriellen. Sie wuchs in Litchfield, Connecticut, unweit von Sharon auf, besuchte Miss Hall's, ein berühmtes Mädcheninternat in Pittsfield, und studierte am Radcliffe College. Sie war klein und zierlich, mit braunen Augen und warmem Blick und einem strahlenden Lächeln, auch ihr Haar, das sie unmodisch kurz trug, war braun. Sie lernte Lake 1960 auf einer Silvesterparty kennen, man spielte Scharade. Lake war ein netter Kerl, der aus ähnlichen Verhältnissen stammte. Sechs Wochen später rief er sie an: «Ich bin Tony Lake, erinnerst du dich an mich?»

Toni hatte keine großen Karrierepläne – sie liebte Kinder, Tiere und Musik, sie wollte unterrichten und ein gutes und nützliches Leben führen. Doch sie machte sich Tonys hohe Ziele zu eigen, sie stellte sich die Diplomatenlaufbahn als eine partnerschaftliche vor. Sie war die einzige Ehefrau des Jahrgangs, die Vietnamesisch lernte. Gemeinsam wollten sie die Welt verbessern.

Holbrooke konnte mit Sie-Toni wenig anfangen, wenn er die Abende in Washington bei den Lakes verbrachte. Er hielt sie für eine prüde Neuengländerin. Er konzentrierte sich ganz auf Er-Tony.

Lake meldete sich für Vietnam. Nicht, weil er den Krieg erleben wollte – auch in dieser Hinsicht war er anders als Holbrooke –, sondern weil er die Demokratie retten wollte. Er packte einen weißen Popelineanzug, wie er ihn an Diem und dem diplomatischen Korps in Saigon gesehen hatte. Er glaubte, der Anzug würde ihn mit der vietnamesischen Tradition verbinden und gegen die radikalen Kommunisten abgrenzen. Er wusste noch nicht (und sollte es erst einige Jahre später begreifen), dass die Vietcong mit ihren schwarzen Pyjamas die traditionelle Ordnung der dörflichen Gesellschaft wiederherstellen wollten, die von den Franzosen und ihren Nachfolgern mit ihren teuren Anzügen zerstört worden war. So gesehen waren die Lakes wie alle anderen Amerikaner, die nach Vietnam gingen – vollständig naiv.

Als Lake in Tan Son Nhut landete, wäre er am liebsten mit dem nächsten Flugzeug wieder nach Hause geflogen. In der schwülheißen Finsternis ging die Fantasie mit ihm durch, überall lauerten die Terroristen des Vietcong, er hatte eine Scheißangst. Gleichzeitig gab es keinen Ort auf der Welt, an dem er lieber gewesen wäre. Es sollte eine Weile dauern, bis er lernte, die Angst zu verbergen, besonders in Gegenwart von Holbrooke, der selbst keine zu verspüren schien. Am ersten Morgen ließ Lake seine Frau im Hotel Majestic am Fluss zurück und meldete sich in der Konsularabteilung der Botschaft, die nur zwei Straßenblocks entfernt war, zur Arbeit. Er hätte lieber die üblichen Stationen der Diplomatenlaufbahn absolviert – wäre gern als Konsul in die Provinz gegangen, um seine Vorgesetzten und deren Vorgesetzte von dort mit fundierten Berichten zu versorgen. Toni saß allein auf dem Bett und verbrachte den größten Teil des Tages damit, das grelle, durch die Fensterläden fallende tropische Licht zu betrachten, bis sie schließlich den Mut aufbrachte, das Hotel zu verlassen und in die Geschäftigkeit des Nachmittags hinauszutreten.

Sie bezogen das Erdgeschoss einer französischen Villa mit hohen Decken, schachbrettgemusterten Terrazzoböden und einer im hinteren Teil des tropischen Gartens gelegenen Dienstbotenunterkunft. Die Villa befand sich im Stadtzentrum, gegenüber der Kaserne der Präsidentengarde und wenige Straßen vom Palast Diems entfernt. Die Lakes legten sich ein Hündchen zu und begannen, sich für buddhistische Kultur zu interessieren. Abends gingen sie zum Ufer hinunter und sahen den Hafenarbeitern zu, die im Gestank von Fischsauce, Holzkohle und Diesel die Schiffe entluden. Vietnam begann, ihnen unter die Haut zu gehen.

Lake stürzte sich in die Arbeit in der Konsularabteilung, er besuchte amerikanische Staatsbürger in den Gefängnissen von Saigon, suchte die Bars nach betrunkenen Soldaten ab, die meinten, in Form einer vietnamesischen Clubsängerin eine echte Lebensgefährtin gefunden zu haben, und die nicht zuhören mochten, wenn Lake ihnen zu erklären versuchte, dass die wegen ihrer Vorstrafen als Prostituierte niemals ein amerikanisches Visum erhalten würden. Wenn Holbrooke in der Stadt war, gefiel es ihm, Lake auf seinen offiziellen Rundgängen zu begleiten.

Er fand, der Job sei der perfekte Stoff für einen Joseph-Conrad-Roman. Abends ging er mit den Lakes in Cholon, dem chinesischen Viertel, essen oder sie luden ihn in die Villa ein, wo er mit Tony im Wohnzimmer Ventilatorball spielte. Die beiden Männer organisierten auf dem Platz hinter dem Haus mit Freunden Football-Wettbewerbe, sie gingen zum Bowling oder spielten Tennis auf den von großen Bäumen beschatteten Sandplätzen des Cercle Sportif, bis sie in der Hitze zusammenbrachen. Sie waren etwa gleich gut, aber Lake brachte Holbrooke mit seinen hohen Topspin-Schlägen in die schwächere Rückhand in Bedrängnis, bis Holbrooke, der wusste, dass Lake ihn durchschaut hatte, die Fassung und schließlich auch den Satz verlor.

In diesem Sommer wurde Toni schwanger. Im August kam sie ins Krankenhaus, sie hatte Angst, das Baby zu verlieren. Es stellte sich heraus, dass sie Dengue-Fieber hatte. Holbrooke besuchte sie dort mit Lake. Sein Bild von ihr begann sich zu bessern.

III.

Den ganzen Sommer hindurch steckten sich Mönche selbst in Brand, Diem und Nhu reagierten auf die Studentenproteste mit Schlagstöcken und Wasserwerfern, und Nhus schöne und bösartige Frau, Madame Nhu, rief zu weiteren menschlichen «Grillfesten» auf. Die sogenannte Buddhistenkrise veranschaulichte auf der politischen Seite, was Ap Bac bereits in militärischer Hinsicht bewiesen hatte: Die südvietnamesische Regierung wurde von innen heraus zerfressen und war im Begriff, auseinanderzufallen. Im Delta wurden die Vietcong immer stärker, sie waren besser gerüstet und traten zum ersten Mal in Bataillonsstärke auf. Und in dieser seltsamen, von rituellem Selbstmord und Tennis geprägten Atmosphäre stieg die Anspannung in Saigon wie die drückende Hitze vor dem Nachmittagsregen.

Am Abend des 20. August sagte Holbrooke das Abendessen mit Halberstam ab und besuchte Toni im Krankenhaus. Um sechs am folgenden Morgen wachte er in seiner klimatisierten Zweizimmerwohnung in der

Phan Dinh Phuong Nr. 498 auf – zu der eine Hausangestellte gehörte, die auch kochte – und schaltete das Radio ein. Die vietnamesische National-hymne erklang. Danach erklärte ein Sprecher, dass das Kriegsrecht aus-gerufen worden sei. Holbrooke sprang in ein Taxi und erreichte gegen halb sieben das Viertel, in dem sich sein Büro befand. Auf den Straßen wimmelte es von vietnamesischen Soldaten, er hielt seinen Ausweis hoch und ging das letzte Stück zu Fuß.

Kurz nach Mitternacht hatten Nhus Spezialkräfte, die in Lastwagen herangekarrt worden waren und reguläre Armeeuniformen trugen, das Tor der Xa-Loi-Pagode niedergerissen, sie hatten scharf geschossen, Tränengasgranaten geworfen, Hunderte von blutenden Mönchen und Nonnen fortgeschleppt und das verkohlte Herz von Thich Quang Duc beschlagnahmt. In einem Überraschungsschlag gegen die Protestbewe-gung verhaftete das Diem-Regime beinahe fünfzehnhundert Mönche im ganzen Land. Als Vorwand deponierten Nhus Einheiten Waffen in den Pagoden. Bei dem Angriff auf Xa Loi gelang es zwei Mönchen, mit einer Urne, die Thich Quang Ducs Asche enthielt, über die Gartenmauer von USOM zu klettern. Sie fanden, bewacht von Marineinfanteristen, Zuflucht in einem Zimmer neben Holbrookes Büro, vietnamesische Sol-daten umzingelten das Gebäude. Sheehan und Halberstam waren schon vorher gewarnt worden und hatten die Pagode bereits kurz nach Mitter-nacht erreicht, sie hatten sich zwischen Lastwagen und Soldaten hin-durchgedrängt und verfolgten das Spektakel vom Dach der USOM aus. In der Botschaft dagegen hatte niemand einen Hinweis erhalten, nicht einmal in der CIA-Residentur, die die Spezialeinheiten finanzierte.

Holbrooke verließ die USOM gegen Viertel nach sieben. Er war der Letzte, der ging. Unmittelbar danach wurde das Gebäude mit Stachel-draht abgesperrt, in den nächsten sieben Stunden durfte niemand hinein oder heraus.

Eigentlich sollte er in den Norden reisen, um einige Dörfer zu besu-chen, die die Kommunisten kurz zuvor angegriffen und stark zerstört hatten, doch auf dem Luftweg kam er aus Saigon nicht hinaus – in Tan Song Nhut waren alle Flüge gestrichen. Er fuhr durch die Stadt, durch Straßen voller Fallschirmjäger und Jeeps, die mit Maschinengewehren im Kaliber dreißig ausgestattet waren, zur Botschaft, wo er die Depeschen las. Doch es gab nur sehr wenige offizielle Informationen. Ab neun am Abend galt eine Ausgangssperre, Menschen flohen von den Straßen, und eine ungewohnte Stille legte sich über Saigon.

Als Holbrooke in seine Wohnung zurückkehrte, spürte er das, was er in zugespitzten Situationen wie dieser immer spüren sollte: Er war froh, dabei zu sein. Hätte er mit Halberstam zu Abend gegessen, statt Toni zu besuchen, wäre er möglicherweise in unmittelbarer Nähe gewesen, als Xa Loi angegriffen wurde; wäre er im Gebäude der USOM geblieben, hätte er die siebenstündige Belagerung hautnah miterlebt.

Mit den Angriffen auf die Pagoden vollzog das Regime die vollständige Trennung von der südvietnamesischen Bevölkerung. Die amerikanischen Beamten begannen zu begreifen, dass die Presse die ganze Zeit recht gehabt hatte. Halberstam erklärte Holbrooke, dass Diem am Ende und der Krieg verloren sei. «Dave ist praktisch berauscht von dieser Angelegenheit, die emotionale Welle, die er reitet, ist so wild, dass er praktisch durchdreht, wenn er über die Botschaft spricht, man kann ihn überhaupt nicht mehr verstehen», schrieb Holbrooke nach Hause. Er selbst ärgerte sich, dass die Reporter die Botschaft nicht gewarnt hatten. «Ich mag Dave, wir haben uns mal wieder so gefetzt über den Zustand der Welt. Aber in diesem Fall hatte er einen sehr mächtigen Verbündeten: die Ereignisse selbst. Er hat einigermaßen recht, wenn er behauptet, dass er bessere Quellen hat als das Außenministerium oder die CIA. Schließlich war er es, der rechtzeitig an der Pagode aufgetaucht ist. Und wir haben mit unserer allzu optimistischen Berichterstattung ein ziemliches Schlamassel angerichtet. Das mag alles stimmen, trotzdem wünschte ich, es wäre etwas ausgewogener ... Schon möglich, dass wir den Krieg gerade verlieren – ich weiß es nicht – und dass wir die Lage nicht richtig darstellen – dafür gibt es durchaus Hinweise – aber Dave geht die Sache in einer Weise an, dass eine Situation entsteht, in der man mit ihm kein konstruktives Gespräch mehr führen kann.»

Botschafter Nolting, der Diem beharrlich gestützt hatte, war nach einem ausgedehnten Mittelmeerurlaub nach Washington zurückgerufen worden. Diem und Nhu hatten dieses amerikanische Führungsvakuum genutzt, um zu handeln und Noltings Nachfolger vor vollendete Tatsachen zu stellen. Am Morgen des 23. August wollte Holbrooke gerade zur Botschaft gehen, als er eine Limousine bei der USOM vorfahren sah. Er vermutete, dass sich darin der neue Botschafter befand.

Henry Cabot Lodge Jr. war am Vorabend eingetroffen und kam, um den beiden flüchtigen Mönchen einen Besuch abzustatten und Anweisung zu geben, sie mit vegetarischen Mahlzeiten zu versorgen – Diem sollte erfahren, dass das alte Spiel vorüber war, dass die Amerikaner ihn nicht mehr bedingungslos unterstützten.

Als Holbrooke später im zweiten Stock der Botschaft Depeschen las, tauchte Lodge auf, gefolgt von einem Kameramann. Er war groß und schlank, sein Blick war eisig, und wenn er lächelte, verschwand seine Oberlippe. Bei jedem Konsonanten schnappte sein Unterkiefer hörbar zu. Er war ein republikanischer Politiker aus einer bekannten Familie in Massachusetts – der Kennedy, den er hasste, zwei Mal bei Wahlen unterlegen gewesen war, und der vom Präsidenten vor der Wahl von 1964 aus dem Land komplementiert worden war. «Dann lass uns mal ein bisschen Theater spielen», murmelte er zum Kameramann. Er grinste und begann, die Hände junger Botschaftsangestellter zu schütteln. Holbrooke stellte sich auf, doch bevor er an die Reihe kam, wandte sich Lodge ab. Holbrooke würde auf eine weitere Chance hoffen müssen, um sich seinem neuen Chef vorzustellen.

Es war einer dieser Augenblicke, in denen niemand wirklich weiß, was zum Teufel los ist. Das ist öfter der Lauf der Geschichte, als wir uns eingestehen möchten. Es ist beruhigend zu glauben, dass eine Gruppe von wichtigen Personen an einem Tisch sitzt und die Optionen abwägt, die Fakten betrachtet und eine Entscheidung über das weitere Vorgehen trifft, das dann wie geplant abläuft. Wäre die Geschichte doch nur eine finstere Verschwörung! Häufiger ist es allerdings so, dass wir überhaupt nicht sagen können, warum Ereignisse von größter Tragweite überhaupt geschehen sind. «Außenpolitik ist irrational», pflegte Holbrookes Freund Les Gelb (der in dieser Geschichte erst in ein paar Jahren auftauchen wird) zu sagen. Die Verantwortlichen treffen ihre Entscheidungen auf der Grundlage des politischen Augenblicks, oder einer Ideologie, die mit der menschlichen Wirklichkeit wenig zu tun hat, oder ihres von Wunschdenken vertieften Unverstands – jedenfalls nicht auf der Grundlage verifizierbarer Informationen. Oder aber sie treffen überhaupt keine Entscheidung – die Ereignisse überschlagen sich und die Entscheidungsträger versuchen hinterherzustolpern. Dann verbringen sie den Rest ihres Lebens damit, so zu tun, als hätten sie die ganze Zeit gewusst, was sie taten, sie rechtfertigen sich für etwas, das von vornherein überhaupt keinen Sinn ergab.

Lodge überblickte die Lage nicht – er war gerade erst angekommen, mit unklaren Anweisungen, das Verhältnis zur amerikanischen Presse zu verbessern und Diem zu bewegen, den amerikanischen Forderungen nachzugeben. Auch die Politiker in Washington überblickten die Lage nicht – sie waren sich uneinig und warteten auf Nachricht von Lodge. Auch Diem überblickte die Lage nicht – seine Generäle begannen, sich gegen ihn zu formieren, er selbst aber glaubte, der Einzige zu sein, der sein Land retten konnte. Mag sein, dass er eine amerikanische Marionette war, wie die Kommunisten behaupteten, aber er war, mit den Worten eines Amerikaners in Saigon, «eine Marionette, die ihre eigenen Fäden zieht». Auch die vietnamesischen Generäle überblickten die Lage nicht – sie waren in verschiedene Lager aufgeteilt, ohne offensichtliche Anführer, und warteten darauf, dass die jeweils anderen die Initiative ergriffen. Auch die Reporter überblickten die Lage nicht – sie waren so dicht dran, dass sie immer schon im Voraus wussten, was als Nächstes geschehen würde, aber sie sahen das große Bild nicht, das sie später in ihren Büchern darstellen sollten. Und natürlich überblickte auch Dick Holbrooke, einer der jüngsten amerikanischen Diplomaten im Land, der erst vor zwei Monaten angekommen war, die Lage nicht. Doch er versuchte, sich diesen Überblick zu verschaffen.

Drei Tage nach dem Angriff auf die Pagoden, am Samstag, den 24. August, spielte er mit Rufus Phillips Tennis, und er schlug seinen Chef 6:2 («mein bestes Tennis seit Jahren»). Nach dem Spiel unterhielten sie sich. Phillips erzählte Holbrooke, dass ihn Oberstleutnant Mike Dunn, ein Botschaftsangestellter, den Lodge als persönlichen Assistenten und Mann fürs Grobe nach Saigon mitgebracht hatte, zu sich zitiert hatte. «Lodge will wissen, was zum Teufel hier los ist», hatte Dunn gesagt. Also hatte sich Phillips bei den vietnamesischen Generälen umgehört, mit denen er befreundet war, und hatte herausgefunden, dass sie sich alle verbittert von Nhu abgewandt hatten, denn die Militärs waren für Angriffe verantwortlich gemacht worden, die er selbst angeordnet hatte. Nhu hatte sie in die Falle laufen lassen. Phillips hielt es für das Beste, wenn Diem im Amt bliebe, wenn man ihn nur überzeugen könnte, Nhu und dessen Frau fallen zu lassen. Holbrooke widersprach – er meinte, Diem sei nicht zu retten, er müsse genau wie die Nhus abtreten (auch Halberstam und Sheehan sahen es so). Wenn Diem verschwände, meinte er, sei der Krieg noch zu gewinnen. Überhaupt nicht einzugreifen sei keine Option. «Wir stecken genauso tief drin wie die Vietnamesen», schrieb er.

In Washington passierte gleichzeitig etwas Entscheidendes, von dem Holbrooke erst Jahre später erfahren sollte, als sein Freund Daniel Ellsberg heimlich Akten an die Presse weitergab. Dies ist genau der Punkt, an dem Außenpolitik irrational ist. Am selben Abend des 24. August – Kennedy war in Hyannis Port, wo er um seinen verstorbenen kleinen Sohn trauerte und seine Rückenschmerzen auskurierte, Rusk saß im Yankee-Stadion in New York, McNamara war zum Bergsteigen im Grand-Teton-Nationalpark, das spätsommerliche Washington war beinahe menschenleer – entwarf eine Gruppe von Spitzenbeamten im Außenministerium, geleitet von W. Averell Harriman, Abteilungsleiter für politische Angelegenheiten, und Roger Hilsman, der Harriman als Assistant Secretary für den Fernen Osten nachgefolgt war, eine streng geheime Anweisung an den Botschafter in Saigon. «Die US-Regierung», hieß es in der Depesche, die den offiziellen Titel DEPTEL 243 trug, «kann eine Situation, in der die Macht in Nhus Händen liegt, nicht akzeptieren. Diem muss die Gelegenheit gegeben werden, sich von Nhu und seinen Gefolgsleuten zu trennen, und sie durch das beste zur Verfügung stehende militärische und politische Personal zu ersetzen. Falls Diem trotz all Ihrer Bemühungen starrsinnig bleibt und sich weigert, müssen wir der Möglichkeit ins Auge sehen, dass Diem selbst nicht weiter gestützt werden kann.»

Kennedy war skeptisch, aber er stimmte zu, weil er glaubte, Rusk stehe dahinter. Rusk gab grünes Licht, weil er glaubte, Kennedy sei einverstanden. McNamara erfuhr von der Depesche überhaupt nicht, sein Stellvertreter zeichnete sie ab, weil sie von Kennedy und Rusk freigegeben worden war. Auch die Stellvertreter der Generalstabschefs unterzeichneten, ohne ihre Vorgesetzten zu informieren. So wurde DEPTEL 243 an jenem Samstagabend um 21 Uhr 36 vom Außenministerium nach Saigon gesandt, ohne dass eine Diskussion darüber stattgefunden hätte, ohne dass Einigkeit bestand. Das, was wir heute als Ressortabstimmung bezeichnen – dass man die unterschiedlichen Ansichten quer durch den Regierungsapparat abgleicht, um eine gemeinsame Politik zu formulieren, ein Verfahren, das Holbrooke später, als er selbst im Lageraum des Weißen Hauses mit am Tisch saß, in entscheidenden Momenten behindern sollte –, war gescheitert.

Am nächsten Tag schrieb Lodge zurück: «Ich glaube, die Wahrscheinlichkeit, dass Diem unseren Forderungen nachkommt, geht gegen null. Gleichzeitig erlauben sie Nhu, dem Eingreifen der Militärs zuvorzukommen bzw. es zu verhindern. Wir glauben, das Risiko ist zu hoch, da Nhu Kampfeinheiten in Saigon kontrolliert. Deshalb schlagen wir vor, mit unseren Forderungen direkt zu den Generälen zu gehen und Diem nicht zu informieren. Wir würden ihnen sagen, dass wir Diem ohne die Nhus akzeptieren würden, dass es aber letztendlich ihre Entscheidung ist, ob sie ihn halten wollen.»

Am Montagmorgen, den 26. August – die Straßen sind zwei Tage vor dem Marsch auf Washington für Arbeit und Freiheit, einer Großdemonstration von Bürgerrechtlern, voller Polizisten und Soldaten – ist Kennedys Kabinett, das sich an dem langen Tisch im Kabinettssaal des Weißen Hauses versammelt hat, in heller Aufregung. Die Hauptverantwortlichen, vor allem McNamara und General Maxwell Taylor, der Vorsitzende der Vereinigten Generalstabschefs, behaupteten, DEPTEL 243 nie genehmigt zu haben. Hilsman widersprach. «Mein Gott! Diese Regierung gerät aus den Fugen», sagte der Präsident, und als die Minister weiter stritten, schrie er: «Dieser Scheiß muss aufhören!» Aber es war zu spät. Als Kennedy die Anwesenden einzeln befragte, war niemand gewillt, die Anweisung aus der Depesche zurückzunehmen. «Es ist wirklich schwierig, einem Präsidenten ins Gesicht zu sagen, dass eine Entscheidung, die er gebilligt hat, falsch war», erklärte William Colby von der CIA später, «vor allem, wenn man keinen positiven Vorschlag hat, was an der Stelle getan werden sollte.»

Und so gaben die Vereinigten Staaten ihre acht Jahre während, auf Lansdale zurückgehende Politik auf, Ngo Dinh Diem als denjenigen vietnamesischen Führer zu unterstützen, der in der Lage wäre, den Kommunismus zu besiegen. Die Rechnung mit Diem ging nicht mehr auf, die USA würden noch tiefer einsteigen, ohne zu wissen, was als Nächstes kommen würde – als könnte die südvietnamesische Politik von einer Gruppe von Amerikanern gesteuert werden, die sich in der Regierung profiliert oder im Rechtswesen, in der Wissenschaft, im Militär und in der Automobilbranche gearbeitet hatten und elf Zeitzonen entfernt in einem Besprechungsraum saßen. Kennedy, Hilsman und Rusk hatten im Pazifikkrieg gedient. Hilsman hatte Anfang des Jahres zehn Tage in Vietnam verbracht, um sich zu informieren. McNamara und Taylor waren zu kürzeren Aufenthalten dort gewesen und immer mit optimistischen Lageberichten zurückgekehrt. Das war, was die Region anging, die Kompetenz an jenem Tisch. Und Lodge, der seit nicht einmal einer Woche im Land war und zugab, dass er Vietnam praktisch überhaupt nicht kannte, der Phillips beim Lunch in der Botschafterresidenz zu verstehen gab, dass es der primitive Aberglaube des vietnamesischen Volkes sei, der die Menschen undurchschaubar mache, weshalb ihre Regierungsangelegenheiten keinen ernsthaften Respekt verdienten – ein Spielzeug im Vergleich zu den politischen Komplexitäten, mit denen er sich in seiner langen und bemerkenswerten Laufbahn als Senator, UNO-Botschafter, Vizepräsidentschaftskandidat von 1960 und möglicher Präsidentschaftskandidat von 1964 auseinandergesetzt habe – dieser Henry Cabot Lodge sollte nun die neue Politik umsetzen. Am 28. August schrieb er nach Washington: «Wir haben einen Kurs eingeschlagen, von dem wir nicht mehr abweichen können, ohne unser Gesicht zu verlieren: den Sturz der Regierung Diem.»

Holbrooke wusste von alldem nichts. Er ging noch immer davon aus, dass die US-Regierung wusste, was sie tat, dass sie zumindest mehr wusste als er selbst (eine Annahme, die er allerdings schon bald verwerfen sollte). Doch er spürte, dass Diem am Ende war – alle seine vietnamesischen Bekannten sprachen sich zum ersten Mal offen gegen das Regime aus – und das war alles ziemlich aufregend: «Wir kommen an einen kritischen Augenblick in unserer Geschichte hier – wie kritisch, das wird sich natürlich erst noch zeigen. Wir müssen deutlich machen, dass unsere Position mit der von Diem nicht vereinbar ist, das ist jetzt unsere Aufgabe. In dieser Hinsicht ist die Anwesenheit der Mönche im USOM-Gebäude ein absoluter Glücksfall, denn sie erlaubt uns, jeden Tag von Neuem zu zeigen, wo wir stehen. Ohne diese beiden Menschen, die natürlich nicht begreifen, in welcher Situation sie sich befinden, wäre unsere Haltung wohl wesentlich weniger eindeutig ... Ich wünschte, ich wäre noch besser über die Lage informiert.»

Ganz Saigon wartete auf den Putsch. Doch der August ging vorüber, und der Putsch blieb aus. Die Generäle waren nicht einig genug, um ihre Waffen gegen das Regime zu richten. Es gab zwar Blitze am Himmel, aber keinen Regen, und die Luft in Saigon wurde immer drückender.

Ende August erfüllte sich Holbrookes sehnlichster Wunsch. Er sollte in eine Provinz im unteren Delta geschickt werden, in dem es vor Vietcong nur so wimmelte.

Dort unten in Ba Xuyen hatte der Mann von Rural Affairs, ein gewisser Bob Friedman, Schwierigkeiten mit dem Provinzchef. Oberst Chieu hatte über seine Frau eine Verbindung zu den Ngos und wurde verdächtigt, Holzkohle aus dem Delta nach Saigon zu schmuggeln und den Erlös an Nhus geheime politische Organisation weiterzugeben. Als Phillips in die Provinzhauptstadt Soc Tranc fuhr, um mit Chieu zu reden, ließ der ihn abblitzen. Phillips brachte seine Verärgerung zum Ausdruck, indem er Friedman aus Ba Xuyen abzog.

Holbrooke sah seine Chance. «Ich möchte eine Provinz übernehmen», sagte er zu Phillips, der lachte, weil Holbrooke erst zweiundzwanzig war. «Schicken Sie mich da runter – es ist ja niemand da.»

«Ich will da auch niemanden runterschicken», antwortete Phillips mit seinem weichen Virginia-Akzent.

«Schicken Sie mich. Ich bin ja praktisch ein Niemand.»

Diese Chuzpe ließ Phillips aufhorchen, und die Vorstellung gefiel ihm, Chieu zu beleidigen, indem er einen vorlauten Jungen zum Vertreter der Provinz ernannte, dem ranghöchsten amerikanischen Zivilisten vor Ort, ohne den keine Gelder des AID-Fonds fließen würden. Es war eine ungeheuerliche Idee, die im diplomatischen Korps überhaupt nicht denkbar war, aber Rural Affairs war eine hemdsärmelige Truppe, und Phillips wies Friedman an, seinen Nachfolger einzuweisen. Es gab allerdings ein Hindernis: Der alte George Melvin erklärte, er wolle Holbrooke halten und zum Stabsreferenten machen. Doch Holbrooke blieb beharrlich und erzählte, dass er schon am nächsten Tag zu Ba Xuyen gebrieft werden sollte. So vermied er es, offen auszusprechen, dass er kein Interesse daran hatte, Melvins Stabsreferent zu werden. Ein Entgegenkommen war das trotzdem nicht. Melvin schleppte Holbrooke verärgert hinauf in Phillips' Büro. «Und?», fragte Melvin. «Wer kriegt Sie nun? Ich oder Ba Xuyen?»

Wie viele Zweiundzwanzigjährige würden es wagen, in dieser Situation «Ba Xuyen» zu sagen? Aber so war Holbrooke, wenn etwas zwischen ihn und das Objekt seiner Begierde kam.

Ba Xuyen war das Ende der Welt. Es war kurz vor Cà Mau, und Cà Mau war der letzte Zipfel des asiatischen Kontinents, die «südlichste Provinz von Nordvietnam», wie Halberstam es einmal genannt hatte, denn Cà Mau und das untere Delta waren das Kernland der Vietcong, die seit Jahren schon in den Weilern und Kanälen und Reisfeldern und Mangrovenwäldern lauerten. Die Provinz hatte über eine halbe Million Einwohner, man fuhr acht oder neun Stunden über die Route 4, die durch den endlosen Sumpf des Deltas führte, Meile um Meile von gefluteten Reisfeldern, die sich bis zum Horizont erstreckten – die Reisschösslinge waren Mitte September, als Holbrooke in Soc Trang eintraf, noch nicht smaragdgrün wie zur Erntezeit, sondern goldgelb. Meistens nahm er die Caribou der Air America, die die Landepisten des Deltas täglich von Tan Son Nhut aus anflog, denn das Fahren bei Tag war riskant und in der Nacht völlig ausgeschlossen.

Sein Zimmer lag im zweiten Stock eines lehmfarbenen Gästehauses im Kolonialstil, direkt gegenüber von Oberst Chieus Provinzhauptquartier mit seinen Tennisplätzen, der Balkon ging auf den Hauptplatz des Ortes hinaus. Neben dem Gästehaus befand sich ein Tanzclub namens «Bungalow». Allerdings hatte Madame Nhu das Tanzen verboten, um die Ehre der vietnamesischen Frau zu schützen, weshalb der Bungalow nur noch als Bar fungierte, in der einheimische Soldaten trinken und Mädchen abschleppen konnten. Holbrookes Nachbarn, die auch gerade erst in Vietnam angekommen waren, waren ein christliches Paar aus Rhode Island, George und Renee McDowell. George, der an der Texas A&M University studierte und für die internationale Freiwilligenorganisation IVS arbeitete, machte die örtlichen Bauern mit einer bestimmten Sorte von gigantischen Wassermelonen aus Georgia bekannt. Holbrooke gab ihnen zu verstehen, dass er nicht interessiert war. Einmal fuhr er mit McDowell zum Flugplatz von Soc Trang, um einige Offizielle aus Saigon zu begrüßen, und stellte sich folgendermaßen vor: «Ich bin Richard Holbrooke, der AID-Mann hier in Ba Xuyen.» Dann zeigte er auf McDowell, der drei Jahre älter war: «Und das ist George McDowell, der Junge vom IVS.»

Holbrooke interessierte sich am meisten für die Wehrdörfer, von denen es, so glaubte er zumindest bei seiner Ankunft, in Ba Xuyen dreihundertvierundzwanzig gab. Als er bat, einige der weiter entfernten Weiler zu besichtigen, erklärte man ihm, dass das zu gefährlich sei. Er zog ein weißes, kurzärmeliges Hemd an, klippte das Sonnenbrillenetui an die Brusttasche und fuhr los. Er stellte fest, dass die Wehranlagen nichts weiter waren als ein paar Bambustrittfallen und ein Graben, in dem einige schlecht bewaffnete Milizsoldaten hockten. Die Vietcong überrannten und zerstörten die Wehrdörfer nach Belieben. Den Geheimdienstberichten zufolge gab es in der Provinz dreitausend Kader, die zu allem bereit waren. Saigon hatte den Guerillas, die ihre eigenen Schulen betrieben und Bezirksvorsteher und Steuereintreiber ernannt hatten, die Hälfte des Territoriums dauerhaft überlassen. In der Nacht gehörten nur die Städte der Regierung. Trotzdem zählten die Beamten in Washington und Saigon dreihundertvierundzwanzig Wehrdörfer in Ba Xuyen, womit die Regierung zumindest theoretisch einundsechzig Prozent der Bevölkerung unter ihrer Kontrolle hatte.

In Soc Trang war der Krieg sehr nah. Der Landeplatz wurde immer wieder von Mörsern beschossen.

Holbrooke verlor in der Hitze fünfzehn Pfund. Sein Zimmer hatte weder Klimaanlage noch Ventilator, es gab keine funktionierende Toilette und keine Dusche. Den Moskitos war nicht zu entkommen, weshalb er einen Großteil seiner Zeit im MAAG-Gebäude verbrachte, das eine

Straße weiter in der Nähe des Kanals lag. Die amerikanischen Militär-berater dort hatten einen kleinen Projektor und zeigten Filme wie «Eine Braut für sieben Brüder» und «China Story», an denen sich Holbrooke gar nicht sattsehen konnte. Wenn es irgend ging, flog er an den Wochen-enden nach Saigon zurück, um die Lakes und die Reporter zu sehen und das große Ganze im Blick zu behalten.

Holbrooke schrieb gut, besonders in jüngeren Jahren. Lassen wir ihn diese Geschichte also selbst wiedergeben.

IV.

Ich wünschte, ich könnte Ihnen von all dem erzählen – von dem schlecht beleuchteten Raum und der Bar, in der ich gerade sitze, zusammen mit den MAAG-Leuten, die nur auf ihren Rückreisebefehl warteten; von den Playboy-Postern an der Wand, die hier irgendwie völ-lig unpassend sind; von den Stapeln alter Zeitschriften und Taschenbü-cher und den anderen Hinweisen auf die Heimat, die die US-Armee ins Herzland des Vietcong fliegt, um uns in unserer Verlorenheit ein wenig aufzufangen; vom ansteigenden Pegel, vom Regen, der die gesamte Pro-vinz, sogar das Grundstück, auf dem unser Gebäude steht, buchstäblich unter Wasser setzt; vom Warten; von der Hässlichkeit, der Grausamkeit, der Abgründigkeit, während in Saigon ein Regime sitzt, das so völlig bankrott und widerlich ist, dass es kaum in Worte zu fassen ist. Die Ereig-nisse der letzten beiden Wochen haben den letzten Hoffnungsschimmer einiger weniger Amerikaner gelöscht, dass Diem und die Familie, die ihn steuert, in der Lage sein wird, dieses Land in eine andere Richtung zu führen als in Tod und weitere Zwietracht. Wir alle warten – auf so vieles; vor allem warten wir auf das Ende des Regimes.

105-Millimeter-Kanonen feuern von einer Stellung irgendwo hinter unserem Haus über das Dach nach Norden. Gewehrfeuer ist zu hören, aber nicht im Umkreis von dreihundert Metern. – Ich lege mich schlafen.

Das Delta ist irgendwie anders. Wenn man darüber fliegt, beginnt man zu verstehen, wo die Probleme liegen. Das Land ist völlig flach, zwei

Wie können wir verlieren, wo wir uns doch so bemühen?

Drittel davon stehen zurzeit unter Wasser. Trotzdem ist es eine Vietcong-Hochburg, vielleicht die letzte, die fallen wird. Wie ist das möglich? Wo sind diese Kämpfer denn? Viele harren in den unzugänglichen Sümpfen im äußersten Süden aus, aber Tatsache ist auch, dass dieser Tag für die meisten bedeutet, dass sie in irgendeinem Haus Schutz gefunden haben, in einem Dorf gleich südlich von hier.

Wenn wir das Delta in den Griff bekommen wollen, brauchen wir einen neuen Ansatz, vielleicht auch das Eingeständnis, dass das Wehrdorfprogramm der gegenwärtigen Situation nicht gerecht wird. So gesehen könnten die Angriffe der letzten Woche sogar hilfreich sein: Die Zahlen sind noch nicht vollständig übermittelt, aber wir sehen schon, dass es Hunderte von Vorfällen gegeben hat – in einer einzigen Nacht!

Der Provinzchef gehört nicht zu den freundlichsten, denen ich bisher begegnet bin, was bedauerlich ist, da ich mit niemandem mehr zu tun haben werde als mit ihm. Seine Frau ist sehr schön und sehr unterkühlt. Sie ist die beste Tennisspielerin Vietnams und offenbar eine enge Freundin von Madame Nhu, was sie uns beim Lunch unter die Nase reibt, indem sie ein in einen Teller eingelegtes, mit Bändern geschmücktes Sepiafoto herumreicht – Madame Nhu und Madame Chieu, Arm in Arm. Im Esszimmer hinter ihr standen etwa zehn Tennistrophäen. Sie meinte, ich solle mal meinen Schläger mitbringen, und Bert Fraleigh, der zurzeit Rural Affairs leitet (Rufus mischt gerade Washington auf) und ebenfalls ein guter Spieler ist, meinte, sie würde mich vermutlich fertigmachen, ich solle aber aus Gründen der Diplomatie versuchen, sie zu schlagen.

Ich verteile Geld, Bulgur (eine ausgezeichnete Möglichkeit, unsere enormen Überschüsse loszuwerden – kaum jemand mag das Zeug hier, denn es ist nicht weiß und schmeckt nicht wie Reis), Speiseöl, Zement, Dachpappe und andere Geschenke. Wir bilden die Dorfmilizen aus und bewaffnen sie, wir zahlen Entschädigungen an umgesiedelte Familien (3950 allein in dieser Provinz – es wären noch viel mehr, wenn wir nicht angeordnet hätten, die Umsiedlungen auszusetzen). Wir versuchen, die gut gemeinten, aber schwer umzusetzenden Selbsthilfeprogramme auf den Weg zu bringen, bilden Lokalpolitiker aus, die (zum ersten Mal in der Geschichte Vietnams) zumindest in der Theorie demokratisch gewählt wurden, bauen Schulen und zahlen den Lehrern das erste Jahresgehalt.

Das ist Entwicklungshilfe, wie sie sein sollte – Direkthilfe für die Menschen, Saigon hat keine Möglichkeit, etwas abzuzwacken. Natürlich muss es auch in der Provinz Korruption geben, die hält sich aber wohl in Grenzen. Ich bin von dem Programm ziemlich beeindruckt und frage mich nur, was daran so revolutionär ist – ich hatte bisher, offenbar fälschlicherweise, den Eindruck, dass die meisten unserer Hilfsprogramme so funktionieren.

Bald, so sagt man mir, wird es aufhören zu regnen und etwas heißer werden, ansonsten bleibt es, wie es ist. Das Land ist in einem erbärmlichen Zustand, das spüre ich von Tag zu Tag mehr. Heute ist ein Vietnamese zu uns gekommen und hat erzählt, einige seiner Freunde seien von der Polizei erschossen worden. Ich weiß nicht, ob das stimmt, aber ich bin mir sicher, dass einige Studenten getötet wurden. Wir arbeiten hier sehr hart und machen unsere Sache im Großen und Ganzen gut, aber so vieles liegt nicht in unserer Macht. Ob wir den Krieg gewinnen, wird am Ende von Faktoren abhängen, die wir möglicherweise gar nicht beeinflussen können. Aber wir sind jetzt hier, und da haben wir natürlich keine andere Wahl, als es zu versuchen.

Eine Sache hier ist seltsam: Je länger man mit dem Auto auf der Straße unterwegs ist, desto nervöser wird man. Es sollte eigentlich umgekehrt sein. Wir wissen einfach zu viel darüber, was passiert ist. Heute Morgen sollte ich eigentlich mit Chieu und Major Butcher nach Bac Lieu fahren, aber aus irgendeinem Grund ist Chieu vor uns losgefahren, als ich noch dabei war, die Schulausrüstung von CARE in den Jeep zu packen. Butcher war so sauer, dass er sich weigerte mitzufahren, ohne Geleitschutz und so weiter. Auch ich wollte heute auf gar keinen Fall ohne Schutz fahren (erst gestern Abend gab es dort einen Überfall aus dem Hinterhalt), aber weil Butcher sich weigerte und die Zeremonie beginnen sollte, hatte ich keine Wahl. Also raste ich mit einem Leutnant, der ins Divisionshauptquartier zurückkehrte, nach Bac Lieu, wir benötigten genau dreißig Minuten, etwa zehn Minuten weniger als sonst.

An einer Pagode, zu der wir vier Kilometer durch saftige Reisfelder laufen mussten, hatten die Bonzen eine Schule gebaut, eine sehr schöne, große Schule mit fünf Klassenzimmern, aber ihnen war das Geld ausgegangen, sie baten um 30 000 Piaster (etwa 400 Dollar), um die Arbeiten zu Ende zu bringen. Natürlich bin ich bereit, ihnen das Geld zu geben, auch wenn ich nicht in der Lage gewesen wäre, den ursprünglichen Gesamtbetrag aufzubringen. Das wirft eine Variante der Frage auf, mit der wir in dieser höchst frustrierenden Situation täglich konfrontiert sind: Was erwarten wir vom Empfänger einer Leistung? Mir ist es viel lieber, Menschen Hilfsgelder zu geben, die genau wissen, was sie damit anfangen werden, so wie diese Leute, die mich (auf indirektem Weg) um einen bestimmten Betrag für ein Projekt gebeten haben, statt den Vietnamesen irgendeine Summe auszuzahlen und ihnen zu sagen, was sie damit tun sollen. Ich stelle nämlich fest, dass die Ergebnisse in der Regel nicht wie erhofft ausfallen, wenn man so vorgeht, weil man den Leuten einfach nur etwas gegeben hat, was man geben wollte, statt ihren konkreten Wünschen zu entsprechen. Einerseits bitten sie vielleicht nicht um etwas, das wir für ein Grundbedürfnis halten würden; andererseits werden sie sich über den Gegenstand, um den sie gebeten haben, auf jeden Fall freuen. Mit Einschränkungen neige ich dazu, ihnen zu geben, worum sie bitten. Einschränkungen deshalb, weil wir die Kriegssituation unmittelbar im Blick haben, wir müssen unsere Hilfsleistungen natürlich immer so einsetzen, dass sie den Vietcong maximal schaden.

Wir wanderten zu einem anderen Weiler, um uns ein Brückenprojekt anzusehen, für das Geld und Material angefragt worden war. Ich genehmigte den Antrag, nachdem einige Forderungen angepasst worden waren. Nach dem Mittagessen ging es weiter, wir genehmigten noch sechs weitere Projekte in zwei Dörfern – im Ganzen ein guter Tag für das Selbsthilfeprogramm in Ba Xuyen. Wir fuhren mit einem Boot und mit dem Jeep, die Kanäle waren eng und furchterregend, die Straßen schlecht bis katastrophal, ich bin überzeugt, dass die ganze Gegend von Vietcong unterwandert ist. In einem Dorf redeten die alten Frauen, die hier eigentlich das Sagen haben, auf den Bezirksleiter ein, sie erzählten ihm, wie arm sie waren, und baten ihn um alles, was ihnen gerade einfiel – Reis, Kleidung und so weiter. Ich kann ihnen Kleidung und Bulgur geben, aber keinen Reis, aber ihre Begeisterung über den Bulgur hielt sich in Grenzen. Was soll man machen? Eine ältere Dame, an der wir vorbeikamen, fing urplötzlich an zu weinen und zu schluchzen. Offenbar war erst zwei Stunden zuvor ihre Kuh auf eine Mine getreten und von einer

Granate getötet worden. Die Kuh war tatsächlich tot, allerdings hatte sie nur einen winzigen Kratzer hinter dem Ohr. Wer weiß, vielleicht wurde die Kuh tatsächlich von einer Granate getötet, sicher war ich mir nicht. Aber das Schluchzen der Frau war wirklich erschütternd. Der Bezirksleiter war kurz davor, die Frau aus der eigenen Tasche zu bezahlen, doch dann überlegte er es sich anders, und als wir später gingen, sahen wir, dass die Dorfbewohner Teile von der Kuh wegtrugen, zu vierzig Piaster das Kilo.

Die McDowells wohnen jetzt in einem neuen Haus direkt hinter meinem. Mrs. McDowell scheint die Situation schon zu belasten, sie liest und schreibt den ganzen Tag und sucht immer das Gespräch. Ihr Mann hat das Herz am rechten Fleck, aber er ist leider ziemlich langweilig, was sie bei dem Leben, das sie gerade führt, zwangsläufig bald selbst erkennen wird. Sie ist nämlich die einzige westliche Frau hier in der Stadt, und die Vietnamesinnen sind ihr gegenüber schlicht nicht aufgeschlossen. Es fehlt die gemeinsame Sprache, aber selbst wenn sie sich unterhalten könnten, hätten sie sich möglicherweise nichts zu sagen. Selbstverständlich ist es gut möglich, dass sie ebenfalls ziemlich langweilig ist – es ist sogar wahrscheinlich. Aber George wird für die USOM gute Arbeit machen, und das ist die Hauptsache. Trotzdem schade, dass die beiden nicht interessanter sind. Auch mit den Leuten von der MAAG kann ich vergleichsweise wenig anfangen. Sie nörgeln nur rum und zählen die Tage, bis sie nach Hause zurückkehren können, niemand von ihnen ist auch nur halbwegs intelligent. Trotzdem verbringe ich viel Zeit dort, meistens esse ich bei ihnen, und ich versuche, mit ihnen auszukommen. Außerdem benutze ich die Duschen und Toiletten dort, denn hier in der Wohnung wird das Bad den Anforderungen, sagen wir, nicht ganz gerecht.

Meine Tätigkeit als ziviler Berater des Provinzchefs und Leiter des Hilfsprogramms gibt mir immer wieder die Gelegenheit, Pläne und Projekte zu unterstützen, die zum Ziel haben, die Klischees, zu denen hier jeder ein Lippenbekenntnis ablegt, tatsächlich umzusetzen. Das stört mich nicht (es macht mir sogar Spaß), aber manchmal bin ich es doch leid, die Vietnamesen dazu zu bringen, etwas zu tun, das schließlich (zumindest glauben wir das) zu ihrem eigenen Wohl ist. Wenn ich aber einen kleinen Schritt zurücktrete und die Sache betrachte, scheint

Wie können wir verlieren, wo wir uns doch so bemühen?

es mir, als hätten sich die Vietnamesen mit unserer übermächtigen Anwesenheit in den letzten Jahren doch relativ gut arrangiert. Wir kommen hier an, ohne das Land oder die Situation zu kennen, und beginnen sofort, Ratschläge zu erteilen, von denen einige beinahe wie Befehle wirken, denn wir sind es, die das Material, das Geld und die Transportwege unter unserer Kontrolle haben. Kein Amerikaner, denke ich, würde eine derart tiefe und anhaltende Einmischung in die eigenen Angelegenheiten dulden, selbst dann nicht, wenn es den Anschein hätte, als ginge es ums Überleben. Doch die Vietnamesen haben sich darauf eingelassen, und nicht einmal widerwillig.

Vor zwei Tagen habe ich den ersten Einsatz mitgemacht. Wir brachen gegen fünf am Morgen auf und fuhren mit dem Boot zum Ausgangspunkt. Wir liefen etwa acht Kilometer durch einige sehr dichte Mangrovenwälder tief im Gebiet der Vietcong, aber wir sahen keinen einzigen Guerilla. Unser einziger Kontakt mit dem unsichtbaren Feind bestand aus drei Granaten, die als Fallen auf einem Pfad aufgestellt waren. Die Einheit, die ich begleitete, war eine vor Ort rekrutierte vietnamesische Kompanie. Einsätze dieser Art werden als «Such- und Räumaktion» bezeichnet. Sie bringen wenig, sind dabei aber höchst riskant. Wir bewegen uns langsam und machen eine Menge Lärm. Eine beliebte Taktik besteht darin, Warnschüsse abzugeben (wohl, um die Vietcong zu warnen, dass wir im Anmarsch sind). Die Vietcong, die ja sehr gut informiert sind, können sich also entscheiden: Entweder ziehen sie sich zurück, wie sie es am Mittwoch getan haben, oder sie sammeln sich, um in überlegener Zahl aus dem Hinterhalt anzugreifen. (Wir hätten sie die meiste Zeit überhaupt nicht gesehen, selbst wenn sie zehn Meter von uns entfernt gewesen wären.) Meistens lassen sie sich nicht blicken, aber manchmal schlagen sie zu.

Ich bin beinahe schon überzeugt, dass das Mekong-Delta der möglicherweise lebensfeindlichste Ort ist, den ich je gesehen habe – und doch lebt hier die Hälfte der fünfzehn Millionen Vietnamesen. Ich bin tatsächlich sehr nah dran an der derzeit wichtigsten strategischen Entwicklung dieses Krieges, zumindest was unsere Seite betrifft: die Konsolidierungspläne für das Delta. Jedenfalls habe ich einmal mehr das Gefühl, an einem tiefen Abgrund zu stehen, und ich hoffe, dass ich nichts tue, um hineinzufallen. Ich weiß, dass Mr. Melvin von meinen ersten Erfolgen hier beeindruckt war, und ehrlich gesagt bin ich es selbst auch. Die Situation ist eigentlich fatal, ich muss freundlich nein sagen und gleichzeitig versuchen weiterzukommen, gut möglich, dass ich dabei auf die Nase falle. Ich stehe vor der komplexesten und heikelsten Aufgabe meines Lebens, und ich habe keine Ahnung, wie es läuft. Wir werden sehen. Weiter oben in der Hierarchie werden gerade große große GROSSE Dinge verhandelt. McNamara und Taylor sind da; Rufus ist aus Washington zurückgekehrt; grundlegende Entscheidungen über die zukünftige Militärstrategie im Delta und über unsere Politik in Saigon müssen getroffen werden, und zwar von Kennedy selbst.

McNamara und Taylor waren heute eine halbe Stunde lang in Phan Rang. Der Zeitplan ihrer Reise ist traurig und ärgerlich. In Phan Rang zum Beispiel hielten sie sich ganze dreißig Minuten auf und ließen sich vom Provinzchef briefen. Sie stellten ihm Fragen wie: «Wie läuft es denn so? Welche Probleme gibt es?» usw. All das vor den Augen der Reporter. Das ist schlimmer, als wenn man die Gouverneure amerikanischer Bundesstaaten vor versammelter Presse befragen würde, um herauszufinden, wo in den USA die Probleme liegen. (Sagen Sie mal, Gouverneur Wallace, was läuft eigentlich in Alabama schief?) Will man die wahren Tatsachen hören – und nicht dieses Gequatsche –, muss man sich mit den Beratern der einzelnen Sektoren zusammensetzen. Man erzählt ihnen tendenziöse und völlig falsche Dinge, und selbst wenn das eine oder andere in diesen Berichten der Wahrheit entspricht, tut es uns und unserer Stellung hier nicht gut, wenn jede Wahrheit von diesem Dreck untergraben wird. Ich ärgere mich immer mehr darüber, denn wir verlieren sehr viel, wenn die Gelegenheit dieses Besuchs nicht genutzt wird. Was soll man tun? Was soll man also tun? Ich bin gerade ein wenig genervt und entmutigt bei dem Gedanken, dass all diese brillanten Männer mit jenen vagen Vorstellungen nach Washington zurückkehren, die entstehen, wenn ein intelligenter Zuhörer Interpretationen hört, die in direktem Widerspruch zueinander stehen, und keine Ahnung hat, welche davon die richtige ist.

Ich bin heute nach einer Woche Einsatz von Soc Trang nach Saigon zurückgekehrt. Ich bin froh, der Provinz zu entkommen, wo das Leben für mich, um ehrlich zu sein, nicht ganz einfach ist. Man wird die Feuchtigkeit nicht los, man kann nirgendwo vernünftig sitzen und sich entspannen, geschweige denn in Ruhe arbeiten, und zurzeit funktioniert nicht einmal die Toilette oder das Wasser, aber das wird bestimmt bald repariert. Ich habe gerade einen Blick in den Spiegel geworfen, vielleicht zum ersten Mal seit Monaten, und ich konnte mich – das ist keine literarische Metapher – wirklich nicht erkennen. Das hat mir ein wenig Angst gemacht, so etwas ist mir noch nie passiert. Ich habe eine Menge Gewicht verloren, aber das ist wohl noch nicht alles. Der Gewichtsverlust ist immerhin so groß, dass mich jeder, der mich hier kennt, darauf anspricht. Eigentlich freut es mich ja, aber es hört einfach nicht auf. Offenbar schwitze ich sehr stark. Erstaunlicherweise habe ich keine Magenbeschwerden, was die schnellste Methode ist, um abzunehmen. Ich verstehe trotzdem nicht, warum ich mich im Spiegel nicht wiedererkannt habe. Ich sah so verdammt ernst und verbissen aus, es wirkte nicht, als würde ich je wieder lächeln können. Aber das stimmt vielleicht auch nicht ganz, denn gestern habe ich wohl doch gelächelt (nachdem ich in Soc Trang vor hundertfünfzig gaffenden Vietnamesen ein Tennisspiel verloren habe. Ich habe wirklich ziemlich mies gespielt, ich wurde von einem ganzen Schwarm Moskitos angefallen und habe so stark geschwitzt, dass mir zur Freude des Publikums beim Aufschlag zweimal der Schläger aus der Hand gerutscht ist). Es war ein tapferes Lächeln. Die Art von Lächeln, mit dem ich, so hat man mir erklärt, Menschen begegnen soll, die einfach mal vorbeischauen und mich mit Forderungen bedrängen.

Als ich heute ankam, hatte ich schon drei Einladungen zum Abendessen, wodurch ich eine gesellschaftliche Anerkennung verspürte wie nie zuvor in meinem Leben. Alle drei Einladungen waren für heute Abend, und selbstverständlich bin ich zu den Tonys gegangen, die hier wirklich meine liebsten Menschen sind. Tony hat langsam genug von der Konsularabteilung, ich finde das nachvollziehbar. Bei all dem, was über unseren Köpfen vor sich geht, glaube ich, dass Lodge und sein wirklich einflussreicher Assistent Mr. Dunn Tony schon bald für eine wichtige politische Aufgabe auswählen werden. Tony lacht darüber, aber ich halte es wirklich für möglich.

Und Saigon – vor 1954 war es, wenn man den alten Hasen glaubt, eine wunderbare französische Stadt, un peu de Paris et tout ca. Heute verkommt es immer mehr zu einer der belanglosesten Städte, die ich kenne. Erstens gibt es hier überhaupt keine Kunst, nicht einmal Kunsthandwerk. Die Amerikaner stürzen sich allerdings auf alles, was als Kunst angeboten wird – kleine Zellophanfische, Porzellandrachen et cetera. Schwierig ist auch, dass es nichts zu tun gibt. Es gibt weder Tanzclubs noch Nachtclubs, wie wir sie uns vorstellen, das Einzige, was Saigon zu bieten hat, sind ein paar Sängerinnen (es sind immer dieselben, in jedem Club) und einige Bars. Keine großen Sportveranstaltungen, keine Museen, nur ein einigermaßen interessanter Zoo. (Allerdings verlieren Zoos viel an Attraktivität, wenn die seltsamen Vögel, die präsentiert werden, nicht am anderen Ende der Welt gefunden wurden, sondern in dreißig Meilen Entfernung.)

Anfangs lenkt die von den Soldaten erzeugte Anspannung davon ab, wie trostlos diese Stadt wirklich ist, aber jetzt wird es mir immer deutlicher. Wenn ich in Saigon bin, spiele ich Tennis, gehe bowlen oder essen (in einem von einer Handvoll Restaurants), ich besuche meine Freunde und sitze vor der Klimaanlage, um mich zu trocknen. Wenn ich in der Provinz bin, träume ich von dieser Klimaanlage. Tony hat heute eine Lebensmittelvergiftung. Ich hoffe, es ist nichts Schlimmes. Mit Toni verstehe ich mich immer besser.

Ich besuche sie jedes Mal, wenn ich in Saigon bin, es sind eigentlich die einzigen Menschen da oben, die ich wirklich mag. Wenn ich ankomme, rufe ich als Erstes Tony an, wir essen immer ein-, zweimal zusammen, wir gehen bowlen und spielen Tennis und so weiter. Außerdem überfalle ich sie gern, und auch das macht ihnen nichts aus. Toni ist die einzige amerikanische Ehefrau hier, die ich überhaupt erträglich finde, die anderen sind alle zickig oder langweilig oder geschwätzig, manchmal auch alles zusammen. Es gibt Gründe dafür, glaube ich, das kann kein Zufall sein. Zum einen arbeiten die Männer sehr hart und sehr gut, und den Frauen bleibt nichts übrig, als sich die ganze Zeit mit den kleinen Schwierigkeiten herumzuschlagen, die das Leben in Saigon mit sich bringt. Zum anderen rührt keine von ihnen im Haushalt auch nur einen Finger – was wesentlich zu ihrer Unausstehlichkeit beiträgt –, stattdessen kabbeln sie sich mit dem Personal, über das sie sich die Mäuler zerreißen, und sie machen sich Sorgen um die Kinder, die (meiner Meinung nach) auf die schlimmstmögliche Art aufwachsen, denn sie sind von allem entfremdet, was echt ist, sowohl in ihrem Heimatland als auch in Vietnam. Die Frauen sind auch ständig mit den Karrieren ihrer Ehemänner beschäftigt, und das auf denkbar ungute Weise: Sie tratschen ohne Ende; sie verachten die Vietnamesen mehr, als ihre Ehemänner es tun. (So war es bekanntlich auch zu Zeiten des britischen Imperialismus: Die Männer traten anfangs für eine gewisse Gleichberechtigung ein, bis sie ihre Ehefrauen ins Land holten, die die exklusiven Clubs gründeten usw.)

Jedenfalls mag ich die amerikanischen Frauen in Saigon überhaupt nicht, das muss ich ganz klar sagen. Die Ausnahme ist die «Ausnahme» – so nennen wir nämlich Toni Lake, die mich immer mehr beeindruckt. In gewisser Hinsicht hat sie sich seit Washington verändert, und irgendwie habe ich sie vielleicht auch falsch eingeschätzt – sie ist auf jeden Fall eine erstaunlich starke Frau. Sie geht mit dem alten Tony wirklich großartig um, indem sie ihn nämlich immer wieder sanft auf den Boden der Tatsachen zurückholt, wenn er zu einer seiner Ich-hab's-verbockt-die-werden-mich-versetzen-Reden ausholt, was ständig vorkommt und ärgerlich ist (weil wir alle wissen, dass er seine wirklich schwierige Arbeit – als Vizekonsul – ausgezeichnet macht und der Erste von uns sein wird, der befördert wird). «Nein, nein», sagt er dann, «ich werde der Letzte sein. Ehrlich.» Und das macht mich dann wirklich wütend, weil er dich quasi anbettelt, ihm zu sagen, wie toll er ist. Aber Toni schafft es irgendwie immer, ihn wieder runterzuholen.

Es ist Samstag in Soc Trang, zweifellos der einsamste Abend der Woche, wie Frank Sinatra gesungen hat. Ich kenne eine gute Bar, in die alle Amerikaner gehen, wo die Mädchen sehr freundlich sind, besonders zu mir, weil ich ihr Vietnamesisch spreche, aber NEIN. Einer der Hauptgründe, warum ich am Wochenende und auch sonst bei jeder Gelegenheit nach Saigon zurückkehre, ist, dass die MAAG-Leute und

McDowell hier ungefähr die traurigste Truppe von Amerikanern ist, die man sich vorstellen kann. Sie (das heißt die MAAG-Leute, nicht McDowell) hassen das Land, sie zählen die Tage bis zu ihrer Rückkehr und fluchen ohne Unterlass, und wenn sie nicht im Büro sind, sitzen sie nur herum. Kaum jemand hier überblickt die Lage, sie sehen alles nur militärisch – «eine einzige amerikanische Division könnte den Laden hier aufräumen», sagen sie, aber sie könnten nicht falscher liegen: Eine Division der Marines würde in den Sümpfen und Reisfeldern verbluten, sie würden gegen die Vietcong nichts ausrichten. Ich bin überzeugt, dass die Vietcong uns genau in diesen Kampf hineinziehen wollen, es wäre ein schrecklicher Fehler. Unsere Jungs hier sind stolz auf ihre Zähigkeit und ihr Können, aber sie nehmen überhaupt nichts wahr.

Die Armee, über die ich gerade genug lerne, um eine Abneigung gegen sie zu entwickeln, macht aus Männern Nörgler, für die nur der Dienstgrad zählt, und die ihren eigenen Dienstgrad als Zeichen ihrer Intelligenz betrachten. Ihre Haltung den Zivilisten gegenüber gefällt mir selbstredend gar nicht. Sie halten mich für einen «Bulgurhändler» und glauben, dass meine Arbeit mit dem Krieg überhaupt nichts zu tun hat. Sie nehmen es mir übel und fürchten tatsächlich die Möglichkeit, dass ein verdammter Zivilist Dinge tun könnte, die den Kriegsverlauf beeinflussen. Das gilt jedoch nicht für die Besten, die wir hier draußen haben, für Männer wie Oberstleutnant Montague, den stellvertretenden Chefberater der Division, der gesagt hat, dass ein neu gegrabener Brunnen dem Vietcong mehr und dauerhafter schadet als jede Säuberungsaktion. Doch Männer wie er sind zu selten, unser Auftritt hier ist voller Leute, die im Delta alles abschießen würden, was sich bewegt, denn «die gehören ja eh alle zum Vietcong».

Ich habe auch keine Lösung für unsere gegenwärtigen Schwierigkeiten in Südvietnam. Aber ich denke, ich kenne jetzt Wesen und Ausmaß des Problems, und ich bin immer wieder erstaunt, dass so viele Militärs, die seit Monaten schon hier sind, einfach nicht sehen, was sich vor ihren Augen abspielt. Dies ist ein Krieg um die Köpfe und Herzen der Menschen – ein derart überstrapaziertes Klischee, dass ich eigentlich dachte, es müsse die offizielle Position des Militärs sein, der niemand zu widersprechen wagen würde. Ich glaube, dass es eine der wichtigsten Aufgaben von USOM und der Botschaft sein wird, auf allen Ebenen und immer wieder deutlich zu machen, dass dieser Krieg nicht allein dadurch gewonnen wird, dass wir den Vietcong eine Reihe von schweren Niederlagen zufügen.

In der dritten Nacht in Folge feuern 155-Millimeter-Haubitzen, die größten Geschütze, die wir hier haben, östlich von Soc Trang auf die Insel im Fluss Bassac, der die Nordgrenze der Provinz bildet. Eine große Operation – Ziel: die Vernichtung von Reis, denn die Insel gehört vollständig dem Vietcong – ist im Gange, mit einiger Feindberührung am Boden und einer Menge Luft- und Artillerieunterstützung. So führt die ARVN diesen Krieg: Wenn der Feind möglicherweise in der Nähe ist, vor den vorrückenden Truppen, wird der Vormarsch eingestellt und ein Luftangriff oder massiver Artilleriebeschuss angefordert. Die Devise ist, sie niemals am Boden zu verfolgen. Die enormen Opferzahlen, von denen man immer wieder hört, beruhen also zum großen Teil auf der Summe dieser beiden Arten der Kriegsführung, es sind Schätzungen auf der Grundlage von Beobachtungen, die bei einer Geschwindigkeit von 150 Meilen pro Stunde aus der Luft gemacht werden, oder von Geheimdienstlern, die miteinander wetteifern, ihren Vorgesetzten die erfreulichsten Berichte zu schicken. Am schlimmsten ist, dass ein erheblicher Anteil der Opfer dieser Luft- und Kanonenangriffe mit den Kampfhandlungen nichts zu tun hat. Es ist der Bauer auf seinem Reisfeld, der im Kreuzfeuer dieses Krieges steht und immer stehen wird.

Es gibt einiges, was mir an Vietnam gefällt, weniger im Bezug auf unser militärisches Anliegen hier als auf meine eigene Veranlagung: Ich mag das schnelle Tempo der Menschen, die gut sind, der Männer, die hier die beste Arbeit für uns machen. Es gibt hier zwar eine Menge Leute, denen man den Laufpass geben sollte, aber die guten sind wirklich sehr, sehr gut. Es ist in gewisser Weise aufregend, nach Cà Mau oder Bac Lieu oder Saigon zurückzukehren und diese Menschen wiederzusehen, mit denen man irgendwo da draußen einen harten Tag verbracht hat. Es ist wunderbar, jemanden, den man kennt und respektiert, auf irgendeiner Flugpiste im Delta zu treffen. Ich mag das Drama der Hubschrauberflüge, selbst mit den verhassten H-21, die ständig irgendwo abstürzen – wenn ich weiter mit ihnen fliege, werde wohl auch ich früher oder später in einem

Reisfeld landen wie all die anderen. Während die Luft von den Rotorblättern geklatscht wird und kräftig drückt, springen wir aus den Maschinen und gehen mit schnellen Schritten auf die wartenden Menschen zu. Es ist wahnsinnig laut, man versteht sein eigenes Wort nicht. Diese Momente, die für mich jetzt so alltäglich sind, sind immer noch aufregend, auch wenn ich nicht wagen würde, dies jemandem zu gestehen.

Heute Morgen um 5 Uhr kam die Nachricht, dass die Vietcong den am weitesten entfernten Außenposten im südöstlichen Bezirk Ba Xuyen angegriffen und möglicherweise überrannt haben. Es handelt sich um einen kambodschanischen Posten, nur drei Kilometer von einem Mangrovenwald entfernt, der die Mündung des südlichsten Mekong-Arms ins Südchinesische Meer bildet. Dieser Wald ist, wie beinahe alle Mangrovenwälder, ein Rückzugsgebiet der Vietcong. Der Posten beschützt ein weitflächiges und strategisch wichtiges, ebenfalls kambodschanisches Dorf, das McNamara eigentlich heute besuchen sollte, bevor sein Reiseplan abgekürzt wurde. Jedenfalls flogen wir im Hubschrauber etwa eine Stunde über das Gebiet, wir kreisten auf etwa 1500 Fuß, und aus dieser Höhe war deutlich zu erkennen, dass der Militärposten zerstört war. Wie die Lage am Boden war, konnten wir von dort aber nicht sehen – wir wurden im Flug immer wieder beschossen und gingen nicht tiefer. Wir tankten in Soc Trang auf und schlossen uns einer Eagle-Formation an, die gerade das Gebiet überflog. Ein Eagle ist eine Gruppe von sechs bis zehn Hubschraubern, die sehr tief über Feindgebiet fliegen, um das Feuer auf sich zu ziehen und dann selbst anzugreifen. Wir befanden uns oberhalb der Hauptgruppe, die vietnamesische Soldaten transportierte. Erst als die Infanteristen den Posten und das Dorf erreicht hatten, landeten auch wir.

Der Anblick vor Ort übertraf meine schlimmsten Befürchtungen. Die Vietcong hatten sich offenbar in nur fünfzig Metern Entfernung in Stellung gebracht und mit einem rückstoßfreien 75-Millimeter-Geschütz angegriffen, erst als von dem Posten nichts mehr übrig war, schickten sie ihre Männer vor. (Diese Waffen stammen definitiv aus China – weder Amerikaner noch Franzosen noch Vietnamesen haben sie hier jemals eingesetzt.) Im Gegensatz zu den meisten Militärposten, die hier eingenommen werden, handelt es sich diesmal wohl <u>nicht</u> um Verrat, was zumindest teilweise daran liegen mag, dass hier Kambodschaner stationiert waren, die besten Kämpfer, die es hier gibt.

Das Wehrdorf selbst war komplett zerstört, zehn der einunddreißig männlichen Bewohner waren tot, dazu sieben Kinder und vier der Frauen, die mit ihren Männern in diesen schrecklichen Fallen leben. Die Leichen wurden gerade herbeigetragen, als wir ins Dorf kamen, der Lärm der klagenden Frauen, dazu die schlechte Luft und der grässliche Gestank, der über allem lag, war ... Man kennt die Bilder von Menschen, die sich in Europa und Japan ihren Weg durch die Trümmerlandschaft bahnen, und wir haben so etwas in unserer Geschichte oft genug erlebt, aber wenn man es dann vor Ort sieht, ist es doch etwas Neues. Man weiß nicht recht, wie man darauf reagieren soll. Ich habe mich einigermaßen zusammenreißen können, besser als ich befürchtet hatte, möglich, dass ich mich Schritt für Schritt schon auf diesen Augenblick vorbereitet hatte. (Es hat so viele ähnliche Überfälle gegeben, und Vietnam ist ohnehin ein grausames Land, aber dies war bisher das Schlimmste, das ich unmittelbar nach dem Angriff gesehen habe.)

Aber nachher ist es mir schwergefallen, die Bilder des Militärpostens von Can Nganh loszuwerden. Es war in gewisser Weise unwirklich, denn die Vögel flogen noch herum, und die Kinder in den umliegenden Häusern, kaum fünfzig Meter entfernt, spielten ihre Spiele und wirkten unbeeindruckt. Aber dann waren da die Frauen, die sich weinend auf die zerrissenen Leichen ihrer Ehemänner warfen, die Beine, die hier und dort grotesk heraustaken. In einer Ecke des Postens, wo in unmittelbarer Nähe eine Granate explodiert war, war auf dem Boden ein Gehirn verspritzt.

McNamara hätte eigentlich heute dieses Dorf und den Posten besuchen sollen. Es gibt so wenig, was man tun kann, aber natürlich habe ich dem Provinzchef gesagt, dass ich es genehmigen würde, wenn er zusätzliche Gelder für diejenigen anfordern wolle, die einen Teil ihrer Familie verloren haben, oder für die Dorfbewohner, die schon so oft angegriffen worden sind und jetzt noch stärker gefährdet sind als zuvor. Aber das scheint an einem Tag wie heute beinahe bedeutungslos.

Für den Besuch von McNamara wollte der Provinzchef alle verfügbaren amerikanischen Flaggen haben, musste aber feststellen, dass es überhaupt keine gab. Deshalb befahl er am Vorabend des Besuchs allen Schneidern von Soc Trang, sie in einer Nachtschicht zu nähen. Als die ersten vierzig fertig waren, wurden sie auf einen Lastwagen geladen und nach Bac Lieu geschickt. Auf halbem Weg fuhr der Lastwagen auf eine Mine. Beide Fahrer wurden verwundet, die Ladung zerstört, und am nächsten Tag waren nirgends US-Flaggen zu sehen. Außer einer, mit fünfundzwanzig Sternen. Ich erkundigte mich, was es damit auf sich habe, und man erklärte mir, dass immerhin auf jeder Seite fünfundzwanzig seien.

Gestern war ich bei MAAG und habe den neuen Bericht gesehen, den MAAG und USOM ab jetzt vierteljährlich gemeinsam vorlegen müssen, beginnend in zwei Wochen. Das ist das Ergebnis der Reise von McNamara und Taylor, ein Bericht, von dem sich die Träumer in Saigon und Washington erhoffen, dass er die Kluft zwischen den Tatsachen vor Ort und dem, was im Hauptquartier abgeliefert wird, beseitigen wird. Er wird vermutlich zusammengestellt, widerlegt und analysiert, und dann werden auf seiner Grundlage und auf der Grundlage ähnlicher Informationen Entscheidungen getroffen. Nur glaube ich irgendwie nicht, dass es funktionieren wird. Ein solcher Bericht mag eine Hilfe sein, aber er wird das eigentliche Problem nicht lösen, das darin besteht, dass ein Schreiben von einer einzigen Person über diese vertrackte Situation einfach nicht geeignet ist, Entscheidungen zu begründen, die in zwölftausend Meilen Entfernung getroffen werden. Und noch viel mehr, das ich kaum zu Papier bringen kann, weil die Lage hier so verwirrend und entmutigend ist. Berichte lügen, sie lügen.

Meine Farbabzüge, die den zerstörten Posten zeigen, sind aus Honolulu angekommen. Es sind bemerkenswerte, vielleicht sogar großartige Bilder, aber das, was sie zeigen, ist grauenhaft. Das beste – und zugleich schrecklichste – zeigt eine Frau, die neben dem Leichnam ihres Ehemannes ihr Kind stillt.

Meine Zweifel an unserem Vorgehen hier wachsen immer weiter. In

Gesprächen und Hinweisen, die ich von verschiedenen Seiten erhalten habe, scheint durch, dass der Besuch von McNamara denjenigen den Rücken gestärkt hat, die den Sieg aus der Luft erringen wollen – mit der Air Force und den bewaffneten Hubschraubern. Ich halte dies sowohl aus moralischer als auch aus taktischer Sicht für einen großen Fehler. Natürlich kommt man in den amerikanischen Kreisen hier nicht weit, wenn man moralische Gründe gegen politische ins Feld führt, Kreise im Übrigen, die immer unerbittlicher und härter werden. (Eine Menge Leute rechtfertigen jegliche Grausamkeit mit dem Satz «Der Krieg ist halt die Hölle», nicht zuletzt leider auch Jim Rosenthal, den ich zu meinen engsten Freunden zähle.) Doch man kann die Entscheidung, die Vietcong aus der Luft zu bekämpfen, auch schlicht als Dummheit kritisieren (oder, wie Talleyrand einmal sagte: «Sir, das ist schlimmer als ein Verbrechen, es ist ein Fehler»). Ich bin überzeugt, dass die Vietcong unsere Flugzeuge oft nur beschießen, um unsere Bomben und Granaten auf die Dörfer zu lenken. Das mag erstaunlich klingen, ist aber eine allgemein akzeptierte Tatsache, und der Grund dafür ist, dass die Vietcong unsere Angriffe für ihre Propaganda ausschlachten können.

Die Franzosen haben Indochina verloren, weil sie den Feind getötet haben. Ein einziger Schuss aus einem Weiler zog den Zorn der französischen Luftwaffe auf sich, und am nächsten Tag konnten die Vietminh unter den Bewohnern des zerstörten Dorfs und deren Verwandten Dutzende neuer Kämpfer rekrutieren. Das ist, denke ich, der entscheidende Punkt, der Unterschied zwischen dem wahllosen Terror etwa der Luftangriffe und dem selektiven Terror, den die Vietcong praktizieren. Sie töten einen Mann, einen einzigen Mann, um den anderen zu demonstrieren, dass es für jeden Einzelnen unklug ist, sich im Kampf gegen die Kommunisten hervorzutun. (Letzte Woche haben sie den besten Bezirksleiter in einer Provinz getötet, und den besten Provinzleiter in ganz Vietnam.)

Wenn wir also mit Luftangriffen diesen Krieg gewinnen wollen, werden Tausende Vietnamesen sterben, und der Feind wird länger Widerstand leisten. Wir werden einen großen Fehler machen, und darüber bin ich alles andere als glücklich. Natürlich ist das ganze höchst ironisch, wenn man denn dumm genug ist, einmal innezuhalten und darüber nachzudenken. Wir setzen heute in Vietnam weit schlimmere Waffen – und verwerflichere Strategien – ein als der Feind. Ich habe nicht den geringsten Zweifel, dass wir mehr Zivilisten töten als die Vietcong, und zwar auf eine Weise, die, wie wir ganz allgemein einräumen müssen, weniger selektiv und weniger «richtig» ist. Auf längere Sicht stehen wir hier, denke ich, auf der richtigen Seite. Wenn wir verlieren, werden wir diesen Krieg sicherlich in wenigen Jahren schon in anderen Ländern Lateinamerikas und Asiens wieder aufnehmen müssen. Aber gerade jetzt kämpfen wir falsch, und das tut weh. Kurzfristig betrachtet sollten wir wirklich auf der anderen Seite stehen. Einmal abgesehen von den Verbindungen nach Hanoi und Peking kämpfen die Vietcong genau für die Sache, für die wir in der ganzen Welt einstehen sollten. Aber wir verteidigen weiter eine reiche Elite, die noch nicht begriffen hat, wie wichtig es ist, die Armen am nationalen Leben teilhaben zu lassen. Falls sich diese Einsicht noch durchsetzen sollte, wird sich die Lage verbessern – zu unseren Gunsten, wenn auch nicht durch unseren Einsatz.

All das macht mich irgendwie krank. (Oder ist es nur meine Rachenentzündung?) Ich habe die aufregendste Aufgabe der Welt, und ich werde für diese Gelegenheit immer dankbar sein. Trotzdem wird es mir, denke ich, nicht schwerfallen zu gehen. Ein Freund von mir hat gerade erfahren, dass er versetzt wird: nach Luxemburg. Hört sich wie ein Witz an, ist aber wahr. Solche Posten gibt es. Manchmal scheint es mir, als sei der Krieg – und das hier ist verdammt noch mal ein Krieg – das Unrühmlichste, was man sich vorstellen kann. Und dann werde ich das Gefühl nicht los, dass sich der Kampf mit all dem Blutvergießen nicht einmal lohnt. Aber eigentlich hat man keine Wahl – oder?

V.

Der 26. Oktober war Nationalfeiertag – der Tag, an dem sich Ngo Dinh Diem im Jahr 1955 zum Präsidenten der Republik Vietnam ausrief. Holbrooke war als Gast auf der Ehrentribüne in Soc Trang. Die Lakes sollten eigentlich dazukommen, aber Toni war wieder krank geworden und musste noch einmal ins Krankenhaus. Es gab eine Militärparade, die mit Gewehren ausgestatteten Mädchen in den blauen Uniformen, Madame Nhus paramilitärische Korps, fielen in der Mittagshitze reihenweise in Ohnmacht. Bei einem Überflug warf eine L-19, ein leichtes Aufklärungsflugzeug, Papierschnipsel ab, auf denen stand: «Es lebe die Republik und ihr Präsident.» Danach aßen Holbrooke und die anderen Würdenträger in der Villa des Provinzchefs Kuchen, der die Form eines Wehrdorfs hatte.

Holbrooke war noch nicht weit genug aufgestiegen, um mitzubekommen, dass ein Staatsstreich bevorstand. Aber Rufus Phillips wusste Bescheid. Er war im September nach Washington zurückgekehrt, weil sein Vater im Sterben lag, und am Morgen des 10. September wurde er ins Weiße Haus zitiert. Am Tisch im Kabinettssaal saßen McNamara, Taylor, Rusk, Harriman, Hilsman, John McCone von der CIA, McGeorge Bundy, der Nationale Sicherheitsberater – allesamt große Namen in der Vietnampolitik. Kennedy wurde von einer weiteren zweiköpfigen Erkundungsdelegation gebrieft, die gerade aus Südvietnam zurückgekehrt war. Marinegeneral Victor Krulak, aus McNamaras Stab, informierte den Präsidenten, dass er auf seiner zweitägigen Rundreise mit siebenundachtzig amerikanischen Beratern, siebenundzwanzig vietnamesischen Offizieren und General Harkins gesprochen habe, und er ließ in seinem Bericht keinen Zweifel aufkommen, dass die Krise in Saigon auf die kriegerischen Auseinandersetzungen, die beeindruckend gut liefen, nur sehr geringe Auswirkungen habe. Dann berichtete Krulaks ziviler Partner auf dieser Reise, ein Beamter des Außenministeriums namens Joseph Mendenhall, dass der Kampf gegen die Vietcong gegenüber dem Kampf um die südvietnamesische Regierung, die kurz vor dem Zusammenbruch stehe, zweitrangig geworden sei.

«Sie haben aber beide dasselbe Land besucht, ja?», fragte Kennedy.

Phillips saß an der Wand auf einem der Stühle, die für die Ministerialbeamten reserviert waren, die zum Zuhören dort waren, nicht um zu sprechen. Seine Teilnahme war eigentlich gar nicht vorgesehen gewesen – bei einem Kurzbesuch in Saigon hatte der Kolumnist Joseph Alsop Phillips einen versiegelten Umschlag gegeben, den er einem Berater von Kennedy in Washington überreichen sollte. Darin befand sich ein Schreiben, auf dem stand: «Ich kenne niemanden, der sich mit der Situation besser auskennt, und der die Lage besser einschätzen kann als dieser Mann.» Der Berater hatte das Schreiben Kennedy vorgelegt, der an den Rand gekritzelt hatte: «Bitten Sie Phillips, Bericht zu erstatten.» Die Leute, die sich am besten auskennen, sind fast nie dabei, wenn ein wichtiges Thema auf höchster Ebene diskutiert wird. Man vertraut nur dem engsten Kreis, damit nichts durchsickert.

Phillips dachte gerade darüber nach, wie abstrakt und irrelevant die Diskussion war, wie wenig sie mit dem Vietnam zu tun hatte, das er kannte, als der Präsident plötzlich darauf aufmerksam gemacht wurde, dass er anwesend war. Phillips wurde aufgefordert, sich zu den Hauptbeteiligten an den Tisch zu setzen. Kennedy bat ihn zu erklären, warum die beiden Berichte, die sie gerade gehört hatten, derart auseinanderklafften. Phillips sagte, dass kein vietnamesischer Armeeoffizier bereit sei, einem amerikanischen Besucher wie Krulak, einem Fremden, die ganze Wahrheit zu sagen, erst recht nicht vor seinen eigenen Vorgesetzten – die dienstliche Situation erfordere es zu lügen. Nur langjährigen amerikanischen Freunden gegenüber rücke man, bei einem privaten Abendessen zum Beispiel, mit der Wahrheit heraus.

In diesem Moment mochte der Präsident in seinem Scharfsinn begriffen haben, dass Phillips gerade etwas deutlich gemacht hatte, das die vielen hochrangigen Delegationen, die der Präsident seit 1961 zu Kurzbesuchen nach Vietnam entsandt hatte, in ihrer ganzen Falschheit entlarvte.

Kennedy fragte Phillips, wie der Krieg verlaufe. «Es tut mir leid, es Ihnen sagen zu müssen, Mr. President», sagte Phillips, «aber im Moment sind wir auf der Verliererseite, besonders im Delta.» Die Guerillas hatten gerade erst sechzig Wehrdörfer südlich von Saigon zerstört, sie hatten Stacheldraht durchtrennt, die Stahlbleche von den Dächern gerissen und die Bauern in ihre Heimatdörfer zurückgeschickt, während die vietnamesischen Soldaten, die für ihre Verteidigung zuständig waren, in den Kasernen festsaßen, weil Diem befürchtete, sie könnten sich einem Putschversuch anschließen. Es war beinahe unerhört, dass es jemand wagen würde, dem Präsidenten das Scheitern der eigenen Strategie zu bescheinigen, aber genau das hatte Phillips gerade getan.

«Sie verstehen nichts von militärischen Dingen», sagte General Krulak. «Wir befinden uns im Krieg.»

«Dies ist ein politischer Krieg, und wir sind gerade dabei, ihn zu verlieren», antwortete Phillips. Krulak schäumte vor Wut, McNamara schüttelte den Kopf, und Kennedy machte sich Notizen. «Die meisten Vietnamesen wollen, dass Diem bleibt, nur die Nhus lehnen sie ab», fuhr Phillips fort. «Das wird sich auch nicht ändern. Was wir brauchen, ist eine Kampagne, die Nhu isoliert und aus dem Land jagt. Und es braucht jemanden, der diese Kampagne leitet. Und das wäre General Lansdale.»

«Ich möchte Ihnen für Ihre Ausführungen danken», sagte Kennedy, als Phillips geendet hatte, «besonders für Ihre Empfehlung von General Lansdale.» Doch selbst Lansdale hatte nicht die Macht, die Brüder Ngo voneinander zu trennen, und Diem hatte den Kontakt zu seinem Land verloren, und vielleicht verfügte auch Lansdale nicht mehr über den alten Zauber. Möglich auch, dass Phillips seinem eigenen Wunschdenken verfallen war.

Lansdale wurde nicht nach Saigon zurückgeschickt – McNamara war noch immer dagegen. Stattdessen schickte Kennedy McNamara und Taylor ein weiteres Mal auf Erkundungsreise, es war, als wäre das Schlaglicht, das Rufus Phillips auf die Situation geworfen hatte, durch bürokratischen Druck sofort wieder ausgelöscht worden oder als hätte Kennedy absichtlich den Blick abgewendet.

Als Phillips nach Saigon zurückkehrte, befanden sich das Diem-Regime und die amerikanische Botschaft im offenen Konflikt. Lodge stellte wirtschaftliche und militärische Hilfsprogramme ein. Der Schwarzmarktwert des Dollars stieg innerhalb von einer Woche von neunzig auf einhundertvierzig Piaster. Die regierungstreue *Times of Viet Nam* bezichtigte Phillips, die Nummer zwei der CIA in Saigon zu sein. Ende Oktober rief Diem Phillips in den Palast und entschuldigte sich für den Artikel.

«Glauben Sie, dass es einen Putsch geben wird?», fragte Diem leise. Er schaute Phillips in die Augen und zog an seiner Zigarette.

«Ich befürchte ja, Herr Präsident», antwortete Phillips. Lodge hatte den aufbegehrenden Generälen durch seinen Verbindungsmann und Vertrauten, einen aus Frankreich stammenden Agenten namens Lucien

Conein, signalisiert, dass die Zeit gekommen sei und die Amerikaner ihnen die Unterstützung nicht verwehren würden.

Am Freitag, dem 1. November, sollte Holbrooke mit dem Nachmittagsflug von Soc Trang für das Wochenende nach Saigon fliegen. Nach dem Mittagessen verließ er mit George McDowell die Stadt, um das Gelände zu besichtigen, auf dem das Rural Life Demonstration Center entstehen sollte, eine Ausbildungsstätte für Bauern aus den entlegeneren Dörfern, die dort Kurse zu Ackerbau und Viehzucht absolvieren würden. Soldaten der südvietnamesischen Armee sollten das Zentrum bauen – die allerdings bis dahin in Ba Xuyen noch kein einziges Zivilprojekt durchgeführt hatten, weil sie schlicht nicht wollten, und weil auch ihre amerikanischen Militärberater keinen Sinn darin sahen – um der Propaganda der Vietcong etwas entgegenzusetzen, die immer behaupteten, die Regierung lasse das Volk im Stich. Der Slogan, den Holbrooke sich ausgedacht hatte, lautete: «Armee und Dorfbewohner arbeiten zusammen für das gemeinsame Wohl und gegen den gemeinsamen Feind, den Vietcong.» Er war begeistert von diesem Projekt, es war Herz und Verstand, Lansdale pur.

In der Nähe des Geländes rutschten die rechten Räder des Jeeps von einem schmalen Feldweg in einen Bewässerungsgraben. Die Situation sah hoffnungslos aus, bis Holbrooke ein Dutzend Bauern, die sich um die im Sumpf feststeckenden Amerikaner versammelt hatten, überredete, ins Wasser zu steigen und den Jeep hinauszuschieben. Er hätte seinen Flug sogar noch erreicht, aber das Flugzeug kam nicht. Über eine Durchsage am Flugplatz in Soc Trang kam die Anweisung an alle Amerikaner, wegen eines Aufruhrs vor Ort zu bleiben.

Holbrooke rief von seinem Haus aus die Lakes an. Tony berichtete in ruhigem Ton, dass sie im Kreuzfeuer feststeckten.

In Saigon geschah etwas, das große Tragweite haben würde. Holbrooke hatte bessere Chancen, einen Flug ab Can Tho zu erwischen, eine Kleinstadt am unteren Arm des Mekong, etwa sechzig Kilometer nördlich von Soc Trang. Er fuhr zum MAAG-Komplex, die Militärberater dort erklärten ihm, dass die Straße nach Can Tho sehr gefährlich sei, ein

Vietcong-Bataillon sei in der Nähe im Einsatz. Doch er musste es nach Saigon schaffen – er würde durchdrehen, wenn er in Soc Trang festsäße – und so sprang er in seinen vollgelaufenen Jeep, legte seine 45er auf den Beifahrersitz und fuhr allein über die zweispurige Landstraße Richtung Can Tho. Doch dann sah er im Elefantengras entlang der Kanäle all diese Stellen, die wie geschaffen waren für Angriffe aus dem Hinterhalt, nach einem Viertel der Strecke dämmerte ihm, dass es dumm wäre, weiterzufahren. Gerade als er umkehren wollte, raste ein Lastwagen der südvietnamesischen Armee vorbei, er hängte sich dran und fuhr, eskortiert von diesem Lastwagen, weiter bis nach Can Tho.

Am Flugplatz, noch im Jeep sitzend, nahm er das Magazin aus der Pistole und begann, den Lauf zu reinigen, wobei er die Waffe auf den Boden richtete, wie er es gelernt hatte. Doch die .45er war gespannt, ein Schuss löste sich und traf mit einem gewaltigen Knall und heftigem Rückstoß den Boden zwischen Kupplung und Allradgetriebe. Solche Dinge passieren, wenn die Anspannung am größten ist, aber für ihn war es der eine Vorfall in Vietnam, für den er sich am meisten schämte. Von da an bewaffnete er sich nicht mehr, er beschloss, es darauf ankommen zu lassen.

Es gab keinen Flug mehr ab Can Tho. Holbrooke rief noch einmal Lake an, der knapp sagte, «Ich kann gerade nicht reden», und auflegte.

Die Lakes hatten in ihrer Villa zu Mittag gegessen, Tony wollte gerade in die Botschaft zurückkehren, als die ersten Schüsse zu hören waren. Ein Maschinengewehr feuerte aus ihrem Garten auf die Kaserne der Präsidentengarde auf der anderen Straßenseite. Lake drückte eine Matratze gegen das Fenster, was ihm sogleich albern vorkam. Dies war der seit langem erwartete Putsch, und sie befanden sich mittendrin. Er-Tony, Sie-Toni, ihr Pudel Kim Chi, ihr Hausmädchen Tiba, die Kinneys, die die obere Etage der Villa bewohnten – alle verschanzten sich in einer Vorratskammer, wo sie die nächsten dreizehn Stunden zubrachten und den Ananassaft aus Dosen tranken, der im Armeeladen verkauft wurde. Toni war im fünften Monat schwanger, und Ann Kinneys errechneter Termin war in einer Woche. Die Putschisten schossen sich mit ihren Kanonen auf die Kaserne ein, Granaten zerfetzten die Äste der Bäume, Schrapnell prallte gegen Außenmauern. Ein paar Mal kroch Lake aus der Kammer, um ans Telefon zu gehen, er spähte durch die Fensterläden und berichtete dem Militärattaché in der Botschaft über die vor dem Haus tobenden Kämpfe. Als die Kaserne eingenommen war, drehten die Panzer der Putschisten ab und fuhren zum wenige Straßen entfernten Präsidentenpalast.

Und nachdem Lodge, der noch sein Mittagessen beendet hatte, auf das Dach der Residenz gegangen war, um sich in aller Ruhe die Kämpfe auf der Straße anzusehen; und nachdem Diem, dessen Palast am späten Nachmittag belagert wurde, Lodge angerufen und gefragt hatte, wie die Vereinigten Staaten die Lage einschätzten (denn Diem war jetzt, da es zu spät war, bereit, eine gute Marionette zu spielen); und nachdem Lodge (der erst vier Tage zuvor mit seiner Frau als Übernachtungsgast in der Bergvilla des Präsidenten in Dalat geweilt hatte, obwohl er längst wusste, was bevorstand, und die Entwicklungen sogar beförderte) dem südvietnamesischen Präsidenten erklärte, dass die Regierung keine Stellung nehmen könne, weil es in Washington noch zu früh am Morgen sei, dass er aber Diem die sichere Ausreise garantieren könne, was Diem ablehnte («Ich möchte Sie daran erinnern, dass ich der Präsident eines unabhängigen und souveränen Staates bin»); und nachdem Diem und Nhu spät am Abend durch ein geheimes Tunnelsystem aus dem umzingelten Palast zu einem Auto geflohen waren, das in der Nähe des Cercle Sportif wartete und sie zum Haus eines chinesischen Händlers in Cholon fuhr, wo sie den Rest dieser langen Nacht verbrachten; und nachdem die Brüder am Morgen in einer nahen katholischen Kirche von Soldaten entdeckt und festgenommen worden waren, nachdem sie mit gefesselten Händen in den Laderaum eines Transportpanzers gestoßen und auf Befehl von General Duong Van «Big» Minh, des Putschistenführers, der kurz darauf den Vorsitz der Militärjunta übernehmen sollte, mit Schüssen und Bajonettstichen liquidiert worden waren; und nachdem Lodge, der unter den Bewohnern Saigons inzwischen Heldenstatus erlangt hatte, die Nachricht von ihrem Tod mit verstörender Kaltblütigkeit in Empfang genommen und Halberstam gefragt hatte («Was hätten wir denn mit ihnen angestellt, wenn sie überlebt hätten?») – nach all dem verfiel Rufus Phillips in eine tiefe Depression.

Er hatte Diem beinahe ein ganzes Jahrzehnt lang gekannt. Er hatte ihn von seiner besten Seite kennengelernt, als Diem das neue Land, dem sonst kaum jemand eine Chance gab, zusammenhielt. Er hatte gesehen, wie Diem unter dem Druck des Krieges, seines heimtückischen Bruders und seiner eigenen autokratischen Veranlagung sein Ziel aus den Augen verlor. Phillips hatte Diem noch immer als Freund betrachtet. Dass sein Sturz nun in Mord geendet hatte, warf einen Schatten auf die gesamte Unternehmung, ihre Vergangenheit wie ihre Zukunft. Sein Blut klebte an den Händen der Amerikaner.

Phillips hatte kurz zuvor seinen Vater verloren. Da niemand sonst bereit war, das Familienunternehmen zu leiten, sollte er Rural Affairs noch vor Ende des Monats verlassen.

Auch Kennedy hielt die Vorgänge für ein schlechtes Omen. Als es vollbracht war, machte er im Oval Office eine private Tonbandaufnahme, er sagte: «Ich denke, dass wir einen Großteil der Verantwortung dafür tragen, angefangen mit unserer Depesche ... in der wir den Putsch ins Spiel gebracht haben. Man hätte das nie an einem Samstag senden dürfen. Ich hätte dem ohne eine offene Debatte am runden Tisch niemals zustimmen dürfen.»

Da kam John-John ins Büro und lenkte seinen Vater kurz ab: «Papa war wieder ungezogen.»

«Der Tod von Diem und Nhu hat mich schockiert», fuhr Kennedy fort. «Die Art und Weise, wie er getötet wurde, macht die Sache besonders abscheulich. Die Frage ist nun, ob die Generäle kooperieren und eine stabile Regierung bilden werden.» Knapp drei Wochen später wurde Kennedy ermordet.

Als Holbrooke am Tag nach dem Staatsstreich Saigon erreichte, war alles vorbei. Zwei Abende in Folge verpasste er im Haus der Lakes die Ausgangssperre, er hörte ihren Geschichten zu, bewunderte ihre Sammlung von Granatsplittern und Patronenhülsen und schlief schließlich auf dem Fliesenboden ein. Das Stadtviertel war ein Schlachtfeld aus umgestürzten Bäumen und ausgebrannten Häusern. Die Anspannung in Saigon hatte sich über Nacht gelöst, die Stimmung hellte sich auf, und plötzlich war die Stadt ein einziges Straßenfest: Zivilisten kletterten auf Panzer, um Soldaten Essen zu reichen, aus den Gefängnissen wurden Mönche und Studenten entlassen, dankbare Einheimische grüßten wahllos jeden Amerikaner. Im Nachtclub Tu Do waren Arbeiter bereits damit beschäftigt, die Tanzfläche wieder zusammenzunageln. Für Lodge und die Reporter – die Lodge als große Verbesserung gegenüber seinem Vorgänger betrachteten – war das Ende von Diem ein Problem, das zu den Akten gelegt werden konnte.

Holbrooke schrieb: «Ich glaube, es geht aufwärts in Vietnam.»

Die Regenzeit ging zu Ende. In Soc Trang zeigte sich Oberst Chieu plötzlich kooperativ. Doch er hatte den Nhus durch seine Tennis spielende Frau nahegestanden und hielt nach dem Putsch keine zwei Wochen durch. In ganz Südvietnam kam es zu Kommandowechseln, Diems Loyalisten mussten gehen und wurden von Männern ersetzt, die Verbindungen zur Junta hatten, das daraus resultierende Chaos lähmte die Armee. Der Putsch hatte ein neues Regime installiert, mehr nicht. Big Minh entpuppte sich als passiver Führer, und Lodge war, anders als Lansdale, niemand, der einem Diktator seine Wünsche einflüstern konnte – er hatte seine Aufgabe erfüllt und verlor schnell das ohnehin mäßige Interesse, das er an vietnamesischer Politik gehabt hatte. Der Krieg wurde auf dem Land ausgefochten, die Bauern brachten den von den Franzosen ausgebildeten Generälen in Saigon nicht mehr Sympathien entgegen als den katholischen Mandarinen, die sie vorher beherrscht hatten.

Nach dem Putsch begann die bis dahin größte Vietcong-Offensive des Krieges, im Delta ging alles in die Brüche. Die Guerillas verfügten jetzt über Luftabwehrwaffen, über rückstoßfreie 75-Millimeter-Geschütze und chinesische Granatwerfer. Die Straßen um Ba Xuyen wurden zu gefährlich, um sie zu befahren. Es war absehbar, dass die gesamte Provinz außerhalb von Soc Trang fallen würde. Aus den Wehrdörfern wurde die Verteidigung abgezogen, sie wurden überrannt oder aufgegeben, das Programm löste sich auf.

Halberstam sollte im Dezember nach Hause zurückkehren, doch vorher wollte er Holbrooke für ein paar Tage im Delta besuchen, eine Stippvisite, vor der sich Holbrooke fürchtete, denn er wusste, dass sie ihm im Hauptquartier in Saigon schaden könnte. Außerdem wusste er, dass Halberstam nur kommen wollte, um sich ein letztes Mal in seiner Einschätzung bestätigt zu sehen, denn er hatte ja recht behalten. Holbrooke stimmte dem Besuch trotzdem zu – er konnte der Gesellschaft eines Journalisten, der so brillant und wichtig war wie Halberstam, einfach nicht widerstehen, und sie flogen gemeinsam von Tan Son Nhut hinunter. Holbrooke bemühte sich, Halberstam für Zivilprojekte wie das Rural Life Demonstration Center zu interessieren, doch Halberstam fand all das bald langweilig und fragte immer wieder, wo der eigentliche Krieg stattfinde, die Vietcong operierten doch in der gesamten Provinz, was Holbrooke seinerseits nicht leugnen konnte.

Jahre später beschrieb Holbrooke eine beinahe unvermeidliche Abfolge von Zweifel und Desillusionierung, die sich in den Köpfen einiger Amerikaner in Vietnam abgespielt hatte. Er selbst hatte die erste Phase bereits durchlaufen, die darin bestand, die Lageeinschätzungen in Frage zu stellen. Gab es in Ba Xuyen wirklich dreihundertvierundzwanzig Wehrdörfer? Auf dem Papier möglicherweise ja. In Wahrheit aber waren sie nicht mehr als schnell zusammengeschusterte Todesfallen. Doch die Vietnamesen erzählten den Amerikanern, was sie hören wollten, und die Amerikaner vor Ort, vor allem im Militär, erzählten ihren Vorgesetzten in Saigon, was diese hören wollten, und Saigon erzählte den Leuten in Washington, was sie hören wollten, und wenn die Berichte dann schließlich auf dem Schreibtisch des Präsidenten landeten, waren sie nichts mehr wert. Die Lügen und Selbsttäuschungen halfen nicht, wenn es darum ging, die richtigen politischen Entscheidungen zu treffen, und das schockierte und ärgerte Holbrooke.

In der zweiten Phase des Zweifels wurde die Strategie selbst in Frage gestellt. Ende 1963 war er bereits an diesem Punkt angelangt, und er sollte bis zum Ende seines Einsatzes in Vietnam mehr oder weniger dort verharren. Er wusste, dass Hubschrauber und schwere Artillerie ihre Munition verschwendeten, dass sie mehr Zivilisten als Guerillas töteten und die Überlebenden den Vietcong in die Arme trieben. Egal ob das taktische Vorgehen nun unmoralisch war oder nicht – es war auf jeden Fall ineffizient und kontraproduktiv. Holbrooke wusste, dass man einen

Krieg im Namen des Volkes anders führen musste, dass das Töten zwar notwendig war, ländliche Schulungszentren aber eben auch, was bedeutete, dass seine Arbeit als Zivilist grundlegend für einen Erfolg in diesem Krieg war.

Siebzig Kilometer südlich von Soc Trang, am äußersten Ende des Deltas, war in dem Ort Bac Lieu die 21. Division der südvietnamesischen Armee stationiert, dazu die amerikanischen Militärberater, die von Oberst Jack Cushman und seinem brillanten Stellvertreter, Oberstleutnant Bob Montague, angeführt wurden, und es war Montague, der zu Holbrookes bestem Freund im Militär wurde, was kein Zufall war, da er zu den schärfsten Kritikern des Einsatzes gehörte. Holbrooke begann, mehr Zeit mit den Militärs in Bac Lieu zu verbringen. Das Wehrdorfprogramm war gescheitert, gemeinsam suchten sie nach einem neuen Ansatz für die Aufstandsbekämpfung.

In der Division gab es einen älteren vietnamesischen Offizier namens Major Yi, der ein gutes Französisch und ein passables Englisch sprach. Major Yi hatte mit den Franzosen im Delta gekämpft, und er erzählte den Amerikanern von einem Konzept der Befriedung, das die Franzosen im Ersten Indochinakrieg angewandt hätten, das aber bereits auf die Jahrhundertwende und Marschall Hubert Lyautey zurückgehe, den französischen Kommandeur, der Marokko kolonisiert hatte. Dieses Konzept wurde *tache d'huile* oder Ölfleck genannt. Statt der massiven Umsiedlungen und krachenden Misserfolge des Wehrdorfprogramms sollte man dort ansetzen, wo die Menschen tatsächlich lebten. Mithilfe von regulären Armeezügen und Selbstverteidigungskräften sicherte man die Bevölkerung eines begrenzten Raums, baute eine örtliche Verwaltungsstruktur auf, versorgte die Menschen und vergrößerte Schritt für Schritt das Gebiet, indem man seine Grenzen in die vom Vietcong kontrollierten Gebiete vorschob, wie ein sich ausbreitender Ölfleck.

Holbrooke und die Militärberater bauten in Bac Lieu ein Ausbildungszentrum auf, entwarfen Lehrpläne auf Vietnamesisch und Englisch und begannen damit, den Offizieren der 21. Division die Ölfleckstrategie nahezubringen. Holbrookes Aufgabe bestand darin, die amerikanischen Zivilkräfte in Saigon zu bewegen, das Projekt zu unterstützen.

Doch die hatten andere Sorgen. Die Verschwörer, die Diem aus dem

Amt gejagt hatten, waren unentschlossen und neigten dazu, sich gegenseitig zu bekämpfen, und Anfang 1964 lief der Krieg so schlecht, dass Big Minh offen über Verhandlungen mit Hanoi sprach. Verhandlungen waren jedoch eine rote Linie, die zu überschreiten Lyndon Johnson, der neue amerikanische Präsident, genauso wenig gewillt war wie der Präsident, den er ersetzt hatte. Am 30. Januar wurde Big Minh in einem unblutigen Putsch von Nguyen Khanh, einem weiteren General, gestürzt. Nachdem er den neuen Anführer kennengelernt hatte, kehrte Lodge voller Aufregung in die Botschaft zurück. «Der wird Schwung in die Sache bringen!», sagte er zu Lake. Doch schon bald wurden Putschversuche und Gegenputschversuche in Saigon zur Routine. Der Staat begann zu zerfallen.

Von dem Optimismus, den Holbrooke noch im November verspürt hatte, war nichts übrig. «Diem musste gehen, daran besteht kein Zweifel», schrieb er nach Hause. «Aber als er weg war, wurde uns klar, dass viele der Schwierigkeiten, die wir seinem Regime angelastet hatten, tiefere Wurzeln haben, sie reichen bis in die Geschichte und Tradition und Lage dieses tragischen Landes. Außerdem erkannten wir jetzt deutlicher als zuvor – als wir so vieles Ngo Dinh Diem in die Schuhe schoben –, wie absolut begrenzt unsere Möglichkeiten sind, einem Land (‹Nation› ist hier nicht das richtige Wort) beizustehen und zu versuchen, es dazu zu bringen, sich selbst zu retten.»

Cushmans Einsatz sollte im April enden, vor seiner Abreise versuchte er noch, bei General William Westmoreland für die Ölfleckstrategie zu werben, der als Harkins' Vertreter gekommen war und ihn später ersetzen sollte. (Harkins glaubte noch immer, der Sieg stehe unmittelbar bevor.) Westmoreland gewährte Cushman genau fünfzehn Minuten – die Zeit, die man brauchte, um vom MACV-Hauptquartier nach Tan Son Nhut zu fahren, wo der General eine Gruppe von Studenten des National War College begrüßen sollte. Auf dem Weg erklärte Cushman Westmoreland, dass militärische Operationen allein nicht zum Erfolg führen würden, und dass die Befriedung der Dörfer unerlässlich sei, und er beschrieb sein Experiment in Bac Lieu. Wenn nur ein Dutzend amerikanische Militärberater vor Ort wären, die das Konzept verstünden und ihre Einsätze auf zwei Jahre verlängerten, könnten sie die ländlichen

Regionen zurückgewinnen. Cushman wusste nicht, was er sagen würde, wenn Westmoreland *ihn* bäte, ein weiteres Jahr zu bleiben, aber Westmoreland stellte diese Frage nicht – er stellte überhaupt keine Fragen. Er reagierte gar nicht. Er war in Gedanken ganz woanders. Drei Wochen später war Cushman fort.

Und als ein Jahr später die ersten amerikanischen Kampfdivisionen unter Westmorelands Kommando eintrafen, verstaubte der Ölfleck in einem Regal beim MACV. Westmoreland brauchte nur ein einziges Wort, um seine Strategie für den Sieg zusammenzufassen: Zermürbung.

Wie von Holbrooke vorhergesagt, wurde Lake als Erster befördert. Ein Spitzenbeamter im Außenministerium namens U. Alexis Johnson – derselbe, der vorgeschlagen hatte, die unverheirateten Diplomaten als Entwicklungshelfer in die gefährlichsten Regionen Vietnams zu entsenden – warf einen Blick auf Lakes Personalakte und erklärte: «Das gibt es im Diplomatischen Dienst gar nicht, dass jemand so jung und schon so gut ist.» Nach dem Putsch wurde Lake versetzt. Er arbeitete im Stab von Lodge und geriet sofort in den Bann des Botschafters – sie hatten dieselbe Privatschule bei Boston besucht, gehörten zwei Clans aus Neuengland an, die verwandtschaftlich miteinander verbunden waren, und Lodges Schlagfertigkeit präsentierte sich in Lakes heimischem Dialekt. Doch es hatte auch etwas Demütigendes, als rechte Hand der Macht zu fungieren. Lake beantwortete Berge von Korrespondenz für den Botschafter (Diems Ende hatte Lodge in der Heimat bekannter gemacht, es gab Bemühungen, ihm die republikanische Präsidentschaftskandidatur von 1964 anzutragen), er wurde ins Hotel Majestic bestellt, um Joe Alsops Wäsche abzuholen, und lief, schwitzend in seinem Anzug, mit Notizblock und Stift am Rande des Pools im Cercle Sportif auf und ab, während Lodge seine Bahnen schwamm und gelegentlich Instruktionen bellte, so lange, bis Emily Lodge ihrem Ehemann zurief: «Cabot! Cabot! Jetzt lass den Jungen mal nach Hause gehen!»

Weihnachten 1963 flogen Holbrooke und die Lakes nach Kambodscha, um Angkor Wat zu besichtigen. Als sie eine Fußgängerbrücke zum Tempel überquerten, blickten sie hinab in den Graben und entdeckten ein wunderschönes kambodschanisches Dorf, es war eine Kulisse für die Verfilmung von Conrads *Lord Jim*. Einige Wochen später flog Lake nach Soc Trang, um sich einen Eindruck von Holbrookes Arbeit zu verschaffen, gemeinsam reisten sie ein paar Tage lang über die Dörfer von Ba Xuyen. Das war die Art von echter Aufstandsbekämpfung, über die Lake in seiner Ausbildungszeit gelesen hatte, und er kehrte tief beeindruckt von Holbrookes Engagement nach Saigon zurück.

Es gab einen Peanuts-Comic, der in Holbrookes Freundeskreis in Vietnam herumgereicht wurde. Charlie Browns Baseballmannschaft ist gerade komplett untergegangen – 184:0. «Ich versteh das nicht», sagt Charlie Brown. «Wie können wir verlieren, wo wir uns doch so bemühen?»

Wie kommt es, dass die Amerikaner die Aufstandsbekämpfung so lieben? Dass sie sich immer wieder in das Abenteuer stürzen? Ich stelle diese Frage, weil wir es offensichtlich nicht gut können. Abgesehen von Lansdales Einsatz in den Philippinen fällt mir kein echter Sieg ein, während es so viele Niederlagen gibt, von denen allerdings keine so vollständig war wie Vietnam, auch nicht die, die gegen Ende von Holbrookes Leben kamen – Irak, wovon er sich fernhielt, und Afghanistan, das ihn so vereinnahmte, dass es den Anschein hatte, als würde sein eisblauer Blick von den Schatten jenes fernen Krieges seiner Jugend heimgesucht.

Wir können es nicht, weil wir weder das Wissen noch die Geduld besitzen, denn nur wenige Amerikaner sind bereit, die Geschichte und Sprache zu lernen und die Jahre dort zu verbringen, die nötig sind, um die Wurzeln des Konflikts zu verstehen. Natürlich gibt es Ausnahmen, Leute wie Holbrookes Freund Frank Scotton, ein Propagandaoffizier, der dreizehn Jahre mehr oder weniger durchgängig in Vietnam verbrachte. Er kannte Dschungelpfade, lernte die Sprache und schuf aus vietnamesischen Kommandosoldaten bewaffnete Propagandaeinheiten, die den Vietcong bis hin zu den schwarzen Pyjamas glichen. Er verstand, dass der Krieg nicht in Dörfern oder Städten geführt wurde, und erst recht nicht in den Provinzhauptstädten oder in Saigon, sondern in den kleinen Weilern, der Grundstruktur der vietnamesischen Gesellschaft. Er nahm kein Blatt vor den Mund und galt deshalb als unzuverlässig, und es gelang ihm nicht, ihre Politik zu beeinflussen oder selbst in der Hierarchie auf-zusteigen. Holbrooke hatte vor Scotton großen Respekt, während Scotton Holbrooke als einen der wenigen Amerikaner ansah, die die Rolle der Weiler richtig einschätzten. Doch selbst Holbrooke, der sich noch bis zum Ende des Jahrzehnts diesem Krieg widmen sollte, lernte niemals die Sprache und hatte unter den Vietnamesen keine engen Freunde.

Wir bevorzugen es, unsere Kriege schnell und entschlossen zu führen und mit einer Kapitulationszeremonie zu beenden, und wir verlassen uns mehr, als wir zuzugeben bereit sind, auf die Überlegenheit unserer Waffen. Aufstandsbekämpfung erfordert jedoch höchste Zurückhaltung (was ihre Verfechter in Vietnam gern so erklärten: «Die beste Waffe, um jemanden zu töten, ist das Messer. Wenn du kein Messer benutzen kannst, dann nimm die Pistole. Die schlechteste Waffe sind Bomben aus der Luft.») und ist, so die Experten, zu achtzig Prozent politisch. Wir verbringen unsere Zeit damit, amerikanische Pläne zu erstellen, Grafiken und Zielsetzungen, als bestünde die Lösung für den internen Konflikt eines Landes darin, unsere eigenen bürokratischen Vorgänge zu optimieren. Und vielleicht nehmen wir die Politik anderer Menschen nicht ernst. Das hat mit der Naivität zu tun, die Graham Greene so angewidert hat – mit Lansdales Überzeugung, dass wir alle Brüder und Schwestern sind, die im Grunde dasselbe wollen. Aber gerade diese Überzeugung erklärt, warum wir uns immer wieder auf solche Kriege einlassen. Letztendlich geht es um die Kraft unseres Glaubens an uns selbst. Wenn wir die Guten sind – und sind wir nicht die Guten? –, dann brauchen wir andere Menschen nicht mehr zu zwingen, das zu tun, was wir wollen. Sie werden uns an unseren Taten erkennen, und sie werden sich das wünschen, was wir für sie vorgesehen haben.

Und so ließen Holbrooke und Cushman und Montague den Gedanken nicht zu, dass die Strategie des Ölflecks *tache d'huile*, einer französischen Kolonialkampagne der Unterdrückung in Marokko entsprungen war, die wiederum über den Umweg einer desaströsen französischen Niederlage in Vietnam dorthin gelangt war. Dies hätte zumindest ihren Nutzen im Kampf gegen dieselbe revolutionäre Bewegung, die die Franzosen geschlagen hatte, in Frage stellen müssen. Stattdessen sahen die Amerikaner die Chance, das Gute, für das sie standen, in eine praktische Taktik umzusetzen, die man lehren konnte.

Aufstandsbekämpfung ist nicht jedermanns Sache – man braucht schon einen anspruchsvollen Geschmack. In Vietnam waren es die Idealisten, die sich berufen fühlten. Sie waren aber nicht der Grund dafür, dass Amerika in diesen Krieg hineingezogen wurde. Wir stolperten in den Sumpf von Vietnam und versanken darin aus dem Irrglauben heraus, dass Kennans Eindämmungspolitik uns zwang, unsere Sicherheit und Glaubwürdigkeit davon abhängig zu machen, nicht einen Quadratkilometer von Asien an den Kommunismus zu verlieren, obwohl der Feind überhaupt nicht kommunistisch war, sondern nationalistisch. Doch die Aufstandsbekämpfung machte einen Teil des Reizes aus. Sie war der Grund, warum Holbrooke und Amerikaner wie er im Land blieben.

Lakes Eltern besaßen eine Sammlung von Originalkarikaturen, die im *New Yorker* erschienen waren, darunter eine von James Thurber aus dem Jahr 1938. Ein Mädchen sitzt in einem Wohnzimmer und starrt gebannt vor sich hin, während sich eine Frau vertraulich an eine zweite wendet und eine berühmte Zeile von Walter Pater anklingen lässt: «Sie sagt, sie brennt mit einer harten, edelsteinartigen Flamme. Das lernt man heute in der Schule, glaube ich.» Das war das Bild, das Lake von Holbrooke hatte, und es lagen Ironie und auch Bewunderung darin.

Manchmal glaube ich, dass das erste Jahr in Vietnam Holbrookes bestes war. Ich habe lange genug verweilt, damit ein deutliches Bild davon entsteht – wenn das aus dieser zeitlichen Entfernung überhaupt möglich ist –, denn das Delta erklärt vieles von dem, was später kam. So schnell und so tief stürzte er sich in diesen Krieg, und behielt doch inmitten der Kämpfe einen klaren Kopf. Anfang 1964 wusste er bereits, dass der Krieg falsch geführt wurde, mit einem Grad der Gewissheit, den er nie wieder erreichen sollte. Die Klischees verhinderten, dass ein besserer Weg gefunden wurde. Er war überzeugt, dass er sich besser auskannte als jeder andere amerikanische Beamte in Vietnam, zumindest jeder, der ranghöher war als er, und er mag sogar recht gehabt haben. Doch er war zu jung und unerfahren, ihm fehlte die äußere Schroffheit, die sonst wohl die Hälfte seiner Mitarbeiter gegen ihn aufgebracht hätte. Beinahe alle mochten ihn, außer einigen unbeachteten niederen Existenzen wie George McDowell, der es nicht verwunden hatte, einmal «der Junge vom IVS» genannt worden zu sein.

Sein Ehrgeiz duftete noch immer ganz frisch, seine Jugend gereichte ihm zum Vorteil – das Gefühl, unverletzbar zu sein, die Leidenschaft, was Recht und Unrecht betraf, die grenzenlose Energie und Begeisterungskraft und der schiere Sinn für Spaß, die Skepsis, die Bereitschaft, Botschaftern und Generälen zu sagen, was er dachte. Lodge gewährte ihm fünfundfünfzig Minuten für seinen Bericht über Ba Xuyen und war so beeindruckt, dass er ihn darauf zu einem zweistündigen Mittagessen einlud. Lodge war jedem gegenüber kalt und grausam, der nur einen Hauch von Schwäche oder Angst ausstrahlte, aber er liebte es, sich in Gesellschaft kluger junger Männer, das Martiniglas in der Hand, über alles Mögliche auszulassen. Holbrooke suchte die Aufmerksamkeit eines Mannes wie Lodge, er brannte geradezu darauf, und seine Art, die Oberen auf seine Seite zu ziehen, bestand darin, persönliche Schmeichelei mit politischer Aufrichtigkeit zu verbinden. Er war von Anfang an außergewöhnlich, nicht nur weil er hochintelligent, neugierig und belesen war, sondern weil er keine Angst hatte, der Wahrheit ins Auge zu sehen, weil ihm genug an dieser Wahrheit lag, um tatsächlich zu handeln, und weil er bereit war, die Konsequenzen zu tragen.

Den Krieg selbst stellte er nicht in Frage, noch nicht, noch lange nicht. Das wäre psychologisch einigermaßen unmöglich gewesen für jemanden, der für die US-Regierung in Vietnam arbeitete und diesen Krieg tagtäglich hautnah erlebte, und sobald sich die ersten Zweifel einstellen würden, wäre es an der Zeit, still die Zelte abzubrechen und einen anderen Einsatzort zu suchen – man hätte kein Recht zu bleiben. Stattdessen setzte er alles daran, dass dieser Krieg besser geführt wurde. Das war die Parole von Holbrooke und Lake und ihren Freunden. Ein besserer Krieg.

VI.

Ich habe noch nichts über Holbrooke und die Frauen gesagt. Es gibt viel zu sagen, denn er gehörte zu den Männern, die ohne Frauen nicht können, und das Bedürfnis brach seine harte Schale auf und offenbarte Zärtlichkeit und Verletzbarkeit und ein schlechtes Urteilsvermögen. Da Frauen selten in Konkurrenz zu ihm standen, zeigte er ihnen mehr von sich als den Männern. In ihrer Gesellschaft wurde die harte, edelsteinartige Flamme zu einem weich erhellenden Schein herabgedimmt. Aber in seinem ersten Jahr in Vietnam spielten Frauen kaum eine Rolle. Seine Welt dort war – abgesehen von der «Ausnahme» – eine reine Männerwelt, und sein Sexismus war ebenso gedankenlos wie eklatant.

Die vietnamesischen Frauen, an denen die amerikanischen Männer Gefallen fanden, saßen hinter dem Fahrer auf Motorrädern, mit perfekt gelegtem glänzendem Haar, die schmal geschnittenen Seidenkleider, die traditionellen Áo dàis, waren bis zu den Hüften geschlitzt und wehten hinter ihnen wie bunte Flaggen. Diese Frauen, gestand Holbrooke später, waren das, «wovon der weiße Mann träumte». Die meisten der unverheirateten Amerikaner, und auch einige verheiratete, hatten vietnamesische Freundinnen. An Wochenenden und Feiertagen schickten sie ihre Ehefrauen und Kinder an den Strand von Nha Trang und blieben in Saigon zurück, um etwas Arbeit zu erledigen. Sheehans Freundin hieß Blue Lotus, und er wollte sie heiraten, bis Halberstam, der auch eine Freundin hatte, die Sache aber praktischer anging, es ihm ausredete. Holbrooke war schockiert, als ihm die erfahreneren Kollegen bei Rural Affairs diesen unverblümten Ratschlag gaben: Sei realistisch, die Liaison ist im Grunde eine finanzielle Angelegenheit, und wasch dich nachher mit medizinischer Seife.

Nach der Evakuierung der Familien und der Ankunft der Bodentruppen 1965 verwandelte sich Südvietnam in ein gigantisches Bordell. Doch auch vor der halben Million Amerikaner war Sex ein elementarer Bestandteil des Krieges. «Meine Theorie lautet, dass dieser Krieg nicht einmal halb so lange gedauert, vielleicht gar nicht erst angefangen hätte, wenn sich die Frauen dort große Kupferlöffel in die Nasen steckten und aussähen wie die Ubangis», erklärte einmal ein Reporter. Der Bostoner Puritaner Cabot Lodge fand diese ganze Szene widerlich: «Nicht nur will ich nicht», sagte er einmal, «ich will nicht mal wollen».

Holbrooke hätte es vielleicht gewollt, aber er hat es nicht getan. Er war zu unerfahren, er war mit seinen Gedanken woanders, der Krieg ließ ihn nicht los. Außerdem war er die Art von Mann, der nach dem Sex ein bisschen mehr braucht als medizinische Seife – nämlich die Intimität, die in Gesprächen entsteht. Nicht zuletzt war da noch die mögliche Verlobte, die ich erwähnt habe.

Sie hieß Larrine Sullivan und wurde Litty genannt. Er hatte sie bei einem Blind Date an der Brown University kennengelernt und gleich engagiert, um für die Campuszeitung zu schreiben, in einer Zeit, in der Journalistinnen noch eine Seltenheit waren. Sie war groß und attraktiv, und sie trug ihr Haar kurz, wie die Mädchen in den frühen Beatles-Bildern. Sie war zwar die bessere Studentin, war aber im Ganzen unerfahrener als Holbrooke. Sie kam aus einer Kleinstadt in Maryland, wo ihr Vater ein Schnellrestaurant besaß, die Reinigung und die konservative Lokalzeitung. Er war Alkoholiker, und das Haus, in dem Litty aufwuchs, war ein Schlachtfeld. Sie überlebte nur, weil sie eine Persönlichkeit heiterer Verlässlichkeit ausbildete und die Fähigkeit, den Dingen aus dem Weg zu gehen. Was Holbrooke an ihr mochte, war, dass sie ihm intellektuell ebenbürtig war, dass sie wenig forderte und sich selten beklagte. Umgekehrt war Holbrooke für Litty nicht nur der interessanteste Mann, den sie je kennengelernt hatte, er hatte auch die interessantesten Perspektiven, und so war sie bereit, den Preis der langen Trennungen zu zahlen, damit sie am Ende zusammen sein konnten. Von 1962 bis 1964, während er in Washington, Berkeley, Saigon und Soc Trang war und sie an der Brown University und dann in Holland, wo sie mit einem Fulbright-Stipendium Kunstgeschichte studierte, schrieben sie sich Hunderte von Briefen. Es lohnt sich, diese Briefe anzusehen. Im Gegensatz zu den Briefen, die die meisten von uns am Beginn des Erwachsenenalters schreiben, halten sie einer Betrachtung stand.

Ihre Briefe, in der runden, femininen Handschrift der Jackie Kennedy/Sylvia Plath-Ära, sind fröhliche, liebevolle, manchmal banale Aufzählungen von Erlebnissen und Sehnsüchten. Seine – getippt oder in stark geneigter Handschrift schnell geschrieben – sind verspielt und drängend und didaktisch, er bespricht die Bürgerrechtsbewegung («die größte Krise seit dem Bürgerkrieg»), *Catch-22* und «007 jagt Dr. No», er bettelt sein «herzallerliebstes Schnuckelzuckerpuckerpüppchenherz» an, ihn zu besuchen, schilt sie, weil sie nicht öfter schreibt, analysiert ihre Stärken und Schwächen, zählt auf ihre Beständigkeit, die er, indem er andere Mädchen erwähnt, gleichzeitig zu erschüttern versucht (wovon sie sich allerdings nicht aus der Ruhe bringen lässt). Er war in dieser Beziehung derjenige, der die Karten auf den Tisch legen, der offener mit Gefühlen umgehen wollte – nicht gerade typisch für einen ehrgeizigen jungen Mann der Jack Kennedy / Sean Connery-Ära.

Und so überwand Litty eine Woche vor der Kubakrise, als er in Berkeley war und sie in ihrem Wohnheimzimmer, ihre Abneigung gegen alles Negative und gestand, dass sie gelogen hatte, als sie ihm versicherte, nicht nackt für einen älteren Maler, den sie beide kannten, Modell gesessen zu haben. Sie führte einen Aufsatz von Lewis Mumford zum Thema männliche und weibliche sexuelle Unzufriedenheit im modernen städtischen Leben an, den sie gerade gelesen hatte. Sie fand, dass er ihnen etwas zu sagen habe. Sie wollte wissen, ob er das auch so sehe. Ihr sei bewusst, dass sie ihm schwierige Dinge wie diese vorenthielt, und dass es möglicherweise ein schrecklicher Fehler sei, es jetzt einzugestehen, aber wenn sie ihr Leben miteinander verbringen wollten, habe sie keine Wahl, als es zu versuchen.

Er las den Brief und legte sich hin und beschloss, erst einmal nicht zu antworten, denn er war wütend. Er las die *New York Times* von der ersten bis zur letzten Seite, bis er sich wieder beruhigt hatte. Dann las er den Brief noch einmal. Er bemerkte einige Ausdrücke, die er beim ersten Lesen übersehen hatte und die zeigten, dass sie versucht hatte, ihm näherzukommen, statt ihn zu verletzen. Dann antwortete er:

DICK: Ich finde, dass es nicht sehr klug ist, einen solchen Brief zu
  schreiben, wenn wir dreitausend Meilen voneinander entfernt
  sind und nicht einmal die Möglichkeit haben, einander in die
  Augen zu sehen, geschweige denn, einander zu berühren ... Ich
  weiß sehr wohl, was dir manchmal an mir nicht passt, und dein
  Freund Lewis Mumford hat es für dich ausgedrückt, nicht wahr?
  «Lästiges Beharren statt wirklich überzeugender Aggression.»
  Andererseits weißt du, oder solltest du genauso gut wissen, dass
  dich genau diese Eigenschaft, die Mumford vermisst und nach
  der du verlangst, in diese Phase des brieflichen Wettbewerbs mit

mir geführt hat; mit anderen Worten, ach, du weißt schon, was ich meine. Es ist nur so, dass ich nicht genau das sein kann, oder sein werde, was du dir jede Sekunde deines Lebens wünschst, wenn es das ist, was du erwartest. Ich könnte es versuchen, aber es würde mir nicht gelingen. Und warum nicht? Ganz einfach: Weil mir diese Rolle nicht immer gefällt. Wenn sie mir gefällt, spiele ich sie. Aber ich wünsche mir auch, hin und wieder auf eine entspanntere, weniger aggressive Weise geliebt zu werden (nicht unbedingt körperlich). Ich mag es, auf dem Sofa zu liegen und die Zeitung zu lesen und zu wissen, dass du im Zimmer bist. Ich mag es, wenn du Frühstück machst, nichts schmeckt mir so gut wie dein Frühstück, selbst wenn der Speck ein bisschen zu kross gebraten ist. Ich mag es, dich bei einer Party zu beobachten, wenn du Leute beeindruckst, ohne zu wissen, dass du sie beeindruckst. Ich mag es, dich in teure Restaurants auszuführen, in die ich sonst niemals gehen würde, nur um das Essen zu genießen und den Glanz in deinen Augen. Ich mag es, mit dir einen Hügel hinunterzulaufen oder zu sehen, wie du dich weigerst, mit mir einen Hügel hinunterzulaufen, weil ich weiß, dass du mir so oder so gehörst, dass du mich liebst. Ich mag es zu wissen, dass du mich kennst, wirklich kennst, und dass ich dir mit allem, was ich bin, etwas bedeute. Ich mag es, dass du dich für meine stinklangweiligen Geschichten interessierst, und ich schätze deine manchmal sehr weisen Ratschläge. Und wie du mich ins Bett gebracht hast, als ich letztes Jahr so krank war, und wie du auf Zehenspitzen ins Schlafzimmer gekommen bist, weil du mich nicht wecken wolltest, obwohl ich schon wach war und dich beobachtet habe, wartend, mit nicht ganz geschlossenen Augen ... Weißt du, ich hasse diesen Brief, und deinen Brief, und alles, was damit zusammenhängt. Ich sollte jetzt wirklich lernen, nichts sollte mich davon ablenken dürfen. Wenn ich sicher weiß, dass du mich liebst und dass du auf mich warten wirst, kann ich alles erreichen, was ich will. Wenn du mir aber Briefe schreibst wie den von heute Morgen, dann bin ich verwirrt und abgelenkt, und natürlich verhindert die Entfernung, dass wir den Konflikt auflösen … Ich bin nicht so wütend, wie ich sein könnte. Aber glücklich bin ich bestimmt auch nicht. Warum kannst du nicht einmal nachdenken und das Richtige tun? Ich meine wirklich tun, T-U-N, also handeln. Vergiss nicht, was in der Außenpolitik gilt, das gilt in diesem Fall auch in der Liebe: Nichtstun, Untätigkeit ist auch eine Art von Handeln, es bewirkt etwas. Man entscheidet sich, nichts zu unternehmen, wie man sich entscheidet, etwas zu unternehmen. Und es kommt oft sooo wenig dabei raus. Also, ich denke, ich mache jetzt mal eine Pause. Vielleicht erreicht mich derweil ein weiterer Brief von dir, der hoffentlich besser ist als der letzte. NICHT WENIGER EHRLICH, aber besser.

LITTY: Natürlich kannst du sagen, dass ich dir all das hätte erzählen sollen, wenn wir in ein paar Monaten wieder zusammen sind, aber ich bin ziemlich sicher, dass ich es nicht geschafft hätte. Ich wünschte, es wäre anders, aber ich weiß einfach, dass ich es nicht gekonnt hätte. Das waren alles Dinge, die ich eigentlich immer verdrängt habe, und wenn ich sie dir nicht letzte Woche geschrieben hätte, hätte ich es vielleicht nie getan. Vielleicht war es falsch, aber ich hatte das Gefühl, dass es in diesem Moment wichtig war. Wahrscheinlich habe ich es nur getan, um mein Gewissen zu erleichtern, was vermutlich egoistisch ist. Verborgen unter den wahrscheinlich scheußlichsten Dingen, die du mir je geschrieben oder gesagt hast, sind auch die liebsten, die liebevollsten Gedanken, die ich jemals von dir lesen durfte. Es ist aufschlussreich und auch beruhigend, denke ich, wenn du mich wütend angreifst und gleichzeitig von dem Frühstücksspeck schreibst, von dem Wunsch, die Hügel hinunterzurennen. Das hat mir wirklich viel bedeutet. Und wenn ich den Kontext außer Acht lasse, dann waren es wunderschöne Gedanken, die ich bestimmt nie vergessen werde.

DICK: Du kannst mich entweder nie, nie anlügen, oder aber du lügst meisterlich, dann darfst du es mir nur nie, nie, nie erzählen. Offensichtlich ist die erste Variante die wesentlich klügere, und die einzig ehrliche, die es uns erlaubt, mit einiger Erfolgschance unsere jeweiligen Rollen in einer noch unsicheren Beziehung (wow) einzunehmen. Aber ich glaube, dass die zweite Variante vielleicht doch besser ist als das, was du gestern gemacht hast, besonders wenn du nicht vorhast, mich zu heiraten. Da kommt völlig unerwartet dieser Brief, und du stehst für Antworten und Erklärungen nicht zur Verfügung, auch nicht für eine Berührung oder fürs gemeinsame Vergessen oder Verstehen, und da steht einfach: Ich habe dich angelogen. Ich bin froh, ich bin tatsächlich froh, dass du mir deine tiefsten Empfindungen mitteilen kannst, ich weiß zu schätzen, wie viele Überlegungen, Mühen und Emotionen in diesen Brief geflossen sein müssen. Halt diese Gefühle in deinen Briefen an mich nicht zurück.

LITTY: Ich befürchte, dass der Brief vor allem egoistisch war – es waren nicht deine Schwächen, die mich beschäftigt haben, sondern meine eigenen; nicht deine Gefühle, sondern meine; nicht deine Probleme, nur in dem Maße, als sie meine eigenen berühren. Natürlich hast du Schwächen (ganz bestimmt, obwohl mir beim besten Willen gerade keine einfallen), und natürlich machst du Fehler. Aber sie sind immer unbedeutend, und das, was an dir so großartig ist, macht sie mehr als wett. Komisch – eigentlich ist es doch so, dass die Schwächen des anderen deutlicher zu Tage treten, je länger und besser man ihn kennt, und so ist es dir bestimmt mit mir ergangen. Aber bei dir ist es genau umgekehrt – Dinge, die ich zuerst für Fehler gehalten habe, sind gar keine, du bist, das hat sich herausgestellt, ein weitaus perfekterer Mensch, als irgendjemand ein Recht hätte zu sein.

DICK: Danke, dass du schreibst, du hältst mich für perfekt. Ein Glück, dass du recht hast, sonst würde mir das Kompliment noch zu Kopf steigen! Aber ehrlich, deine Blindheit rührt mich. Ich fühle mich so unzulänglich im Vergleich zu dem Bild, das du von mir hast. Ich fühle mich oft so verderbt, + du hältst mich für gut. Ich glaube, ich habe zu viel Fantasie, weshalb ich immer das Gute denke + gleichzeitig sein verderbtes Gegenteil. Normalerweise kommt nur der gute Gedanke zum Vorschein, aber ich habe schreckliche Angst vor den Gedanken a la Dostojewski, die mir doch immer wieder durch den Kopf gehen. Ich komme zu keiner Gewissheit mehr, in keinem Bereich, weder in der Politik, noch in der Religion, noch in der Moral usw. Aber nein, warte – da ist doch eine Sache, bei der ich Gewissheit habe: das grundlegende Übel der Intoleranz aufgrund von rassischen oder ethnischen Unterschieden. Abgesehen davon bin ich völlig verunsichert, und das, obwohl ich als zu dogmatisch gelte. Genau das meine ich eigentlich. Da hast du ihn, deinen «perfekten» Mann! Er hat eine Menge Schwächen, aber er hält sich für großartig.

Außerhalb der Fiktion gibt es nur ein Innenleben, das man wirklich kennenlernen kann: das eigene. Bei anderen flackern die kontinuierlichen parallelen, unseren Blicken verborgenen Erfahrungen nur gelegentlich auf, wir bekommen eine Ahnung von dem, was ebenso lebendig und konturenreich ist wie die sichtbare, hörbare Person. Einige von uns haben ein Talent dafür, das innere Erleben nach außen zu tragen – durch lebhafte Träume und genaue Erinnerungen, durch Tourette-artige Ausbrüche, Selbstanalysen oder sogar ein einfaches Eingeständnis von Selbstzweifeln. Holbrooke gehörte nicht zu diesen durchscheinenden Seelen. Die meiste Zeit seines Lebens, in beinahe jeder Situation, achtete er peinlich genau darauf, diese parallele Erfahrung im Verborgenen zu halten. Wenn man irgendwo einen Blick auf das Innenleben von Richard Holbrooke erhaschen kann – ein Innenleben, das, wie er selbst zugab, unter dem Druck, eine bedeutende Persönlichkeit werden zu wollen, später verschwand –, dann ist es in diesen frühen Briefen an Litty.

Als Holbrooke nach Vietnam und Litty nach Europa ging, waren sie sich einig, dass sie es miteinander versuchen wollten, auch wenn sie mit dem Ernst junger Erwachsener darauf bestanden, dass nichts versprochen sei und alles passieren könne. Der Strom von Briefen aus Vietnam riss nicht ab, manchmal waren es zwei am Tag. Sie war in diesem entscheidenden Jahr seine wichtigste, verlässlichste Stütze. Als sich ihr Fulbright-Jahr dem Ende zuneigte, bereiteten sie sich auf ein Wiedersehen in Saigon im Juni 1964 vor. Er ging davon aus, dass sie heiraten würden, war sich aber nicht ganz sicher. Je näher das Datum ihrer Ankunft rückte, desto nervöser wurde er.

19. Februar: Wenn du diesen Brief in Händen hältst, werden es nur noch drei Monate sein, bis du mich hier besuchen kommst. Ich denke sehr oft daran (in Hubschraubern, in Sampans, in Flugzeugen usw.) und ich hoffe, dass du verstehst, wie schwierig ich möglicherweise im Umgang sein werde, wenn du hier bist. Ich sage nicht, dass ich tatsächlich schwierig sein werde, nur dass es im Bereich des Möglichen liegt. Ich möchte, dass du kommst, aber manchmal habe ich einfach Angst, dass ich deinen Erwartungen nicht gerecht werde. Ob mich das Jahr in irgendeiner Weise verändert hat, kann ich dir nicht genau sagen. Was ich weiß, ist, dass mir die Vorstellung, mich fest zu binden, manchmal doch – na ja, Angst macht. Dann wiederum denke ich, dass ich genau das brauche, nämlich Dich ... Möglich, dass es ein Leben sein wird mit einem Kerl, der es einfach nicht schafft, jeden Abend pünktlich zum Essen da zu sein, und der manchmal überraschende Dinge tut, und der manchmal an Stellen, wo er es sein sollte, einfach nicht achtsam ist, und der sich manchmal in einen Gedanken verstrickt, der dich überhaupt nicht interessiert, und der manchmal auch einfach rücksichtslos ist. Aber er würde dich auch brauchen (was soll das mit diesem «er», du weißt, dass ich es bin), und zwar sehr, und er würde dir eine Menge abverlangen und Wunder erwarten und Verständnis und Mitgefühl und auch eine gewisse Bestimmtheit, wenn es nötig sein sollte, ihn in die Schranken zu verweisen. All das, und dazu noch Sex. Ich habe dafür niemals jemand anderen in Betracht gezogen als dich, Larrine E. Sullivan (bekannt als Mrs. Thin Man; bekannt als das Mythische Nam; bekannt als Delcia, die Besondere, ein beinahe schon vergessener Schulunfall und Lee Remick – alles in einem).

16. März: Gestern habe ich einen lieben Brief von dir erhalten, voller Hochzeitspläne usw. Du riskierst wirkliche eine Menge, wenn du so über die Dinge redest. Ich schlage vor, dass du deine Schreibmaschine nicht verkaufst, denn es gibt doch nichts Schöneres als eine Zweischreibmaschinenfamilie, und auch, dass du mir nichts davon erzählst, wenn du den ganzen Kram kaufst, von dem du schreibst – ich glaube, Handtücher und Teller waren darunter – denn ich denke, dass ich das noch nicht verkrafte ... Ich bin gerade ziemlich erschöpft. Und ich vermisse dich. Ich treffe noch keine von den Vorkehrungen, die wohl getroffen werden müssen, wenn du bald kommst. Ich weiß nicht einmal, wo ich anfangen soll. Ich werde demnächst mal Tony fragen. Mir ist das alles ziemlich unbegreiflich. Schreib mir öfter, aber nicht über das Service für acht Personen. Das deprimiert mich. Und ich liebe dich wirklich.

20. April: Oh, Liebling, ich bin dieser Tage immer so erschöpft und besorgt und ein wenig verwirrt, aber ICH BIN AUCH SEHR GEMEIN ALSO NIMM DICH IN ACHT. WANN KOMMST DU ENDLICH HER UM ZU ERFAHREN WAS GENAU ICH MEINE WENN ICH SAGE DASS ICH GEMEIN BIN?

18. Mai: Also, Liebling, wenn du es wirklich versuchen willst, dann schreib mir mal, mit welchem Flug an welchem Tag du kommst, denn es wird ein wunderbares Regierungsfahrzeug kommen und dich in ein südostasiatisches Paradies entführen.

24. Mai: Wenn ich richtig rechne, Liebling, dann wirst du in drei Wochen hier sein – ich kann es kaum glauben. Ich hoffe, du wirst mich nicht anders vorfinden, als ich in deiner Erinnerung bin, manchmal mache ich mir Sorgen, dass du nicht darauf vorbereitet bist, mich von meiner schlechtesten Seite kennenzulernen, die wirklich ziemlich schlimm sein kann ... bis ganz bald.

Litty kam trotzdem. Sie war bereit für Holbrooke und für Vietnam. Sobald sie in Saigon vereint waren, legten sie ein Hochzeitsdatum fest.

Die Lakes engagierten sich in jeder Hinsicht, um ihren Freund Dick in ihren Reihen willkommen zu heißen. Toni half Litty, eine Zeremonie zu planen und handschriftliche Einladungen zum Empfang in der Villa der Lakes zu versenden. Die standesamtliche Trauung fand im Rathaus, einem weißen Kolonialgebäude im Zentrum von Saigon, statt, und zwar am Morgen des 27. Juni, ein Jahr und einen Tag nachdem Holbrooke in Vietnam angekommen war. Sie wurde auf Vietnamesisch abgehalten, der Standesbeamte trug eine Schärpe. Tony, im seidig-weißen Anzug, übersetzte und bezeugte den Vorgang für die US-Regierung. Neben der weiteren Trauzeugin Toni waren anwesend: Vlad Lehovich, Jim und Britta Rosenthal, Holbrookes Mutter Trudi und sein Bruder Andy, die aus New York angereist waren. Litty hatte niemanden, der sie begleitet hätte, niemanden, dem sie sich hätte öffnen können, weder Freunde noch Verwandte. Doch sie stand da, ruhig und lächelnd, in ihrem langärmeligen, am Ausschnitt bogenförmig verzierten, knielangen weißen Brautkleid, das sie sich von einem Schneider in Saigon hatte anfertigen lassen.

Am Nachmittag fanden sich im tropischen Garten der Lakes einhundertfünfzig Gäste ein, die Champagner tranken und Kuchen aßen, darunter ein großer Teil von Rural Affairs und für eine kurze Zeit auch Henry Cabot Lodge, dessen Dienst in Vietnam am folgenden Tag endete, worauf er nach Hause zurückkehrte, um den Versuch zu unternehmen, die Republikanische Partei davon abzuhalten, Barry Goldwater als Präsidentschaftskandidaten zu nominieren. Trudi, die sich mit einem Überschwang auf Saigon einließ, der ihrem Sohn, den sie beharrlich «Dickie» nannte, zutiefst peinlich war, hatte auf dem Tiermarkt dreiundsiebzig kleine Vögel gekauft, die Dick und Litty aus hölzernen Käfigen entließen, was ihnen nach vietnamesischer Tradition Glück bringen sollte. Am nächsten Morgen vertrat Dick Tonis Bruder als Pate bei der episkopalen Taufe des kleinen Jungen der Lakes.

Jahre später behauptete Holbrooke, der die Hunderte von Briefen vergessen hatte, die er Litty geschrieben hatte, er sei eher zufällig in diese erste Ehe hineingestolpert, und gab den Lakes die Schuld.

Mit der Hochzeit endete auch sein Jahr im Delta. Er hatte gelernt, was er konnte, und glaubte, in Saigon mehr bewegen zu können. Da Rufus Phillips nicht mehr da war, um Rural Affairs am Leben zu erhalten, wurde es in die USOM integriert, die Bürokratie erledigte den Rest. Die Zeiten, in denen ein zweiundzwanzig Jahre alter Mitarbeiter des Auswärtigen Dienstes Verantwortung für eine ganze Provinz übernehmen konnte, waren vorbei. Holbrooke wurde ins Hauptquartier in Saigon versetzt, in dem ein Jahr zuvor die Mönche Zuflucht genommen hatten. Dick und Litty bezogen eine kleine Wohnung nördlich der Innenstadt, an dem Boulevard, der zum Flughafen führte. Morgens fuhr er mit dem Taxi zur Arbeit, und sie fuhr mit einem weiteren Taxi zum Einkaufen. Sie verhielten sich wie jedes andere frisch verheiratete Paar in den frühen Sechzigerjahren, die im Grunde eine Verlängerung der Fünfziger waren – nur eben in Vietnam. Wegen der Bombenanschläge der Vietcong und der gewalttätigen Studentenproteste gingen sie abends nicht mehr so häufig ins Restaurant, aber das quirlige Gesellschaftsleben von Saigon setzte sich im privaten Rahmen fort. Die Holbrookes kauften in Hongkong ein Tonbandgerät, ihre Gäste tanzten zu den Beatles.

Um die Langeweile zu vertreiben, gab Litty den Mönchen einer Pagode Englischunterricht. Denn da, wo es zählte, hatte sie keine Stimme, genauso wenig wie die anderen amerikanischen Ehefrauen. Auf Partys und diplomatischen Empfängen fragte niemand nach ihrer Meinung zu dem einzigen Thema, auf das es ankam – den Krieg. Litty und Toni ließen ihre eigenen Ambitionen als Ivy League-Absolventinnen ruhen, um die Karrieren ihrer Ehemänner zu befördern, aber mehr noch als Toni opferte Litty sich selbst. Die Lakes waren die Ehe mit dem Wissen um die gemeinsamen Ideale eingegangen, sie wollten das Abenteuer des Lebens Seite an Seite bestehen, und selbst als sie merkten, dass die Wirklichkeit des Auswärtigen Dienstes eine andere war, gaben sie dieses Ideal nicht ganz auf. Wenn sie bei einem Abendessen mit Leuten von der Botschaft etwas erwähnte, was Tony ihr aus Geheimhaltungsgründen nicht hätte sagen dürfen, und er sie dann unter dem Tisch trat, sagte sie mit lauter Stimme: «Trittst du mich etwa gerade?»

Die Ehe der Holbrookes war anders. Dicks Welt bestimmte alles.

VII.

In Saigon traf er auf mächtige Leute und erlernte die brutale Kunst der politischen Machtapparate.

Im Sommer 1964 setzte Präsident Johnson Westmoreland an die Stelle von Harkins, Maxwell Taylor übernahm die Position von Lodge. Taylor war, anders als Lodge (der Südvietnam wie ein Parteivorsitzender aus Massachusetts behandelte), kein Politiker, aber er war ein Held des D-Day und der Lieblingsgeneral der Kennedys, und er war zutiefst überzeugt – vor allem von der Macht des Luftangriffs. Seine Ernennung sollte dem rechten Flügel den Wind aus den Segeln nehmen, den Johnson mehr fürchtete als die erstarkende Antikriegsbewegung. Taylor passte zu dieser neuen Kriegsphase, deren Verlauf nun von den Generälen bestimmt würde.

Es war nicht vollständig geklärt, wer den amerikanischen Krieg in Vietnam eigentlich anführte. 1961 hatte Kennedy eine wenig bekannte Anweisung unterzeichnet, die alle US-Behörden an einem Kriegsschauplatz der Kontrolle des amerikanischen Botschafters vor Ort unterstellte – mit Ausnahme des Militärs, das dem Präsidenten über das Pentagon, nicht über die Botschaft, berichtete. So war die Macht in Vietnam von Anfang an geteilt, während gleichzeitig die Doktrin der Aufstandsbekämpfung eine einheitliche Führung verlangte. Lodge hatte versucht, diese Schwierigkeit zu umgehen, indem er Harkins aus seiner Kommunikation mit dem Weißen Haus ausschloss. Doch selbst ein Botschafter von Lodges Format kam gegen das Militär, das die Flugzeuge und Soldaten stellte, letztendlich nicht an. Die Militarisierung der amerikanischen Außenpolitik kam in Gang: «Für jemanden, dessen Ausbildung von Theorien und Schriften bestimmt war, nach denen der Auswärtige Dienst die Grundlage der Außenpolitik war, und die Botschaften die amerikanischen Initiativen im Ausland durchführten beziehungsweise koordinierten, ist es sehr traurig, all dies mit anzusehen», schrieb Holbrooke im Sommer 1964 an David Rusk.

Eigentlich boten sich Taylor und Westmoreland nicht als Mentoren für Holbrooke an – sie waren auf moderne Weise militärisch und gradlinig, sie liebten Organisation, Technik und Statistik. Doch das Verhältnis gestaltete sich anders. Es dauerte nicht lange, bis er mit beiden Männern im Cercle Sportif Tennis spielte. Und als das Ehepaar Rusk auf der Durchreise war, begleitete er sie zu einem Davis-Cup-Spiel zwischen Südvietnam und Indien. McNamara führte er zu einem Antiquitätenhändler, wo der Minister (der freundlicher war als erwartet) eine Kleinigkeit für Frau McNamara erstand. In Saigon stationiert zu sein bedeutete, mit wichtigen Gästen Zeit zu verbringen und ihnen zum Beispiel den Wunsch nach Schokoladeneis zu erfüllen. So begann Holbrookes Aufstieg als Mann des öffentlichen Lebens. Eigentlich war er zu jung, aber im Krieg ging alles schneller.

Der Sicherheitsberater McGeorge Bundy hat einmal gesagt, das Jahr 1964 sei ein «verlorenes Jahr» in Vietnam gewesen. Johnson folgte dem Beispiel Kennedys und vertagte wichtige Entscheidungen auf die Zeit nach der Wahl. Die Frage war nur, ob Südvietnam, wo sich ein Putschversuch an den anderen reihte, überhaupt bis November durchhalten würde. Das tat es kaum. Inzwischen gab es nur noch zwei Möglichkeiten: Entweder man gab den Krieg verloren, oder man machte ihn zu einem amerikanischen Krieg, und da eine Niederlage – und selbst Verhandlungen über einen Rückzug – für Johnson nicht in Frage kam, war eine Eskalation unvermeidlich. Die offizielle Einschätzung sowohl in Vietnam als auch in Washington wurde 1964 zusehends pessimistischer, was sich ebensowenig wie der selbstbetrügerische Optimismus des Vorjahres keineswegs als klärend erwies. Da es Amerika nicht gelungen war, die Politik Südvietnams zu steuern, entschied es sich für die Militarisierung, und die im August vom Kongress verabschiedete Resolution zum Tonkin-Golf gab Johnson die Mittel an die Hand, das Militär auch einzusetzen. Man stelle sich einen Mann vor, der versucht, einen Nagel in die Wand zu schlagen, und schließlich feststellt, dass der Nagel nicht hineingeht, weil das, was er für einen Holzbalken gehalten hat, tatsächlich ein gusseisernes Abflussrohr ist. Also tauscht er den Hammer gegen einen Vorschlaghammer aus und haut weiter drauf.

Holbrookes Einsatz in Vietnam sollte eigentlich im Juni 1965 auslaufen, seine Versetzung nach Wien war bereits beschlossen. Doch Wien schien ihm genauso absurd wie Luxemburg. Ende 1964 traf er in Saigon

U. Alexis Johnson, der gerade angekommen war, um als Taylors Stellvertreter zu dienen. Johnson fragte Holbrooke, ob er bereit wäre, ein drittes Jahr in Vietnam zu bleiben. Holbrooke zögerte nicht lange und sagte zu. Johnson ließ ihn in die Botschaft versetzen, wo er auf Lakes Empfehlung hin zum Stabsreferenten des Botschafters befördert wurde. Holbrooke nahm seinen Platz in Taylors Vorzimmer im fünften Stock ein, es war Lakes alte Stelle.

Doch die Lakes waren nicht mehr in Saigon. Tony war im August als Vizekonsul in die alte Kaiserstadt Hue nahe der entmilitarisierten Zone entsandt worden. Mit fünfundzwanzig Jahren war er der zweitwichtigste Amerikaner an der gesamten Zentralküste. Hue war ein hübscher, ruhiger Ort, auf breiten, leeren Straßen fuhren Kinder Fahrrad, Mönche im Gänsemarsch trugen Almosenschalen vor sich her und läuteten ihre Glöckchen. Der Parfümfluss, der im Truong-Son-Gebirge entsprang, floss still am Fuße der Zitadelle entlang, wo die Herrscher der Nguyen-Dynastie in ihren Grüften ruhten.

Zu Beginn bot Hue den Lakes das Leben, das sie sich gewünscht hatten, es entsprach ein wenig Tonys Traum, seinen Dienst als Botschafter in einem obskuren westafrikanischen Land zu leisten. Sie wohnten in einem Bungalow an einem mit dem Fluss verbundenen Kanal. Toni schob das Baby in einem Rattankinderwagen durch die Stadt, erkundete die wunderschön verfallende Zitadelle und lernte am Musikkonservatorium von Hue das sechzehnsaitige Dan Tranh zu spielen. Sie brachte Medizinstudenten und Montagnard-Kindern Englisch bei, Lake unterrichtete einen Kurs über internationale Politik an der Universität. Er war in Harvard Leichtgewicht-Ruderer gewesen, nun fand er einen alten Einer und trainierte auf dem Parfümfluss seine Schläge. Manchmal ruderte er bis zu einem Kloster vor der Stadt, wo Thich Tri Quang, der Mönch, der den Aufstand gegen die Ngo Dinhs angeführt hatte, Blatt für Blatt seine Blüten aß und verrätselte Antworten auf Lakes Fragen gab. Wenn Lake nach diesen Besuchen ins Konsulat zurückkehrte, versuchte er, die Gespräche zu diplomatischen Depeschen umzuformulieren. Die Lakes luden Musiker und Studentenführer in ihr Haus ein und hörten aufmerksam zu, wenn sich diese kritisch über die Generäle in Saigon äußerten.

Je weiter man es in Vietnam in der Hierarchie brachte, desto weniger erfuhr man. Da er die ersten anderthalb Jahre in der Botschaft verbracht hatte statt in der Provinz, stand Lake auf der Karriereleiter ein paar Sprossen über Holbrooke, hinkte aber bei den Zweifeln ein wenig hinter ihm her. Als Stabsreferent von Lodge hatte er nach jeder Schlacht die optimistischen Berichte gelesen und dann erlebt, wie Neil Sheehan in die Botschaft kam, um Lodge einen Augenzeugenbericht zu liefern, der der offiziellen Version komplett widersprach. So begann Lake zu begreifen, dass diese Berichte voller Lügen waren. In Hue beschleunigte sich dieser Prozess der Desillusionierung.

Einmal wurde er eingeladen, ein Schlachtfeld südlich der Stadt zu besichtigen und sich nach dem Sieg der Regierungstruppen über einen Zug von Vietcongkämpfern ein Bild zu machen. Dorfbewohner liefen kreuz und quer über die durchweichten Felder und erfreuten sich am Anblick der feindlichen Leichen – einer brennenden Zigarette zwischen den Lippen eines Toten, einer Karotte, wo man einen Penis erwartet hätte, einem verkohlten Körper, neben dem eine alte Frau hockte und sich im Schmerz wiegte. Lake riss sich zusammen und setzte die Besichtigung fort – er war schließlich Vizekonsul, und dies war der Krieg. In einem Graben am Parfümfluss lag ein halbes Dutzend Vietcong, die von einem Maschinengewehr Kaliber fünfzig zerfetzt worden waren. Dem letzten Guerillakämpfer war es beinahe gelungen, sich in den Fluss zu retten, als sein Körper von einer Salve durchtrennt wurde. Er war etwa in Lakes Alter, seine Brille saß schief, das schmale Studentengesicht war von Grauen erfüllt. Es war seltsam, im Blut und Schlamm des Grabens ein solches Gesicht zu entdecken. Lake starrte ihn lange an, er hörte kaum den Bericht seines vietnamesischen Begleiters. Seine eigenen Studenten fielen ihm ein, und er fragte sich, ob das Gesicht unter anderen Umständen auch sein eigenes hätte sein können, und welche Bedeutung das wohl haben mochte. Es war ein Gedankengang, den er niemandem anvertrauen würde, nicht einmal Toni. Er wollte keine Schwäche zeigen, und sein innerer Widerstand war groß, denn die Frage könnte ihn zu dem Schluss führen, dass wir einen Fehler gemacht hatten, überhaupt hergekommen zu sein, und das war noch immer undenkbar.

An Weihnachten kamen die Holbrookes zu Besuch. Im Januar 1965 war in Hue plötzlich die Hölle los. Studenten und Mönche, die gegen die neueste südvietnamesische Regierung demonstrierten, besetzten die Universität. Lake sympathisierte mit ihnen. Ganz wie Greenes Alden Pyle hoffte er, dass die Buddhisten einen dritten Weg zwischen den Vietcong und den Generälen aufzeigen würden. Die Demonstrationen bedeuteten auch das Ende von Tonis Musikunterricht, ihr Lehrer hatte Angst, mit einer Amerikanerin gesehen zu werden. Vor ihrer Tür stand ein vietnamesischer Wachposten, und jedes Mal, wenn Toni aus dem Haus ging, nahm sie Sohn und Hund mit, aus Angst, sie niemals wiederzusehen.

Am 23. Januar wurde die amerikanische Bibliothek, zwei Blocks vom Konsulat entfernt, von einer aufgebrachten Menge angegriffen. Tony ging hin und entdeckte unter den Hunderten von Demonstranten, die Bücher verbrannten, einige seiner eigenen Studenten. Der Anblick machte ihn wütend, und diese Wut verlieh ihm den Mut, den er immer in sich gesucht, den er in Vietnam aber nicht mehr zu finden gehofft hatte, nicht anders als Toni, deren schwankender Glaube an die amerikanische Sache durch den Schrecken einer in ihr Fenster geworfenen Vietcong-Granate bestärkt worden war. Es sind nicht die großen Ideen – die kommunistische Aggression, das Recht auf Selbstbestimmung oder die Eindämmungspolitik –, die die Menschen auf einen Krieg einschwören, es sind Wut und Angst und ungebändigter Impuls. Lake drängte durch die Menge in die Bibliothek. Aus irgendeinem Grund war ihm ein Buch eingefallen, das er als Kind gelesen hatte, in dem ein britischer Dudelsackspieler einem Aufstand von Malaien entgegentrat, und es war dieses absurde viktorianische Bild, das ihn zu dem Versuch inspirierte, das Feuer eigenhändig zu löschen. Er wurde aus der Menge heraus mit Steinen beworfen, und als er sich umdrehte und den Mob anstarrte, fiel ihm wieder dieser Dudelsackspieler ein. Da hörten sie auf, Steine zu werfen, und bald erlosch auch das Feuer, das allerdings bereits Tausende von Büchern zerstört hatte. Als am Abend einige der Studenten die Lakes in ihrem Haus aufsuchten, um über die Missstände zu diskutieren, wies Tony sie darauf hin, dass viele der englischen Wörter auf ihren Plakaten falsch geschrieben waren.

Die Demonstrationen nahmen zu. Hue entwickelte sich zum Zentrum eines landesweiten Aufstands – nach Jahren des Krieges wandte sich die südvietnamesische Bevölkerung gegen die Amerikaner und forderte Friedensverhandlungen. Tausende von Buddhisten zogen zum Konsulat, einem Geheimdienstbericht zufolge, den Lake gelesen hatte, waren die Proteste von den Vietcong infiltriert. Er wies die Armeewachen an, nicht zu schießen, schickte die Angestellten nach Hause, zog sich in den Sicherheitsraum zurück und schloss die Stahltür ab. Das hier war weitaus schlimmer, als dreizehn Stunden in einem Schrank in Saigon abzuwarten, bis der Putsch vorüber war – denn diesmal war er selbst das Ziel. Er hörte die Rufe der Menge, wartete auf die Explosionen und weinte vor Angst. Nach neunzig Minuten zogen die Demonstranten weiter.

Lake erhielt von Taylor die Erlaubnis, die Evakuierung aller amerikanischen Familienmitglieder aus Zentralvietnam anzuordnen. Die Bedrohung ging nun nicht mehr nur von den Vietcong und den nordvietnamesischen, über die entmilitarisierte Zone vorrückenden Regimentern aus, sondern auch von der südvietnamesischen Bevölkerung.

Der amerikanische Krieg hatte einen Punkt erreicht, an dem es kein Zurück mehr gab. In der ersten Februarwoche schickte Johnson seinen kämpferischsten Berater, McGeorge Bundy, für vier Tage nach Vietnam. Nicht, um die Lage zu bewerten – die Würfel waren gefallen, Bundys Bericht wurde bereits kurz nach seiner Landung erstellt –, sondern um die amerikanische Diplomatie auf die Eskalation vorzubereiten. Es war Bundys erster Besuch in Saigon, wo gerade ein weiterer Staatsstreich stattgefunden hatte, und wenn er ebenso klug wie clever gewesen wäre, hätte er hingesehen und zugehört, und er hätte begriffen, dass der Aufstand der Mönche und Studenten, vor dem sich Tony Lake in Sicherheit gebracht und der Toni Lake aus Hue vertrieben hatte, eine gesellschaftliche Revolution im Süden des Landes darstellte, dass sich die Unterstützung der Bevölkerung für den Krieg gerade verflüchtigte, dass amerikanische Bodentruppen und Bomben, egal welcher Stärke, nicht in der Lage sein würden, eine südvietnamesische Regierung auf die Beine zu stellen, die die Herzen der Menschen hätte gewinnen können, und dass Verhandlungen über einen Truppenabzug der einzige politisch vernünftige Weg waren. Doch das wäre ein anderer McGeorge Bundy gewesen, nicht der, der zwei Präsidenten als Nationaler Sicherheitsberater gedient hatte.

Am 6. Februar, seinem letzten Abend in Saigon, versammelte Bundy eine Gruppe von Amerikanern im Haus von U. Alexis Johnson, dem stellvertretenden Botschafter. Holbrooke saß mit am Tisch, mehrere Stunden sah er zu, wie Bundy die Anwesenden mit Fragen löcherte. Einige von ihnen waren seit Jahren im Land, sie hätten ihm das ein oder andere beibringen können, aber sie waren es nicht gewohnt, von einem Mann, der so scharfsinnig und eloquent war wie der jüngste Fakultätsdekan, den Harvard je hatte, ins Kreuzverhör genommen zu werden. Sobald sie nur einen Augenblick zögerten oder sich ein winziger Riss in der Fassade ihres Selbstvertrauens zeigte, verlor Bundy das Interesse, unterbrach sie und ging zum nächsten Thema über. Holbrooke hatte Bundy als «action intellectual» verehrt, als genau die erfolgreiche Person des öffentlichen Lebens, die er selbst eines Tages zu werden hoffte, und er sollte auch später jede Chance ergreifen, Politiker seines Formats kennenzulernen, aber nach diesem Abend wollte er Bundy nicht mehr nachahmen. Ihn blendete die Intelligenz des Sicherheitsberaters nicht mehr, vielmehr verstörte ihn nun die Abgeklärtheit, mit der er den Krieg, seine Opfer und die Zustände im Land betrachtete.

Am selben Abend, wenige Stunden vor Bundys geplanter Abreise, wurde ein amerikanischer Hubschrauberstützpunkt in der Nähe von Pleiku im zentralen Hochland von den Vietcong angegriffen. Acht amerikanische Soldaten starben und einhundertsechsundzwanzig wurden verletzt, zehn Hubschrauber brannten aus. Bundy eilte mit Westmoreland nach Pleiku, um den Schaden zu begutachten. Der Anblick der Zerstörung bestürzte diesen Mann, der den Krieg nur aus der Ferne kannte. Er ließ eine sichere Leitung ins Weiße Haus schalten und drängte den Präsidenten, sofort mit einem Bombenangriff auf den Norden zu antworten. Johnson hatte schon vor Pleiku die Ziele ausgewählt. Da die USA auf eine Provokation gehofft hatten, um ihr Bombardement zu beginnen, konnte man den Angriff als Glücksfall werten. Als Bundy wieder in Washington war und von einem Reporter gefragt wurde, warum die USA nach Pleiku, nicht aber nach früheren Angriffen der Vietcong, mit Vergeltungsschlägen reagiert hatten, antwortete er: «Pleikus sind wie Straßenbahnen.» Was heißen sollte, dass immer noch eine weitere kommen würde, dass man sich aussuchen konnte, in welche man einstieg. Am 8. Februar gab die Regierung Johnson die Anweisung, dass alle 2300 Angehörigen das Land innerhalb einer Woche zu verlassen hätten. Die amerikanischen Schulen schlossen, die Villen verwaisten, Hausangestellte wurden entlassen, Familien bereiteten sich auf die Trennung vor.

Toni Lake und das Baby waren die Ersten, die in Amerika ankamen, am Kennedy Airport in New York wurde sie von einem Kamerateam abgefangen und für die «Today Show» interviewt. «Es tut mir nur sehr leid, dass ich meinen Mann dort zurücklassen musste», sagte sie. Was war los in Vietnam? «Das Problem in Vietnam sind die Vietcong», erklärte sie, womit sie die Rolle der Diplomatenfrau perfekt spielte, zum Stolz ihres Mannes – obwohl sie im innersten Herzen immer die größeren Zweifel gehegt hatte. Nach dem Gewaltausbruch in Hue war die Evakuierung für beide Lakes eine Erlösung. Wenige Monate später war Tony zurück im Außenministerium in Washington, er hatte seine zwei Jahre absolviert.

Die Holbrookes haderten mit dem Evakuierungsbefehl. In Saigon hatte die Gefahr nicht spürbar zugenommen, der Abschied bedeutete eine gewaltige Umstellung für sie. Litty, so beschlossen sie, würde sich in Bangkok niederlassen, bis Dick sein letztes Jahr in Vietnam hinter sich gebracht hätte. So konnte er sie einmal im Monat besuchen. Weinend stieg Litty in Tan Son Nhut mit den anderen amerikanischen Ehefrauen in das Transportflugzeug, sie hatte gerade erst erfahren, dass sie im dritten Monat schwanger war.

Die Evakuierung, die seit Wochen geplant war, wurde dem amerikanischen Volk gegenüber mit den gewundenen und irreführenden Worten gerechtfertigt, die im Weißen Haus unter Johnson üblich waren: Da 1965 weitere amerikanische Soldaten in Vietnam stationiert würden, um die ihrerseits verstärkten südvietnamesischen Streitkräfte zu unterstützen, wolle man Angehörige abziehen, damit eine unverhältnismäßig hohe Anzahl von Amerikanern im Land vermieden werde. Doch in einer Geheimdepesche nannte Taylor die wahren, politisch brisanten Gründe: die zunehmend gewalttätigen Demonstrationen im Süden und die «Notwendigkeit, vor einer möglichen Ausweitung der Gefechte Klarschiff zu machen». Frauen und Kinder mussten in Sicherheit gebracht werden, um die Eskalation vorzubereiten, die Johnson in der Öffentlichkeit noch immer leugnete.

In seinem Bericht drängte Bundy den Präsidenten, mit dem Dauerbombardement des Nordens zu beginnen, bevor Südvietnam fiele. Die Operation Rolling Thunder begann am 2. März und dauerte mehr als dreieinhalb Jahre, bis kurz vor den Präsidentschaftswahlen des Jahres 1968, wobei die dreifache Menge Bomben über Nordvietnam abgeworfen wurden, wie im gesamten Zweiten Weltkrieg eingesetzt worden waren. Am 8. März landeten zwei Marinebataillone in Da Nang südlich von Hue, um den amerikanischen Luftwaffenstützpunkt dort zu schützen – die ersten amerikanischen Bodentruppen in Vietnam. Es dauerte nicht lange, bis die Marines Such- und Zerstörungsaktionen in den Dörfern und Reisfeldern der Zentralküste durchführten. Taylor, der sich 1961 als Präsidentenberater für die Entsendung von Kampftruppen eingesetzt hatte, lehnte sie jetzt, da er als Botschafter mit dem Chaos in Saigon bestens vertraut war, ab. Er war überzeugt, dass sie den Vietnamesen die Initiative nehmen und die Amerikaner zu Kolonialherren machen würden. Doch Johnson hörte auf Westmoreland, nicht auf Taylor, der bereits im Sommer ersetzt werden würde – und zwar von seinem eigenen Vorgänger Henry Cabot Lodge. Als die Bombardierung des Nordens nicht den gewünschten Erfolg zeitigte – der Nachschub floss weiter über den Ho-Chi-Minh-Pfad, nordvietnamesische Armeeeinheiten drangen weiterhin durch die entmilitarisierte Zone ein, Hanoi ließ sich nicht einschüchtern –, sandte Johnson im Juli weitere fünfzigtausend Soldaten. Zum Ende des Jahres befanden sich beinahe zweihunderttausend Amerikaner in Vietnam.

Der Evakuierungsbefehl vom Februar 1965 mag nicht mehr als eine Fußnote in der Geschichte dieses Krieges sein, doch meiner Meinung nach markiert er einen Wendepunkt. Er bedeutete das Ende des hübschen Kolonialstädtchens Saigon, des kleinen Zivilflughafens von Tan Son Nhut und des Fischerdorfs Da Nang. Nach diesem Befehl gab es keine Nachmittagssiesta mehr, keine Französisch sprechenden Nachtclubmädchen, keine Nachmittagstees in den Botschaften und keine amerikanischen Kinder im Zoo von Saigon. Jetzt bestimmten riesige Stützpunkte das Land, B-52-Bomber, Marlboros vom Schwarzmarkt und eine Prostitution industriellen Ausmaßes. Der Befehl bedeutete das Ende der alten Botschaft nahe dem Fluss, eines Bürogebäudes, dessen Sicherheitsvorkehrungen so locker waren, dass am 30. März zwei Vietcongkämpfer ein Auto direkt vor die Erdgeschossfenster schieben und dreihundert Pfund Sprengstoff zur Explosion bringen konnten, wobei zweiundzwanzig Menschen – überwiegend vietnamesische Passanten – getötet wurden. Der Befehl bedeutete das Ende des Opiums und den Beginn des Heroins, das Ende ziviler Bemühungen und den Beginn von Westmorelands Tötungsmaschinerie.

Als im September, zum ersten Mal seit 1963, Rufus Phillips nach Vietnam zurückkehrte und aus Saigon herausfuhr, staunte er über einen zehn Meilen langen Stau von Militärfahrzeugen und Transportern auf der Straße nach Bien Hoa, es war, als wären sie gekommen, um nicht die Vietcong im Dschungel zu bekämpfen, sondern sowjetische Panzerdivisionen in Europa. Holbrookes Freund John Negroponte hat einmal gesagt, dass sich die Tu Do Street damals das ganze Jahr lang anfühlte wie die 42nd Street in Manhattan in der Silvesternacht. «Die Atmosphäre in Saigon wurde immer bedrückender», schrieb Holbrooke später. «Die Amerikaner wurden von den Vietnamesen korrumpiert, sie verwandelten sich in das, was wir auf der ganzen Welt zu bekämpfen vorgaben.» Die Amerikaner hatten in der Stadt das Sagen, und alles stand zum Verkauf.

Holbrooke war dieser Evakuierungsbefehl schon bald verhasst, denn er zwang die Beamten, sich zwischen dem Krieg und ihren Familien zu entscheiden. Gerade als Amerika Leute in Vietnam brauchte, die etwas vom Land verstanden, weigerten sich einige der besten Diplomaten, ihren Dienst in Saigon zu verlängern, und kehrten nach Hause zurück. Was in der amerikanischen Botschaft zurückblieb, waren die Trümmer zerrütteter Ehen, eine Brigade von Seifenhändlern, und auch wenn einige von ihnen Talent hatten, waren doch die meisten nur dem normalen Leben entflohen, das sie nicht ertrugen, Kriegsjunkies, die alles gesehen hatten, statt der Crème de la Crème des Diplomatischen Dienstes.

In Saigon kursierte folgender Spruch: «Erst wenn du deine Ehe ruiniert hast, wirst du ein guter Aufstandsbekämpfer sein.» Als Litty im August ihren Sohn David in Bangkok zur Welt brachte, war sie ganz allein. Der Krieg mit schwerem Gerät begrub die zarten Sprösslinge der Befriedung, die Rural Affairs in der Provinz gepflanzt hatte. Amerikanische Piloten waren angewiesen, mit leeren Bombenschächten zum Stützpunkt zurückzukehren. Einmal begleitete Holbrooke Lodge und Westmoreland auf einem Besichtigungsflug. «Die Flugzeuge dürfen ihre Bomben auf alles abwerfen, was sich am Boden rührt», monierte der vierundzwanzigjährige Stabsreferent auf dem Rückweg nach Saigon gegenüber dem Prokonsul und dem Viersternegeneral. «Da unten leben doch Menschen.» Holbrooke versuchte, ihnen klarzumachen, dass «Freifeuerzonen» und «Stör- und Abriegelungsfeuer» komplett kontraproduktiv seien – das blinde Töten schaffe nur weitere Vietcongsympathisanten. Er kenne das schließlich aus dem Mekong-Delta von vor zwei Jahren, und jetzt sehe er es in ganz Südvietnam. Als man ihm erläutern wollte, dass die Gebiete von den Kommunisten kontrolliert würden, rief er: «Nein, das ist einfach Wahnsinn.»

Wenige Beamte, erst recht nicht die jüngeren, wagten es, so mit den höchsten amerikanischen Vertretern in Vietnam zu sprechen. Aber Holbrooke betrachtete Menschen vom Schlage Lodges und Westmorelands inzwischen nicht mehr als Vorgesetzte, sondern als wohlmeinende, aber schlecht informierte Männer, die ihre taktischen Denkfehler korrigieren würden, wenn sie nur bereit wären, dem Rat eines Mannes zu folgen, der mehr von der Sache verstand als sie. Schließlich unterbrach Lodge ihn: «Es ist gut, dass Sie auf Ihre Ängste hören, junger Mann, aber Sie sollten sich nicht von ihnen beherrschen lassen.»

Holbrooke allerdings trat gerade in die dritte Phase des Zweifels ein. Nach Lagebewertungen und taktischen Überlegungen begann er nun, die gesamte amerikanische Strategie in Frage zu stellen. Westmorelands Zermürbungskrieg hing vom Erreichen dessen ab, was der Kommandeur als «Übergangspunkt» bezeichnete – den hypothetischen Augenblick, in dem der Norden nicht mehr in der Lage sein würde, seine Kämpfer in dem Maße zu ersetzen, wie sie getötet wurden. Die amerikanische Strategie bestand darin, den Feind bis zur Unterwerfung auszubluten.

Im Herbst 1965 wechselte Holbrooke in die politische Abteilung der Botschaft, als Provinzberichterstatter sammelte er im ganzen Land Informationen über diese neue Phase des Krieges. Einmal flog er an die Zentralküste und verbrachte eine Woche beim Neunten Marineregiment in der Provinz Quang Nam südlich von Da Nang. Er ließ sich von einem General namens Lewis Walt berichten, einem Hünen, der im Südpazifik tapfer gekämpft hatte und mit Fleisch und Blut Marineinfanterist war. Das kleine Fischerdorf, in dem er mit Holbrooke verabredet war, war für ihn wie ein zweites Iwo Jima – ein Brückenkopf, den es mit allen Mitteln zu sichern galt. Während sich neugierige Kinder um sie drängten, ging Walt auf ein Knie und wischte mit seinem langen Unterarm einen Halbkreis in den Sand, um Holbrooke zu erklären, wie seine Soldaten aus dem Dorf in die umliegende Gegend vordringen würden, wie sie die Vietcong vertreiben und das Gebiet an die südvietnamesische Armee übergeben würden, um es im nächsten Schritt mit einem befreiten Gebiet weiter im Süden zu verbinden. Da war sie wieder: die Ölfleckstrategie. «Aber die Vietcong werden einfach hinter Ihnen nachrücken», sagte Holbrooke, der zwei Jahre länger in Vietnam war als der Held von Guadalcanal. Doch Walt wischte immer weiter im Sand herum. Er war von seinem Plan voll und ganz überzeugt.

Die Marines hatten in einem Dorf in der Nähe eine Schule gebaut. Holbrooke wurde hingeführt, um sie zu besichtigen, doch sie fanden nur noch eine verkohlte Hülle vor. Ein Junge aus dem Dorf hatte die Schule wenige Stunden zuvor in Brand gesteckt – niemand wusste, warum. Manche Vietnamesen hassten die Amerikaner für die Verwüstungen, die sie anrichteten, vor allem aber für die Tatsache, dass sie hier schlicht nicht hingehörten. Andere wünschten sich, dass sie für immer bleiben würden, denn sie waren freundlicher und großzügiger zu den Kindern als die südvietnamesischen Soldaten. So oder so steckten die Marines in der Falle, sie schienen es nur noch nicht begriffen zu haben.

Einige Monate später kehrte Holbrooke nach Quang Nam zurück, und er war zutiefst gerührt von dem, was er sah. Die Marines hatten Unglaubliches geleistet: Sie hatten Schulen gebaut, Dünger verteilt, Kinder geimpft. Nur die Vietcong hatten sie nicht vertrieben. Trotz aller Bemühungen der Marines drangen die Guerillakämpfer immer wieder in das

Gebiet ein, sie verminten das Gelände und griffen aus dem Hinterhalt an. Die Marines sprachen kein Vietnamesisch, sie interessierten sich nicht für die Geschichte des Landes und wussten eigentlich kaum, wo sie sich befanden – doch genau diese Informationen wären nötig gewesen, um die Strategie durchzusetzen. «Langsam und unter hohen Kosten ging ihnen auf, dass das Gebiet, das sie zu befreien suchten, nicht einfach nur ein weiterer Brückenkopf aus dem Zweiten Weltkrieg war, als man nur den Strand erreichen und ihn gegen die japanischen Gegenangriffe verteidigen musste, um von dort allmählich ins Hinterland vorzustoßen», schrieb Holbrooke später. «Nein, diesmal war der Brückenkopf weit mehr, er enthielt lebende Menschen, von denen einige Jahre und sogar Jahrzehnte unter kommunistischer Herrschaft verbracht hatten, und die nun nicht einfach die Seiten wechseln würden, nur weil sie Seife geschenkt bekamen.»

Die Strategie würde scheitern, schloss er, und gleichzeitig zahlreiche Menschenleben kosten, denn was die Amerikaner Befriedung nannten, war in Wirklichkeit Besatzung. Sie hatten den Platz der Franzosen eingenommen.

Holbrookes Bericht über seinen Besuch bei den Marines schockierte Lodge derart, dass er sich weigerte, ihn nach Washington weiterzuleiten.

Anfang Dezember 1965, als Holbrooke gerade mit dem üblichen deprimierenden Depeschenverkehr zwischen Saigon und Washington beschäftigt war, sprach der Botschafter ihn an, die Sache, meinte er, sei wichtig.

«Junger Mann», sagte Lodge, «ich habe mir ein paar Gedanken über die Festtage gemacht. Wir sitzen hier mitten im Krieg, und alle denken, dass wir uns ins Hemd machen wegen der Guerillas. Wir müssen eine Möglichkeit finden, ihnen zu zeigen, dass wir uns nicht im Geringsten vor ihnen fürchten. Haben Sie da vielleicht eine Idee?»

«Nein, Herr Botschafter», antwortete Holbrooke.

Aber Lodge hatte eine Idee: eine Silvesterparty. «Wir machen eine riesige Party», sagte er, «eine Nacht lang werden wir vergessen, dass wir an diesem schrecklichen Ort leben.»

Lodge hatte die Lage nicht mehr im selben Maß im Griff wie bei seinem ersten Vietnameinsatz. Er wirkte oft abwesend und arbeitete nur vier, fünf Stunden am Tag, während sich um ihn herum vietnamesische Generäle und Politiker bekriegten. Doch bei der Planung der Silvesterparty war der Botschafter ganz bei der Sache. Er befasste sich mit den Einzelheiten der Dekoration, mit der Musik (eine Truppe amerikanischer Flieger, die sich die Blue Notes nannten), vor allem aber mit der Gästeliste. Eine Gästeliste sei ein wichtiges politisches Dokument, belehrte er Holbrooke, mit dem man sich durchaus auch Feinde fürs Leben schaffen könne. Lodge streifte bei diesem Einsatz seine puritanische Zurückhaltung ab, er machte klar, dass vor allem junge Leute auf dieser Party willkommen waren, Leute, die «wirklich lebendig» waren und den Krieg forttanzen würden. Da durch den Evakuierungsbefehl beinahe keine amerikanischen Frauen mehr vor Ort waren, hoffte er, dass diese Bon Vivants ihre «Blüten» – gemeint waren Nachtclubmädchen – mitbringen würden. Die Gästeliste wurde immer länger – der unversöhnliche philippinische Botschafter musste eingeladen werden, ebenso der italienische, da seine wunderschöne vietnamesische Sekretärin schon auf der Liste stand – bis sie schließlich mehr als dreihundert Gäste umfasste.

Es gab da nur ein Problem: In Saigon galt ab 23 Uhr Ausgangssperre. Der Eindruck durfte nicht entstehen, dass sich die Botschaft über diese Regel hinwegsetzte, nicht einmal zu Silvester, weshalb auf der offiziellen Einladung 20 bis 23 Uhr stand. Die Diplomaten trafen überpünktlich in der Botschafterresidenz ein, die «wirklich Lebendigen» trudelten ein wenig später ein, und beide Gruppen begannen gegen halb elf aufzubrechen – zum Entsetzen der Botschaftsangestellten, die davon ausgegangen waren, dass sich niemand an die Ausgangssperre halten würde, und dass die Gäste nichts lieber täten, als den Wunsch ihres Chefs nach einer unvergesslichen Feier zu erfüllen. Holbrooke bettelte, schimpfte und bedrohte seine Kollegen, doch all die Feierwütigen, vor allem die «wirklich lebendigen», mussten noch anderswohin, alle außer Lodge, der mit der Sekretärin des italienischen Botschafters tanzte, einigen «Blüten» und natürlich dem Stab des Botschafters selbst, die verdonnert waren zu bleiben. Um Mitternacht war die Residenz beinahe ausgestorben, aber der Botschafter in seinem Glück bekam von all dem nichts mit, er tanzte noch immer mit der Sekretärin, und zwar zur Version von «Georgia On

My Mind», die die Band präsentierte, und da wurde Holbrooke plötzlich klar, dass die Party für Lodge, allerdings wirklich nur für Lodge, ein voller Erfolg gewesen war.

Punkt zwölf rief einer der Musiker: «Frohes Neues, ihr Wichser», und damit zogen die Blue Notes ab. Doch dann holte der Botschafter seine eigene Plattensammlung hervor, um seine gebannten Mitarbeiter zu unterhalten. Und so ließ die amerikanische Botschaft das Jahr 1965 ausklingen – das Jahr von Operation Rolling Thunder mit hundertfünfundsiebzigtausend Bodentruppen, beinahe zweitausend amerikanischen Gefallenen, der kompletten Amerikanisierung des Krieges – und läutete das Jahr 1966 ein, in dem über sechstausend Amerikaner und Zehntausende Vietnamesen sterben und eine Million Menschen aus ihrer Heimat vertrieben werden sollten.

Als sich Holbrooke gerade mit den letzten Gästen verdrückte, rief Lodge von seiner Toreinfahrt in die warme, duftende Dunkelheit: «Denen haben wir's heute richtig gezeigt, was?» Holbrooke verstand nicht. «Den Guerillas», sagte Lodge. «Wir haben ihnen gezeigt, dass wir keine Angst vor ihnen haben. Wir können hier genauso vulgär und besoffen und schlampig sein wie zu Hause.»

Es war eine seltsame Wendung des Schicksals, dass Edward Lansdale gerade an diesem Punkt der Entwicklung, als sich die USA auf einen Zermürbungskrieg eingelassen hatten – was ein unfassbares Maß an Zerstörung bedeutete –, nach Vietnam zurückkehrte.

Etwa zu Beginn des Jahres 1966 fiel Johnson plötzlich wieder ein, dass es im Krieg auch um die Herzen und Köpfe der Menschen ging. Er versuchte, die Charmeoffensive wiederzubeleben, und zwar in derselben blinden Raserei, die jeden seiner Schritte in Vietnam bis dahin gekennzeichnet hatte. Johnson sah die Befriedung als eine Erweiterung seines Programms der Great Society – ein Feldzug gegen die Armut, der noch die letzten Dörfer von Quang Ngai und Long An erreichen sollte. (Bei dem Versuch, Ho Chi Minh mit der Verstaatlichung des Mekong zu locken, der Art von Kontrolle, die Roosevelt 1933 im Tennessee Valley übernommen hatte, war er allerdings bereits gescheitert.) Als letzter Aufgabe in Vietnam widmete sich Holbrooke in der Botschaft der Befriedungspolitik. «Der Druck, etwas zu erreichen, ist größer als je zuvor», schrieb er an David Rusk. «Es besteht die ernsthafte Gefahr, dass die Berichterstattung wieder in den irreführenden Schönfärbemodus zurückfallen wird, der die Mission 1963 unter Harkins plagte.»

Es war Vizepräsident Hubert Humphrey, der Lansdale in Saigon haben wollte, und Lodge erklärte sich einverstanden. Lansdale übernahm eine weiße Stuckvilla mit einer Mannschaft treuer Helfer aus den Fünfzigerjahren wie Lou Conein und George Melvin und einem wild entschlossenen Neuling, einem brillanten Reserveoffizier der Marines namens Daniel Ellsberg, den das Pentagon freigestellt hatte. Lansdale wurde zum «Sonderberater» von Lodge ernannt, seine Aufgabe bestand darin, der glücklosen Regierung in Saigon neue Kraft und Zusammenhalt zu geben. Schon bald gaben sich vietnamesische Politiker bei Lansdale die Klinke in die Hand, sie schauten vorbei, redeten bis spät in die Nacht und sangen Volkslieder. Aber Lansdale hatte weder Geld noch Macht, während die Botschaft zu einer riesigen Behörde aufgebläht war, mit Hunderten von Beamten, die all die Programme begleiteten, die die Amerikanisierung mit sich gebracht hatte. Lansdales Methode wirkte altmodisch auf sie, um nicht zu sagen absurd. Er war seit beinahe einem Jahrzehnt nicht mehr in Vietnam gewesen. Sein Freund Diem war lange tot. Er kannte das Land nicht mehr – und sprach nicht einmal Vietnamesisch.

Zu Lansdales größten Kritikern gehörte Holbrooke. Seltsam – sahen sie den Krieg doch auf sehr ähnliche Weise. Doch Regierungen bestehen aus Menschen, und eine angespannte Lage wie die in Vietnam machte sie noch anfälliger als sonst für kleinliche Rivalitäten und lähmenden Hass. Wenn man es aus der Nähe und ein wenig missmutig betrachtet, scheint die öffentliche Verwaltung nur aus Papierkram und persönlichen Fehden zu bestehen. Holbrooke mochte die Bürokratie nicht, aber noch weniger mochte er es, gegen einen Konkurrenten den Kürzeren zu ziehen, und sein Team stand schließlich in direkter Konkurrenz zu Lansdale und seinen Leuten, wenn es darum ging, sich Gehör bei einflussreichen Südvietnamesen zu verschaffen, darunter Luftmarschall Nguyen Cao Ky und General Nguyen Can Thieu, den aktuellen Machthabern. Sie kämpften außerdem um die Aufmerksamkeit von Lyndon Johnson. «EL hat einen großen Fehler gemacht», schrieb Holbrooke an die Lakes in Washington, «und zwar, dass er so viele Leute mitgebracht hat, die damals zwar Brücken am Kwai sprengen konnten, aber jetzt ein bisschen zu alt und zu exponiert sind.»

Holbrooke streute auf diese Weise, dass Lansdale sein Verfallsdatum überschritten hatte. Stanley Karnow von der *Washington Post* schrieb einen Leitartikel mit der Schlagzeile: «Die Legende von der Wunderwaffe Lansdale hat in Vietnam Kratzer bekommen.» Er schloss mit dem anonymen Zitat eines «erfahrenen amerikanischen Diplomaten»: «Wir haben es mit einer überragenden kommunistischen Organisation zu tun, der wir nur durch eine noch bessere Organisation beikommen können. Eine Handvoll Männer guten Willens kann das nicht erreichen.»

Lansdale war wütend und versuchte, die Quelle des Zitats herauszubekommen. Holbrooke erinnerte seine Kollegen daran, dass Karnow, wenn er in Saigon war, immer im Haus von Frank Wisner, einem anderen jungen Botschaftsangestellten, übernachtete. Wer nach Karnows Quelle suche, müsse dort beginnen.

Wisner war allerdings nicht einfach ein weiterer Nachwuchsdiplomat. Er war ein Prinz des Establishments, sein Vater, Frank Wisner Senior, war ein legendärer Nachrichtenoffizier gewesen, der in den 1950er Jahren die verdeckten Operationen der CIA geleitet hatte. Er hatten den Sturz gewählter Regierungen im Iran und in Guatemala betrieben und zeichnete für zahlreiche weitere zweifelhafte bis tragische Geheimdienstoperationen verantwortlich, die im Kontext des Kalten Krieges durchgeführt wurden. Frank Senior war außerdem manisch-depressiv und nahm sich im Oktober 1965 auf der Familienfarm an der Ostküste von Maryland mit einer seiner Jagdflinten das Leben. Frank Junior flog zur Beerdigung nach Hause, kehrte danach aber sofort in den Krieg zurück.

Er war ein gutaussehender, schnittiger Typ, nicht groß, aber er hielt sich gerade. Seine Ausdrucksweise war ein wenig altmodisch, was er zumindest teilweise durchaus ernst meinte, er sagte Dinge wie «zu gegebener Zeit» und «schalten und walten». Außerdem glaubte er an traditionelle Konzepte wie einen «guten Krieg», womit gemeint war, dass man den Krieg aus nächster Nähe erlebte. Er begleitete südvietnamesische Soldaten bei Nachtpatrouillen und bekam einmal Ärger, weil er mit ein paar Freunden in einem Triumph Coupé an die kambodschanische Grenze gefahren war. Er lebte in der Nähe der über den Saigon führenden Bien-Hoa-Brücke in einer Villa, die der Kaiser für eine seiner Mätressen gebaut hatte. Eine hohe Mauer umgab das Haus und den hübschen Garten in der Phan Thanh Gian 47, es gab eine Köchin und ein Dienstmädchen, Wisners Sammlung von chinesischem Porzellan bildete die Dekoration. Als Gastgeber bot er elegant ausschweifende Abende, er tranchierte den Braten, brachte Cognac und hielt ausgefeilte Tischreden.

In der Villa versammelte sich die beste Gesellschaft von Saigon, das Netzwerk, das in Georgetown und an der Upper East Side, in Princeton und Harvard geknüpft worden war, wurde hier in kleinerem Rahmen nachgebildet. Holbrooke war in dieser Welt nicht aufgewachsen – Scarsdale und die Brown University reichten dazu nicht –, doch der Krieg hatte sie ihm eröffnet, und er war in Wisners Haus ein gern gesehener Gast, ebenso wie die gertenschlanke, blonde, rehäugige Frances Fitz-Gerald, eine junge Journalistin, die am Radcliffe College studiert hatte und von allen Frankie genannt wurde. Frank Senior hatte ihren Vater Desmond FitzGerald zur CIA geholt, ihre Mutter Marietta Peabody war eine linksliberale Aktivistin, die in den besten Kreisen verkehrte und Affären sowohl mit John Huston als auch mit dem demokratischen Präsidentschaftskandidaten Adlai Stevenson hatte. Unter den Stammgästen befand sich auch ein Leutnant der Special Forces namens Tobias Wolff, dessen Bruder Geoffrey, der Literaturkritiker der *Washington Post*, ein Studienfreund von Wisner war. Geoffrey, der mit einer Studienfreundin von Frankie FitzGerald verheiratet war, schickte Wisner regelmäßig die neuesten Bücher. Auch John Negroponte, der zukünftige amerikanische UNO-Botschafter, gehörte der Runde an. Er zog bei Holbrooke ein, nachdem ihn ein betrunkener, messerschwingender Marine aus seiner eigenen Wohnung vertrieben hatte, weil er fälschlicherweise glaubte, Negroponte habe mit seiner französischen Freundin herumgemacht. Auch Ward Just, der Korrespondent der *Washington Post*, war dabei, der wie Frankie FitzGerald und die Brüder Wolff später von der Kritik gefeierte Bücher schreiben sollte. Und so weiter. Ich hoffe, ich konnte vermitteln, dass es für die Amerikaner mehrere Vietnams gab, und dass nicht alle aussahen wie das Vietnam in «Die durch die Hölle gehen» und «Platoon».

Wisner hielt nicht viel von Lansdale. Er verglich dessen Team mit einer Gruppe alternder britischer Doppelagenten, die versuchten, in diesem *Krieg im Spiegel* – so der Titel eines Romans von John le Carré, den Geoffrey Wolff ihm geschickt hatte – ihre Bedeutung zu behaupten. Aber Wisner war nicht der Typ, der sich von Journalisten anonym zitieren ließ, nicht einmal, wenn sie seine eigenen Gäste waren. Nein, Wisner war nicht Karnows Quelle. Es war Holbrooke – der Journalisten mochte und gern etwas durchsteckte, wenn es seinen eigenen Zielen dienlich war. Er selbst hatte Karnow im Haus von Wisner kennengelernt, und er verwischte seine Spuren, indem er auf den Gastgeber zeigte.

Ein Armeehauptmann namens Pete Dawkins erzählte Holbrooke einmal von seiner Idee, den Kampfrhythmus des Militärs umzukehren und die amerikanischen Truppen in eine Nachtarmee wie die Vietcong zu verwandeln. Man müsse bereit sein zu kämpfen, wenn der Feind in Bewegung sei. Dawkins – Sprecher seines Jahrgangs an der Westpoint-Militärakademie, der als Football-Star die Heisman Trophy des Jahres 1958 gewonnen und es sogar auf den Titel von *Life Magazine* geschafft hatte – bereitete sich darauf vor, seine Idee Westmoreland zu unterbreiten. Holbrooke war fasziniert und bat ihn, ihm den geheimen Entwurf zu zeigen. Dawkins zögerte, rückte ihn aber schließlich unter der Bedingung heraus, ihn innerhalb von vierundzwanzig Stunden zurückzubekommen und dass er niemandem gezeigt würde. Ein paar Tage später war die Nachtarmee Thema eines Artikels von R. W. Apple in der *New York Times*. Dawkins, der das Ende seiner Karriere eingeläutet sah, war schließlich bereit, Holbrooke zu verzeihen, der Dawkins' Idee immerhin für so interessant hielt, dass er sich dafür eingesetzt hatte. Was die Täuschung anbetraf – so war Holbrooke eben.

Trotzdem habe ich bis heute nicht verstanden, warum Wisner schwieg, als er von Holbrookes Verrat im Bezug auf Lansdale erfuhr. Warum ging er eine Freundschaft mit Holbrooke ein, die ein Leben andauern sollte, statt ihm die Eier abzuschneiden? Möglich, dass er den Verrat als eine Art Eintrittsgebühr für das Vergnügen einer solchen Beziehung akzeptierte. Vielleicht war er auch einfach nur edelmütig und souverän – in einer

Weise, die Holbrooke einkalkuliert hatte. Frank, so dachte er, gebärdete sich mit der strahlenden Aura einer Romanfigur von F. Scott Fitzgerald, der ebenfalls in Princeton studiert hatte.

Doch es gab weitere Episoden dieser Art – Vorboten eines tiefgreifenderen Problems. Freunde und Kollegen bemerkten, dass Holbrooke die fiebrige Atmosphäre des amerikanischen Saigon zu Kopfe stieg. Ward Just vertraute ihm nicht, weil er ihn als zu ehrgeizig empfand, er mied es, ihn als Quelle zu verwenden. «Sie haben eine glänzende Zukunft vor sich», erklärte ein Verwaltungsleiter in der Botschaft Holbrooke, «aber Sie werden schneller vorankommen, wenn Sie sich ein wenig zügeln.»

Seine Zeit in Vietnam ging zu Ende. Im Frühjahr 1966 fuhren Litty und das Baby mit dem Schiff von Bangkok um die halbe Welt und trafen Holbrooke in Rom, der auf dem Weg nach Washington war. Dort wartete eine Stelle im Weißen Haus auf ihn. Genauso wichtig war die Verbindung, die sich in Georgetown aufgetan hatte. Wisner hatte seiner Mutter, der kürzlich verwitweten Polly Wisner, geschrieben, in deren Salon Holbrooke die bedeutendsten Männer des amerikanischen Jahrhunderts kennenlernen sollte.

VIII.

«In einem Bericht habe ich gelesen, dass die Verbindung zwischen Saigon und Can Tho abgeschnitten ist», erklärte Lyndon Johnson den acht Männern, die um den Mahagonitisch im Kabinettssaal versammelt waren. «Wissen Sie, wenn in Texas der Schweinepreis steigt, verliert man die nächsten Wahlen. Man fliegt raus. Der Schweinepreis bedeutet in Texas Macht.» Der Präsident dachte bei der Unterbrechung der Route 4, die Saigon und Can Tho verband, als Erstes an den Schweinepreis in Saigon. Er lehnte sich im Ledersessel zurück und wandte sich dem rechts von ihm sitzenden, Pfeife rauchenden, Fliege tragenden Robert Komer zu. Komer war Johnsons Befriedungsbeauftragter und damit Holbrookes neuer Chef. «Komer, ich will, dass Sie den Schweinepreis innerhalb von vierundzwanzig Stunden um fünfzig Prozent senken, öffnen Sie diese Straße.»

«Jawohl, Mr. President», antwortete Komer, ein ehemaliger CIA-Offizier, der als Bürokrat derart stürmisch und unberechenbar war, dass ihm Lodge den Spitznamen «Schweißbrenner» gegeben hatte.

Auf der anderen Tischseite ging Holbrooke der Gedanke durch den Kopf, dass Johnson klang wie Hitler zum Ende des Krieges, der glaubte, über Divisionen zu verfügen, die überhaupt nicht mehr existierten. Es gab keinen Amerikaner, der die Route 4 hätte öffnen können, nicht einmal Schweißbrenner Bob Komer.

Johnson fuhr fort: «Ich habe noch eine Idee, Bob. Sie wissen ja, dass wir am Ende des Zweiten Weltkriegs all diese Zivilberater vor Ort hatten, die das besetzte Deutschland und das besetzte Japan regiert haben. Wir sollten die reaktivieren und nach Vietnam schicken, damit sie dort genau das Gleiche tun.»

Es war Spätsommer 1966, Holbrooke hatte noch nie mit einem Präsidenten gesprochen, war aber längst zu dem Schluss gekommen, dass er mehr von diesem Krieg verstand als jeder andere in Washington. Im Weißen Haus, im Pentagon und im Außenministerium hatten sie nur eine vage Vorstellung von Vietnam, und gleichzeitig hielten sie eisern an dem Glauben fest, dass Amerika tun und lassen könne, was es wolle. Es war, als steckte Washington im Jahr 1945 fest. Er hob die Hand. «Mr. President?»

Johnson blickte über den Brillenrand und sah den jungen Referenten an, der auf der anderen Tischseite saß.

«Mr. President, ich komme gerade aus Vietnam und, na ja, das beunruhigt mich ein wenig. Ich bezweifle, dass amerikanische Berater dieses Zuschnitts das Zeug dazu haben. Was Amerikaner im zivilen Bereich in Vietnam erreichen können, hat Grenzen.»

Johnson nahm die Brille ab und fixierte Holbrooke mit seinem traurigen, schwerfälligen Blick. «Nun, mein Sohn, Ihre Aufgabe wäre es dann wohl, diese Grenzen zu durchbrechen.»

Die Holbrookes kauften ein zweistöckiges Haus an der Nebraska Avenue im Nordwesten von Washington, in der Nähe des Potomac River, an dessen Ufer sich ein alter, von Bäumen beschatteter Treidelpfad befand. Die Lakes wohnten fünf Minuten mit dem Auto entfernt, in einem etwas exklusiveren und höher gelegenen Viertel an der Foxhall Road. Litty und das Baby fuhren Dick jeden Morgen im roten VW-Käfer in die Innenstadt zum Old Executive Office Building – dem riesigen, von Truman einmal als «größte Monstrosität Amerikas» bezeichneten Beaux-Arts-Kasten gleich neben dem angenehm kleinen Weißen Haus – und jeden Abend holten sie ihn dort ab. Holbrooke und die sechs weiteren Mitglieder von Komers Team, darunter Oberstleutnant Bob Montague, Holbrookes Armeefreund aus Bac Lieu, teilten sich ein Büro im ersten Stock. Sie waren bereit, den «anderen Krieg» von Washington aus weiterzuführen.

Johnson wollte «Waschbärfelle an der Wand» sehen, texanische Trophäen, mit anderen Worten: Er wollte schnelle Resultate, weshalb er die Verantwortung für die Befriedungspolitik im Weißen Haus ansiedelte, nicht im Außenministerium, das sich um diesen Aufgabenbereich bemüht hatte. Doch Vietnam war nicht der Ort für schnelle Ergebnisse, es war schwer, überhaupt etwas zu erreichen, es sei denn, man sah das Auflisten von dreihundertvierundzwanzig Wehrdörfern in Ba Xuyen schon als Fortschritt. Seit 1963 hatte sich eigentlich nichts geändert. Der südvietnamesischen Armee waren die Lebensumstände der Landbevölkerung relativ egal, die Bauern identifizierten sich nicht mit ihrer Regierung, die Politiker und Generäle in Saigon waren in verschiedene Lager gespalten, die Korruption blühte. Jahr für Jahr blieben die Probleme die gleichen, während der amerikanische Wille, sie mit zusätzlichen Geldern, mit weiteren Programmen, mehr Menschen, mehr Waffen und Worten zu lösen, auf geheimnisvolle und geradezu bewundernswerte Weise unerschöpflich schien.

Wenn man schon den Krieg nicht gewinnt, kann man doch wenigstens die Verwaltung vernünftig aufstellen. Wenn Begriffe wie «handhaben», «koordinieren», «reorganisieren» und «Plan B» auftauchen, bedeutet dies, dass die Politik nicht funktioniert. Das habe ich inzwischen gelernt. Es war nicht einfach, die Strukturen innerhalb der amerikanischen Regierung anzupassen, aber es war viel leichter, als das Verhalten der Südvietnamesen zu ändern. Also verbrachte Komer ein Jahr damit, am Organigramm zu feilen. Die Frage war, wie man alle an der Befriedung beteiligten Behörden dazu bringen konnte, die Grenzen zwischen Land und Stadt, zwischen Saigon und Washington, dem Militär und der Zivilverwaltung, den Amerikanern und den Vietnamesen zu überwinden und zusammenzuarbeiten. Anfang 1967 schließlich schuf Johnson die Organisation CORDS (Civil Operations and Revolutionary Development Support), die die Kontrolle über die Befriedung von der Zivilverwaltung auf Westmoreland übertrug. Der riesige Militärapparat hatte jetzt das gesamte amerikanische Unterfangen in Vietnam absorbiert. Im Mai ging Komer nach Saigon und wurde Westmorelands Stellvertreter für Befriedung, beziehungsweise – da die Akronyme grassierten – DEPCOMUSMACV CORDS. Unter seinem Kommando befanden sich viertausend Soldaten und Zivilisten, er hatte den Rang eines Gesandten und, auf sein wütendes Betreiben hin (eine Wache hatte seinem chauffierten Chrysler Imperial im Hauptquartier die Zufahrt verweigert), die Vorrechte eines Vier-Sterne-Generals.

«Das ist das Ende der eigenständigen zivilen Mission», schrieb Holbrooke, der einen Monat lang mit Komer in Saigon war, an Litty. «Alles, wofür ich hier gearbeitet habe, ist verloren, und Komer ist auch nicht mehr zu retten.»

Nach sechs Jahren in Vietnam, nach Wehrdörfern und Ölflecken und schwarzen Pyjamas glaubten die Amerikaner, endlich verstanden zu haben, wie sie das Land befrieden konnten. Die Antwort lautete: eine bessere Verwaltung. Außerdem warfen sie mehr Bomben ab, ihre Feuerkraft war größer als je zuvor. Ende 1967 waren Johnson, Westmoreland und Komer überzeugt, dass der Sieg unmittelbar bevorstand.

Holbrooke derweil wurde Komers Komer. Er flog zwischen Washington und Saigon hin und her und drängte die Bürokraten auf beiden Seiten, schneller zu arbeiten. Er legte Listen von frisch vereidigten Beamten des Auswärtigen Dienstes an, die verpflichtet wurden, ein Jahr in Vietnam zu verbringen (denn freiwillig ließ sich niemand mehr dorthin versetzen). Er machte sich bei seinen Kollegen unbeliebt. Er richtete seinen Schweißbrenner sogar gegen Komer selbst. Einmal, auf einem Flug nach Manila zu einem der regelmäßigen Gipfeltreffen zwischen Johnson und der südvietnamesischen Regierung, saß Holbrooke mit Tony Lake ganz hinten, als Komer kam und sagte: «Dick, nehmen Sie mal ein Diktat auf.»

Es war der Versuch, ihn vor seinem Kollegen zu demütigen, als hätte er die Konkurrenz zwischen den beiden gerochen. Komer begann zu diktieren. Holbrooke schlug ein Heft auf und tat, als würde er wüst mitschreiben. Lake sah zu.

«Ich wusste gar nicht, dass Sie Steno können», sagte Komer.

«Kann ich auch nicht», antwortete Holbrooke und schloss das Heft. Er hatte nur herumgekritzelt.

Bei einem Abendessen bei den Lakes stellte Tony ihm einen Mann namens John Helble vor, einen Personalberater im Außenministerium. Lake und Holbrooke hatten – nicht zuletzt wegen des Vietnameinsatzes – beide sehr schnell die Gehaltsstufe FSO-5 erreicht, und Lake hatte sich erst kurz zuvor offiziell zu seiner Karriereplanung beraten lassen.

«Das solltest du auch mal machen, Dick», sagte Lake zu Holbrooke. «Es war großartig – ich habe wirklich eine Menge gelernt.»

«Ich glaube kaum, dass ich das nötig habe», antwortete Holbrooke. Er war inzwischen zu dem Schluss gekommen, dass die meisten Mitarbeiter des Auswärtigen Dienstes Bürokraten waren, die sich von Beförderung zu Beförderung hangelten. Er dagegen kletterte kraftvoll die Leiter hinauf.

Doch Lake ließ nicht locker, und weil Holbrooke seinen Freund schätzte, oder weil er in Konkurrenz zu ihm stand (die beiden Dinge waren untrennbar miteinander verbunden), ging Holbrooke eine Woche später zu Helble. Seine Personalakte zeigte deutlich, dass seine Leistungen hoch bewertet wurden, aber auch, dass er immer wieder Schwierigkeiten hatte, mit anderen zurechtzukommen. Es gab da ein Muster von Schroffheit, das Helble in all den Akten, die er gelesen hatte, so noch nie gesehen hatte.

Helble versuchte, das Thema anzusprechen, wurde aber von Holbrooke unterbrochen. «Dafür bin ich nicht hergekommen. Das interessiert mich nicht. Ich will nur wissen, wie schnell ich aufsteigen kann.»

Helble machte ihm eindringlich klar, dass er nur weiterkommen würde, wenn er sein Verhalten ändern würde. Die Unfähigkeit des Mannes, seine Talente richtig einzuschätzen, machten Holbrooke noch wütender.

«Ich will wissen, wie alt ich sein muss, um ein FSO-1 zu werden.»

FSO-1 war die Gehaltsstufe direkt unter dem Botschafter. «Was glauben Sie denn? In welchem Alter wollen Sie denn FSO-1 werden?», fragte Helble. «Fünfunddreißig», antwortete Holbrooke und meinte, er sehe sich in diesem Alter auf dem Posten eines Assistant Secretary of State. Helble unterdrückte ein Lachen und wies darauf hin, dass der jüngste FSO-1 in der Geschichte des Außenministeriums vierzig gewesen war. Mit fünfunddreißig wäre Holbrooke auch der jüngste Assistant Secretary aller Zeiten. Wenn er ganz noch oben wolle, riet ihm Helble, dann solle er aus dem Dienst ausscheiden und den Weg über die Politik, die Wirtschaft oder die Universität nehmen. Im Außenministerium selbst würde er auf keinen Fall so schnell aufsteigen, vermutlich würde er überhaupt keine Beförderung erhalten, wenn er sein Verhalten nicht ändere. Unzufrieden stand Holbrooke auf und ging.

Er distanzierte sich von alten Freunden wie David Rusk und Vlad Lehovich und suchte stattdessen die Nähe von Frank Wisner und anderen. Auf Partys sah er über Schultern hinweg, immer in der Hoffnung, einen interessanteren Gesprächspartner zu finden. In gewisser Weise zählten all die Akronyme und Umstrukturierungen dieser ersten Washingtoner Jahre, all die Reisen und Berichte weniger als das, was er nach Arbeitsschluss tat. Indem er sich den Mächtigen anbot, wurde er zu «Holbrooke». So sprach Polly Wisner über ihn, als er begann, regelmäßig im Speisesaal ihres vierstöckigen Townhouses auf der P Street zu erscheinen. Sie nannte ihn liebevoll «diesen Holbrooke», beinahe als wäre er der jugendliche, stürmische Held einer Pikareske aus dem 19. Jahrhundert.

Dick und Litty hatten gedacht, sie würden einer einsamen Witwe einen Höflichkeitsbesuch abstatten, aber am Ende war es die kultivierte Polly, die sie in die Welt der Mächtigen einführte. Gegessen wurde um acht, etwa ein Dutzend Gäste waren geladen, die Liste war nach Status, Vielfalt und Alter sorgfältig abgestimmt, bekannte Persönlichkeiten tauschten sich mit aufstrebenden Nachwuchspolitikern aus, die jeweils Ranghöchsten saßen zur Rechten der Gastgeberin, die Hausdiener waren schwarz, Pollys französischer Koch bereitete das Essen. Senatoren, Diplomaten, Journalisten, Spione – sie alle waren da, und wie üblich in Washington gingen Karrieren und gesellschaftliche Verbindungen Hand in Hand. Pollys Freundin Katherine Graham – eine weitere Suizidwitwe und jetzt Eigentümerin der *Washington Post* – war oft zu Gast, die Brüder Joe und Stewart Alsop, Charles Bohlen, der bekannteste Sowjetologe des Landes, Sir Isaiah Berlin und Frankie FitzGerald. Zur Vorspeise unterhielt man sich mit dem rechten Sitznachbarn, zur Hauptspeise mit dem linken. Als er zum ersten Mal eingeladen war, erhoben sich die Frauen am Ende des Essens von ihren Stühlen, und Holbrooke, der höflich sein wollte, stand mit ihnen auf. «Bleiben Sie sitzen», knurrte Joe Alsop. «Jetzt fängt das richtige Gespräch an.» Es war üblich, dass sich die Frauen in den Salon zurückzogen, während die Männer bei Brandy, Zigarren und politischen Gesprächen am Tisch blieben.

Den Sprung auf Pollys Liste hatte Holbrooke geschafft, weil er ein Freund von Frank war. Aber er hielt sich auf dieser Liste, weil er Jahre in Vietnam verbracht hatte und in Washington als große Hoffnung galt. Es gab nur wenige, die sich mit dem Krieg wirklich auskannten und gleichzeitig in der Lage waren, sich bei einem Dinner in Georgetown zu behaupten, und das in einer Sprache, die die versammelten Politgranden verstanden. Holbrooke gewann die Herzen bedeutender Persönlichkeiten und ihrer Gastgeberinnen, indem er ganz ungezwungen und von Gleich zu Gleich mit ihnen redete, indem er tratschte und flirtete, wenn er ahnte, dass sie einsam waren, statt sie mit dem übergroßen Respekt, den sie gewohnt waren, zu erdrücken. Alsop, der wie ein amerikanischer Pascha in Georgetown residierte, verfolgte Holbrooke so aggressiv, dass er sich an einem Sonntagabend sogar bei ihm zum Essen einlud, obwohl das Haus in der Nebraska Avenue noch nicht einmal vollständig möbliert war. Am folgenden Tag schickte Alsop einen schwarz lackierten koreanischen Beistelltisch. Er suchte in Holbrooke einen Verbündeten für seine harte Linie in Vietnam, und bald schon waren die Holbrookes Gäste in Alsops legendärem Salon in der Dumbarton Street, wo der ehemalige Außenminister Dean Acheson Dick zeigte, wie die Fliege seines billigen Smokings zu binden war, und wo Ethel Kennedy immer wieder Littys Namen vergaß.

Das war vor der Zeit, als man in Washington begann, sich in Restaurants zu treffen. In Georgetown herrschte noch die weiße, angelsächsisch-protestantische Elite. Die Abendessen wurden im Wechsel in den nah beieinandergelegenen Stadtvillen abgehalten, wie die Bankette einer Königsfamilie, die von Schloss zu Schloss zieht. Doch im Schatten von Vietnam brach der Konsens des Kalten Krieges auseinander, und damit auch das Establishment selbst. Es war eine Auseinandersetzung vor allem zwischen Jung und Alt. Alsop wetterte gegen FitzGerald, die Tochter seines Freundes Desmond, die den Krieg verurteilte – was innerhalb der eingeschworenen Elite als Generationenverrat galt und große Verbitterung hervorrief. Was Holbrooke anging, den Außenseiter, der unbedingt in diese Gesellschaft aufsteigen wollte, so wurden seine Zweifel zwar immer größer, doch 1966 suchte er noch immer nach einem Weg, den Krieg besser zu führen. Außerdem erwarb er sich in Regierungskreisen gerade einen Ruf, den er nicht aufs Spiel setzen wollte.

Bei einem Abendessen bei Polly Wisner saß Holbrooke Geoffrey Wolff gegenüber, dem Literaturkritiker der *Washington Post*, und Holbrooke erzählte gerade, er habe kürzlich gewisse vom Feind erbeutete Dokumente gesehen.

«Diese verdammten erbeuteten Dokumente, wirklich?», sagte der achtundzwanzigjährige Wolff, ein Kriegsgegner. «Hören Sie doch auf. Sie klingen ja schon wie Joe Alsop.»

Holbrooke antwortete gereizt. «Was wissen Sie denn schon? Sie sind ja völlig ahnungslos.»

«Sind Sie sich da sicher?»

«Ja. Ich bin ja nicht auf den Kopf gefallen.»

«Ich offenbar schon.»

«Das wissen Sie selbst wohl am besten. Für mich ist es ein klarer Fall.»

«Sie sind ein Idiot.»

Später wurden sie enge Freunde.

Holbrooke spielte Tennis mit Maxwell Taylor, wodurch er Bobby Kennedy kennenlernte, und auf diese Weise stiegen die Holbrookes aus den Kreisen in Georgetown weiter auf, bis zum Hickory Hill, dem Kennedy-Anwesen in McLean, Virginia, wo Bobbys «Exilregierung» residierte. Litty sonnte sich am Pool und las, während Dick mit Bobby Tennis spielte, oder, wenn Bobby seine Bahnen schwamm, mit Ethel, die besser spielte als ihr Mann. Litty empfand die Kennedys als verstörend. Ethel war den Gästen gegenüber nicht gerade freundlich, und Bobby stieg immer mit viel zu tief sitzender Badehose vor Litty aus dem Pool. Dick allerdings ließ sich von den Kennedys bezaubern, auch wenn es für einen jungen Beamten des Weißen Hauses äußerst riskant war, sich in den Kreis von Johnsons Erzfeind ziehen zu lassen. Im Spannungsfeld von Johnson und Kennedy, diesen beiden Giganten der Demokratischen Partei, fühlte sich Holbrooke von seiner Veranlagung her – dem Machthunger, dem Minderwertigkeitsgefühl und dem puren Willen – dem Präsidenten eigentlich näher, aber Johnson war an einem Punkt in seiner Präsidentschaft angelangt, wo ihn seine Paranoia und der Krieg selbst zu zerstören schienen. Bobby wurde Holbrookes politischer Held, und wenn der Senator ihn 1968 darum gebeten hätte, wäre er in Kennedys Wahlkampfteam eingetreten. Dazu kam es nicht, denn Bobby sorgte sich um Holbrookes Karrierechancen. Nach dem Mordanschlag schrieb Holbrooke Ethel einen Kondolenzbrief: «Es gibt eigentlich nichts zu sagen. Außer dass ich Senator Kennedy niemals vergessen werde. Für mich war er ein mittelmäßiger Tennisspieler und ein bedeutender Mann.»

Vier Blocks von Polly Wisners Haus entfernt, an der N Street, stand die Villa von Averell und Marie Harriman. Averell war vierundsiebzig Jahre alt und nahezu taub. Man legte Wert darauf, ihn mit dem Titel «Gouverneur» anzusprechen, weil er in den 1950er Jahren eine Amtszeit in Albany gedient hatte, außer Hörweite allerdings hieß er nur «das Krokodil», denn er hatte große Zähne, und unter seiner Greisenhaftigkeit lauerte noch immer das gefährliche Raubtier. Er war eine lebendige Verbindung zu Roosevelt, Churchill und Stalin, zum Leih- und Pachtgesetz von 1941, zu Jalta und dem Marshallplan, und zu seinem Vater, einem erfolgreichen Unternehmer der Eisenbahnära. Er hatte immer gehofft, eines Tages Außenminister zu werden, und jedes Mal, wenn es aussah, als wollte Kennedy Rusk loswerden, schien es im Bereich des Möglichen. Doch Harriman verlor die Gunst von JFK, als DEPTEL 243 zum blutigen Sturz von Diem führte. Als Johnson die Macht übernahm, schrieb Harriman dem Präsidenten lange Briefe, in denen er seine glorreiche

Vergangenheit beschwor und inständig bat, eine tragende Rolle in der Regierung übernehmen zu dürfen. Als enger Freund von Bobby Kennedy hatte er sich allerdings längst selbst disqualifiziert. 1966 war Harriman Sonderbotschafter ohne Portefeuille. Er hatte praktisch nichts zu tun. Es hat etwas Ergreifendes, einen ruhelosen alten Mann zu sehen, der sich als Mitglied der «Wise Men» – so der Titel eines Buchs von Walter Isaacson und Evan Thomas – nicht damit zufriedengeben will, als Wall-Street-Banker oder Anwalt hin und wieder Präsidenten zu beraten. Die Eindämmungspolitik ging auf die Wise Men zurück, und Dean Acheson, der dieser Gruppe angehörte, hatte Truman dazu gebracht, Frankreichs Krieg in Indochina zu finanzieren, was den Beginn der amerikanischen Einmischung in Vietnam bedeutete. In den Schlüsselmomenten des Vietnamkriegs wurden die sechs Männer ins Weiße Haus gerufen, um Johnson auf der Grundlage einiger einseitiger Briefings, der nie hinterfragten Domino-Theorie und ihrem eigenen Kodex der Entschlossenheit zu versichern, dass dieses ferne Land, das sie nicht verstanden, ein notwendiges Schlachtfeld des Kalten Krieges sei, um gleich danach wieder in ihre repräsentativen Büros zurückzukehren und ihren glänzenden Ruf zu pflegen. Der Vietnamkrieg war eine Folge ihrer Ideen, die Schuld aber gab man den jüngeren Männern, die sie verehrten.

Harriman war der Einzige unter den Wise Men, der sich nicht von dem teuflischen Drang befreien konnte, eine Hand im Spiel zu behalten, als würde ein Rückzug den rasanten Abstieg in eine grundlegendere Taubheit und schließlich in den Tod bedeuten. Dieser Drang zog Demütigungen nach sich, war möglicherweise aber auch Ausdruck dessen, dass er eine Sache, die wirklich zählte, wirklich ernst nahm. In der Öffentlichkeit unterstützte Harriman die Vietnampolitik von Johnson beinahe sklavisch. Privat allerdings wuchsen seine Zweifel, und er begann, nach einem Ausweg zu suchen. Im Sommer 1966 hörte er, dass im Auswärtigen Amt in Washington einige Diplomaten arbeiteten, die in Vietnam gedient hatten, und er ließ Holbrooke und Lake ausrichten, dass er wünschte, sie in der N Street zu empfangen. Sie saßen im großen Wohnzimmer der Harrimans – Bilder von Matisse und Renoir schmückten die Wände, van Goghs «Vase mit Rosen» hing über dem Kamin – und unterhielten sich über den Krieg. Harriman, der ein halbes Jahrhundert älter war als

seine Gäste, verlor immer wieder den Faden und verfiel in Schweigen.
Und doch hatte Holbrooke am Ende den Eindruck, dass Harriman der
einzige hochrangige Regierungsvertreter war, der nach einer Möglichkeit suchte, mit Hanoi zu verhandeln. Ein Friedensabkommen mit Nord-
vietnam würde die Lebensleistung dieses bedeutenden Mannes krönen.
Vielleicht wäre Harriman dann bereit, loszulassen.
Er wurde zu Holbrookes wichtigstem Mentor in Washington. Der
junge Mann bot dem älteren sein Wissen und seinen Rat an in einer
Angelegenheit, die alle rund um die Uhr beschäftigte. Der alte Mann
bedeutete für den jungen eine aufregende Verbindung zu einer Zeit der
Größe, als es den Vietnamkrieg noch nicht gab und das amerikanische
Selbstvertrauen noch nicht erschüttert war.

Holbrooke versuchte, auch Lake in diese Kreise von Georgetown zu ziehen. Polly arrangierte ein Abendessen für die beiden, das
sie mit dem Vietnam-Hardliner Walt Rostow bekannt machen sollte,
der Bundy als Nationaler Sicherheitsberater ersetzt hatte. Doch Lake
konnte mit diesem Milieu nichts anfangen. Er hatte weder für die Art
des gesellschaftlichen Emporkommens etwas übrig noch für die Rituale
des Geldadels. Ich weiß nicht, ob ihn das ehrbarer machte oder verloge-
ner – in jedem Fall ist es einfacher, über diesen Dingen zu stehen, wenn
man selbst aus Georgetown stammt und eine Mutter hat, die einmal mit
Kennan verlobt war.
Er begann, Holbrooke selbst ein wenig unangenehm zu finden. Sie
waren noch immer enge Freunde und Tennispartner. Sie trafen sich
mit ihren Ehefrauen, einmal rauchten sie zusammen bei den Lakes
Gras, und Dick wurde der Patenonkel ihres zweiten Kindes. Aber über
der Freundschaft mit Holbrooke lag ein Hauch von Zweckhaftigkeit.
Lake bezeichnete Holbrooke und sich, dazu Wisner und John Campbell,
einen weiteren Jungdiplomaten, der 1962 in den Dienst eingetreten war,
als die Elite der Vietnamgeneration, er sah sie als die Erben von Kennan,
Acheson und Harriman, die nächsten bedeutenden Männer der amerikanischen Außenpolitik. In Vietnam hatten Holbrooke und Lake ihre
Freunde im Scherz gefragt, wer von ihnen wohl als Erster Botschafter

würde. Hier in Washington wurde darüber diskutiert, wer von den beiden als Erster Außenminister würde, wobei man Lake einen leichten Vorteil einräumte.

Doch Holbrooke war nicht ein Freund von der Art, auf den Lake zählen konnte, wenn er jemanden brauchte, der ihn um 2 Uhr am Morgen vom Busbahnhof abholte. Er begann, sich benutzt zu fühlen. Und da war noch etwas anderes, das in Lake vorging. Der Krieg machte ihn krank. Im Außenministerium arbeitete er bis zur Erschöpfung, anfangs in der Ostasienabteilung, dann als Stabsreferent von Staatsminister Nicholas Katzenbach, Rusks Stellvertreter. Manchmal, wenn er bis zum Hals in Saigon-Akten steckte, entdeckte er einen Bericht, der ihn nicht loslassen wollte. Einmal las er, dass amerikanische Soldaten einen Höhleneingang gesprengt und damit nicht nur feindliche Soldaten, sondern auch eine große Zahl von Zivilisten lebendig begraben hatten. Er und einige seiner Kollegen waren derart beunruhigt, dass sie das Pentagon zu dem Vorfall befragten. Aber stärker zu drängen – etwa die Frage zu stellen, ob derartige Vorfälle mit der Kriegsmoral zu vereinbaren seien, ob sie möglicherweise bedeuteten, dass Amerika diesen Krieg nicht weiter führen könne, ohne die eigene Seele zu verkaufen – hätte man ihm als Hysterie ausgelegt.

Anfang 1967 war Lake so unvorsichtig, Jim Rosenthal, seinem und Holbrookes Freund aus Saigon, der jetzt in der Vietnamabteilung des Außenministeriums arbeitete, die Frage zu stellen, warum die USA Soldaten nach Vietnam schickten, aber nicht in andere Regionen. Warum sollte man den Kommunismus nicht auf der ganzen Welt bekämpfen? Die Antwort des Hardliners Rosenthal war brutal. Die Frage sei albern und die Antwort so offensichtlich, dass sie Lake naiv aussehen ließe. Vietnam sei die Front der freien Welt, das Land, das sich die Kommunisten ausgesucht hätten, um «unsere Seite» zu bekämpfen, und außerdem der Ort, der am ehesten geeignet sei, sich zu verteidigen. «Wenn du Zeit hast», schrieb er Lake, «solltest du mal die Ordner voller Positionspapiere durchsehen, die alle paar Monate in der Ostasienabteilung für den Minister und den Präsidenten erstellt werden und die genau erklären, warum eine Position der Stärke notwendig ist und warum das gesamte Erscheinungsbild von Ostasien deutlich verbessert ist, seit sich die USA – schon 1965 – für diese Haltung entschieden haben.» In der

Politik schlägt törichte Gewissheit gewöhnlich die zerbrechliche Weisheit.

Lake war keineswegs der Meinung, dass Amerika den Rückzug einleiten und die Niederlage eingestehen sollte. Ihm wurde jedoch immer klarer, dass wir dort nicht gewinnen konnten. Die Nordvietnamesen ließen sich von den Bomben nicht beeindrucken. Die südvietnamesische Regierung war nicht reformierbar – die Vorstellung eines «sauberen Oberst» war eine Illusion. Es gab keine Möglichkeit, die Kriegsführung zu verbessern. Der einzige Ausweg bestand darin, mit Hanoi zu verhandeln. Es hatte über die Jahre viele dahingehende Versuche gegeben, die zu nichts geführt hatten. Die Amerikaner forderten seit Langem, dass der Norden alle Infiltrationsversuche einstellte, bevor Gespräche überhaupt beginnen konnten. Nordvietnam bestand darauf, dass die USA zuerst die Bombenangriffe beendeten. Beide Seiten glaubten, dass sie noch gewinnen könnten, sie wollten die Verhandlungen nutzen, um einen Vorteil herauszuschlagen. Doch Lake wusste, dass echte Verhandlungen auf den Abzug der Amerikaner und den Sieg der Kommunisten hinauslaufen würden. Er saß also in der Falle.

Ein ehrbarer Mann konnte mit sich selbst leben, indem er nur nach innen, nicht aber nach außen widersprach. Einmal sagte Lake in einer Abteilungskonferenz etwas, in dessen Folge ihn ein Kapitän zur See beschuldigte, wie Senator William Fulbright zu klingen, der in den von ihm geleiteten Senatsanhörungen kritische Stimmen zu Wort kommen ließ. Zwei Wochen später, bei einem Abendessen mit seiner Frau und seinen Eltern, bei dem das Thema Vietnam sorgfältig umschifft wurde, sagte er doch etwas, das seinen Vater dazu brachte zu rufen: «Du klingst ja wie Dean Rusk!»

Toni hatte sich inzwischen zur Kriegsgegnerin gewandelt. In Washington war es einfacher, gegen den Krieg zu sein, als in Saigon oder Hue, wo die Bedrohung durch die Vietcong etwas Persönliches hatte, wo der Druck durch den amerikanischen Zusammenhalt enorm war, und wo sie mit den Ängsten der Vietnamesen konfrontiert war, die auf die Amerikaner zählten. Es ist einfacher, die deutliche Wahrheit einer aussichtslosen Situation zu sehen, wenn man weit weg ist, wenn einen die täglichen Komplexitäten und die Gesichter der Menschen nicht ablenken. Toni hielt den Krieg für falsch, und dafür trat sie ein, auch in Gegenwart von Tonys Kollegen. Zu Hause durften die Nachrichten nicht mehr eingeschaltet werden, sie begann, an Friedensdemonstrationen teilzunehmen. Zwar missfielen ihr die brachialen Gewissheiten der Kriegsgegner – sie kannte Vietnam, nichts dort war unkompliziert, nicht einmal die Motive der Amerikaner – aber sie war überzeugt, dass wir in einem Land, das uns nicht als Feind gegenüberstand, nichts zu suchen hatten, und dass wir es vor allem nicht zerstören durften. Lake bestärkte sie darin, diese Ansichten zu äußern. Möglich, dass sie Dinge sagte, die er nicht sagen durfte. Aber Toni war längst nicht mehr die brave Diplomatenehefrau, und ihre Abneigung gegen den Krieg erstreckte sich auch auf das erdrückende Arbeitspensum, das er Tony auferlegte, und auf seine Bereitschaft, seine Karriere über das Wohl der Familie zu stellen. Er war so viel unterwegs, dass sie sich fragte, ob ihm das Prestige seiner Stellung mehr bedeutete als seine eigene Frau und die kleinen Kinder. Je weniger sie ihn sah, desto schwieriger wurde es, ihn zu verteidigen, wenn ihre Freunde ihn als Teil einer Kriegsregierung kritisierten. Sie suchte ihre eigene Berufung und weigerte sich nun anzuerkennen, dass die Arbeit ihres Mannes wichtiger sei als ihre.

Man stelle sich also einen noch jungen Regierungsbeamten vor, der von seinen Kollegen und Vorgesetzten für brillant gehalten wird und einer großen Karriere entgegensieht. Nun regen sich in ihm erste Zweifel bezüglich des wichtigsten Problems seiner Regierung, an dem er sich seit fünf Jahren täglich abarbeitet – und diese Zweifel wachsen, bis er sie nicht mehr ignorieren kann. Es stellt sich die Frage, warum er nicht einfach alles hinwirft. Aber was würde ihm eine solche Entscheidung abverlangen? Er müsste nicht nur seine Ambitionen aufgeben, sondern auch seine Illusionen. Denn er kann immer noch hundert Gründe dafür finden zu glauben, warum er von innen mehr erreichen und das Gute befördern kann. James Thomson, ein Asienexperte aus dieser Zeit, schrieb einmal von der «Effektivitätsfalle» – der Vorstellung, dass ein Regierungsbeamter nur Gutes tun und Schaden abwenden kann, wenn er mit der Macht verbunden bleibt, was natürlich dazu führt, dass man niemals etwas riskiert und niemals auf die Idee käme, aus ethischen Gründen zurückzutreten. «Das wichtigste Kapital, das ein Mann in das öffentliche Leben einbringen kann, ist seine ‹Effektivität›, eine geheimnisvolle Kombination von Sachkenntnis, Umgangsformen und Beziehungen», schrieb Thomson 1968, als er selbst schon aus dem Dienst ausgeschieden war. «Ein Beamter sieht unruhigen Zeiten entgegen, wenn hinter seinem Rücken geflüstert wird: ‹Ich fürchte, Charlie verliert langsam seine Effektivität.›» Der Verlust der Effektivität ist ein kleiner Tod. Und was, oder wen, würde ein Rücktritt denn überhaupt retten, abgesehen vom Respekt vor der eigenen Person, den man nur aus Eitelkeit erhalten will? Das Einfachste und Egoistischste wäre es, alles hinzuwerfen. Bleiben bedeutet, ein wahres Opfer zu bringen. Und mit diesem Opfer steigt das Selbstwertgefühl. Wer bliebe denn übrig, wenn Lake zurückträte? Wer hätte dann noch den nötigen Sachverstand? Wer würde sich auf die Seite der Engel schlagen?

Lake aber war derart entmutigt, dass er Mitte 1967 tatsächlich begann, ernsthaft über einen Rücktritt nachzudenken. Um ihn im Außenministerium zu halten, verschaffte ihm Katzenbach ein zweijähriges Sabbatical und ein Stipendium, das ihm erlaubte, in Princeton im Bereich Internationale Beziehungen zu promovieren. Wie in Saigon, so empfahl er auch hier, dass Holbrooke ihn ersetzen sollte. Und so gingen die Lakes nach Princeton, und Holbrooke wechselte ins Außenministerium.

IX.

1967 war das Jahr, an dem Holbrooke in die vierte und letzte Phase des Zweifels eintrat. Er begann, das amerikanische Engagement in Vietnam in Frage zu stellen. Aus der Entfernung von neuntausend Meilen konnte er deutlich erkennen, dass die wahre Bedrohung an der Heimatfront lag, dass Vietnam im Begriff war, Amerika zu zerreißen. Seine Glaubenskrise war intellektueller und weniger selbstquälend als Lakes, doch er kam zu demselben Schluss. Die USA würden diesen Krieg nie gewinnen, zumindest nicht zu Bedingungen, die das amerikanische Volk akzeptieren würde. Doch was bedeutete das für die wenigen Kriegsgegner in der Regierung? Es bedeutete keinesfalls: «Lasst uns aus Vietnam verschwinden.» Eher schon: «Was zum Teufel machen wir jetzt?» Weiter trug die Skepsis nicht, wenn man noch Teil des Apparats war. Der Prozess der Ernüchterung war ein schrecklich langsamer. Später neigten die Akteure dazu, den Moment, an dem sie dem eklatant Offensichtlichen nach langem Zögern ins Auge gesehen hatten, zurückzudatieren, oftmals nicht einmal vorsätzlich: Sie konnten es einfach nicht fassen, dass sie sich so viele Jahre etwas vorgemacht hatten.

Und als sie schließlich doch begannen, an diesem Krieg zu zweifeln, behielten sie es für sich oder sprachen nur im engsten Freundeskreis darüber, weil sie wussten, dass sonst jemand wie Jim Rosenthal kommen würde, um ihnen den Kopf abzureißen. Niemand wollte zum Lager der Kriegsgegner gezählt werden.

Holbrookes Chef Katzenbach, der zweitwichtigste Mann im Außenministerium, hegte seine eigenen Zweifel. Er begann, jeden Donnerstagnachmittag um 17 Uhr ein Dutzend hochrangiger Beamter aus verschiedenen Ministerien in seinem Büro im siebzehnten Stock zu versammeln. Neunzig Minuten lang saßen sie in einem Kreis, tranken Bourbon und unterhielten sich über Vietnam. Katzenbach bezeichnete die Runde als Non-Group, es gab keine Tagesordnung, niemand führte Protokoll und nichts durfte nach außen dringen. Die Johnson-Regierung war derart von Lügen und Angst durchsetzt, dass die Non-Group zu einem der wenigen abgeschirmten Orte wurde, an denen alternative Szenarien und Möglichkeiten überhaupt erörtert werden konnten. Dean Rusk, der von diesen Runden wusste, nahm nie teil, weil er seinen Ruf nicht durch Gespräche über friedliche Lösungen riskieren wollte. Holbrooke tauchte uneingeladen in Katzenbachs Büro auf und nervte ihn so lange, bis dieser, der Holbrookes jugendlichen Enthusiasmus erfrischend fand, ihn schließlich in die Runde aufnahm. Einige Kollegen fanden Holbrookes Krawatten zu grell und seine Art zu schnoddrig, aber in der Non-Group sprach ohnehin nur, wer von einem Vorgesetzten dazu aufgefordert wurde. So gelangte er in den Kreis um Harriman, Rostow und Cyrus Vance, McNamaras Stellvertreter, eine Erfahrung, die von unschätzbarem Wert für ihn war. Holbrooke war der Einzige in der Gruppe, der echte Vietnam-Erfahrung hatte.

Im Sommer 1967 erhielt er einen Anruf von Les Gelb, mit dem er sich im Jahr zuvor angefreundet hatte und der jetzt im Stab des Verteidigungsministers arbeitete. Gelb hatte gerade einen Auftrag erhalten, der direkt von McNamara kam: Er sollte ein Team von sechs Analysten bilden, die innerhalb von drei Monaten einhundert Fragen zum Krieg beantworten sollten. Stimmen die Zahlen der Gefallenen? Zeigen die Bombardements Wirkung? Wie finden wir heraus, ob die Befriedungsbemühungen fruchten? Hätte Ho Chi Minh ein asiatischer Tito werden können? Mit anderen Worten: War der Krieg unausweichlich gewesen? Das Projekt war streng geheim, aber Gelb erzählte Holbrooke davon, und Holbrooke signalisierte Interesse.

Gelb war noch nie in Vietnam gewesen. Er war beinahe vollkommen ahnungslos. Er hatte nur ein Buch zum Thema gelesen – Bernard Falls *The Two Viet-Nams* – und doch entwarf er seit zwei Jahren regelmäßig Memoranden, die vom Verteidigungsministerium an das Weiße Haus weitergereicht wurden. Diese Vorgehensweise ist, wie bereits erwähnt, in der Außenpolitik durchaus normal. Was nicht normal war, war Vietnam. Genau wie Holbrooke und Lake und einige andere, die fast alle noch keine dreißig waren, sprach Gelb über nichts anderes als über Vietnam, und sein ganzes Leben, wie ihres auch, sollte von diesem Krieg geprägt beziehungsweise – so sah er es – beschädigt werden. 1966 hatte Gelb einen Brief von einem Freund erhalten, der eine Hubschraubereinheit im zentralen Hochland kommandierte. Unter seinem Kommando kämpften sehr erfahrene Leute, aber die Nordvietnamesen waren einfach besser. Entweder, so schrieb der Freund, seien sie auf Drogen, oder der Nationalismus mache sie high. Und wenn es der Nationalismus sei, dann seien die Amerikaner wirklich in Schwierigkeiten. So trug der Zufall die Saat des Zweifels auch in Gelbs kenntnisarmen Kopf, wo er wuchs. Im Sommer 1967 zählte er sich bereits zum Lager der Kriegsgegner. Aber nicht aus Schwäche, sondern aus Stärke.

Politisch war er ein Zentrist und Realist. Persönlich war er ein armer Junge mit einer Sehschwäche und einem verschmitzten, volllippigen Lächeln. Im Gegensatz zu Holbrooke war er unverkennbar jüdisch und stammte von *anderswo* – in seinem Fall New Rochelle. Seine Eltern besaßen einen kleinen Lebensmittelladen, wo sie vierzehn Stunden am Tag arbeiteten. Sie schlossen nur zu Rosch ha-Schanah, Yom Kippur und für die eine Woche des Jahres, wenn sie in die Catskills fuhren, um ungarische Musik zu hören. Die Gelbs lasen keine Zeitungen und besaßen nur zwei Bücher: die Bibel und Frederic Mortons *Die Rothschilds*. Sie liebten ihre Kinder, aber ihre Lebensumstände waren schlimmer als alles, was Les von anderen kannte. Der Laden war ihr Leben, und er selbst arbeitete dort jeden Sommer, sogar in dem Sommer, in dem er heiratete. Er war so arm, dass die Eltern seiner Braut Judy der Hochzeit nicht zustimmten, und er war so intelligent, dass er ins Department of Government der Harvard Graduate School aufgenommen wurde, und er war so ungebildet, dass er keine Ahnung hatte, wovon seine Professoren sprachen. Im Grunde war er faul, aber er wollte den Laden unbedingt hinter sich lassen, und um das zu erreichen, strengte er sich mächtig an. Als Professor Henry Kissinger auf ihn aufmerksam wurde, begann Gelbs Aufstieg.

Doch der Laden war ein Teil seines Lebens, er ließ ihn nicht los und machte ihn in gewisser Weise immun gegen die Verlockungen und Täuschungen der Macht. Gelb ließ sich von niemandem beeindrucken und quittierte jeden Blödsinn, den er hörte, mit einer Bemerkung: «Bullshit.» Als der fünfundzwanzigjährige Dick Holbrooke, der gerade aus Vietnam gekommen war, im Sommer 1966 in das Büro des New Yorker Senators Jacob Javits in Capitol Hill stürmte, um ihm seine Überlegungen zur Befriedungspolitik darzulegen, lachte der neunundzwanzigjährige Les Gelb und erklärte ihm, dass der Senator nicht zu sprechen sei, dass er seine geballte Weisheit aber gern bei ihm, seinem Chefassistenten, abladen könne. Diese erste Begegnung bestimmte für den Rest ihres Lebens das Muster der Tausende Gespräche, die sie mal in Kürze, mal in epischer Breite führten. Holbrooke war derjenige, der etwas wollte. Gelb war derjenige, der unterbrach, der konterte, der Vorschläge machte – der das Telefon in die Kloschüssel hielt und spülte, wenn ihm der Bullshit zu viel wurde. Holbrooke war typischerweise der Protagonist, Gelb war der Kritiker, dessen Urteil keinem Zwang unterlag. Holbrooke gelang es, Menschen mit dem Drama seines Lebens in den Bann zu ziehen. Nur Gelb ließ sich nicht bannen. So entstand eine Freundschaft auf Augenhöhe, die sie bis zum Schluss verband.

Im Herbst 1967 entwickelte sich Gelbs Projekt immer weiter. McNamaras Fragen warfen weitere Fragen auf. Aus den verschiedensten Ministerien und Behörden wurden Massen von Akten zusammengetragen, ein riesiges Archiv entstand. Aus den sechs Analysten wurden drei Dutzend, die gemeinsam und im Stillen an einer riesigen Studie zum amerikanischen Engagement in Vietnam arbeiteten, die bis in die 1940er Jahre zurückreichte. Es durfte nichts durchsickern, weshalb keine Gespräche mit Verantwortlichen geführt wurden. Das Projekt war so geheim, dass nicht einmal Dean Rusk, Walt Rostow oder Lyndon Johnson wussten, was genau dort erarbeitet wurde.

Holbrooke wollte unbedingt dabei sein. Hier sollte zum ersten Mal die Geschichte des Krieges von innen geschrieben werden. Er überredete Gelb und Katzenbach, ihn das Kapitel über die Befriedungsbemühungen schreiben zu lassen, an denen er von 1965 bis 1967 beteiligt gewesen war. Er begann früh morgens im Außenministerium, und wenn er dort fertig war, fuhr er über den Fluss zum Pentagon, wo sich in einem Raum hinter McNamaras Bürosuite auf der dritten Etage des E-Rings Gelb mit seinem Team installiert hatte. Holbrooke begann, sich durch die Aktenberge zu graben, in den Pausen durchstreifte er das Gebäude und hielt Ausschau nach politischen Beamten, die er bedrängen konnte. Oft blieb er bis spät dort. Gelbs Projekt wirkte wie ein kontinuierliches Seminar, in seinem Büro gingen Teammitarbeiter ein und aus, darunter Daniel Ellsberg, der damals noch ein Kriegsbefürworter war und ein Kapitel über Kennedys Entscheidungen im Jahr 1961 erarbeitete.

Eines Tages fragte Gelb eine Handvoll von Analysten, was sie aus diesem Krieg gelernt hätten. Paul Gorman, sein Stellvertreter, der als Oberst gerade aus Vietnam zurückgekehrt war, sagte: «Ich will Ihnen sagen, was ich gelernt habe.» Dann ging er zur Tafel, die hinter Gelb an der Wand hing, und schrieb mit Kreide: *«Lasst die Finger davon.»*

Während Holbrooke die Akten durchkämmte, machte er die seltsame Erfahrung, die Geschichte, die er durchlebt, die er wenige Jahre zuvor vor Ort geschmeckt und gerochen hatte, aus großer Höhe und Distanz betrachten zu müssen. Wehrdörfer, Angriffe auf Pagoden, der Diem-Putsch, Landungstruppen in Quang Nam, Anpassung von Verwaltungsstrukturen. Er sah jetzt, wie die Initiativen, die er in Vietnam durchgeführt hatte, in Washington ihren Anfang genommen hatten, und wer beteiligt gewesen war. Das Archiv enthüllte den privaten Pessimismus einiger hoher Entscheidungsträger, die in der Öffentlichkeit Gelassenheit vorgetäuscht hatten. Die Akten deckten ein ganzes Netz von Lügen auf.

Die meisten Autoren der Studie fassten die Akten nur zusammen. Holbrooke jedoch vertrat einen Standpunkt. Er beschrieb die Ironie der Sisyphusarbeit, mit amerikanischen Ideen und einem amerikanischen Zeitplan die Vietnamesen dazu anzutreiben, ihr eigenes Land zu retten. «Wir haben uns in dieser Studie auf die Geschichte der amerikanischen Regierungsverwaltung konzentriert, weil es im Rückblick so aussieht, als habe die Befriedungspolitik dort ihren Ausgang genommen – nicht bei den Vietnamesen selbst.»

Warum hatte McNamara die Studie überhaupt in Auftrag gegeben? Einige – darunter Dean Rusk, der erst davon erfuhr, als ein Teil der Analyse in der *New York Times* abgedruckt wurde – glaubten, dass McNamara sie seinem Freund Bobby Kennedy geben wollte, falls er gegen Johnson antreten würde. Später behauptete McNamara, es sei ihm nur um die wissenschaftliche Aufarbeitung gegangen. Möglich, dass er nach sieben Jahren im Amt einfach nur sein eigenes katastrophales Versagen verstehen wollte. Vielleicht suchte er nach Antworten auf die grundlegenden Fragen, die zu stellen er immer versäumt hatte. Seit mindestens einem Jahr wusste er, dass der Krieg, den er in der Öffentlichkeit befürwortete, nicht zu gewinnen war, eine Einsicht, die ihn im Geheimen quälte. Am 1. November 1967 schließlich legte er dem Präsidenten in einem langen Schreiben seine ehrliche Einschätzung dar. Doch der Präsident wollte es nicht hören, und noch vor Ablauf des Monats machte er McNamara zum Präsidenten der Weltbank, wo der auch 1969 noch saß, als Gelb mit zwei Kartons in dessen Büro auftauchte, in denen sich siebenundvierzig Bände von Analysen und Akten befanden – es war eines von nur fünfzehn Exemplaren der Studie, die noch immer streng geheim eingestuft war. Sie setzten sich aufs Sofa, und Gelb zog einen Band heraus. McNamara blätterte kurz darin und reichte ihn zurück. «Ich will das nicht haben», sagte er. «Bringen Sie es zurück ins Pentagon.» McNamara weigerte sich, die Pentagon-Papiere zu lesen.

Am Abend jenes 1. November trafen elf Politgranden des Kalten Krieges im Außenministerium zusammen, sie aßen, tranken und ließen sich über den Stand der Dinge in Vietnam informieren. McNamara war dabei, der gerade sein Memorandum an Johnson fertiggestellt hatte, er konnte seine düstere Stimmung nicht verbergen. Doch Rusk spielte weiterhin die Rolle des braven Soldaten, und das Briefing warf ein positives Licht auf die Situation. Verlustzahlen und erbeutete Dokumente zeigten, dass die USA im Begriff waren, den Sieg zu erringen. Am folgenden Morgen traten die Weisen hintereinander in den Kabinettssaal, einer nach dem anderen sagte Johnson genau das, was er hören wollte: Halten Sie Kurs! Acheson berief sich auf die amerikanische Entschlossenheit in den dunkelsten Tagen des Koreakriegs und die inspirierende Arbeit des Bürgerkomitees für den Marshallplan. General Omar Bradley regte an, patriotischere Slogans in Umlauf zu bringen. McGeorge Bundy schlug Johnson vor, öfter über «das Licht am Ende des Tunnels» zu sprechen. Der Präsident fühlte sich rundherum bestärkt.

Katzenbach allerdings nicht. Er fand, dass das Briefing der Weisen irreführend und die Bestätigung, die sie Johnson gegeben hatten, völlig undurchdacht gewesen sei. Holbrooke sah es ebenso, und er bot an, die Einwände in einem Memorandum zusammenzufassen, das sein Chef dem Präsidenten geben könne. Der Apparat neigt im Schriftverkehr zu vagen Formulierungen und nebulösen Äußerungen, denn es ist weit ungefährlicher, nichts Verständliches zu sagen, als einen Fehler zu machen. Bei Holbrooke war das anders. Das Memorandum war siebzehn Seiten lang, und falls es ein Schriftstück eines amerikanischen Regierungsbeamten gibt, das besser formuliert, was in Vietnam los war, habe ich es nicht gelesen.

Er legte das strategische Problem dar, indem er sich seiner ersten Liebe, der Geschichte, zuwandte. «Hanoi nutzt die Zeit so, wie die Russen das Terrain nutzten, als Napoleon auf Moskau vorrückte. Sie waren immer auf dem Rückzug, verloren jede Schlacht – aber am Ende schufen sie Bedingungen, unter denen der Feind nicht mehr operieren konnte. Für Napoleon waren dies die langen Nachschublinien und die Kälte des russischen Winters. Hanoi hofft, dass es für uns die wachsende Uneinigkeit sein wird, die Ungeduld und Enttäuschung, die durch einen sich hinschleppenden Kampf ohne Fronten und sichtbare Zeichen des

Erfolgs entstehen, durch den zunehmenden Druck, zwischen Kanonen und Butter wählen zu müssen, durch den immer deutlicher werdenden Widerwillen der Amerikaner, die zum ersten Mal mit ansehen müssen, dass ihr eigenes Land das ‹Schwergewicht› ist, das mit überwältigender Feuerkraft gegen ein ‹kleines Land in Asien› kämpft.»

Nordvietnam könne zwar nicht eine halbe Million amerikanischer Soldaten bezwingen, doch es sei durchaus in der Lage, den Kampfgeist des amerikanischen Volks zu erschüttern. Johnson blieben also zwei Möglichkeiten: Er könne ganz Nord- und Südvietnam, sowie Teile von Laos und Kambodscha, in ein Schlachtfeld verwandeln, in der Hoffnung, den Feind zu vernichten, bevor die Proteste zu Hause überhandnähmen. Oder er könne die Mitte der amerikanischen Gesellschaft auf seine Seite ziehen und Zeit gewinnen – nicht durch patriotische Slogans und falsche Hoffnungen, sondern durch eine Reduzierung der amerikanischen Präsenz in Vietnam. Die erste Option sei nicht vielversprechend, Hanois Kampfwille sei unerschöpflich. Die zweite Option könne zum Erfolg führen, erfordere allerdings mehrere Schritte.

Johnson solle die Kriegsziele neu präsentieren – vom Sieg über den Kommunismus bis zu einer südvietnamesischen Regierung, die überlebensfähig und stark genug sei, um selbst gegen die anhaltende kommunistische Bedrohung vorzugehen. Die USA müssten sowohl militärisch als auch politisch mehr von den Südvietnamesen verlangen. Außerdem müssten sie sich auf ihre eigenen moralischen Werte besinnen und aufhören, Bomber und Artillerieeinheiten einzusetzen, die eine große Zahl von Zivilisten töteten oder zu Flüchtlingen machten, nur um einige wenige Vietcong auszuschalten. «Zu viele Menschen empfinden die Brutalität dieses Krieges als abstoßend. Sie halten es für unmoralisch und kontraproduktiv, einen regionalen Aufstand mit überragender Feuerkraft zu bekämpfen ... Dieser Widerwille (weniger in den USA als im Ausland) hängt mit dem Eindruck zusammen, dass Amerika besonders dort Härte zeigt, wo Nicht-Weiße betroffen sind.» Außerdem solle Johnson eine Unterbrechung des Bombardements in großen Teilen des Nordens verkünden, was zu Verhandlungen führen könne.

«Die Zeit ist der entscheidende Faktor in dieser Phase unseres Engagements in Vietnam», schloss Holbrooke. «Wenn wir der Schildkröte eines vorzeigbaren Erfolgs auf dem Schlachtfeld nicht Beine machen können, dann sollten wir uns darauf konzentrieren, den Hasen des Protests zu Hause zu bremsen.» Das Memorandum forderte nicht zu einem einseitigen Rückzug auf, nicht einmal zu einem Rückzug nach Verhandlungen. Es ging allein darum, Zeit zu gewinnen. Der Krieg in Vietnam würde fortgesetzt werden. Trotzdem ordnete sich Holbrooke mit seiner Empfehlung im Spektrum der offiziellen Positionen zu Vietnam am äußersten Rand ein. In lebendiger und deutlicher Sprache formulierte hier ein sechsundzwanzigjähriger Amerikaner den Standpunkt, dass Amerika den Krieg nicht gewinnen könne. Und dies war der Grund, warum Katzenbach zögerte, seine Unterschrift darunterzusetzen. Da er aber der gleichen Ansicht war und die Analyse für brillant hielt, unterschrieb er am 16. November schließlich doch. Seinem Chef, Dean Rusk, zeigte er das Memorandum erst, als es schon auf dem Weg ins Weiße Haus war. Als Rusk es las, sagte er zu Katzenbach: «Ich versuche immer erst herauszufinden, was der Präsident denkt, bevor ich ihm einen Ratschlag erteile.» Das Weiße Haus reagierte nicht. Johnson wollte es nicht hören.

Holbrooke arbeitete auf derselben Etage wie sein einstiger Ziehvater, er bekam den Außenminister aber nur selten zu Gesicht. Bundy war weg, McNamaras Tage waren gezählt, nur Dean Rusk, bereits in seinem achten Jahr im Schatten von Vietnam, marschierte immer weiter. Geistig befand sich Rusk noch immer am Frühlingsanfang des Jahres 1942, als Hitlers Truppen Russland überrannten und die amerikanische Flotte in Pearl Harbor in Trümmern lag; oder im Spätsommer 1950, als Nordkorea eine Division nach der anderen gegen die 8. US-Armee ins Feld schickte, die im Busan-Perimeter feststeckte; oder im Sommer 1961, als die Sowjets West-Berlin von den NATO-Verbündeten abschnitten. Rusk sprach über die Stärke der amerikanischen Demokratie, darüber, dass sich immer etwas bewege, wenn sich die Amerikaner nur zu einer gemeinsamen Kraftanstrengung entschließen könnten. Der einzige Feind, der die USA besiegen könne, sei der Defätismus. Darin spiegelte sich die Überzeugung einer ganzen Generation, die zugesehen hatte, wie das noch junge Land beinahe durch Zufall zu seiner jetzigen Größe gelangt war, ohne auch nur einmal richtig zu stolpern.

Rusk war im Bezug auf Vietnam pessimistischer, als er zugab, aber er sah seine Aufgabe darin, den Präsidenten zu unterstützen, nicht selbst zu denken. Es war eine Grundüberzeugung, die Holbrooke sogar respektieren konnte, so wie er Rusk auch dafür respektierte, dass dieser ihn in keiner Weise bevorzugte. Aber Rusks Form von Außenpolitik kam für Holbrooke nicht in Frage. Er wollte einen anderen Weg gehen.

Seit einem Sonntagnachmittag im Jahr 1965, als Holbrooke auf Heimaturlaub in Washington war und Rusk ihn bat, ins Ministerium zu kommen, war ihre Beziehung nicht mehr dieselbe. Sie saßen im Büro des Ministers, mit Blick auf das Lincoln-Memorial, genau an dem Ort, wo der Student Holbrooke Rusk einst für seine Abschlussarbeit zu Woodrow Wilson befragt hatte. Holbrooke versuchte Rusk, der, da die offizielle Bürozeit bereits vorbei war, im Hawaiihemd vor ihm saß, zu erklären, dass die Lage in Vietnam ernster war als das, was die Politiker in Washington aus den Berichten erfuhren und glauben mussten. Als Rusk daran erinnerte, dass die Nordvietnamesen daran gehindert werden müssten, durch die entmilitarisierte Zone einzudringen, entgegnete Holbrooke, dass auch dies Südvietnam keinen Frieden bringen würde, der Krieg sei längst nicht mehr nur ein Angriffskrieg des Nordens, sondern ein Bürgerkrieg des Südens. Rusk reagierte unwirsch. «Dick», sagte er, «diese Nordvietnamesen sind ja nicht drei Meter groß. Das sind keine Marsmenschen. Das sind keine Superhelden.»

Rusk fühlte sich von seinem Schützling zunehmend betrogen. Er verdächtigte Holbrooke, unangenehme Nachrichten an seine Journalistenfreunde durchzustechen, womit er recht hatte. Holbrooke war eine wichtige Quelle für Philip Geyelin, der für die Meinungsseite der *Washington Post* verantwortlich war und der die anonymen Informationen nutzte, um die Zeitung, die eine überwiegend zustimmende Haltung zum Krieg vertrat, kritischer auszurichten. Im Dezember 1967 schrieb Geyelin einen Brief an Katharine Graham, die Eigentümerin der *Post*, dass Holbrooke Teil einer «seltsamen, inoffiziellen Schattenregierung sei, die aus sehr jungen Beamten besteht ... Da sie im Dienstrang noch so weit unten stehen, ist es für sie nicht leicht, Gehör zu finden ... Es liegt eine Art vornehmer Schrecken in der Luft, eine Atmosphäre, in der Karrieren leicht zerstört werden können.» Anfang März 1968 aß Holbrooke mit Neil Sheehan zu Mittag. Für ihre regelmäßigen Treffen hatte Holbrooke Martin's Tavern in Georgetown gewählt, weil sich Ministeriumsmitarbeiter nicht dorthin verirrten. (Dass sich allerdings CIA-Leute dort tummelten, wusste er nicht.) Sheehan erzählte ihm, dass die *Times*, für die er inzwischen schrieb, im Begriff war, einen brisanten Exklusivbericht zum regierungsinternen Streit über die Forderung des Pentagon, die Reserve zu mobilisieren und die Streitkräfte in Vietnam um zweihundertsechstausend Soldaten aufzustocken, zu veröffentlichen. Er wollte wissen, wer diese Zahl ins Spiel gebracht hatte.

«Westy», antwortete Holbrooke, womit er Sheehan die Bestätigung lieferte, die dieser benötigte, um den Artikel zu drucken.

Jahre später korrespondierten Holbrooke und Rusk über die Gründe für ihren Bruch, und Rusk äußerte den Verdacht, dass Holbrooke die Quelle der *Times* gewesen sei. «Ich habe die Story weder bestätigt noch abgestritten, ich habe alles abgeblockt», antwortete er. Die Lüge war eigennützig, aber der Verrat war es nicht. Er wollte dem Militär zuvorkommen, die Story sollte eine Debatte über den Krieg auslösen. Westmorelands Forderung war, das wusste Holbrooke, seit der Tet-Offensive nicht mehr vertretbar.

X.

Am 30. Januar 1968, dem ersten Tag des traditionellen Waffenstillstands zum vietnamesischen Neujahrsfest, griffen Vietcong-Kämpfer und nordvietnamesische Truppen Städte in ganz Südvietnam an. Pioniere drangen in den ummauerten Komplex der festungsartigen amerikanischen Botschaft ein, die erst kurz zuvor auf dem Feld neben der Villa der Lakes, wo Holbrooke und seine Freunde Football gespielt hatten, errichtet worden war. Trudi Holbrooke war zufällig zum Tet-Fest in Saigon, sie besuchte ihren Sohn Andy, der nach einem abgebrochenen Studium an der Kent State University zum Militär gegangen war und in einer Befriedungseinheit im Delta diente (und seinen älteren Bruder noch immer zutiefst bewunderte). Trudi war, das sagte jeder, «eine Nummer», nur eine Frau wie sie konnte auf die Idee kommen, 1968 Urlaub in Vietnam zu machen. Ihr lautstarker Enthusiasmus war Holbrooke derart peinlich, dass er nur selten zugab, überhaupt noch eine Mutter zu haben. Trotzdem rief er einen Freund in Saigon an, mit der Bitte, nach ihr zu sehen. Trudi ging es prächtig – sie betrachtete aus ihrem Zimmer im Hotel Continental das Feuerwerk und hatte einen Riesenspaß. Sie ließ sich wirklich auf alles ein: auf Geplauder mit irgendwelchen Berühmtheiten, Weltreisen, die Tet-Offensive.

Für die meisten Amerikaner allerdings war Tet ein Erdbeben. Die Politiker in Washington waren zutiefst erschüttert. Im Außenministerium herrschte Panik, Anfang Februar schickten Rusk und Katzenbach Holbrooke nach Vietnam, um die noch laufende Offensive der Kommunisten einzuschätzen. Die Amerikaner in Saigon, Westmoreland, Komer und die anderen, standen unter Schock. Sie waren auf ihr eigenes Gerede von einem demoralisierten Feind hereingefallen. Die Silvesterparty in der Botschaft hatte völlig ironiefrei unter dem Motto «Licht am Ende des Tunnels» gestanden, sie hatten die Offensive überhaupt nicht kommen sehen. Westmoreland wirkte auf Holbrooke beinahe wie ein gebrochener Mann. Nach Tet war Saigon für immer verändert. Man konnte sich nicht mehr einreden, dass der Krieg anderswo stattfände.

Wisner, jetzt Provinzvertreter in Dalat im zentralen Hochland, hatte sich mit seiner eigenen Waffe verteidigt, als die Vietcong drohten, seinen Komplex zu überrennen. Dann erfuhr er, dass sein Freund Holbrooke, der Vietnam inzwischen aus der sicheren Entfernung von Washington beobachtete, zum Kriegsgegner geworden war. Wisner dagegen steckte mittendrin, und er glaubte noch immer, den Krieg besser führen zu können. Genauso wie ein anderer Freund Holbrookes, John Vann, der aus dem Militärdienst ausgeschieden war und als hochrangiger Zivilist unter Komer in CORDS diente. Zehn Tage nach Tet flogen Vann und Holbrooke mit dem Hubschrauber nach Hau Nghia, eine gefährliche, beinahe nur aus Reisfeldern bestehende Provinz zwischen Saigon und der kambodschanischen Grenze, die in Vanns Verantwortungsbereich fiel. Die Stellungen der Südvietnamesen waren in die Provinzhauptstädte zurückverlegt worden, auf dem Stützpunkt herrschte eine angespannte Atmosphäre. Nach dem Abendessen fragte Vann einen amerikanischen

Oberstleutnant, wo sich die Verteidigungslinie befände. Vierhundert Meter entfernt, hieß es. Vann schlug vor, hinzugehen, um sie mit eigenen Augen zu sehen. Holbrooke hielt das für eine verrückte Idee, konnte Vann gegenüber aber nicht nein sagen. Um 22 Uhr, nach Einbruch der Dunkelheit, brachen sie auf und schlichen eine knappe Viertelmeile auf schmalen Pfaden über die Reisfelder, bis sie eine Vorwärtsstellung erreichten, die von zwei verloren wirkenden südvietnamesischen Soldaten besetzt war. Der nächtliche Ausflug gehörte zu dem Riskantesten, was Holbrooke in Vietnam je getan hatte, aber für Vann, den jede längere Abwesenheit unglücklich machte, war es eine Nacht wie jede andere in diesem Krieg. Auf Holbrooke wirkte er wie Heinrich V., der sich in Verkleidung unter seine Soldaten in Azincourt mischt, um ihre Entschlossenheit zu testen.

Viele Amerikaner behaupteten, die Tet-Offensive sei eine schwere Niederlage für den Feind gewesen, und wenn man sich die erschütternde Zahl der Toten unter den Vietcong vor Augen führt und die Tatsache, dass der erhoffte Aufstand der Stadtbevölkerung ausgeblieben war, stimmte es. So sah es auch Vann. In Washington hatte Holbrooke zu seinen zuverlässigsten Unterstützern gezählt. Als niemand Vanns klarsichtige und pessimistische Einschätzung der Lage und seine leidenschaftlichen Ideen zur Aufstandsbekämpfung hören wollte, hatte er versucht, ihm auf höchster Ebene Gehör zu verschaffen. Vann, eben jener in physischer wie in intellektueller Hinsicht legendär mutige Vann, der Halberstam und Sheehan angeleitet hatte, Vietnam als politischen Krieg zu verstehen, sah Tet als große Chance, um dem Krieg eine neue Wendung zu geben. Es ging jetzt vor allem um die amerikanische Innenpolitik, genau wie Holbrooke in seinem Napoleon-in-Russland-Memorandum geschrieben hatte. Tet untergrub die Bereitschaft des amerikanischen Volks, den Lügen ihrer politischen Führung weiter Glauben zu schenken. Gleichzeitig brach die Offensive den Willen der politischen Führung, weiterhin Geduld und Opferbereitschaft einzufordern. So wurde aus der taktischen Niederlage der Kommunisten der strategisch entscheidende Sieg des gesamten Krieges.

Holbrooke kehrte nach Washington zurück und sah, wie schnell sich die gesamte Situation änderte, es war, als hätte Tet plötzlich einen Zug in

Bewegung gesetzt, der auf steiler Abfahrt festgesteckt hatte. McNamara trat ab und wurde von dem Washingtoner Anwalt Clark Clifford ersetzt, einem der Jüngeren in der Gruppe der Weisen, der schon für Truman gearbeitet und sowohl Kennedy als auch Johnson beraten hatte. Clifford war die perfekte Verkörperung des Establishments – seine Anzüge saßen, der Haarschnitt passte, seine Stimme war sanft wie Bourbon, der über Eiswürfel floss. Als Privatmann hatte er Johnson 1965 vor einer Eskalation gewarnt, doch dann wurde er zu einem der größten öffentlichen Unterstützer der Kriegsstrategie, weshalb Johnson ihn zum Verteidigungsminister berief. Im Pentagon begann Clifford mit einer systematischen Überprüfung der Vietnampolitik, einschließlich der Forderung nach Truppenverstärkung. Als Neuankömmling erlaubte er es sich, den Militärs die grundsätzlichsten Fragen zu stellen, Fragen zum Krieg, die zu stellen bisher niemand gewagt hatte, darunter: «Wie sieht eine siegreiche Strategie denn überhaupt aus?» Die Generäle wussten es nicht. Der Krieg sollte einfach immer weiter gehen.

Clifford begriff, dass an Verhandlungen kein Weg vorbeiführte. Bis Ende März war es ihm gelungen, seine Freunde im Weisenrat davon zu überzeugen. Am 26. März kam es zu einer letzten Besprechung mit Johnson im Weißen Haus, wo sie Johnson zu einer Beendigung des Krieges drängten. Die Weisen hatten die ganze Zeit über falsch gelegen.

Johnson zog Clifford und Rusk aus dem Kabinettssaal heraus. «Wer hat den Brunnen vergiftet?», knurrte er.

Der Präsident plante, am Abend des 31. März eine Fernsehansprache zu halten. Holbrooke half Katzenbach und Harry McPherson, Johnsons Redenschreiber, sie zu entwerfen. Doch es gab zwei Fassungen – eine kriegerische, die aufrief, entschlossen weiterzukämpfen, und eine andere, die Clifford, der den ersten Entwurf mit Entsetzen gelesen hatte, den Redenschreibern quasi aufdrängte und in der es um den Frieden ging. Niemand wusste, welche der beiden Reden Johnson halten würde, bis Johnson zwei Tage vor dem Termin McPherson anrief, um sich über eine Zeile auf Seite fünf zu beklagen, und McPherson, der Mühe hatte, den Abschnitt in seinen Papieren zu finden, begriff, dass Johnson den Friedenstext vorliegen hatte. Der Präsident plante, ein Ende des Bombardements der nordvietnamesischen Gebiete oberhalb der Infiltrationsrouten nahe der entmilitarisierten Zone bekanntzugeben. Damit endeten drei Jahre der Eskalation.

Die Verfasser dieser Rede dachten, sie könnten einem politisch unter Druck stehenden Kandidaten Luft zum Atmen verschaffen, zwei Tage später sollten die Vorwahlen in Wisconsin stattfinden. Sie bezweifelten, dass Hanoi darauf reagieren würde – die Rede richtete sich vornehmlich an die amerikanische Öffentlichkeit. Was sie nicht wussten, war, dass der Präsident plante, mit einem selbst verfassten Absatz zu schließen, in dem er den Rückzug von seiner Kandidatur zur Wiederwahl bekanntgab. Hätten sie es gewusst, hätte er es ihnen erzählt, dann hätten sie ihn gedrängt, das Angebot der teilweisen Aussetzung der Luftangriffe auszuweiten und ein Ende des Bombardements in Aussicht zu stellen. So hätten echte Friedensverhandlungen beginnen können. Später stellte sich Holbrooke vor, wie er Johnson gesagt hätte: «Schauen Sie, Mr. Präsident. Wenn Sie heute wegen dieses Themas das Ende Ihrer Präsidentschaft verkünden wollen, dann setzen Sie die Angriffe jetzt vollständig aus. Sehen Sie, was Sie in den kommenden zehn Monaten noch erreichen können. Machen Sie keine halbherzigen Gesten, die möglicherweise keine, bestenfalls aber eine verhaltene Reaktion hervorrufen werden.» Doch Johnson hatte es ihnen nicht erzählt. Er wollte seine Amtszeit nicht mit einem Frieden beenden, der einer Niederlage gleichkam.

Am 3. April kündigte Radio Hanoi die Bereitschaft Nordvietnams an, sich mit amerikanischen Unterhändlern zu treffen, um «die bedingungslose Einstellung der Bombardierungen und aller anderen Kampfhandlungen gegen die Demokratische Republik Vietnam» zu erörtern, «damit die Verhandlungen beginnen können». Holbrooke wurde als eines der jüngeren Mitglieder in die amerikanische Delegation berufen. Die Abendessen in Georgetown und seine Teilnahme an Katzenbachs Non-Group hatten ihm das Vertrauen von Harriman eingebracht, der die Delegation leitete, und auch von seinem Stellvertreter Cy Vance, einem behutsam auftretenden Anwalt aus New York, der einst für das Pentagon gearbeitet hatte und jetzt von Rusk beauftragt war, Harriman im Auge zu behalten. Drei Generationen des Establishments bereiteten sich auf die Abreise nach Paris vor. Rusk, der Johnson noch immer treu ergeben war, wies das Team an, sich an die offizielle Linie zu halten – Nordvietnam müsse aufhören, den Süden zu infiltrieren – und andere Verhandlungsziele ohne die ausdrückliche Zustimmung aus Washington nicht einmal in Erwägung zu ziehen. «Aber selbstverständlich müssen wir auch andere Ziele ins Auge fassen», erklärte Les Gelb bei einer Planungssitzung im Pentagon in dem Glauben, nur das Offensichtliche auszusprechen. «Denn wie soll es sonst überhaupt zu Verhandlungen kommen?» Als Rusk davon erfuhr, versuchte er, Gelb aus der Planungsgruppe zu entfernen.

Im Mai bezogen die Delegierten ihre Zimmer im Hôtel de Crillon – sie gingen davon aus, dass es eine Frage von Wochen sein würde. Doch es gab keine Fristen, und Paris war wunderschön, und nichts geschah. Holbrooke besuchte die French Open und beobachtete die massiven Studentenproteste gegen de Gaulle im Quartier Latin. Er spielte Tennis und trank mit führenden amerikanischen Journalisten Whiskey, obwohl es den Delegierten verboten war, mit der Presse zu sprechen. Es gab ohnehin beinahe nichts zu berichten. Keine Seite zeigte irgendeine Bereitschaft, von der Ausgangsposition abzurücken. Holbrooke richtete sich auf Dauer ein, er mietete eine Wohnung und ließ Litty und David kommen. Aus dem Frühling wurde Sommer, Bobby Kennedy wurde in Los Angeles ermordet, dann Martin Luther King in Memphis, aber bei den Gesprächen in Paris tat sich nichts.

Harriman erzählte Holbrooke, dass Roosevelt ihm im Sommer 1942, als er Churchill nach Moskau begleiten sollte, nur eine einzige Anweisung gegeben hatte. Er sollte Stalin erklären, warum die Alliierten noch nicht bereit waren, eine zweite Front in Europa zu eröffnen. Und jetzt war er hier in Paris, und er trug die Handschellen der strikten Anweisungen von Dean Rusk, den Harriman hasste, weil er genau an der Stelle saß, an der er selbst immer hatte sitzen wollen, und von der aus er nun verhinderte, dass ein Ende des Krieges verhandelt werden konnte, der Hubert Humphrey zum Sieg über Richard Nixon verhelfen würde. Sowjetische Panzer rollten durch Prag, der Wahlparteitag der Demokraten in Chicago entfachte wütende Proteste, Humphrey wurde von einer wegen des Vietnamthemas völlig zerstrittenen Partei nominiert, und die Holbrookes besichtigten die romanische Architektur von Nordfrankreich. Aus dem Sommer wurde Herbst, und Humphrey stürzte in den Umfragen ab, weil in Paris keine Fortschritte gemacht wurden. Harriman und Clifford vermuteten, dass der Präsident den Wahlsieg seines Vizepräsidenten verhindern wollte, und nichts weiter geschah.

Mitte Oktober beschloss Johnson endlich, die vollständige Aussetzung des Bombardements zu verkünden, für die sich Holbrooke und andere bereits im März ausgesprochen hatten. Die USA und Nordvietnam einigten sich auf direkte Verhandlungen in Paris, Südvietnam und die Nationale Befreiungsfront – die Vietcong – würden mit am Tisch sitzen. Doch bevor noch irgendetwas in die Wege geleitet werden konnte, sabotierte Richard Nixon die Chance auf Frieden. Der einzige Außenseiter, der Zugang zu dem vertraulichen Schriftverkehr der amerikanischen Delegation hatte, war Henry Kissinger, der das Weiße Haus zu Vietnam-Fragen beriet und ein Bekannter von Holbrooke war. Kissinger war insgeheim auch als Berater für beide Wahlkampfteams tätig. Im September war er nach Paris geflogen und hatte sich mit Holbrooke und einem weiteren Nachwuchsdiplomaten aus der Delegation getroffen. Nach seiner Rückkehr warnte er John Mitchell in Nixons Wahlkampfzentrale, dass Mitte Oktober ein Ende des Bombardements in Kraft treten könnte. «Wir haben ihm vertraut», gab Holbrooke später zu. «Es ist nicht übertrieben zu sagen, dass das Nixon-Team eine geheime Quelle in der amerikanischen Verhandlungsdelegation hatte.» Auf Nixons Befehl hin etablierten seine Leute einen inoffiziellen Gesprächskanal nach Saigon, versprachen Präsident Thieu, dass mit einer republikanischen Regierung ein besseres Ergebnis für Südvietnam herausspringen würde, und brachten ihn dazu, die Verhandlungen hinauszuzögern.

Was es Hochverrat? Ein anderes Wort fällt mir dazu nicht ein. Johnson erfuhr durch eine FBI-Abhöraktion von Nixons Machenschaften. Er rief Nixon an, um ihn zu warnen. Doch der schwor: «Mein Gott, ich würde nie etwas tun, um deren Verhandlungsbereitschaft zu schwächen.» Da er keine handfesten Beweise besaß, beschloss Johnson, die Sache nicht an die große Glocke zu hängen. Ebenso Humphrey, der es nicht einmal in seinen Memoiren erwähnte. Damals war es nicht unüblich, dass politische Kandidaten mit ausländischen Regierungen geheime Absprachen trafen, um in Amerika Wahlen zu gewinnen, und die meisten amtierenden Präsidenten ließen sie gewähren. Aber es gab dennoch Grenzen.

Durch die Schwierigkeiten in Saigon, vielleicht auch wegen seiner eigenen Ambivalenz Humphrey – und den Friedensbemühungen – gegenüber, erklärte Johnson das Ende der Luftangriffe erst fünf Tage vor der Wahl, am 31. Oktober. Humphrey konnte in den Umfragen deutlich zulegen, doch es war zu spät. Vietnam sollte zum Problem der Nixon-Regierung werden.

Mitte November trafen die Südvietnamesen und die Vietcong in Paris ein, aber nichts bewegte sich. Beide Seiten weigerten sich, die andere anzuerkennen, zwei Monate lang stritten die Delegationen über Namensschilder, Flaggen und die Form des Verhandlungstischs. Quadratisch? Rund? Rechteckig? Es muss dabei um höchst wichtige Prinzipien gegangen sein. Irgendwann zeichnete Holbrooke einen eigenen Entwurf – einen langen Tisch mit einer einzigen Stuhlreihe, davor ein Spiegel, der so gebogen war, dass die Nordvietnamesen und die Vietcong aus Sicht der Südvietnamesen zu einer einzigen Delegation verschmolzen. Ein sowjetischer Diplomat löste das Problem schließlich mit zwei rechteckigen Tischen, die durch einen runden voneinander getrennt waren.

Zwei Tage vor der Amtseinführung von Richard Nixon wurden in Paris die Friedensverhandlungen aufgenommen, wobei Henry Cabot Lodge den Platz von Harriman einnahm. Nichts geschah. Vier weitere Jahre lang sollten Amerikaner in Vietnam töten und getötet werden.

«Henry, ich will in der Nixon-Regierung keinen Posten haben», sagte Holbrooke zu Kissinger, als sie sich vor der Amtseinführung in Nixons New Yorker Hauptquartier trafen.

«Aber warum denn nicht?», fragte Kissinger, der gerade zu Nixons Nationalem Sicherheitsberater ernannt worden war und davon ausging, dass jeder, der zu ihm kam, irgendeinen Job haben wollte.

«Weil ich mir nicht vorstellen kann, für Richard Nixon zu arbeiten.»

Holbrooke blieb in Paris, wo er Verhandlungserfahrung sammelte und sah, wie man es besser nicht machen sollte, was ihm in den folgenden Jahren sehr nützlich sein würde. Doch im Sommer 1969 hatte er genug, und er kehrte mit seiner Familie nach Washington zurück.

Er wusste nicht, wie es weitergehen würde. Sieben Jahre lang hatte er nur an Vietnam gearbeitet. Er wollte nicht Teil der Nixon-Regierung sein, wollte den Diplomatischen Dienst aber auch nicht verlassen. Dann arrangierte das Außenministerium für ihn ein einjähriges Stipendium an der Princeton University. Zum dritten oder vierten Mal folgte er Tony Lake.

Lake dagegen trat wieder in die Regierung ein. Kissinger stellte ihn als Sonderberater im Nationalen Sicherheitsrat ein. In Princeton hatte er endlich Gelegenheit gehabt, sich mit der Geschichte des vietnamesischen Nationalismus auseinanderzusetzen, er sah jetzt, wie sinnlos dieser Krieg war. Die Kriegsziele waren konstruiert, sie waren in Amerika aus dem Hut gezaubert worden. Weiteres Blut zu vergießen, war ein Fehler. Das menschliche Leid war nicht zu rechtfertigen. Nach zwei Jahren an der Universität kehrte er nur deshalb ins Außenministerium zurück, weil er versuchen wollte, Amerika aus Vietnam herauszuholen. Als Kissinger sich mit der Personalie Lake beschäftigte, erklärte Bundy: «Tony ist zwar gegen den Krieg, aber er ist ein braver Soldat.» Als Lake davon erfuhr, war er gekränkt. Er beschloss alles, was mit Vietnam zu tun hatte, in Frage zu stellen. Er setzte alle Hoffnungen in seinen brillanten, charmanten, geistreichen neuen Vorgesetzten, und Kissinger bestärkte Lake darin, seine Einwände vorzubringen, ebenso Toni, die sich hin und wieder unter den Demonstranten befand, die hinter einem Cordon von Bussen um das Weiße Haus herumstanden und gegen den Krieg skandierten.

Holbrooke, der den umgekehrten Weg gegangen war, schickte Lake zwei lange Briefe. Alle seine Ratschläge liefen letztendlich auf eine Sache hinaus: «Wir müssen uns aus Vietnam zurückziehen», schrieb er. «Wir werden Jahre brauchen, um das Gift, das der Krieg in unserem Land verbreitet hat, zu neutralisieren.»

Holbrooke gestand, beruflich wie persönlich deprimiert zu sein. Sieben Jahre und kein Ende in Sicht. Mit Vietnam war er fertig.

«Wie auch immer. Es ist jetzt wieder dein Problem, nicht meins.»

Wie schafft er das nur alles?

«**I**ch muss dir etwas sagen.» Holbrooke stellte seinen Koffer in der marmornen Eingangshalle ihres Hauses in Marokko ab. Es war 1971, kurz vor Thanksgiving. Litty horchte auf. «Ich habe mich in jemand anderen verliebt. Aber sie ist verheiratet und will sich nicht scheiden lassen. Es ist also vorbei.» Litty sagte nichts. Sie wartete. «Ich finde, du hast ein Recht darauf, es zu erfahren», fügte er hinzu.

Sie hatten inzwischen zwei Söhne. Anthony – sie hatten ihrem zweiten Kind diesen Namen gegeben, weil man ihn nicht buchstabieren musste, aber Holbrooke streute trotzdem, dass es nach seinem besten Freund benannt sei – war am 16. Dezember 1969 in Princeton geboren worden, der Vater des Babys war erst einen Tag zuvor von einem Skiausflug in die Poconos zurückgekehrt. Bevor er ins Krankenhaus ging, um Anthony kennenzulernen, aß Holbrooke noch mit George Kennan zu Mittag. In New-Jersey galt noch immer ein Hygienegesetz aus den Zwanzigerjahren, nach dem Ehemänner den Kreißsaal nicht betreten durften. Beiden Holbrookes war es so auch lieber.

An Weihnachten wollte Dick den neuen James Bond, «Im Geheimdienst Ihrer Majestät», sehen. Litty lag daran nichts, außerdem musste sie sich um ein neun Tage altes Baby und einen vierjährigen Jungen kümmern. Dick solle trotzdem gehen, sagte sie, sie komme schon zurecht. So war ihr Umgang miteinander: Er zögerte nicht, zu gehen, und sie ließ ihn gewähren. Als Dick im Kino war, bekam Litty Blutungen. Eine Freundin kam aus Washington, um ihr ein paar Tage zur Hand zu gehen. Im Januar fuhr der junge Vater zum Skifahren für fünf Tage nach Vermont.

Selbst nach den Maßstäben dieses Zeitpunkts – also Ende der Sech-

zigerjahre, kurz bevor die feministische Revolte begann, das Leben
amerikanischer Mittelklassefamilien zu verändern – war Holbrooke
ein abwesender Ehemann und ein gleichgültiger Vater. Außerdem war
er rastlos, unfassbar rastlos. Die wankelmütige Göttin der Geschichte
hatte ihn vorübergehend auf die Ersatzbank gesetzt. Also las er an einem
Tag Kurt Vonneguts *Katzenwiege* und am nächsten Achesons Memoiren,
dann las er alle anderen Vonnegut-Romane, sah in einer Woche «Der
Marshal» und im Theater die Revue «Oh, Kalkutta!», in der nächsten
dann «Nur Pferden gibt man den Gnadenschuss» und «Z – Anatomie
eines politischen Mordes», er sah alle Spiele der Basketball-Playoffs
zwischen den Knicks und den Lakers, als Willis Reed im Triumph auf
den Platz humpelte und die Knicks die Lakers im letzten Spiel besiegten,
er ließ sich vier Mal in der Woche zum Abendessen einladen, fuhr nach
New York, um John Campbells Geburtstag zu feiern, dann wieder nach
Washington, wo er ein paar Tage bei den Lakes wohnte, ging mit Toni
(wenn Tony mal wieder bis zum Zusammenbruch arbeitete) essen und
im Anschluss ins Kino, wo «Die Kaktusblüte» gezeigt wurde, traf sich
am folgenden Mittag mit Joe Kraft und Art Buchwald zum Essen, ging
am Abend zu einem Bankett bei Polly Wisner, wo er auf Harriman, Alsop
und die anderen Größen des Politikbetriebs traf, war am Abend darauf
wieder mit den Lakes zum Dinner verabredet, dann mit den Lakes und
Frank und Genevieve Wisner, allerdings erst, nachdem er mit Harriman
zu Mittag gegessen und fünf weitere Termine absolviert hatte, darunter
einen Besuch im Untergeschoss des Weißen Hauses, wo Tony Lake sein
Büro hatte.

Das war Holbrooke in seinem energetischen Normalzustand, der
durchdrehte, wenn er keine Aufgabe hatte. Aber wie schaffte er dieses
Pensum? Indem er wie üblich die alltäglichen Dinge des Lebens – Put-
zen, Einkaufen, Kindererziehung – anderen überließ und so eine Menge
Zeit hatte, seinen eigenen Interessen nachzugehen.

Die Geschichte hatte es gefügt, dass Lake wieder eingestiegen war, und
zwar als Kissingers einfühlsame rechte Hand. Kissinger, der Fachwissen
und Klugheit zu schätzen wusste, sah in Lake vor allem den Harvard-
Absolventen. Lake durfte ihn nach Paris zu den Geheimtreffen mit dem
nordvietnamesischen Politiker Le Duc Tho begleiten, die die offiziellen

Friedensverhandlungen des Außenministeriums noch bedeutungsloser machten, als sie ohnehin schon waren.

Den Sommer 1969 verbrachte Lake in San Clemente in Kalifornien bei Kissinger, während Nixon in seiner Sommerresidenz La Casa Pacifica (dem sogenannten Western White House) weilte. Toni kam für eine Woche und wohnte mit den beiden Kindern in einem mehrstöckigen, zwischen der mächtigen pazifischen Brandung und einer vierspurigen Schnellstraße eingeklemmten Hotel. Einmal trafen sie sich abends mit Kissinger, der von einer blonden Frau begleitet wurde. Tony verabschiedete sich früh, er musste zurück zur Arbeit, und Kissinger, der besoffen war und Schlangenlinien fuhr und seine Freundin mit immer schlimmeren Gemeinheiten traktierte, brachte Toni zurück zum Hotel. «Weißt du, Toni, so erreiche ich meine Ziele», sagte er. «Ich gebe ihnen so lange einen auf den Deckel, bis sie um Hilfe schreien.»

Toni war eine ruhige Frau von der Art, die Männer wie Kissinger gern unterschätzen. «Dann kommt es also darauf an, welche Ziele Sie haben», antwortete sie.

Während der gigantischen Antikriegsdemonstration im Oktober standen Lake und zwei Kollegen im Südgarten des Weißen Hauses, und sie fragten sich, wo in der Menge, die sich im angrenzenden Park versammelt hatte, wohl ihre Frauen stünden, und ob sie selbst nicht auch besser jenseits der Buscordons und M16-Gewehre aufgehoben wären. Lake und Kissinger waren sich einig, dass der Krieg beendet werden müsse, aber Kissinger meinte, dass ein Rückzug ohne einen Verlust der Glaubwürdigkeit nicht möglich sei, und dass sich diese Glaubwürdigkeit nur durch immer schwereres Bombardement erhalten ließe, durch einen Luftkrieg, der während des amerikanischen Truppenabzugs noch einmal ausgeweitet werden müsse. Lake dagegen war überzeugt, dass ein langsamer Rückzug die Verhandlungsposition der Amerikaner später weiter schwächen würde. Einmal tadelte Kissinger Lake dafür, dass die Memoranden, die er schrieb, nicht «männlich» genug seien. Als Lake sich danach allein wähnte, schlug er am Kantineneingang des Weißen Hauses mit der Faust gegen einen Cola-Automaten.

Der Nixon, der auch in Kissinger steckte, verdächtigte die progressiveren Mitglieder seines Stabs, seine Politik zu untergraben, indem sie

Staatsgeheimnisse an die Presse durchstachen. Als die Paranoia von Nixons Weißem Hauses begann, auch die Atmosphäre im Nationalen Sicherheitsrat zu vergiften, genehmigte Kissinger dem FBI, einige seiner eigenen Mitarbeiter bei der Arbeit und zu Hause abzuhören. Lake erfuhr, dass die Protokolle in einem Tresor im Lageraum, ganz in der Nähe seines eigenen Arbeitsplatzes, verwahrt und rund um die Uhr bewacht wurden. Doch er sprach Kissinger auf den Lauschangriff nie an. Die Debatten zu Vietnam reichten ihm.

An einem Samstag Ende April 1970 ließ Kissinger Lake und seine Kollegen zu einer Sitzung zusammenrufen und informierte sie darüber, dass die Vereinigten Staaten im Begriff seien, in Kambodscha einzumarschieren. Lake argumentierte leidenschaftlich gegen diesen Schritt – Kambodscha würde zerstört, Amerika weiter zerrissen werden, und das Ende des Krieges in Vietnam würde in weite Ferne rücken. «War mir klar, dass Sie das sagen würden, Tony», meinte Kissinger abfällig. Wenn es aber so war, dass Kissinger seine Argumente derart leichtfertig abtun konnte, dann war Lake erledigt. Der Einmarsch in Kambodscha entließ ihn schließlich aus der Effektivitätsfalle, und er beschloss, das zu tun, was er schon seit Langem erwogen hatte, was so viele Regierungsmitarbeiter immer wieder erwägen, trotz massiver Lügen und schwerster Verbrechen allerdings nur allzu selten in die Tat umsetzen: Er legte sein Amt aus Protest nieder.

Gemeinsam mit seinen Kollegen Roger Morris und William Watts trat er zurück, ohne Aufsehen zu erregen und ohne an die Presse zu gehen. Sie glaubten, auf diese Weise mehr erreichen zu können. (Die Illusionen der Effektivitätsfalle verblassten nur langsam.) Als der bekannte Investigativreporter Seymour Hersh Lake später zu Hause besuchte, um ihm ein Statement zu Nixon und Kambodscha abzuringen, weigerte er sich. «Mach's einfach, mach's doch einfach!», sagte Toni. «Ich will ja, aber es geht nicht», antwortete Lake. Er glaubte zwar, dass seine politische Laufbahn vorbei war, hatte aber die Hoffnung doch nicht ganz aufgegeben, eines Tages wieder ein Amt zu bekleiden.

Nach seinem Rücktritt zapfte das FBI auch seinen Telefonanschluss zu Hause an, er wurde neun Monate lang abgehört. Kissinger rechtfertigte die Maßnahme mit der Befürchtung, Lake könnte den Demokraten von den geheimen Friedensgesprächen in Paris berichten. Als Lake der außenpolitische Berater von Senator Edmund Muskie wurde, der 1972 im Vorwahlkampf der Demokraten vorn lag, konnte die Nixon-Regierung mit dieser Maßnahme die Opposition belauschen. «Stapelweise Protokolle, aber außer Klatsch und Tratsch steht da nichts drin», beschwerte sich Nixon, dessen Gespräche selbst aufgezeichnet wurden. «Diese Abhöraktion war wirklich komplett unergiebig.»

Lake erfuhr von dem Lauschangriff durch die Watergate-Anhörungen und verklagte seinen ehemaligen Vorgesetzten, bis er Jahre später die Entschuldigung von Kissinger erhielt, um die es ihm gegangen war.

In Princeton, sogar in jenem elitären Princeton, sah Holbrooke, dass der Krieg junge Menschen gegen Amerika und gegen das Establishment, zu dem er noch immer aufsah, in Stellung brachte. Den besten Studenten schien eine Karriere bei General Motors erstrebenswerter – und weniger heuchlerisch – als die Politik. «In der Welt steht ihr Heimatland nur für eins: Vietnam», schrieb er Charles Bohlen, dem Sowjetexperten und Architekten des Kalten Krieges. «Der Kampf gegen Faschismus und Nazismus, die Verteidigung von Korea und Berlin und, auf dem Höhepunkt des Kalten Krieges, tatsächlich von ganz Westeuropa, das grässliche Gezerre um McCarthyismus und Fanatismus, selbst die Kubakrise (!) – all das erscheint ihnen sehr weit weg und ist ihnen tatsächlich kaum noch bewusst.»

Holbrooke wollte unbedingt wieder ins Ausland gehen, so sehr hatte Nixon die politische Atmosphäre vergiftet. Außerdem hatte er fünf Jahre lang für andere gearbeitet, er war jetzt bereit, selbst Verantwortung zu übernehmen. Auf dem normalen, langweiligen Weg durch die Botschaften war dies für einen Beamten der Stufe FSO-4, die er gerade erst erreicht hatte, unmöglich. Also richtete er seinen Blick auf das Peace Corps und bat darum, die Leitung eines Länderprogramms zu übernehmen, und als man ihm Marokko anbot, nahm er an. Den Sommer des Jahres 1970 verbrachte er damit, in der Akademie des Diplomatischen Dienstes Arabisch zu lernen und sehr viel Tennis mit Lake zu spielen, es war wie 1963 und in Saigon, jedes Ergebnis wurde im Kalender eingetragen: 2:6, 2:6, 6:2, 3:6. Die Holbrookes und die Lakes trafen sich wöchentlich, manchmal öfter. Im September flog er mit Litty und den Jungen nach Rabat.

Kurz vor Weihnachten 1970 kam Daniel Ellsberg zu Besuch, begleitet von seiner zweiten Frau, mit der er frisch verheiratet war. Sie saßen auf ihrem Bänkchen im Restaurant und konnte die Hände nicht voneinander lassen. «Vielleicht sollten Sie sich ein Zimmer nehmen», murmelte Holbrooke. Er konnte Ellsberg nicht besonders gut leiden. Er hatte sich mit demselben Pomp gegen den Krieg gewandt, mit dem er ihn zuvor verteidigt hatte. Holbrooke befand ihn zwar für analytisch begabt, sprach ihm aber jegliches Urteilsvermögen ab. Außerdem hielt er ihn für einen emotionalen Exhibitionisten.

«Meinen Sie nicht, dass etwas gegen den Krieg unternommen werden sollte?», fragte Ellsberg Holbrooke.

«Was haben Sie sich denn vorgestellt?»

«Weiß nicht», sagte Ellsberg. «Meinen Sie nicht, dass etwas mit dem Bericht gemacht werden sollte?»

Gemeint war das Pentagon-Projekt, an dem beide beteiligt gewesen waren. Holbrooke hatte das ungute Gefühl, dass Ellsberg versuchte, ihn in etwas zu verwickeln.

«Nein, das meine ich ganz bestimmt nicht», antwortete Holbrooke.

Erst sechs Monate später begriff er, was es mit diesem Gespräch auf sich gehabt hatte, als er nämlich zu seinem Kiosk ging, um die *International Herald Tribune* zu holen, und über dem Verfassernamen Neil Sheehan diese Schlagzeile las: «Das Vietnam-Archiv: Pentagonstudie zeichnet drei Jahrzehnte zunehmender US-Einmischung nach.» Er wusste sofort, worum es ging und von wem Sheehan die Pentagon-Papiere bekommen hatte.

Holbrooke betrachtete Ellsberg als eine jener Figuren, die eher zufällig an einer bestimmten Stelle der Geschichte auftauchen, dann aber das Muster einer ganzen Epoche aufzeigen. Die Weitergabe der Pentagon-Papiere war das Scharnier, das zwei Jahrzehnte verband. Es stürzte Nixon in die Tiefen der Paranoia und bewegten ihn, die «Plumbers» zu gründen, eine geheime Bande von Schnüfflern und finsteren Gestalten, deren erste Aufgabe darin bestand, in die Praxis von Ellsbergs Psychotherapeuten in Santa Monica einzubrechen und nach kompromittierendem Material zu suchen. Als Nächstes nahmen sie sich die Kennedys vor und versuchten nachzuweisen, dass JFK hinter der Ermordung von Diem und Nhu steckte. Ein Jahr nach der Veröffentlichung der Pentagon-Papiere schließlich verwanzten sie die Parteizentrale der Demokraten in Washington. Nixon rechtfertigte diese Verbrechen stets mit dem Hinweis auf die nationale Sicherheit. Holbrooke betrachtete Watergate als ein «Vietnam auf amerikanischem Boden», Ellsberg war für ihn der «Auslöser für die Ereignisse, die Vietnam und Watergate zu einer zusammenhängenden, von 1961 bis 1975 reichenden Geschichte» verbanden.

Über die Jahre im Peace Corps gibt es nicht viel zu berichten. Holbrooke war für 176 Mitarbeiter verantwortlich und verwaltete ein Budget von einer halben Million Dollar. Er reiste im Land herum und war bei den Freiwilligen beliebt. «Ich wünschte, ich hätte ein halbes Dutzend dieser Holbrookes, die für mich arbeiteten», schrieb der zuständige Personalbeamte in seiner Beurteilung. Holbrooke sprach später von dem besten Posten, den er je gehabt hatte. Aber emotional ließ er sich auf Marokko nie ganz ein. Er wartete auf das Ende der Nixon-Regierung.

Litty war ihrem Mann in ein weiteres fremdes Land gefolgt. Sie war Mutter zweier Kinder und beinahe dreißig Jahre alt. Sie trug ihr Haar lang, glatt und in der Mitte gescheitelt, wie Judy Collins. Sie war noch immer so hübsch wie zehn Jahre zuvor und hatte denselben friedlichen Ausdruck. Sie verbrachte ihre Zeit damit, mit den Jungen schwimmen zu gehen, Bilder zu rahmen und Gäste wie Polly Wisner und Brenda Campbell in ihrer riesigen Villa zu empfangen, wo sie Büffet-Empfänge für bis zu fünfzig Freiwillige veranstaltete und zum Eid-al-Kabir-Fest das Opferlamm zerlegte. Oft langweilte sie sich, die Briefe, die sie ihren Eltern schrieb, waren voller belangloser Details: «Schickt mir bitte Topflappen! Meine sind abgenutzt, ich verbrenne mir ständig die Finger.» Einmal meinte Holbrooke, er hätte ihnen doch ein ziemlich aufregendes Leben ermöglicht. Als sie antwortete, dass sie diese Aussage deprimiere, verstand er nicht, was sie meinte.

Im Oktober 1971 brach Holbrooke im Auftrag des Peace Corps zu einer einmonatigen Reise nach Thailand, Indien und Nepal auf. (Ein Jahr zuvor war er im selben Rahmen in Afghanistan gewesen, ein Land, das er als das betörendste bezeichnete, das er je gesehen hatte. Mohammed Zahir Schah saß damals noch auf seinem Thron. Kabul war eine Stadt mit einer modernen Bevölkerung und einem steinigen, uralten Umland. Hippie-Touristen gerieten in den Bann des Haschischs. Holbrooke, der ein Freund der Berge war, liebte den erhabenen Hindukusch.) Am 8. November saß er mit Wanderstiefeln und Rucksack in Katmandu im Wohnzimmer des Landesleiters von Nepal, er wollte gerade zu einer fünftägigen Wanderung aufbrechen, als das Telefon klingelte. Es war Tony Lake. «John ist gerade gestorben.»

John Campbell war einer der Stars ihres Jahrgangs im Auswärtigen Dienst gewesen, hatte aber nicht zum Kreis der Vietnamexperten gehört. Er war der furchtlose Redaktionsleiter der neu gegründeten und bereits Wellen schlagenden *Foreign Policy*, einer Vierteljahresschrift – Holbrooke hatte den Job, den ihm einer der Gründungsherausgeber, Samuel Huntington, 1969 angeboten hatte, abgelehnt und an seiner Stelle Campbell empfohlen –, und der Verfasser von *The Foreign Affairs Fudge Factory*, einem erst kürzlich erschienenen Buch über die Bürokratie des Außenministeriums und ihre Dummheiten. Er war ein starker Raucher, und er trank. Ein Schilddrüsenkrebs, der unentdeckt geblieben war, drückte ihm die Luftröhre ab, er starb mit nur einunddreißig Jahren.

Holbrooke hatte die Nachricht noch nicht verarbeitet, als Brenda Campbell anrief und ihn bei schlechter Verbindung bat, zur Beerdigung nach New York zu kommen.

Unterwegs schrieb er Litty auf dem Briefpapier der Fluggesellschaft TWA einen konfusen, beinahe verzweifelten Brief. Er fand sich nicht mehr zurecht und bat sie um Hilfe. «Gerade bin ich so deprimiert und so benommen, dass ich mir kaum vorstellen kann, gleich wieder nach Rabat zurückzufliegen. Vielleicht sollte ich mir ein paar Tage Urlaub nehmen & in New York bleiben. Wie fändest du das? Was soll ich machen? ... Vielleicht gehe ich auch nach Washington. Ich frage mich, ob ich den Weihnachtsurlaub wie geplant mitmachen kann ... Im Moment bin ich vollkommen ratlos. Was ist da noch zu sagen? Wirst du nach New York kommen? Hast du mit jemandem in Washington oder NY gesprochen? Werde ich dich wiedersehen?» Er quetschte noch das Wörtchen «wann» an den Anfang dieser letzten Frage, aber es klang, als dächte er darüber nach, in den Horizont zu reiten, aber nicht, ohne Littys Erlaubnis dafür einzuholen.

Er überredete Brenda, ihn bei der Beerdigung ein paar Worte sagen zu lassen. Als der Tag kam, ging er mit Toni in Manhattan spazieren, während Tony im New Yorker Büro der Carnegie-Stiftung arbeitete, die ihm ein Stipendium gewährt hatte. Beim Trauergottesdienst erinnerte Holbrooke an Campbells Sinn für das Absurde. «John liebte den Auswärtigen Dienst, aber in gewisser Weise war er zu wagemutig dafür», sagte er. «Es schien ihm beinahe unmöglich, in den engen Grenzen zu operieren, die das Außenministerium heutzutage vorgibt.» Nach der Beerdigung traf er sich mit Warren Manshel, dem zweiten Gründungsherausgeber von *Foreign Policy*, der ihm Campbells Stelle anbot. Diesmal nahm Holbrooke das Angebot an. Er fuhr nach Washington und wohnte, wie üblich bei diesen Heimatbesuchen, bei den Lakes. Dann flog er nach Rabat zurück, ging ins Haus und sagte: «Ich muss dir etwas sagen.»

Litty fragte nicht, in wen er sich verliebt hatte. Seltsamerweise glaubte sie, dass es sie nichts anging, was sie allerdings nicht davon abhielt, sich diese Frage in den folgenden Wochen immer wieder zu stellen, sich mit den Umständen, dem Wer und Was und Warum der Situation, zu quälen. Das Schlimmste war nicht, dass er möglichweise mit einer anderen geschlafen hatte, sondern dass er sich in eine andere verliebt hatte, und dass es eine der eindringlichsten Erfahrungen seines Lebens gewesen sei, wie er ihr gesagt hatte – eine Erfahrung, von der sie völlig ausgeschlossen war. Natürlich tobte in ihr ein Sturm der Eifersucht, aber intensiver noch war das Gefühl, aus seinem Leben ausgelöscht worden zu sein. Dieses Gefühl wurde mit der Zeit immer stärker, bis es schließlich zu einer tödlichen Gefahr wurde.

Sie packte ihre Koffer und flog mit den beiden Kindern zu ihren Eltern nach Maryland, wo sie die Weihnachtsferien verbrachten, während Holbrooke in Marokko blieb, um alles abzuwickeln. Dann schrieb Litty ihm, dass sie nicht nach Rabat zurückkehren werde. Sie hatte diese Entscheidung bereits getroffen, als sie abgereist war, hatte es ihm aber nicht gesagt. Ihre Mutter war tödlich erkrankt, aber der wahre Grund war, dass sie sich nicht vorstellen konnte, diese letzten Monate mit einem Mann in Marokko zu verbringen, der darüber nachdachte, ob er verheiratet bleiben wollte oder nicht. «Ich finde, du hast ein Recht darauf, es zu erfahren» – aber warum denn, wenn es vorbei war? Weil er mit dem Gedanken spielte, sie zu verlassen, weil er bereits eine Trennung ins Spiel gebracht hatte, wenn sie nach Washington zurückkehren würden. Sie ergriff also die Initiative, aus Selbstachtung. Im neuen Jahr wollte sie sich nach einer Stelle umsehen – möglicherweise sogar als Kellnerin. Wenn sie nach Washington ging, konnte sie sich einige Erklärungen ersparen. Sie konnte einfach sagen, dass sie nach einer Schule für David suchte, Dick würde im März zurückkehren, ein Jahr früher als geplant, um die Stelle bei *Foreign Policy* anzutreten – das hätte jedem eingeleuchtet. Also erzählte sie niemandem von ihren Schwierigkeiten. So wie sie ihm die Fragen nicht gestellt hatte, die sich geradezu aufdrängten. Sie versuchte, alles mit sich selbst auszumachen, kaufte Weihnachtsgeschenke für die Jungen und stellte eines Tages fest, dass Anthony ihre beiden Brillen zerbrochen hatte, als sie mit Grippe im Bett lag.

Es war ihr letztlich egal, ob die Ehe vorbei war oder nicht. Der Schock hatte sie wachgerüttelt, plötzlich nahm sie sich selbst wahr. Sie betrachtete ihr Leben, und das Erste, was ihr auffiel, war, dass sie vollkommen allein war, und das schon seit sehr langer Zeit. Sie hatte keine engen Freunde, vor zehn Jahre hatte sie zum letzten Mal eine Freundin getroffen, die, wie sich herausgestellt hatte, Dick Holbrooke verabscheute. In Holland hatten ihr die Frauen der Fulbright-Stipendiaten leidgetan, sie hatte sogar ein wenig auf sie herabgesehen, denn sie war dort aufgrund eigener Leistung gewesen. Dann hatte sie ihr Studium abgebrochen und ihre beruflichen Ambitionen zurückgestellt, um ihrem Mann durch die ganze Welt zu folgen, nicht weil es ihr etwas bedeutete, Mrs. Richard Holbrooke zu sein, sondern weil sie in seiner Nähe sein wollte – nur um sich dann in einer Lage wiederzufinden, die weit schlimmer war als die der bemitleidenswerten Fulbright-Frauen, denn ihr Mann war praktisch nie zu Hause gewesen.

Als die US-Regierung sie in Vietnam zu einer lästigen Nebensache erklärt hatte, hatte sie ihn nicht gezwungen, sich zwischen ihr und Saigon zu entscheiden, nein, sie hatte sich während einer Schwangerschaft, die ihr verfrüht erschien, nach Bangkok verdrückt. Sie hatte sich geschworen, seiner Karriere, die ihm alles bedeutete, nie im Weg zu stehen. Sein Leben war ihr Leben. Also wartete sie allein in Bangkok, folgte ihm nach Washington, nach Paris, nach Princeton und Rabat, packte Kisten aus, räumte Bücherregale ein, nur um kurz darauf alles wieder einzupacken, und wo sie auch war, immer fühlte sie sich einsam. Sie hatte den Eindruck, dass seine Freunde – und auch er – sie überhaupt nicht wahrnahmen, ständig schrieben sie ihren Namen falsch. Sie war eine kluge Frau, war an der Brown University Mitglied einer akademischen Studentenverbindung gewesen, aber seine Brillanz untergrub ihr Selbstvertrauen. In ihrem Leben gab es nichts, auf das sie stolz sein konnte, außer den Jungen und dem gelegentlichen *Canard à l'Orange*. Wenn sie versuchte, sich ihm anzuvertrauen, hatte sie das Gefühl, ihn zu langweilen, und so war sie sogar dann noch einsam, wenn sie zusammen waren. Es war, als hätte sie die Revolution verschlafen, die im Leben amerikanischer Frauen stattgefunden hatte. 1964 hatte man von ihr erwartet, ihrem Ehemann zu dienen. 1971 musste sie sich zu den Verliererinnen zählen, weil sie keine eigene Karriere verfolgt hatte. Es war dumm gewesen, sich auslöschen zu lassen. Aber genau das hatte sie getan.

Instinktiv ging es ihr nicht darum, die Ehe zu retten – das war vermutlich auch nicht möglich, sie zweifelte, dass ihr Mann überhaupt ein Interesse daran hatte. Sie würde ohnehin nicht zu dem zurückkehren wollen, was sie in den vergangenen acht Jahren gehabt hatte: eine parasitäre Ehe, in der ihr ein «ziemlich aufregendes Leben» quasi aus zweiter Hand zuteil geworden war. Sie wollte nur noch die eigene Haut retten.

«Da mein Leben in einer Weise von deinem abhängt, wie deines nicht von meinem, ist es absolut niederschmetternd für mich, dass du dich in jemand anderen verliebt hast», schrieb sie ihm. «Dies bedroht mein gesamtes Leben, was umgekehrt nicht der Fall wäre, wenn ich mich in jemand anderen verliebt hätte. Deshalb bin ich entschlossen, aus dieser Angst heraus wirklich fest entschlossen, mir ein eigenständiges Leben aufzubauen.»

Littys Briefe waren mit der Stimme einer neuen Frau geschrieben. Wut und Angst fegten ihren Instinkt hinweg, Konflikten auszuweichen, sie war lebendig und direkt, sie sprach die Wahrheit mit bitterer Klarheit. Holbrooke antwortete mit dem Interesse eines Mannes, der plötzlich begreift, dass sich seine Frau, deren Beredsamkeit ihn überwältigt, von ihm getrennt hat. Er fragte, warum sie ihm diese Dinge nicht früher schon gesagt hätte, und er bat sie, für einige Wochen zu ihm zurückzukehren, damit sie über alles sprechen könnten. Sie sah wenig Anlass dazu. Sie ersparte ihm nicht die Nachricht, dass die Jungen seine Abwesenheit kaum zu bemerken schienen. «Wenn Papa kommt, können wir einen Fernseher kaufen», hatte David gesagt, mehr nicht. Und Anthony: «Papa jetzt richtig weg.»

Sie hatte in ihrer Ehe immer den Kürzeren gezogen, schrieb sie, doch selbst jetzt half sie noch, wo sie konnte. Sie kümmerte sich um Kontoauszüge und Abrechnungen und gab ihm genaue Anweisungen, wie er das Haus in Rabat zurücklassen musste, und nahm das Haus auf der Nebraska Avenue, das noch bis Ende Januar vermietet war, wieder in Besitz. Sie und die Jungen wohnten derweil bei den Lakes.

Tony war im Haus seiner Eltern in Connecticut, wo er seine Doktorarbeit über Rhodesien fertigstellte. Er war von Muskie enttäuscht gewesen – den er für unberechenbar und faul und beratungsresistent hielt. Toni belegte Kurse über städtische Bildungsarbeit und plante den Bau eines Bauernhauses auf einem Stück Land, das sie im abgeschiedenen Hügelland von West Virginia gekauft hatten, in der Nähe des Hofs, auf dem die Sheehans wohnten. Litty wollte sich Toni anvertrauen – ihr fiel sonst niemand ein, mit dem sie reden konnte –, doch Toni war mit ihren drei kleinen Kindern, mit den Hunden und der Katze derart beschäftigt, dass Litty keine Gelegenheit fand und schließlich spürte, dass dies nicht die Person war, der sie sich öffnen konnte. Als Litty im Februar wieder in das Haus an der Nebraska Avenue zog, schenkten ihr die Lakes einen alten Schwarz-Weiß-Fernseher, damit sie Nixons Chinareise verfolgen konnte.

Auch Holbrooke erzählte niemandem von der Trennung. Er erzählte es weder Frank Wisner, der über Silvester nach Fès und Tanger gereist war, noch Geoffrey Wolff, den er im Januar zum Skifahren in Spanien traf. Dabei hätte er Zeit genug gehabt, es Wolff zu erzählen. Sie fuhren vier Stunden lang zusammen durch die Nacht, vom Haus der Wolffs an der Mittelmeerküste durch die Mondlandschaft der Sierra Nevada bis zu den Pisten bei Granada. Wolff steckte gerade mitten in einer eigenen Krise. Er hatte seine Professur in Princeton und seine Stelle als Literaturkritiker von *Newsweek* aufgegeben, um selbst Romane zu schreiben. Doch sein erstes Buch hatte sich nicht verkauft, und das zweite hatte sein Verleger abgelehnt, und das gleiche Schicksal, so befürchtete er, drohte nun seinem dritten Roman, den er gerade fertiggestellt hatte. Holbrooke las in Spanien das Manuskript, und er war ekstatisch. Wolff kannte eine Menge Leute, die Holbrooke nicht leiden konnten, doch er selbst empfand ihn als einen begeisterungsfähigen und treuen Freund. Es half, dass sie sich auf sehr unterschiedlichen Gebieten betätigten. Als Holbrooke einmal versuchte, einen Roman zu schreiben – eine Art Graham-Greene-Thriller, der in Washington spielte –, erklärte ihm Wolff nach der Lektüre behutsam, dass das Schreiben wohl nicht seine Sache sei. Später erzählte Holbrooke allen, die es hören wollten, Wolff hätte ihm gesagt, «dass ich der schlechteste Autor bin, den er je gelesen hat». Wenn Holbrooke jemanden interessant und gleichzeitig unbedrohlich fand, konnte er der beste Kumpel der Welt sein.

In jener Nacht, auf dem Weg nach Granada, erzählte Holbrooke Wolff, dass ihm völlig klar sei, wie ihn die Leute sähen – als ehrgeizig und skrupellos. Aber das habe er nun überwunden, es gehe ihm nicht mehr darum, ob er ganz nach oben komme. «So bin ich nämlich gar nicht.» Das stimmte natürlich nicht, aber Holbrooke hatte es sich eingeredet, denn er wollte dieser Mann nicht sein, besonders jetzt nicht, wo er gerade im Begriff war, seine Familie zu zerstören. Das Selbstbild, das er hatte, war ein undeutliches, weshalb er dieser Illusion sein Leben lang immer wieder aufsitzen sollte. Sie verbrachten vier Tage miteinander, aber Holbrooke erwähnte die Frau, in die er sich verliebt hatte, kein einziges Mal.

Am 14. März kehrte er nach Washington zurück und zu seiner Familie in der Nebraska Avenue. Einen Tag später bewilligte ihm das Außenministerium einen zweijährigen unbezahlten Urlaub. In dem Aktenkoffer, mit dem er nach Hause zurückkehrte, befand sich die Post, die ihm aus Marokko nachgeschickt worden war. Als Litty sie durchsah, fiel ihr ein Brief von Tony Lake in die Hand. Aus irgendeinem Grund öffnete sie ihn.

«Du wirst bald wieder hier sein, und dann werden wir uns auf jeden

Fall sehen», schrieb Lake an Holbrooke. «Ich hoffe, wir können das hinter uns lassen und weiterhin befreundet sein.» Der Tonfall war ruhig und nachdenklich.

Litty begann, am ganzen Körper zu zittern, sie verlor die Beherrschung, hatte sich nicht mehr im Griff. So hatte sie sich noch nie gefühlt. Es war, als hätte sie Schaum vor dem Mund. Sie nahm den Schwarz-Weiß-Fernseher, trug ihn zum Auto, fuhr die anderthalb Kilometer bis zur Lowell Street und nahm den Fernseher aus dem Kofferraum. Sie hätte ihn vielleicht gegen das Haus geschleudert – aber sie war eine Frau, die sich ihr Leben lang um Ausgeglichenheit bemüht hatte. Also stellte sie ihn einfach vor die Haustür. «Ich fasse es einfach nicht, dass du das getan hast», sagte sie zu Toni.

Was war dieses «das»? Ich weiß es nicht. Zwei Menschen hatten sich ineinander verliebt. Für wie lange? Auch das weiß ich nicht. Wann immer er aus Rabat nach Washington zurückgekehrt war, hatte er bei den Lakes gewohnt. Dick und Toni saßen dann stundenlang in der Küche und unterhielten sich, während Tony wie üblich bei der Arbeit war. Sie war einsam und überwältigt vom Familienleben und fühlte sich zu diesem Freund hingezogen, der so gut zuhören konnte, der verfügbar war, wenn es ihr eigener Mann nicht war.

Als er von Campbells Beerdigung zurückkehrte und sie durch Manhattan spazierten, nahmen ihre Gefühle eine Intensität an, die gefährlich war. Er bat Toni, mit ihm ein neues Leben zu beginnen. Bereits auf dem TWA-Flug, als er Litty den Brief schrieb, hatte er sich für diesen Schritt entschieden. Er hätte zwei Familien für einen flüchtigen Traum zerstört. Warum? Ich weiß es nicht. «Die Macht, die er dadurch über Tony erlangte, war unwiderstehlich», hat einer ihrer engsten Freunde dazu gesagt. Es ist eine düstere, psychologisch aber durchaus überzeugende Interpretation. Doch da muss noch etwas anderes gewirkt haben, dem er nicht widerstehen konnte. Vielleicht glaubte er, die Frau gefunden zu haben, die die Kraft hatte, seinen Egoismus einzudämmen, und die Wärme, den ihm eigenen Idealismus zu befördern. Und vielleicht dachte er, nachdem er Tony nach Saigon gefolgt war, ins Außenministerium und nach Princeton, dass er nur derjenige werden könne, der er sein wollte, wenn er den Platz von Lake einnahm.

Aber Toni liebte ihren Mann noch und erzählte ihm von dem «das» – es war ein Warnschuss, und es gelang ihr, sich sichtbar zu machen. Sie entschied sich gegen die Trennung, während er weiter den breiten amerikanischen Highway hinabrollte, in dem Versuch, sich die ganze Welt anzueignen. Damit war die Sache abgehakt.

Die Geschichte birgt also ein Geheimnis. Und vielleicht sollte sie das auch. Es gefällt uns zu glauben, dass die Wahrheit im Detail steckt, dass wir sie besser erkennen, je mehr wir erfahren. Aber diese Anhäufung von Fakten wie in einer dicken Prozessakte gibt uns eine falsche Sicherheit, dass wir der Sache auf den Grund gegangen sind, während wir tatsächlich beinahe nichts verstanden haben. Was wir Gründlichkeit nennen, ist manchmal eine Art von Ungerechtigkeit. Wer würde unter dem Druck eines Prozesses, bei dem die gesamte Biographie verhandelt wird, nicht einbrechen? Keiner von uns. Also werde ich es meiden, Zeugen zu verhören, ein Urteil zu fällen, ein Strafmaß festzulegen. Ich habe eingangs bereits gesagt, dass ich Holbrookes Geschichte nicht um ihrer selbst willen erzählen will. «Das» ginge uns nicht einmal etwas an, wenn es nicht weit in die Zukunft reichende Folgen gehabt hätte.

«Dick hatte was mit meiner Frau», erzählte Lake Gelb, mit dem er sich angefreundet hatte. «Es hat mich völlig aus der Bahn geworfen.»

Gelb wollte Holbrooke überhaupt nicht darauf ansprechen, er fand es einfach zu schlimm und hatte Angst, dass es seine Gefühle für immer beeinträchtigen würde. Es war Holbrooke, der es nach seiner Rückkehr aus Marokko schließlich erwähnte. «Hat Tony dir von uns erzählt?»

«Habt ihr denn ein Problem?»

«Das Verhältnis ist schwierig geworden.» Zwischen ihm und Toni sei etwas gewesen. «Aber es ist vorbei.»

Toni versuchte, sich bei Litty zu entschuldigen, sie haben aber nie wieder richtig miteinander gesprochen. Dick entschuldigte sich bei Tony, immer und immer wieder, bis er eines Tages sagte: «Jetzt entschuldige ich mich nicht mehr.» Am Ende hatte er das Gefühl, dass Tony derjenige war, der ihm Unrecht getan hatte, und so konnte er mit der Sache leben.

Da Litty und Tony in derselben Lage waren, beschlossen sie, sich gegenseitig zu trösten. Einmal machten sie einen Waldspaziergang auf dem Treidelpfad hinter dem Haus der Holbrookes. Tonis Gefühle für Dick hatten Tony wütend gemacht und zutiefst verletzt. Wie Litty, so waren auch ihm die Gefühle wichtiger als die Frage, ob sie miteinander geschlafen hatten, was Toni ihm gegenüber im Übrigen abgestritten hatte. Doch es gelang ihm, seine eigenen Emotionen schnell in einem Kästchen zu verschließen und die Sache hinter sich zu lassen. Menschen verliebten sich, das kam vor. Es war eigentlich kein Grund, eine Freundschaft zu kündigen. Doch die Situation hatte ihm auch gezeigt, wie oberflächlich diese Freundschaft gewesen war. Lake konnte also den Gentleman geben. Es war für ihn viel besser ausgegangen als für Holbrooke – das war kein 6:1, 6:1, sondern mindestens ein 5:7, 6:0.

Er-Tony und Sie-Toni waren beide fest entschlossen, die Ehe zu retten. Plötzlich verstand Litty, warum die Lakes beinahe jeden Kinofilm gesehen hatten, der in diesem Winter in Washington gezeigt wurde.

Litty, die Letzte, die von all dem erfahren hatte, war dagegen zutiefst verstört. Sie dachte, dass die anderen schlicht nicht begriffen, wie ernst die Situation war. Dick erkannte das Ausmaß des Unrechts, das er begangen hatte, nie an. Tony setzte sich mit seiner eigenen Verletztheit nie auseinander. Für Litty war es unvorstellbar, dass sie diese Freundschaft fortführten.

Und tatsächlich konnten sie es nicht. Kaum jemand sollte von Holbrookes Vertrauensbruch erfahren, doch die Säure, die daraus geflossen war, sollte über die Jahre still und leise die auf den gemeinsamen jugendlichen Ehrgeiz, auf Vietnam und Tennis und das amerikanische Selbstverständnis nationaler Größe gegründete Verbindung zersetzen, bis zwischen den beiden Männern am Ende nichts übrig war als Hass und eine unauslöschliche Vergangenheit.

Die Holbrookes rangen noch ein paar Monate um das Überleben ihrer Ehe. Eines Tages, gegen Ende des Sommers 1972, stattete die Familie Johnny Apple, einem Reporter der *New York Times*, und seiner Ehefrau Edie Smith, die einst im Auswärtigen Dienst tätig gewesen war und bei dem Bombenanschlag auf die Botschaft in Saigon 1965 durch

Scherben verletzt worden war, einen Besuch ab. Die Apples gehörten dem Vietnam-Zirkel an, dem Holbrooke sein ganzes Leben lang treu bleiben sollte. Während sich die Männer unterhielten, machten Litty und Edie mit den Kindern einen Spaziergang. Als sie wieder ins Haus kamen, sah Holbrooke plötzlich panisch auf, als hätte er irgendetwas verloren: «Wo ist meine Familie?»

Kurz darauf zog er aus dem Haus in der Nebraska Avenue aus. Seine erste Station war Georgetown, wo er immer landete, wenn er in Washington ohne Halt war. Er zog in das Backsteinhaus, das Harriman als Archiv gekauft hatte, gleich neben seiner Villa auf der N Street. Holbrooke wurde wie ein entlaufener Junge aufgenommen, der irgendwo unterkommen musste, so wie 1957, als ihn die Rusks in Scarsdale unter ihre Fittiche genommen hatten, auch damals hatte er etwas von großem Wert verloren.

Es gab eine neue Mrs. Harriman. Marie, mit der Averell vierzig Jahre verheiratet gewesen war, war 1970 gestorben. Als im Jahr darauf den zweiten Ehemann von Pamela Digby Churchill Hayward, einen wohlhabenden Theaterproduzenten, das gleiche Schicksal ereilte, sorgte die frisch Verwitwete dafür, dass dem noch immer schmerzerfüllten Harriman die Traueranzeige vorgelegt wurde. Averell und Pamela hatten früher bereits nähere Bekanntschaft gemacht. 1941, beinahe schon fünfzigjährig, war Harriman von FDR nach London entsandt worden, um das Leih- und Pachtprogramm zu beaufsichtigen. Die beiden lernten sich in der ersten Woche bei einem Abendessen kennen, er nahm die einundzwanzigjährige Schwiegertochter des Premierministers zu seiner Geliebten. Sie hatten während eines deutschen Luftangriffs in seiner Hotelsuite Schutz gesucht. Pamela war keine große Schönheit – ihr Gesicht war zu quadratisch, aus dem Babyspeck war ein permanentes Doppelkinn geworden, das schließlich wegkorrigiert wurde. Doch sie wusste das Defizit durch ihre Begeisterungsfähigkeit auszugleichen, wie sie später einmal erklärte. Churchill und sein Kabinett fanden die Affäre nicht etwa skandalös, sondern sahen in ihr einen diplomatischen Coup, denn sie waren bemüht, die Amerikaner enger in die britische Kriegsführung einzubinden. 1943 verließ Harriman London und ging als Botschafter nach Moskau, wo er der Amerikaner wurde, der den besten

Draht zu Stalin hatte. Pamela hatte im Krieg noch weitere Liebhaber, darunter einen General der U. S. Air Force, einen Generalleutnant der britischen Luftwaffe, den Journalisten Edward R. Murrow – er war, da ihn seine ländlichen Moralvorstellungen anhielten, ihr zu widerstehen, der Einzige, den sie wirklich liebte – und William Paley, Murrows Chef bei der CBS. Doch weder Averell noch die anderen waren bereit, für sie ihre Ehefrauen zu verlassen.

Und so ließ sie sich am Ende des Krieges von Randolph Churchill scheiden und begann ein Leben als Gefährtin reicher, gutaussehender und meist viel älterer Männer – internationale Playboys, Polospieler, der Hauptgesellschafter von Fiat, ein pakistanischer Prinz Frank Sinatra, ein Bankier namens Rothschild. Es war, als schriebe sie an einem Film über sich selbst, allerdings mit einer völlig unglaubwürdigen Handlung. Sie ging mit der Zielstrebigkeit einer ernsthaften Geschäftsfrau vor und notierte die jeweiligen Vorlieben der Männer auf einem silbernen Notizblock. Nachdem alle ihre Männer sie entweder verlassen hatten oder gestorben waren, traf sie im Sommer 1971 Harriman bei einer Dinnerparty von Katharine Graham in der R Street zufällig wieder. Sie war einundfünfzig; Averell war beinahe achtzig Jahre alt und so gut wie taub, doch den Frauen, wie auch der Macht, war er noch immer zugetan. Es dauerte nicht einmal eine Woche, bis sie zusammen im Bett landeten. Kurz vor ihrer Hochzeit im September fragte einer seiner Finanzberater Harriman: «Gouverneur, wünschen Sie, die Zuwendungen für Mrs. Hayward weiterzuführen?» Harriman hatte nicht bemerkt, dass er seine ehemalige Geliebte seit dreißig Jahren finanziell unterstützte.

Man kann Pamela Harriman auf zweierlei Weise betrachten. Einerseits gehörte sie der britischen Oberschicht an, die ihr alles auf dem Silbertablett gereicht hatte, was ihr aber nie genug gewesen war, weshalb sie sich immer wieder Vorteile zu schaffen versucht hatte, indem sie im Krieg von ihren Ehefrauen getrennte Männer in ihr Bett zog, die Steaks aß, die der amerikanische Steuerzahler für amerikanische Soldaten bezahlt hatte, die die Erbstücke ihrer Stiefkinder stahl und verpfändete und den Treuhandfonds weiterer Stiefkinder als Sicherheit für ihre Schulden verschleuderte, alles ohne Gewissensbisse. Andererseits war sie eine intelligente und charmante Frau, die ihr Leben in der

Männerwelt jener Zeit dem Vergnügen und Einfluss gewidmet hatte. Und solange man etwas hatte, was sie haben wollte, konnte Pam sehr amüsant sein.

Polly Wisner warnte Holbrooke, dass Pam gefährlich sein konnte, aber er war nicht bereit, sich gegen eine seiner Gönnerinnen zu entscheiden. Er bewunderte Pam, und sie flirteten schamlos. Er liebte es, der Zimmerherr der Harrimans zu sein, der nicht zu zahlen brauchte. Er saß in Unterhose auf seinem Bett und löffelte den Kaviar, den sie aus Moskau mitgebracht hatten, direkt aus der Dose. Sein Appetit war mehr als groß genug, um einen ganzen Salon voller Pamela Harrimans – Millionäre, Filmstars und Gesellschaftslöwen – zu verschlingen. Sein ganzes Leben lang suchte er ihre Nähe. Er war ein Starfucker, es spielte überhaupt keine Rolle, ob der Star Averell hieß oder Pamela oder Dikembe Mutombo oder Angelina Jolie.

Wenn man nicht so genau hinschaut, meint man den Ehrgeiz in den nüchternen Memoiren eines Politikers zu entdecken, der Triumphe und Rückschläge verbucht hat; in dem Weg einer entschlossenen Frau, die an die Spitze einer großen Organisation aufsteigt; oder in den Mühen eines Diplomaten, der rund um die Uhr für den Frieden arbeitet und sich ansonsten nichts zuschulden kommen lässt. Aber aus der Nähe betrachtet ist der Ehrgeiz eine sehr unschöne Sache. Er ist wüst und hart und in seinen Einzelheiten zutiefst beschämend. Er trägt einen ganz bestimmten Geruch herein, wenn er das Zimmer betritt. Es ist der Geruch eines Mannes, der eine gerade verwitwete Frau bedrängt, ihn in die Liste der Trauerredner aufzunehmen, der dann die Platzkärtchen austauscht, damit er nach dem Begräbnis mit dem wichtigsten Gast plaudern kann. Seine psychologische Mutation, die jegliche Selbsterkenntnis ausschloss und vielleicht auch dazu geführt hatte, dass ihm der Eindruck, den er auf andere machte, schlicht am Arsch vorbeiging, erlaubt es uns, Holbrookes nackten Ehrgeiz sozusagen unter dem Mikroskop zu betrachten.

Wenn man seinen Weg genau nachzeichnet, besonders in diesem Moment, als er sich gerade aus dem Familienleben davongestohlen hatte, entsteht ein hübscher kleiner Stadtplan von Washington, von den Kreisen innerhalb der Kreise, dem Wechselspiel von gesellschaftlicher Vernetzung, Macht, Öffentlichkeit, Geld und Sex. Er hatte in seinem

Leben noch nichts Bedeutendes erreicht, doch man begann, über ihn als einen Mann zu sprechen, der zu Großem bestimmt sei. Und wen es, wie mich, bei dem Bild, das hier entsteht, manchmal verleitet, abfällig mit der Zunge zu schnalzen, der sollte nicht vergessen, dass in den meisten Menschen, von denen in den Geschichtsbüchern die Rede ist, die Kinder stecken, die sich wütend weigerten, aufs Töpfchen zu gehen. Und was, wenn der Haufen, den sie hinterlassen, von ihrem Einfluss und ihrer Auffassungsgabe überhaupt nicht zu trennen ist? Dann hängt unser eigenes Urteil davon ab, *wonach* sie so ehrgeizig streben – und zu ihrer Rettung blitzt etwas auf, das uns wertvoll erscheint.

Der Auswärtige Dienst hatte Holbrooke zwei Jahre freigestellt, damit er sich als Herausgeber von *Foreign Policy* versuchen konnte, aber auch danach sollte er sich nicht wieder einreihen, um sich langsam auf der Karriere-Leiter hinaufzuarbeiten. Als seine Auszeit 1974 endete, kündigte er. «Kann sein, dass ich eines Tages zurückkehre», erklärte er Wisner, «aber nur, wenn ich politisch ernannt werde. Das muss dann von den Demokraten kommen, ich würde mich um einen leitenden politischen Posten bemühen.» Der Dienst neigte dazu, große Talente zu verlieren und die Mittelmäßigen zu befördern. Holbrooke und Lake, die die Gruppe, mit der sie 1962 die Ausbildung abschlossen, weit überstrahlt hatten, waren beide ausgeschieden.

Der Krieg war noch nicht zu Ende, und sie waren mit dem Krieg noch nicht fertig. Sie sollten ihn niemals ganz hinter sich lassen. Holbrooke, Lake und diese ganze Diplomatengeneration waren zu einem Zeitpunkt in den Staatsdienst getreten, der ihnen als der Spätvormittag der amerikanischen Macht erschien. Doch dann wurde es plötzlich dunkel, und sie versuchten ein Jahrzehnt lang, sich in dieser Dunkelheit zurechtzufinden. Sie waren zutiefst von ihrer Sache überzeugt gewesen, doch Vietnam erschütterte all ihre Vorstellungen davon, was es bedeutete, den Vereinigten Staaten zu dienen. Woher sollte der nächste Acheson, der nächste Kennan kommen, wenn Amerika bereits im Niedergang war? Sie waren noch immer Insider, ihre Überzeugungen und ihr Ehrgeiz ließen es nicht zu, dass sie sich von dem einmal gewählten Beruf abwendeten. Aber Vietnam war zu bedeutsam, um einfach abgehakt zu werden. Sie trugen das Stigma, dabei gewesen zu sein, als Amerika zum ersten Mal einen Krieg verlor. Die Gefahr ging nicht von den Friedensbefürwortern aus, die es im Machtapparat nicht weit gebracht hatten, sondern von den Hardlinern, die sie beschuldigten, Amerika einen Dolch in den Rücken gestoßen zu haben. Es wurde in Washington nicht gewürdigt, dass Holbrooke und seine Freunde sich der Wahrheit des Krieges gestellt hatten. Durch Vietnam erhielten sie das gefürchtete Etikett «weich», wobei es überhaupt keine Rolle spielte, dass die Hardliner völlig falsch gelegen hatten. Wer in der Regierung als weich galt, hatte praktisch schon verloren. Die Vietnamerfahrung in ihrer Unmittelbarkeit und Härte hatte die zivilen Beamten gezeichnet, sie waren verängstigt, einige sogar gebrochen. Holbrooke sollte den Rest seines Lebens darauf hinweisen, dass der Vietnamkrieg nicht von Journalisten, demokratischen Kongressabgeordneten, der Antikriegsbewegung oder Experten wie ihm selbst verloren worden war: «Der Krieg wurde in den Reisfeldern von Indochina verloren.»

Er versuchte, die Erfahrung schreibend zu verarbeiten. In Princeton skizzierte er seine Erinnerungen an Vietnam, er schrieb eindringliche Essays, die zu keinem eindeutigen Ergebnis kamen. In Marokko notierte er Kapitelüberschriften für ein Buch über die wichtigsten Themen des Krieges («Die Lügen der Außenstehenden», «Die Lügen vor Ort», «Befriedung – Theorie und Praxis», «Der Amerikaner in Asien: Typ Lansdale – der *Hässliche Amerikaner* – der *Stille Amerikaner*»), das er nie schreiben sollte. Er verfasste Artikel für die *New York Times*, die *Washington Post* und seine eigene Zeitschrift, mit Titeln wie «Der Apparat, der versagt», «Mit kleinen Lügen kommt man weiter» und «Das Endlosmuster des Albtraums Vietnam», in denen er die zerstörerische Wirkung politischer Verlogenheit und einer aufgeblasenen Bürokratie anprangerte und beschrieb, wie seine Generation im Auswärtigen Dienst von den Jahren in Vietnam schleichend verdorben worden war. «Dissens erforderte außergewöhnlichen Mut», schrieb er, «und so wurde er – außer bei den wenigen Standhaften – nach und nach unterdrückt.» Man spürt, wie sehr er fürchtet, moralistisch oder panisch zu klingen.

Sein Denken war kristallklar, aber seine Gefühle waren gedämpft. Vietnam bedrohte alles, was er sich vorgenommen hatte, seine Lebensaufgabe, die mit dem Projekt einer amerikanisch geführten Weltordnung untrennbar verbunden war. Nur mit größter Sorgfalt ließ sich auf beiden Seiten die alte Kraft wiederherstellen.

Gelb, der inzwischen bei der *New York Times* arbeitete, veröffentlichte lange Artikel in *Foreign Policy*, die er später zu einem Buch mit dem Titel *Die Ironie von Vietnam: Das System hat funktioniert* erweiterte. Die Katastrophe sei nicht etwa ein Unfall oder eine Perversion amerikanischer Außenpolitik gewesen, argumentierte er, sondern das Ergebnis eines Vierteljahrhunderts offiziellen Konsenses, dass Südvietnam keinesfalls an die Kommunisten fallen dürfe. Das geblendete Amerika hatte sich in einen unnötigen Krieg verwickeln lassen. Die Aufgabe bestand nun darin zu fragen, warum es zu Anfang nicht gelungen war, kritisch über die wahren strategischen Interessen des Landes nachzudenken. John Negroponte, der noch immer im Außenministerium arbeitete und Lake als Kissingers Vietnam-Berater abgelöst hatte, konnte sich zwar nicht frei äußern, gab aber die Details von Kissingers Verhandlungen mit Hanoi vor der Wahl von 1972 – die Tatsache, dass die Südvietnamesen durch den geheimen Friedensschluss fallengelassen worden waren – an den Reporter Tad Szulc weiter, der den längsten und wichtigsten Bericht schrieb, den Holbrooke in seiner Zeit bei *Foreign Policy* veröffentlichte. Kissinger bestrafte Negroponte, indem er ihn als Generalkonsul nach Thessaloniki versetzte.

Unter Holbrookes Freunden war es Lake – der brave Soldat, der Stabsassistent, der sich von der Presse fernhielt –, der am ehesten bereit war, die amerikanische Machtpolitik zu überdenken. Er arbeitete sich mit Schmerz an Vietnam ab, seine Überlegungen zum Krieg waren persönlich und selbstquälerisch. In *Foreign Policy* beschrieben er und Roger Morris, der gemeinsam mit ihm aus Protest gegen Kambodscha zurückgetreten war, eine kalte, unmenschliche Politik, die gleichgültig gegenüber denjenigen war, die ihre Folgen zu tragen hatten. Sie wollten den menschlichen Faktor wieder ins Zentrum der Politik rücken. Wer innerhalb der Regierung das entsetzliche Leiden in Vietnam ansprach, hatte, so hieß es, seine «Effektivität» eingebüßt, beinahe, als hätte man sich nicht mehr im Griff. «Wir erinnern uns deutlicher, als uns lieb ist, an die von feinem Teppichboden gedämpfte Stille in den Büros, in denen einige der Pentagon-Papiere ursprünglich verfasst wurden», schrieben sie. «Das effiziente Stakkato der Schreibmaschine, das antiseptische Weiß der mit ordentlichen Rändern versehenen Memoranden, die freundlichen, kenntnisreichen und immer weltgewandten Männer, die sie schrieben – sie bewohnten eine geistige und auch geographische Welt, in der alles Platz hatte, nur nicht die Haufen der verwesenden Leichen in einem Graben außerhalb von Hue oder einem bombardierten Dorf in Laos, die Verbrennungsstation eines Kinderkrankenhauses in Saigon oder gar ein Friedhof oder Veteranenkrankenhaus hier bei uns.» Holbrooke erlaubte sich diesen Ton nie. Er sah nicht nach innen. Wie immer blickte er nach vorn.

Der Tod von John Campbell veränderte Holbrookes Leben. Die Redaktionsräume von *Foreign Policy* im Gebäude der Carnegie Endowment for International Peace, unweit des Dupont Circle, erlaubten es ihm, von hoher Warte aus das Ende der republikanischen Regierung abzuwarten, während er sich selbst zu einer Art Überinstanz machte, der zwischen unterschiedlichen Ansichten vermittelte. Er lud Harriman und Zbigniew Brzezinksi zu Beiträgen ein, einen Artikel von George McGovern dagegen lehnte er ab. Er hatte die Macht, die Ambitionen junger Autoren zu befördern oder zu vereiteln, die ihre Artikel in der angestaubten *Foreign Affairs* nicht unterbringen konnten, einem Sprachrohr des Establishments, das in der Vietnamzeit, als es einmal zwei aufeinanderfolgende Artikel mit den Titeln «Japan: Der Blick auf 1970» und «Japan nach 1970» veröffentlicht hatte, dröge und irrelevant geworden war. Anders als das gewichtige, auf Wohnzimmertischen herumliegende *Foreign Affairs* passte *Foreign Policy* in die Hemdtasche, es war ernsthaft, aber nie langweilig. Seine Prämisse war, dass die außenpolitische Ära der Nachkriegszeit vorüber war, dass Vietnam sie zerstört hatte.

Als wollten sie allen zeigen, dass sie sich wieder vertrugen, verfassten Holbrooke und Lake im Mai 1972 einen Kommentar für die *Washington Post*, in dem sie Nixons Entscheidung kritisierten, während einer nordvietnamesischen Offensive Hanoi zu bombardieren und den Hafen von Haiphong zu verminen. Sie spielten zwar nicht mehr Tennis zusammen und trafen sich nur noch selten zum Mittagessen, und ihre Freunde bemerkten die Spannungen, wenn sie in der Öffentlichkeit gemeinsam auftraten, doch ihre berufliche Beziehung bestand weiter. Lake schrieb für Holbrookes *Foreign Policy* über den Krieg, und Holbrooke steuerte ein Kapitel zu einem Buch über die Lehren von Vietnam bei, das Lake herausgab, und als die Wahlkampagne von Muskie in sich zusammenbrach, verhalf er Lake zu einer Stelle als Direktor der International Voluntary Services, und niemand hätte irgendetwas vermutet.

Holbrooke war ein alleinstehender Mann in Washington. 1972 war ein sexbesessenes Jahr und ein politischer Tiefpunkt, das Jahr, in dem der Porno «Deep Throat» in die Kinos kam und ein Mann, der sich Deep Throat nannte, die Watergate-Affäre auslöste. Beim Wahlparteitag der Demokraten in Miami Beach nahmen Jack Nicholson und Julie Christie Lachgas mit Journalisten und Filmagenten, und jeder schlief mit jedem. Die Harrimans waren auch vor Ort, aus Stolz, allerdings nur inoffiziell. Nach dem Hinterzimmergezerre des Parteitags von Chicago 1968 waren die Regeln umgeschrieben worden. Diesmal musste Averell mit Pamela im ländlichen Norden von New York von Haustür zu Haustür ziehen, um sich zum Delegierten nominieren zu lassen. Und trotzdem verlor dieser Mann, der so einflussreich war, gegen die Wahlliste von George McGovern. Bei den Demokraten herrschte ein solches Durcheinander, dass McGovern seine Kandidatenrede um halb zwei am Morgen halten musste, nachdem er noch schnell die Nominierung eines Vize durchgedrückt hatte, dessen Depressionen mit Elektroschocks behandelt worden waren.

Auch Holbrooke war in Miami Beach – in sicherer Entfernung vom linken Flügel um McGovern – und auch ein junges Ehepaar namens George und Anne Crile war da.

Anne war die zweiundzwanzigjährige Tochter von Susan Mary Alsop, der Ehefrau von Joe Alsop. Sie hatte grüne Augen, einen Schmollmund, ein strahlendes Lächeln und eine Art, die sagte: Leck mich. Ihre beste Freundin war die Schwester von Frank Wisner. George Crile III, ein

Reporter, entstammte einer Ärztedynastie in Cleveland und war ein gerissener und hocherfolgreicher Schürzenjäger, der einem das Mädchen unter der Nase wegstehlen konnte, und dem man es doch nicht übelnehmen konnte, weil er jedem das Gefühl gab, die interessanteste Person zu sein, die er je kennengelernt hatte. So war Crile auch auf Tobias Wolff gestoßen, der sein bester Freund wurde. 1972 lebten George und Anne auf der schlechten Seite des Dupont Circle, und zwar zusammen mit Wolff, der gerade aus der Armee entlassen worden war und die Nachtschicht als Polizeireporter bei der *Post* machte. Die Criles hatten die erwartbaren Probleme.

Anne wusste von Holbrooke aus Joe Alsops Salon in Georgetown und von den Tennis-Doppeln in Stewart Alsops Wochenendhaus in Maryland. Als er eines Tages sah, wie Anne durch Joe und Susan Marys Wohnzimmer schwebte, genügte dieser eine Blick. In diesem Sommer, in dem sie beide kurz vor der endgültigen Trennung standen, umwarb er sie. Um George von der Fährte abzubringen, machte er Andeutungen, dass Wolff derjenige sei, der hinter Anne her sei. Das stimmte zwar nicht, zerstörte aber beinahe die Freundschaft zwischen Wolff und Crile.

Holbrooke und Anne hatten eine Affäre. Sie war aus offensichtlichen Gründen attraktiv für ihn, nicht zuletzt wegen der Verbindung zu Alsop. Sie zählte sogar John Jay zu ihren Vorfahren. Aber warum fühlte sie sich zu ihm hingezogen – einem zehn Jahre älteren Mann mit zwei kleinen Kindern? Er war seit Vietnam etwas stämmig geworden, die Züge seines breiten Gesichts waren weich, seine Locken wuchsen in alle Richtungen. 1962 war er ein altkluger Junge gewesen, jetzt, 1972, war er ein jungenhafter Mann. Er hatte etwas Sorgloses, doch wenn er die Frauen mit seinen eisblauen Augen, seiner freimütigen und spielerischen Intelligenz ansah, fühlten sie sich wahrgenommen und verstanden und zu ihm hingezogen. Das war etwas, das er im Jahr 1972 entdeckte – das und die wahnwitzigen Möglichkeiten von Sex. Wenn man einunddreißig Jahre lang als zugeknöpfter Streber durch die Welt gegangen ist, ist das eine Offenbarung. Er war ein aufmerksamer Liebhaber, ohne seltsame Vorlieben. Er mochte die Frauen und zeigte ihnen Seiten, die selbst seine besten Freunde nicht zu sehen bekamen.

«Ich habe mich mal in die Frau meines besten Freundes verliebt», gestand er Anne. Ein anderes Mal sprach er wehmütig über seine Söhne. Seine Schuld war eine Wunde, die er gelegentlich leckte und die ihn verletzlich machte. Anne hatte kein Interesse daran, sich um die Unsicherheiten eines Mannes in seinen Dreißigern zu kümmern, und ließ sich nur bedingt ein.

Anfang des Frühjahrs 1973 fuhren sie übers Wochenende in eine Hütte bei Harper's Ferry. Bei einem Picknick machte er ihr einen Antrag. Anne war völlig sprachlos – immerhin waren sie beide verheiratet. So, dachte sie, verhält sich nur ein Mann, der sein Leben verpfuscht hat.

Statt zu antworten, fragte sie: «Wo siehst du dich denn in fünf Jahren?»

«Ich werde der nächste Henry Kissinger sein.»

Anne kannte Kissinger von den Abendgesellschaften ihrer Eltern, sie hielt ihn für ein aufgeblasenes Arschloch. Damit endete ihre Affäre mit Holbrooke. Sie kehrte zu George Crile zurück, die Ehe war allerdings nicht von Dauer.

Es gab andere Freundinnen, aber die wichtigste nach Anne war eine britische Fotografin, knapp unter dreißig, namens Gail Malcolm. Sie hatte braunes Haar und Sommersprossen und bevorzugte Schlapphüte. Sie trug das Herz auf der Zunge, benutzte kein Make-up und versteckte sich auch sonst nicht. Holbrooke entdeckte sie bei einer Party, sie stand auf der anderen Seite des Raums. Er ging hinüber und stellte sich vor.

«Oh, ich habe kürzlich Ihre Frau kennengelernt.» Gail und Litty waren sich eine Woche zuvor bei einem Brunch begegnet, bei dem das Gespräch immer wieder auf Dick gekommen war.

«Das fängt nicht gut an», sagte er. «Wollen Sie es noch einmal versuchen?»

Am Ende der Party drückte er ihr einen Zettel in die Hand:

Dick Holbrooke
797-8405
Bitte melden Sie sich

Später am selben Abend trafen sie sich auf einer weiteren Party wieder. Gail war im Bad, sie lag angezogen in der Badewanne, als Holbrooke hereinkam. «Kann ich mit rein?», fragte er. Sie tanzten, Gail hatte das Gefühl, mit der Hand in einen geschmeidigen Handschuh zu fahren. Alles passte, alles fühlte sich richtig an. Er fuhr sie nach Capitol Hill zu der Wohnung, die sie für den britischen Journalisten William Shawcross hütete. Gail hatte keine eigene Wohnung, sie wohnte mal hier, mal dort bei Freunden, alles in ihrem Leben war in der Schwebe.

Ein paar Tage später lud er sie zum Abendessen ein. Sie sprachen über ihre Vergangenheit, und es stellte sich heraus, dass sie gerade mit George Crile Schluss gemacht hatte. Wenn ich mir Washington zu dieser Zeit vorstelle, dann scheint es mir oft, als sei die Stadt ein einziges, klebriges, aus Begierde geknüpftes Beziehungsgeflecht gewesen, in dessen Zentrum sich Holbrooke mit seinen langen, weit ausgestreckten Gliedern räkelte.

In der Wohnung von Shawcross ging er in die Offensive.

«Das ist weder der richtige Zeitpunkt noch der richtige Ort», sagte Gail.

«Wie wär's denn mit oben, in zehn Minuten?»

Sein Selbstvertrauen war genauso verführerisch wie die Warnung einer Freundin, die ebenfalls bei dem Brunch gewesen war, wo sie Litty kennengelernt hatte. «Was auch immer du tust, lass dich bloß nicht auf eine Beziehung ein. Du kannst Spaß mit ihm haben, aber halt dich zurück.» Sie glitten in eine dieser für die Siebzigerjahre typischen Beziehungen, die völlig unverbindlich waren und unweigerlich zu verletzten Gefühlen führten.

Sie fand ein zweistöckiges Haus an der Corcoran Street in der Nähe von Dupont Circle für ihn, wo sie ihre Sachen deponierte. Er blieb bis gegen 10 Uhr im Bett, schlenderte dann hinüber in die Redaktion von *Foreign Policy*. Es war eine Auszeit für ihn, eine Pause auf dem steilen Weg der Karriereleiter – die, so warnte er sie, nicht ewig dauern würde. Doch in der Zwischenzeit gingen sie ins Kino, wo sie «American Graffiti» sahen, danach tanzten sie wie Teenager die Wisconsin Avenue hinauf. Er erklärte ihr eine Stunde lang den Jom-Kippur-Krieg und las Erica Jongs *Angst vorm Fliegen*, weil Gail gesagt hatte, dass der Roman ihr Lebensgefühl widerspiegelte. Als sie einmal behauptete, einen Engländer auf der Straße allein vom Aussehen identifizieren zu können, sprach er

Passanten an, auf die sie gezeigt hatte, und stellte ihnen irgendwelche Fragen, um ihren Akzent zu hören.

Er erklärte ihr, dass Sex für ihn eine Art Bonusmaterial war, etwas Zusätzliches, der Sahnetupfer auf den wunderbaren Leckereien des Lebens. Für sie, antwortete sie, sei Sex eine Reihe von katastrophalen Männern. Er wusste, wie er sie zum Lachen bringen konnte, und er schämte sich nicht, in ihrer Gegenwart zu weinen. Über seine Eltern sprach er nie, Litty war jemand, den er kaum gekannt zu haben schien, selbst Vietnam erwähnte er nicht. Er sah nicht zurück, und sie drängte ihn auch nicht dazu. Sie war die perfekte Partnerin für eine Zeit der Erholung. «Ich möchte einfach nur an deiner Seite sein», sagte er. «Bei dir habe ich das Gefühl, ruhiggestellt zu sein.»

Einmal gingen sie zu einer Party, und als sie eintraten, entdeckte Holbrooke Clark Clifford. Gail hatte keine Ahnung, wer der silberhaarige Mann auf dem Sofa war, aber an Holbrookes gedämpfter Erregung spürte sie, dass er wichtig war. Holbrooke führte sie hinüber und stellte sie vor, sie plauderten miteinander, und Clifford gelang es, Gail aus der Reserve zu locken. Er schien ein echtes Interesse zu haben an dem, was sie sagte, und blickte während des gesamten Gesprächs nicht ein einziges Mal über ihre Schulter. Vielleicht drückte sich darin sein Ehrgeiz aus – eine Ernsthaftigkeit, die mit dazu geführt hatte, dass er vier Präsidenten beraten hatte.

Später erzählte Gail Holbrooke, wie beeindruckt sie von «Mr. Clark» gewesen sei.

Holbrooke sah sie an. «Wie macht er das nur? *Wie macht er das nur?*»

Ihre Beziehung hatte keine Zukunft. Sein Beruf interessierte sie nicht. Sie wollte Kinder, aber nicht seine Kinder, selbst wenn er sich weitere gewünscht hätte – was er vehement verneinte –, denn sie hatte gesehen, wie er sich als Vater verhalten hatte. Litty, die das alleinige Sorgerecht hatte, bei der Federal Trade Commission arbeitete und abends Jura studierte und mit all dem vollauf beschäftigt war, fand es leichter, sich wegen der Kinder mit Gail abzusprechen, als mit Holbrooke die Bedingungen der Übergabe auszuhandeln. Ein Wochenendbesuch wurde letztendlich immer in einen einzigen Tag gequetscht, immer so, dass es für ihn am besten passte, und dann lud er sie bei Freunden ab, die

Kinder hatten, wie den Gelbs oder den Wolffs, oder er brachte sie zum Schwimmen zu den Harrimans und unterhielt sich während des ganzen Besuchs mit Averell, oder er vertiefte sich in die *Time*, während die Jungen immer verzweifelter versuchten, seine Aufmerksamkeit zu bekommen. «Schenk ihnen doch eine Stunde», sagte Gail. «Dreißig Minuten. Dann hast du deine Ruhe.» Sie machte wunderschöne Fotos von David und Anthony, die sich an sie klammerten statt an ihren Vater.

Dick und Gail drifteten auseinander und fanden wieder zusammen, während er zeitgleich andere Frauen traf. Ende 1975 reiste er nach Berlin, von wo aus er ihr schrieb: «Im Moment führe ich allem Anschein nach ein sehr freies Leben, und das werde ich wohl noch mindestens ein Jahr lang so machen. Ich reise, lerne erstaunlich viele attraktive Frauen kennen und habe alles in allem wirklich eine Menge Spaß.» Er erwähnte einige dieser Frauen und erklärte Gail, dass er nichts versprechen könne. «Mag sein, dass sich all dies langsam zum Fall eines Mannes summiert, der alles gleichzeitig haben will. Werde ich mir schaden, weil ich zu gierig bin? Möglicherweise; das ist ein Urteil, das ich anderen überlassen möchte. Nur eine Phase? Möglicherweise: Es wird sich zeigen. Etwas, das ich weiterverfolgen muss? Pour le moment. Wie auch immer, ich versuche, niemanden zu verletzen, vor allem nicht dich.»

Seine Freunde fanden, dass er sie schändlich behandelte. «Warum lässt du dir das gefallen?», fragte Genevieve Wisner, worauf Gail antwortete: «Weil es mir nichts aufzwingt.» Selbst Holbrooke fragte sie einmal: «Warum passt du nicht besser auf dich auf?» Gail versuchte ein paar Mal, mit ihm Schluss zu machen, doch er flehte sie immer wieder an, bei ihm zu bleiben. Eine Zurückweisung wäre für ihn nicht hinnehmbar gewesen. Wenn sie sich trennen würden, dann nur, wenn er es einleitete.

Das Ende der Beziehung begann im Herbst 1975 Form anzunehmen, und zwar als goldbraune Haut, zierlich-kurvenreiche Figur einer geschickt manövrierenden Nachrichtenproduzentin im Auslandsressort des öffentlich-rechtlichen Fernsehens namens Blythe Babyak. Sie war dreiundzwanzig und hatte gerade ihr Studium an der Yale University abgeschlossen, wo sie sich in einem der ersten Jahrgänge, in denen Frauen zugelassen waren, hervorragend geschlagen hatte. Blythe kontaktierte ihn wegen eines Interviews, das er in ein Abendessen umbog, bei dem sie miteinander wetteiferten, wer Kissingers zehn Jahre altes Buch über das nordatlantische Bündnis besser kannte. Es hätte für Holbrooke kein erregenderes Gespräch geben können. Blythe verrührte Intelligenz, Ehrgeiz und Sex zu einem Gericht, dem er einfach nicht widerstehen konnte. Als sie bei den Harrimans zu Gast waren, saß sie auf der Lehne seines Sessels und flirtete mit Clark Clifford. Zu Picknicks trug sie Bikinis, deren Knappheit die Ehefrauen seiner Freunde rasend machten. Auf einem Skiausflug nach Vermont schmachtete er in einer derart erbärmlichen Weise nach ihr – «Oh Blythe, sie ist so fantastisch im Bett, warum geht sie denn nicht ans Telefon? Meint ihr, ich sollte ihr einen Brief schreiben?» –, dass Geoffrey Wolff und Pete Dawkins ihn am liebsten vom Sessellift gestoßen hätten.

Blythe lebte in New York, sie kam nach Washington, wenn sie Holbrooke treffen und seine Verbindungen nutzen wollte, um Karriereperspektiven im Fernsehjournalismus zu erkunden. Auch das zog ihn an. Die große Ära der amerikanischen Zeitungen neigte sich ihrem Ende zu, die führenden Kolumnisten seiner Jugend, wie Reston und Alsop, und Reporter wie Halberstam und Sheehan, die er in seinen Zwanzigern verehrt hatte, wurden von Fernsehstars verdrängt, von Leuten wie Barbara Walters und Mike Wallace, die Politik als Spektakel, eine Art Unterhaltung präsentierten. Holbrooke wollte lernen, auf dieser Welle zu reiten. Er und Blythe betrachteten einander und sahen die verlockendsten Möglichkeiten.

Sie war zu klug, um seine mal mehr, mal weniger mitbewohnende Freundin zu akzeptieren. Bei einem Wochenendbesuch in der Corcoran Street sagte sie Gail, sie solle ihre Sachen packen und verschwinden. Dann schrieb sie Holbrooke, die Angelegenheit mit dieser anderen Frau zu klären. Im Sommer 1976 war Holbrookes Beziehung mit Gail beendet. Nach der Trennung schrieb sie ihm, dass sie ihn liebe, ihm kamen die Tränen – «Warum hast du das nicht schon früher gesagt?» –, beinahe so, als wäre Gail diejenige gewesen, die ihn in die Arme von Blythe getrieben hätte. Doch die nächste Etappe stand bevor, er wartete nur auf günstige Winde, um seinen Aufstieg fortzusetzen, und eine apolitische Engländerin, deren Güte ihn zutiefst anrührte, war zwar ein Geschenk für die Kunst der Fotografie, eignete sich aber nicht als Kletterpartnerin.

Im Spätherbst desselben Jahres bat er Gail, ihn in der Corcoran Street zu besuchen. Sie war inzwischen mit Mark Lynch verlobt, einem Anwalt der American Civil Liberties Union, der als Zivilist in Vietnam gearbeitet hatte und sich bestens auskannte. Er vertrat Lake in seiner Klage gegen Kissinger. Holbrooke war völlig fertig, seine Hände zitterten. Er musste ihr etwas sagen, wusste aber nicht wie.

Holbrooke und Blythe heirateten am Neujahrstag 1977 in New York, in einer Kapelle der episkopalen Kathedrale von Saint John the Divine, wo ein jüdischer Quäker durchaus den Eindruck bekommen konnte, in das weiße, angelsächsisch-protestantische Establishment aufgestiegen zu sein. Bischof Paul Moore, der Ehemann von John Campbells Witwe Brenda, trug Mitra und Priestergewand, als er die Trauung vollzog. Er warnte das Paar, die Ehe nicht leichtfertig einzugehen. Vier oder fünf Gäste waren dort, darunter Frank Wisner. «Du bist mein weißer angelsächsisch-protestantisch-episkopalischer Freund», hatte er ihm gesagt. «Kannst du bitte mein Trauzeuge werden?» Wisner hätte es besser gefunden, wenn Holbrooke Gail geheiratet hätte, aber er hatte sich Holbrooke anvertraut, nachdem seine Frau Genevieve an einem Hirntumor gestorben war, und damals war Holbrooke für ihn da gewesen, und seine Angst, einen Freund zu verlieren, war der Grund, warum er Holbrooke nicht sagte, dass er es für eine sehr dumme Idee hielt, Blythe zu heiraten.

Holbrooke hätte ohnehin nicht auf ihn gehört. Jimmy Carter, sein neuer Chef, hatte allzu deutlich gemacht, dass keiner seiner Spitzenbeamten in Sünde leben dürfe.

Wie schafft er das nur alles?

Über den eigenen Schatten springen

Wie war es möglich, dass ein fünfunddreißig Jahre alter, ziemlich unbekannter Mann zu einem der wichtigsten Politiker des amerikanischen Imperiums aufsteigen konnte? Der Assistant Secretary für Ostasiatische und Pazifische Angelegenheiten, eine Position, die Harriman erst mit siebzig Jahren erreichte und die davor Rusk innegehabt hatte, war zuständig für eine gigantische Weltregion von Korea bis Australien, von den Teakwäldern Burmas bis zu den polynesischen Inselstaaten inmitten des Ozeans, eine Region, die vom nicht weniger gigantischen Schatten Chinas bedeckt wurde. Wie hatte er einen Platz am Erwachsenentisch des Lageraums im Weißen Haus ergattert und war wichtig genug geworden, dass der wichtigste Berater des Präsidenten schwor, ihn zu vernichten? Ich weiß nicht, was andere Mittdreißiger so treiben, aber ich selbst kann sagen, dass ich damals nicht versuchte, mit zwei ehemaligen Kriegsgegnern Amerikas gleichzeitig diplomatische Beziehungen aufzunehmen. Zum ersten Mal war er in der Lage, die Politik seines Landes selbst zu gestalten. Er konnte menschliches Leid lindern, er konnte es ignorieren oder gar verschlimmern, jeweils im nationalen Interesse. Das ist es, was die Staatskunst ausmacht.

Es trieb ihn bisweilen in den Wahnsinn, und er trug bleibende Narben davon. Es lohnt sich, diese Geschichte zu erzählen, denn wenn wir ihn genau beobachten, erkennen wir, wie die Macht knapp unterhalb der Baumwipfel aussieht, dort, wo die Tiere mitsamt ihren Hinterteilen noch vollständig sichtbar sind, wo aber die höchsten Äste schon in greifbarer Nähe sind, sodass der Kampf um die besten Plätze wie verrückt wütet.

Der 30. April 1975 ist ein guter Start. Holbrooke aß an diesem Tag mit Halberstam und Gelb zu Mittag. Es war der letzte Tag des Vietnamkriegs. In der Einsatzzentrale des Außenministeriums arbeitete ein Krisenstab um Wisner daran, die Vietnamesen zu retten, die für Amerika ihr Leben aufs Spiel gesetzt hatten. Einigen gelang es, einen Platz in den letzten Hubschraubern zu ergattern, die Saigon verließen, den meisten gelang es nicht. Das Ende von Südvietnam kam derart heftig und plötzlich, dass selbst Leute wie Holbrooke, die mit diesem Ende gerechnet hatten, schockiert waren. Er nahm einen Schreibblock, setzte sich hin und versuchte, den Krieg zusammenzufassen, dem er seine politische Existenz verdankte. «Er war eine ausgesprochen seltsame Mischung aus Idealismus und Dummheit, aus Betrug und Selbstbetrug, ergreifendem Heldenmut und unentschuldbarer Grausamkeit. Ich habe lange versucht, diese widersprüchlichen Züge getrennt voneinander zu betrachten und zu verstehen, warum einige Dinge richtig und andere falsch erschienen, weil ich wissen wollte, ob es irgendeine Möglichkeit gab, dass aus dieser Katastrophe etwas Gutes herauskommen könnte. Doch am Ende schien alles auf eine einfache, schreckliche Wahrheit hinauszulaufen: Wir hatten dort nichts zu suchen, es war nicht unsere Aufgabe, uns dort einzumischen, nicht mal im Guten.»

Im Frühjahr 1975 waren die schuldgeplagte Linke und die manichäische Rechte zum selben Schluss gekommen: Der Krieg hatte Amerika verheerend geschwächt. Henry Kissinger, Gerald Fords Außenminister, sagte jedem, der es hören wollte, dass der Fall von Saigon ein schwerer Schlag für die Glaubwürdigkeit Amerikas gewesen sei. Der Verlust von Indochina machte Kissinger zu einem Propheten des amerikanischen Niedergangs.

Holbrooke war von Kissinger besessen. Er war kein strategischer Denker von Kissingers Format, und er bewunderte Kissingers Brillanz und blickte neidvoll auf seine Macht und Berühmtheit. Gleichzeitig verachtete er ihn. In der Öffentlichkeit sagte Holbrooke: «Er ist der erfolgreichste Diplomat und Unterhändler in der amerikanischen Geschichte, aber er gehört auch zu den hinterhältigsten Männern, die je in einem derart wichtigen Amt gedient haben ... Ein Mann, der in der Lage ist, Dinge zu tun, die Leid abwenden, der aber oft genug entweder gar nichts getan hat oder aber etwas, das den Menschen zusätzlichen Schaden zugefügt hat.»

Im persönlichen Gespräch bezeichnete er Kissinger als Lügner, als amoralischen und zutiefst zynischen Mann, dessen Ruf nicht gerechtfertigt sei und der, wenn er auch möglicherweise nicht selbst kriminell gewesen sei, durch den Lauschangriff auf seine eigenen Mitarbeiter zur Kultur von Watergate beigetragen habe. Das Pariser Abkommen von 1973, für das Kissinger den Friedensnobelpreis erhalten hatte, war im Grunde nicht besser als das, was Holbrooke und seine Kollegen schon 1968 hätten aushandeln können – nur dass es fünf Jahre und Hunderttausende von Toten später kam, als sich der Brand bereits auf ganz Indochina ausgeweitet hatte. Nach der Unterzeichnungszeremonie interessierte sich Kissinger nicht mehr für Vietnam. «Der Anstand verlangt eine Übergangszeit», kritzelte er einmal in eine Vorlageakte, eine zwei- bis dreijährige Frist zwischen dem amerikanischen Truppenabzug und dem Sieg der Kommunisten, die die Aufgabe Südvietnams verschleiern würde. «An einer solchen Frist ist natürlich überhaupt nichts anständig», erklärte Holbrooke nach dem Krieg im Gespräch mit Neil Sheehan. «Tatsächlich ist die Frist sogar unanständig. Er hat wahrscheinlich nicht weiter darüber nachgedacht, und ganz bestimmt hatte er von den Dimensionen der Katastrophe überhaupt keine Vorstellung.»

Kissingers Blick auf Holbrooke war nicht weniger einseitig. «Ich kenne Holbrooke genau», erklärte er seinen leitenden Mitarbeitern im Außenministerium. «Als ich zum Assistenten des Präsidenten ernannt wurde, war er meine wichtigste Quelle im Ministerium. In der Übergangszeit vor dem Amtsantritt hat er mir ständig Informationen zugespielt.» Nach einer Pause fügte er hinzu: «Holbrooke hat sich ein Mindestmaß an Wissen und Erfahrung erarbeitet, das muss man ihm lassen. Aber er ist eine Natter, schlimmer als alles, was mir in dieser Stadt bisher begegnet ist.» Und das von Kissinger!

Holbrooke sah den Fall von Saigon nicht als Quantensprung des amerikanischen Niedergangs. Das Kriegsende hatte sogar etwas Erlösendes, für ihn selbst öffnete es eine Tür, um seinen Platz einzunehmen und seinen Teil zur Pax Americana beizutragen. Wirtschaftlich, kulturell, politisch und militärisch waren die Vereinigten Staaten weiterhin das mächtigste Land der Welt. Aber es litt an einem Vertrauensverlust – schlechte Politiker und anderthalb Jahrzehnte Vietnamkrieg und Watergate hatten die amerikanischen Werte beschmutzt. In der neuen Ära, unter einer neuen und besseren Führung, könnten die USA ihre «semi-koloniale» Rolle in Asien überwinden und ihren Einfluss wiederherstellen, ohne auf B-52-Bomber zurückgreifen zu müssen.

Für *Foreign Policy* bestellte er Artikel über Bodenschätze, Weltwirtschaft, Menschenrechte und Umwelt, transnationale Themen jenseits der militärischen Auseinandersetzung, die für einen Machtpolitiker wie Kissinger kaum von Interesse waren. Die Dominotheorie war tot, Eindämmung passé, der Kalte Krieg selbst spielte in Holbrookes Denken kaum eine Rolle. Im *New York Times Magazine* schlug er sogar vor, die Truppen aus Südkorea abzuziehen. In seiner eigenen Zeitschrift schrieb er: «Neben den bereits erwähnten konkreten Machtinstrumenten verfügen wir noch über ein schier unüberschaubares ‹Arsenal›, das wir nicht einsetzen können, das aber eines Tages hoffentlich wieder zum Tragen kommen wird – nämlich die moralische Kraft, die sich aus den Prinzipien unseres demokratischen Systems speist –, eine Macht, die in den vergangenen Jahren von politischen Führern ausgehöhlt wurde, die offenbar nicht wirklich an sie geglaubt haben.»

Vietnam hatte das außenpolitische Personal beinahe komplett in zwei entgegengesetzte Lager gespalten: extreme Hardliner auf der einen, Friedenspolitiker auf der anderen Seite. Nur wenige konnten nach dem Krieg noch eine Position wie Holbrooke einnehmen, der den freiheitlichen Internationalismus seiner politischen Helden der Truman-Jahre vertrat.

Denkanstöße zu veröffentlichen war eine Möglichkeit, sich zu positionieren und wieder ins Spiel einzugreifen. Eine weitere bestand darin, Walter Mondale, den Senator aus Minnesota, auf einer Reise in den Nahen Osten und nach Europa zu begleiten, die hohe Erwartungen geweckt hatte. Außerdem konnte er sich jenen elitären globalen Verbindungen zur Förderung des Weltfriedens und der freien Marktwirtschaft – der Trilateralen Kommission, der Bilderberg-Gruppe, dem

Council on Foreign Relations – anschließen, die Insidern die Möglichkeit geben, die richtigen Leute kennenzulernen und den eigenen Ruf zu festigen, während sie Außenstehende mit dem bitteren Groll paranoider Fantasien erfüllen. Jeder in diesen Organisationen weiß, warum der andere dort ist, und jeder spielt das Spiel mit.

Einen Monat nach dem Fall von Saigon hielt die Trilaterale Kommission ihre Jahreskonferenz in Kyoto ab. Sie wurde damals von einem steifen, scharfzüngigen polnischen Einwanderer namens Zbigniew Brzezinski geleitet, der Politikwissenschaft an der Columbia University lehrte und dem Herausgebergremium von *Foreign Policy* angehörte. Er hatte Holbrookes Zorn auf sich gezogen, als er einen Artikel, der eigentlich seiner Zeitschrift versprochen gewesen war, an die Konkurrenz von *Foreign Affairs* gegeben hatte. In Kyoto war Brzezinski Tag und Nacht damit beschäftigt, sein Beziehungsnetz auszubauen. Unter den Teilnehmern befand sich auch der Gouverneur von Georgia, dessen Aufnahme Brzezinski und David Rockefeller betrieben hatten und der im Begriff war, Brzezinski zu seinem persönlichen Kissinger zu machen.

In Kyoto traf Holbrooke zum ersten Mal auf Jimmy Carter. Er kandidierte als Außenseiter für das Präsidentenamt und benutzte die Trilaterale Kommission, um sich in der Außenpolitik zu profilieren. Holbrooke hatte sich mit wenig Begeisterung dem Lager von Sargent Shriver angeschlossen, denn er erwartete, dass dessen Schwager Ted Kennedy, den er mit stärkerem Engagement unterstützt hätte, in den Wahlkampf eintreten würde. Doch im Januar 1976 erhielt er eine Einladung zum Abendessen mit Jimmy Carter und etwa zehn weiteren Personen in Washington. Carter ließ sich im Kreis der versammelten politischen Schwergewichte nicht einschüchtern, er wirkte nachdenklich und entschlossen zugleich. Seine politischen Ansichten lagen nahe genug bei denen von Holbrooke, aber die Anziehungskraft war eher instinktiv – als Mann der Mitte schien Carter, ein weißer Südstaatler, in der Lage, die Demokratische Partei mit ihren unterschiedlichen Lagern zu vereinen. Er bot die moralische Führung, die Holbrooke für notwendig hielt, um den üblen Geruch der Johnson-Nixon-Jahre zu vertreiben. In Sachen Vietnam war Carter praktisch ein unbeschriebenes Blatt – er hatte zum Krieg kaum Stellung bezogen. Er war der neue Mann, den das Land brauchte, und er konnte den Wahlkampf gewinnen. Als Carter die Anwesenden um ihre Unterstützung bat, hatte sich Holbrooke bereits entschieden.

Zu diesem Zeitpunkt lag Carter in den Umfragen unter demokratischen Wählern bei etwa vier Prozent. Gelb, der den Kandidaten einmal auf einem Flug von Indiana nach Georgia begleitet hatte und als ausgesprochen schwach und rückgratlos einschätzte, hielt Holbrooke für verrückt. Doch zu Holbrookes Talenten gehörte auch dieses besondere politische Gespür. Zwei Monate später half er Polly Wisner, ein großes, glanzvolles Bankett für Carter in der P Street zu arrangieren. Carter kandidierte quasi in Opposition zu Georgetown und der politischen Klasse von Washington, und der Journalist Clayton Fritchey, Pollys neuer Ehemann, erhob das Glas und sagte: «Gouverneur, Sie werden sehen, diese Stadt ist gar nicht so schlimm, wie Sie denken.» Holbrooke wurde zu einer der Hauptverbindungen, die Carter nach Washington hatte, nicht zuletzt auch zu dem größten Strippenzieher von Georgetown, Averell Harriman, der eingeschnappt war, weil es jemand gewagt hatte, als demokratischer Präsidentschaftskandidat anzutreten, den er gar nicht kannte.

Daneben brachte sich Holbrooke ein, indem er dem Wahlkampfteam Positionspapiere zukommen ließ, ab März schickte er Carter regelmäßig Entwürfe und Vorschläge. Er schrieb, dass politische Berater wie Bundy und Kissinger im Weißen Haus zu große Macht angehäuft hätten. Das State Department müsse wieder die zentrale Rolle in der Außenpolitik einnehmen, und der Präsident solle die Amtsträger nicht nach ihren individuellen Stärken auswählen, sondern nach ihrer Teamfähigkeit, so wie es Bill Russell, der Trainer der Celtics getan hatte. Für eines dieser Schreiben bedankte sich Carter in dem lieblich-bekenntnishaften Ton, der perfekt zum sanften Populismus der Siebzigerjahre passte: «P. S. Ich fühle mich wohl, wenn ich Sie um mich weiß! J.»

Im Mai wurde Holbrooke offizielles Mitglied in Carters außenpolitischem Beraterstab, und Ende Juli, nach dem Parteitag in New York – Holbrooke hatte sich gerade endgültig gegen Gail und für Blythe entschieden – flog er zur Wahlkampfzentrale nach Atlanta, wo er die Rolle des außenpolitischen Koordinators für den frisch nominierten Kandidaten übernahm. Lake kam nach dem Labor Day dazu, um die nötigen

Unterlagen für die Regierungsübergabe vorzubereiten. Holbrooke behauptete, er habe ihm diese Stelle verschafft, es sollte sich allerdings herausstellen, dass es Cyrus Vance gewesen war.

Dann, unmittelbar vor der Wahl, schickte Holbrooke noch ein letztes Memorandum an den Kandidaten, in dem er für diese Chance dankte, an seine frühe Unterstützung erinnerte und Carter noch einmal ans Herz legte, seine Mitarbeiter mit Blick auf ihre Teamfähigkeit zu ernennen, und schließlich seine eigene Laufbahn in Vietnam, Washington, Paris und Marokko zusammenfasste: «Wenn Sie unter diesen Qualifikationen, die, so denke ich, größer sind als die der meisten heute tätigen Experten im Außen- und Verteidigungsbereich, etwas entdecken, das für Sie von Wert sein könnte, dann stehen sie Ihnen jederzeit vollständig zur Verfügung.» Am 15. November antwortete Carter, der gerade die Wahl gewonnen hatte, und schrieb das, was Holbrooke unbedingt hören wollte: «Sie haben hervorragende Arbeit geleistet. Ich wünsche mir, dass Sie mir Ihre Vorschläge für die Besetzung der wichtigsten Ämter in meiner Regierung direkt & persönlich unterbreiten.»

An Thanksgiving rief Carter aus Plains an. Holbrooke saß gerade im Herrenhaus der Wisners im östlichen Maryland am Kamin. Und da machte er den größten Fehler seiner kurzen Karriere.

Carter nannte eine Reihe von Kandidaten für sein Kabinett und bat um Holbrookes Einschätzung, und Holbrooke zeigte sich von allen begeistert, besonders von Vance. Er kannte Vance, der 1968 in Paris Harrimans Stellvertreter gewesen war, gut – ein Gentleman des weißen, protestantischen Establishments, das im Begriff war abzutreten. Vance besaß eine beinahe genetische Veranlagung, den Mächtigen ins Ohr zu flüstern, und er war dabei derart zurückhaltend und fair, dass Joe Alsop ihn einmal mit einer in Milch getunkten Brotscheibe verglich. Die Katastrophe von Vietnam hatte Vance aus der ehrenwerten politischen Mitte an den linksliberalen Rand gedrängt – er hatte Verständnis für die Nöte und Forderungen der Dritten Welt, hielt es für die oberste Pflicht, zu verhandeln, und wünschte sich nichts so sehr wie die Wiederaufnahme der Entspannungspolitik in den amerikanisch-sowjetischen Beziehungen. Er war damit ein politischer Insider, der gut zu der Weltordnung passte, die Carter für die Zeit nach Vietnam im Sinn hatte.

«Sie haben sich noch nicht zum Nationalen Sicherheitsberater geäußert», drängte Carter in einem beinahe neckenden Ton, «oder zu Ihren eigenen Plänen.»

«Es gibt eine Menge Leute, die diesen Posten übernehmen könnten», antwortete Holbrooke und nannte einige Namen, darunter Tony Lake. «Was immer Sie für mich im Sinn haben – ich würde Ihrer Regierung in jeder Kapazität dienen. Es wäre mir eine Ehre. Was mich aber am meisten interessieren würde», fuhr er fort, «wäre Asien. Im Fernen Osten hat Amerika in den vergangenen dreißig Jahren die größten Schwierigkeiten gehabt. Die letzten drei Kriege, in die wir verwickelt waren, haben dort begonnen, und die Innenpolitik war lange bestimmt von der Frage, wer für den Verlust von China und Korea, von Vietnam und Kambodscha verantwortlich war. Und ich denke, dass Ihre Regierungszeit die Wende bringen könnte. Es könnte uns gelingen, die kohärente Strategie wieder zusammenzufügen, die diesen Konflikten ein Ende bereitet und uns in Asien in eine logisch nachvollziehbare Position gebracht hat.»

Carter hörte aufmerksam zu, dann fragte er: «Und was halten Sie von Zbig als Nationalem Sicherheitsberater?»

Holbrooke zögerte. Brzezinski – der Sohn eines polnischen Diplomaten, der erst vor den Nazis und dann vor den Kommunisten geflohen war, war im Bezug auf die Sowjetunion ein Scharfmacher. Er sah die Welt durch die Brille des Kalten Krieges, Holbrooke hielt ihn mit seinem Schwarz-Weiß-Denken für wenig flexibel. Er erinnerte Holbrooke zu sehr an Kissinger: eine akademische Koryphäe, der abstrakt dachte und die Sprache der Realpolitik mit europäischem Akzent sprach, dessen Ego vor allem so groß war, dass er versuchen würde, alle außenpolitischen Entscheidungen in seinen Kompetenzbereich im Weißen Haus zu ziehen – möglicherweise nur, weil er sich an Kissingers Erbe messen wollte. Das Außenministerium dagegen würde weiter an Bedeutung verlieren, Vance bekäme vermutlich keinen Fuß auf den Boden.

Was Holbrookes eigene Interessen betraf, sah es nicht so aus, als könnte Brzezinski jemals die Rolle eines wohlwollenden Förderers wie Harriman oder Clifford oder Vance einnehmen, und Holbrooke sah sich selbst auch nicht als jemand, der ihm Gefolgschaft leisten oder ihn gar umschmeicheln könnte. Sie waren bereits Rivalen, im Wahlkampf hatte

Holbrooke mehrere seiner Vorschläge abgeschmettert. Brzezinski tickte anders als die Establishment-Figuren des alten Georgetown. Er gehörte zu einer neuen Generation von Außenpolitikern – Wissenschaftler, die sich an Universitäten und in Denkfabriken einen Namen gemacht hatten, die parteiischer und zugleich weniger etabliert waren und dazu neigten, sich gegenseitig zu bekriegen. Was sie konnten, war, sich selbst zu vermarkten, und sie kamen an die Macht, indem sie auf den Zug eines Politikers aufsprangen und so weit wie möglich mitfuhren. So wie es Kissinger mit Nelson Rockefeller und später mit Nixon gemacht hatte, wie es Brzezinski nun mit Carter tat.

Holbrooke sagte nichts dergleichen zu Carter. Stattdessen deutete er vorsichtig an, dass Vance und Brzezinski eher mit den zweitplatzierten Lakers zu vergleichen wären als mit den Celtics, die sich den Meisterschaftstitel der Basketball-Liga geholt hatten. «Gouverneur, ich denke nicht, dass Vance und Brzezinski gut zusammenspielen würden», erklärte Holbrooke. «Ich glaube, dass Brzezinski für diesen Posten zu kämpferisch ist, dass er zu sehr auf seinen eigenen Vorteil bedacht ist.»

Carter schwieg. Es war, als würde die Stille den Hörer in Holbrookes Hand einfrieren. Der designierte Präsident hatte nicht angerufen, um sich so etwas sagen zu lassen. Holbrooke war von einer Vertrautheit ausgegangen («Ich fühle mich wohl, wenn ich Sie um mich weiß!»), einer Bereitschaft, harte Wahrheiten zu hören, die nicht existierte. Carter dankte nur kurz und legte auf. Damit war die Warmherzigkeit zwischen ihnen für immer verflogen, ebenso wie die Möglichkeit einer Détente zu Brzezinski, der einer der zwei oder drei mächtigsten Männer in der neuen Regierung werden sollte und Holbrookes treuer Feind.

Eine Woche später rief Vance an, um Holbrooke zu sagen, dass Carter ihm selbst den Posten des Außenministers und Holbrooke den des Assistant Secretary of State für Asien angeboten hatte. Noch nie hatte ein Jüngerer dieses Amt innegehabt.

«Das ist wunderbar, Cy», sagte Holbrooke. «Und was ist mit Brzezinski?»

«Ich habe dem designierten Präsidenten gesagt, dass ich mit jedem zusammenarbeiten kann», antwortete Vance, getreu seinem Verhaltenskodex.

Die Hoffnungen, die an Jimmy Carters Wahl geknüpft waren, sind möglicherweise etwas in Vergessenheit geraten. Man denkt heute eher an die Schlangen vor den Tankstellen, an die verbundenen Augen der Geiseln, die zweistellige Inflation, Zinssätze von zwanzig Prozent, an den Präsidenten, der, eingehüllt in eine Strickjacke, im Oval Office sitzt und die Bevölkerung feierlich bittet, das Thermostat herunterzudrehen, der bei einem Zehn-Kilometer-Volkslauf einen Hitzeschlag erleidet und zusammenbricht, der die landesweit im Fernsehen übertragene sogenannte «Malaise-Rede» hält, die eigentlich «Vertrauensverlust-Rede» hätte heißen müssen. In den späten Siebzigerjahren wurde alles immer hässlicher und schäbiger – die Städte, die Autos, die Musik, die aus dem Radio kam. Carter schwor, dass er, anders als seine Vorgänger, dem amerikanischen Volk immer die Wahrheit sagen würde, und er hielt sich daran, und die Amerikaner jagten ihn dafür aus dem Amt. Er war der letzte Präsident, der diesen Fehler machte.

Doch er zog mit Hoffnung, einem breiten Lächeln und Koteletten ins Weiße Haus ein. Er trat gegen Washington selbst an, so wie es seither alle Kandidaten getan haben. Er war ein unbeschriebenes Blatt, und er versprach eine Erneuerung, von der die Amerikaner in dieser von den Enkeln der Puritaner gegründeten Republik immer geträumt haben und noch heute träumen – eine Erneuerung durch die Politik, die das Politische übersteigt und daher in der Politik von vornherein zum Scheitern verurteilt ist. 1980, als bereits alles schief gegangen war, notierte Holbrooke: «1976 – ich habe JC nicht richtig eingeschätzt. Ich war zu sehr geblendet von der Nähe, den Möglichkeiten, seiner Intelligenz – die Probleme habe ich übersehen, + kleingeredet.»

Am Neujahrstag heirateten Holbrooke und Blythe, dann flogen sie für eine Woche nach Palm Beach. Die meiste Zeit verbrachten sie auf dem Anwesen der Harrimans in Hobe Sound. Holbrooke delegierte die gesamte Verantwortung in seiner Abwesenheit an seinen neuen Assistenten, Kenneth Quinn – einen Diplomaten, der sechs Jahre im Mekong-Delta gearbeitet hatte. Blythe wollte in den Flitterwochen nicht vom Washingtoner Politikbetrieb gestört werden.

Offiziell wurde Holbrooke am 31. März von Vance vereidigt, die Zeremonie fand im nach John Quincy Adams benannten Saal auf der achten Etage des State Department statt, zu einer Zeit, als die oberen Stockwerke noch nicht saniert und wie ein Museum des 18. Jahrhunderts eingerichtet waren, mit den entsprechenden historischen Messingbeschlägen und Möbeln, mit Kronleuchtern und Porträtgalerien, beinahe so, als müsste im Außenministerium einer globalen Supermacht eigentlich überhaupt nicht mehr gearbeitet werden. Der Saal, in dem Holbrooke seinen Amtseid ablegte, war damals noch von der brutalen Tristesse geprägt, die sein funktionaler Ursprung in der Mitte des Jahrhunderts nahelegte, mit Teppichboden und Akustikdeckenplatten. Seine Mutter war da und seine Söhne, Averell und Pamela Harriman, Clark Clifford, Polly und Frank Wisner, Tony Lake, Holbrookes Kollegen aus Vietnam, befreundete Journalisten – und John Helble, jener Personalberater im Außenministerium, der bei ihrem Treffen 1967 ein Kichern nicht unterdrücken konnte, als Holbrooke ihm erklärt hatte, er gehe davon aus, mit fünfunddreißig Jahren zum Assistant Secretary ernannt zu werden. Als Abteilungsleiter für Thailand und Burma musste Helble miterleben, dass sich die Vorhersage seines neuen Vorgesetzten erfüllt hatte.

Holbrooke war derart dankbar für Helbles zehn Jahre zurückliegenden Ratschlag, aus der Diplomatenlaufbahn auszuscheiden, dass er ihm einen Botschafterposten anbot. Doch Helble war ein Geschöpf der Institution, der eine Beförderung über seine Gehaltsstufe hinaus nicht für angemessen hielt und es vorzog, dort zu bleiben, wo er hinzugehören meinte, eine Entscheidung, die Holbrooke verblüffte. Er hatte für fantasielose Beamte, die sich langsam die Karriereleiter hinaufhangelten, nur wenig übrig – denn Außenpolitik war Drama und Abenteuer! Als Helble sah, wie Holbrooke die erfahrenen Beamten hinausbeförderte und ohne Rücksicht auf das Protokoll neue einstellte (eine seiner Prioritäten bestand in der Beförderung von schwarzen Beamten), als Holbrooke Deputy Assistant Secretarys bat, vorübergehend ihre Büros zu verlassen, da sie renoviert werden müssten, um sie dann zu ersetzen – als Helble zusehen musste, wie sein neuer Chef in der Ostasienabteilung aufräumte, da beschloss er, sich ins Büro des Generalinspekteurs versetzen zu lassen, und er sah Holbrooke nie wieder.

Er trat also bei seinem Dienstantritt einer Menge Leute auf die Füße, deren Namen wir heute kaum noch kennen. Vielleicht hatten sie es verdient. Vielleicht war es gerechtfertigt, Beamte des Auswärtigen Dienstes, deren nächste Station eine Stelle in der Beschaffungsabteilung der Ministeriumsverwaltung sein würde, auf diese Weise zu behandeln. Es lag ihm fern, sich darüber den Kopf zu zerbrechen, denn er handelte instinkthaft, und das Einzige, was ihn interessierte, waren herausragende Leistungen. Ein Kollege in Saigon war «dieser Typ, der in Frankreich Bidets verkauft hat»; ein Mitarbeiter in der Bosnien-Zeit war «der beste Protokollant in der Geschichte des Außenministeriums». Sein zentrales Nervensystem kam ohne Verlierer nicht zurecht. Diese Grausamkeiten, die er hierhin und dorthin streute, als hätten sie überhaupt keine Bedeutung, hatten etwas Unbedachtes und Unnötiges – doch am Ende sollten sie alle aufgerechnet werden.

Die Amtsräume befanden sich in der südwestlichen Ecke der sechsten Etage. Ein wichtiges Maß für den Status, den man in Washington erreicht hat, ist die physische Nähe zur Macht. Im Außenministerium verliert man seinen Status Etage um Etage. Man spricht vom «siebten Stockwerk» – gemeint ist die mahagoniverkleidete Bürosuite des Ministers –, als handelte es sich um den Palast der Himmlischen Reinheit in der Verbotenen Stadt. Ein Stockwerk tiefer zu sein war für Holbrooke ein ständiges Ärgernis, das noch dadurch verstärkt wurde, dass alle seine Freunde Büros in der oberen Etage erhalten hatten. Lake leitete die Abteilung für Strategieplanung, ein Posten, den der einstige Verlobte seiner Mutter, George Kennan, 1947 eingerichtet hatte. Das Büro befand sich direkt neben den Ministerbüros. (Toni wollte ihren Mann nicht schon wieder an die Regierung verlieren, doch sie überwand ihre Bedenken, als er versprach, unter der Woche keine Abendeinladungen anzunehmen, woran sich Lake auch hielt.) Gelb hatte das Büro neben Lake, er leitete die Abteilung für politisch-militärische Angelegenheiten. Der elegante Peter Tarnoff, ein Diplomat, wie er im Buche steht, war seit Vietnam mit Holbrooke und Lake befreundet, er arbeitete als Vances Büroleiter aus dem Zentrum der Macht heraus. Wisner, der ein Angebot abgelehnt hatte, unter Holbrooke zu arbeiten, weil er ihre Freundschaft erhalten wollte, war Tarnoffs Stellvertreter. Lakes Nähe zu Vance verunsicherte Holbrooke, der Gelb immer wieder aufsuchte, um herauszufinden, ob Lake in seinen Gesprächen mit dem Minister an seinem Stuhl sägte. Gelb sah dafür keine Hinweise, aber ihm fiel auf, dass seine beiden Freunde nur noch miteinander sprachen, wenn die Arbeit dies erforderte.

Jeden noch so fadenscheinigen Anlass nutzte Holbrooke, zu Tarnoff und Wisner hinaufzugehen und vor Vances Büro mit ihnen zu plaudern, er schlich um den privaten Aufzug des Ministers herum und setzte sich in dessen vor dem Gebäude wartende Limousine. Vance war zu höflich, um etwas dagegen zu sagen, also fiel es seiner Sekretärin Elva Morgan zu, ihn in einem Schreiben folgendermaßen zu belehren:

Nur dieses Büro ist autorisiert, für einen bestimmten Personenkreis Fahrten zu verschiedenen Terminen mit dem Minister zu arrangieren. Ihr Büro sowie andere Büros des Ministeriums können nicht ständig über den sich fortlaufend ändernden Terminkalender des Ministers informiert werden oder über andere persönliche Vereinbarungen, die in seinem Namen gemacht werden. Es ist daher nicht gestattet, dass Sie sich als Mitfahrer in den Wagen des Ministers setzen, es sei denn, dass dieses Büro Ihrer Bitte, ihn zu begleiten, ausdrücklich entsprochen hat. Die Personenschützer des Ministers sind angewiesen worden, Sie nur dann im Wagen mitfahren zu lassen, wenn Sie im Voraus von diesem Büro die entsprechende Genehmigung erhalten haben.

Der unerschütterliche Holbrooke ließ sich das Schreiben rahmen und hängte es auf.

Eine neue Regierung wirbelt eine Menge Staub auf, wenn sie die Macht übernimmt, sie versucht, alles anders zu machen als die Vorgängerregierung, und das war bei Carter nicht anders, und nirgends wurde dieser Wirbel stärker wahrgenommen als im Eckbüro von Holbrookes Ostasienabteilung. Er führte sich weniger wie ein Assistant Secretary auf (was ja keineswegs kein glamuröser Posten war – an welche Namen erinnert man sich denn?), denn wie ein politischer Jungstar. Er kümmerte sich manisch um seine verschiedenen Unterstützer. Er war ständig auf dem Kapitolshügel, er telefonierte mit Abgeordneten und versuchte, Anschluss an Tip O'Neill, Ted Kennedy und John Glenn zu finden. Er bot sich wichtigen Journalisten als Quelle an, vor allem Strobe Talbott, dem diplomatischen Korrespondenten von *Time,* der ein enger Freund wurde. Da die republikanische Regierung die amerikanisch-japanischen Beziehungen vernachlässigt hatte, organisierte er ein Softball-Spiel zwischen seiner Abteilung und der japanischen Botschaft in der Nähe des Lincoln Memorials. Den ersten Ball des japanischen Botschafters schlug er weit über den Parkplatz aus dem Feld heraus – ein Homerun. Der Botschafter, der sich gerade vor seinen amerikanischen Verbündeten blamiert hatte, musste zusehen, wie Holbrooke lachend von Base zu Base joggte. Seinem Stab gegenüber vermittelte er zwar keine persönliche Wärme – wenn er Mitarbeitergespräche führte, telefonierte er nebenher und kramte in Unterlagen –, dafür aber intellektuelle Anregung. Er zeigte sich offen für abweichende Meinungen und beförderte das Gefühl, dass sie durch die gemeinsame Mission zusammengeschweißt würden. Im Gegenzug strengten sie sich ungemein an.

Sein Hauptziel bestand darin, die Rolle des Oberaufsehers, die die USA in der Region eingenommen hatten, abzulegen, um wieder an Einfluss zu gewinnen. Dies entsprach auch Carter, der schon früh in seiner Regierungszeit eine Rede hielt, in der er vor einer Außenpolitik warnte, die die amerikanischen Werte missachtete, und die Abkehr von «jener unmäßigen Angst vor dem Kommunismus» beschwor, «die uns einst dazu veranlasste, jedem Diktator in die Arme zu fallen, der diese Angst mit uns teilte». Die Pattsituation der Supermächte – das zentrale Thema der Außenpolitik in der Nachkriegszeit – interessierte Holbrooke kaum. Die Aussicht auf einen dritten Weltkrieg war zu abstrakt, zu statisch, zu *langweilig.* Ihn interessierten einzelne Länder, vor allem Vietnam.

Im März 1977 entsandte Carter eine Delegation nach Hanoi, die von Leonard Woodcock, dem Vorsitzenden der amerikanischen Automobilarbeitergewerkschaft, angeführt wurde, um Fragen über vermisste amerikanische Soldaten zu klären. Inoffiziell bestand der Zweck der Mission darin, am Ende sagen zu können, dass in Indochina kein amerikanischer Kriegsgefangener mehr am Leben war. Die Frage der vermissten amerikanischen Soldaten war das Thema, das Vietnam für Politiker noch immer gefährlich machte, denn darin kamen die Trauer, die Demütigung und die Wut der amerikanischen Niederlage zum Ausdruck, sodass ein mächtiger Mythos von Verrat entstanden war, den die Rechten für eine Dolchstoßlegende nutzten. Dies ist der Grund dafür, dass im ganzen Land noch immer schwarze POW / MIA-Fahnen geflaggt werden, Jahrzehnte nachdem die letzte Hoffnung geschwunden ist, in Indochina noch Überlebende oder sterbliche Überreste zu finden. Tatsächlich haben wir bis heute nicht akzeptiert, dass wir den Krieg verloren haben.

Doch 1977 gab es noch Amerikaner, deren Verbleib ungeklärt war. Kissinger hatte Rechenschaft und Nachweise zur Vorbedingung für die Aufnahme von Gesprächen mit den Vietnamesen gemacht. Holbrooke warf diese Politik über den Haufen – denn er hatte größere Ziele.

Quinn, Holbrookes Sondergesandter, begleitete die Woodcock-Delegation, und auch andere Vertraute waren dabei, wie Jim Rosenthal, der Kollege aus Saigon, der nun für Holbrooke in der Ostasienabteilung arbeitete. Quinn war schockiert, als er feststellte, dass das Zentrum von Hanoi vom Krieg relativ unversehrt geblieben war – das alte Kolonialviertel war intakt, die hohen Bäume um den Hoan-Kiem-See standen noch. Die Amerikaner hatten Tausende Tonnen Bomben abgeworfen, aber das Herz der feindlichen Hauptstadt war weitgehend verschont geblieben.

Die Vietnamesen empfingen die Delegation höflich, eine Reihe von Arbeitstreffen und Abendessen war arrangiert worden. Dann wurden die Amerikaner zu einem Friedhof außerhalb von Hanoi gefahren, man führte sie in eine düstere, enge Kammer und zeigte ihnen einige ein Meter lange, etwa sechzig Zentimeter breite Blechkisten. Sie enthielten die Knochen amerikanischer Flieger, die über Nordvietnam abgeschossen worden waren.

Am Tag der Abreise stellten sich Quinn und seine Kollegen zu einer Ehrengarde am Flughafen auf. Die Kisten, auf denen jeweils eine gefaltete amerikanische Flagge lag, wurden über die Rampe ins Flugzeug getragen. Quinn, der sechs Jahre in Südvietnam verbracht und Spezialeinheiten bei Kampfeinsätzen begleitet hatte, hatte das Gefühl, ein Versprechen zu erfüllen, das ihn jene Soldaten damals gelehrt hatten: Koste es, was es wolle –, wir lassen keinen Amerikaner, ob wir ihn gekannt haben oder nicht, auf dem Schlachtfeld zurück.

Die Woodcock-Delegation kehrte mit den sterblichen Überresten der Soldaten nach Washington zurück, und mit dem Eindruck, dass die vietnamesische Führung bereit war, die Vergangenheit ruhen zu lassen. Das war ganz in Carters Sinn – denn er sah sich als der Präsident, der die Wunden des Krieges heilen würde. Vance war überzeugt, dass die USA mit einer Vertretung in Hanoi den sowjetischen Einfluss in Südostasien durch Diplomatie statt durch militärische Macht eindämmen könnten. Anfang Mai schickte er seinen Assistant Secretary nach Paris, um die Bedingungen für eine Aufnahme diplomatischer Beziehungen mit der Sozialistischen Republik Vietnam zu verhandeln.

Holbrooke und sein Stab wohnten im Hôtel de Crillon, wo die Harriman-Vance-Delegation bereits 1968 logiert hatte. Die Treffen fanden in der neuen, noch nicht fertiggestellten vietnamesischen Botschaft statt, wo notdürftig einige Pflanzen aufgestellt und Bilder an die Wand gehängt worden waren, aber kaum Möbel zur Verfügung standen. Holbrookes Gegenüber war Phan Hien, der stellvertretende Außenminister von Vietnam, der auch 1968 in Paris etwa ranggleich mit ihm gewesen war – einmal hatten sie sich sogar zu einem autorisierten Abendessen im Bois de Vincennes getroffen. Phan Hien, der lächelte, sein pomadisiertes Haar sorgfältig nach hinten kämmte und fließend Französisch sprach, war wieder in Paris, um ein vereintes, siegreiches Vietnam zu vertreten. Als Holbrooke ihm gegenüber Platz nahm, erinnerte er sich daran, dass er der rangniedrigste Diplomat am fernen Ende des Tischs gewesen war, als der große Harriman die Amerikaner vertreten hatte, und es durchzuckte ihn schwer, als ihm klar wurde, dass er nun derjenige war, der für sein Land sprechen sollte.

Wie ein Diplomat sah er nicht aus. Sein Haar war ein wirres Dickicht, das Gesicht verschwand hinter der riesigen Brille, die Krawatte war schief, das Hemd rutschte ihm immer wieder aus der Hose. Auf einer diplomatischen Reise nach Japan hatte er einmal eine Anzughose von einem Kollegen ausgeborgt, weil er vergessen hatte, eine eigene zu packen. Auf einer anderen Reise waren es die Socken. Doch nun richteten sich zum ersten Mal in seinem Leben die Fernsehkameras auf ihn, er fand sich auf den Titelseiten der Zeitungen wieder. Alles schien darauf hinzuweisen, dass Holbrooke derjenige Amerikaner sein würde, der den Krieg seiner Jugend zu einem wirklichen Abschluss bringen würde.

Es dauerte nicht lange, bis er daran erinnert wurde, wie hart und diszipliniert die vietnamesischen Kommunisten verhandeln konnten. Als er anbot, das amerikanische Veto zur Aufnahme Vietnams in die UNO fallen zu lassen, legte Phan Hien einen geheimen Brief Richard Nixons an den nordvietnamesischen Premierminister Pham Van Dong vor, eine Nebenabsprache zum Pariser Abkommen von 1973, in dem er beinahe fünf Milliarden Dollar an amerikanischer Wiederaufbauhilfe angeboten hatte. Jetzt forderte Vietnam dieses Geld als eine der Vorbedingungen für die Aufnahme von diplomatischen Beziehungen. Die Carter-Regierung wusste zwar, dass ein derartiges Schreiben existierte, hielt das Versprechen aber für null und nichtig. Nordvietnam hatte das Abkommen durch seinen Einmarsch in den Süden gebrochen, und außerdem waren weder das amerikanische Volk noch der Kongress bereit, das zu zahlen, was de facto Kriegsreparationen waren (auch wenn Phan Hien den Begriff natürlich vermied). Holbrooke hielt diesen Brief für eine typische Täuschung der Nixon-Kissinger-Jahre – sie hatten den Nordvietnamesen das Geld als Zuckerbrot angeboten und hatten es nicht für nötig gehalten, das amerikanische Volk darüber zu informieren, denn sie hatten überhaupt nie beabsichtigt, das Versprechen einzulösen.

Holbrooke erklärte Phan Hien, dass man über finanzielle Hilfen überhaupt erst nach der Aufnahme diplomatischer Beziehungen sprechen könne. Doch die Vietnamesen ließ nicht locker. Sie hatten den Krieg gewonnen, die Sieger diktierten die Bedingungen. Außerdem brauchten sie dringend Geld. Der Sieg hatte das Land in den finanziellen Ruin getrieben.

Bei ihrem zweiten Zusammentreffen am nächsten Tag, als sich ein Patt abzeichnete, beugte sich Holbrooke über den Tisch, sah Phan Hien in die Augen und sagte: «Herr Minister, lassen Sie uns die Themen, die uns trennen, beiseitelegen. Gehen wir einfach gemeinsam hinaus und erklären der Presse, dass wir beschlossen haben, diplomatische Beziehungen aufzunehmen.»

Plötzlich war es still im Saal. Holbrooke hatte keine schriftlichen Anweisungen, um ein solches Angebot zu machen. Er hatte die Dinge einfach in die Hand genommen. Diese Art der Verhandlungsführung – den Augenblick nutzen, dramatische Spannung erzeugen, etwas losrütteln in einer Situation, die komplett verfahren scheint – sollte in den kommenden Jahren zu einer Art Markenzeichen für ihn werden. Der Prozess interessierte ihn weit weniger als das Ergebnis.

Mit leiser, kaum hörbarer Stimme sagte Phan Hien auf Englisch: «Nicht ohne Hilfszahlungen.»

Holbrooke, der sich schon an einem historischen Durchbruch gesehen hatte, war bitter enttäuscht.

Nach der Sitzung hielt Phan Hien eine Pressekonferenz ab, in der er Nixons Brief öffentlich machte. Danach rief Holbrooke ihn an. «Herr Minister, Sie sind sich hoffentlich darüber im Klaren, dass Sie diesen Verhandlungen enormen Schaden zugefügt haben.»

«Warum?»

«Weil unser Kongress sehr, sehr ungehalten darauf reagieren wird.»

Holbrooke erinnerte Phan Hien daran, dass es sechzehn Jahre gedauert hatte, bis die USA die Sowjetunion offiziell anerkannt, dreiundzwanzig Jahre, bis sie in der Volksrepublik China ein Verbindungsbüro eingerichtet hatten. «Wollen Sie dreiundzwanzig Jahre warten, bis wir diplomatische Beziehungen aufnehmen?»

Am Ende waren es nur fünf Jahre weniger.

Holbrooke begriff, dass die Vietnamesen das politische Gespür für die Amerikaner verloren hatten. Sie verstanden nicht, dass der Kongress längst nicht mehr das friedliebende Gegengewicht zu einem kämpferischen Präsidenten war, wie sie es aus der Zeit des Krieges kannten. Jetzt, da die Amerikaner Vietnam nicht mehr in Schutt und Asche legten, war auch das Schuldbewusstsein verschwunden. Es war die Bitterkeit über das Vergangene, die diese Jahre prägte. Der Kongress, wie auch die amerikanische Bevölkerung, wollte Vietnam hinter sich lassen. Und tatsächlich verabschiedete der Kongress unmittelbar nach dieser Pressekonferenz ein Gesetzespaket, das jegliche finanzielle Hilfe für Vietnam ausschloss und ein Handelsembargo verhängte. Für eine diplomatische Lösung war die politische Unterstützung im eigenen Land nötig – diese Lektion hatte Holbrooke bereits 1968 gelernt. Holbrooke gab nicht auf. Doch ein weiteres Hindernis war zu überwinden, und das saß mitten im Weißen Haus.

Anfangs war Zbigniew Brzezinski weder für noch gegen die Aufnahme diplomatischer Beziehungen. Für ihn bedeutete Vietnam etwas, das über diese Frage hinausging: Es stand für den folgenschweren Verlust des Selbstvertrauens unter den Demokraten. Er hielt das Außenministerium für eine Art Erholungsheim für verwundete Vietnamveteranen. Holbrooke, Lake, Gelb, Tarnoff und selbst Vance, der McNamaras Stellvertreter gewesen war – litten, so sah es Brzezinski, allesamt unter dem Vietnamsyndrom und waren zögerlich, die amerikanische Militärmacht einzusetzen. «Ich kann mich des Eindrucks nicht erwehren, dass Schuldgefühle wegen des Vietnamkriegs etwas mit dem offensichtlichen Wunsch von Cy und Holbrooke zu tun haben, in dieser Frage rasch voranzukommen», schrieb er in einem Memorandum an Carter, der am Rand schnippisch vermerkte: «Ich habe keine Schuldgefühle & will trotzdem wg V Nam schnell vorankommen.»

Brzezinski hielt Vance für ein Mitglied der weißen, protestantischen Elite, eine Gruppe von älteren Herren mit überholten Werten und Regeln, die ihre beste Zeit hinter sich hatten. Die Siebzigerjahre waren geprägt von Dauerkrisen in einer Region, die wir damals als Dritte Welt bezeichneten, im Zeitalter von Gaddafi und Castro genügte es nicht mehr, wenn die Außenpolitik von einem New Yorker Anwalt geleitet wurde, der die internationalen Beziehungen für eine endlose Reihe von Verhandlungen zwischen streitenden Parteien hielt. In der amerikanischen Politik wie in der globalen Auseinandersetzung wurde mit Bandagen gekämpft, die zu hart waren für die diskreten überparteiischen Institutionsgläubigen der Nachkriegsjahre. Die Zeiten verlangten nach jemandem, der jünger, forscher und ideologischer war. Brzezinskis Nase und Schmalztolle hatten die Form eines Axtkopfs. Vance sollte das Reden mit anderen Ländern übernehmen, doch für Brzezinski war das Weiße Haus, nicht das Außenministerium, der Ort, an dem die Entscheidungen getroffen wurden. Er war nicht einmal eine Woche im Amt, als er zum ersten Schlag innerhalb des Regierungsapparats ansetzte. Und der zielte auf Holbrooke. Ende Januar absolvierte Vizepräsident Mondale Antrittsbesuche bei verschiedenen Verbündeten, in Tokio sollte er von Holbrooke begleitet werden. Brzezinskis Stellvertreter David Aaron erklärte Michael Armacost, dem Vertreter des Nationalen Sicherheitsrats bei dieser Reise, dass seine Hauptaufgabe darin bestehe, Holbrooke von dem Treffen mit dem japanischen Premierminister fernzuhalten.

«Aber der Nationale Sicherheitsrat ist dazu da, die Politik zwischen den beteiligten Ministerien zu koordinieren», protestierte Armacost.

«*Machen Sie es einfach*», antwortete Aaron.

Aaron hatte in Mondales Senatsbüro gearbeitet, weshalb er in der Lage war, dafür zu sorgen, dass der Schlag auch Wirkung zeigte. Es ging nicht darum, ob Holbrookes Anwesenheit etwas verändert hätte. Nicht einmal Mondale konnte sich frei äußern – er hatte Anweisung vom Präsidenten, dem Premierminister mitzuteilen, dass Japan ein wichtiger Verbündeter sei und dass die Frage der Menschenrechte in Nachbarländern wie Südkorea und den Philippinen die Politik der neuen Regierung in entscheidender Weise beeinflussen würde. Aber es gibt eben kaum eine rohere Form bürokratischer Machtausübung, als jemanden von einem Treffen fernzuhalten. Wenn Holbrooke etwas Derartiges widerfuhr – und es sollte noch oft genug geschehen –, schlug er um sich, als hätte man ihm den Sauerstoff abgedreht.

Armacost und Holbrooke reisten gemeinsam im Linienflugzeug nach Paris. Holbrooke überflog als streng geheim eingestufte Depeschen, zerriss sie und stopfte sie in die Sitztasche vor sich, während sie sich bis tief in die Nacht unterhielten. Armacost beschloss, dass er kein Interesse daran hatte, den Krieg zwischen dem Nationalen Sicherheitsrat und dem Außenministerium anzufachen, den Kissinger 1969 angezettelt hatte. Bevor sie Tokio erreichten, hatte er bereits eine Möglichkeit gefunden, Holbrooke einen Platz bei dem Treffen mit dem japanischen Premierminister zu verschaffen. (Drei Jahre später wechselte Armacost in die Ostasienabteilung und arbeitete für Holbrooke.)

Als sie wieder in Washington waren, warnten Holbrooke, Lake, Gelb und Tarnoff Vance, dass Brzezinski bereits versuchte, ihn über den Umweg seiner Untergebenen zu treffen. Dass er durch die Medien verbreiten ließ, sie seien unbelehrbare Linke, und politische Memoranden verfasste, die er direkt von Carter abzeichnen ließ, ohne das Außenministerium zu konsultieren. Sie drängten Vance, sich zu wehren. Vance wollte davon nichts wissen, er beendete das Gespräch, indem er auf den Tisch schlug und erklärte, dass er sehr wohl wisse, wie er mit Brzezinski zusammenarbeiten könne. Trotzdem mobilisierten Holbrooke und Gelb ihre zahlreichen Freunde in den Medien und zogen in die Schlacht. Als in *Time* ein Artikel erschien, in dem Brzezinski angegriffen und ein anonymer Beamter im Außenministerium zitiert wurde, rief Vance Gelb in sein Büro. «Waren Sie das?» Gelb gab zu, die Quelle zu sein. «Machen Sie das nicht noch einmal», sagte Vance. «So kommen wir nicht weiter. Wir vergiften die Atmosphäre und machen die Dinge nur noch schlimmer. Ich werde mit dem Präsidenten über die Themen sprechen, aber Zbig und diesen ganzen bürokratischen Kleinkrieg werde ich nicht erwähnen. Ich rede mit ihm über das, was zählt. So macht man das nämlich.»

So hatte man das früher einmal gemacht. Und eine Zeitlang funktionierte es so. Aber Carter verstand Vance und seine Welt nicht, und es war Brzezinski, dem der Präsident jeden Morgen in der heiligen Stille des Oval Office als Erstem sein Ohr lieh. Carter mochte seine Angriffslust. Und genau wie alle anderen Präsidenten der neueren Zeit umging auch Carter seine eigene Bürokratie, wann immer er konnte. Der Krieg zwischen den Ministerien war unausweichlich.

Brzezinskis Chinaexperte im Nationalen Sicherheitsrat war Michel Oksenberg, ein Politikwissenschaftler aus Michigan. Holbrooke und Oksenberg einte der Wunsch, diplomatische Beziehungen zur Volksrepublik aufzunehmen, was sie nur gemeinsam vorantreiben konnten. Und so lud er Oksenberg kurz nach der Regierungsübernahme zum Frühstück ein. «Ich möchte, dass wir uns gegenseitig etwas versprechen», sagte Holbrooke, «eine einzige Sache. Wir werden keine Geheimnisse voreinander haben. Wir werden einander alles erzählen, was wir wissen, damit keine Rivalität zwischen uns entsteht.» Er versuchte schon damals, sich vor dem kommenden bürokratischen Sturm in Schutz zu bringen. «Geben wir uns die Hand darauf», sagte Holbrooke, und das taten sie.

Aber Oksenberg war ein Mann von Brzezinski, und Holbrooke war ein Mann von Vance, und in Washington zählten die Loyalitäten mehr als die Frage, ob man sich politisch einig war oder beim Frühstück die Hand geschüttelt hatte. Die Außenpolitik wird immer wieder von heftigen inneren Blutungen heimgesucht, aus Gründen, die ich nie wirklich verstanden habe – vielleicht werden sie im Laufe dieses Buches deutlicher zutage treten. Und doch gehörten Brzezinski und Holbrooke in der traurigen Geschichte der Carter-Kämpfe derselben Spezies an. Sie waren extrem überhebliche politische Straßenkämpfer, die nach Öffentlichkeit gierten und den Staatsdienst als Nullsummenspiel ansahen. Und in Bezug auf China waren sie sich einig. Sie wollten beide die Aufnahme der diplomatischen Beziehungen vorantreiben – schneller als es Vance lieb war, der vermeiden wollte, dass das Thema die heiklen Verhandlungen mit der Sowjetunion zum SALT-II-Abrüstungsvertrag stören würde, der die Zahl der Atomraketen begrenzen sollte, ganz zu schweigen vom Panamakanalvertrag, der im Kongress höchst umstritten war. Vance musste die ganze Welt im Blick behalten, Holbrooke dagegen kümmerte sich nur um die ostasiatischen Länder, von denen China das wichtigste war. Die entscheidende geopolitische Tatsache der Siebzigerjahre war, dass die Beziehungen zwischen den beiden kommunistischen Giganten schlechter waren als ihre jeweilige Beziehung zur kapitalistischen Supermacht. Die Sorge der Chinesen vor der sowjetischen Expansionspolitik stellte eine strategische Gelegenheit für die USA dar. Mitte der Siebzigerjahre war Nixons und Kissingers schrittweise Öffnung gegenüber Peking ins Stocken geraten, Watergate und eine konservative Gegenreaktion waren dazwischengekommen, außerdem die radikale Viererbande, die gegen Ende von Maos Leben die Macht übernommen hatte. Jetzt war Mao tot, die Viererbande verhaftet, der reformwillige Deng Xiaoping war rehabilitiert und an die Macht zurückgekehrt, und Amerika hatte einen neuen Präsidenten, der Frieden mit allen Teilen der Welt wollte.

Im August 1977 flog Vance nach Peking, um Gespräche über die Aufnahme diplomatischer Beziehungen zu führen. Holbrooke, Oksenberg und Holbrookes Stellvertreter William Gleysteen, ein erfahrener Asienexperte, begleiteten ihn. Die Kommunistische Partei hatte gerade den Elften Nationalen Volkskongress abgehalten, und Hunderttausende von

Menschen säumten die Straßen von Peking, skandierten Parolen und feierten ein letztes Mal freudlos den revolutionären maoistischen Weg.

Die Amerikaner waren im selben Gästehaus untergebracht, in dem auch Nixon 1972 übernachtet hatte. Holbrooke musste bald feststellen, dass die Gespräche nach einem rituellen Muster abliefen. Sie schienen den uralten und beschwerlichen Weg der Bittsteller abzubilden, die versuchten, eine Audienz beim Kaiser in der Verbotenen Stadt zu erlangen, die tagelang warten und in den äußeren Vorhöfen Beamte verschiedener Ebenen bestechen mussten, bis sie endlich zum Himmlischen Thron vorgelassen wurden, wo man sie, die bereits alles weggegeben hatten, mit leeren Händen als Bettler vor den Kaiser treten ließ. So führte man die amerikanischen Diplomaten zunächst zum Außenminister Huang Hua, der einfach abwartete, ob die Besucher so dumm wären, ohne Gegenleistung von ihrer Verhandlungsposition abzurücken. In diese Falle tappte Vance nicht, und nach nur zwei Sitzungen mit dem Außenminister wurde den Amerikanern mitgeteilt, dass sie zu Deng vorgelassen würden.

Er empfing sie in der Großen Halle des Volkes mit ihrem hoch aufragenden, zweistöckigen Eingangsportal. Deng war nur einen Meter fünfzig groß, eine winzige, am Ende eines langen Korridors stehende Figur im blaugrauen Mao-Anzug, die immer noch kleiner zu werden schien, als sich die Amerikaner näherten. Er lächelte, und sein Lächeln strahlte Liebenswürdigkeit aus. (Als Blythe Deng zum ersten Mal erblickte – er stieg bei seinem historischen Besuch 1979 auf der Andrews Air Force Base die Flugzeugtreppe hinab –, rief sie aus: «Ist der aber süß!») Doch Deng war äußerst geschäftsmäßig. Im Alter von dreiundsiebzig Jahren genoss er sein drittes politisches Leben, nachdem er schon zwei Mal bei Säuberungen zu Tode gekommen war. «Sie wissen ja», sagte er zu Vance, «dass ich der einzige Mensch bin, der bereits zwei Mal auferstanden ist.» Nun hatte er es eilig, die Modernisierung von Chinas Wirtschaft einzuleiten.

Während Deng und Vance ihre einleitenden Statements abgaben, betrachtete Holbrooke fasziniert Dengs Augen, die in den tiefen Beuteln ledriger Haut schimmerten. Sie schienen nicht auf seinen Gesprächspartner gerichtet, sondern weit hinaus in die Ferne – vielleicht zurück in die blutgetränkte Geschichte der Volksrepublik, oder in die von

Reichtum und Macht geprägte Zukunft, die er für sein Land ersehnte. Holbrooke hatte noch nie einen führenden Politiker kennengelernt, der derart unsentimental rücksichtslos war und so schnell Hindernisse aus dem Weg räumte – bereit, den Tontopf der Geschichte zu zerschlagen und die darin befindlichen Edelsteine an sich zu nehmen.

Das einzige Thema, das Deng aus der Ruhe bringen konnte, war Vietnam. Er beklagte sich bitterlich über die Undankbarkeit der Vietnamesen für Chinas Hilfe während der beiden Indochinakriege, zornig erhob er die Stimme, er schimpfte und gestikulierte wild mit den Händen. In Dengs Augen war Vietnam auf dem besten Weg, zu einem sowjetischen Satellitenstaat zu werden, einem «asiatischen Kuba». China war den Sowjets derart feindlich gesinnt, dass es im Vietnamkrieg faktisch die Seiten gewechselt hatte. Deng hielt amerikanische Entspannungspolitiker für naiv – er hatte es lieber mit den Hardlinern zu tun. Holbrooke wusste nicht, wie Deng ihn einordnete, aber Deng wusste offenbar, welche Rolle er gespielt hatte, und als das Vietnam-Thema auf den Tisch kam, blickte der Chinese immer wieder aus den Augenwinkeln zu ihm herüber.

Die Gespräche über die diplomatischen Beziehungen liefen nicht gut. Da die Debatte um den Panamakanal anstand, war Carter nicht bereit, den Kongress gegen sich aufzubringen, weshalb Vance, der steif und unruhig wirkte, nicht von der amerikanischen Zusage abwich, eine offizielle Vertretung in Taiwan aufrechtzuerhalten. Damit war die rote Linie der Chinesen überschritten, und Deng hielt den Amerikanern vor, dass die Carter-Regierung hinter die Position zurückgehe, die er in Gesprächen mit Ford und Kissinger bereits erreicht hatte. Die Amerikaner reisten, bedrückt von dem Misserfolg, nach Hause zurück.

Was danach geschah, wirkt aus heutiger Sicht unausweichlich, die gescheiterten Gespräche mit Vietnam und China waren verpasste Chancen von der Art, die auf schlechtes Timing zurückzuführen sind, oder auf Missverständnisse, oder auf die Tatsache, dass ein Diplomat vor Ort in einem bestimmten, flüchtigen Moment nicht autorisiert ist – oder die Charakterstärke nicht hat –, eine Gelegenheit beim Schopfe zu packen. «Außenpolitik ist kein trockenes, luftleeres Ding, das fix und fertig aus den Köpfen bestimmter Leute kommt», schrieb Holbrooke später. «Es ist oft genug das Ergebnis von Zufällen, von Ego und Ehrgeiz in gewissen Konfliktsituationen, von Missverständnissen und Täuschungen wie auch von sorgfältiger Planung.» Für den Erfolg benötigt Diplomatie die politische Unterstützung zu Hause und etwas, das noch schwieriger zu erlangen ist: ein Verständnis der politischen Strukturen des anderen Landes. Man muss sie lesen können, was genauso schwer ist, wie eine fremde Sprache zu erlernen und zu lesen, deren Schrift beinahe überhaupt nicht zu entziffern ist. Außerdem stellt sich diplomatischer Erfolg nur dann ein, wenn ein gewisses politisches Momentum vorhanden ist, und so vergingen das Jahr 1977 und die ersten Monate von 1978, ohne dass Bewegung in die Verhandlungen gekommen wäre. Als die Gespräche wieder aufgenommen wurden, hatte sich die politische Landschaft radikal verändert.

Brzezinski sah Vances Scheitern als Chance. Ende 1977 gelang es ihm, eine Einladung nach Peking zu erhalten, und nach einigen Monaten der Täuschung und Manipulation gab ihm Carter seine Einwilligung, was faktisch bedeutete, dass die Chinapolitik aus dem Außenministerium abgezogen und an den Nationalen Sicherheitsrat übergeben wurde. Vance war schockiert, er versuchte, sich zur Wehr zu setzen, gab nach und setzte schließlich durch, dass Holbrooke und Gleysteen an der für Mitte Mai 1978 geplanten Reise teilnehmen würden. In den Vorbereitungsrunden schoss sich Brzezinski in einer Weise auf Holbrooke ein, die der koordinierenden Rolle, die er innehatte, vollständig widersprach. Er weigerte sich, Holbrooke die Themenpunkte für die wichtigsten Gespräche vorab zukommen zu lassen. Als Holbrooke eine stärkere Rolle für das Außenministerium einforderte, rief Brzezinski ihn um halb sieben am Morgen zu Hause an und brüllte, er werde ihm den Zutritt zum Flugzeug verweigern. «Ich habe noch nie so einen niederträchtigen und obszönen Mann gehört», sagte Holbrooke zu Oksenberg. «Zbig hat mich am Telefon so laut angeschrien, dass meine Frau aufgewacht ist.» Die gesamte Reise war von diesen Demütigungen überschattet. Auf dem Flug schob Brzezinski seine Gesprächsnotizen zu Gleysteen unter der Bedingung, dass er sie nicht an Holbrooke weitergab. Brzezinski plante, Holbrooke und seine Kollegen vom Außenministerium von der entscheidenden Sitzung mit Deng fernzuhalten, und als Holbrooke davon erfuhr, war er außer sich vor Wut, und da er nicht in der Lage war, seine eigene Sache zu vertreten, wandte er sich an Leonard Woodcock, der von Carter zum Botschafter in Peking ernannt worden war. Bei ihrem ersten Abendessen versuchte Woodcock, Brzezinski von einer solch krassen Kränkung abzubringen. Würden die Chinesen es nicht merkwürdig finden, wenn das Außenministerium bei dem wichtigsten Termin der Gespräche überhaupt nicht vertreten wäre?

«Sie selbst vertreten ja das Außenministerium, nicht wahr?», sagte Brzezinski.

«Ehrlich gesagt sehe ich mich eher als jemand, der den Präsidenten vertritt», antwortete Woodcock.

Brzezinski war nicht bereit, von seinem Plan abzurücken. Am folgenden Tag, während einer Tour durch die Verbotene Stadt, flehte Gleysteen ihn an: «Zbig, es ist wirklich falsch, was Sie da tun. Sie untergraben die gesamte Regierungsstruktur, Sie dürfen Holbrooke nicht ausschließen.»

«Sie können mich mal», schoss Brzezinski zurück. «Ich bleibe dabei.»

Brzezinski und Deng sahen die Welt im Licht der sowjetischen Bedrohung, der gemeinsame Feind führte die beiden Seiten näher zueinander. Beim Besuch der Großen Mauer, in Hörweite von Reportern, forderte Brzezinski seine chinesischen Begleiter zu einem Wettlauf heraus: «Wer als Zweiter oben ist, muss die Russen in Äthiopien bekämpfen.» Er schmeichelte seinen Gastgebern und köderte sie mit dem Versprechen von Technologietransfers und Informationsaustausch. Außerdem machte er deutlich, dass die Taiwan-Frage der gegenseitigen Anerkennung der beiden großen Nationen nicht im Wege stehen würde.

Niemand, nicht einmal den Chinesen, blieb das Schauspiel erspart, wie Brzezinski die Leiche seines gefallenen Feindes schändete. Er setzte Holbrooke ans Ende einer jeden amerikanischen Wagenkolonne, bis Holbrooke frustriert und verzweifelt aus dem Auto sprang und nach vorn lief, um Woodcock zu bitten, ihn mitfahren zu lassen. Bei einem offiziellen Abendessen machte sich Brzezinskis Frau Muska über sein ungepflegtes Äußeres lustig. Eines Morgens kam Brzezinski an dem Tisch vorbei, wo Muska und Sharon Woodcock gerade frühstückten, er hielt einen imaginären Servierteller hoch und triumphierte: «Ich habe

Richard Holbrookes Kopf auf diesem Teller, und ich werde ihn den Chinesen servieren.»

Holbrooke schmollte und wütete. Man stelle sich diesen brutalen bürokratischen Nahkämpfer vor, inmitten einer wahrhaft historischen Mission – sein Auftrag bestand darin, wirtschaftliche und kulturelle Beziehungen mit den Chinesen zu diskutieren –, der gezwungen war, um eine Mitfahrgelegenheit zu betteln. Beim Rückflug in einer Militärmaschine flog alles in die Luft. Brzezinski hatte angeordnet, dass die Protokolle seiner Gespräche mit Deng vor Holbrooke und der gesamten Delegation des Außenministeriums geheim gehalten würden, bis er mit Carter gesprochen hatte. «Er darf sie nicht sehen», wies Brzezinski Oksenberg an, der, da er sich diesem Kampf nicht im selben Maße verschrieben hatte wie sein Vorgesetzter, immerhin die Erlaubnis erhielt, sie Gleysteen zu zeigen.

Das war mehr, als Holbrooke ertragen konnte. Er eilte den Gang nach vorn und packte Oksenberg am Kragen. «Wenn Sie mir nach der Landung nicht sofort diese Papiere geben», schrie er, «werde ich Sie vernichten!»

Oksenberg, der sein Frühstücksversprechen, vor Holbrooke keine Geheimnisse zu hüten, schon oft gebrochen hatte, packte ihn seinerseits und brüllte, er könne *ihn* vernichten. Alle schrien durcheinander, auch Gleysteen, der in einem Vierteljahrhundert des Staatsdienstes noch nie etwas Derartiges erlebt hatte, und es wäre beinahe zu einer Prügelei gekommen, wenn Holbrooke Oksenberg nicht losgelassen hätte.

«Wollen Sie mir etwa drohen?», schrie er.

China war der Keil, der es Brzezinski erlaubte, die gesamte Außenpolitik an sich zu ziehen. Er und Vance befanden sich in einem Wettlauf, die beiden wichtigsten von Carters Zielen bis Ende 1978 zu erreichen – die Aufnahme diplomatischer Beziehungen mit China und den Rüstungskontrollvertrag mit Russland. Wegen der chinesisch-sowjetischen Spannungen drohte jede dieser Bemühungen die andere vor dem Abschluss noch zu torpedieren. Vance wollte getrennte und unabhängige Beziehungen zu den beiden kommunistischen Mächten aufbauen, die Vereinigten Staaten sollten in diese Rivalität nicht hineingezogen werden. Brzezinski dagegen sah die Welt zunehmend aus chinesischer Sicht. Er wollte sich China annähern, um die Sowjets zu isolieren und ihr Abenteurertum in Afrika und anderswo einzudämmen. Vietnam hielt er für einen sowjetischen Vasallenstaat, der zwar den regionalen Frieden in Asien bedrohte, die globale Strategie der USA aber kaum berührte.

«Sie müssen sich entscheiden: Vietnam oder China», schrieb Brzezinski im Juli an Carter. «Und ich sage Ihnen: China ist ungleich wertvoller für uns.» Carter war nicht bereit, diese Entscheidung zu treffen, am Rand notierte er: «Man sollte doch meinen, dass US-VNam-Beziehungen für die VRC besser sind, für die UdSSR schlechter.»

Holbrooke versuchte noch immer, mit Vietnam weiterzukommen. Im Sommer 1978 schien es die vietnamesische Seite plötzlich eilig zu haben. Ihre strategische Situation hatte sich verändert. An ihrer Nordgrenze wurde China zunehmend feindseliger, und Chinas völkermordender Verbündeter, das Khmer-Rouge-Regime in Kambodscha, hatte immer wieder über die Grenze das Mekong-Delta angegriffen. Vietnam wollte Sand ins Getriebe der chinesisch-amerikanischen Verhandlungen werfen und ein Abkommen verhindern, das die bedrohlichste Macht der Region weiter stärken könnte.

Am 22. September, im Rahmen der Eröffnung der alljährlichen Generalversammlung der Vereinten Nationen in New York, traf Holbrooke einen hohen vietnamesischen Diplomaten namens Nguyen Co Thach. Sie setzten sich in der neuen vietnamesischen UNO-Vertretung zusammen, einer spärlich möblierten Wohnung im Waterside Plaza, einem Komplex klotziger Backsteintürme am East River. Thach erkannte an, dass der amerikanische Einwand gegen Finanzhilfen als Bedingung für die gegenseitige Anerkennung weiterhin bestand. «Das heißt also, wir sind am Zug», sagte er auf Französisch. Sie vereinbarten, sich am 27. September am selben Ort zu einem weiteren Gespräch zu treffen.

Holbrooke griff sofort zum Hörer und rief Oksenberg an, um ihn über die Gespräche zu informieren, Brzezinski sollte ihn auf keinen Fall bezichtigen können, heimlich vorzugehen. Oksenberg informierte seinen Chef über Holbrookes Bemühungen. «Dick Holbrooke rief mich heute nach einem dreistündigen Gespräch mit den Vietnamesen an, sein

Über den eigenen Schatten springen

Adrenalin floss, er war richtig in Fahrt», schrieb er. «Ich denke, dass die Vietnamesen ihre Forderung nach Wiedergutmachungszahlungen aufgeben werden, wir werden dann in der unangenehmen Lage sein, nur noch wenig Verhandlungsspielraum zu haben. Wenn wir die Verhandlungen in dieser Weise vorantreiben, kann es passieren, dass wir Beziehungen mit Vietnam aufnehmen, bevor wir mit China fertig sind, was unsere Verhandlungen mit China unermesslich verkomplizieren wird.»

Oksenberg kam nur widerwillig nach New York, um an der zweiten Gesprächsrunde teilzunehmen. Holbrookes Stellvertreter, ein Vietnamexperte namens Robert Oakley, war anwesend, ebenso Wisner. Anderthalb Jahre nach den gescheiterten Verhandlungen in Paris signalisierte Thach sehr deutlich, dass er Fortschritte machen wollte, und doch war er noch immer nicht bereit, die Forderung nach Finanzhilfe fallen zu lassen. Nach einer Stunde abwechselnder Statements, die zu nichts führten, sammelte Holbrooke seine Papiere zusammen und legte sie in die Mappe, als wolle er gehen. «Ich möchte Ihnen eine sehr direkte Frage stellen», sagte er zu seinem Gegenüber. «Wenn ich nach diesem Gespräch ins Büro zurückkehre, und der Außenminister fragt mich, ob Vietnam auf unsere Position eingegangen ist – was soll ich ihm dann sagen?»

Thach antwortete darauf nicht. Stattdessen schlug er eine Teepause vor. Teepausen bei Gesprächen zwischen Amerikanern und Vietnamesen bedeuteten immer, dass sich die eine Seite auf eine konkrete Aussage vorbereitete. Also zogen sich Thach und Holbrooke in eine Ecke zurück, wo auf einem Tisch Tee und frisch frittierte Frühlingsrollen bereitstanden, und plauderten eine Weile. Als sie sich wieder hinsetzten, sagte Thach: «Wir werden Ihnen sagen, was Sie hören wollen. Wir können bestätigen, dass wir amerikanische Wiederaufbauhilfen nicht zur Bedingung für die Aufnahme diplomatischer Beziehungen machen. Das kann ich versichern.»

Die Ausdauer dieser Diplomaten! Nach einem Bluff, der über zwei Gesprächsrunden im Ganzen fünf Stunden gedauert hatte, war Thach derart scharf darauf, zur Sache zu kommen, dass er vorschlug, auf der Stelle eine schriftliche Vereinbarung aufzusetzen. Holbrooke sagte, er müsse es von höherer Stelle absegnen lassen. In der Zwischenzeit würden beide Seiten Arbeitsgruppen einsetzen, die in der jeweils anderen

Hauptstadt nach geeigneten Orten für eine künftige Botschaft suchen würden. Die Sozialistische Republik Vietnam würde die ehemalige vietnamesische Botschaft in Washington bekommen. Im Außenministerium würden einige Diplomaten mit Saigon-Erfahrung ihre Bewerbungen einreichen, um als Erste nach Hanoi entsandt zu werden. «War das nicht unglaublich?», rief Holbrooke, als er mit Wisner im Taxi saß. «Da waren wir, vor all den Jahren, und jetzt sind wir hier, an dieser Stelle, und die diplomatischen Beziehungen sind zum Greifen nah!» Er drückte den Arm seines Freundes.

Die Kriege in Indochina waren noch nicht vorbei. In den letzten Wochen des Jahres 1978 war die historische Entwicklung rasant. Ein halbes Dutzend Dinge geschahen gleichzeitig.

Zehn Tage vor Holbrookes Einigung mit Thach hatte Carter mit dem Camp-David-Abkommen den Friedensschluss zwischen Ägypten und Israel gesichert. Er hätte gern noch weitere Erfolge verbucht, aber die Einigung mit Vietnam war zu heikel, um sie unmittelbar vor den Zwischenwahlen zu verkünden. Aus innenpolitischen Gründen würde Holbrooke die Vietnamesen bis in den November hinhalten müssen.

Während des gesamten September wurden im Südchinesischen Meer immer wieder seeuntüchtige Schiffe mit Tausenden von verzweifelten vietnamesischen Flüchtlingen entdeckt, von denen viele chinesischer Herkunft waren und die vor politischer Verfolgung flohen. Vor dem Hintergrund dieser dramatischen Ereignisse wirkte der Zeitpunkt des Abkommens unglücklich. Ähnliches galt für die Geheimdienstberichte über vietnamesische Truppenbewegungen entlang der kambodschanischen Grenze. All das führte dazu, dass die Amerikaner bis zur Unterzeichnung auf die Bremse traten. Doch die Vietnamesen hatten es eilig, denn sie wussten zwei Dinge, die die Amerikaner nicht wussten. Sie standen kurz davor, einen Freundschaftsvertrag – einen Verteidigungspakt – mit den Sowjets zu unterzeichnen, um sich gegen chinesische Aggression abzusichern. Sie bereiteten sich außerdem darauf vor, in Kambodscha einzufallen. Bevor dies geschehen konnte, sollte die Aufnahme diplomatischer Beziehungen mit den USA abgeschlossen sein.

Über den eigenen Schatten springen

Am 11. Oktober traf sich Carter im Weißen Haus mit Leonard Woodcock, der die Details des Vertrags mit Peking aushandelte, und mit Brzezinski, der sich selbst zu diesem Gespräch eingeladen, Vance dagegen ausgeschlossen hatte. Brzezinski und Woodcock überredeten den Präsidenten, Vietnam zurückzustellen, bis China erledigt sei. Carter setzte ein Zieldatum für das Abkommen mit China fest: Neujahrstag 1979. Dieser Beschluss sollte vorerst vor allen geheim gehalten werden, auch vor dem Assistant Secretary für Ostasiatische und Pazifische Angelegenheiten. Ende Oktober brach Holbrooke zu einer Reise nach Südostasien auf. In Laos traf er bei einem diplomatischen Empfang in Vientiane den vietnamesischen Botschafter. Von dort ging es weiter nach Burma, eines der isoliertesten Länder der Welt. Er flog mit dem Hubschrauber von Mandalay nach Norden bis Lashio, wo die in den 1930er-Jahren von den Briten gebaute und im Krieg von den Alliierten genutzte Burma Road ihren gewundenen Weg durch die Berge bis nach China aufnahm. Es war die Geschichte des Landes, die ihn anzog, und die Namen exotischer Orte. Er war ein Romantiker. «Ich habe nun mal eine unauslöschliche Sehnsucht nach den entlegenen Dingen», sagt Ishmael im ersten Kapitel von *Moby Dick*, einer Lieblingsstelle von Holbrooke. «Ich schwärme davon, auf unerschlossenen Meeren herumzufahren und an der Küste der Barbaren zu landen.»

Dann kam eine sehr schlechte Nachricht. Laut einem Bericht der staatlichen vietnamesischen Nachrichtenagentur hatte ein «amerikanischer Würdenträger» den vietnamesischen Botschafter bei einem gesellschaftlichen Anlass in Vientiane «herzlich» begrüßt. Der Würdenträger wurde zitiert mit der Aussage, dass nach den amerikanischen Wahlen die diplomatischen Beziehungen mit Vietnam und China gleichzeitig aufgenommen würden, dass jedoch ein hoher amerikanischer Beamter (es musste sich um Brzezinski handeln) die «Entscheidungsträger in der Südostasienabteilung des US-Außenministeriums drängt, China weiter zu umwerben und Vietnam einzudämmen». Der Bericht wurde von der CIA abgefangen und an den Nationalen Sicherheitsdienst weitergeleitet, wo er als Teil des täglichen Geheimdienstkonvoluts auf dem Schreibtisch von Michel Oksenberg landete. Oksenberg zeigte den Artikel Brzezinski, der sofort ins Oval Office marschierte und Carter aufforderte, den ungehorsamen Würdenträger aus Asien zurückzurufen und zu entlassen. In Mandalay erreichte Holbrooke eine Funknachricht, in der die Krise skizzenhaft umrissen war. Vance verlangte eine Erklärung. Während Holbrooke am anderen Ende der Welt unterwegs war, bereiteten seine Feinde in Washington seine Hinrichtung vor. Plötzlich war die «unauslöschliche Sehnsucht» erloschen, er eilte zurück nach Rangun. Dort wartete ein Glücksbringer auf ihn. Es ergab sich nämlich, dass Frank Scotton, sein Kumpel aus Vietnam, der südvietnamesischen Kadern beigebracht hatte, wie Guerillas zu kämpfen, den U. S. Information Service in Burma vertrat. Und Scotton hatte eine geniale Idee – eine Idee, die wohl am ehesten einem Mann einfällt, der ein Jahrzehnt damit zugebracht hat, einen Propagandakrieg gegen klug agierende Aufständische zu führen. Wie wäre es, wenn man den Bericht als Teil einer sowjetischen Desinformationskampagne verkaufen würde?

Inzwischen war es tiefe Nacht in Rangun, Scotton musste den Ansprechpartner bei der CIA wecken. Sie trafen sich im Sicherheitsraum der Botschaft, wo Holbrooke eine Depesche diktierte, die von dem CIA-Mann aufgenommen und von Scotton auf Plausibilität überprüft wurde. Dann wurde sie, als Geheimdienstnachricht der CIA klassifiziert, an das Außenministerium geschickt, wo sie von einem weiteren Vietnamkumpel von Holbrooke, Peter Tarnoff, empfangen wurde.

Scottons Idee rettete Holbrookes Karriere. Die Täuschung funktionierte so gut, dass Holbrooke noch einen Schritt weiterging. Es war ein Schritt, den kein anderer Staatsbediensteter, der gerade erst dem Tod von der Schippe gesprungen war, gewagt hätte. Als er wieder in Washington war, steckte er die Geschichte an die konservativen Journalisten Rowland Evans und Robert Novak durch. In ihrer Kolumne, die in verschiedenen Zeitungen abgedruckt wurde, berichteten sie, CIA-Analysten hätten festgestellt, dass Brzezinski seinen Erzfeinden, den Sowjets, auf den Leim gegangen sei, die versucht hätten, die chinesisch-amerikanischen Beziehungen zu untergraben und amerikanische Regierungsmitglieder gegeneinander auszuspielen. Brzezinski schäumte vor Wut, war aber ausnahmsweise einmal an die Wand gespielt worden. Holbrooke rückte bis zum Ende seiner Tage von dieser Lüge nicht ab.

Die Lage in Ostasien spitzte sich zu. Am 2. November übergab Leonard Woodcock den Chinesen ein Kommuniqué von Carter, in dem er die Aufnahme uneingeschränkter diplomatischer Beziehungen zum 1. Januar vorschlug. Am folgenden Tag unterzeichneten Hanoi und die Sowjetunion einen Freundschaftsvertrag. Holbrooke kehrte am 6. November aus Südostasien zurück, einen Tag bevor die Kongresswahlen den Republikanern Auftrieb gaben (ein Vorzeichen für das, was 1980 kommen sollte). In derselben Woche kam das Geheimdienstbüro des Außenministeriums zu dem Schluss, dass sich Vietnam auf eine Invasion Kambodschas vorbereitete. Die Bemühungen um diplomatische Beziehungen zu Vietnam verloren an Schwung. Die Verhandlungen mit China liefen auf vollen Touren.

Die offizielle Aufnahme diplomatischer Beziehungen mit China bedeutete, dass die Vereinigten Staaten ihre Beziehungen mit Taiwan beenden mussten. Sie schlossen ihre Vertretung in Taipeh und ließen einen Verteidigungspakt auslaufen. Der letzte offene Verhandlungspunkt war die Frage, ob die USA weiterhin Waffen an Taiwan verkaufen dürften, damit sich die Nationalisten verteidigen könnten, falls die Kommunisten angriffen. Da die Verhandlungen ausschließlich von Brzezinski und Woodcock geführt wurden, beschränkte sich Holbrookes Rolle darauf, als Mitglied des China-Teams im Außenministerium mit Kongressabgeordneten zu sprechen und die Reaktionen gegen die Aufgabe Taiwans abzufangen.

Das entscheidende Gespräch zwischen Woodcock und Deng sollte am 13. Dezember stattfinden. Am Abend zuvor traf sich Holbrooke mit Strobe Talbott und dessen Frau in einem neuen vietnamesischen Restaurant in Georgetown zum Essen. Talbott hatte einen Hinweis erhalten, dass Carter im Begriff sei, die Volksrepublik anzuerkennen, und er wollte von Holbrooke wissen, ob es stimme. Holbrooke sah ihm in die Augen und log: «Da ist nichts dran.» Am nächsten Tag saßen Woodcock und Deng in der Großen Halle des Volkes zusammen. Als die Depeschen am frühen Morgen im Lagerraum in Washington eintrafen, informierte Brzezinski nicht einmal seinen engsten Mitarbeiter Oksenberg. Erst um 10 Uhr 30 rief er ihn in sein Büro. «Der Vertrag ist fertig. Wir werden diplomatische Beziehungen aufnehmen. Der Präsident will es am Freitagabend verkünden, ich wünsche, dass Sie eine Erklärung vorbereiten, die der Präsident im Fernsehen verlesen kann.»

Den ganzen Tag lang rief Holbrooke Oksenberg immer wieder an, um herauszufinden, was in Peking geschehen war, aber Oksenberg speiste ihn mit Lügen ab. Im Außenministerium ging man weiterhin davon aus, dass die Einigung mit China erst am 1. Januar verkündet würde – *nachdem* Vance die Abrüstungsabkommen mit Moskau unter Dach und Fach gebracht hätte. Brzezinski hatte ihn wieder einmal an der Nase herumgeführt: China war zuerst an der Reihe, und Vance, der sich in Jerusalem aufhielt, war nicht da, um seine Position zu vertreten. In seiner Abwesenheit wurde das Außenministerium von seinem Stellvertreter Warren Christopher geleitet. Holbrooke erklärte Christopher, dass das Weiße Haus wichtige Informationen zu China zurückhalte. Christopher rief Brzezinski an, der ihn bat, am späten Nachmittag ins Weiße Haus zu kommen. Christopher war ein starr dreinblickender Anwalt, der aus einer mächtigen Sozietät in die Politik gewechselt hatte. Er empfand Holbrooke als unangenehm aufdringlich. Er schlich sich aus dem Gebäude, ohne dem Assistant Secretary Bescheid zu geben.

Im Weißen Haus informierte Brzezinski Christopher über die gute Nachricht. Schließlich fragte der: «Und wann wird Dick Holbrooke davon erfahren?»

«Na ja», sagte Brzezinski mit einem Lächeln, «vielleicht am Freitagabend» – also in zwei Tagen, wenn der Rest der Welt davon erführe. Holbrooke sei bekannt dafür, Informationen an die Presse durchzustechen, erklärte er, Carter wolle ihn nicht einbinden. Doch Christopher befürchtete, dass sein Assistant Secretary zurücktreten würde, wenn er erführe, dass er übergangen worden war. Schließlich, um 22 Uhr 30 am selben Abend, durfte er Holbrooke anrufen, der brütend zu Hause in seinem Bett saß.

«Ich sitze gerade in Zbigs Büro, wir haben eine Nachricht aus Peking erhalten», sagte Christopher. «Wollen Sie herkommen und sich das ansehen?»

Als Holbrooke Woodcocks Depesche las, und dann auch Brzezinskis Entwurf einer Antwort an Deng, sah er sofort ein Problem. Es war klar, dass die Chinesen nicht akzeptierten, ja, nicht einmal verstanden, dass sich die USA das Recht vorbehielten, Waffen an Taiwan zu verkaufen. Die entscheidende Frage war absichtlich zweideutig formuliert und ungeklärt geblieben. Doch ohne ein klares Bekenntnis zur Verteidigung Taiwans, so Holbrooke, würde sich die politische Unterstützung, die die Regierung hatte, in Luft auflösen. «Zbig, Chris, wenn Sie das rausschicken, wird es uns niemals gelingen, den Kongress dazu zu bringen, dem Ergebnis zuzustimmen.»

Brzezinski wischte Holbrookes Einwand beiseite. Es war sein Spiel gewesen, er hatte es verantwortet. Aber Holbrooke hatte recht – die Chinesen gingen davon aus, dass es keine weiteren Waffenlieferungen geben würde, und diese Annahme drohte, die Einigung zunichte zu machen, noch bevor Carter sie verkünden konnte. Erst nach zwei weiteren Terminen in der Großen Halle des Volkes, bei denen sich Woodcock und Deng de facto darauf einigten, die Meinungsverschiedenheit zu ignorieren, um ein von beiden Seiten dringend gewünschtes Abkommen zu schließen, konnte Carter am 15. Dezember im Fernsehen die schockierende Ankündigung machen, dass die mächtigste Nation der Welt am ersten Tag des Jahres 1979 diplomatische Beziehungen mit der bevölkerungsreichsten aufnehmen würde.

Eine Woche darauf teilten die Sowjets Vance in Moskau mit, dass der Zeitpunkt der Annäherung an China einen Schatten auf die Abrüstungsgespräche geworfen habe. Die beiden Seiten hatten kurz vor einer Einigung gestanden. SALT II wurde erst sechs Monate später unterzeichnet, und es war eine Totgeburt.

Zehn Tage nach Carters Ankündigung, an Weihnachten, überschritten dreizehn vietnamesische Divisionen, einhundertfünfzigtausend Soldaten, die kambodschanische Grenze und griffen die Armee der Roten Khmer an. Am 7. Januar marschierten sie in Phnom Penh ein.

Brzezinski lag, so stellte sich später heraus, in vielen Punkten richtig. Er hatte recht, als er die Aufnahme der diplomatischen Beziehungen mit China als entscheidendste Initiative der Carter-Jahre bezeichnete. Er hatte recht, als er die Annäherung an Vietnam mit Skepsis betrachtete. Er hatte recht mit seiner Einschätzung der Sowjetunion, die zu Hause die Menschenrechte mit Füßen trat und in Afrika und Asien expansionistische Politik betrieb. Seine kompromisslose Haltung im Kalten Krieg wurde schon zum Ende von Carters Amtszeit reichlich bestätigt.

Gleichzeitig trug er dazu bei, die letzten Teile des Nachkriegskonsenses zu zerschlagen. Er trug Bösartigkeit und Täuschung bis in die innersten Regierungskreise hinein und zerstörte unwiederbringlich das Vertrauen unter den Beratern, die ja alle für denselben Präsidenten arbeiteten. Holbrooke war jung und stark und wesensverwandt genug, um dem standzuhalten, aber die Narben blieben ein Leben lang sichtbar in seiner Weigerung, über das, was Brzezinski ihm angetan hatte, zu sprechen. Er war allerdings überzeugt, dass sich Vance von den Ereignissen dieser Woche nie ganz erholt hatte. Ende 1980, als er aus dem Amt geschieden war und die Sprachregelungen des politischen Establishments nicht mehr befolgen musste, sagte Vance zu Holbrooke: «Ich kann es noch immer nicht fassen, dass der Präsident von Zbig so eingenommen war. Der Mann ist ein Lügner, er ist bösartig und gefährlich.»

Brzezinski liebte das Schauspiel der Macht, die um ihrer selbst willen ausgeübt wird, nicht anders als Kissinger. Als Deng Xiaoping im Januar 1979 zu einem Staatsbesuch eintraf und als Ehrengast an einem Bankett bei den Brzezinskis in Virginia teilnahm, gab er den Amerikanern zu verstehen, dass China plane, den Vietnamesen eine «Lektion» zu erteilen, weil sie seine Freunde, die Roten Khmer, gestürzt hatten. Brzezinski konnte sich vor Begeisterung kaum halten. Deng hatte sich von den Amerikanern die implizite Erlaubnis eingeholt, einen Krieg anzuzetteln. Später bezeichnete Brzezinski Dengs Haltung als «die beeindruckendste Demonstration roher Machtpolitik, der ich in meinen vier Jahren im Weißen Haus begegnet bin ... Insgeheim wünschte ich mir damals, dass Dengs Freude an der Machtausübung auch ein wenig auf die wichtigsten amerikanischen Entscheidungsträger abfärben würde.»

Dengs sechzehn Tage während «Lektion» im Februar 1979 tötete zwanzigtausend Menschen – zehntausend vietnamesische Soldaten und Zivilisten und ebenso viele Chinesen – und sie zerstörte ganze Landstriche in Nordvietnam, die von den amerikanischen Bombern weitgehend verschont geblieben waren. So sah rohe Machtpolitik aus. China brachte der Krieg nichts – wenn jemand eine Lektion erteilt hatte, dann waren es die Vietnamesen. Zehn Jahre später bewies Deng noch einmal seine Freude an der Machtausübung, als er die Volksarmee auf den Tiananmen-Platz schickte, um zweieinhalbtausend friedliche Demonstranten niederzumähen und die chinesische Demokratiebewegung für mindestens zwei Generationen zu zerschlagen.

Anders als Kissinger sonnte sich Brzezinski nicht in seiner eigenen Gleichgültigkeit gegenüber dem menschlichen Leid, das die Staatskunst zuweilen hervorruft. Doch wie Kissinger betrachtete er die Welt als einen Wettstreit der Großmächte. Die Katastrophe eines kleinen Landes wie Kambodscha war dazu verdammt, nur eine Fußnote zu sein.

1973 war Ken Quinn, ein Beamter des Auswärtigen Dienstes, im Mekong-Delta an der kambodschanischen Grenze stationiert. Einmal bestieg er einen Berg und blickte hinüber auf die andere Seite, und aus jedem Dorf, das er sah, stiegen meilenweit Flammen und Rauch auf. Nixons und Kissingers Entscheidung, den Vietnamkrieg nach Kambodscha zu bringen, hatte den Aufstieg der kommunistischen Roten Khmer beschleunigt, und dies war ein Gebiet, das sie kontrollierten. Quinn sprach mit Flüchtlingen, die nach Südvietnam geflohen waren, und begann, sich ein Bild davon zu machen, wie die Menschen unter den Roten Khmer lebten. Anfang 1974 schickte er einen vierzigseitigen Geheimbericht per Diplomatenpost an das Außenministerium. Er beschrieb ein totalitäres Schreckensregime, das an Nazideutschland und das stalinistische Russland erinnerte. Das Ziel der Partei sei es, die kambodschanische Gesellschaft und den Geist des Khmer-Volks zu zerstören und völlig neu aufzubauen. Die kambodschanischen Kommunisten waren weit davon entfernt, unter der Kontrolle Hanois zu stehen, wie Kissinger und andere US-Funktionäre glaubten, tatsächlich sei ihre Haltung den vietnamesischen Kommunisten gegenüber zunehmend feindselig.

Quinns Bericht war die erste amerikanische Analyse der Roten Khmer. Sie wurde in Washington komplett ignoriert. Als die Roten Khmer im April des folgenden Jahres an die Macht kamen, benannten sie das Land in Demokratisches Kampuchea um, riegelten es ab und begannen, ihre radikale Vision genau so umzusetzen, wie es Quinn beschrieben hatte. Die Berichte über Zwangsarbeit, Hungertod und Massentötungen drangen nur langsam aus Kambodscha heraus, nur wenigen gelang es, über die Grenzen zu fliehen. Die Geschichten, die sie erzählten, klangen anfangs nicht glaubwürdig – jeder Völkermord klingt erst einmal unglaubwürdig – und die amerikanische Politik kämpfte gegen die Wahrheit. Washington wollte dem chinesischen Verbündeten nicht auf die Füße treten; viele Linke, darunter Noam Chomsky, verteidigten die Roten Khmer; die Öffentlichkeit hatte von Indochina genug. Im ersten Amtsjahr kamen von der Carter-Regierung zu Kambodscha keine Stellungnahmen, mit einer Ausnahme.

Im Juli 1977 wurde Holbrooke als Zeuge vor einen Unterausschuss des Repräsentantenhauses geladen, der von Stephen Solarz, einem Abgeordneten aus Brooklyn, geleitet wurde. In keinem Wahlkreis gab es so viele Holocaust-Überlebende wie in seinem, und er sah es als seine Pflicht an, den Blick der Öffentlichkeit auf Kambodscha zu lenken. Als sich Holbrooke zum Kapitol aufmachte, kam er an Quinns Büro vorbei. Er wusste von dem geheimen Bericht, und er fragte ihn, was er dem Kongress sagen solle. Quinn war ein Diplomat von der Art, mit der Holbrooke etwas anfangen konnte. Im Mekong-Delta hatte er den Krieg unmittelbar miterlebt, und in seinem Bericht über die Roten Khmer widersprach er den offiziellen Einschätzungen seiner Vorgesetzten. Er hatte diese Bodenhaftung, und deshalb wirkte der Bericht authentisch. Während Holbrooke an seinem Schreibtisch stand, fasste er seine Ergebnisse in fünf Minuten zusammen.

«Die neue Regierung strebt die radikale Umstrukturierung der kambodschanischen Persönlichkeit und Gesellschaft an», erklärte Holbrooke vor Solarz' Ausschuss und folgte damit Quinn. «Zwangsmaßnahmen sind das Instrument, mit dem sie den schnellen Wandel herbeiführen wollen. Individuelle politische Freiheiten sind abgeschafft oder den kollektiven Zielen untergeordnet worden.» Die Roten Khmer waren nun bereits seit zwei Jahren an der Macht, und Holbrooke schätzte die Zahl der Todesopfer auf «Zehn-, wenn nicht Hunderttausende». Einige Journalisten sprachen von über einer Million. «Wir haben erklärt, dass unsere Menschenrechtspolitik auch für Kambodscha gilt, und ich muss das hier noch einmal betonen. Wir dürfen nicht zulassen, dass es später heißt, wir hätten durch unser Schweigen die tragischen Ereignisse in Kambodscha hingenommen. Ich möchte mit allem Nachdruck sagen, dass wir verurteilen, was dort geschehen ist.» Damit kam er zu der schlechten Nachricht. «Ich kann Ihnen aber nicht versichern, dass das Schicksal des Khmer-Volks durch das, was wir von unserer Seite realistischerweise tun können, in absehbarer Zeit verbessert wird.» Das Einzige, was die USA in der Hand hatten, war die Flüchtlingshilfe.

Auf dem Rückweg blieb Holbrooke noch einmal bei Quinn stehen. «Es musste gesagt werden, so und nicht anders», sagte er.

Holbrooke war damit der erste amerikanische Offizielle, der die Verbrechen der Roten Khmer anprangerte. Seine Ausführungen hatten auf die Politik allerdings keine Auswirkungen. Die USA hatten gegenüber Kambodscha kein Druckmittel. War es eine höhere Form der politischen Moral, auf ein andauerndes Verbrechen hinzuweisen und nichts dagegen zu unternehmen, statt zu schweigen? Die einzige wirkliche Lösung hätte darin bestanden, eine internationale Streitmacht aufzustellen, die das Volk der Khmer vor dem gerettet hätte, was ein französischer Schriftsteller einmal den ersten «Selbst-Genozid» der Geschichte nannte. Sie war derart extrem, dass es in der amerikanischen Regierung nur einen einzigen Befürworter gab: Senator George McGovern, den Kriegsgegner, dem Nixon im Wahlkampf 1972 eine schmerzhafte Niederlage zugefügt hatte. «Halten wir uns heraus und sehen zu, wie ein ganzes Volk abgeschlachtet wird?», fragte McGovern bei einer Anhörung des Senatsausschusses für Auswärtige Beziehungen, «oder nutzen wir unsere militärische Macht und bereiten dem ein Ende?»

Das war 1978, als die Zahl der Todesopfer in Kambodscha bereits auf eine bis drei Millionen geschätzt wurden. Amerika trug eine gewisse Verantwortung für den Völkermord, und aus moralischer Pein rief McGovern zu etwas auf, das man später als humanitäre Intervention bezeichnen sollte. Sowohl Linke als auch Rechte waren von dem Vorschlag entsetzt, und auch in der Carter-Regierung fanden sich keine Unterstützer. Fünfzehn Jahre später, und näher an der Heimat, sollte die humanitäre Intervention zu einer Art Markenzeichen für Holbrooke werden. Aber im Südostasien des Jahres 1978 kam man mit dem Vorschlag nicht weit.

Jimmy Carters wichtigster Beitrag zur amerikanischen Außenpolitik war das Schlaglicht, das er auf die Menschenrechte warf. Sie standen im Mittelpunkt seines Wahlkampfs – Holbrooke hatte viele der entsprechenden Passagen in seinen Reden geschrieben –, und nach seiner Wahl schuf er die Position eines Assistant Secretary für Menschenrechte und humanitäre Angelegenheiten, die er mit einer kompromisslosen Bürgerrechtsaktivistin namens Patricia Derian besetzte. Tony Lake richtete monatliche Sitzungen einer Arbeitsgruppe unter dem Vorsitz von Warren Christopher ein, bei denen Derian aufgefordert war, sich zu den menschenrechtlichen Implikationen aller Hilfsprogramme und Waffenlieferungen zu äußern. Carter und sein Kabinett ließen bei Reden keine Gelegenheit aus, auf die Menschenrechte hinzuweisen.

Doch es war eine Sache, eine Rede zu schreiben, und eine andere, sie in die Praxis umzusetzen. Der Menschenrechtspolitik fehlte in den ersten Wochen der Regierung Carter der Sauerstoff. Etwas, das wir das nationale Interesse nennen, hatte immer Vorrang, und Holbrooke, dessen oberstes Ziel es war, den Einfluss der USA im Pazifik wiederherzustellen, drängte besonders energisch darauf. Er wollte F-5-Jäger an ein indonesisches Regime verkaufen, das in Osttimor eine ganze Bevölkerung unterdrückte. Er wollte mit dem Diktator Ferdinand Marcos über die Verlängerung der Pachtverträge für zwei große amerikanische Stützpunkte auf den Philippinen verhandeln. Derian stritt dafür, diese Geschäfte von Verbesserungen bei den Menschenrechten abhängig zu machen, sie reiste durch Asien und belehrte Staatsoberhäupter, als wären sie Südstaatengouverneure. Holbrooke betrachtete Derian als naiven und rücksichtslosen Eindringling in sein Hoheitsgebiet.

Im April 1977 verbrachte er gemeinsam mit Blythe vierundzwanzig Stunden auf der gigantischen Präsidentenyacht von Ferdinand und Imelda Marcos, er aß, trank, tanzte und fuhr Wasserski, bevor er Marcos warnte, dass die Menschenrechte eine Priorität für Carter seien. Am Ende gelang es Holbrooke, die Pachtverträge zu verlängern, Marcos entließ den Oppositionsführer Benigno Aquino aus dem Gefängnis und schickte ihn ins Exil. Holbrooke verbuchte das als Erfolg. Derian hielt es für einen Ausverkauf amerikanischer Werte. Die Auseinandersetzungen wurden härter, es wurde geschimpft und gebrüllt. An der Tatsache, dass die Philippinen ein amerikanischer Verbündeter und eine korrupte Diktatur waren, änderte sich nichts.

Ein weiteres Beispiel: Als Carter an die Regierung kam, war er entschlossen, die amerikanischen Truppen aus Südkorea abzuziehen. Woher stammte diese Idee? Natürlich aus Holbrookes 1975 im *New York Times Magazine* erschienen Artikel. Doch sobald er sein Amt angetreten hatte, wollte Holbrooke davon nichts mehr wissen. Er verleugnete quasi die Existenz dieses Artikels, rang Gelb das Versprechen ab, ihn niemals zu erwähnen, und zeigte sich in der Sache so empfindlich, dass Gelb aufhören musste, ihn deswegen aufzuziehen. Holbrooke und andere brachten Carter dazu, seine Position aufzugeben, auch wenn der Preis dafür eine Standpauke des Präsidenten auf einem Flug nach Seoul im Jahr 1979 war. Als im Mai 1980 südkoreanische Soldaten Hunderte von Demonstranten in Gwangju massakrierten, unterstützte Holbrooke die amerikanische Position der Nichteinmischung. Einige Monate später griff er im Hintergrund ein, um die Hinrichtung des Dissidentenführers Kim Dae Jung zu verhindern.

All dies waren klassische Fälle von nationalem Interesse, das auf universelle Prinzipien stieß. Holbrooke stand immer auf der Seite des Ersteren und signalisierte Verständnis für die Letzteren. Aber Kambodscha war etwas anderes. Das Ausmaß des Mordens war einfach zu enorm. Fünf Jahre Bürgerkrieg und amerikanische Bomben. Vier Jahre Terror und Massaker, denen ein Viertel der Bevölkerung zum Opfer gefallen war. Und nun, nach der vietnamesischen Invasion und Besetzung, brachte ein weiterer Krieg – der dritte Indochinakrieg – Hungersnot und riesige Flüchtlingsbewegungen in Richtung der thailändischen Grenze. Die amerikanische Politik bestand nicht darin, anzuerkennen, dass Vietnam das kambodschanische Volk von einem mörderischen Regime befreit hatte, und auch nicht darin, Hilfslieferungen in das von Hungersnot gebeutelte Land zu bringen, sondern den Konflikt in diesem neuen Schlachtfeld des Kalten Krieges Jahr um Jahr immer weiter in die Länge zu ziehen, bis Vietnam um Frieden bitten würde. Gegen Holbrookes Widerstand gab Brzezinski den Thai grünes Licht, chinesische

Waffen an die Kämpfer der Roten Khmer in den Flüchtlingslagern weiterzuleiten. Die amerikanische Regierung weigerte sich, in Bezug auf Kambodscha von «Völkermord» zu sprechen.

Im September 1979 fand in der UNO eine Debatte darüber statt, ob man dem «Demokratischen Kampuchea» – das heißt Pol Pot und den Überresten seines mörderischen Regimes im Dschungel des westlichen Kambodscha – Sitz und Stimme des Landes zugestehen sollte. Am Abend vor der Abstimmung rief Vance Holbrooke in sein Büro, um das Für und Wider zu erörtern. Holbrooke wies darauf hin, dass der Preis für ein Nein wesentlich höher sei als der Gewinn, der sich daraus schlagen ließe. Außerdem würde es die vietnamesische Aggression belohnen. Amerikas Verbündete in Südostasien, allen voran Thailand, fürchteten Vietnam und wollten seine Marionettenregierung in Phnom Penh isolieren. Niemand war dafür, den Sitz offen zu lassen. Am nächsten Tag stimmten die USA mit der Mehrheit der Generalversammlung, die den Sitz Kambodschas den Roten Khmer zusprach.

Holbrooke erklärte, dass ihm noch nie etwas schwerer gefallen sei als diese Entscheidung. «Es lief meinen privaten Überzeugungen zuwider. Aber als Diener des Staats musste ich über den eigenen Schatten springen.»

Politische Beamte diesen Ranges legen einen Eid ab, im Zweifelsfall über den eigenen Schatten zu springen. Was immer führende Politiker sagen oder in ihren Memoiren schreiben, in der Politik geht es nur selten darum, Leben zu retten oder Leid zu mindern. Es geht darum, über den eigenen Schatten zu springen. Selbst Jimmy Carter, der für Henry Kissinger nichts als Verachtung übrighatte, konnte sich der kalten Logik nicht entziehen, die ihn auf die Seite von Pol Pot zog. In der Staatskunst geht es um nationale Interessen, und oft genug muss man dafür das Äquivalent einiger Millionen traumatisierter Kambodschaner opfern, und dieses Opfer fällt nicht ganz so schwer, weil man es kaum sehen kann und von der hohen Warte aus auch leicht wieder vergisst.

Wäre Holbrooke 1977 oder 1978 bei seinen Gesprächen mit den Vietnamesen erfolgreich gewesen, wäre es für Kambodscha vielleicht anders ausgegangen. Möglicherweise hätten die USA die Rolle des Vermittlers in Südostasien übernommen und verhindert, dass der Dritte Indochinakrieg das Volk der Khmer ein weiteres Jahrzehnt lang quälen würde. Holbrooke verlor diese Schlacht, und er willigte in eine Politik ein, die die Kambodschaner im Namen des nationalen Interesses bestrafte. Dies war die zentrale Lektion, die Holbrooke bei seiner ersten Berührung mit der Macht erhielt. Ich habe mich länger mit diesen Jahren beschäftigt, als ich ursprünglich vorhatte, denn sie beleuchten einen wichtigen Aspekt der Geschichte, die ich erzählen möchte. Gute Menschen haben die Vorstellung, dass ihre Regierung gut ist und in der Welt Gutes tut – vor allem die Amerikaner. Seit der Unabhängigkeitserklärung prägt diese Haltung unser Selbstbild. Auf ihr beruhte 1976 auch Carters Wahlkampfslogan. Wir können uns mit der Realpolitik nicht anfreunden, und in dem Maße, in dem Carter ihr widerstand, erreichte er einige wertvolle Ziele, vor allem die feste Verankerung der Menschenrechte im Vokabular unserer Außenpolitik – und sei es nur als Lippenbekenntnis. Ohne dieses Korrektiv ließe sich mit dem nationalen Interesse alles rechtfertigen. Wir sollten diese Haltung also niemals aufgeben, aber Regierungen sind nicht zu diesem Zweck geschaffen. Man darf unzufrieden sein, wenn hohe Politiker dem nicht gerecht werden – es sollte einen nur nicht überraschen.

Blythe kam nach Washington in der Annahme, dass sie eine passende Stelle finden und die beiden es sich gutgehen lassen würden. Holbrooke, der von seiner blitzgescheiten, wesentlich jüngeren Frau völlig hingerissen war, gab sich größte Mühe, sie zufriedenzustellen. Sie bezogen eine größere Wohnung in der Nähe des Diplomatenviertels, die er sich eigentlich nicht leisten konnte, und er nahm sie auf Dienstreisen nach Europa und in den pazifischen Raum mit. Sie übernachteten im Gästehaus des amerikanischen Botschafters in Rom und im Privatquartier des Pazifischen Kommandos am Strand von Honolulu. Es ist gar nicht so leicht, es sich gutgehen zu lassen, wenn man kein Geld hat.

Wenn man ganz oben angekommen ist, trifft man zwar mit den wichtigsten Staatenlenkern zusammen, muss aber gleichzeitig auch lernen, Leute anzupumpen. Holbrookes Jahresgehalt betrug etwa 36 000 Dollar nach Steuern. Er zog seine gesamten 9000 Dollar aus dem Pensionsfonds des Außenministeriums ab, erhielt ein Darlehen von Harriman in Höhe von 13 000 Dollar und war sich auch nicht zu schade, Spesen in Höhe von 4,43 Dollar geltend zu machen. Seine Unterhaltszahlungen für die Kinder kamen immer unregelmäßiger, hörten schließlich ganz auf und wurden erst wieder aufgenommen, als Litty einen befreundeten Anwalt bat, ihrem Ex-Mann einen Brief zu schreiben. Blythe interessierte sich nicht für seine Jungen. Trotz sporadischer Bemühungen sah er sie seltener als je zuvor.

Blythe wollte Schriftstellerin werden – sie hatte ein Faible für harte, didioneske Sätze – und Holbrooke stellte sie allen Verlagsleuten vor, die er kannte (was Wisner für einen groben Interessenkonflikt hielt), aber sie bekam nie den Fuß in die Tür. Holbrookes Freunde konnten mit ihr nichts anfangen und umgekehrt. Er bemerkte es nicht und sorgte dafür, dass sie eine Menge Zeit in Gesellschaft von Gelb, den Harrimans und seinen Kollegen im Außenministerium verbrachte. Für diese Kreise kleidete sie sich viel zu aufreizend. Als Holbrooke einmal zur Andrews Air Force Base hinausfuhr, um den japanischen Premierminister in Empfang zu nehmen, begleitete sie ihn in Jeans und einer durchsichtigen Bluse. Die Japaner waren aufgebracht und sollten es nie vergessen – von diesem Zeitpunkt an waren sie überzeugt, dass Holbrooke, der selbst sein Äußeres nicht pflegte, ihnen nicht genug Respekt entgegenbrachte.

Blythe konnte Washington nicht leiden, ihre Gründe waren nicht neu: Die Stadt war voller Langweiler, die sich selbst viel zu ernst nahmen und Arbeit und Privatleben nicht auseinanderhalten konnten. Man kann sich aber auch vorstellen, dass sie als junge Frau besonders frustriert war. Sie war klug, während in der Regierung intellektuelles Mittelmaß herrschte, und wurde trotzdem nicht für voll genommen. Ihre Chefs in der öffentlichen Fernsehanstalt nahmen ihr die Einladungen übel, die sie als Holbrookes Frau erhielt. Selbstverständlich nutzte sie die Gelegenheiten, die sich durch die Bindung an ihn ergaben, aber sie wollte doch auch als eigenständige Person wahrgenommen werden. Wie Pamela Harriman setzte sie ein, was sie hatte, um zu bekommen, was Männer für ihr natürliches Recht hielten, und diese Männer verspotteten sie dafür.

Eines Abends, Blythe war schon seit einem Jahr in Washington, fragte der Mann, der bei einem Abendessen bei Katharine Graham neben ihr saß: «Wie gefällt es Ihnen hier denn so?» Sie sagte ihm, was sie dachte. «Das ist großartig», sagte er, «schreiben Sie es für mich auf.» Er war der Chefredakteur von *Newsweek*. Am nächsten Tag setzte sie sich an den Schreibtisch und begann, à la Didion: «Wenn ich an schlechten Tagen gefragt werde, wie es mir geht, antworte ich: ‹In Washington›.» Ein paar Zeilen weiter dann der Schlüsselsatz: «Natürlich gibt es hier Sex, aber die einzige romantische Verbindung in dieser Stadt ist die zur Macht.»

Sie zeigte den Artikel Holbrooke, wohl wissend, dass er ihm Ärger bereiten könnte. «Ich lasse es nicht drucken, wenn du es nicht willst.» Aber er war begeistert und sagte ihr, sie könne der nächste Tom Wolfe werden. Sie waren Komplizen, ihr Erfolg würde Teil seines eigenen sein. Als die Kolumne unter dem Titel «Warum ich Washington hasse» herauskam, kopierte er sie dutzendfach und verteilte sie stolz an seine verwirrten Mitarbeiter, die den Text für einen unterschwelligen Angriff auf den Ehemann der Autorin hielten. Eine kurze Zeit lang galt Blythe in Washington als Sensation. Bob Woodwards Frau, kurz davor, sich scheiden zu lassen, zwang ihn, eine gefaltete Kopie des Artikels mit sich herumzutragen. Die Frauen der Politiker und Journalisten waren auf Blythes Seite, die politischen Gönnerinnen allerdings wären ihr am liebsten an die Gurgel gesprungen. Als Pam Harriman Holbrooke wegen der Indiskretion seiner Frau zur Rede stellte, verflog seine ursprüngliche Begeisterung. Es fiel ihm nicht schwer, zwischen Blythe und den Harrimans zu wählen, wenn er dazu gezwungen würde. Er begann, bis spät in den Abend zu arbeiten – länger als je zuvor. Blythe, die immer noch erst Mitte zwanzig war, fühlte sich im Stich gelassen.

Ende 1979 kehrte sie nach New York zurück. Holbrooke versuchte, die Beziehung zu retten. Täglich schloss er sich eine Stunde lang in seinem Büro ein, um ungestört zu telefonieren, aber die Ehe steuerte auf ihr unausweichliches Ende zu. Eines Tages sortierte ein Büromitarbeiter namens Jeff Bader Holbrookes Post und öffnete ein Schreiben von Blythes Anwalt, in dem der Empfänger aufgefordert wurde, etwaige Gründe darzulegen, die einer Auflösung der Ehe entgegenstünden. Bader ging davon aus, dass sein Chef den Brief erwartet hatte, als der ihn aber sah, wurde er knallrot und sagte: «Wo kommt das her?»

Er zog wieder in das Gästehaus der Harrimans in der N Street, er kehrte in seine vertraute Umgebung zurück und leckte seine Wunden. Bei seiner Freundin Sally Quinn, der Frau des Chefredakteurs der *Post*, Ben Bradlee, weinte er sich aus, und bei verschiedenen Ex-Freundinnen suchte er Trost, darunter Gail. Sie war inzwischen verheiratet und hatte zwei Kinder, und nach dem zweiten gemeinsamen Mittagessen lehnte sie alle weiteren Einladungen ab.

In Vorbereitung auf die Gerichtsverhandlung bat Holbrooke seinen Freund Gelb, auszusagen, dass er und Blythe seit über einem Jahr nicht mehr miteinander geschlafen hätten. «Wie soll ich wissen, ob das stimmt?» Gelb konnte sich die Frage nicht verkneifen. «Wenn sie mich unter Eid stellen, kann ich, glaube ich, nicht lügen.»

«Sag einfach, ich hätte es dir erzählt», sagte Holbrooke. «Tut mir leid, dass ich dich da reinziehe.»

Gelb hätte für seinen Freund gelogen, aber Blythe erschien nicht zur Anhörung, die einvernehmliche Scheidung wurde festgestellt. Sie hatte seinen Namen angenommen, und beide Bücher, die sie später noch schreiben sollte, erschienen unter dem Namen Blythe Holbrooke.

Das letzte Mal sah Holbrooke Blythe im Herbst 1980. Er war in New York, um die Scheidungspapiere zu unterschreiben und die amerikanische Stimme für den Sitz der Roten Khmer in der UNO zu bestätigen. «Pol Pot, Dick?», sagte Blythe, nachdem sie unterschrieben hatte. «Wie konntest du nur?»

Dieser Teil der Geschichte ist noch nicht ganz zu Ende. Es gibt noch eine Wendung, und die zeigt, warum Holbrooke anders war als die übrigen ganz oben.

Als Saigon fiel, ließ Präsident Ford 130000 Südvietnamesen in die USA einreisen. Dann wurden die Tore geschlossen. Die Amerikaner wollten mit der Region nichts mehr zu tun haben. In den ersten beiden Jahren der Carter-Regierung kümmerte sich kaum jemand um die Not der Südostasiaten, die durch Krieg und Repression vertrieben worden waren. Die USA hatten zu den Flüchtlingen keine klare Haltung formuliert – sie galten nicht einmal als außenpolitisches Thema, und das Flüchtlingsbüro des Außenministeriums bestand gerade einmal aus zwei Mitarbeitern. Vance, für den die Beziehungen zwischen souveränen Staaten im Zentrum der Außenpolitik standen, hielt Flüchtlinge für eine innere Angelegenheit von «Gastländern» wie Thailand. Für die humanitären Fragen sei die UNO zuständig. Brzezinski interessierte sich überhaupt nicht für sie.

Da die Flüchtlinge aber zwischen den verschiedenen Stühlen des nationalen Interesses durchzufallen drohten – aus Sicht der Politik waren sie neutral und daher beinahe unsichtbar –, da sie aus Indochina kamen und ohne Hoffnung waren, nahm sich Holbrooke ihrer an. Vier Jahre lang behielt er sie im Blick. Im August 1977 trat er vor den Kongress und plädierte für die Aufnahme von weiteren fünfzehntausend vietnamesischen Flüchtlingen: «Aus dem einfachen Grund», erklärte er, «dass das humanitäre Anliegen seit so langer Zeit schon ein prägender Aspekt unseres nationalen Selbstverständnisses ist.» In den Jahren 1978 und 1979, als sich Zehntausende von Vietnamesen gezwungen sahen, auf das Südchinesische Meer hinauszufahren, drängte er auf ein stärkeres amerikanisches Engagement. Unter anderem schlug er vor, amerikanische Marineschiffe anzuweisen, Flüchtlinge an Bord zu nehmen, die in den angrenzenden Ländern abgewiesen worden waren. Doch die Navy betrachtete die Rettung von Flüchtlingen nicht als militärische Aufgabe.

Holbrooke gelang es, Vizepräsident Mondale auf seine Seite zu ziehen, der im Frühjahr eine Sitzung im Lageraum einberief, wo ansonsten nur Krisen besprochen wurden, die die nationale Sicherheit unmittelbar betrafen. Holbrooke erlebte den stickigen, fensterlosen, von der Außenwelt komplett abgeschotteten Raum im Untergeschoss des Weißen Hauses als einen Ort, an dem selbst ertrinkende Flüchtlinge zu einer bürokratischen Abstraktion wurden. Jede Behörde fand irgendeinen Grund, seine Initiative abzulehnen, vor allem das Pentagon. Nachdem sie bereits zwei Stunden diskutiert hatten, wandte sich Mondale, der die Sitzung vom oberen Ende des Tisches aus leitete, an den Admiral im Raum. «Sie wollen mir also sagen, dass da Tausende von Menschen auf offener See ertrinken, genau an der Stelle, wo sich unsere Siebte Flotte aufhält, und wir ihnen nicht helfen können?» Der Vizepräsident forderte den Admiral auf, die Mission auszuführen oder sich nach einer anderen Arbeit umzusehen.

Ein paar Monate später flog Mondale mit dem Hubschrauber über die Bucht von Manila und landete auf einem Flugzeugträger, der an dem Rettungseinsatz beteiligt war. «Ich war nicht begeistert, als ich den Einsatzbefehl erhielt», sagte der Kommandant zu Mondale. «Ich dachte, es würde den Kampfgeist meiner Matrosen schwächen ... aber ich lag völlig falsch.» Die Matrosen waren ganz erfüllt von der Aufgabe, Bootsflüchtlingen das Leben zu retten. «Es wird die Sicht dieser Menschen auf Amerika verändern», sagte der Kommandant. «Denn als ihr Leben in Gefahr war, sahen sie dieses Schiff mit der amerikanischen Flagge herankommen, und sie sahen, wie diese jungen Leute hinunterkletterten und sie aufnahmen. Zum ersten Mal seit Monaten waren sie in Sicherheit. Plötzlich hatten sie eine Perspektive. Es ist schwer, sich einer solchen Politik lange innerlich zu widersetzen.»

Aber es genügte nicht, Menschen aus Seenot zu retten – man musste ihnen auch ein Zuhause geben. Die Nachbarländer erklärten, sie hätten keine Kapazitäten mehr, zogen Boote zurück aufs Meer und drohten sogar, die verzweifelten Passagiere zu erschießen. Im Juni 1979 flog Holbrooke in der Präsidentenmaschine zum G-7-Gipfel nach Japan, auf dem Flug über den Pazifik drängte er erst Vance, dann Carter, die Zahl der südostasiatischen Flüchtlinge, die in die USA aufgenommen wurden, von sieben auf vierzehntausend zu verdoppeln. Obwohl das Thema keine Priorität hatte – der SALT-II-Vertrag verlor im Senat an Unterstützung, im Iran fand eine Revolution statt, die Welt war in Aufruhr –, gab Carter nach der Landung in Tokio bekannt, dass das monatliche Aufnahmekontingent auf vierzehntausend erhöht würde.

Einen Monat später sagte Carter seine Reise zu einer Flüchtlingskonferenz in Genf überraschend ab – er hatte sich nach Camp David zurückgezogen, um seine «Malaise-Rede» vorzubereiten – und schickte Mondale an seiner Stelle. Die Erwartungen an diese Tagung waren gering. Eine frühere hatte wenig gebracht, und während Tausende von Südostasiaten dem Tod entgegensahen, steckte das Flüchtlingsbüro der UNO in seiner eigenen bürokratischen Trägheit fest. Der Redenschreiber des Vizepräsidenten musste improvisieren, er schrieb die Rede im Flugzeug. In den Unterlagen, die er bekommen hatte, befand sich ein von Holbrooke eingebrachtes Dokument, das eine weitere Flüchtlingskonferenz beschrieb, die 1938 im französischen Evian, unweit von Genf direkt am See gelegen, abgehalten worden war und das Schicksal der deutschen Juden zum Thema gehabt hatte. Kein einziges Land hatte in Evian angeboten, sein Flüchtlingskontingent zu erhöhen, mit Ausnahme der Dominikanischen Republik. Präsident Roosevelt hatte nur ein Ziel – die amerikanische Zusage niedrig zu halten. Als Mondales Redenschreiber den Bericht sah, wusste er, wie er die Zuhörer packen konnte.

In Genf forderte Mondale die Delegierten auf, die Tragödie von Evian nicht zu wiederholen. «Sagen wir uns los vom Vermächtnis dieser Schande! Ehren wir die moralischen Grundsätze, die wir geerbt haben! Tun wir etwas Sinnvolles – und Grundlegendes –, um dieses Elend einzudämmen! Wir stehen vor einem weltweiten Problem. Lassen Sie uns also eine weltweite Lösung finden. Die Geschichte wird uns nicht verzeihen, wenn wir scheitern. Die Geschichte wird uns nicht vergessen, wenn es uns gelingt.» Als Mondale schloss, sprangen die Delegierten auf und applaudierten, die Flüchtlingskontingente und Hilfszahlungen der in Genf vertretenen Staaten wurden deutlich erhöht.

Holbrooke muss Evian durch seine Familiengeschichte gekannt haben. Ich glaube aber nicht, dass sich sein Engagement für dieses Thema allein dadurch erklärt, dass er ein Kind von Flüchtlingen war. Seine Eltern hatten die Vergangenheit hinter sich gelassen, und ihr Sohn hatte kein Interesse daran, sie wieder auszugraben. Was ihn bewegte, war nicht das Schicksal der Juden, sondern Vietnam. In Vietnam hatte er eine Mutter gesehen, die neben der Leiche ihres Mannes ihr Kind stillte. Sie ging ihm nie mehr aus dem Kopf. Er war nicht sentimental – er hatte sie fotografiert und sogar bewundert. Er rang nicht die Hände wegen der Flüchtlinge, und er ließ sich nicht zu Gefühlsausbrüchen hinreißen. Menschliches Leid ließ ihn nicht erstarren, und es stürzte ihn auch nicht in philosophische Verzweiflung. Es trieb ihn zu grimmigem Handeln an.

Die meisten amerikanischen Politiker, die sich mit der Flüchtlingsthematik befassten, waren in Vietnam gewesen. Vielleicht waren es Schuldgefühle, vielleicht auch nur bestimmte Gesichter, die sie nicht losließen. Auf jeden Fall erlaubten ihre Erfahrungen nicht, dass das Thema zu einer Abstraktion wurde. Holbrookes Freund Lionel Rosenblatt hatte in den späten Sechzigern für Komer in der Befriedungspolitik gearbeitet, 1975 widersetzte er sich einer Anweisung und half bei der Evakuierung der Südvietnamesen aus Saigon. 1979 war er an der Botschaft in Bangkok, als Zehntausende von Kambodschanern begannen, sich über die Grenze nach Thailand zu schleppen. Sie waren hungrig und ausgehöhlt, wie Gespenster. Viele waren von den Roten Khmer auf Zwangsmärsche geschickt worden. Einige brachen an der Grenze zusammen und starben an Ort und Stelle. Thailand betrachtete die Flüchtlinge als «illegale Einwanderer», im Juni begannen thailändische Soldaten, sie über die steilen Klippen der Grenze in die Minenfelder zurückzudrängen. Das Büro des UNO-Hochkommissars für Flüchtlinge, das die Thais nicht gegen sich aufbringen wollte, schwieg dazu. Die Protestnoten des amerikanischen Botschafters Morton Abramowitz, eines weiteren Holbrooke-Freundes, richteten beim thailändischen Ministerpräsidenten nichts aus. Abramowitz und Rosenblatt meldeten Holbrooke, dass sich an der Grenze eine Krise vom Ausmaß der Boatpeople zusammenbraute. Holbrooke gab ihnen die politische Deckung, die nötig war, um die Thailänder zum Handeln zu drängen, er nutzte sein Kontakte im Kapitol und in der Presse, um auf die Lage aufmerksam zu machen, und reiste im Oktober schließlich selbst nach Thailand, um die primitiven Lager zu besichtigen, die Hilfsorganisationen mit großer Verspätung errichtet hatten.

Man hatte Mark Malloch-Brown, einem jungen Briten, der für die UNO arbeitete, drei Tage Zeit gegeben, um auf einem schlammigen Feld am Rande eines Dorfes sechzig Kilometer von der Grenze entfernt Straßen zu planieren, Latrinen zu graben und ein Lager für sechzigtausend «illegale Einwanderer» zu errichten. Malloch-Brown bewegte sich in einer Welt internationaler Wohltäter, die mehr mit den korrekten Abläufen beschäftigt schienen als mit der Lösung von Problemen. Viele von ihnen zweifelten an den Berichten über den Völkermord der Roten Khmer und glaubten, dass die Umsiedlungsbemühungen der USA darauf zielten, das kommunistische Indochina zu destabilisieren.

Holbrooke flog mit dem Hubschrauber im Lager ein. Ein großer Amerikaner mit schweißnassem Haar, lohfarbenem Safarianzug und übergroßer Brille entstieg, der die Flüchtlinge überragte und die UNO-Bürokratie anprangerte, der Malloch-Brown fragte, was er von Genf brauche und wer es blockiere. Er mobilisierte seine Freunde in der Botschaft. Wenn so ein amerikanischer Imperialist aussah, dann freute sich Malloch-Brown, seine Bekanntschaft zu machen. Denn die oberen Gefilde von Washington wurden von der Flüchtlingskrise nicht berührt, und es stand Holbrooke frei, in dieser Sache hartnäckig zu sein. Zum ersten Mal scheint an dieser Stelle durch, was Holbrooke erreichen konnte, wenn sich sein Egoismus und sein Idealismus in perfektem Gleichgewicht befanden.

Gegen Ende 1979 führte eine vietnamesische Offensive gegen die Roten Khmer zu einer weiteren Flüchtlingswelle. Carter stand unter Druck, weil Ted Kennedy, sein Herausforderer bei den Vorwahlen der Demokraten, die schwache amerikanische Reaktion auf die Krise in Südostasien kritisierte. Anfang November schickte Carter seine Frau Rosalynn nach Thailand, begleitet von Holbrooke. Mrs. Carter besichtigte das Lager, das mit Malloch-Browns Hilfe entstanden war. Niemand erzählte ihr, dass die Roten Khmer, deren junge Soldaten die Besucherin düster anstarrten, dort das Sagen hatten. Holbrooke folgte hinter der First Lady, die unter den Flüchtlingen umherging, die sich wie Leonardos Madonna hinkniete, um ein zerbrechlich dürres Kind in die Arme zu nehmen und mit der erschöpft vor ihr auf dem Boden liegenden Mutter zu sprechen, um einer jungen Frau die Stirn zu küssen und zu sagen, «Schenken Sie mir ein Lächeln», während einhundertfünfzig Reporter und Fotografen um die besten Plätze kämpften und Mrs. Carters Helfer Malloch-Brown zuriefen: «Sehen Sie mal zu, dass hier ein gutes Bild entsteht!»

«Das übertrifft alles, was ich je gesehen habe», sagte die First Lady gegenüber der Presse. «Als Ehefrau, als Mutter, als Mensch ist es zutiefst erschütternd.»

Jetzt also richtete die Welt ihre Aufmerksamkeit auf Kambodscha. Im Jahr darauf – es sollte das letzte seiner Amtszeit werden – unterzeichnete Carter ein Flüchtlingsgesetz, der die jährliche Flüchtlingsobergrenze um das Dreifache erhöhte. 1982 hatten die USA bereits eine halbe Million Flüchtlinge aus Indochina aufgenommen, mehr als jedes andere Land der Welt. Diese Zahl sollte später bis auf anderthalb Millionen steigen. Das war auch Holbrookes Verdienst.

Heute beschämen uns diese Zahlen.

Da ich jetzt ohne Hoffnung bin

Zwölf Jahre. Die Vierziger und darüber hinaus. Drei Präsidentschaftswahlen. Kriege in Kambodscha, El Salvador, Nicaragua, Äthiopien, Mosambik, Libanon, Iran und Irak entflammten und brannten und erloschen wieder. Der Krieg in Afghanistan nahm überhaupt kein Ende. Die Pazifik-Anrainer entdeckten die Demokratie. Saddam Hussein schluckte Kuwait und musste es gleich wieder ausspucken. Die Berliner Mauer fiel, und der Kalte Krieg, der Millionen Namenlose das Leben gekostet hatte, war vorbei. Die Sowjetunion verschwand von der Landkarte, und die Vereinigten Staaten wurden zur einzigen verbliebenen Supermacht. Jugoslawien zerfiel. Holbrooke nahm fünf Kilo zu und seine Jungen wuchsen zu jungen Männern heran, und er wartete auf seine Chance, noch einmal am Glücksrad zu drehen.

Szenenwechsel nach New York, gerade zu dem Zeitpunkt, als der Karneval an der Wall Street begann. Zum ersten Mal in seinem Leben verdiente er richtig Geld, und er erschloss sich einen neuen Freundeskreis, eher die Häuptlinge als die einfachen Indianer, denn so ist das, wenn man älter wird und aufsteigt. Freundinnen – na klar! Trotz all der Studiolampen, die auf die Bühne von Manhattan gerichtet sind, muss man feststellen, dass er über weite Strecken der Achtzigerjahre kaum auszumachen ist – es ist das grelle Licht der Kameras selbst, das seine Umrisse verwischt. Aber das Innenlicht im rastlosen Hirn dieses Mannes wurde nie gedimmt. Die ganze Zeit war er dabei, sich in Stellung zu bringen, Verbindungen herzustellen, zu lernen, seinen Horizont zu erweitern, Situationen zu überblicken und sich auf das Einzige vorzubereiten, das für ihn wirklich zählte.

Er wartete zwölf Jahre, eine sehr lange Zeit. Am Ende nagte er an den Gitterstäben seines Käfigs.

Holbrooke wusste, dass Carter 1980 verlieren würde. Die Geiselnahme in Teheran und die sowjetische Invasion in Afghanistan erlaubten es Ronald Reagan, zu behaupten, dass der Friedenspräsident, der Menschenrechtspräsident Amerika schwach gemacht hatte. Im eigenen Land, in den Städten, an den Tankstellen, im gesamten Wirtschaftsleben sah es noch schlimmer aus. Carter schied aus dem Amt wie ein Mann, der mitten in einer Schlammlawine unter die Motorhaube seines Wagens starrt. In manchen Dingen war er seiner Zeit um eine Generation voraus, aber er konnte nicht führen, und das ist es, was sich die Wähler wünschen, selbst wenn es bedeutet, dass sie belogen werden.

Clark Clifford, der seit Truman den Mächtigen ins Ohr geflüstert hatte, diagnostizierte eine politische Zeitenwende, einen Stimmungsumschwung, der weit über eine Amtszeit hinausgehen würde. Holbrooke schrieb in sein Notizbuch: «Clifford – Demokraten ruhen sich seit 40 Jahren auf der FDR-Koalition aus. Aber die zerbricht gerade.»

Wenige Tage nach der Wahlniederlage plante Holbrooke bereits seine nächsten Schritte. In der zweiten Novemberwoche landete auf den Schreibtischen von Agenten und Verlagsleitern sein Exposé für ein Buch über Amerika und die Zukunft von Asien. Jedes Mal, wenn er aus der Politik ausschied, nahm er sich vor, ein Buch zu schreiben, doch nur einmal machte er ernst damit. Dies war nicht das eine Mal. A. M. Rosenthal, der leitende Redakteur der *Times*, bot ihm eine Stelle bei der Zeitung an, die ihn 1962 abgelehnt hatte. Es war nicht der richtige Zeitpunkt. Holbrooke hatte Schulden, und seine Freunde, wie Clifford, auf der anderen Seite des Wohlstandsgefälles, rieten ihm, sich eine lukrativere zweite Karriere aufzubauen. Holbrooke ließ sich leicht überzeugen. «In Journalistenkreisen hielt man mich für einen Beamten, im Ministerium für einen Journalisten. Demnach habe ich mich hier wie dort als Außenseiter gefühlt», schrieb er Anfang 1981. «Also werde ich jetzt mal etwas ausprobieren, das wirklich außen ist – die Wirtschaft.» Dazu notierte er eine Zeile von Robert Frost: «Arbeit ist ein Spiel um den Einsatz des Lebens.»

In Georgetown hatte Holbrooke Anfang der Siebziger Peter Peterson kennengelernt, den Sohn eines griechischen Imbissbesitzers aus Nebraska, der ein Jahr lang Nixons Handelsminister gewesen war und danach die alteingesessene Investmentbank Lehman Brothers übernommen hatte. Holbrooke hatte Petersons Sohn bei *Foreign Policy* beschäftigt, und Peterson stellte ihm sein Haus zur Verfügung, wenn Holbrooke in Manhattan war. Zwei Wochen nach Carters Niederlage frühstückten sie zusammen im Carlyle Hotel auf der Upper East Side. Holbrooke zählte die Firmen auf, denen er geholfen hatte, in Asien Fuß zu fassen – Chase Manhattan, Pan Am, Weyerhaeuser und viele andere. Er wies darauf hin, dass er alle führenden Politiker in Asien kannte. David Rockefeller, Cyrus Vance und sogar Henry Kissinger waren bereit, ihn zu empfehlen.

An der Wall Street hatte es Tradition, große Namen aus der Politik anzuheuern, und umgekehrt. Für Lehman Brothers arbeitete der bereits in die Jahre gekommene George Ball, Kennedys und Johnsons Staatsminister im Auswärtigen Amt, der für den Sturz Diems mitverantwortlich gewesen war und dann von innen heraus gegen die Vietnampolitik agiert hatte. Holbrooke war zwar bekannt, er war aber nicht von Balls Kaliber. Da das weiße, protestantische Establishment den Scheitelpunkt seiner Macht bereits überschritten hatte, wurde es immer schwerer, sich in die Drehtür zwischen Washington und der Wall Street zu zwängen. Investmentbanken stellten die besten Absolventen der Managerschmieden ein, die sich wirklich auskannten. Holbrooke hatte keine Ahnung vom Bankgeschäft, und Lehman konnte ihm keine volle Stelle anbieten.

Doch im Januar schlug jemand in der Managementetage ein anderes Arrangement vor: Lehman würde Holbrooke als selbstständigen Berater für die Geschäfte der Firma in Washington und Peking beschäftigen, was etwa ein Viertel seiner Zeit in Anspruch nehmen und 40 000 Dollar im Jahr plus Bonus einbringen würde. Die Idee gefiel ihm. Es war die einzige Aussicht, die er hatte.

Dann rief sein Freund Jim Johnson mit einem Vorschlag an. Sie hatten sich 1969 in Princeton kennengelernt, und Johnson, der wie Walter Mondale aus Minnesota stammte, war der engste Berater des Vizeprä-

sidenten geworden (und Holbrookes einziger Freund auf dem Feindes-
gebiet des Weißen Hauses). Mondale war der aussichtsreichste Kandidat seiner Partei für die Präsidentschaftswahl 1984, und jeder, der mit
Mondale sprechen wollte, musste den Weg über Johnson gehen. Jeder
reiche Demokrat im Land würde ihn also kennenlernen wollen. Wie
wäre es also, wenn man gemeinsam eine Consulting-Firma aufbauen
und Unternehmen beraten würde, die Hilfe benötigten, sich im politischen Betrieb zurechtzufinden?

Es war eine relativ neue Nische in Washington – keine direkte Lobby-
arbeit, aber strategische Beratung, man konnte Türen öffnen und gleichzeitig Meinungsmache betreiben. Was Holbrooke attraktiv machte,
waren seine Verbindungen nach China. Nach der Aufnahme diplomatischer Beziehungen hatte er sich um die Ausgestaltung wirtschaftlicher
und kultureller Verbindungen gekümmert, er hatte Walter Mondale im
Sommer 1979 auf einer medienwirksamen Reise nach Peking begleitet,
wo die ersten Schritte gemacht wurden, den neuen Beziehungen Form
zu geben. Johnson bot Holbrooke den Titel eines Vice President für
Internationale Angelegenheiten und eine Beteiligung von vierzig Prozent an. Für den Fall, dass jemand die politische Dimension nicht erkennen sollte, würde man sich mit der Anwaltskanzlei von Mondale eine
Etage in einem Gebäude auf der M Street teilen. Sie würden sich Public
Strategies nennen. Noch am Telefon sagte Holbrooke zu.

Er begann, sich um Aufträge von Unternehmen zu bemühen, die ihr
Geschäft über den Pazifik ausweiten wollten, Firmen wie Seagram, John
Deere und Levi Strauss. Er schrieb Lester Crown, dem größten Anteils-
eigner von General Dynamics, der mit Jack Valenti, dem Vorsitzenden
der Motion Picture Association of America, in Harvard Betriebswirt-
schaft studiert hatte, den Holbrooke wiederum aus dem Weißen Haus
unter Johnson kannte (einen Kontakt, den man heute unter «soziales
Kapital» verbuchen würde): «Sehr geehrter Mr. Crown: Auf Anregung
von Jack Valenti schreibe ich Ihnen, um eine Geschäftsbeziehung zwischen General Dynamics und mir selbst vorzuschlagen, die, so denke ich,
von beiderseitigem Nutzen wäre und gleichzeitig der auswärtigen Politik und den strategischen Interessen Amerikas dienen könnte. Es geht
darum, mit Ihnen die Möglichkeit der Entwicklung einer umfassenden

und erfolgreichen Marketingstrategie für den Verkauf von FX-Kampfjets an die fünf ASEAN-Staaten zu erörtern.» Mr. Crown biss nicht an.

Edgar Bronfman von Seagram dagegen ging auf das Angebot ein, für 50 000 Dollar im Jahr, ebenso Hyundai (30 000 Dollar plus Spesen) und die Firma Nike, die Fabriken in der Volksrepublik eröffnen wollte. Holbrooke riet Philip Knight, dem Präsidenten von Nike, die Initialen von den «Made in Taiwan R. O. C.»-Etiketten auf seinen Schuhen zu entfernen, um die Chinesen nicht unnötig zu verärgern.

Auf seinen Geschäftsreisen, vor allem nach Peking, wurde er von führenden Politikern empfangen, als verträte er noch immer die amerikanische Regierung. Er war nicht der erste ehemalige Amtsträger, der aus seiner politischen Tätigkeit privaten Profit schlug – 1981 gab es in Washington fast siebentausend Lobbygruppen, und die Zahl stieg exponentiell. Und er würde sicherlich nicht der letzte sein. Aber sein Engagement roch so stark nach Korruption, dass es ihm Unbehagen bereitete. Er versuchte, es zu rechtfertigen, indem er immer das höhere Gut der Interessen seines Landes anführte. Er kaufte ein Haus am Rand von Georgetown und verließ das Gästequartier in der N Street, wo er zwei Jahre verbracht hatte. Harriman, der inzwischen neunzig Jahre alt war, bestand darauf, mit Pam die drei Blocks zu laufen, um Holbrookes neues Haus zu besichtigen. Er sah sich auf beiden Etagen alles genau an, sogar die Bäder.

«Hübsches Haus», sagte Harriman. «Wie viel hast du dafür bezahlt?» Er kannte die Antwort bereits, denn er hatte Holbrooke für den Kauf 57 000 Dollar geliehen.

«250 000.»

«Ach, genauso viel habe ich für mein Haus da hinten auch bezahlt.»

«Averell, das ist über zwanzig Jahre her», sagte Pam.

Das Krokodil, das nicht nur taub und halbblind war, sondern auch noch ziemlich humorlos, grinste trotzdem.

Holbrooke hatte noch nie zuvor Geld gehabt. Er blieb ein Geizhals – er konnte sich nie abgewöhnen, seine Freunde nach dem Mittagessen auf der Rechnung sitzen zu lassen –, aber das Geld, das er nun verdiente, erlaubte ihm, ein wenig mehr wie die Leute zu leben, mit denen er Umgang hatte. Es war eine Offenbarung wie die, mit einunddreißig

Jahren festzustellen, dass Frauen tatsächlich mit ihm schlafen wollten. Es drang nie richtig in sein Bewusstsein. «Geld interessiert mich nicht», schrieb er einmal. «Was mich interessiert, ist, was man mit dem Geld *machen* kann.» Dies war eine hochtrabende Art, zu sagen, dass ihn die Feinheiten der finanziellen Planung nicht interessierten, dass er keine Lust hatte, irgendjemanden auszustechen, dass es ihm nur um die Dinge ging, die man mit Geld kaufen konnte. Dazu gehörte Macht und der Zugang zu Menschen, die seine andere Karriere befördern konnten, die einzige, die ihm wirklich etwas bedeutete.

In den Achtzigerjahren schien es zuweilen, dass es nie wieder einen demokratischen Präsidenten geben würde. Reagan hatte die richtige Formel gefunden, um die republikanische Dominanz zu sichern: die Flagge schwenken und den Bürgern nichts abverlangen. Die Verteidigungsausgaben aufblähen und die Steuern senken. Amerika bei den Olympischen Sommerspielen wieder auf Platz eins des Medaillenspiegels bringen. Den Kommunismus durch schmutzige kleine Kriege zurückdrängen, die keine amerikanischen Opfer forderten. Wenn man doch einmal eigene Truppen in die Schlacht schickt, dann am besten in einem Land von der Größe Grenadas. Wenn beinahe dreihundert Amerikaner in Beirut von iranisch gestützten Selbstmordattentätern in die Luft gesprengt werden, zieht man die Marines still und leise ab und wechselt das Thema – um Himmels willen ohne das Scheinwerferlicht auf die eigene Machtlosigkeit zu richten, wie es Carter bei der Geiselnahme in Teheran getan hatte. So ließen sich Wahlen gewinnen, immer und immer wieder.

Holbrookes Generation von Demokraten galt als wenig durchsetzungsfähig, ein Eindruck, den sie nicht abschütteln konnten. Mit Vietnam hatte es begonnen – der scharlachrote Buchstabe, den die Republikaner den Demokraten um den Hals hängten, war McGovern, nicht McNamara, als wäre es verzeihlich, uns in einen Krieg hineinzuziehen, den wir nicht gewinnen konnten, sich diesem Krieg zu widersetzen aber nicht – und ein Ende war nicht in Sicht. Carter war wegen Watergate ins Amt gestolpert, eine kurze, schlecht genutzte Auszeit in der vierundzwanzigjährigen republikanischen Herrschaft seit 1968. Holbrooke war der Meinung, dass demokratische Aktivisten die Partei zu weit nach links gezogen hatten. Die Progressiven mussten aus der Defensive kommen, sie mussten Stärke zeigen und die Fehler der Rechten frontal angehen. Er unterstützte die Waffenlieferungen an antikommunistische Rebellen in Afghanistan und Nicaragua. «Eine progressive Außenpolitik sollte nicht mit einer schwachen Außenpolitik gleichgesetzt werden», schrieb er an den Senator Gary Hart, der als Hoffnungsträger der Demokraten galt. «Aber es genügt nicht, einfach nur zu behaupten, dass wir die Gefahren des Kommunismus kennen. Wir müssen zum Beispiel bereit sein, zu zeigen, dass wir die strategische Bedeutung von Zentralamerika besser verstehen als Reagan, und dass wir bessere Vorschläge haben, wie wir unsere Interessen dort verteidigen können.»

Er forderte, die Menschenrechte wieder zu einem Bestandteil der Außenpolitik zu machen, aber nicht zu sehr. Amerika sollte sich selbst treu bleiben, mit gutem Beispiel vorangehen und leisen Druck ausüben, statt zu schikanieren und sich einzumischen. Er war ein Exzeptionalist, er glaubte an die amerikanische Einzigartigkeit, aber er wünschte, dass das Außenministerium die Veröffentlichung des Jahresberichts zur weltweiten Menschenrechtslage einstellen würde. Er konnte weder mit der moralischen Überheblichkeit der isolationistischen Linken etwas anfangen noch mit dem Hurrapatriotismus der Rechten. Menschenrechte sollten ein Leuchtfeuer sein, kein Knüppel. Er suchte irgendwo zwischen den Hardlinern auf der Rechten und den Aktivisten auf der Linken die politische Mitte.

Das Schöne an der Außenpolitik ist, dass man die abstrakten Begriffe beliebig miteinander kombinieren kann: «Werte und Interessen», «Frieden durch Stärke», Wilson'scher Pragmatismus», «realistischer Idealismus». Ganze Konferenzen und Bücher und Parteiprogramme bestehen praktisch nur aus dieser bedeutungslosen Sprache, besonders, wenn die Partei gerade in der Opposition ist, doch keine dieser Phrasen konnte das Problem von Holbrooke und den Demokraten lösen, das darin bestand, wie sie wieder an die Macht zu kommen könnten. Erst zum Ende des Kalten Krieges sollten sie wieder ins Weiße Haus einziehen.

Er wusste, dass es keine Rolle spielte, ob die Öffentlichkeit in bestimmten Fragen, zum Beispiel bei der Rüstungskontrolle, mit den Demokraten übereinstimmte. Was zählte, war Ausstrahlung. Der Präsident als Oberbefehlshaber der Streitkräfte müsse jemand sein, dem die Wähler zutrauten, «der sowjetischen Führung entschlossen entgegenzutreten», schrieb Holbrooke Ende 1982 an Mondale – «jemand, der Amerika ein Gefühl von Stärke und Stolz vermittelt, der unsere nationale Ehre und Sicherheit schützt, ohne uns in Kriege zu führen oder in fremde Konflikte zu verwickeln. Die Einzelheiten fast aller außenpolitischen Fragen sind für die meisten Amerikaner zu kompliziert, wir sind also bereit, die Entscheidungen dem Präsidenten zu überlassen, solange wir ihm vertrauen. Symbole sind daher in der Außenpolitik wesentlich wichtiger als in grundlegenden innenpolitischen Fragen, bei denen der Wähler die Umsetzung von Rhetorik und Wahlkampfversprechen an den Ergebnissen messen kann.»

Was die Symbolpolitik anging, war Reagan unschlagbar. Mondale verlor 1984 in allen Bundesstaaten außer Minnesota, seinem Heimatstaat. Es war schlimmer als die vernichtende Niederlage, die er Carter zugefügt hatte. Es war auch das Ende des Geschäftsmodells von Public Strategies. Das wäre es gewesen: an der Tür des Weißen Hauses zu stehen und zu entscheiden, wer vorgelassen wird und wer nicht.

Nach der Wahl fragte Larry Tisch, der durch Immobilienspekulationen zum Milliardär geworden war, Jim Johnson: «Und? Was haben Sie jetzt vor?» Johnson zuckte mit den Schultern. Die Gesellschafter verdienten jeweils ein paar hunderttausend Dollar im Jahr, aber Mitte der Achtzigerjahre zählte das kaum noch. Johnson saß nur deshalb in Tischs Büro in Manhattan, weil Tisch ihn mochte, und weil Mondales Name immer noch etwas bedeutete. «Ich hab's», sagte Tisch. «Verkaufen Sie Ihre Agentur an Saatchi und Saatchi.» Er rief zu seiner Sekretärin hinüber, sie solle Goldman Sachs ans Telefon holen, und dann brüllte er dem Typen von Goldman ins Ohr, er solle Maurice Saatchi in London sagen, er müsse Public Strategies kaufen, und Goldman solle die Transaktion durchführen.

Doch Holbrooke lehnte ab: Wenn sie schon verkaufen würden, dann müssten sie es erst Lehman anbieten. Pete Peterson war 1983 bei einer

Meuterei hinausbefördert worden, und Lehman war von Shearson / American Express übernommen worden. Der neue Chef, Peter Cohen, hatte Holbrooke gesagt: «Wenn Sie verkaufen, dann verkaufen Sie an mich.» Am nächsten Tag bot Lehman fünf Millionen Dollar für Public Strategies. Johnson und Holbrookes Anteile waren Millionen wert. Und so wurden sie 1985 geschäftsführende Direktoren bei Lehman und nahmen ihre Arbeit als Investment-Banker im nagelneuen World Financial Center gleich neben den Twin Towers in Manhattan auf. Holbrooke tat nicht einmal so, als würde er sich für das Geschäft interessieren. Zu diesem Zeitpunkt war er bereits nach New York umgezogen, wo seine Freundin, die Fernsehjournalistin Diane Sawyer, arbeitete.

Sie hatten sich 1979 in Washington kennengelernt. Sawyer war Mitte dreißig und hatte gerade als Korrespondentin im Hauptstadtbüro von CBS angefangen. Sie musste Überstunden machen, um sich gegen verschiedene Vorurteile zu erwehren. Eines davon hatte damit zu tun, dass sie 1963 als High-School-Absolventin zur Junior Miss America gekrönt worden war und sich noch immer mit einer damenhaften Anmut trug, die auf beinahe provokative Weise vom Lotterstil der Siebzigerjahre abwich. Außerdem sah sie umwerfend glamourös aus – lange Beine, sinnlicher Mund, blaue Augen, undurchdringlicher Blick und Haare, die so seidig-blond und glänzend waren, dass sie als edle Kuscheldecke und gleichzeitig als Leselicht hätten dienen können. Am schlimmsten aber war, dass sie gerade sechs Jahre für Richard Nixon gearbeitet hatte, zwei im Büro des Pressesprechers Ron Ziegler, wo sie dünne Mauern hochgezogen hatte, um die Flut von Watergate abzuhalten, und weitere vier in San Clemente, wo sie dem mit Schimpf und Schande aus dem Amt gejagten Präsidenten geholfen hatte, seine Memoiren zu schreiben. So etwas tat nur jemand, der Nixon treu ergeben war. Für altgediente CBS-Journalisten wie Dan Rather war das kaum nachvollziehbar und schürte grundlegende Zweifel an ihrer Eignung. Sawyer musste sich beweisen, indem sie jede beschissene kleine Aufgabe übernahm, die ihr die Redaktion gab. Und sie war so fleißig, klug und *einfach nur nett*, dass sie ihre Vorgesetzten bald für sich einnehmen konnte.

Sawyer wurde befördert und berichtete über das Außenministerium. In den ersten Wochen der Geiselkrise im Iran observierte sie Bürotüren, versuchte, die Leute zu fassen zu bekommen, die ein und aus gingen, und schlief eine Woche lang auf Stühlen. Sie rief jeden Ministeriumsmitarbeiter im Telefonverzeichnis an, und als Holbrooke an der Reihe war, bot er sich als Quelle an und führte sie in die Geheimnisse des Ministeriums ein. Die vertraulichen Informationen, die sie erhielt, hoben ihren Status bei CBS. Blythe war von der Bildfläche verschwunden, und sie gingen eine Beziehung ein. Es war der Beginn eines Musters. Er fühlte sich ein Leben lang zu Frauen hingezogen, die er eigentlich für unerreichbar hielt. Seine Freundin Sally Quinn sah zu, wie er sich panisch und von Selbstzweifeln geplagt bemühte, es ihnen recht zu machen, in einer Weise, die ihn aus Sallys Sicht einerseits liebenswert, andererseits aber auch unfickbar machte.

Die Ängste, die die umschwärmten Frauen in ihm hervorriefen, ließen ihn kurzzeitig den Blick nach innen wenden. So war es bei Litty, bei Toni, und jetzt bei Diane. Eine Notiz, Anfang 1981: «DS – gelassen? oder beherrscht / sie ist beherrscht, bin unsicher, ob auch gelassen – Halte mich selbst für gelassen, wirke aber nicht beherrscht ... anstrengend – weil sie nimmt, ohne zu geben – kann Liebe nicht als echt akzeptieren, denn sieht sich selbst als minderwertig, der Liebe unwürdig, kriegt sie aber trotzdem. Der Satz von Groucho Marx über den Club passt – Muss ehrlicher aussprechen, wo wir stehen –»

Er zeigte ihr die Welt, wie sie sie sonst nie gesehen hätte. Sie reisten wie Rucksacktouristen durch Tibet, sie ertrug schmutzige Toiletten an Busbahnhöfen und nahm Kopfschmerzen in Kauf, um auf fünfeinhalbtausend Metern einen spektakulären Blick auf den Everest zu genießen. In dem Reisetagebuch, das sie gemeinsam führten, sind seine Einträge lange Abhandlungen über buddhistische Klöster, über Menschen, Geschichte und Kultur, die Neugierde des geübten Reisenden fand Platz neben seiner Verspieltheit, er neckte Diane, dass sie aus «dem Schuldgefühl der Konservativen heraus» zu viel Trinkgeld gebe, und er schien sich immer bewusst zu sein, dass diese Notizen einst jemand lesen würde. Dianes Bemerkungen sind kurz, sie ließen kaum einen Rückschluss auf ihre Persönlichkeit zu. Als sie auf der Straße nach Lhasa fuhren und einen Lastwagen sahen, kommt eine Frau zum Vorschein, die sich einem Mann anvertraut hat, von dem sie weiß, dass sie ihn eines Tages verlassen würde.

«Hast du die Leute in dem Lastwagen gesehen?», fragt er.

«Nein», antwortet sie. «Ich habe in die andere Richtung geschaut.» «Sei aufmerksam! Sieh dir die Leute in den Lastwagen an. Nur so lernst du ein Land wirklich kennen.»

Alle – seine Freunde, seine Kollegen – mochten Diane, und sie ging sehr liebevoll mit seinen Jungen um, selbst als sie zu CBS Morning News aufstieg. Er drängte sie dazu, sich um die Stelle der Co-Moderatorin zu bewerben, und als sie das Angebot erhielt, handelte er für sie die Bedingungen aus und folgte ihr nach New York. Sie hatte eine Wohnung in einem Luxusgebäude namens Beresford an der Central Park West, aber sie lebten dort wie Hausbesetzer. Die Matratzen lagen auf dem Boden, der Kühlschrank war leer – es war die Herberge von zwei überaus beschäftigten Menschen. Sie stand vor 2 Uhr am Morgen auf und wurde zum Studio gefahren, und manchmal fuhr Holbrooke mit ihr durch die dunklen Straßen, gab ihr Fragen, mit denen sie George McBundy herausfordern oder Zbigniew Brzezinski in die Ecke treiben konnte, und bearbeitete dann ihren Produzenten, bis er ihr mehr Zeit in der Sendung einräumte. Nachher kommentierte er ihren gesamten Auftritt einschließlich ihrer Körperhaltung, Kleidung und Frisur. Einmal rief er Larry Tisch an, dem CBS gehörte, und beschwerte sich darüber, dass Howard Stringer, der Leiter der Nachrichtenredaktion, versäumt hatte, sie zu irgendeiner Sache zu beglückwünschen, obwohl er es tatsächlich getan hatte. Stringer konnte nicht verstehen, wie eine Frau von Sawyers Format zulassen konnte, dass ihr Freund sich derart einmischte. «Das kannst du doch nicht machen», klagte er. «Warum kommst du nicht direkt zu mir?»

Aber sie ließ Holbrooke gewähren. Er machte die schmutzige, aber notwendige Arbeit, die sie mied, um ihre undurchsichtige Anmut zu kultivieren. Niemand konnte Diane entschlüsseln, schon gar nicht dieser Mann, ein Defizit, das ihn aber nur antrieb, es erst recht zu versuchen. Als sie einmal in Nova Scotia waren, um Peter Tarnoff in seinem Feriendomizil zu besuchen, sagte Holbrooke zu ihr: «Dir ist immer alles leichtgefallen. Ich musste für alles, was ich habe, verdammt hart kämpfen, weil mich die Leute aus irgendeinem Grund nicht mögen.»

Sie waren glanzvoll und als Paar unschlagbar in diesem Manhattan, das ein Jahrzehnt lang im Licht der Fernsehscheinwerfer glänzte. Es scheint heute seltsam und unfassbar, dass in den Achtzigerjahren kaum jemand so prominent war wie die Männer und Frauen, die im Fernsehen die Nachrichten verlasen. Über alles, was sie betraf, wurde berichtet: ihre in die Millionen gehenden Gehälter, ihre Rivalitäten, ihre Haarschnitte, und manchmal schienen sie wichtiger als die Nachrichten selbst. So war es auch, als ABC und NBC versuchten, Sawyer von CBS abzuwerben (und ABC sie schließlich unter Vertrag nehmen konnte). Gleichzeitig begannen die Sender mit der langen, langsamen Ausweidung ihrer Nachrichtenredaktionen. Es waren die letzten Ausläufer einer Zeit, in denen Amerikaner die Nachrichtensprecher, die sie in ihren Wohnzimmern empfingen (von denen einige tatsächlich Journalisten waren) als zuverlässige Überbringer einer einzigen Wirklichkeit ansahen. Es war die Halbzeit zwischen Walter Cronkites Nüchternheit des Kalten Krieges und dem Prominentenschlamm einer Laura Ingraham. Das Land war noch immer überzeugt, dass sie die Nachrichten brauchten, während sie gleichzeitig nach Unterhaltung gierten, weshalb die Fernsehanstalten ihre Moderatoren und Moderatorinnen mit Glitzerstaub und Feenschimmer bestreuten und auf die Stufe von Filmstars stellten. Die Szene zog Holbrooke an, und jedes Mal, wenn eine außenpolitische Story es auch nur denkbar machte, ihn einzuladen, ergatterte er sich einen Auftritt bei «Nightline».

Einmal, um das Jahr 1985 herum, sah eine Nachbarin aus dem Beresford, wie Dick und Diane an der Straße auf ein Auto warteten, sie blieb stehen, um sie zu bewundern. Holbrooke sah gut aus, er hatte den Kragen seines marineblauen Kaschmirmantels hochgeschlagen und wirkte flott und gepflegt. Sawyer war blond und groß, eine unwirkliche Erscheinung. Die Nachbarin war Kati Marton, die Ehefrau von Peter Jennings, einem weiteren berühmten Fernsehjournalisten, und sie dachte damals: *Was für ein glamouröses Paar. Sie sehen wirklich aus, als gehörten sie in diese Welt.*

Holbrooke machte Diane einen Heiratsantrag, er wollte Kinder mit ihr haben. Sie lehnte ab. Ihre Freunde entdeckten keine Leidenschaft in ihrer Beziehung. Sie gingen liebevoll miteinander um, sie waren einander nützlich, sie verließ sich auf seinen Rat und Schutz, er sonnte sich in ihrem Licht, als sie von *CBS Morning News* zu *60 Minutes* aufstieg. Aber Judy Gelb gegenüber beklagte sie sich, dass Holbrooke anstrengend sei – er lud unendlich viele Gäste in ihr Ferienhaus nach Connecticut ein, wenn Diane in Ruhe lesen wollte, er hatte nie Geld dabei, wenn es ans Taxizahlen ging. Ihre Beschwerden wurden an Dick weitergereicht, wie sie es beabsichtigt hatte, aber er nahm sie nicht ernst.

Im Herbst 1987 fragte eine Freundin Diane in Dicks Gegenwart: «Die Zeit bleibt nicht stehen – wann wirst du denn eigentlich heiraten?» Ihre Antwort: «Wenn ich den Richtigen gefunden habe.»

Er war bereits da, es war der Film- und Theaterregisseur Mike Nichols. Diane hatte ihn 1986 kennengelernt, und zwar in der First-Class-Lounge der Concorde am Pariser Flughafen Charles de Gaulle, wo sie beide auf ihren Überschallflug nach New York warteten. Nichols trat hinter einer Zimmerpalme hervor und sagte: «Sie sind meine Heldin.» «Und Sie sind meiner», antwortete sie. Nichols hatte sich gerade von seiner dritten Frau getrennt und war mit einer weiteren liiert, die wiederum ein Verhältnis mit einem anderen Mann hatte. Sawyer lebte mit Holbrooke zusammen. Aber das eigentliche Hindernis bestand darin, dass Nichols von Halcion abhängig war, einem Schlafmittel, das Wahnvorstellungen hervorrief. Als es ihm schließlich gelang, das Medikament abzusetzen und seine geistige Gesundheit wiederzuerlangen, begannen sie, sich zum Mittagessen zu treffen.

Eines Tages im September 1987, als sie geschäftlich im Ausland war, schlug Holbrooke vor, am Abend ihrer Rückkehr zusammen essen zu gehen. Nein, sagte sie, sie sei mit Mike Nichols verabredet, und ob Dick bitte aus ihrer Wohnung ausziehen könne. Am nächsten Tag packte er seine Sachen und ging.

Die offizielle Bestätigung kam, als Diane der Klatschkolumnistin Liz Smith, mit der sie befreundet war, die Geschichte steckte. Bevor die Kolumne erschien, suchte sie Holbrooke in Pete Petersons Wohnung am East River auf, in die er sich vorübergehend verkrochen hatte, um ihn auf das vorzubereiten, was die *Daily News* bringen würde. Smith schrieb:

«Es stimmt wohl, dass Mike Nichols jetzt, da er geschieden ist, sehr von Diane Sawyer angetan ist. Allerdings ist sie noch immer mit ihrem langjährigen Freund unterwegs, der einstigen großen, gutaussehenden Hoffnung des Außenministeriums, Richard Holbrooke.» Holbrooke berappelte sich – wie er es immer getan hatte – und kritzelte eine Notiz an Liz Smith. «Meine Freunde (alle drei) haben mich gefragt, ob sich das Wort ‹einstig› in deiner Kolumne vom 1. Oktober auf das Wort ‹groß›, ‹gutaussehend› oder ‹Hoffnung› bezieht. Ich gehe davon aus, dass ich, da ich jetzt ohne Hoffnung bin, doch immerhin noch groß und gutaussehend sein muss, doch meine Freunde (beide) sagten mir, das sei ganz offensichtlich absurd.»

Es war, gemessen an seinem Zustand, ein beherzter Versuch, denn er war am Boden zerstört. So hatten ihn Holbrookes Freunde noch nie gesehen. Er hatte sich ein Bein ausgerissen, um sich Diane Sawyers würdig zu erweisen, und er hatte sie an einen deutsch-jüdischen Flüchtling verloren, der sie zum Lachen brachte. Nach sieben Jahren konnte Diane endlich durchatmen. Eines Abends, als sie in düsterer Stimmung schwarze Tintenfischpasta aßen, ließ sich Wisner hinreißen, ihn zu fragen, was mehr verwundet sei: sein Herz oder sein Ego. Aber wer konnte das schon sagen? Die Frage ist ja schon schwierig genug für diejenigen unter uns, deren Liebesleben sich abseits des Blitzlichtgewitters der Hochglanzmagazine abspielt. Aber der Unterschied zwischen Herz und Ego verschwindet vollends, wenn die Freundin einen im selben Monat verlässt, in dem sie auf der Titelseite von *Vanity Fair* erscheint, und zwar in einem schwarzen, schulterfreien Kleid, dessen Vor- und Nachteile man mit ihr gemeinsam kalkuliert hat.

Sawyer und Nichols heirateten im Frühjahr 1988, und ihre Ehe hielt bis zu seinem Tod 2014, doch sie wandte sich für berufliche Ratschläge immer wieder auch an Holbrooke, und in Holbrookes Büro war ein gerahmter Zeitschriftentitel mit dem unvergänglichen Bild ihres Gesichts zu bewundern.

Im Juli 1986 starb Averell Harriman, er wurde vierundneunzig Jahre alt.

Holbrooke schrieb Pam einen schmerzerfüllten, liebevollen, dankbaren, zehn Seiten langen Brief. Er erklärte, dass Averell «das Leben des Jahrhunderts» gelebt habe. Er versuchte zu beschreiben, wie es gewesen war, für diesen Mann zu arbeiten, mit welcher Ungeduld er auf abstrakte Erörterungen reagiert hatte, dass er immer seinen eigenen Instinkten gefolgt war. «Er war wie jemand, der die kompliziertesten Gleichungen im Kopf löst, ohne sagen zu können, wie er es macht.» Er erörterte, warum Harriman seine höchsten Ziele nicht erreicht hatte – ein erfolgreicher Politiker zu werden, das Amt des Außenministers zu bekleiden – und kam zu dem Schluss, dass es an seinem Unbehagen gelegen hatte, für sich selbst zu werben statt für einen konkreten Einsatz. (Averells steife Humorlosigkeit ließ er unerwähnt.) «Am meisten erreichte er, wenn er als Troubleshooter oder Sondergesandter mit einer bestimmten Krise befasst war», schrieb Holbrooke. «Doch er wird es sein, an den man sich angesichts seiner historischen Errungenschaften und letztlich seiner überragenden Persönlichkeit erinnern wird, nicht an die Männer, die die Posten und Ehrungen erhielten, nach denen er sich gesehnt hat.»

In diesem Lob war deutlich eine Hoffnung zu erkennen. War es möglich, als Größe zu gelten, ohne je den entsprechenden Titel gehabt zu haben? War es möglich, den Lauf der Geschichte zu beeinflussen, ohne jemals über den Rang des Assistant Secretary hinauszukommen? Nur um am Ende enttäuscht zuzusehen, wie die eigene Karriere im Sand verlief, nur um posthum von seinem wichtigsten Schüler mit einem solchen Brief bedacht zu werden? Vielleicht – wenn die Krise nur groß genug war, wenn die Leistung von historischer Bedeutung und die Persönlichkeit zum Augenblick passte.

Holbrooke war einer von sieben- oder achthundert Gästen, die sich in der Episkopalen Kirche an der Fifth Avenue zum Trauergottesdienst versammelten, und er befand sich auch in der kleineren Gruppe von etwa sechzig Freunden und Angehörigen, die dem Leichenwagen folgten, der von einer Polizeieskorte über die George Washington Bridge und den Hudson hinauf zum Anwesen der Harrimans begleitet wurde. Der Sarg stand bereit, als Bischof Paul Moore, der die Trauung von Holbrooke und Blythe vollzogen hatte, am offenen Grab neben dem von Marie Harriman das Gebet anführte. Die Gäste zogen sich zu einem Mittagsbuffet in der Villa zurück, während das Grab geschlossen wurde. Nur zwei oder drei der nächsten Verwandten wussten (zwei Monate später stand die Geschichte jedoch in der *Washington Post*, obwohl Holbrooke auf Pams Bitten hin alles in Bewegung gesetzt hatte, um den Bericht zu unterdrücken), dass Harrimans Grab leer geblieben war. Seine Leiche wurde im Kühlraum eines Bestattungsunternehmens in einem New Yorker Vorort gelagert, bis die Grabstätte, die Pam heimlich ausgewählt hatte, bereit sein würde. Harriman fand seine letzte Ruhe etwa drei Meilen von der Familiengruft entfernt auf einem Seegrundstück, wo später noch Platz für ein zweites Grab sein würde, Pams eigenes, mit einem steinernen Denkmal, in das sie die Worte meißeln ließ: PATRIOT, STAATSDIENER, STAATSMANN.

In den Achtzigerjahren, als Pam ihren betagten Ehemann pflegte, und mehr noch nach seinem Tod, wurde sie zur wichtigsten Geldbeschafferin der Demokratischen Partei. Sie gründete ihr eigenes Political Action Committee, eine private politische Organisation, die Parteispenden einsammelte und weiterleitete. Die Angestellten von PamPAC, so der Name, arbeiteten aus dem Gästehaus der Harrimans heraus, nebenan, im großen Saal des Haupthauses, lud Pam zu «Themenabenden» ein, servierte Hummer in Sahne und Champagner vor einer Diskussionsrunde über Energiepolitik, wo sie – bei einer Eintrittsgebühr von 1000 Dollar pro Kopf – herausragende politische Persönlichkeiten wie John Glenn, Mario Cuomo und Gary Hart mit altem und neuem Geld zusammenbrachte, wo sie der kränkelnden Partei Mut zu machen versuchte und ihr jeden Wunsch von den Lippen ablas, so wie sie es mit dem Fiat-Erben getan hatte, mit dem Broadway-Produzenten und mit dem großen Harriman selbst. Sie war mitverantwortlich dafür, dass die Demokraten 1986 im Senat die Mehrheit stellen konnten. Zum Ende des Jahrzehnts hatte sie zwölf Millionen Dollar an Parteispenden eingesammelt.

Holbrooke gehörte zum kleinen Kreis derjenigen, auf deren Rat sich Pam verließ. Seine Anrufe wurden nach dem ersten Klingeln angenommen, manchmal ließ sie die Gespräche aufzeichnen, um von ihnen zu lernen. Er beriet sie zu politischen Themen, er schlug Gäste vor und verhalf ihr zu einem der begehrten Plätze im Council on Foreign Relations. Der Mann, der bei den PamPAC-Abenden regelmäßig die Gäste vorstellte, war ein überaus vornehmer Herr mit silbernem Haar und seidiger Stimme. Clark Clifford war zudem einer der Treuhänder von Harrimans Nachlassvermögen, dessen hundert Millionen Dollar fast vollständig an Pam gingen. Clifford war Holbrookes letzte lebende Verbindung zu den Anfängen des amerikanischen Jahrhunderts und zu Harry Trumans Pokertisch. Harriman war ein höherer Gott für ihn als Clifford, der in seiner vier Jahrzehnte während Karriere in Washington nur sechs Jahre lang ein Regierungsamt innegehabt hatte. Doch die hohen Fenster seiner holzgetäfelten Anwaltskanzlei boten einen direkten Blick über den Lafayette-Park aufs Weiße Haus, und seine Biographie und sein Stil zeichneten ihn als ultimativen Insider aus, er war derart vernetzt und respektiert, er war derart *wissend* (Anwalt von Jack Kennedy, im Aufsichtsrat von Phillips Petroleum und Knight Ridder, der einzige Politiker unter Johnson, der Vietnam mit einem verbesserten Ruf hinter sich ließ), dass er nur von seinem Schreibtisch aufstehen oder zum Hörer greifen musste, um die höchste Autorität auszustrahlen.

Einmal, als Clifford für DuPont tätig war, wurde gegen das Unternehmen wegen Kartellrechtsverletzungen ermittelt. Clifford sprach mit den Leuten, die er im Justizministerium kannte, und überzeugte sie, dass an den Vorwürfen nichts dran war. Dann schickte er DuPont eine Rechnung über 750 000 Dollar, auf die der Vorsitzende Irving Shapiro mit einem empörten Brief antwortete. Clifford rief ihn an und erklärte, dass er dem Unternehmen zehn Millionen Dollar Anwaltskosten gespart habe, indem er verhindert habe, dass der Fall weiterverfolgt würde. «Also», sagte er seinem Mandanten, «du kannst jetzt zweierlei tun. Entweder du zahlst den vollen Betrag – ich lasse nicht mit mir handeln – oder du zahlst gar nicht. Wenn du nicht zahlst, werden wir weiter Freunde sein, wir werden zusammen Golf spielen, aber du wirst mich nie wieder bitten, etwas für dich zu tun.» DuPont zahlte.

Harriman hatte all das erreicht, was Holbrooke schätzte (besonders stolz war er darauf, 1963 mit den Sowjets den Vertrag für das Verbot von Kernwaffentests verhandelt zu haben), aber Clifford hatte die Persönlichkeit, die er bewunderte, ohne je die Hoffnung zu haben, ihr nacheifern zu können. «Du und ich, wir werden so nie sein», sagte er einmal zu Peter Duchin, einem jüdischen Bandleader, der eine Art Ersatzsohn für Averell und Marie gewesen war. Sie würden immer draußen bleiben und die alte Welt der protestantischen Elite von dort aus bewundern. Aber er konnte dem warmen Schein in ihrem Fenster nicht widerstehen. «Clark Clifford hat manchmal etwas Magisches», schrieb er in sein Notizbuch. «Man versteht, dass es zumindest zum Teil auf Illusion beruht, doch wenn es stark genug strahlt, glaubt man irgendwann doch daran, oder man möchte zumindest daran glauben.» Als der achtzig Jahre alte Clifford ihn also 1987 fragte, ob er ihm beim Verfassen seiner Memoiren – der Krönung einer legendären Laufbahn – behilflich sein könne, sagte Holbrooke sofort zu. War nicht George McBundy der Ghostwriter von Henry Stimsons Memoiren gewesen, einem frühen Titanen des amerikanischen Jahrhunderts? Holbrooke konnte die Hälfte der Million einstreichen, die Mort Janklow, ihr gemeinsamer Agent, bei Random House herausgeschlagen hatte, und gleichzeitig einem seiner Idole helfen, während er auf die Chance wartete, noch einmal in die Politik einzusteigen.

Aber zuerst musste er die Erlaubnis von Lehman einholen.

Als Peterson 1983 abgesetzt wurde, verlor Holbrooke den Mann, der seine schützende Hand über ihn gehalten hatte. Trotzdem war er weiterhin beliebt, nicht etwa, weil er dort jemals ein Geschäft abgeschlossen hätte – das hatte er nämlich nicht –, sondern weil Banker, die ihre eigenen Unzulänglichkeiten nur zu gut kannten, von seiner politischen Intelligenz und Weltgewandtheit nicht weniger geblendet waren wie er von ihrem Geld. Banker, egal wie reich und erfolgreich sie sind, sind nun mal oft etwas einseitig und grau, und Holbrooke brachte Farbe in ihren Betrieb. Holbrooke gab dem Leiter der Lobby-Abteilung, der noch nie in Washington gearbeitet hatte, Nachhilfe. Managern gefiel es, am Nachmittag ins Büro zurückzukehren und zu erzählen, dass sie mit Holbrooke zu Mittag gegessen hatten. Er erklärte Lehmans obersten Managern China und Korea, er akquirierte Leute wie Phil Knight und John Glenn, brachte Kollegen im Council on Foreign Relations unter und machte ansonsten seine eigenen Regeln, weil ihn die Finanzwelt schlicht nicht interessierte.

Trotzdem: Wer überleben wollte, musste Beute machen. Die Atmosphäre bei Lehman war von Hinterhältigkeit geprägt, von einer Gier, die nach Zigarren stank.

Ende 1986 begab er sich in den achtzehnten Stock, wo die Leiter des Investmentbanking, Sherman Lewis und das Enfant terrible Peter Solomon, saßen. Er kam, um seinen Jahresbonus zu verhandeln, der einzige Aspekt des Finanzwesens, dem er seine volle Aufmerksamkeit widmete. Seit Lehman von Shearson / AmEx übernommen worden war, hatte Holbrooke James Robinson, den Vorstandsvorsitzenden von AmEx (den er allerdings für intellektuell uninteressiert und egozentrisch hielt) derart umgarnt, dass er darüber die Abteilung vernachlässigt hatte, die sein Gehalt bezahlte. Also beschlossen seine Chefs, sich ein wenig zu amüsieren.

SOLOMON: Schön, Ihre Bekanntschaft zu machen, Dick. Wie geht's? Sherman, das ist Dick Holbrooke.
HOLBROOKE: Bekanntschaft zu machen? Was soll das heißen?
LEWIS: Dick, wir haben Sie das ganze Jahr nicht gesehen. Was machen Sie hier?
HOLBROOKE: Peter hat mich gebeten vorbeizukommen, damit wir über meinen Bonus reden können.
LEWIS: Warum denn mit uns? Ich dachte, Sie sind die ganze Zeit bei Jim Robinson. Ich glaube nicht, dass wir Ihnen den Bonus zahlen können.

So ging es etwa zehn Minuten weiter. Holbrooke zog verwirrt ab.

Am nächsten Tag traf er Peter Solomon vor seinem Büro. «Peter, haben Sie eigentlich mal darüber nachgedacht, dem CFR beizutreten?»
«Nein, was ist das?»
Holbrooke erklärte, was es mit dem Council on Foreign Relations auf sich hatte. «So jemand wie Sie sollte wirklich dabei sein.»
Es war eine Unverhohlenheit, die Solomon unwiderstehlich fand. Holbrooke war wirklich überzeugt, ihn ausgetrickst zu haben. Es war die Art von Schachzug, die ihn erträglich machte, wenn man dickhäutig genug war. Er bekam seinen Bonus, etwa eine Viertelmillion, zusätzlich zu seinem Jahresgehalt von einer halben Million.

Doch im Herbst 1987 – etwa zu der Zeit, als sich Diane anschickte, ihn zu verlassen – hatte sich die Lage geändert. Es war ein schlechtes Jahr an der Börse gewesen, das in dem schlimmsten Einbruch seit dem Crash von 1929 gipfelte. Shearson Lehman versuchte gerade, gegen seinen Konkurrenten Drexel Burnham aufzuholen, und hatte sich ganz dem Börsengeschäft und fremdfinanzierten Übernahmen verschrieben, für einen Investmentbanker, der nichts erwirtschaftete, war kaum noch Platz. Und tatsächlich: Als Holbrooke zu Vincent Mai ging, einem aus Südafrika stammenden Lehman-Banker, der sein einziger wahrer Freund an der Wall Street war, und ihn fragte, wie das Management wohl reagieren würde, wenn er einige Zeit mit Clark Clifford zusammenarbeiten würde, hatte er keine Ahnung, dass längst diskutiert wurde, ihn zu entlassen.

«Ich liebe es hier, ich glaube, ich kann hier noch weit kommen», sagte Holbrooke. «Wenn du das Gefühl hast, dass es mir schaden könnte, werde ich es nicht machen.»

Mai, ein Mann von tadellosem Anstand, sah eine Möglichkeit, die für Lehman unangenehme Situation zu retten und Holbrooke vor der Katastrophe zu bewahren. Er riet Holbrooke, das Management über diese wunderbare neue Gelegenheit zu informieren, bei niedrigerem Gehalt die Anzahl seiner Stunden zu reduzieren und dem großen Staatsmann zu helfen, seine Memoiren zu schreiben.

Ende Oktober setzten sich Holbrooke und Clifford mit Peter Osnos, ihrem Lektor von Random House, in Cliffords Büro in Washington zusammen – nicht in seinen Kanzleiräumen, sondern drei Straßen weiter in der Suite des Vorstandsvorsitzenden von First American Bankshares. Es war ein neuer Geschäftsbereich, den sich Clifford erschlossen hatte, nachdem in den Reagan-Jahren seine Anwaltstätigkeit zurückgegangen war. Er erzählte einmal Mort Janklow, dass er der Typ sein wollte, der einem gegnerischen Kongressabgeordneten sagen durfte, ob er die große Hypothek, die er benötigte, erhalten würde oder nicht. Die mahagoniverkleideten Räumlichkeiten der Bank waren im selben amerikanischen Stil gehalten wie die siebte Etage des Außenministeriums.

Die Möbel stammten aus Mrs. Cliffords Privatsammlung, darunter ein Stuhl, der einst Daniel Webster gehört hatte, an der Wand hing eine von der Druckerei Currier and Ives herausgegebene Serie von siebenundzwanzig Reiterporträts amerikanischer Präsidenten. Weshalb Peter Osnos besonders verwundert feststellte, dass die Eigentümer der Bank, die in den ausliegenden Broschüren vorgestellt wurden, alle Araber zu sein schienen.

Beim Mittagessen gestand Clifford, dass es ihm schwergefallen sei, sich durch die Autobiographie seines alten Freundes Dean Acheson zu ackern, ganz zu schweigen von Henry Kissingers und George Balls Memoiren. Er könne sich nicht vorstellen, ein interessantes Buch zu schreiben, das sich auch gut verkaufen würde. Er hatte ja auch recht: Die Memoiren großer Staatsmänner sind fast immer enttäuschend – aber dazu unten mehr.

Osnos erklärte Clifford und Holbrooke, es sei durchaus möglich, dass Sie ein erfolgreiches Buch schrieben, aber es «muss diese tiefe Wahrhaftigkeit ausstrahlen. Der Leser muss dieses Gefühl bekommen, dass es sich wirklich so zugetragen hat».

Holbrooke stürzte sich in das Projekt. Stundenlang saß er mit Clifford in dessen luxuriösem Büro, um mit einem Mikrokassettenrekorder seine Stimme einzufangen, die noch immer diese dramatische Intonation hatte, die bekennerischen Kadenzen und geflüsterten Emphasen, die ihm das Vertrauen demokratischer Präsidenten und vermögender Mandanten eingebracht hatten, auch wenn er die Worte ein wenig verschliff. Holbrooke stieß sein Gedächtnis an, half ihm, sich an Namen zu erinnern. Hier saß er nun, sechsundvierzig Jahre alt, mitten im Leben, die Verkörperung maßlosen Ehrgeizes, und unterwarf mit Freuden sein Ego der Aufgabe, einem alten Mann uralte Geschichten zu entlocken. Überraschend, nicht wahr? Es war Cliffords Aura gewesen, die ihn zuerst angezogen hatte, aber was, wenn nicht der Zauber der Geschichte selbst, hätte ihn motiviert, sich über Monate abzurackern?

Seit er im Sommer 1945 ins Weiße Haus gekommen war, um Truman zu beraten, hatte Clifford einen progressiven Internationalismus verkörpert, den sich Holbrooke später auf die Fahnen schreiben sollte. Innenpolitisch zog Clifford Truman nach links. In der Außenpolitik half er, die Truman-Doktrin und den Marshall-Plan ins Leben zu rufen, er trat für die Anerkennung Israels ein und engagierte sich für den National Security Act von 1947, mit dem das Verteidigungsministerium, die CIA und der Nationale Sicherheitsrat geschaffen wurden. Clifford war, in den Worten Achesons, in der Geburtsstunde der Institutionen zugegen, die die USA zu einer Weltmacht werden ließen, an dem Punkt also, wo wir nach anderthalb Jahrhunderten eines nach innen gewandten Blicks die Führung der freien Welt übernahmen.

Man könnte sagen, dass er die besten und die schlechtesten Eigenschaften der «Wise Men» verkörperte. Im Juli 1965 war er als Privatmann in Camp David und drängte Johnson, Abstand von dem Plan zu nehmen, fünzigtausend Soldaten nach Vietnam zu senden, er argumentierte eindringlich gegen die versammelten Präsidentenberater, allen voran McNamara. Der Krieg sei nicht zu gewinnen, sagte er, er würde sich fünf Jahre hinziehen, fünfzigtausend amerikanische Opfer fordern und hunderte Milliarden Dollar kosten: «Er wird uns ruinieren.»

Doch nachdem der Präsident seinen Rat zurückgewiesen hatte, wurde Clifford zu einem der schärfsten Kriegsverfechter, er brachte – wohl aus persönlicher Loyalität zu Johnson, aus einer falsch verstandenen Parteitreue und aus dem Wunsch, weiter Zugang zum Weißen Haus zu haben – dieselben Argumente für den Krieg hervor, die er in Camp David abzuschmettern versucht hatte. Im Januar 1968 schließlich, kurz vor der Tet-Offensive, ernannte ihn Johnson zum Nachfolger von McNamara im Pentagon. Zum ersten Mal beschäftigte sich Clifford ernsthaft mit Vietnam, und er kehrte zu seiner ursprünglichen Ansicht zurück, dass der Krieg nicht zu gewinnen war. Während seinem Jahr als Verteidigungsminister versuchte er das Ruder herumzureißen. Holbrooke, der vor Ort in Vietnam gearbeitet hatte, fand all das äußerst spannend.

Doch dann musste er sich hinsetzen und das Ding auch schreiben. Denn das ist es, was die Ghostwriter der Ruhmreichen tun. Sie schreiben jeden verdammten Satz auf, nur um der Ehre willen, am Ende ihren mit einer Präposition versehenen Namen in kleiner Schrift auf dem Titel wiederzufinden («mit RICHARD HOLBROOKE» durfte laut Vertrag nur genau halb so groß sein wie «CLARK CLIFFORD»). Sie händigen ihre hart erkämpften Worte aus wie Leihmütter, denen man die Babys wegnimmt, bevor die Blutung noch aufgehört hat. Später nimmt man sie bestenfalls noch als Hebammen wahr, wenn überhaupt. Als John F. Kennedy sein Werk *Profiles in Courage* veröffentlichte, für das er mit Hilfe seines strippenziehenden Vaters 1957 den Pulitzer-Preis erhielt, und als dann ein Reporter behauptete, der wahre Verfasser sei Kennedys Berater Ted Sorensen, der überhaupt nicht auf dem Titel auftauchte, war es Kennedys Anwalt Clark Clifford, der die Nachrichtenredaktion von ABC unter höflicher Androhung einer Klage zwang, die Behauptung zurückzuziehen. Ghostwriter sind ein literarischer Skandal, über den man gern hinwegsieht, aber ihre Anwesenheit bleibt bestehen wie das Echo einer anderen Stimme, die das Gefühl tiefer Wahrhaftigkeit durcheinanderbringt. Jetzt komme ich dazu, warum die Memoiren großer Staatsmänner oft enttäuschend sind.

In seinem Senatsbüro beschäftigte Kennedy eine atemberaubend schöne Empfangsdame namens Pam Turnure. Eines Tages im Jahr 1958 – die Präsidentschaftswahlen waren bereits in Sicht – rief Kennedy Clifford zu sich. Er hatte ein echtes Problem. Er hatte sich regelmäßig in der Wohnung seiner Empfangsdame im zweiten Stock eines Hauses in Georgetown vergnügt. Das Ehepaar, das auf der ersten Etage wohnte, hatte das Kommen und Gehen des berühmten Senators beobachtet, hatte sich illegal Zugang zu Turnures Wohnung verschafft, in ihrem Schlafzimmer ein Mikrofon installiert, ein Loch durch die Dielen gebohrt und ein Kabel hineingefädelt, das sie an ein Tonbandgerät in ihrer Wohnung angeschlossen hatten. Nachdem sie großartiges Material gesammelt hatten, nahmen sie Kontakt zu Kennedy auf, erpressten ihn und verlangten als Zahlung einen Modigliani, den sein Vater besaß.

«Ich bin wirklich nicht der richtige Anwalt für so etwas», sagte Clifford zu seinem Mandanten. «Aber ich kenne da jemanden.» Joe Kennedy solle sich mit einem ehemaligen FBI-Agenten namens James McInerney in Verbindung setzen, der sich in den sumpfigeren Gefilden von Washington auskannte. McInerney erforschte die Vergangenheit des Erpresserpaars – sie hatten es ein paar Mal mit Veruntreuung versucht – und stattete ihnen einen Besuch ab. «Sie haben zwei Wochen Zeit, die Stadt zu verlassen», sagte er zu ihnen. «Wenn Sie bis dahin nicht weg sind, werden Sie es zutiefst bereuen. Um es noch deutlicher zu sagen:

Wenn Sie nicht verschwinden, und wenn wir je wieder von ihnen hören, dann sind Sie tot.»

Tot im Sinne von *tot*.

Das war die Art von Arbeit, für die mächtige Männer Clifford bezahlten – er löste ihre Probleme. Aber in den Memoiren war für diese Geschichte kein Platz, nicht einmal für eine Andeutung. Clifford wollte weder Jackie noch sich selbst in Verlegenheit bringen. Er erlaubte Holbrooke nicht einmal, das Tonband mitlaufen zu lassen, als er ihm davon erzählte, doch der Ghostwriter machte später Notizen dazu, und er versah sie mit einem Ausrufezeichen.

Natürlich erwartet man nicht, dass Clifford die Wahrheit über Pam Turnure erzählt. Aber was ist mit seiner eigenen Frau? Als Holbrooke mit Marny Clifford sprach, erzählte sie ihm, wie sie ihren zukünftigen Ehemann kennengelernt hatte. 1929, als sie beide Anfang zwanzig gewesen waren, fuhren sie zufällig auf demselben Schiff den Rhein herunter. Marny spielte mit ihren Begleiterinnen, einer Gruppe von Studentinnen aus Wellesley, Bridge, als ein gutaussehender junger Mann an ihren Tisch trat und sagte: «Ich habe keine gute Bridge-Partie mehr gesehen, seit ich die Staaten verlassen habe.» «Da müssen Sie sich schon etwas Besseres einfallen lassen», entgegnete Marny. Sie flirteten, und sie trank Weißwein, und weil es ein heißer Tag war, war sie bald betrunken, und ihr wurde übel, und sie dachte: *Ach, den werde ich wohl nie wiedersehen.* Aber Clark und sein Freund verfolgten Marny und ihre Freundinnen durch Italien und bis nach Paris.

Vielleicht nicht die gediegenste Geschichte, aber eine ziemlich gute. Ihre Übersetzung in die Memoiren hat sie zerstört:

An Bord befand sich auch eine Gruppe von sechs amerikanischen Studentinnen. Sofort fiel mir eine große, schlanke Blondine auf, und Lous Blick fiel auf eine wunderschöne Rothaarige. Nachdem Lou und ich sie eine Weile aus der Ferne betrachtet hatten, gingen wir zu ihnen und fragten ziemlich kühn, ob wir uns ihnen für den Tag anschließen dürften, damit wir Englisch statt unseres gebrochenen Deutsch und Französisch sprechen könnten. Unser Angebot wurde höflich angenommen.

Als Holbrooke das Buch fertiggestellt hatte, bestand Clifford darauf, den ganzen Text in seiner Anwesenheit laut vorzulesen, wobei er seine Bourbon-auf-Eis-Stimme über jedes Wort goss, um es sich anzueignen. Es war, als wolle er sein Ius primae Noctis einfordern und das Verhältnis zwischen Autor und Schreiberling wiederherstellen. Doch Cliffords Sorgen waren berechtigt gewesen. Wahrhaftigkeit war das Letzte, was ein großer Mann in seinen Memoiren haben wollte. Damals im Mekong-Delta hatte Holbrooke so geschrieben, als er nicht wichtig genug gewesen war, um unehrlich zu sein. Jetzt war er eine immerhin bekannte Persönlichkeit, die in der Stimme einer echten Berühmtheit ein Buch schrieb, das von historischen Ereignissen handelte, bei denen noch berühmtere Personen mitwirkten. Im Kern musste ein solches Buch eine Täuschung sein. Nicht in dem Sinn, dass es Unwahrheiten enthielt oder eigennützig war – das gilt schließlich für jede Autobiographie –, sondern in dem Sinn, dass unter dem sich aufopfernden Staatsdiener und nüchternen Politiker, dessen Lieblingsvokabeln «anmutig», «charmant» und «entzückend» waren, ein Monomane verborgen war, *verborgen gewesen sein muss*, dessen Ehrgeiz so maßlos war, dass er noch in seinem achten Lebensjahrzehnt die Führung einer Bank übernahm (First American wurde im Buch mit einem halben Satz bedacht), ein Strippenzieher, der so glatt und skrupellos war, dass er eine kartellrechtliche Klage oder ein Erpresserpaar einfach verschwinden lassen konnte, ein Mann, der von Macht und Geld derart besessen war, dass zwei seiner drei erwachsenen Töchter über Jahre nicht mit ihm redeten. Diese Figur, die weit lebendiger gewesen wäre als jeder «Wise Man», wurde so gründlich verwischt und beseitigt wie Pam Turnure. Clifford, wie schon Acheson und Kissinger, war es gelungen, sich selbst langweilig zu machen.

Im Rahmen dieses Genres war *Counsel to the President* ein gutes Buch. Im Frühjahr 1991 erschien im *New Yorker* ein Vorabdruck in zwei Teilen (Holbrooke wurde als Co-Autor genannt), es schaffte es auf die oberen Plätze der Bestsellerliste. Pam Harriman organisierte für ihren Freund, den Autor, einen gigantischen Empfang in der N Street, vierhundert Würdenträger aus Washington fanden sich ein. Aber gerade in dem Moment seiner endgültigen Krönung lief für Clark Clifford alles schief.

In der Woche von Pams Party kam heraus, dass First American Bankshares insgeheim und illegalerweise einer pakistanischen Bank namens Bank of Credit and Commerce International gehörte. BCCI hatte die arabischen Investoren, die in ihrer Broschüre abgebildet waren, als Frontmänner benutzt, um den Kauf zu tätigen, und Cliffords makellosen Ruf, um die amerikanischen Aufsichtsbehörden zu täuschen. BCCI wusch Geld für Drogenkartelle, Terroristen und Diktatoren wie Saddam Hussein und Manuel Noriega. Clifford war nicht nur der Vorstandsvorsitzende der Bank, sondern auch ihr Anwalt – und der von BCCI. Er und sein Kanzleipartner Robert Altman (der mit Lynda Carter verheiratet war, die die Hauptfigur in der Fernsehserie «Wonder Woman» gespielt hatte), hatten als Mitgift ein Darlehen in Form von unterbewerteten BCCI-Aktien erhalten, die sie mit einem gemeinschaftlichen Gewinn von 9,8 Millionen Dollar verkauft hatten.

Als die kriminellen Aktivitäten von BCCI ans Licht kamen, behauptete Clifford, die wahren Eigentümer von First American nicht zu kennen. «Ich kann wählen, ob ich dumm oder käuflich erscheine», sagte er, und er entschied sich, wie jeder, für die erste Möglichkeit. Senator John Kerry hielt medienwirksame Anhörungen ab, in Manhattan wurde Anklage wegen Bestechlichkeit erhoben. Altman wurde am Ende freigesprochen, Clifford als verhandlungsunfähig eingestuft, sah sich aber Zivilklagen mit Gesamtforderungen von hundert Millionen Dollar gegenüber. Der Skandal zerstörte seinen Ruf und seine Kanzlei und versenkte sein Buch, das in dem Moment aus den Bestsellerlisten rutschte, als sein Autor zu einem Symbol politischer Korruption wurde. «Ich bin ein Ausgestoßener», sagte er zu Holbrooke. «Alte Freunde rufen mich nicht zurück.»

Und das war noch nicht alles. In den sechs Jahren seit Harrimans Tod hatte sein Nachlassvermögen, zu dessen Treuhändern Clifford gehörte, dreißig Millionen Dollar aus den Fonds verloren, die Averell für seine Nachfahren eingerichtet hatte – einiges davon durch Immobilienspekulation, anderes durch Pam Harrimans luxuriösen Lebensstil. 1994 wurden sie und Clifford von den Erben verklagt. Für den Vergleich musste sie einen Matisse, einen Picasso und einen Renoir verkaufen, außerdem die beiden Häuser an der N Street. Sie sollte es ihrem alten

Freund nie verzeihen, dass er sich weigerte, von den Vergleichskosten mehr als einen Anteil von einer Million zu übernehmen. Clifford hatte sich inzwischen aus der Öffentlichkeit zurückgezogen. Er starb 1998 im Alter von einundneunzig Jahren. Auf seinem Grabstein findet man nicht die Worte «Hier ruht jemand, von dem Sie vermutlich noch nie gehört haben, der aber einst ein Titan von Washington war». Cliffords Ghostwriter hörte nie auf, an seine Magie zu glauben. Holbrooke hielt die Skandale für die Ausrutscher eines alten Herren, die dem Mann in seiner historischen Größe nichts anhaben konnten.

Während Holbrooke die Details von Cliffords Leben zu Papier brachte, lebte er seine eigene Variation dieser Biographie. Die Unterschiede sind lehrreich und in gewisser Weise auch ergreifend.

Als sich die Achtzigerjahre dem Ende entgegenneigten, teilte er sich mit seinem jüngeren Sohn Anthony, der aus dem Internat geworfen worden war, weil er Joints geraucht hatte, und nun in New York die Schule abschloss, eine Dreietagenwohnung auf der Upper East Side. Anthony hatte immer Schwierigkeiten in der Schule gehabt und Litty schließlich die Geduld verloren. «Ich habe zu wenig Zeit mit ihm verbracht», räumte Holbrooke ein, «vor allem in den späten Siebzigern.» Also lebten Vater und Sohn einige Jahre lang wie leicht verlotterte Junggesellen zusammen, gemeinsam besuchten sie Wrestle Mania IV im Trump Plaza in New Jersey, einmal gingen sie sogar mit einem Mutter-Tochter-Paar aus. David kam hin und wieder vorbei, er hatte eine Stelle bei NBC, die ihm sein Vater verschafft hatte. Endlich begann Holbrooke, seine Söhne kennenzulernen.

Es gab Freundinnen, die nicht lange blieben. Da war die zart gebaute, elegante, in den Niederlanden geborene Fotoagentin, die ihn an den Wochenenden in seinem Landhaus in Litchfield County, Connecticut, besuchte, bis er ihre künstlerische und weltfremde Seele nicht mehr ertrug. Danach kam eine laute, freche englische Zeitschriftenredakteurin, über die er Mick Jagger kennenlernte. Eine in Gesellschaftskreisen beliebte, aber emotional zerbrechliche Innenarchitektin war auch darunter, und die Witwe des verstorbenen britischen Theaterkritikers

Kenneth Tynan, und die zukünftige Vizegouverneurin von New York, eine Republikanerin, und eine berühmte Filmschauspielerin, und eine Frau, die, so will es ein Kollege beobachtet haben, mit ihm in der Toilette eines Eastern-Airlines-Kurzflugs verschwand, eine mit Namen «Stormy» und die Frau eines zwielichtigen Stadtpolitikers – und hier in etwa wird die Sache dann zur Farce.

Holbrooke begleitete die Politikerfrau auf einer Reise nach Puerto Rico, wo sie ein Mobilfunkunternehmen besaß. Sie nahmen getrennte Flüge, buchten unterschiedliche Hotels. Doch der Politiker – der ihre Telefonate abgehört und aufgenommen und Teile davon an die *New York Post* gegeben hatte, bevor er es sich anders überlegte und einen Anwalt einschaltete, dem es gelang, die Story zu begraben – folgte dem Liebespaar nach San Juan. Mitten in der Nacht trommelte er an die Tür seiner Frau und rief: «Ich weiß, dass Sie da drin sind, Holbrooke! Machen Sie die verdammte Tür auf!» Holbrooke, der tatsächlich im Zimmer war, raffte seine Sachen zusammen und floh auf den Balkon, wo er blieb, bis der Politiker endlich aufhörte, seine Frau anzuschreien, und verschwand. Holbrooke beschloss, ebenfalls zu gehen, er nahm den Aufzug und fand sich sehr schlau, als er nicht in der Lobby ausstieg, sondern erst in der Tiefgarage, wo allerdings der Politiker auf einer Bank saß und lachte.

Als Holbrooke versuchte, die Affäre zu beenden, klopfte die Frau, die selbst zu Eifersuchtsanfällen neigte, wütend an seine Wohnungstür. Er legte den Finger auf die Lippen, seine Jungen, die ihren Vater in seiner ganzen Menschlichkeit erlebten, schwiegen, bis das Klopfen aufhörte und die Frau wegging. (Sie erholte sich davon. Nach ihrer Scheidung von dem zwielichtigen Politiker stellte ihr Kissinger einen adligen Rothschild vor, den sie auch heiratete, womit sie Pam Harriman weit in den Schatten stellte.)

Die New Yorker Medien stürzten sich auf ihn, und es fiel ihm schwer zu widerstehen. Er rang mit sich und seiner besseren Einsicht, bis er in die Falle eines höhnischen Porträts in der Satirezeitschrift *Spy* tappte, als wolle er die Einschätzung des Magazins bestätigen, das ihn als den «prototypischen machtgeilen Netzwerker des New Age» darstellte. Im Sommer 1988 spottete *Time,* dass er versucht habe, sich in das Wahlkampfteam von Dukakis hineinzumogeln, nachdem er zuerst auf das falsche Pferd – Al Gore – gesetzt hatte. Holbrooke, wütend und verletzt, schrieb dem Autor und Redakteur, der Artikel sei faktisch falsch und rufschädigend. «‹Ehrgeizig›, mag ja sein», sagte er einmal zu Les Gelbs Frau Judy, als ein weiteres Porträt erschienen war. «Aber ‹Selbstdarsteller›? Ich?»

Im selben Juli sollte in *Vanity Fair* ein Artikel über Pam Harriman erscheinen, die sich in ihrer Rolle als Übermutter der Demokraten sonnte. Holbrooke versuchte, ihr und ihrer Sache zu helfen, indem er seinen Einfluss auf die Autorin und auf eine der Redakteurinnen – seine laute, freche englische Freundin – nutzte, mit dem Ergebnis, dass er einerseits in einen üblen Streit mit der Autorin geriet und andererseits von Pam keinen Dank erhielt, die den Artikel nicht mochte, weil er ihre Vergangenheit als Kurtisane nicht ausgelassen hatte, und die ihn von der Gästeliste ihres hochkarätigen Spendenbanketts für Michael Dukakis strich. «Auf lange Sicht ist es egal, aber es verstärkt das Gefühl der Isolation, das ich gerade habe», notierte Holbrooke. «Und das, obwohl ich in der Frage, ob ich eine Rolle in einer Dukakis-Regierung übernehmen sollte, sehr ambivalent bin.» Im November ging Dukakis völlig baden, die dritte Niederlage der Demokraten in Folge, und Holbrooke brauchte das Für und Wider nicht zu erörtern.

Holbrooke ging seinen Weg und hinterließ in seinem Fahrwasser ein unwürdiges Chaos, das sich nicht einmal der gedemütigte Clifford am Ende seines Lebens hätte vorstellen können. Clifford hatte die Kunst der Diskretion perfektioniert, er schien nichts zu wollen, während ihm alles zuflog – Angebote des Präsidenten, vermögende Mandanten. Diese Art, Macht auszuüben, die ein paar gut platzierte Männer im kleinen Kreis gepflegt hatten, die selbst niemandem Rechenschaft schuldig waren, existierte nicht mehr – ein weiteres Opfer von Vietnam. Holbrooke gehörte in eine Zeit, in der diese Elite bereits untergegangen war, eine Zeit, in der man laut sein musste, um Großes zu erreichen.

Ja, Großes. Es mag der Eindruck entstanden sein, dass Holbrooke alles egal war, es sei denn, ein Reporter oder eine Fernsehkamera waren da, um es aufzunehmen. Er wollte sie um sich haben, aber er war ebenso interessiert und engagiert, wenn sie nicht da waren. Ein Beispiel: 1991 reiste er noch einmal nach Tibet – nicht, um eine glamouröse Freundin zu beeindrucken, sondern um herauszufinden, ob die traditionelle buddhistische Kultur Chinas knallharte Expansionspolitik überdauern würde.

Er reiste mit einer Gruppe von Menschenrechtlern, befragte beharrlich ihre chinesischen Gastgeber, traf sich mit Dissidenten und drängte darauf, nicht nur die Tempel von innen zu sehen, sondern auch die Gefängnisse. Auf dem Heimflug schrieb er in ein Tagebuch, von dem er nicht erwartete, dass es jemals jemand lesen würde:

Vor uns liegt der normale Alltag – Telefone, Termine, Krisen, Dramen, Berührungen mit wichtigen Ereignissen, große und kleine persönliche Schwierigkeiten. Hinter uns liegt Tibet, noch immer einzigartig, noch immer verlockend. Wenn man nicht an dieses Land denkt, dann existiert es eigentlich nicht – eine Binnenregion in Asien, noch immer ziemlich isoliert, mit eigenen, einzigartigen Problemen, die so weit weg sind, dass sie auf jeder Prioritätenliste sofort nach unten rutschen. Wenn ich nach New York zurückkehre, wird man mir zweifelsohne sagen, dass die Probleme von zwei Millionen Tibetern niemanden kümmern, oder kümmern sollten, wenn New York City, das viermal so groß ist, in einer tiefen Krise steckt. Doch ich glaube nicht, dass die sehr realen Probleme von New York (und natürlich des übrigen Landes) bedeuten, dass wir uns von den drängenden menschlichen Dramen, die sich anderswo abspielen, abwenden sollten. Dieser Prozess führt nur in eine Richtung – eine immer engere Definition dessen, was in unserem eigenen Interesse ist – geographisch, ethnisch und so weiter. Werden wir am Ende alle so mit uns selbst beschäftigt sein, dass wir nichts und niemand anderen mehr wahrnehmen?

Wenn ich diese Anwürfe hören werde (ich weiß, dass sie kommen), dann werde ich an Tashi denken, der in der Nähe des Jokhang in seinem Wohnzimmer saß und Tränen vergoss, als er über Amerika sprach, ein Land, das er seit 1964 nicht mehr betreten hat, dessen Werte und Ideale ihn aber bis heute inspirieren. Ich werde daran denken, dass Amerika immer dann am besten ist, wenn es seinen Werten + Idealen treu ist, und zwar nicht durch politische Einmischung, die natürlich genau die Werte untergräbt, die sie zu befördern versucht, sondern durch stetige Artikulierung und geschickt ausgeübten Druck.

Er brannte immer noch mit der harten, edelsteinartigen Flamme des *New Yorker*-Cartoons, das auf dem Wohnzimmertisch der Lakes gelegen hatte, doch in der Jahre währenden Abwesenheit der einzigen Sache, die ihm wirklich etwas bedeutete, in einer Dekade, die derart korrupt und widerwärtig war, dass sie sogar Clark Clifford mit in den Schmutz gezogen hatte, zwischen dem Geld und den Freundinnen und den Fernsehauftritten war es nur schwer zu erkennen, dass er die weit verstreuten Puzzleteile seines Lebens zusammensetzte, um eine Gelegenheit zu ergreifen, die nur er selbst im trüben Licht der Zukunft ausmachen konnte. Seine schamlose Gier machte ihn verwundbarer als seine Helden, gleichzeitig aber auch – zumindest in meinen Augen – menschlicher.

Ich frage mich aber, ob es mir wirklich gelungen ist, zu vermitteln, wie er im Umgang war, und ich bin mir nicht sicher, dass ich es kann. Wie er mit Strobe Talbott auf einem Trampolin in Connecticut herumhüpfte, dessen ausgeleiertes Sprungtuch unter seinem jungenhaften Eifer auf- und abschlappte. Wie er mit der eleganten Fotoagentin im Bett lag und fragte, wie ihr Tag gelaufen sei, wie es ihren Kindern gehe, wie er sich in diesem postkoitalen Augenblick, in dem seine Getriebenheit kurzzeitig vergessen schien, innig und komisch zugleich seiner Gesprächskunst hingab. Wie er den Gelbs die Handlungen von allen neun Filmen zusammenfasste, die er in der einen Woche gesehen hatte, und die Interpretation gleich mitlieferte. Wie er in einer Spielhalle stundenlang Donkey Kong spielte, wie er das Gerät mit Münzen fütterte und schimpfte und lachte bei dem Versuch, den «epischen Sieg» zu erringen, der ihm immer wieder entglitt. Wie bekommt man diesen Mann zu fassen, der jede Minute seines Lebens auskosten wollte?

Im Frühjahr 1991, er stand kurz vor seinem fünfzigsten Geburtstag – seit elf Jahren bekleidete er kein Regierungsamt mehr, ein Ende des Exils war nicht in Sicht, in nur zwei Jahren Bush-Regierung war der Kommunismus zusammengebrochen und der Irak besiegt –

Da ich jetzt ohne Hoffnung bin

wollte Peter Tarnoff, der das Council on Foreign Relations leitete, für Holbrooke eine Geburtstagsparty mit etwa einem Dutzend Freunden organisieren. Doch Holbrooke sagte Pete Peterson, dieser Meilenstein verdiene etwas Größeres. Das war Hybris, aber Peterson und Tarnoff taten ihm den Gefallen und organisierten ein Abendessen im 21 Club in Midtown, wo Präsidenten zu Abend aßen und Frank Sinatra und Donald Trump ihre Lieblingstische hatten. Etwa achtzig bis hundert der berühmtesten und erfolgreichsten New Yorker und New Yorkerinnen – darunter Tom Brokaw, Tina Brown und Harry Evans, die Halberstams und die Janklows – versammelten sich oben im Speisesaal, dazu Holbrookes Mutter, sein Bruder und seine Söhne. Ein Festredner nach dem anderen machte sich über Holbrookes ungezügelte Libido lustig, über seine Schwäche für Damen der Gesellschaft, seine Angewohnheit, Verabredungen abzusagen, wenn sich eine bessere Gelegenheit bot. Die chinesisch-amerikanische Schriftstellerin Bette Bao Lord wies darauf hin, dass er im Jahr der Schlange geboren wurde – passenderweise, denn die Schlange sei bekanntlich hinterhältig. Jim Hoge, der Herausgeber der *Daily News*, sagte: «Sie haben vermutlich bemerkt, dass meine linke Schulter etwas hängt. Das liegt an Dick, der mir immer über die Schulter sieht, wenn ich mich mit ihm unterhalte, um zu sehen, ob es jemanden gibt, mit dem zu reden es sich eher lohnt.» David Holbrooke beschrieb, wie es sich anfühlte, der Sohn eines Mannes zu sein, der seine Freunde zwang, ihm so eine Party zu schmeißen.

Es ging richtig schief. Die Redner improvisierten, jeder wollte den anderen übertreffen, um Holbrooke die hohen Kosten heimzuzahlen, die entstanden, wenn man mit seinem Leben verbunden war. Doch es gelang ihnen nicht, es geistreich zu tun, die Witze waren verletzend und enthielten zu viel Wahrheit, der Blutgeruch zog weitere Haie an und führte zu einer Art Fressrausch. Holbrooke, der nie gelernt hatte, über sich selbst zu lachen, weil er sich selbst nicht kannte, lachte am Tisch vor dem Podium, weil er wusste, dass er das Desaster nur so überleben würde, und er sah sich immer wieder nach Verbündeten um. Aber niemand außer ihm lachte.

Dann kam Gelb, unter den Anwesenden sein bester Freund. Der Comedian Jackie Mason – er trat gerade auf dem Broadway auf – war erst kürzlich bei den Gelbs zu Gast gewesen, wo er Holbrooke in der Küche angetroffen hatte. «Sind Sie Jude?», wollte Mason wissen. Holbrooke bejahte. Judy Cohen Gelb, die ihn seit fünfundzwanzig Jahren kannte, hätte beinahe den Servierteller fallengelassen. Mason sah von ihm zu ihr. «Er sagt, dass er jüdisch ist», erklärte sie, «aber er hat ein halbes Leben damit verbracht, es abzustreiten.»

Das war der Kern, aus dem Gelb seine Geburtstagsansprache entwickelte. Er sprach beide Rollen dieser kleinen Szene:

REPORTER: Sind Sie Jude?
HOLBROOKE: Nein.
REPORTER: Sind Sie sicher?
HOLBROOKE: Ja, das bin ich.
REPORTER: Uns ist da etwas zugespielt worden.
HOLBROOKE: Na ja, ich hatte eine jüdische Urgroßmutter.
REPORTER: Wir haben gehört, dass es mehr ist.
HOLBROOKE: Vielleicht bin ich's zur Hälfte.
REPORTER [ANS PUBLIKUM]: Klingt nach halber Wahrheit.

Holbrooke spielte mit, tat, als hätte er seinen Spaß an der ganzen Sache, und stand am Ende auf, um allen zu danken. Aber Gelb sah den Schmerz in seinen Zügen. Nachher waren seine Freunde entsetzt übereinander und über sich selbst. Noch Jahre später schämten sie sich für diese Grausamkeiten. «Das war der schlimmste Tag meines Lebens», sagte Holbrooke zu seinem Bruder.

Tony Lake kam nicht einmal in die Nähe dieser Party.
1981 hatten die Lakes Washington verlassen, der Krieg zwischen Vance und Brzezinski hatte ihm die Freude am Politikbetrieb vergällt. Sie zogen in den Westen von Massachusetts und kauften im Vorland der Berkshire Mountains, an einer sanft sich windenden Straße, eine etwa achtzig Hektar große Farm. Toni züchtete Pferde, während Tony eine Herde von dreißig Rindern betreute und das Heu einfuhr und sechshundert Liter Ahornsirup im Jahr herstellte. Er lehrte Internationale Bezie-

hungen in Amherst und am Mount Holyoke College und schrieb Bücher. Ihre Teenager wuchsen auf der Farm auf, das war ihr Leben. Und es war das Leben, nach dem sich Toni gesehnt hatte – Tony auch, am Anfang –, sie war am Zug, und eine Weile ging es gut.

Lake und Holbrooke sahen sich nur selten. Alle vier Jahre schrieben sie sich, um ihre Ideen für den neuesten dem Untergang geweihten demokratischen Präsidentschaftskandidaten auszutauschen. Einmal lud Holbrooke sie in sein Landhaus in Connecticut ein. Sie sahen, dass er sich mit reichen Leuten umgeben hatte, und die Szene gefiel ihnen nicht. Einmal, beim Mittagessen in New York, versuchte er Tony zu erzählen, wie viel er bei Lehman verdiente (das Zehnfache eines Professorengehalts), und er ärgerte sich, weil Lake immer wieder abwinkte: «Ich will's nicht wissen, Dick.» Lake, der feinsinnige Gutsbesitzer und Professor, war eine Person, die Holbrooke weder verstand noch mochte – es klang nach der falschen Demut von einst, als Lake behauptet hatte, nicht Außenminister werden zu wollen, was genau das Gegenteil bedeutet hatte. Wisner und Holbrooke nannten Lake «Cincinnatus», nach dem widerwilligen römischen Konsul, der überredet werden musste, seinen Hof zu verlassen, um die Republik zu retten.

Nach dem Drama der frühen 1970er sahen sich Toni und Dick jahrelang überhaupt nicht – sie distanzierte sich, soweit sie konnte –, und trotzdem blieb etwas von ihrer Verbindung. In den frühen Achtzigerjahren, als Judy Gelb einmal die Farm besuchte, traf sie die beiden am Kücheneingang an. Sie waren derart vertieft in ihr Gespräch, dass sie sie allein ließ. Als Tonis Mutter, die an Krebs litt, 1984 Selbstmord beging, brauchte Toni jemanden, mit dem sie reden konnte. Ihr Mann war dazu nicht geeignet, also rief sie Holbrooke an und bat ihn, sie zum Mittagessen zu treffen. Tony war nicht angetan von der Idee, stellte sich aber auch nicht quer. Sie fuhr nach New York, und für drei Stunden hatte sie wieder einmal Holbrookes ungeteilte Aufmerksamkeit.

Ende der Achtzigerjahre befürchtete Lake, dass Washington ihn vergessen haben könnte. Er begann, vielleicht als Weg zurück, ein Buch über die Außenpolitik der Demokraten zu schreiben. Alle vier Jahre wiederholten die Demokraten ihre Auseinandersetzungen über Vietnam, sie führten den immer gleichen Krieg zwischen Falken und Tauben, zwischen Kriegsbefürwortern und Friedensaktivisten, während die Republikaner für die Präsidentschaft quasi gesetzt waren. Zum Ende des Kalten Krieges war diese Debatte nicht mehr Politik, sondern Geschichte, und Lake versuchte herauszufinden, ob die neue geopolitische Situation den Demokraten eine Chance bieten würde, eine neue, mehrheitsfähige Vision zu entwickeln. Sein Plan war, mit den Bewerbern für die Kandidatur der Demokraten von 1992 über Außenpolitik zu sprechen und ein Narrativ für den Wahlkampf zu entwerfen. Aber die Bewerber wollten nicht über Außenpolitik sprechen – sie hatten das Thema längst Präsident Bush überlassen.

Sandy Berger, ein Washingtoner Anwalt, der als Lakes Vertreter Carters politischem Planungsstab angehört hatte, beriet jetzt Bill Clinton – Berger und Clinton kannten sich aus dem Wahlkampfteam von George McGovern und waren alte Freunde. Im November 1991 arrangierte Berger, dass Lake Clinton auf einer Wahlkampfreise begleiten durfte. Er traf den Kandidaten bei einem Spendenbankett in der Nähe von Boston, wo sich auch Hillary vorstellte und ihn mit der Bemerkung überraschte, dass sie ihn für seine Entscheidung bewundere, das Weiße Haus damals wegen des Einmarsches in Kambodscha verlassen zu haben. Als die Veranstaltung zu Ende war, durfte er mit dem Kandidaten auf dem Rücksitz eines Wagens zehn Minuten lang sprechen. Clinton fragte Lake, wo er lebe, und Lake, der eigentlich etwas zu Kurzstreckenraketen in Europa sagen wollte, erzählte Clinton von den wirtschaftlichen Schwierigkeiten der Kleinbauern im westlichen Massachusetts. Clinton war ganz Ohr – er wollte alles über diese Nachbarn und ihre Notlage wissen, und es schien ihn wirklich zu interessieren. Lake war beeindruckt von dem Kandidaten, obwohl sie überhaupt nicht über Außenpolitik gesprochen hatten.

Eine Woche später rief George Stephanopoulos Lake an und bat ihn, Clintons erste außenpolitische Rede zu entwerfen. Lake flog nach Little Rock und ging den Text mit Clinton Zeile für Zeile und Abschnitt für Abschnitt durch. Jedes Mal sagte Clinton, «Okay, so sehe ich das», dann machten sie weiter. Die Rede griff Bush an, der sich zu sehr auf die Außenpolitik konzentriert und darüber die Wirtschaft vernachlässigt habe, weshalb sich die Amerikaner just in dem Moment, als die Welt

Demokratie und freie Marktwirtschaft für sich entdeckte, gefährlich nach innen gekehrt hätten. Bushs Außenpolitik sei rückwärtsgewandt und begehe Verrat an den amerikanischen Werten: Er hatte sich geweigert, nach dem Massaker auf dem Tiananmen-Platz die Demokratiebewegung in China zu unterstützen, er hatte am Ende des Golfkriegs die Kurden im Stich gelassen, er machte den neuen unabhängigen Staaten der ehemaligen Sowjetunion keine Angebote. «Jetzt, da wir den Kalten Krieg gewonnen haben», sagte Clinton, «dürfen wir den Frieden nicht verlieren.»

Damit hatte Lake seine eigene Frage beantwortet. Seine Partei würde sich die Demokratie auf die Fahnen schreiben und die Politik der Abschottung zurückweisen. Er ließ die Buchidee fallen und beriet, gemeinsam mit Berger, Clinton im Wahlkampf.

Am letzten Abend des Wahlparteitags in New York saß Lake mit Berger und dessen Frau Susan in einem Hotelzimmer, als Clinton auf die Bühne vom Madison Square Garden trat, den Delegierten dankte und die Kandidatur offiziell annahm. Die Rede selbst (die, wie Gelb in einer *Times*-Kolumne hervorhob, nur hunderteinundvierzig Wörter zur Außenpolitik enthielt) war weniger beeindruckend als der gekonnt inszenierte und anrührende Porträtfilm «The Man from Hope», der davor gezeigt worden war, und auch als das Spektakel, das ihr folgen sollte, als sich nämlich Clinton und Gore in die Arme fielen und zu Fleetwood Macs «Don't Stop» tanzten. Die Demokraten, die diesen Augenblick lange ersehnt hatten, waren ekstatisch, aber Lake war zutiefst betrübt.

«Was hast du denn?», fragte Berger, als er Lakes Gesichtsausdruck sah.

«Ich glaube, das könnte gelingen», sagte Lake. Clinton würde gewinnen, Lake würde nach Washington zurückkehren, und Toni würde die Konsequenzen zu tragen haben.

In der langen Konkurrenz zwischen Lake und Holbrooke war es wieder Lake, der die Pole-Position innehatte. Holbrooke hatte ihm bereits kurz vor Weihnachten 1991 sein erstes Memorandum zur Wahl geschickt. Nach den Vorwahlen in New Hampshire schickte er sie monatlich, und nach dem Parteitag schließlich wöchentlich. Kurz vor den Fernsehdebatten im Herbst meldete er sich beinahe täglich. Die Memoranda behandelten den Verteidigungshaushalt, die Handelspolitik, Hillary, Bills private Schwierigkeiten, die Debatten, Japan (er war im April gerade erst dort gewesen), die ehemaligen Sowjetrepubliken (im Mai), Italien (im Juni), China (im Juli), das ehemalige Jugoslawien (im August). Er riet, Bushs Außenpolitik als rückwärtsgewandt darzustellen, ihn in diesem Bereich zu einem Unentschieden zu zwingen und die Wahl mit innenpolitischen Themen zu gewinnen. Holbrooke glaubte, dass seine Passivität angesichts des eskalierenden Bürgerkriegs in Bosnien Bush besonders verwundbar machte. Clinton forderte Luftangriffe gegen die serbischen Stellungen, die Sarajevo einschlossen.

Holbrooke schlug vor, gemeinsam mit Lake und Berger ein Berater-Triumvirat zu bilden. Lake zeigte ihm die kalte Schulter. Er ertappte Holbrooke bei einer lächerlichen Lüge und rief Gelb aus dem Auto in Connecticut an: «Warum lügt er mich an?» Worauf Gelb antwortete: «Es liegt in seiner Natur.» Während der Carter-Jahre hatten sie sich miteinander arrangiert, aber die Zeit und die vor zwei Jahrzehnten ausgetretene Säure hatten sie an diesen Punkt gebracht: Aus ihnen wurden Feinde.

Clintons Debattenvorbereitung wurde von dem demokratischen Funktionär Tom Donilon, einem Anwalt, geleitet, der in seinen Zwanzigern bereits für Carter gearbeitet hatte. Holbrooke kannte ihn über ihren gemeinsamen Freund Jim Johnson und den Wahlkampf von Mondale. Bei der Vorbereitung erhielten die Berater in den verschiedenen Politikbereichen wertvolle Stunden mit dem Kandidaten: Lake, Berger und eine Angestellte namens Nancy Soderberg bereiteten die Briefingunterlagen vor, Lake und Berger beobachteten die Probe-Debatten und überprüften Clintons Antworten. Holbrooke versuchte, über Donilon in den inneren Kreis vorzudringen, bis Donilon gezwungen war zu sagen: «Dick, das wird nicht passieren.» Sie waren bereits voll besetzt, und es gab wichtige Personen, die ihn nicht dabeihaben wollten. Doch er schrieb weiter seine Memos, bis zum Wahltag, als Clinton der Durchbruch gelang.

Ein paar Wochen später bereitete sich Holbrooke auf ein Treffen mit dem angehenden Vizepräsidenten Al Gore vor. Nach zwölf Jahren bot sich noch einmal die Gelegenheit, am Glücksrad zu drehen. Beim letzten Mal hatte er es sich mit Carter vermasselt, diesmal musste alles passen. Er notierte:

Großartiger Wahlkampf – stolz darauf, Ihr Freund zu sein – Ihre Ernennung zweifellos der Wendepunkt des Wahlkampfes ... Müssen den Übergang vom Kalten Krieg zu einer post-KK-Welt besser gestalten: Ehemalige SU; Jugoslawien; Kambodscha; Somalia usw. ... Regierungsmannschaft – TEAM – Eher Basketball als Baseball. Nat. Sicherheit: 5 höchste Posten + nächste 5 Posten = TEAM ... Nationaler Sicherheitsrat – Tony oder Sandy – Wahlkampf super gelaufen. Auch: Tarnoff ... Posten – Bin geehrt, dass Sie fragen. Nach 16 Jahren in Regierung und 12 an Wall Street – Ich glaube, ich habe gelernt, Wirtsch. und traditionelle Außenpolitik miteinander zu verbinden – Es wäre eine Ehre, wenn Sie mich für einige der Posten, die wir eben besprochen haben, in die engere Wahl ziehen würden – Nicht Verteidigung oder CIA oder Finanzen – Großartig, wenn ich als Stellvertretender Außenminister eingesetzt würde – kann Ministerium führen – kenne mich aus mit Verwaltung; kenne alle Weltregionen – Auswärtigen Dienst – glaube an das, wofür Sie stehen. Könnte sonst auch nützlich sein als Botsch. in Tokio, der panische Asiaten beruhigt (keine Interessenkonflikte) – US bei UNO, falls möglich – weiß aber, dass das eher unwahrscheinlich ist –

Für Holbrooke sprang bei dem Treffen nichts heraus. Der Botschafterposten bei der UNO war mehr als unwahrscheinlich, Holbrooke kam dafür überhaupt nicht in Frage – er ging stattdessen an die außenpolitische Expertin Madeleine Albright, die im Weißen Haus für Brzezinski gearbeitet hatte, die Tagungen und akademische Programme und Kampagnen organisiert und also genau das getan hatte, was nötig ist, um sich innerparteilich in einem bestimmten Politikbereich zu profilieren.

Strobe Talbott, aus Oxford-Tagen mit Clinton befreundet, der bei *Time* aufhören und einen hohen Posten in der Regierung übernehmen sollte, traf den designierten Präsidenten kurz vor Thanksgiving im Hay-

Adams-Hotel in Washington. Talbott war Holbrookes einziger Freund im magischen inneren Zirkel, und er brachte Holbrookes Name auf. Warum tauche der auf keiner Vorschlagsliste auf? Clinton, der Holbrooke kaum kannte, sagte, dass er ihn möge, und dass er ihn für den Posten des Außenministers in Betracht ziehen würde, wenn er nur nicht immer so viel Staub aufwirbeln und so viele Gegner auf den Plan bringen würde. Stattdessen ernannte Clinton Warren Christopher, den höflichen Anwalt im perfekt sitzenden Maßanzug, der die Regierungsübergabe organisierte und sich selbst für den Posten vorgeschlagen hatte. Die Wahl von Christopher war Clintons Versuch, die auswärtige Politik unter langweiliger, vorhersehbarer und zugeknöpfter Kontrolle zu halten, während er versuchte, die Wirtschaft in Gang zu bringen. Christopher kannte Holbrooke aus gemeinsamen Zeiten im Außenministerium unter Carter und mochte ihn gar nicht, was mehr mit Stilfragen zu tun hatte als mit inhaltlichen Fragen. Sie bildeten ein perfektes Gegensatzpaar – Christopher hatte weder Feinde noch außenpolitische Überzeugungen, Holbrooke hatte beides im Übermaß. Christophers Ernennung bedeutete für Holbrooke, dass er weder auf den Vizeaußenministerposten noch auf sonst eine leitende Funktion im Ministerium hoffen konnte.

Lake erklärte Clinton, dass er nur dann für einen Regierungsposten zur Verfügung stünde, wenn der Preis für Rindfleisch fiele, was natürlich bedeutete, dass er sehr wohl interessiert war. Er wurde Nationaler Sicherheitsberater. Berger, der die Stelle hätte haben können, aber aufgrund von Lakes größerer Kenntnis und Erfahrung zurückgezogen hatte, wurde sein Stellvertreter. Lake versprach Toni, dass er nur zwei Jahre in Washington bleiben würde. Damit gingen die beiden wichtigsten außenpolitischen Posten – im Weißen Haus und im Außenministerium – an Leute, die Holbrooke nicht dabeihaben wollten.

Sein Freund Les Aspin, ein Abgeordneter aus Wisconsin, der in Saigon-Tagen als Wunderkind des Pentagons gegolten hatte, wurde zum Verteidigungsminister ernannt. Wisner wurde die Nummer drei unter Aspin. Tarnoff bekam den dritthöchsten Posten im Außenministerium. Es schien, als würde Holbrookes gesamte Vietnam-Clique bis in die höchsten Wipfel der Macht aufsteigen und die Weisheit und Wunden jenes Krieges in die Neunzigerjahre hineintragen, um die amerikanische Außenpolitik für die Zeit nach dem Kalten Krieg neu auszurichten, während Holbrooke in seiner Wohnung die Wände hochging, ein Memo nach dem anderen abfeuerte und Talbott am Telefon fragte: «Hat der designierte Präsident es gesehen? Auf wessen Schreibtisch liegt es gerade? Ich habe zwanzig Jahre jeden Monat mit Warren Christopher telefoniert, und jetzt bekomme ich ihn nicht an die Strippe. Was ist da los?»

Angesichts dieses Schmerzes veranlasste ihn irgendein Handlungsinstinkt, zu verreisen. Er verbrachte Weihnachten in Kambodscha, zu Silvester war er in Bosnien.

Bosnien

Sie werden mich an Bord holen

I.

Es war sehr kalt, aber es lag noch kein Schnee. Das Flüchtlingslager befand sich in einer Garnisonsstadt namens Karlovac, eine Stunde von der kroatischen Hauptstadt Zagreb entfernt. Dreitausend bosnische Muslime, überwiegend Männer, lebten in zwei Betongebäuden, zwischen denen sich die Ruine einer orthodoxen Kirche befand, die in Kämpfen beschädigt worden war. «Das verdammte Ding kann jeden Augenblick einstürzen», sagte ein dänischer Mitarbeiter einer Hilfsorganisation zu Holbrooke. «Wir müssten es abreißen, aber den Serben ist es heilig, sie wollen es wieder aufbauen. Es ist wirklich gefährlich, aber eine Einigung ist nicht in Sicht.»

Die Bosnier schliefen in eisernen Etagenbetten, jeweils drei übereinander, die auf dem rohen Betonboden standen. An den Betten hing Kleidung, es roch feucht und muffig. Die Bosnier warteten auf Nachricht, ob sie in einem neuen Land eine neue Heimat finden würden. Die internationalen Helfer wollten, dass sie eines Tages nach Bosnien zurückkehren würden, aber diese Männer hatten ganz andere Vorstellungen.

Die Männer saßen und lagen herum. Holbrooke faltete die Hände hinter dem Rücken, beugte sich etwas vor und hörte einem jungen Mann zu, einem Bäcker aus Prijedor, einer Kleinstadt im Norden Bosniens. Bis zum Kriegsausbruch im Frühjahr war die Bevölkerung der Stadt mehrheitlich muslimisch gewesen. Dann waren serbisch-bosnische Milizen in die Stadt gekommen – und auch nach Zvornik, Bijeljina, Omarska, Orasac, Biscani, Sanski Most und anderen Ortschaften. In gut vorbereiteten Aktionen umzingelten sie die Städte, blockierten die Fluchtrouten und gingen von Haus zu Haus. Sie wurden von serbischen Einwohnern begleitet, die ihnen zeigten, wo muslimische, manchmal auch kroatische Familien wohnten. Die Milizen scheuchten diese Familien aus ihren

Häusern, die sie plünderten und zerstörten. Frauen, Kinder und Alte wurden aus der Stadt vertrieben und gezwungen, sich in die relative Sicherheit Kroatiens zu retten. Die Männer wurden in unterschiedliche Gruppen eingeteilt. Diejenigen, deren Namen auf Listen ortsbekannter Persönlichkeiten standen, wurden weggeführt und nie wieder gesehen. Die anderen wurden in Konzentrationslager gebracht, wo sie hungerten und in ihrem eigenen Dreck leben mussten. Die Milizen quälten die Gefangenen, indem sie erzählten, ihre Frauen seien vergewaltigt, ihre Kinder ermordet worden. Sie zwangen sie, sexuelle Handlungen aneinander vorzunehmen. Sie zwangen sie, Massengräber auszuheben und mit den Leichen ihrer Freunde und Verwandten zu füllen. In einigen Städten machten die Milizen diese Unterscheidungen nicht und mordeten, bis kein einziger Muslim mehr übrig war. Aber das Ziel war überall dasselbe: den Ort rein serbisch zu machen und jegliche Möglichkeit auszuschließen, dass die unterschiedlichen ethnischen Gruppierungen je wieder zusammenleben würden.

Als die bewaffneten Männer nach Prijedor kamen, versteckte sich der Bäcker im Wald, und er sah zu, wie die Serben sein Haus zerstörten. Seine Nachbarn – die er seit Jahren kannte, mit denen er gar befreundet zu sein glaubte – spürten ihn auf und übergaben ihn an die Milizen, offenbar ohne jedes Schuldgefühl. Die ersten Zeichen dieses Hasses, von dem er nichts gewusst hatte, kamen so plötzlich, dass es ihn fassungslos machte. Als Holbrooke fragte, warum die Serben all das getan hätten, antwortete der Bäcker nur: «Weiß nicht.» Er konnte sich glücklich schätzen, ein einfacher Bäcker zu sein, niemand, der im Ort einen Namen hatte. Er wurde in das Konzentrationslager von Manjaca gebracht, von wo aus er über die Grenze nach Kroatien fliehen konnte. So wurde er einer von zwei Millionen Flüchtlingen in diesem Krieg.

All das wurde mit dem hässlichen, die Denkweise der Täter widerspiegelnden Euphemismus «ethnische Säuberung» bezeichnet. Auf einer früheren Reise durch Bosnien, im August, hatte Holbrooke die unmittelbaren Folgen dieser Strategie gesehen: die zerstörten Häuser der Muslime, die neben einem einzigen serbischen standen, das verschont geblieben war; die Fabrikruinen, die Felder, auf denen der Mais verfaulte; die bewaffneten serbischen Milizionäre, die die Menschen hierhin und dorthin scheuchten; die Muslime, die Schlange standen, um mit ihrer Unterschrift der eigenen Enteignung zuzustimmen, bevor sie in Busse gepfercht wurden, die sie nach Kroatien bringen würden. Er war sogar durch Prijedor gefahren. Jetzt sprach er mit den Überlebenden der ethnischen Säuberung.

Da war der Fabrikarbeiter aus Sanski Most, dessen serbischer Vorarbeiter eines Abends mit einer Gruppe von bewaffneten, uniformierten Serben zu seinem Haus kam. Sie scheuchten ihn hinaus und sprengten es in die Luft, der Vorarbeiter sah ihm dabei kein einziges Mal in die Augen. Da war der Mann, dessen siebzigjährige Mutter vergewaltigt worden war. Sie steckte noch immer in Sanski Most fest. Ob Holbrooke helfen könne, sie aus Bosnien herauszuholen? Da war der alte Mann, der sich mit Mühe über die Betten heranschleppte, um Holbrooke zu zeigen, wie die Serben ihm das Bein gebrochen hatten. «Diese Serben sind so grausam, sie bringen ihre zehnjährigen Söhne zu den Lagern, damit sie zuschauen dürfen, wie wir geprügelt werden», sagte der Alte.

«Nicht alle Serben sind so», sagte ein jüngerer Mann. «Aber diejenigen, die sich geweigert haben mitzumachen, wurden gleich zu Anfang von den anderen Serben umgebracht.»

Überall hörte Holbrooke die gleichen Geschichten. Ihre langjährigen Freunde und Nachbarn waren von einem Tag auf den anderen von einem wilden, unerklärlichen Fieber erfasst worden, und jetzt war alles anders.

Als Holbrooke gehen wollte, zog der Bäcker unter seiner Matratze eine schmutzige Plastiktüte hervor, in der sich einige Schnitzfiguren befanden, etwa zehn Zentimeter groß, aus hellem Holz. Es waren menschliche Figuren ohne deutliche Gesichtszüge, mit gesenkten Köpfen und hinter dem Rücken verschränkten Händen. Der Bäcker hatte sie im Lager Manjaca mit einer Glasscherbe geschnitzt, wo die gefesselten Gefangenen stundenlang zu Boden gestarrt hatten, um nicht geschlagen zu werden. Die stille Schlichtheit dieser Figuren erschütterte Holbrooke zutiefst. Als er sie hielt, schienen sie in seinen Händen zu brennen. Er war zu gerührt, um mehr als ein paar Worte zu sagen und sie zurückzureichen.

«Nein», sagte der Bäcker. «Bitte nehmen Sie sie mit in ihr Land und zeigen Sie sie dort den Menschen. Zeigen Sie sie den Amerikanern, damit sie wissen, was man uns hier angetan hat. Erzählen Sie Amerika, was hier mit uns geschieht.»

Holbrooke war für das International Rescue Committee auf dem Balkan, eine Flüchtlingsorganisation, in deren prominent besetztem Vorstand er saß. Aber eigentlich gab es keinen richtigen Anlass für diese Reise. Er war aus demselben Grund gekommen, aus dem er in die Pagode gegangen war, wo das verkohlte Herz des Mönchs in einem Kelch aufbewahrt wurde. Er wollte es mit eigenen Augen sehen. Er reiste nicht als Teil einer Delegation, er wurde von einem Ortskundigen und einer Übersetzerin begleitet, der achtundzwanzig Jahre alten Stefanie Frease, einer Doktorandin aus Seattle, die für das IRC in Zagreb arbeitete. Sie hatte serbische und kroatische Großeltern, und sie hatte einen Teil ihrer Kindheit in Jugoslawien verbracht. Als das Land 1991 auseinanderzufallen begann, kehrte sie zurück, um den Menschen zu helfen. Sie hatte keine Ahnung, wer Holbrooke war, sie war erst zwei Tage vor seiner Ankunft benachrichtigt worden. Als sie in Karlovac für die Flüchtlinge übersetzte, rang sie mit den Tränen. Sie meinte, er hätte ihr eine der Schnitzfiguren geben sollen.

Am 29. Dezember flogen sie von Zagreb nach Split an der dalmatinischen Küste. Am nächsten Morgen stiegen sie in einen Nissan-Allradwagen und wurden durch das Neretva-Tal nach Mostar in der Herzegowina, im Süden Bosniens, gefahren, einer Region, die von äußerst nationalistischen Kroaten dominiert wurde. Eine dritte Kriegspartei war im Begriff, in den Krieg einzugreifen, wenige Monate später sollten die bosnischen Kroaten und die Muslime ihre Waffen aufeinander richten. Die Soldaten an den kroatischen Kontrollpunkten waren nervös und bedrohlich. Die Fahrt dauerte mehrere Stunden, wenn sie anhielten, sprachen sie mit Flüchtlingen und internationalen Helfern, auf dem Rücksitz unterhielten sich Holbrooke und Frease über den Krieg. Was ihn bewegte, waren strategische Überlegungen, sein eisblauer Blick schien zu flackern, seine Worte wirkten losgelöst von dem, was die Flüchtlinge ihnen erzählten. Eine gemeinsame Reise durch ein Kriegsgebiet schafft eine vorübergehende Vertrautheit, und da sie von diesem Krieg mehr gesehen hatte als er, nahm sie sich heraus zu sagen, sie habe den Eindruck, dass er für die Opfer nur wenig Mitgefühl aufbringe.

Holbrooke reagierte verärgert. Er erklärte, dass ihm Bosnien mehr am Herzen liege als jedem amerikanischen Politiker. «Sie haben keine Ahnung, wie das ist, ins Weiße Haus zu gehen, ein Briefing zu geben und einer Gruppe von Leuten, die weniger Verständnis und Einfühlungsvermögen für die Situation mitbringen als ich, klar und deutlich formulierte Vorschläge zu machen.»

Von Mostar fuhren sie über felsiges Hochland und steile Schluchten nach Norden, bis sie Vitez erreichten, eine überwiegend kroatische Stadt auf von der Regierung kontrolliertem Gebiet in Zentralbosnien, wo das IRC ein Büro hatte. Es wurde schon dunkel, als sie ankamen. Vitez, so die Planung, sollte ihre letzte Station sein, sie wollten sich ein oder zwei Tage lang ein Bild von der Flüchtlingssituation machen und dann nach Split zurückkehren. Doch im Büro erfuhren sie, dass Lionel Rosenblatt, Holbrookes Freund aus Südostasien, nur eine Stunde entfernt in Zenica war. Er hatte angekündigt, dass er versuchen werde, früh am Morgen nach Sarajevo zu fahren. Holbrooke war ganz aufgeregt, als er davon hörte.

Er rief Rosenblatt an. «Lionel, ich will unbedingt nach Sarajevo mitfahren.»

«Du kommst hier nicht hin, das schaffst du nicht in dieser kurzen Zeit», sagte er. Es war Winter, es wurde schon dunkel, die Straßen waren vereist. Außerdem fand Rosenblatt, dass Holbrooke selbst einen Weg finden sollte, nach Sarajevo zu kommen. Wenn er nicht die richtigen Papiere hatte, würde er die Reise, die ohnehin gefährlich war, nur noch komplizierter machen. Es gab auf der Strecke mehrere serbische Checkpoints.

«Ich bin schon unterwegs.»

Rosenblatt war ein bescheidener und ernsthafter Mann mit einem dicken schwarzen Schnurrbart. Er war einer jener Regierungsvertreter in Vietnam gewesen, die sich angesichts des Krieges gegen eine politische Karriere entschieden und ganz der humanitären Arbeit verschrieben hatten. Seine Leidenschaft galt den Hmong-Flüchtlingen Indochinas und ihrer gefährdeten Kultur – aber überall gab es Flüchtlinge, die versorgt werden mussten, und jedes Jahr wurden es mehr. In den frühen Neunzigerjahren gab es weltweit etwa vierzig Millionen Menschen, die ihre Heimat verlassen hatten und ohne feste Bleibe waren. Mit dem Zusammenbruch des Kommunismus waren in Regionen wie Somalia und Bergkarabach unübersichtliche, schmutzige Kriege entstanden, deren komplizierte historische Wurzeln viele Amerikaner, die in der Klarheit des Kalten Krieges aufgewachsen waren, überhaupt nicht verstehen konnten. Das Ende des Kalten Krieges brachte nicht Bilder von Frieden und Wohlstand, sondern Bilder von Kindern, die im Schlamm zwischen Zelten mit UNHCR-Logo hockten. Jetzt gab es sogar Flüchtlinge mitten in Europa.

Rosenblatt, der Präsident von Refugees International, war nach Bosnien gekommen, um herauszufinden, wie sich fünfzig Millionen Dollar Hilfsgelder am besten ausgeben ließen, die George Soros, der milliardenschwere Finanzier und Menschenrechtler, versprochen hatte. Rosenblatt wohnte in einem brutalistischen Betonhotel in Zenica. Was den Krieg unter anderem so hässlich machte, war die kommunistische Architektur, die dabei zerstört wurde.

Beim Abendessen in einem kalten, höhlenartigen Restaurant erzählte Holbrooke Rosenblatt von ihren gemeinsamen Bekannten in Washington. Lake hatte seinen Traumjob gekriegt, Berger auch, während Holbrooke leer ausgegangen war – und so war er nach Bosnien gekommen. Er hatte die Reise bisher ungewohnt bedrückt absolviert, aber bei der Aussicht auf Sarajevo stieg sogleich sein Adrenalinspiegel. Er war mit neunzehn Jahren eine Zeitlang durch Europa getrampt, und er erinnerte sich an die Stadt: die Minarette und Terrakotta-Dächer in einer von malerischen Bergen umgebenen Senke. Jetzt wurde Sarajevo belagert. Die Stadt war relativ klein, doch die Rolle, die sie in der Geschichte spielte, war übergroß.

In den Transportpanzern der UNO fanden sich Plätze für Holbrooke und Frease, deren ICR-Ausweis vermutlich genügen würde, um die serbischen Kontrollpunkte zu passieren. Holbrooke allerdings besaß nichts dergleichen. Er war ein Banker aus New York, der in Bosnien eigentlich nichts zu suchen hatte. Beim Frühstück stand Rosenblatt plötzlich auf, ging hinauf in sein Zimmer und kehrte mit einer Tüte voller Ausweisbilder zurück, die er auf seinen Reisen genau für solche Fälle immer dabeihatte. (Um zweihundert Südvietnamesen aus dem Land zu schleusen, reiste er im April 1975 als französischer Geschäftsmann nach Saigon und fälschte einen ganzen Stapel Ausreisevisa.) Er stöberte herum und fand das Bild eincs Freundes, der mit seinem breiten Grinsen und der übergroßen Brille aussah wie ein Versicherungsvertreter aus Illinois. Der Mann hatte eine gewisse Ähnlichkeit mit Holbrooke. «Damit müssten wir durchkommen.»

Rosenblatt nahm ein Feuerzeug, flämmte eine Laminierfolie an und setzte in den Ausweis eines UNHCR-Beauftragten einen Blanko-Ausweis der UNO und das Bild seines Freundes ein. Holbrooke meldete Zweifel an, er meinte, der Mann habe keinerlei Ähnlichkeit mit ihm – aber Rosenblatt machte sich eher wegen der Ecke Sorgen, an der er das Foto eingeschoben hatte. Sie war nicht richtig verklebt. «Halt die Karte hier fest, wenn du sie den Serben zeigst», sagte er. Falls Holbrooke an einem Kontrollpunkt Schwierigkeiten hätte, fügte er hinzu, würden sie ihn zurücklassen müssen.

Von Zenica aus fuhren sie in eigenen Autos Richtung Süden, durch hohe Kiefernwälder bis nach Kiseljak. In Kiseljak begann das serbische Territorium, doch im Ort selbst hatten kroatische Milizen das Sagen, beide Gruppen waren an der Belagerung von Sarajevo beteiligt. Fast alles, was in die Hauptstadt gelangte, musste Kiseljak passieren. Ein Sack Kartoffeln, der es in die Straßen von Sarajevo geschafft hatte, kostete fünfundsiebzig Dollar, ein Liter Benzin einhundert.

In Kiseljak stiegen sie in die Transportpanzer um, Holbrooke trug einen übergroßen Helm und eine schwere, antiquierte Schutzweste und saß vorn. Es war Silvester, die serbischen Kämpfer am Kontrollpunkt hatten schon zu trinken begonnen, eine stark geschminkte Frau stand bei ihnen, sie waren in Feierstimmung und winkten die Ausländer, auch Holbrooke mit seinem verdächtigen Ausweis, lässig durch. Am späten Nachmittag erreichte die Gruppe den Flughafen von Sarajevo. Die Gebäude waren beschädigt, die Landebahn war mit Trümmern übersät. Der Flughafen stand unter UNO-Kontrolle, die Blauhelme hatten

Anweisung, Bosnier nur mit Sondererlaubnis ausreisen zu lassen, doch die wenigen Glücklichen, die tausend D-Mark zusammenkratzen konnten, bestachen die Soldaten und kauften sich frei. UNO-Beamte waren gezwungen, mit den Serben zu verhandeln, um Hilfsgüter nach Sarajevo hineinzubringen – gerade genug, um die Stadt am Leben zu erhalten und die internationale Gemeinschaft zu beschwichtigen. Auch die UNO war also Teil der Belagerung.

Die Belagerungslinien änderten sich praktisch nicht. Die Serben hatten kein Interesse daran, die Stadt einzunehmen, sie beschossen sie und sahen zu, wie sie unterging.

Die Gruppe hatte geplant, im Westen der Stadt, am PTT-Gebäude, wo die UNO-Schutztruppen ihr verbarrikadiertes Hauptquartier hatten, in Autos umzusteigen. Als der Konvoi ankam, hielt gerade der Generalsekretär Boutros Boutros-Ghali, der für einige Stunden in der Stadt war, im Inneren des Gebäudes eine Pressekonferenz ab. Er wurde von seinem Sondergesandten Cyrus Vance begleitet, beide trugen identische blaue Schutzwesten unter identischen beigefarbenen Parkas mit pelzbesetzten Kapuzen. Der Generalsekretär erklärte der Bevölkerung von Sarajevo, dass die Dinge nur schlimmer würden, wenn internationale Kräfte eingriffen, dass andererseits auch ein Versuch der bosnischen Armee, den Belagerungsring von innen zu durchbrechen, kontraproduktiv sei, dass sie also die Verhandlungen abwarten sollten.

«Wir glauben, dass Sie an unserem Leid schuld sind», sagte eine junge Frau, die für einen Radiosender in Sarajevo berichtete, zu Boutros-Ghali. «Was muss denn passieren, damit Sie endlich eingreifen? Wie viele Menschen müssen noch sterben, bis Sie etwas tun? Sind zwölftausend noch nicht genug? Warten Sie, bis es fünfzehn- oder zwanzigtausend sind? Wird Ihnen das reichen?»

Das blinzelnde, lockere Lächeln war Boutros-Ghali nicht aus dem Gesicht gewichen, als er mit Vance am Sitz des Präsidenten vorgefahren war, wo Leute «Faschisten!» gerufen hatten, und «Ghali Hitler», wo Transparente hochgehalten wurden, auf denen stand: «Wir brauchen Waffen» und «Helft uns oder zieht ab», wo Demonstranten ihren Wagen umzingelt und geschaukelt hatten. Aber die Frage der jungen Journalistin brachte ihn schließlich doch noch aus dem Konzept.

«Wenn ich schuldig bin, dann will ich es eingestehen – mea culpa», sagte der Generalsekretär. «Ich verstehe, dass Sie leiden.» Dann fügte er vor der staunenden Menge hinzu: «Die Situation hier ist besser als an zehn anderen Orten der Welt. Ich kann Ihnen eine Liste von zehn Orten geben, wo die Probleme größer sind als hier in Sarajevo.»

Die Reporterin begann zu weinen. «Wir sterben hier, Mr. Ghali, wir sterben hier!»

Boutros-Ghali und Vance verließen das Gebäude, um zum Flughafen zu fahren. Als ihre ältere gepanzerte Limousine die Zufahrtsrampe herabkam, erhaschte Holbrooke einen Blick auf das weiße Haar und die Pelzkapuze seines ehemaligen Chefs auf dem Rücksitz.

Holbrooke stieg aus dem Transportpanzer, der Himmel hatte die Farbe von schmutziger Milch. Autowracks überall. Auf der anderen Straßenseite stand der zerschossene und ausgebrannte Hochhausturm der Tageszeitung *Oslobodenje*, die in einen Schutzraum im Keller weiterproduziert wurde. Kinder suchten in einem Müllhaufen nach Feuerholz.

Dann entdeckte Holbrooke jemanden, den er kannte – einen großen Mann mit krausem Haar, zotteligem Bart und traurig-verschmitzter Miene. Es war John Burns, der Korrespondent der *New York Times* in Sarajevo, der die Pressekonferenz verließ und selbst auch ein wenig zerstört wirkte. So beiläufig, als wären sie sich am Times Square über den Weg gelaufen, lud Burns Holbrooke ein, bei ihm im Holiday Inn zu übernachten. Das könne doch ein interessantes Silvesterfest werden.

Das letzte Stück der Reise führte über den breiten Boulevard, der Sniper Alley, «Scharfschützenallee», genannt wurde, ins Zentrum der Stadt. Es war der zweihunderteinundsiebzigste Tag der Belagerung.

Schnee fiel auf die rußschwarzen Hochhäuser, die frischen Gräber und die serbischen Stellungen über der Stadt. Die Waffen schwiegen, weil der Generalsekretär zu Besuch war.

In der Innenstadt stand bei zehn Grad unter null ein Mann vor der geöffneten Motorhaube seines Wagens und rieb sich die Hände. Eine elegant gekleidete Frau lief vorbei, mit einem Wasserkanister. In einem Park neben dem Olympiastadion, der zu einem Friedhof umgewandelt worden war, saß hoch oben in einem kahlen Baum ein Mann und sägte an einem Ast.

Im bosnischen Radio sagte der Sprecher: «Der Kriegsverbrecher Radovan Karadžić hat erklärt, dass er die Souveränität über die Gebiete, die das serbische Volk als seine eigenen betrachtet, nicht aufgeben wird.» Italienische UNO-Soldaten erklärten einer Grundschulklasse, was Landminen sind. Kinder mit Pappwaffen liefen über die Straße. Ein Mann las einen Brief seiner Tochter, der es gelungen war, nach Split zu fliehen, und wischte eine Träne weg.

Ein Reporter der *Oslobodenje* verbrannte seine Bücher im Kamin, um sich zu wärmen und in sein Tagebuch zu schreiben: «Boutros-Ghali ist hier. Jedes Mal, wenn ich seinen Namen höre, steigt dieser Hass in mir auf.»

Irgendwo in der Stadt, in einer kleinen, überfüllten Wohnung, sangen Menschen, sie klatschten, umarmten und küssten sich und hoben ihre Plastikbecher, um bei Kerzenlicht auf das neue Jahr anzustoßen.

Das Holiday Inn war ein gelb-brauner Betonklotz, die Fensterscheiben waren weitgehend zerstört. In den letzten Monaten vor dem Krieg hatte das Hotel als Parteizentrale des Serbenführers Radovan Karadžić gedient. Jetzt wurden die oberen Stockwerke von bosnischen Soldaten genutzt, das Hotel wurde von einer kriminellen Bande geführt, die beste Verbindungen in die obersten Regierungskreise hatte. Der Eingang führte auf die Sniper Alley, der Blick ging auf die serbischen Stellungen in den Hochhäusern auf der anderen Flussseite, weshalb Gäste, die das Gebäude erreichen wollten, mit Vollgas in die rückwärtig gelegene Tiefgarageneinfahrt fahren mussten. Es gab kein Wasser, keine Heizung und selten Strom. Das Zimmer kostete hundertfünfzig Dollar pro Nacht.

Burns schlief und arbeitete in Zimmer 305 und benutzte die 306 als Lagerraum, im Badezimmer lagerten zweitausend Liter Benzin, weil er den Garagenwärter dabei erwischt hatte, wie er seinen Vorrat absaugte, um ihn auf dem Schwarzmarkt zu verkaufen, und die gestohlene Menge mit Wasser auffüllte. Holbrooke und Rosenblatt wurden in der 306 einquartiert, Frease erhielt Karadžićs ehemalige Suite.

Holbrooke stellte seine Sachen ab und klopfte an Burns' Tür. Sie saßen inmitten der Karten und Ausrüstung – zwei kleine Generatoren, eine elektrische Schreibmaschine und ein Satellitensender – und unterhielten sich. Sie kannten sich aus Peking, wo Burns als Korrespon-

Sie werden mich an Bord holen

dent gearbeitet hatte, und aus Manila kurz nach Marcos' Sturz, als sie gemeinsam den verlassenen Präsidentenpalast erkundeten und Kleiderschränke durchwühlten, bis Holbrooke einen von Imeldas BHs fand, den er sich um den Kopf band. Die Körbchen, Größe 32B, waren seine Ohren.

Holbrooke war fasziniert von John Burns: seinen mit guter Laune gepaarten Mut, die Weltgewandtheit des Auslandskorrespondenten, die Tatsache, dass er, um am Abend seinen Bericht über Boutros-Ghalis beschämende Bemerkungen abzuliefern, draußen auf der Straße in seinem gepanzerten Land Rover sitzen, das Kabel in den Zigarettenanzünder stecken und den schmerzhaft langsamen Satellitensender in den südlichen Himmel richten musste, immer hoffend, dass kein Scharfschütze auf sein im blauen Licht des Bildschirms schimmerndes Gesicht zielen würde, während er auf die Rückfragen aus New York wartete. All das sprach Holbrooke an, den Teil seiner Persönlichkeit zumindest, der einst Reporter hatte werden wollen.

Burns war beinahe an einem Lymphom gestorben, bevor er hergekommen war, seine Aussichten waren noch immer schlecht. Seine Chefs wollten ihn nicht reisen lassen, aber er spürte instinktiv, dass Bosnien ihn retten könnte – dass er zu neuem Leben finden würde, wenn er die fünfhundert Meter zum Präsidentenpalast sprinten würde, um den Scharfschützen auszuweichen, wenn er erschöpft und blutend auf dem Bürgersteig zusammenbrechen würde. Sein Instinkt sollte recht behalten. Burns verstrickte sich in dieser Story, in der Stadt, in der Solidarität mit ihren Bürgern – und auch mit dem Cellisten, der jeden Nachmittag um vier vor einer Bäckerei in einer Fußgängerzone Albinonis Adagio spielte, genau dort, wo Granaten zweiundzwanzig Menschen getötet hatten, die um Brot anstanden. Seine Berichte waren zunehmend düstere und beharrliche Notrufe, die an die europäischen Hauptstädte gerichtet waren, vor allem aber an Washington.

Burns erklärte Holbrooke seine Sicht der Dinge: Dies war nicht ein Krieg alter Hassgefühle, in dem alle Seiten gleich schuldig waren. Es gab Aggressoren, und es gab Opfer. Burns hatte die serbischen Artillerieschützen auf den Hügeln interviewt, und er hatte gesehen, wie gut ihre Sicht auf das Krankenhaus in Reichweite ihrer Geschütze war, auf die Mutter mit ihrem Kind, an die sich ihre leistungsfähigen Zielfernrohre hefteten. Im Zentrum der Stadt standen nur Schritte voneinander entfernt eine Moschee, eine katholische Kathedrale, eine orthodoxe Kirche und eine Synagoge, und alle waren beschädigt. Sarajevo war immer eine multikulturelle Stadt gewesen, jetzt war eine Armee von Faschisten im Begriff, sie zu zerstören. Das Einzige, was dem Morden ein Ende bereiten könne, so Burns, sei eine Intervention. Doch mit der UNO oder den Europäern rechne in dieser Stadt niemand. Wenn es Hoffnung gebe, dann nur durch die Amerikaner.

Holbrooke erwiderte das Vertrauen, indem er Burns erzählte, wie sehr es ihn schmerzte, dass er in der neuen Regierung keinen Posten bekommen hatte. «Aber sie werden mich brauchen», sagte er. «Sie werden mich an Bord holen.»

Sie gingen hinunter und ließen sich mit anderen Reportern im eisigen, verrauchten Restaurant ein Silvesteressen für dreißig Dollar servieren, das nicht mehr warm war. Die Kellner mit ihren schwarzen Fliegen und grünen Holiday-Inn-Jacketts gaben sich größte Mühe, den Schein zu wahren. Sarajevo sprach den Teil von Holbrookes Persönlichkeit an, der nie aufgehört hatte, ein junger Abenteurer mit einem Sinn für das düster Absurde zu sein, dessen Lieblingsroman *Catch-22* gewesen war.

Nach dem Essen bat Holbrooke Burns, ihn zu den Fußabdrücken von Gavrilo Princip zu führen, die er 1960 zum letzten Mal gesehen hatte.

«Geht nicht», sagte Burns. Die Abdrücke und die Tafel, die der Tat des serbischen Nationalisten gedachte – AN DIESER STELLE BRACHTE AM 28. JUNI 1914 GAVRILO PRINCIP MIT SEINEN SCHÜSSEN DEN PROTEST DER BÜRGER GEGEN DIE TYRANNEI UND DAS EWIGE STREBEN UNSERES VOLKES NACH FREIHEIT ZUM AUSDRUCK – waren zu Beginn des Krieges von bosnischen Soldaten herausgerissen worden. Stattdessen ließen sich Holbrooke und sein Freund zu einer Silvesterparty in der Altstadt einladen. «Du wirst etwas erleben, das direkt aus Dantes *Inferno* stammt.»

Die Party fand in einer Kunstschule an der Miljacka statt, unweit der Stelle, an der der Erste Weltkrieg begonnen hatte. Der Club hieß «Hole

in the Wall», weil man einen Trümmerhaufen überwinden und durch
ein klaffendes Loch hinabsteigen musste. Drinnen war es dunkel und
laut, die Luft stand vor Zigaretten- und Haschischrauch. Eine Band
spielte Stones-Songs. Ausländische Weltverbesserer und Reporter und
bosnische Künstlertypen drängten sich an der Bühne, sie tanzten und
kreischten und fielen sich in die Arme, sie tranken Sliwowitz und UNO-
Bier. Um Mitternacht überschütteten sie sich mit Bier. Alle waren jung
und schön und glücklich, doch Holbrooke, der in seiner Schutzweste
tanzte und mit Frease flirtete, wurde seine Distanziertheit nicht los. Er
spürte die Verzweiflung, die sich unter der Ausgelassenheit verbarg.

Um eins war er wieder in Zimmer 306. Er nahm das Bett in Beschlag
und schlief in der Kälte ein, ohne sich auszuziehen. Als sein Zimmerka-
merad zurückkehrte, schnarchte Holbrooke schon. Rosenblatt musste
mit dem Boden vorliebnehmen.

Neujahrstag 1993. Um 7 Uhr 30 wachte Holbrooke auf. Es gab kein
Wasser, um sich das Gesicht zu waschen. Das Frühstück bestand aus
schlechtem Käse, schlimmerer Mortadella und Tee. Nach dem Frühstück führte Burns ihn durch die Stadt – zum Krankenhaus, zur Leichen-
halle, zum Friedhof.

Sarajevo lag unter einer harten Schneeschicht. Serbisches Artilleriefeuer läutete das neue Jahr ein. Ein Mann stieg dreihundertvierundvier-
zig Stufen hinauf, um seiner Ex-Frau ein Neujahrsgeschenk zu bringen.
Eine Meute von verwilderten Hunden durchstreifte das Viertel. Eine
Gruppe von Freunden debattierte bei einem Festmahl von selbstgeba-
ckener Pizza und Rotwein, ob die Serben, die sie vor dem Krieg gekannt
hatten, von einer Handvoll böser Männer in die Irre geführt worden
seien, oder ob dieser Hass schon immer in ihnen gesteckt habe. Schließlich sagte der Gastgeber: «Wenn die Amerikaner nicht eingreifen, gibt es
keine Hoffnung, dass wir gerettet werden.»

Ein eisiger Nebel legte sich über die Stadt. Ein Sturm kündigte sich
an, und mit ihm eine Offensive der bosnischen Armee.

Rosenblatt wollte noch ein paar Tage bleiben – er sollte George
Soros später empfehlen, seine fünfzig Millionen Dollar einzusetzen, um
Sarajevo am Leben zu erhalten –, aber Holbrooke hatte nach vierund-
zwanzig Stunden genug. Gegen Mittag ließ er sich mit Frease in einem

ungepanzerten Wagen über den breiten, ungeschützten Boulevard zum Flughafen fahren. Sie versuchten den ganzen Nachmittag, eine Möglichkeit zu finden, aus der Stadt herauszukommen. Frease verhandelte mit den dänischen Friedenstruppen, doch als Beobachter hatten sie kaum Priorität. Holbrooke saß auf dem Boden und las, er dachte an Vietnam zurück – die gesteigerten Empfindungen damals, die endlose Warterei, die Erschöpfung. Nun hatte ihn Bosnien in derselben Weise gepackt. Er zog sein Notizbuch hervor und schrieb:

Wenn ich dem neuen Team meine Einschätzung nicht übermittle, dann werde ich nicht genug getan haben, um den verzweifelten Menschen zu helfen, die wir gesehen haben; doch wenn ich ihnen meine Ansichten aufdränge, werde ich zu aggressiv erscheinen. Ich stecke in der Falle.

Plötzlich war Platz in einer kanadischen C-130. Als die Dunkelheit einbrach, stieg das Flugzeug steil in den Himmel auf, drehte ab und ließ Sarajevo unter sich zurück.

II.

Die Frage auf dem Balkan war immer, wie weit man in die Vergangenheit zurückblicken sollte. Die serbischen Nationalisten blickten auf das Jahr 1389, als Serben gegen die Türken auf dem Amselfeld im Kosovo ein Patt errangen, in dessen Folge das Osmanische Reich die südslawischen Regionen bis vor die Tore von Wien erobern konnte. Der kroatische Präsident Franjo Tuđman zog es vor, mit dem Zerfall des Römischen Reichs zu beginnen. Der bosnische Präsident Alija Izetbegović begann seine Autobiographie mit der Feststellung, dass Bosnien als eigenständiges Territorium erstmals im Jahr 958 erwähnt worden war. Alle paar hundert Jahre zogen irgendwelche fremden Eroberer über den Balkan – Slawen, Osmanen, Österreicher –, sie durchquerten das Land und hinterließen einen ständig sich wandelnden Flickenteppich von nationalen Identitäten, Konfessionen und Religionen. Die Kroaten waren römisch-katholisch, die Serben orthodox, die Muslime waren von den Türken zum Islam bekehrt worden. Die Serben verwendeten die kyrillische Schrift, die Kroaten und Muslime die lateinische, aber sie alle sprachen mehr oder weniger dieselbe Sprache. Sie heirateten untereinander. Äußerlich waren sie nicht zu unterscheiden. Ihre Geschichte war voller Gewalt, aber eine genetische Veranlagung, sich gegenseitig auszulöschen, hatten sie nicht.

Auch der Blick auf den Beginn des 20. Jahrhunderts war lehrreich, als zwei Balkankriege die Osmanen aus Europa verdrängten, das serbische Königreich ausdehnten und die Nationalismen entflammten, die am 28. Juni 1914 in Sarajevo zum Ausbruch kamen, einem Anschlag, der den Ersten Weltkrieg auslöste und mit dem Versailler Vertrag das Königreich der Serben, Kroaten und Slowenen hervorbrachte, aus dem das Königreich Jugoslawien hervorgehen sollte. Lehrreicher noch war vielleicht der Blick zurück auf den Ausbruch des Zweiten Weltkriegs – eine lebendige Erinnerung noch, als Jugoslawien Anfang der Neunzigerjahre in den Todeskampf eintrat. Hitler und Mussolini griffen das Land im April 1941 an. Serben wurden als feindliche Rasse ins Visier genommen und abgeschlachtet. Kroatien wurde ein nominell unabhängiger Staat unter einem Marionettenregime von einheimischen Faschisten, die als Ustascha bekannt waren und sich dem Glauben an ihre eigenen germanischen Wurzeln und ihre rassische Überlegenheit verschrieben hatten. Die Ustascha töteten vierhunderttausend serbische Kroaten, dazu Zehntausende Juden, Roma und kommunistische Partisanen. Bosnien ging im Kroatien der Ustascha auf, die die bosnischen Muslime für islamisierte Kroaten hielten.

Zu Beginn des Zweiten Weltkriegs wurden in bosnischen Städten vereinzelt Erklärungen muslimischer Persönlichkeiten veröffentlicht, die die faschistische Verfolgung ihrer serbischen Nachbarn anprangerten, doch viele Muslime schlossen sich später zivilen und militärischen Organisationen der Faschisten an. 1943 wurde eine muslimisch-kroatische Abteilung der SS gegründet, zu deren jüngsten Unterstützern Alija Izetbegović gehörte. Der Widerstand gegen die Nazis wurde von serbischen Nationalisten, sogenannten Tschetniks, die ihre eigenen völkischen Mordfantasien entwickelten, und von kommunistischen Partisanen angeführt, die aus den bosnischen Bergen heraus operierten. Die Partisanen und Tschetniks begannen, sich gegenseitig zu bekämpfen. Gegen Ende des Krieges machten die Tschetniks gemeinsame Sache mit den Besatzern, während die Partisanen zur erfolgreichsten Widerstandsarmee im gesamten von den Nazis besetzten Europa wurden. Eine Million Jugoslawen verloren im Zweiten Weltkrieg ihr Leben, die meisten waren Serben. Dieses Trauma bildete das kollektive Gedächtnis, die versteckte Munition, die ein halbes Jahrhundert später von ehrgeizigen Politikern ausgegraben wurde.

Auch der Blick zurück ins Jahr 1987 lohnt, als ein jugoslawischer Kommunistenführer namens Slobodan Milošević begriff, dass er nur die verbotene Flagge des serbischen Nationalismus vom Boden aufzuheben brauchte, um Karriere zu machen. Josip Broz Tito, der halb kroatische, halb slowenische Partisanenführer, der Jugoslawien vom Ende des Krieges bis zu seinem Tod 1980 regierte, hatte das Land durch eine geschickte Kombination von Unterdrückung, Dezentralisierung und ethnischem Balanceakt zusammengehalten. Unter dem Motto «schwaches Serbien, starkes Jugoslawien» beschränkte er die Macht der Serben, die zwar die größte Bevölkerungsgruppe Jugoslawiens stellten, jedoch nicht die absolute Mehrheit. Doch nach Titos Tod begann diese Konstruktion zu zerfallen. Der Kommunismus war nun eine bankrotte Ideologie, die die Seelen der Belgrader Intellektuellen nicht mehr berührte. Einige von ihnen saßen bei Zigaretten und Sliwowitz im Café und erdachten etwas, das groß und aufregend genug erschien, um die Lücke zu füllen, die der Kommunismus hinterlassen hatte. Es war die einfachste Idee der Welt: Ich bin, was ich bin. Wir sind Serben, die Opfer der Geschichte. Das Blut unseres Bluts. Dieses Land gehört uns.

Diese Idee wird Nationalismus genannt. Sie erwies sich als stärker als Kommunismus oder Demokratie, stärker als die Religion und der Glaube an die Brüderlichkeit aller und der Frieden selbst. Möglicherweise ist sie die einflussreichste Idee der Welt. Hier nahm sie in Form einer Denkschrift Gestalt an, die eine Gruppe serbischer Wissenschaftler und Intellektueller 1986 verfassten. Sie verrührten alle politischen Kränkungen und Missstände in einem großen Topf, den sie durch das Gerücht zum

Kochen brachten, dass eine Bande von Albanern im Kosovo einen serbischen Bauern sodomisiert hätte, doch eine Untersuchung zeigte, dass der Bauer versucht hatte, sich dadurch zu vergnügen, dass er sich auf seinem Feld auf das breite Ende einer Bierflasche setzte.

Die Idee verbreitete sich im übrigen Jugoslawien. Unter den Slowenen kam sie auf, die sich eher als österreichisch betrachteten denn als slawisch, und unter den Kroaten, deren Anführer, der pensionierte General Franjo Tuđman, Francisco Franco bis hin zu dessen weißen Uniform zu kopieren schien. Wie Franco war Tuđman ein pompös auftretender Rassist, der Ruhmesfantasien für sein Volk und für sich selbst entwickelte. Auch unter den Albanern regte sich der Nationalismus, die neunzig Prozent der Bevölkerung des Kosovo ausmachten – eine autonome Region Serbiens, die nach gleichen Rechten strebte wie die übrigen jugoslawischen Republiken. Die Idee verbreitete sich auch unter den bosnischen Muslimen, deren Gebiet kaum jemand als Nation betrachtete. Aber die bei Weitem aggressivste Variante grassierte unter den Serben. Irgendjemand hat einmal gesagt, dass der Nationalismus für die Serben ein derartiges Suchtpotenzial hat, dass sie nicht einmal daran nippen dürfen. Sie konnten dem bitteren Geschmack dieser Ideologie, die den Bodensatz alter Konflikte enthielt, nicht widerstehen. Sie war zu einem gefährlich starken Getränk destilliert worden, das Halluzinationen von Reinheit und Rache hervorrief. Sie war das Getränk der politischen Verlierer. Vielleicht gilt das für den Nationalismus überhaupt.

Im April 1987 besuchte Milošević den Ort Kosovo Polje – das Amselfeld –, wo Türken und Serben 1389 ihre historische Schlacht geschlagen hatten. Plötzlich war er von wütenden Mitgliedern der serbischen Minderheit umzingelt, die von der Polizei mit Knüppeln zurückgedrängt werden mussten. Beinahe instinktiv rief Milošević: «Niemand soll es je wieder wagen, euch zu schlagen!» – ein Satz, der zum serbischen Schlachtruf werden sollte. Und so wurde er über Nacht von einem kommunistischen Parteifunktionär in einem zerfallenden Vielvölkerstaat zum gefeierten Demagogen eines jungen und virulenten Faschismus. Es muss ihm wie ein Wunder vorgekommen sein.

1989 wurde Milošević Präsident von Serbien. Es dauerte nicht lange, bis er mehr Macht angehäuft hatte als der jugoslawische Minister-präsident, dessen Bedeutung im Schwinden begriffen war. Milošević widerrief die Autonomie des Kosovo, ging brutal gegen die dortige alba-nische Bevölkerung vor, begann, die jugoslawische Volksarmee in eine serbische Kampftruppe umzuwandeln und nutzte den Sender TV Beo-grad, um unter den Serben, die in anderen Teilen Jugoslawiens lebten, ein bedrückendes Klima von Angst und Hass zu schüren. Er weckte die Gespenster des Zweiten Weltkriegs. Im Juni 1989, am sechshundertsten Jahrestag der Schlacht, flog Milošević mit dem Hubschrauber über dem Amselfeld ein und rief eine Masse von zwei Millionen Serben auf, sich gegen ihre Erzfeinde zur Wehr zu setzen. Ein Krieg sei möglicherweise unausweichlich.

Es geschah also nicht ganz über Nacht, wie es der Bäcker aus Prijedor Holbrooke gegenüber dargestellt hatte. Eine Handvoll machthungriger Anführer hatte einige Jahre fleißig darauf hingearbeitet, dass das Volk zum Genozid bereit war.

Ein von Serbien dominiertes Jugoslawien – ein «Serboslawien» – war kein Land, in dem andere Bevölkerungsgruppen glaubten, leben zu kön-nen. Im Juni 1991 erklärte Slowenien seine Unabhängigkeit. Der Krieg, der folgte, dauerte zehn Tage, dann zog sich die jugoslawische Armee zurück. Es gab in Slowenien kaum Serben, Slowenien war relativ unpro-blematisch. Milošević hatte nur ein geringes Interesse daran, die Abspal-tung der Teilrepublik zu verhindern. In Kroatien, das zur selben Zeit die Unabhängigkeit erklärte, lebten dagegen Hunderttausende von Serben, vor allem in der Krajina an der bosnischen Grenze und in Ostslawonien an der serbischen Grenze. Es fiel Miloševićs Propagandamaschine nicht schwer, diese Serben zu überzeugen, dass Tuđmans Regierung eine Neu-auflage des Ustascha-Regimes sei – Tuđman selbst förderte diese Theo-rie – und dass die Katastrophe des Zweiten Weltkriegs erneut über sie hereinbrechen würde. Die Serben ließen sich Bärte wachsen und gruben die Symbole der Tschetniks wieder aus.

Anfang 1991 saßen Milošević und Tuđman in einem von Titos Jagd-häusern zusammen und beschlossen, wie Stalin und Hitler, Bosnien unter sich aufzuteilen. Da Bosnien ohnehin keine nationale Identität habe, würde es einfach von der Landkarte verschwinden. Diese Idee war so wirkmächtig, dass nicht einmal der folgende Krieg zwischen Serbien und Kroatien sie auslöschen konnte.

Tuđman verweigerte den kroatischen Serben sowohl die offizielle Anerkennung als auch das Recht auf Abspaltung – er bestand auf einem kroatischen Staat innerhalb der bestehenden kroatischen Grenzen. Als Kroatien im Sommer 1991 die Unabhängigkeit erklärte, beschloss der extremste serbische Anführer Kroatiens, sich gewaltsam abzuspalten und in Jugoslawien zu verbleiben, das längst zu einem Großserbien geworden war, und Belgrad unterstützte ihn dabei. So kam der Krieg nach Kroatien.

Serbien war auf diesen Krieg besser vorbereitet als Kroatien. Es verfügte über die beträchtliche Ausrüstung der jugoslawischen Volksarmee und einen Großteil des Offizierscorps. Nach drei Monaten Belagerung und Beschuss durch die schwere serbische Artillerie sah die kroatische Stadt Vukovar, am Donauufer in Ostslawonien gelegen, aus wie Stalingrad. Im November 1991 schließlich fiel die Stadt. Jugoslawische Soldaten und Paramilitärs übernahmen das Krankenhaus, das die letzte zivile Schutzunterkunft der Stadt war. Frauen und Kinder wurden von den Männern getrennt, mehrere hundert Männer wurden erschossen und in einem Massengrab verscharrt. Die Gräueltaten, die die Kroaten begingen, waren nicht weniger schockierend. Bis zum Jahresende wurden eine halbe Million Kroaten und eine Viertelmillion Serben aus ihren Häusern vertrieben. Die Serben kontrollierten jetzt ein Drittel von Kroatien. Die Vereinten Nationen entsandten zwölftausend Blauhelme, um einen Waffenstillstand an den durch die ethnischen Säuberungen entstandenen Grenzen zu überwachen. Der Sicherheitsrat verhängte ein Waffenembargo für die gesamte Region, wodurch der enorme Ausrüstungsvorteil der Serben erhalten wurde.

In Kroatien wurde deutlich, wie brutal dieser Krieg der Nationalismen werden würde. Die Tatsache, dass alle Seiten einst demselben Jugoslawien angehört hatten – dass Nachbarn aufeinander losgingen –, führte dazu, dass die Zyklen von Gewaltausbrüchen und Racheakten persönlicher und damit immer hässlicher wurden. Und der Krieg sollte viel länger dauern, als es sich im Ausland irgendjemand hätte vorstellen können. Immer wieder reisten die internationalen Vermittler – die ehemaligen britischen Außenminister Lord Carrington und Lord Owen, Cyrus Vance und eine ganze Reihe von anderen – auf den Balkan und schimpften mit den Kriegsparteien wie mit ungezogenen Kindern, die endlich lernen sollten, sich zu benehmen, weil die Welt sie sonst einfach sich selbst überlassen würde. Nur selten versuchten die Diplomaten, die Ursachen dieses Konflikts zu verstehen – die Gründe, weshalb aus Sicht der verschiedenen Beteiligten dieser Krieg gar nicht so kindisch war, wie er wirkte.

Im Sommer 1991, kurz vor dem Ausbruch der Kämpfe, legte der amerikanische Außenminister James Baker einen Zwischenstopp in Belgrad ein und führte einen einzigen Tag lang Gespräche mit den verschiedenen Kriegsparteien. Manchmal verstand er überhaupt nicht, wer ihm gerade gegenübersaß. Er glaubte, es würde genügen, den Slowenen und Kroaten «auf die Finger zu klopfen», damit sie in Jugoslawien verblieben, als wären die Grenzen, die zweiundsiebzig Jahre zuvor in Versailles gezogen worden waren, dauerhafter als die Feindseligkeit vor Ort. Was er nicht verstand, war, dass die beiden Teilrepubliken den Abspaltungsprozess längst eingeleitet hatten. Baker flog weiter, und der Krieg brach aus. Dies war der einzige Versuch der Supermacht, die sich nach den Worten von Bakers Chef, Präsident Bush, als «unbestrittener, angesehener Anführer der freien Welt» bezeichnete, einen grausamen Krieg in Europa zu verhindern.

Nach Kroatien war Bosnien an der Reihe. Nirgends war die Situation verfahrener als dort, und nirgends, das war auch den Bosniern selbst klar, würde der Krieg blutiger sein als bei ihnen.

Erst 1974 waren die bosnischen Muslime als eigenständige Volksgruppe anerkannt worden. Tito hatte ihnen den Status in seinem fortlaufenden Versuch verliehen, die Serben in Schach zu halten. Doch viele Bosnier waren überzeugt, dass sie einer jahrhundertealten Nation angehörten, sie nannten sich Bosniaken. Der Intellektuelle und politische Aktivist Izetbegović hatte mehrere Bücher verfasst, in denen die Bosniaken zu einer islamischen Erneuerung aufgerufen wurden, und

Sie werden mich an Bord holen

er hatte einen guten Teil der 1980er-Jahre im Gefängnis verbracht, weil er eine Bedrohung für die jugoslawische Staatssicherheit darstellte. Für einen Nationalisten wie Izetbegović bestand das Problem darin, dass sein Volk keine eigene Republik hatte. Bosnien, dessen Bevölkerung neben beträchtlichen serbischen und kroatischen Minderheiten zu dreiundvierzig Prozent aus Muslimen bestand, war zu gemischt – gemischter als jede andere Teilrepublik. Sarajevo war die einzige wahrhaft kosmopolitische Stadt in Jugoslawien. «Die Muslime bilden zwar die größte Volksgruppe innerhalb der Republik, sie sind aber nicht genug», schrieb Izetbegović 1990 nach seiner Entlassung aus dem Gefängnis. «Sie müssten etwa siebzig Prozent der Bevölkerung ausmachen», um einen eigenen Staat zu bilden.

Ein ethnischer Nationalismus wäre in Bosnien ohne die Auslöschung ganzer Bevölkerungsgruppen überhaupt nicht möglich gewesen. Deshalb sollte die bosnische Identität eine staatsbürgerliche sein – die jedem offen stand, unabhängig von der ethnischen Zugehörigkeit. Als aber 1990 die ersten freien Wahlen in ganz Jugoslawien abgehalten wurden, gewannen in Bosnien die drei ethnisch definierten Parteien, wobei Izetbegović die muslimische anführte.

1989 suchte ein Engländer in Sarajevo einen Psychiater auf, um seine Depressionen behandeln zu lassen. Der Psychiater, der auch Gedichte veröffentlichte, war ein reizbarer bosnischer Serbe mit Kinngrübchen und einer angegrauten Mähne, die ihm wie ein Stinktierschwanz auf die Stirn fiel. Er stellte nicht eine einzige Frage und verschrieb einige Pillen. Der Engländer nahm sie, vertrug sie aber nicht. Er kehrte zu dem Psychiater zurück und gestand, dass er die Pillen abgesetzt hatte. Der Psychiater lächelte und sagte: «Ich bin sehr stolz auf Sie. Endlich haben Sie die Sache selbst in die Hand genommen.» Einen weiteren Termin machte der Engländer nicht.

Der dichtende Psychiater war Radovan Karadžić. Mitte der Achtzigerjahre hatte er elf Monate im Gefängnis verbracht, weil er im Austausch gegen Baumaterial, das er für ein Wochenendhaus in Pale, einem Skiort außerhalb von Sarajevo, benötigte, falsche Atteste geschrieben hatte. 1990 wurde er zum Vorsitzenden der bosnisch-serbischen Partei gewählt. Der Parteiführung gehörten außerdem ein Philosoph an, ein

Shakespeare-Spezialist, ein Biologieprofessor und ein Zementschmuggler, der wegen Veruntreuung mit Karadžić im Gefängnis gesessen hatte.

Es sollte einen nicht verwundern, dass das Ensemble der Kriegsverbrecher auf dem Balkan derart von Intellektuellen dominiert wurde. Schließlich war der Anführer des Leuchtenden Pfads ein ehemaliger Philosoph, und Pol Pot entdeckte den Marxismus als Student in Paris. Ideen können mörderisch sein.

Im Herbst 1991, nach der Abspaltung von Kroatien und Slowenien, trat Karadžić vor das bosnische Parlament und warnte die Muslime, was sie erwarten würde, wenn sie denselben Weg beschritten: «Machen Sie sich nichts vor, Sie werden Bosnien und Herzegowina in die Hölle führen. Machen Sie sich nichts vor, Sie werden es zu verantworten haben, wenn die Muslime verschwinden, denn wenn der Krieg ausbricht, werden Sie sich nicht zu verteidigen wissen. Wie wollen Sie verhindern, dass in Bosnien und Herzegowina alle sterben?»

Der Fraktionschef der bosnischen Serben drohte also mit dem Genozid. Izetbegović stand auf und antwortete: «Seine Worte und sein Ton zeigen, warum andere sich weigern, in Jugoslawien zu verbleiben. Niemand sonst will mehr ein Jugoslawien, wie es Herr Karadžić will. Niemand, außer vielleicht die Serben ... Ich erkläre hiermit feierlich, dass die Muslime niemanden angreifen werden. Gleichzeitig und nicht weniger feierlich erkläre ich, dass sich die Muslime mit großer Entschlossenheit verteidigen und dass sie überleben werden. Sie werden nicht verschwinden, wie Karadžić meint. Sie können gar nicht verschwinden.»

Es war die Logik der Verteidigung, die Bosniens Muslime und Kroaten Anfang 1992 dazu trieb, mit überwältigender Mehrheit für die Unabhängigkeit zu stimmen: Die Alternative wäre gewesen, unter ständiger Bedrohung und Demütigung in einem zerfallenden Jugoslawien zu verbleiben, das sich allmählich in ein Großserbien verwandelte. Die meisten Serben boykottierten die Abstimmung. Milošević befahl heimlich die Bildung einer bosnisch-serbischen Armee von neunzigtausend Mann und rief serbische Offiziere aus Bosnien nach Hause zurück, um ihnen die schweren Waffen der jugoslawischen Armee zu übergeben. Unterstützt wurde die neue Armee von paramilitärischen Terroreinheiten, die sein Geheimdienstchef Jovica Stanišić zusammengestellt und über die Grenze geschickt hatte. Milošević finanzierte und steuerte die serbischen Kämpfer in Bosnien, ohne sich selbst die Finger schmutzig zu machen.

Sein Masterplan sah die Schaffung eines Korridors durch Nordbosnien vor, der den serbischen Kleinstaat in Kroatien mit dem Mutterland verbinden und das Drinatal an der bosnisch-serbischen Grenze in eine Pufferzone verwandeln sollte. In beiden Gebieten gab es muslimische Mehrheiten, die es zu beseitigen galt.

Die ethnischen Säuberungen begannen Anfang April mit Massakern in den Grenzstädten Bijeljina und Zvornik. Izetbegović, der auf den Krieg noch weniger vorbereitet war als Tuđman, befahl die allgemeine Mobilmachung. Die Serben sperrten die Straßen nach Sarajevo ab und unterteilten die Stadt in ethnische Enklaven. Am 5. April versammelten sich hunderttausend Bürger und Bürgerinnen aus allen Bevölkerungsgruppen, um für ein multiethnisches Sarajevo zu demonstrieren. Scharfschützen eröffneten aus einem serbischen Viertel heraus das Feuer und töteten eine junge Medizinstudentin aus Dubrovnik namens Suada Dilberović. Am Tag darauf erkannten die Europäische Gemeinschaft und kurz darauf die USA Bosnien offiziell an. Am selben Abend schossen serbische Kämpfer, die in einem der oberen Stockwerke des Holiday Inn Stellung bezogen hatten, auf eine vor dem Parlament versammelte Menge und töteten sechs Menschen. Die jugoslawische Armee besetzte den Flughafen, wenige Tage später begann das serbische Artilleriefeuer, das aus den Vororten und den Sarajevo umgebenden Hügeln heraus die ganze Innenstadt bestrich. Die Belagerung hatte begonnen.

Im Sommer kontrollierten die bosnisch-serbischen, von einem brutalen General namens Ratko Mladić geführten Kräfte bereits siebzig Prozent vom Bosnien. Daran sollte sich in den folgenden drei Jahren nichts ändern. Sie nannten ihr Territorium Republika Srbska und machten Karadžić zu ihrem Präsidenten.

«Diese Auseinandersetzung geht uns nichts an», sagte James Baker. Präsident Bush musste immer wieder daran erinnert werden, worum es in diesem Krieg ging. «Verzetteln Sie sich nicht in einem Guerillakrieg, bei dem Sie nicht wissen, was zum Teufel Sie da eigentlich machen, und wo den Militärs die Hände gebunden sind», sagte er – denn war das nicht die Lektion, die Amerika in Vietnam gelernt hatte? Bosnien war nicht

Amerikas Problem. Es war eine uralte Blutfehde auf einem anderen Kontinent. «Dies ist die Stunde Europas», verkündete ein luxemburgischer Diplomat. «Dies ist nicht die Stunde der Amerikaner.» Doch in Europa wurde nur geredet, während die Lage in Bosnien immer schlimmer wurde. Die einzige Hoffnung war der neue amerikanische Präsident.

III.

Holbrooke hatte sich die Ansichten von John Burns zu eigen gemacht, als er aus Sarajevo zurückkehrte. Inmitten von Europa spielte sich ein grausames Verbrechen ab, Amerika durfte sich nicht heraushalten. Bosnien berührte ihn, weil er den Rassismus sein Leben lang verabscheut hatte. Die Notlage der hilflosen Menschen erregte sein Mitgefühl, der Krieg weckte erneut seinen Glauben an die Notwendigkeit amerikanischer Führung. Es war eine Gemengelage, die etwas in ihm auslösen musste. Er war jetzt in einer Weise involviert, wie es sich Politiker in den höchsten Regierungskreisen, diejenigen, die man bei Briefings im Weißen Haus durch eindeutige politische Lösungsvorschläge überzeugen muss, normalerweise nicht erlauben. Die meisten Menschen wären in einem Zustand ohnmächtiger Empörung aus Sarajevo zurückgekehrt, sie hätten sich selbst gegeißelt oder im eigenen Mut gesonnt, sie hätten vielleicht einem Politiker geschrieben oder ihre Freunde mit Erzählungen gelangweilt oder hundert Dollar an das Rote Kreuz überwiesen und in der Nacht wach gelegen in Gedanken an den Bäcker von Prijedor. Aber Holbrooke war ein Diplomat, der eine Aufgabe suchte, und wir kennen ihn inzwischen gut genug, um zu wissen, dass in seinem Wertesystem ein politischer Posten keinen Zentimeter niedriger rangierte als der Krieg selbst. Egoismus und Idealismus, absurderweise zusammengeführt in ihrem unversöhnlichen Antagonismus! Um in Bosnien etwas ausrichten zu können, brauchte er Macht.

Zwei Tage nach seiner Rückkehr ließ er sich in der *Charlie-Rose-Show* interviewen und legte die Optionen dar, die die USA hätten, von der Nicht-Einmischung bis hin zu einer militärischen Intervention, wobei er einschränkte: «Bei dieser letzten Option riskieren wir, in einen vietnamartigen Konflikt auf dem Balkan hineingezogen zu werden, und das will niemand, und das befürworte ich auch nicht.» Am Ende des Interviews zog er die beiden Figuren hervor, die der Bäcker geschnitzt hatte. «Ich hoffe, Sie schneiden das nicht raus, Charlie.»

Holbrooke entwarf ein Memorandum, das er am 13. Januar, eine Woche vor Clintons Amtseinführung, an Lake und Warren Christopher schickte. Er beschrieb den Horror von der Belagerung Sarajevos: «Es ist, als verhandele man mit seinem Henker, ob man langsam oder schnell sterben wird.» Es war gleichwohl ein Strategiepapier, nicht ein Aufschrei vom Schlachtfeld, vorgebracht in einem sachlichen Ton, den Politiker verstanden – in einer Sprache also, die Stefanie Frease hatte vermuten lassen, dass es Holbrooke an Mitgefühl mit den Opfern mangelte. Holbrooke nannte vier Ziele: Leben zu retten, den Krieg einzudämmen, die Serben zu bestrafen und die UNO zu stärken. Doch jedes dieser Ziele verlangte aktives Handeln, weshalb Holbrookes Strategiepapier von der Clinton-Regierung eine aggressive Politik in der Region forderte: Bombenangriffe auf serbische Stellungen, auch innerhalb von Serbien, im Zweifel ohne Billigung der UNO; die heimliche Einfuhr von Waffen in das Land (muslimische Länder würden bereits Kleinwaffen und Kämpfer senden, schrieb Holbrooke, was zu einem islamischen Dschihad in Europa führen könne); die Verfolgung von Kriegsverbrechern. Er drängte darauf, den neuen Vance-Owen-Plan – einen Vorschlag von Vance und David Owen, seinem Ko-Mediator in Genf, die Bosnien zu einem lockeren Verbund von zehn ethnischen Kantonen umwandeln wollten – in weiten Teilen zu übernehmen, allerdings nur als Platzhalter. Holbrooke ging nicht davon aus, dass eine diplomatische Lösung den Krieg in naher Zukunft beenden würde. Die USA sollten die Beziehungen zu Belgrad abbrechen und in Sarajevo eine Botschaft eröffnen. Die Lage in Bosnien verlange amerikanische Führung – dies war die zentrale Botschaft des Memorandums.

Holbrooke erhielt keine Antwort. Der neue Präsident konzentrierte sich auf wirtschaftliche Fragen. In seinem außenpolitischen Team gab es bereits die ersten Spannungen. Statt eines funktionierenden Teams hatte Clinton eine Mannschaft aus der ganzen Liga zusammengewürfelt, die überhaupt nicht harmonierte. Colin Powell, Vorsitzender des Vereinigten Generalstabs und der Einzige mit einem herausragenden Ruf, wollte die amerikanischen Streitkräfte für einen konventionellen Krieg wie Desert Storm schonen – alles andere würde zu einer schleichenden Ausweitung des Einsatzes führen, man würde im Morast versinken, in einem weiteren Vietnam. Aspin, der Verteidigungsminister, war brillant, aber chaotisch – und also dazu verdammt, von seiner riesigen Behörde und von Powell selbst überrollt zu werden. Die UNO-Botschafterin Albright war in humanitären Angelegenheiten höchst engagiert, ebenso wie Vizepräsident Al Gore. James Woolsey von der CIA war erzkonservativ. Warren Christopher hatte keinerlei Überzeugungen.

Lake aber – Lake war damit beschäftigt, eine Beziehung zu dem neuen Präsidenten aufzubauen, den er kaum kannte und der sich für Außenpolitik nicht interessierte, und der überhaupt nicht über Bosnien reden wollte, erst recht nicht auf die aggressive und moralistische Weise, mit der er im Wahlkampf Präsident Bushs Passivität kritisiert und (in von Tony Lake vorgefertigten Sätzen) versprochen hatte, die Dinge anzupacken, wenn die Wähler ihm die Chance gäben. Diese Reden, so stellte sich heraus, waren völlig bedeutungslos gewesen.

Ein paar Wochen später rief Holbrooke Lake im Weißen Haus an. Ja, Lake hatte das Memorandum erhalten. Ja, es war nützlich – aber es gab Schwierigkeiten mit der UNO und mit den NATO-Verbündeten. Holbrooke bot sich als Sondergesandter des Präsidenten für Bosnien an. Lake antwortete nicht, was gleichbedeutend war mit einem Nein. Holbrooke würde keinen Posten erhalten, zumindest nicht von Lake, und Bosnien kam wegen seines Hangs zum Eingreifen erst recht nicht in Frage.

Das Büro des Nationalen Sicherheitsberaters befand sich in der nordwestlichen Ecke des Westflügels des Weißen Hauses, schräg gegenüber vom Oval Office. Am 20. Januar, dem Tag der Amtseinführung, saß Lake an seinem neuen Schreibtisch und zündete sich eine Zigarre an – ein Augenblick stiller Genugtuung darüber, dass er an der Stelle saß, wo sein ehemaliger Chef Kissinger einst gesessen hatte. Der Rauch zog über den Flur ins Oval Office, weshalb Hillary Clinton kurz darauf das Rauchen im Weißen Haus verbot. Lake hatte eine völlig andere Vorstellung von dem Posten als Kissinger. Er wollte das Vertrauen des Präsidenten gewinnen und sah sich als Berater und ehrlicher Vermittler, der das Rampenlicht mied wie vor ihm Brent Scowcroft, nicht als Weltenherrscher wie Kissinger oder Brzezinski, die nach roher Macht und öffentlicher Anerkennung gegiert hatten. Lake dekorierte sein Büro nicht mit der üblichen Fotowand, auf der er sich neben wichtigen Persönlichkeiten präsentierte, sondern mit dem großen Bild eines Stiers, gemalt im Stil des amerikanischen Primitivismus. Kissinger erzählte den Leuten, dass er Lake für ungeeignet halte, er sagte dessen Scheitern voraus.

Im Februar lud sich Holbrooke zum Mittagessen in Lakes Büro ein. Sie hatten schon hunderte Male zusammen zu Mittag gegessen. Sie hatten sich in Saigon getroffen, im Delta, in Angkor Wat, in Hue, in Princeton, in den wohlhabenderen Vierteln von Washington, im Außenministerium. Jetzt also im Weißen Haus, wo ihnen ein Marinesoldat das Essen servierte.

Holbrooke beschwor Lake. Die bosnischen Serben lehnten den Vance-Owen-Plan ab, die Bürger von Sarajevo würden erfrieren und verhungern. Die muslimischen Flüchtlinge in einer Kleinstadt namens Srebrenica, wenige Kilometer von der serbischen Grenze entfernt, befänden sich in noch schlechterem Zustand, sie schliefen in der Eiseskälte unter freiem Himmel und seien gezwungen, Wurzeln und Weizenspreu zu essen, weil die Serben Hilfslieferungen blockierten. Doch die Kameras der Welt seien nicht dort, um darauf aufmerksam zu machen. Während Clinton zögere, nehme eine humanitäre Katastrophe ihren Lauf.

Lake argumentierte dagegen. Er arbeite achtzehn Stunden am Tag, sieben Tage die Woche, und verbringe mehr Zeit mit Bosnien als mit allen anderen Weltregionen zusammen, aber er habe auch eine ganze Reihe von Krisen zu bewältigen – Nordkorea, die Massen von haitianischen Flüchtlingen, eine von der Vorgängerregierung übernommene humanitäre Intervention in Somalia, die schiefzugehen drohte. Holbrooke wisse ja gar nicht, was die neue Regierung alles zu Bosnien unternehme. Der Nationale Sicherheitsrat arbeite gerade an einer interministeriellen Überprüfung der Bosnienpolitik, der ersten Überprüfung dieser Art, die vom Präsidenten selbst angeordnet worden war. C-130-Transportflugzeuge machten sich bereit, um Lebensmittelpakete über belagerten muslimischen Enklaven abzuwerfen. Die Sanktionen gegen Serbien würden verschärft. «Du hast keine Ahnung, wie viel größer die Opferzahlen inzwischen wären, wenn wir nicht helfen würden.» Holbrooke meinte, ein bisschen besser als Bush zu sein, sei als Ziel einfach zu wenig. Er erinnerte Lake an die kraftvollen Wahlkampf-Statements, die er für Clinton geschrieben hatte und auf die er zu Recht stolz sein könne. Holbrooke ging fast so weit, die Untätigkeit der Regierung als unmoralisch zu bezeichnen. Er kannte Lakes Empfindlichkeiten, und so legte er den Finger in die Wunde und bohrte ihn aus Rache, weil er draußen geblieben war, immer tiefer hinein.

Und Lake zahlte es mit gleicher Münze heim, indem er ihm auf die Nase band, dass er nicht wisse, was die Entscheidungsträger im Lageraum dächten, dass er weder die krassen Szenarien kenne, die das Militär vorgelegt habe, noch die Argumente der europäischen Verbündeten. Holbrooke könne alle möglichen Forderungen aufstellen, denn er sei für die Konsequenzen nicht verantwortlich – schließlich sei er noch immer ein Banker, der ohne Besucherausweis überhaupt nicht ins Weiße Haus komme.

Er wolle sehen, was er tun könne, meinte Lake schließlich.

Bei diesem Mittagessen kamen sie dem heißen Kern dessen, was zwischen ihnen stand, näher als je zuvor in den vergangenen zwei Jahrzehnten. Vielleicht, weil das Thema – Amerika, seine Rolle in der Welt, Macht, Moral und Anspruch – eines war, das sie beide persönlich nahmen. Als Holbrooke weg war, sah ein Büromitarbeiter Lakes blasses, angespanntes Gesicht und wusste, dass er wütend war.

Tatsächlich aber schätzte Lake die Lage in Bosnien ähnlich ein wie Holbrooke. Bosnien war die Art von Problem, mit der Lake etwas anfangen konnte. Das unsägliche Leid der Menschen hatte strategische Konsequenzen. Es ging um einen Genozid in Südosteuropa, nicht um einen Bürgerkrieg in Südostasien. Lake war überzeugt, dass die USA eingreifen müssten. Als er aber im Weißen Haus die Arbeit aufnahm, schien an dem Thema nichts mehr eindeutig. Bei jeder Vorlage gab es Probleme, jede schlechte Nachricht, die vom Balkan kam, widersetzte sich einer

Lösung aus Washington. Je länger man diesen Krieg betrachtete, desto komplizierter wurde er. Jugoslawien war das postkommunistische Land, das sich nicht an die Regeln hielt, und ohne den Kalten Krieg als Organisationsprinzip wusste niemand so recht, wo die amerikanischen Interessen lagen oder für welche es sich lohnte, das Leben amerikanischer Soldaten aufs Spiel zu setzen. Am liebsten wäre es den Amerikanern gewesen, wenn die Geschichte eine Pause eingelegt hätte.

Lake leitete endlose Besprechungen im Lageraum, vier bis fünf Stunden lange Debatten dort unten im Keller, nur Schritte von der Stelle entfernt, wo er einst versucht hatte, eine Lösung für Vietnam zu finden. Manchmal kamen Clinton und Gore am Ende dazu – Gore, um Reden zu schwingen, und Clinton, um besorgte Fragen zu stellen und am Ende die Notwendigkeit amerikanischer Führung zu bekräftigen. Christopher und Aspin versuchten, nicht mehr zu tun als nötig war, um Bosnien aus den Schlagzeilen herauszuhalten. Powell warnte, dass ein amerikanisches Eingreifen – die Öffnung eines humanitären Korridors vom Meer aus, die Durchsetzung eines Friedensabkommens – mindestens zweihunderttausend Soldaten erfordern würde. Und wie sah denn die Exitstrategie aus? Lake hörte sich das endlose Gerede an, das zu nichts führte, und verdrehte die Augen – diese Besprechungen waren für ihn wenig mehr als Seminare in einer Denkfabrik oder, schlimmer noch, Gruppentherapie, und das Schlimmste war, dass Clinton immer erst spät dazu stieß, und dass dann kein Stuhl für ihn bereitstand, so als wäre er überhaupt nicht der Präsident.

Die Zivilisten am Tisch fürchteten sich ein wenig vor Powell, dem Helden des Golfkriegs, mit seiner geraden Haltung und einer mit Orden behängten Brust. Aspin, Powells ziviler Vorgesetzter, ein Intellektueller im schlabbrigen Anzug mit einem Hang zur Weitschweifigkeit, hatte wenig Lust, sich wegen Bosnien den General zum Feind zu machen. Als Madeleine Albright einmal wagte zu fragen: «Wofür haben wir denn diese überragende Armee, von der Sie immer reden, wenn wir sie nicht einsetzen können?», platzte Powell der Kragen, und Lake musste ihn beruhigen.

Selbst der Präsident war eingeschüchtert von Powell, und da es sein sehnlichster Wunsch war, von allen geliebt zu werden, verbrachte er unmäßig viel Zeit damit, den skeptischen General für sich zu gewinnen, was ihm aber niemals gelang. Clinton hatte mit dem Militär ein ernsthaftes Problem. Einige hassten ihn, weil er sich vor dem Militärdienst in Vietnam gedrückt hatte, andere hatten etwas dagegen, dass er die Armee für schwule Soldaten geöffnet hatte, und sein Salut war derart schlaff, dass Professor Tony Lake – der als Einziger im inneren Zirkel auch nur annähernd als Veteran gelten konnte, weil er in Vietnam gewesen war – dem Präsidenten schnelle Nachhilfe im militärischen Grüßen geben musste. Die lange Entfremdung der Demokraten vom Militär hatte nicht mit dem Kalten Krieg geendet, ebenso wenig wie die Nachwirkungen von Vietnam. All dies machte es für Clinton politisch schwierig und psychologisch beinahe unmöglich, Soldaten in einen gefährlichen Einsatz nach Bosnien zu schicken.

Während in Washington geredet wurde, ging die Belagerung von Sarajevo ins zweite Jahr. Die Serben rückten auf Srebrenica vor, sechsundfünfzig Zivilisten wurden bei einem Artillerieangriff getötet, darunter viele Fußball spielende Kinder. In Mostar bekämpften sich Muslime und Kroaten. Tudmans Stellvertreter taten es den Serben nach, führten ethnische Säuberungen durch und errichteten Konzentrationslager. Muslimische Soldaten waren so schlecht ausgestattet, dass sie ihre Waffen beim Schichtwechsel an die Kameraden weitergaben und Kinder bezahlten, die auf der Straße Patronenhülsen sammelten, die in einer Munitionsfabrik außerhalb von Sarajevo neu befüllt wurden.

Nach dreimonatiger Diskussion einigte sich die Regierungsspitze auf eine Strategie mit dem Namen «Lift and Strike»: Das Waffenembargo sollte – falls nötig einseitig – aufgehoben werden, damit sich die Muslime verteidigen konnten, die bosnischen Serben sollten mit gezielten Luftschlägen so lange daran gehindert werden, die Muslime abzuschlachten, bis der Waffennachschub gesichert war. Der Hauptzweck dieser Strategie bestand darin, die USA davor zu bewahren, tiefer in den Sumpf hineingezogen zu werden. Das Problem war nur, dass niemand an ihren Erfolg zu glauben schien. Clintons Meinungsforscher sagten ihm, die Amerikaner seien zwar gegen ein einseitiges Vorgehen in Bosnien, die öffentliche Meinung sei aber durchaus formbar. Clinton schob die endgültige Entscheidung immer weiter hinaus, und Lake, der die

Abneigung des Präsidenten gegen das ganze verwickelte Bosnien-Thema spürte, wollte ihn nicht drängen. Am 1. Mai schließlich schickte Clinton seinen Außenminister nach Europa, um die Verbündeten anzuhören, die Tausende von UNO-Friedenstruppen in Bosnien hatten und in dem Konflikt zumindest offiziell neutral waren.

Die Reise war eine Katastrophe. Wie ein Anwalt, der den Glauben an seinen Fall verloren hatte, las Christopher bei den Gesprächen mit den Briten aus den Briefing-Unterlagen vor, er ging die verschiedenen Optionen durch, ohne auch nur ein einziges Mal den Blick zu heben und seine Gastgeber anzusehen, und als er dann begann, über «Lift and Strike» zu sprechen, hatten die Briten praktisch schon abgeschaltet. Das Gleiche geschah in Paris, Brüssel und Rom. «Ich bin zum Zuhören hergekommen», sagte Christopher – Worte, die Dean Acheson nie über die Lippen gekommen wären, die die Europäer von einem amerikanischen Außenminister in einer Situation, in der es in Europa von Minute zu Minute düsterer wurde, weder erwarteten noch hören wollten. Und so öffnete Christopher die Tür für eine Antwort, die die Europäer schließlich auch gaben: Wir haben Soldaten in Bosnien, und Sie nicht. Entweder Sie setzen Ihre eigenen Leute ein, um Ihre Strategie auszuführen, oder Sie entwickeln eine neue Strategie. Denn unsere Soldaten werden für Ihr «Lift and Strike» mit dem Leben bezahlen. Da Clinton aber geschworen hatte, keine Bodentruppen in diesen Konflikt zu schicken, lieferte die UNO-Mission die wichtigste Begründung dafür, dem Morden weiterhin tatenlos zuzusehen.

Großbritannien und Frankreich sahen den Krieg im Kontext der europäischen Geschichte: *Wir wissen, wie diese Leute ticken – ihr nicht.* Die Serben genossen einen Rest an Respekt wegen ihres aufopferungsvollen Kampfes gegen die Nazis, besonders vom französischen Präsidenten François Mitterrand, der einmal zum bosnischen Botschafter, der zufällig Serbe war, gesagt hatte: «Sie sind ein Verräter am serbischen Volk.» Ein anderes Mal sagte er zu Alija Izetbegović: «Es kann ja nicht jedes Dorf in Europa ein eigener Staat werden», womit er offenbar «muslimischer Staat» meinte. Zumindest war das die Botschaft der Briten, die Clinton erklärten, der Krieg sei eine unangenehme, aber unvermeidliche Wiederherstellung des «christlichen Europa». «Glauben Sie nicht, glauben Sie bloß nicht, dass der Westen kommen wird, um Ihr Problem zu lösen», hatte Lord Owen die Bosnier bei einem Besuch in Sarajevo gewarnt. «Hängen Sie nicht solchen Träumen nach.»

Kein Wunder, dass sie von den Europäern nichts erwarteten. Alle ein, zwei Generationen wurde dort ein Völkermord verübt. Warum sollten die Bosnier glauben, dass sie etwas Besonderes waren? Mit den Amerikanern war es anders. Haris Silajdžić, der bosnische Ministerpräsident (und ein weiterer Professor), hatte sich den Glauben an die Aufrichtigkeit des amerikanischen Volks – unsere Unschuld, wie Graham Greene gesagt hätte – zumindest so weit erhalten, dass er unzählige Reisen nach Washington unternahm, um sich in der Sendung *Larry King Live* interviewen zu lassen und vor Kongressausschüssen auszusagen. Er erklärte den Abgeordneten, dass er und seine Familie die Möglichkeit haben sollten, selbst zu entscheiden, wie sie sterben würden – weshalb er das Waffenembargo verurteile. Silajdžić war überzeugt, dass die Amerikaner das Richtige tun würden, wenn er nur genügend Interviews gäbe und oft genug aussagte.

Clinton las ein Buch, das ihm seine Frau gegeben hatte – *Die Geister des Balkan*. Der Autor, ein Journalist namens Robert Kaplan, stellte den Balkan als eine Region dar, die mit dem Blut uralter Stammesfehden getränkt war – sie hatten einander immer bekämpft, der Krieg hatte weder Anfang noch Ende. Kaplan wiederum hatte bei seinen Reisen durch den Balkan Rebecca Wests Klassiker *Schwarzes Lamm und Grauer Falke* verschlungen, der ihre Jugoslawienreise unmittelbar vor Ausbruch des Zweiten Weltkriegs beschrieb – ein Buch, das eindeutig Stellung für die Serben und gegen die Muslime bezog. Wo die Europäer einen Kampf der Zivilisationen sahen, schüttelten die Amerikaner ob der undurchschaubaren Konflikte des alten Europa nur die Köpfe. Wir verstehen den Nationalismus anderer Völker nicht, obwohl wir unseren eigenen, rassistisch gefärbten haben. Denn wir haben unsere Republik aus einer universellen und optimistischen Idee geschaffen. Nur die Verlierer der Geschichte berufen sich auf Blut und Boden.

Jetzt, da das amerikanische Jahrhundert vorüber ist, können wir es etwas besser nachvollziehen. Einige von uns klingen inzwischen beinahe wie die Serben. Aber 1993 hatten wir gerade den Kalten Krieg gewonnen, wir bewegten uns in der Welt, als gehörte sie uns. Lake erfand einen Begriff, der in der neuen Außenpolitik die «Eindämmung» ersetzen sollte: «demokratische Ausweitung». Das übergeordnete strategische Ziel der Amerikaner sollte es sein, den Kreis der marktwirtschaftlich orientierten Demokratien in der Welt zu erweitern, indem man den Freihandel unterstützte, den Volkswirtschaften bei der Liberalisierung half, die NATO Richtung Osten erweiterte und die multilateralen Organisationen nutzte. Es war die Außenpolitik der Globalisierung. Was sollte ein blutiger kleiner Stammeskrieg damit zu tun haben?

Am 6. Mai erzählte Clinton im Oval Office Powell und Aspin, dass *Die Geister des Balkan* großen Eindruck auf ihn gemacht hätte. Aspin kehrte ins Pentagon zurück und rief Lake und Peter Tarnoff an. «Er wird das nicht durchziehen. Im Innersten glaubt er nicht an unsere Strategie.» Christopher war noch in Europa, als er davon hörte. Er kehrte nach Hause zurück. Ein Reisebuch, das auf einem Reisebuch beruhte, war dem jungen Präsidenten in die Hände gefallen, und er hatte seine Meinung über Bosnien geändert. Dass Außenpolitik irrational ist, habe ich ja bereits erwähnt.

Lake war nicht bereit, die Suche nach einer Lösung aufzugeben. Er begriff, was es mit den alten Fehden auf sich hatte, aber es rührte ihn auch, wenn eine Mutter ihr Kind sterben sah. Er wollte nicht abstumpfen angesichts des schrecklichen Leidens, das bei CNN gezeigt wurde. Davon handelte schließlich «The Human Reality of Realpolitik», ein Essay, den er zwanzig Jahre zuvor über Vietnam geschrieben hatte. Darum war er wegen Kambodscha aus Kissingers Stab ausgeschieden. Mehrere Karrierediplomaten – vier im Laufe eines einzigen Jahres – hatten bereits aus Protest gekündigt, und Lake fühlte sich ihnen verbunden. Auf der anderen Seite trug er große Verantwortung und durfte nicht zulassen, dass sein Urteil von Emotionen beeinträchtigt wurde. Er ging, anders als Clinton, nicht in die Luft, wenn von den serbischen Gräueltaten die Rede war. Er musste alle Risiken des Handelns wie des Nicht-Handelns bedenken. Er bezeichnete sich als «pragmatischen Neo-Wilsonianer», was paradox klang, um nicht zu sagen oxymoronisch. Holbrooke war überzeugt, dass es in Lakes Natur lag, mit sich selbst im Streit zu liegen.

Vietnam war der Tiger im Wald, das Gespenst im Lageraum, das den Präsidenten verfolgte, der gegen den Krieg auf die Straße gegangen war und den Militärdienst vermieden hatte. Und es verfolgte Aspin, der als Überflieger in der Offiziersausbildung erlebt hatte, wie sich McNamaras Pentagon verrannte, und als Antikriegskandidat 1970 in den Kongress gewählt worden war. Es verfolgte auch Powell, der zwei Einsätze in Vietnam absolviert und den Rest seiner Laufbahn damit verbracht hatte, eine Doktrin zu entwickeln, die sicherstellen sollte, dass ein solches Desaster amerikanischen Soldaten nicht noch einmal widerfahren würde. Und es verfolgte Lake.

Bosnien brachte Lake um den Schlaf. Wenn sich Amerika zu einem militärischen Schlag entschlösse, würden Menschen sterben, und zwar jenseits jeder Kontrolle durch die im Lageraum versammelten Entscheidungsträger. Doch Menschen starben bereits, während Amerika im Fernsehen zuschaute und abwartete. Die Lehren aus Vietnam waren komplex, und sie ließen sich möglicherweise auch nicht auf die Situation in Bosnien übertragen. Vielleicht war es ja der entscheidende Fehler der Zeit, sich aus dem Bosnienkrieg herauszuhalten, so wie es der entscheidende Fehler des Kalten Krieges gewesen war, in Vietnam einzugreifen. So sahen es die Korrespondenten in Sarajevo – ihre Bilder und Berichte schilderten eine Situation, die das genaue Gegenteil von Vietnam darstellte. Bosnien war wie Vietnam, nur andersherum. Es schien möglich, dass das anhaltende Gemetzel in einem kleinen, weit entfernten Land den amerikanischen Interessen tatsächlich schadete. Vielleicht müssten die USA lernen, ihre militärische Macht begrenzt einzusetzen und Ländern in Not unter die Arme zu greifen. Vielleicht war *das* ja pragmatisch.

Holbrooke hatte keine Schwierigkeiten, aus dem Schatten von Vietnam herauszutreten. Er hatte ein Faible für Geschichte, aber er blickte nicht zerknirscht zurück. Es lag nicht in seiner Natur, mit sich selbst im Streit zu liegen, und seine Meinung zu Bosnien war eindeutig. Vierundzwanzig Stunden in Sarajevo hatten genügt, um ihn gegen den Wankelmut seiner ehemaligen Kollegen immun zu machen. Und Vietnam hatte ihm, ebenso wie Lake, ein Gespür für die Lebenswirklichkeit in anderen Ländern gegeben, für die Menschen, die in die tragischen Ereignisse der

Geschichte gerieten. «Müssen uns in Europa engagieren», schrieb er auf einen Zettel. «US-Engagement ist nötig und erwünscht (1947, nicht 1919).»

Es war leichter, so etwas zu schreiben, wenn man selbst keine Entscheidungen treffen musste. Monate gingen ins Land, und er hatte noch immer keinen Posten.

Im Januar hatte Holbrooke Tarnoff signalisiert, dass er sich vorstellen könne, Botschafter in Japan zu werden. Tarnoff sprach mit Christopher, der sich nicht widersetzte. Dann änderte Walter Mondale, der sich eigentlich schon für Russland entschieden hatte, seine Meinung zugunsten von Japan – Joan Mondale, die töpferte, fand die Kunstszene in Tokio interessanter als die in Moskau. Außerdem war Mondale als ehemaliger Vizepräsident nicht bereit, unter einem ehemaligen Journalisten arbeiten, und Clinton plante, Strobe Talbott zum Sonderbotschafter für die ehemalige Sowjetunion zu ernennen. Inzwischen hatte Holbrooke die Gerüchte über seine baldige Ernennung gestreut, Freunde schrieben und gratulierten ihm. Unter Carter waren Holbrooke und Mondale Verbündete gewesen – jetzt kämpften sie um denselben Posten. Vier Monate vergingen, ohne dass sich etwas bewegte.

Anfang Juni saß Holbrooke bei einem Abendessen in Manhattan neben dem *New Yorker*-Autor David Remnick. «Wissen Sie, ob es hier in der Nähe einen Zeitungskiosk gibt?», fragte Holbrooke. Sie gingen nach draußen, Remnick führte ihn zu einem Stand. Holbrooke nahm die Frühausgabe der *New York Times* und fand, wonach er suchte: eine Titelgeschichte über den Posten in Tokio, für die er mit dem Reporter gesprochen hatte. Der neue Botschafter wurde zwar nicht genannt, doch er las zwischen den Zeilen, und es war klar, dass er gegen Mondale verloren hatte.

Früh am Morgen des 8. Juni rief Christopher Holbrooke an. «Die schlechte Nachricht ist, dass der Präsident Fritz Mondale gebeten hat, nach Tokio zu gehen. Die gute Nachricht ist, dass er Sie nach Deutschland schicken möchte.» Er beeilte sich, das Gespräch zu beenden. Er hatte sich Holbrooke nicht in den Weg gestellt, und Lake ebenfalls nicht, der bei Clinton im Oval Office gewesen war, als das Thema besprochen wurde. Holbrooke hatte einen Posten, er musste nur zugreifen. Er war sich nicht sicher, ob er nach Deutschland wollte. Es war zwar nicht die Provinz, aber er kannte sich mit Deutschland nicht aus. Er rief Tarnoff an.

«Du solltest auf jeden Fall bedenken, dass die Leute dich fragen werden, ob du Jude bist», sagte Tarnoff. «Also, bist du Jude?»

«Warum spielt das eine Rolle?»

Tarnoff erklärte ihm, warum es in Deutschland eine Rolle spielte, ob man jüdisch war oder nicht.

«Ja, bin ich.»

Sie telefonierten an diesem Tag noch mehrere Male. Dann nahm Holbrooke das Angebot an.

Er arrangierte Treffen mit wichtigen jüdisch-amerikanischen Persönlichkeiten. Er ließ sich auf einer privaten Führung das neue Holocaust-Museum in Washington zeigen. Zu seiner Vereidigung im achten Stock des Außenministeriums brachte er seine Mutter mit, die er praktisch nie besuchte. Ihr Vater, erzählte Holbrooke seinen Gästen, habe im Ersten Weltkrieg das Eiserne Kreuz getragen, doch als Hitler sich angeschickt habe, die Macht zu übernehmen, sei ihm klar geworden, dass Juden in Deutschland keinen Platz mehr hatten.

Holbrookes Freunde sahen einander erstaunt an. Dies war der Moment, in dem er Jude wurde – ein Bekenntnis als öffentlicher Akt.

Viel gibt es über dieses eine Jahr in Bonn nicht zu berichten. Botschafter an Orten wie diesen haben es sehr gut. Ein wunderschönes altes Herrenhaus am Rhein, mit Schwimmbad und Tennisplatz, zahlreiches und unterwürfiges Personal, ein neunköpfiger Personenschutz, ein gepanzerter Cadillac, Ehrengarden, opulente Abendessen, hochrangige Besucher (Nixon, einen Monat vor seinem Tod). Holbrooke brachte sogar einen persönlichen Deutschlandberater mit, den Historiker Fritz Stern, der sich für ein Semester von der Columbia University beurlauben ließ, um ihm auf Schritt und Tritt die deutsche Kultur zu erklären. Im Wohnzimmer ließ Holbrooke ein Foto seines Großvaters aufhängen, mit Pickelhaube und Eisernem Kreuz. Seine deutschen Besucher beeindruckte das nicht.

Sie werden mich an Bord holen

Aber die Deutschen liebten Holbrooke. Er kannte ihre Geschichte, schätzte das transatlantische Bündnis und interessierte sich nicht fürs Protokoll. «Sagen Sie mir, was an dem Bündnis nicht stimmt», fragte er, wenn deutsche Politiker zu Gast waren. «Was können wir besser machen?» Kanzler Kohl sprach er mit «Helmut» an. Es war nicht sein Wunschposten, aber er gab sich die größte Mühe. Ich weiß nicht, ob Holbrooke je einen Blick in die Bibel geworfen hat, aber er lebte nach diesem Bibelwort aus dem Buch Prediger: «Alles, was deine Hand zu tun findet, das tue in deiner Kraft! Denn es gibt weder Tun noch Berechnung, noch Kenntnis, noch Weisheit im Scheol, in den du gehst.»

Einmal, im Juli 1994, kamen auch die Clintons. Die Berlin-Brigade, die letzte amerikanische Truppe in der alten und neuen Hauptstadt, wurde abgezogen, Clinton sollte auf der Ostseite des Brandenburger Tors eine bedeutende Rede halten. Solche Präsidentenbesuche sind bis ins Detail vorgeplant: «2215: Nach Ankunft von Air Force One begibt sich Botschafter ans Ende des roten Teppichs und wartet unten an der Treppe mit einer Gruppe, um Präsidenten zu begrüßen.» Holbrooke fand den Auftritt der Clintons, deren gigantisches Gefolge sich aufführte wie der sprichwörtliche hässliche Amerikaner, befremdlich. Aber Clinton wusste kaum, wer er war, und Holbrooke tat alles, um die Aufmerksamkeit des Präsidenten auf sich zu ziehen.

Er nahm die Journalisten am Fuß der Gangway in Beschlag, lungerte vor Clintons Hotelsuite herum, drängte sich in hochrangig besetzte Besprechungen hinein, piepste die Mitarbeiter des Präsidenten an, weil sich die Speisekarte für das Staatsbankett mit Kohl in letzter Minute geändert hatte. Er und Lake stritten laut und in aller Öffentlichkeit darüber, wer von ihnen das Privileg hatte, auf dem Attentatssitz – dem rechten Rücksitz der zweiten Präsidentenlimousine – zu fahren. Lake hielt dagegen, bis sich seine Manieren schließlich gegen sein Konkurrenzdenken durchsetzten und er es Holbrooke überließ. Clintons Stab war entsetzt. Holbrooke zeigte sich von seiner schlimmsten Seite. Ein anderer Präsident hätte ihn wohl verbannt (ein anderer Präsident tat es), aber Clinton mochte Menschen mit Ecken und Kanten.

An dem Tag, als die Berlin-Brigade verabschiedet wurde, nahm Holbrooke an einer Tagung an der Humboldt-Universität teil. Beim Abendessen zog er sich mit einer kleinen Gruppe von deutschen und amerikanischen Geschäftsleuten in einen Lagerraum neben dem Konferenzsaal zurück. Sie setzten sich auf Klappstühle. «Wir müssen etwas unternehmen», sagte Holbrooke. «Die USA haben immer eine besondere Beziehung zu Berlin gehabt, wir dürfen nicht zulassen, dass das einfach verschwindet.» Er wollte eine akademisch orientierte Institution gründen, die das Beste von Amerika repräsentierte, keinen Gelehrtenhain, sondern einen lebendigen Ort, an dem nicht nur die Künste und Geisteswissenschaften einen Platz hätten, sondern auch die Politik. Die Geschäftsleute nickten. «Wären Sie bereit, das Kuratorium zu bilden? Kann ich auf Sie zählen?»

Noch bevor sein Jahr in Deutschland zu Ende ging, legte Holbrooke den Grundstein für die American Academy in Berlin. Es gibt sie noch heute, am südwestlichen Rand der Stadt, in einer großartigen Villa am Ufer des Wannsees und unweit der Stelle, an der die sogenannte Endlösung geplant wurde. Die Villa gehörte einer wohlhabenden jüdischen Familie, bis die Nazis sie stahlen. Nach dem Krieg waren dort amerikanische Offiziere untergebracht, dann schenkte die Familie sie der Academy. Das ganze Jahr über kann man dort amerikanische Künstler und Intellektuelle antreffen, und Deutsche, die sie kennenlernen möchten. Holbrooke sah den historischen Kontext, er verstand, dass etwas von Amerika in der Stadt der Luftbrücke verbleiben musste, dort, wo die Sätze «Ich bin ein Berliner» und «Reißen Sie diese Mauer nieder» widerhallten – und er ließ nicht locker, bis er sein Ziel erreicht hatte. Hier zeigte sich Holbrooke von seiner besten Seite. Man kann versuchen, die Licht- und Schattenseiten seines Charakters voneinander zu trennen – aber es wird einem nicht gelingen.

Er verfolgte als Botschafter noch andere Initiativen, doch die können wir getrost übergehen. Wichtig war vor allem, dass der Krieg weiter wütete – ruhigere Phasen wechselten sich mit Blutorgien ab. Sarajevo war nur zwei Flugstunden von Bonn entfernt, aber Bosnien beschäftigte Holbrooke in dieser Zeit kaum.

IV.

An Weihnachten 1993 lud er sich zu Pam Harriman nach Paris ein. Clinton hatte ihr Geschick beim Sammeln von Parteispenden mit dem Botschafterposten belohnt. Aber Pam war nur ein Vorwand – Holbrooke führte etwas anderes im Schilde.

Die Frau, die gesehen hatte, wie er mit Diane Sawyer an der Central Park West auf den Wagen wartete, die gedacht hatte, *Was für ein glamouröses Paar* – sie war ebenfalls in Paris. Es ist höchste Zeit, ihren Part in Holbrookes Geschichte zu erzählen. Denn er ist entscheidend.

Holbrooke war, zumindest gedanklich, seit Langem hinter Kati Marton her, obwohl sie mit Peter Jennings verheiratet war. Er führte eine Liste ihrer Begegnungen, fünfzehn oder zwanzig, die bis in die frühen Achtzigerjahre zurückreichte: ein Abendessen in Dianes noch kaum eingerichteter Wohnung, eine zufällige Begegnung auf dem Pendlerflug nach DC, ein Zusammenstoß im Regen auf der Madison Avenue. Inzwischen versuchte Kati, ihre Ehe zu beenden.

Jennings hatte mal wieder eine Affäre, und Kati, die selbst auch schon fremdgegangen war, war todunglücklich, was Holbrooke wusste. Jennings war ein Megastar, ihre Schwierigkeiten waren höchst öffentlich. Kati spielte sogar derselben Klatschkolumnistin eine Story über ihre Trennung zu, die schon Diane benutzt hatte – eine nicht unübliche Methode in bestimmten gesellschaftlichen Kreisen, sich aus einer Beziehung zu lösen. Und so lud sich Holbrooke im Sommer 1993 zu den Janklows ein, die den Sommer in den Hamptons verbrachten, und es gelang ihm – wir sind schon ganz nah am Großen Gatsby –, seine Gastgeber zu überreden, auch Kati zum Abendessen einzuladen. Er redete den ganzen Abend mit ihr, und als er sie nach draußen begleitete, drückte er ihr knapp über dem linken Mundwinkel einen Kuss auf die Wange.

Den ganzen Herbst über rief er sie immer wieder aus Bonn an – «Hallo Katika», säuselte er in dem leicht neckenden Ton, der eine unmittelbare Vertrautheit voraussetzt. Sein Angebot, Deutschland zu besuchen, lehnte sie zwar ab, doch als er für die Nachweihnachtszeit eine dreitägige Fahrt durch das Loire-Tal vorschlug, ließ sie sich gegen den Rat ihres Anwalts darauf ein.

Auch in Holbrookes Leben gab es noch Baustellen – die Frau des zwielichtigen New Yorker Politikers hatte sich zu einem Thanksgiving-Besuch angekündigt, aber das war nichts verglichen mit Jennings, der der Scheidung nicht zustimmen wollte.

Am ersten Weihnachtstag tauchte Jennings bei Katis Schwester auf, die außerhalb von Paris wohnte. Er wollte seine Ehe retten und die Feiertage mit den Kindern verbringen, die dreizehn und elf waren. Kati weigerte sich, mit ihm unter einem Dach zu schlafen. Da sie außerdem am nächsten Tag Holbrooke erwartete, zog sie in ein Vier-Sterne-Hotel in der Nähe, auf der anderen Seite des Parks, der zum Schloss Versailles führte, wo 1919 Jugoslawien aus der Taufe gehoben worden war. Am Morgen fuhr Holbrooke in seinem gepanzerten Dienst-Cadillac vor, seinen Personenschutz hatte er an der Grenze zurückgelassen. Er sah sie über einen Kiesweg schlurfen, sie hatte die Hände tief in die Taschen ihres Kamelhaarmantels gesteckt und ließ den Kopf hängen, und sie war so mit sich selbst beschäftigt, dass sie ihn zuerst überhaupt nicht hörte: «Kati! Komm, wir fahren los!»

Sie sah auf, stieg ein und ließ sich entführen. Zusammen abzuhauen, durchzubrennen – diese Vorstellung, ihre Theatralik, gefiel ihnen beiden.

Er hatte die Reise bis ins Detail geplant. Zuerst fuhren sie nach Chartres, und als sie durch die Kathedrale schlenderten, hakte sie sich bei ihm ein. Sie setzten sich auf eine Bank, und er sagte: «Stell dir mal die Pilger vor, ihre Reaktion, wenn sie zum ersten Mal diese Fenster sahen, die Ehrfurcht, die dieser Ort den Bauern des Mittelalters einflößte.» Seine Rolle bestand darin, sie von ihrer Familie abzulenken, und er tat ihr den Gefallen und las ihr aus einem alten Reiseführer über Chartres vor. Manchmal wurde sie ganz still, die Tränen stiegen ihr in die Augen und sie schniefte in ein Taschentuch, aber er fuhr einfach fort, über Romanik und Gotik zu reden – er bevorzugte die Romanik, fand sie bodenständiger – und das tröstete sie ein wenig.

Auf dem Weg nach Tours, im Kernland des Loire-Tals, erzählte sie ausführlich von den Wochen, die sie dort in den 1960er Jahren als Studentin bei einer französischen Familie verbracht hatte. Sie wollte noch einmal an die Orte von damals zurückkehren. Sie liebte alles an Frankreich.

Im Hotel in Tours nahmen sie getrennte Zimmer, der Rezeptionist war zu Recht verwundert, denn wussten sie etwa nicht, was als Nächstes passieren würde? Hatte sie ihm nicht auf der Fahrt von Chartres von ihren alten Liebesgeschichten erzählt? Hatte er sie nicht in ihrem Lieblingspark nahe der Kathedrale von Tours geküsst?

Sie fuhren hinauf in ihr Zimmer. Sie setzten sich aufs Bett. Sie legten sich hin und begannen, sich zu küssen.

«Lass uns heute nicht miteinander schlafen», sagte sie.

«Okay.»

Sie küssten sich wieder.

«Warte mal», sagte sie, «ich muss das hier ausziehen.»

Am Anfang hatte er Schwierigkeiten. Sie sagte, er sei vielleicht eingeschüchtert, was die Sache noch schlimmer machte, weil es stimmte. Sie lachten, und ein paar Minuten später war alles in Ordnung.

Dann ging er in sein Zimmer. Und kehrte kurz darauf mit seinem schweren Koffer zurück.

«Du willst doch nicht etwa hier schlafen, oder?», fragte sie.

«Nein, natürlich nicht.»

Sie fuhren noch zwei Tage durch das Loire-Tal, dann kehrten sie nach Paris zurück.

In seinem Portemonnaie steckte ein Fetzen rosafarbenes Briefpapier aus der Botschaft, auf dem er die Telefonnummer von Katis Schwester notiert hatte – er sollte ihn ein Leben lang mit sich herumtragen. Wenn sie diese Ursprungsgeschichte erzählten, hatte sie immer einen sagenhaften Glanz – französische Schlösser, der Dienstwagen, die Schwermut, die sie nicht abschütteln konnte («Weißt du, dass ich heute jedes Mal geweint habe, wenn ich allein war?»), und an ihrem letzten Abend eine zufällige und unangenehme Begegnung mit Pam Harriman, die irritiert war, dass er mit einer anderen Frau verschwunden war. Pam interessierten andere Frauen nicht, später erzählte sie, er hätte mit irgendeiner schwedischen Journalistin zu Abend gegessen, und warum sollte sie sich ihren Namen merken, er schleppe schließlich eine nach der anderen an.

Holbrooke fuhr Kati zum Flughafen, eine Hand am Steuer, während die andere die Wärme zwischen ihren Beinen spürte. Der Abschied kam plötzlicher, als ihm lieb war. Er fuhr direkt nach Deutschland zurück, und als er in der Residenz ankam, wartete er und rief sie genau in dem Augenblick an, als sie ihre New Yorker Wohnung betrat. Beim ersten Klingeln nahm sie ab. Es war offensichtlich, dass sie sich freute, seine Stimme zu hören.

Was war das Besondere an Kati? Die Briefe, die er ihr schrieb, hatten einen ganz neuen Ton.

Trenchant –

Trenchant, treffend, das war der Spitzname, den er ihr gab – oder einfach nur T. – denn als er ihr sagte, wie sehr er ihren Namen mochte, antwortete sie: «Er ist so *trenchant*», und er sagte: «Ein großes Wort für ein Flüchtlingsmädchen.»

Trenchant –

Den Namen Dick mochte sie nicht. Sie sagte «Richard» zu ihm, und sie bestand darauf, dass er sich als Richard vorstellte und von allen so genannt wurde. «Du bist kein Dick», sagte sie. «Du bist ein Richard. Du bist ein Mann von Format.»

Trenchant – das «Wunder» – der wahrhaft geheimnisvolle, mystische Aspekt – war für mich bisher die ersten drei Tage *nach* deiner Rückkehr nach New York. Ich denke, ich kann davon ausgehen, dass wir beide erwartet haben, in Frankreich Spaß miteinander zu haben – ich war mir selbst gegenüber wahrscheinlich etwas ehrlicher, was diese Erwartung anging – sonst hätten wir uns ja wohl nicht darauf eingelassen, all diese Zeit miteinander zu verbringen. Aber was an den folgenden drei Tagen passierte – am 29., 30., 31. Dezember –, das bleibt für mich unergründlich und überwältigend schön ...

Wir haben uns also aufgemacht, haben begonnen, unsere verwickelten Geschichten zu klären, um den Weg frei zu machen – ja wofür eigentlich? Das wissen wir noch nicht, aber wir haben beide unsere Hoffnungen und Wünsche. Es kann nicht immer so leicht sein, wie es bisher gewesen ist, denn es ist wirklich ein Wunder geschehen. Werden wir füreinander sorgen, uns gegenseitig trösten, wenn wir Rückschläge erleben? Werden wir uns in turbulenten Zeiten ebenso stützen wie im Triumph? Wir werden sehen. Um mich selbst zu schützen, sage ich: Selbst wenn es morgen vorbei sein sollte, ist es wunderbar gewesen, und notwendig, und gut. Aber ich weiß auch, dass es mir beschissen gehen würde, und dass ich mich bis in alle Ewigkeiten fragen würde, wie ein gemeinsames Leben hätte aussehen können.

Er ließ sie wissen, dass er ihr schrieb, während er den täglichen Bericht zur Sicherheitslage überflog oder in einer Pressekonferenz saß oder auf einer Bühne, als er auf seinen Einsatz wartete und vorgab, Notizen zu machen, während Kissinger über die deutsch-amerikanischen Beziehungen sprach oder Kohl über die NATO oder Bosnien oder sonst etwas schwadronierte. Nach ein paar Wochen planten sie über eine transatlantische Telefonleitung ihre gemeinsame Zukunft.

Heute morgen bin ich ohne Wecker aufgewacht, obwohl ich nicht einmal vier Stunden geschlafen habe. Hast du mir ungefähr um 3 Uhr heute morgen so etwas wie einen Antrag gemacht? Ich will den Augenblick festhalten, man weiß ja nie. Schlug mein Herz höher, statt sich beengt zu fühlen oder ambivalent? Hey, ist der Papst Pole? Passen grüne Eier und Schinken zusammen? ... Hier ein paar Überlegungen, nichts Wichtiges: Es wäre wahrscheinlich ganz gut, wenn du dich zuerst scheiden lassen würdest – eine Formsache vielleicht, auf jeden Fall eine Überlegung wert. Was aber wichtiger ist, sind deine Kinder (nicht meine erwachsenen Jungs). Sie, nur sie, sind wichtig. Ich würde es heute tun – wirklich! Aber nur du kannst entscheiden, ob, wann, wie – Ich werde zur Stelle sein, jetzt und für immer, wenn du mich willst –
Und wer unser Glück nicht mit uns teilen will, ist nicht mehr unser Freund.

Was war das Besondere an Kati? Er war bis über beide Ohren verliebt.

Sie war unbestreitbar schön, mit diesem mittleren Teint, den er mochte. Magyarische Wangenknochen. Braune Augen, die sich scharf, man könnte auch sagen begierig, von den frühesten Kindheitsfotos an das Objekt ihres Verlangens hefteten. Elegant im europäischen Stil – manchmal genügten ein Trenchcoat und ein Seidentuch. Ihre Brüste waren größer, als er erwartet hatte – auch das gefiel ihm. Ihre Schönheit war nicht von der Art, die darauf wartet, enthüllt zu werden. Sie war sich ihrer Macht vollends bewusst, und wenn Kati einen Raum betrat, dachte nicht nur jeder Mann *Die sieht ja großartig aus*, sondern empfand auch auf subtile Weise, die er nicht verstand, den Drang, es ihr zu sagen, beinahe als wäre der Preis, es nicht zu sagen, schlicht zu hoch. Eine Mischung aus Bewunderung und Angst verleitete andere immer wieder, sich selbst zu eifrigen Statisten in den von ihr geschaffenen Dramen zu machen. Ihre Durchsetzungskraft reichte an die von Holbrooke heran – mindestens.

Man sprach über ihre bemerkenswerte Persönlichkeit. Und tatsächlich kann man sie sich leicht als die leidenschaftliche und berechnende Comtesse de Marton in einem Stendhal-Roman vorstellen, mitsamt ihrer Schlagfertigkeit, der Liebe zu Büchern und Gesprächen, ihrer Menschenkenntnis, ihren Intrigen. Allein ihre Gegenwart erweckte Neugier. Schon ihre Familiengeschichte löste diese Neugier mehr als ein, und sie überschnitt sich mit Holbrookes Obsessionen, als hätte er sie in einem köstlichen Tagtraum, in dem Geschichte und Eros ineinander-flossen, hervorgezaubert.

Ihre Eltern waren Budapester Juden aus der oberen Mittelschicht. Sie konvertierten in ihren Zwanzigern zum Katholizismus, und als Eich-mann 1944 begann, die ungarischen Juden abholen zu lassen, entgingen Endre und Ilona Auschwitz, indem sie sich bei christlichen Freunden versteckten und niemals den Gelben Stern trugen. Ilonas Eltern kamen im Vernichtungslager um. Als Julia und Katalin 1946 und 1947 geboren wurden, ließen die Martons diesen Teil der Familiengeschichte nicht einfach nur aus, wenn sie mit ihren Kindern sprachen – sie hielten ihn tief unter der Erde in einer versiegelten Gruft verborgen.

Endre Marton war ein Snob, der alles tat, um gesellschaftlich auf-zusteigen – außerdem ein preisgekrönter Fechter, der Fred Astaire ver-ehrte, Seersucker-Anzüge trug und immer eine Pfeife im Mund hatte.

Ilona Marton spielte Tennis und Bridge, als wäre das kommunistische Budapest das Edwardianische London. Glanz, der nur die Oberfläche betrifft, ist eine Form der Verdrängung, und Katis Eltern, die sich auffällig glanzvoll gaben, mussten eine schreckliche Last verdrängen. Sie waren auch mutig, sogar rücksichtslos. Nach dem Krieg, im düsteren ersten Jahrzehnt des Kalten Krieges, arbeiteten sie von Budapest aus als Korrespondenten für die amerikanischen Nachrichtenagenturen. Marton fuhr in einem großen amerikanischen Cabrio durch die Stadt, jeder sollte sehen, dass er sich mit dem kapitalistischen Feind identifizierte, und seine Zusammenarbeit mit der amerikanischen Botschaft lieferte der Geheimpolizei genügend Beweise, um ihn 1955 wegen Spionage anzuklagen. Er saß achtzehn Monate in Haft, seine Frau beinahe ein Jahr, während die Mädchen – Kati war acht – in einer fremden Familie untergebracht waren.

Die Martons wurden während der kurzen Reformperiode im Sommer 1956 freigelassen, gerade rechtzeitig, um die ersten fesselnden Berichte über den Oktoberaufstand an die amerikanischen Zeitungen zu senden. Als der Aufstand von sowjetischen Panzern niedergeschlagen wurde, konnte die Familie aufgrund ihrer Verbindungen zur amerikanischen Botschaft als politische Flüchtlinge ausreisen. Ihre Ankunft in New York war selbst eine Story – die Martons waren wieder in den amerikanischen Zeitungen.

Sie lebten außerhalb von Washington, wo Katis Vater, der für Associated Press aus dem Außenministerium berichtete, Harriman, Rusk und Kissinger kennenlernte. Kati liebte Amerika als abstrakte Idee, sie bewunderte die Freiheiten und die Führungsrolle des Landes im Kalten Krieg, aber der amerikanische Lebensstil sagte ihr weniger zu. Sie verschlang weder amerikanisches Essen noch Hollywood-Filme. Der lässige Stil ihres Vaters war für sie das Maß aller Dinge, und so folgte sie in seinen Fußstapfen. Als sie in den späten Siebzigerjahren Fernsehjournalistin wurde und für die Nachrichtenredaktion von ABC zu arbeiten begann, drängte er sie, sich den Londoner Korrespondenten des Senders, Peter Jennings, zu angeln, der aussah und klang wie die anglo-kanadische Version eines schneidigen Mitteleuropäers – er trug Trenchcoats und rauchte sogar Pfeife.

1979 wurde Jennings Katis zweiter Ehemann. (Der erste, ein Banker aus Philadelphia, hatte ihr mit seinem Ja-Wort Zugang zur angelsächsisch-protestantischen Elite verschafft, war aber, wie sich herausstellte, weniger interessant als angenommen.) Ihre Ehe war von Anfang an schwierig. Sie wären vielleicht in der Lage gewesen, über die Affären hinwegzukommen – in einem Stendhal-Roman hätten sie es getan –, aber nicht über die emotionalen Unsicherheiten, die Ängste, die immer wieder zu Konflikten führten. Peter Jennings – ängstlich? Natürlich war er das, ebenso wie Kati. Alle waren ängstlich. Man sehe sich nur Kissinger an. Es waren ihre Ängste, die sie so unerbittlich machten.

Da sie im Fernsehgeschäft wegen ihres Mannes nicht weiterkam, entschied Kati, Bücher zu schreiben. Als sie 1980 zu ihrem ersten Buch über den schwedischen Diplomaten Raoul Wallenberg recherchierte, der Tausende ungarischer Juden vor der Deportation bewahrt hatte, öffnete sie zufällig die Gruft. Eine Frau in Budapest sagte zu Kati: «Natürlich kam Wallenberg zu spät, um Ihre Großeltern vor den Gaskammern zu retten.» Katis Eltern reagierten, als hätte sie einen demütigenden Familienskandal ans Licht gebracht. Sie waren doch keine Juden – sie waren Ungarn! Als sie darauf bestand, mehr zu erfahren, sagte ihr Vater: «Du wirst nie verstehen, wie das damals für uns war.» Es sollte ihnen nie gelingen, die Kluft, die daraus entstand, zu überwinden.

Kati war eine disziplinierte Autorin, und mit ihrem Talent für Drama spezialisierte sie sich auf Thriller, die auf historischen Tatsachen beruhten – und je mehr Bücher sie veröffentlichte, während sie sich gleichzeitig um die beiden Kinder kümmerte, desto bitterer wurde ihr Ehemann. Er warf ihr vor, «aalglatt» zu sein, eine «Streberin».

Bei einem Abendessen, da war es um seine Ehe schon nicht mehr gut bestellt, zog Jennings Peter Duchin, den Bandleader, der Averell Harrimans Ersatzsohn war, beiseite. «Was für ein Mensch ist Pam Harriman eigentlich wirklich?»

«Sie interessiert sich nur für Macht, Geld und gesellschaftliche Stellung», antwortete Duchin, «für sie zählt nur die eigene Person.» Jennings nickte. «Warum fragen Sie?»

«Weil sich meine Frau Pam zum Vorbild genommen hat. Sie ist Katis Idol.»

Jennings unterschätzte Kati. Sie war keine Frau, die sich ihre Wünsche über ihre Männer erfüllte. Sie war unabhängig und willensstark – und hatte eigene Pläne für ihr Leben. Kati wollte die ebenbürtige Partnerin eines großen Mannes sein und gleichzeitig mit allem, was ihr zur Verfügung stand, ihren eigenen Weg gehen. Und so plante sie zu diesem Zeitpunkt bereits, sich zu lösen.

Holbrooke sah, was ihr fehlte, es war nicht schwer zu erkennen: Aufmerksamkeit, Bewunderung, Liebe. Er bewunderte ihre Arbeit. Er erklärte ihr, sie könne machen, was sie wolle. Sie dürfe ihn sogar betrügen, er würde ihr vergeben. Er zog diskret ein paar Erkundungen bei einem ihrer ehemaligen Liebhaber ein, der es guthieß. Pam warnte ihn, dass Kati – sie sprach es englisch aus, nicht mit dem langen europäischen «a» – nicht treu sein würde, aber das spielte keine Rolle. Er war bis über beide Ohren verliebt.

Und da er sie ganz wollte, körperlich und geistig, nahm Kati die Essensreste auf seiner Krawatte in Kauf, die Tatsache, dass er Übergewicht hatte, dass er stundenlang Sport im Fernsehen sah und eine ganze Schüssel Erdnüsse verdrückte, die ihm irgendein mitteleuropäisches Staatsoberhaupt angeboten hatte, oder dass ihre Eltern ihn niemals akzeptieren würden, weil er eben nicht Peter Jennings war. Immerhin konnte sie die ein oder andere Anpassung vornehmen – sie kaufte ihm neue Kleidung und eine neue Brille und gab ihm einen neuen Namen. (Die Versöhnlicheren von seinen alten Freunden, wie etwa Wisner, gingen zu «Richard» über, während andere, wie Gelb, demonstrativ bei «Dick» blieben, als wollten sie sagen: «Ich kenne dich, und ich spiele dein Spiel nicht mit.») Bei einer Vorführung von «Schindlers Liste» in Manhattan hielten sie Händchen, es war ihnen, als würde ihre Haut eine intensive sexuelle Energie durchblitzen. Das hier, diese Menschen im Film, das hätten *sie* sein können. Dann kehrten sie in sein Hotelzimmer zurück und kosteten das Leben aus, das ihnen geschenkt worden war. Sie liebten sich auf die verzehrende Weise, die einen der Welt entrücken kann, zugleich brauchten beide eben diese Welt als Publikum und Bühne – das Gespreizte in seinen Briefen, ihre Begeisterung für «die Idee des Paars, das wir sind», die Tatsache, dass sie es sofort jedem erzählten.

Es dauerte nicht lange, bis all ihre anderen Verwicklungen gelöst waren. Sie hatten jeweils zwei gescheiterte Ehen hinter sich, diesmal wollten sie alles richtig machen. Sie wollten eines dieser berühmten Paare werden, die von allen bewundert werden. Sie wollten die Welt im Sturm erobern. Einige würden es ihnen übelnehmen – diese Menschen waren nicht ihre Freunde. Ein Freund, der sehr wohl ihr Freund war, sah ihre Verbindung als einen Fall von Gleich und Gleich gesellt sich gern, als «Salut der Chromosomen».

T. – Ich möchte, dass du weißt: Falls du jemals das Gefühl haben solltest, dass du nicht das Zentrum meiner Welt bist – dass *wir* nicht dieses Zentrum sind – dann musst du es mir sagen – musst mich warnen, falls / wenn du es spürst. Ich werde immer für dich da sein. Ich weiß, dass du mich nie darum bitten würdest, aber du sollst wissen: Falls du je das Gefühl haben solltest, dass ich mich zu weit von dir entferne, wenn du mich dann vor eine Entscheidung stellen würdest, würde ich meinen Posten aufgeben und Washington verlassen, ich würde alles hinschmeißen, um bei dir zu sein.

Wie komme ich auf so etwas? Nun – einfach. Du bist mir wichtiger als mein Beruf. Es wäre ein erfülltes Leben, selbst wenn ich nie wieder ein politisches Amt ausüben würde. Wenn ich aber nicht die Zeit mit dir verbringen dürfte, die uns bleibt – dann wäre mein Leben nicht erfüllt.

Ich staune selbst darüber. Als mir im Januar klar wurde, was da gerade mit uns passiert, habe ich dich «gewarnt», dass ich ein ehrgeiziger Mann bin. Ich wollte dir da schon sagen, dass ich dich liebe, aber ich erinnere mich, dass ich dir auch vermitteln wollte, dass ich darüber hinaus noch weitere Ziele habe, und zwar berufliche, die so wichtig für mich waren, dass sie auf unsere Zukunft Auswirkungen haben könnten.

Dieses Gefühl habe ich jetzt nicht mehr.

V.

Clintons Außenpolitik lag in Trümmern. In einer einzigen Woche Anfang Oktober 1993 wurden die Vereinigten Staaten zwei Mal von aufgebrachten Mengen gedemütigt: in Somalia, wo Milizsoldaten neunzehn Amerikaner töteten und einige der Leichen durch die Straßen von Mogadischu schleiften; in Haiti, wo eine Menschenmenge an den Docks von Port-au-Prince «Somalia, Somalia!» skandierte und das Anlegen der USS Harlan County verhinderte, die eine UNO-Mission zur Entfernung des haitianischen Diktators und der Wiedereinsetzung des gewählten Präsidenten durchführen sollte. Eine Meute hatte die Supermacht hilflos und schwach aussehen lassen. Clinton entließ Les Aspin wegen Somalia, Aspins Stellvertreter William Perry rückte nach.

Einige Monate später setzte Lake ein Rücktrittsgesuch auf, das mehr als pro forma war. Lake hielt sich für einen pragmatisch agierenden Neo-Wilsonianer, er glaubte an Amerika als eine Kraft des Guten, und er legte dem Präsidenten nahe, ihn durch jemanden zu ersetzen, dessen Vorstellungen besser zu seinen eigenen passten: «Während ich keinen Zweifel hege, dass wir uns einig sind, welchen Stellenwert die Öffnung internationaler Märke für amerikanische Arbeiter einerseits und die Umgestaltung unserer Streitkräfte andererseits haben, habe ich nicht den Eindruck, dass Sie sich auf die Verbreitung von Demokratie, die Verteidigung der Menschenrechte und den Umgang mit blutigen Bürgerkriegen in gleicher Weise einlassen. Bürgerkriege sind vertrackt und unschön, sie verlangen von uns Entscheidungen, die wehtun können. Aber wenn wir uns einmal darauf eingelassen haben, können wir sie nur lösen, indem wir pragmatisch und beharrlich vorgehen und, wo nötig, militärische Macht einsetzen ... (Ein «realistischerer» und wirtschaftlich orientierterer Blick auf unsere außenpolitischen Interessen ist per se nicht falsch. Im Hinblick auf die Innenpolitik ist er vermutlich sogar sinnvoll. Aber es ist schlicht keine Herangehensweise, die mir interessant oder zwingend erscheint.)»

Der Brief wurde Clinton nie vorgelegt. Doch aus Somalia zog er die Lehre, dass amerikanische Opfer in fernen, für den Durchschnittsamerikaner undurchschaubaren Konflikten politisch tödlich waren – dass er in der Außenpolitik viel verlieren, aber nichts gewinnen konnte. Kurz darauf wurden die amerikanischen Truppen aus Mogadischu abgezogen. Danach konzentrierte sich Clinton auf Handelsabkommen, die Weltwirtschaft und das Hegen und Pflegen seiner Beziehungen zu Boris Jelzins Russland – doch als die Regierung von Ruanda den schnellsten Völkermord des 20. Jahrhunderts verübte, bei dem im Frühjahr 1994 innerhalb nur eines Monats beinahe eine Million Menschen abgeschlachtet wurden, sah Clinton einfach weg. Lake, der noch immer im Weißen Haus saß, berief zu Ruanda auf der höchsten Ebene keine einzige Sitzung ein.

Die Balkankriege derweil wüteten bereits seit über zwei Jahren. Serbien steckte in der Schlinge internationaler Sanktionen, Milošević zeigte Bereitschaft, mit dem Westen zu verhandeln, um sich Luft zu verschaffen. Aber die bosnischen Serben träumten noch immer von der vollständigen Eroberung des Gebiets, und Radovan Karadžić im Bündnis mit den Ultranationalisten in Serbien wurde zu einer politischen Bedrohung für Milošević, der das Komplott verhinderte, indem er ehemalige Genossen verhaften ließ. Zum ersten Mal überhaupt waren die politischen Führer in Pale und Belgrad gespalten, und es kamen weniger Waffen über die Drina, wenn die Lieferungen auch nie ganz ausblieben. Die bosnischen Serben hatten ein Territorium erobert, das sie gegen einen zahlenmäßig überlegenen Feind kaum halten konnten. Tuđman, dem ebenfalls Sanktionen drohten, musste sein Ziel, Bosnien zusammen mit Milošević aufzuteilen und die kroatischen Gebiete in einem Großkroatien aufgehen zu lassen, vertagen. Im März 1994 endete mit einem in Washington verhandelten Vertrag der Nebenkrieg zwischen Kroaten und Muslimen, es war der erste Erfolg, den die Amerikaner seit Beginn der Kämpfe verbuchen konnten. Die neu entstandene Föderation wurde zur ersten echten militärischen Bedrohung für die bosnischen Serben.

Die militärische Lage in Bosnien bot eine Gelegenheit für einen kraftvollen diplomatischen, von NATO-Bombern unterstützten Vorstoß.

Aber es blieb alles, wie es war. Bis Mitte des Jahres waren allein in Sarajevo zehntausend Menschen, darunter tausendfünfhundert Kinder, dem Krieg zum Opfer gefallen. Und diejenigen, die überlebt hatten, hatten die Hoffnung auf Rettung aufgegeben. Die wenige Energie, die ihnen noch geblieben war, brauchten sie zum Überleben. Sie gruben einen siebenhundertneunundsechzig Meter langen Tunnel unter der Landebahn des Flughafens hindurch bis in den Vorort Butmir, sicherten ihn mit aus Trümmern geborgenen Holzbalken und herausgerissenen Straßenbahngleisen, damit Menschen, die tief gebeugt durch knöcheltiefes Wasser waten mussten, Vorräte hereinschmuggeln konnten. In den Zimmern ihrer ausgebombten Wohnungen züchteten sie Kaninchen. Zeitgleich zogen die Serben die Schlinge um die anderen UNO-Schutzzonen – Goražde, Srebrenica, Žepa, Tuzla und Bihać – immer enger. Das internationale Schutzversprechen für die Enklaven wurde täglich dadurch verraten, dass die UNO keine NATO-Luftangriffe genehmigte, die über die Vernichtung einzelner serbischer Panzer hinausgingen. Die Amerikaner sperrten sich weiterhin dagegen, eigene Soldaten zu schicken. Die Europäer verteidigten das Waffenembargo. Der Krieg drohte, das transatlantische Bündnis zu zerreißen. Die Großmächte waren wie gelähmt, nichts änderte sich.

Einem europäischen Besucher erzählte Lake einmal, dass sein größtes Problem Bosnien sei, und sein zweitgrößtes, Ausländern Termine mit dem Präsidenten zu verschaffen. Das erste nahm etwa zwei Drittel seiner Zeit in Anspruch, wie seinen Notizkärtchen zu den Sitzungen des Sicherheitsrats zu entnehmen ist. Bosnien stand immer an erster Stelle, und das, womit sich die Regierung 1993 herumgequält hatte, stand auch 1994 noch auf der Tagesordnung. «2/94. Wenig Zuspruch für Luftschläge.»

Jenonne Walker, Lakes Europa-Direktorin, sah, wie er immer bleicher und angespannter wurde, er schien die Fähigkeit, über sich selbst zu lachen – die er Holbrooke voraushatte – eingebüßt zu haben. Er sprach zu schnell, reagierte gereizt, verteidigte sein Revier, schloss bestimmte Kollegen aus Sitzungen aus und verweigerte anderen die Einsicht in Walkers Optionspapiere. Sie hatte größte Hochachtung vor Lake – sie kannte keinen klügeren und selbstloseren Außenpolitiker als ihn –, aber sie plädierte für uneingeschränkte Luftangriffe auf serbische Ziele, während Lake einem Präsidenten dienen musste, der es nicht über sich brachte, seine Berater zu überstimmen oder in Bosnien politisches Kapital aufs

Spiel zu setzen. Ihr stetiges Drängen belastete ihre Beziehung – Lakes Körpersprache sagte oft: Das reicht jetzt. Im Sommer 1994 verschob er sie auf einen anderen Posten. «Ich bin halt eine Nörglerin», sagte sie ihm. Das letzte Mal, dass Lake im Weißen Haus gearbeitet hatte, hatte über allem das Miasma von Vietnam gelegen. Jetzt war es der bosnische Leichengeruch. Er vergiftete alle politischen Beziehungen, die ihm etwas bedeuteten.

Nachdem er dem Außenminister die Rolle der wichtigsten außenpolitischen Stimme zugestanden hatte, hatte Lake immer wieder Ärger wegen Christophers wechselnder Positionen, die hauptsächlich von der jeweiligen Windrichtung im Weißen Haus und in der Presse bestimmt wurden: Einmal hieß es Luftschläge, am nächsten Tag war Nichteinmischung die Devise. Christopher war offensichtlich ungeeignet für den Job – er hatte überhaupt kein Konzept, was die Rolle Amerikas in der Welt anging –, aber nachdem Clinton, der nicht zögerte, anderen die Schuld zu geben, wenn die Dinge schiefliefen, Aspin gefeuert hatte, traute er sich nicht, weitere Kabinettsmitglieder zu entlassen. Mit Lake wurde Clinton nie warm. Es gab keine gemeinsame Geschichte, die sie miteinander verbunden hätte. Lake war ein Professorentyp, ein politischer Nachhilfelehrer, mit dem Clinton nichts anfangen konnte. Bosnien stand immer zwischen ihnen. Wenn Lake am Morgen als Erster ins Oval Office trat, begannen sie immer mit einem kurzen, freundlichen Austausch, aber sobald Lake Bosnien erwähnte, verdüsterte sich die Stimmung des Präsidenten. Es war, als wäre auf Lakes Stirn ein scharlachrotes «B» eintätowiert.

Berger, Lakes Stellvertreter, war nicht nur einer von Clintons ältesten Freunden, er war auch Clintons ursprüngliche Wahl für Lakes Posten. Lake fand das so bedrohlich, dass er Berger aus den täglichen Briefings im Oval Office heraushielt, und wenn Berger im Lageraum das Wort ergriff, trommelte er mit den Fingern auf den Tisch oder sah auf die Uhr, was Berger als verletzend empfand.

Eines Abends waren die Gelbs zu einem Bankett im Weißen Haus eingeladen. Clinton kam auf Les zu und sagte: «Sie müssen wirklich mal Tony anrufen. Er braucht Sie, er braucht Ihre Hilfe.»

«Ich werde darüber nachdenken.»

Gelb hatte einen Platz am Tisch des Präsidenten, nur Ethel Kennedy saß zwischen ihnen, und Clinton konnte die Sache mit Lake nicht loslassen, bis Gelb schließlich sagte: «Ein Freund an mächtiger Stelle ist ein Freund, den man verloren hat.» Judy, die gerade den römischen Philosophen Seneca las, hatte den Satz kürzlich erst Les gegenüber zitiert. Ihn gerade vor Clinton zu wiederholen, war nicht nett, aber recht hatte er trotzdem.

Gelb und Lake waren seit zwei Jahrzehnten befreundet – in den Achtzigern sogar enger als Gelb und Holbrooke –, aber Gelb war der Ansicht, das Amt tue Lake nicht gut. Er hatte sich immer mit Ambivalenz über die Macht und ihre Möglichkeiten geäußert, und jetzt, da er sie endlich besaß, schien er einen schleichenden Nervenzusammenbruch zu erleiden. Ein einziges harmloses Wort in einer von Gelbs *Times*-Kolumnen konnte einen frühmorgendlichen Anruf von Lake auslösen, den Judy annahm, weil Les noch schlief. «Wie kannst du nur schreiben, dass ‹Anthony Lake, der Nationale Sicherheitsberater des Präsidenten, in Mr. Christophers Büro *hinübergleitet*›? Hinübergleitet – was soll das heißen?»

Holbrooke erklärte Gelb, Lake sei immer so gewesen – paranoid und verschlossen, er tendiere dazu, sich von seinen Freunden abzukapseln. «Was redest du da eigentlich?», schoss Gelb zurück. «Du bist der Pate seines Kindes. Du hast ihn mir vorgestellt – als deinen besten Freund!» Doch Holbrooke war beim Thema Lake nicht mehr Herr seiner Sinne. Er konnte nicht loslassen, giftete gegen ihn und löschte mit einem einzigen undifferenzierten Urteil ihre gemeinsame Vergangenheit aus.

Und Lake? Stand unter enormem Druck, war ständig den Angriffen der Presse ausgesetzt, musste zusehen, wie ihm die eigenen Freunde ans Bein pinkelten. Er wusste, dass Gelb und die anderen sagten, dass Bosnien eine Schande und Clintons Außenpolitik eine Katastrophe sei, und manchmal las er es gedruckt in der Zeitung. Er führte es zum Teil auf Neidgefühle zurück, aber es tat ihm doch höllisch weh. Einmal lud Lake Gelb zu einem Meisterschaftsspiel im College-Basketball in New Jersey ein. Während des Spiels machte Gelb einige kritische Bemerkungen über die Bosnienpolitik. Auf der Rückfahrt schwiegen sie sich an. In der Stadt ging Lake mit hinauf zu den Gelbs, und während Les in der Küche etwas zu essen zusammensuchte, verbrachte Tony eine halbe Stunde damit, sich bitterlich bei Judy zu beklagen, die im Bett lag und las, allerdings nicht Seneca.

Nach seiner Ernennung hatten die Lakes ein Haus in der Nähe der American University gekauft und waren nach Washington gezogen, obwohl sie eigentlich nur zwei Jahre bleiben wollten. Toni brachte ein Pferd mit, damit sie wenigstens reiten konnte. Aber sie sah ihren Mann nie. Manchmal kam er nicht einmal nachts nach Hause. Wenn sie doch zusammen waren, sprach er nicht mit ihr. Eines Morgens, als er dabei war, das Haus zu verlassen, sagte sie: «Was ist das eigentlich für eine Ehe?»

«Reden wir später drüber.»

Im Laufe des Tages rief Tony sie aus dem Weißen Haus an und nannte ihr ein Restaurant. Als sie sich dort trafen, sagte er ihr, dass er länger als die vereinbarten zwei Jahre in Washington bleiben wolle, aber nicht mit ihr. Dann fuhr er zurück zur Arbeit. Am nächsten Tag reiste sie ab nach Norden zu ihrer Farm.

Mitte Mai 1994 erhielt Holbrooke um Mitternacht in Deutschland einen Anruf von Strobe Talbott, der stellvertretender Außenminister geworden war. Der Assistant Secretary für Europa, ein Wall-Street-Anwalt namens Stephen Oxman, war ein Reinfall. Die Europa-Abteilung war führungslos, während es in Bosnien immer schlimmer wurde. Außerdem stand die Frage der NATO-Erweiterung im Raum. Talbott und Tom Donilon, Christophers Stabschef, wollten Christopher überreden, Oxman durch Holbrooke zu ersetzen.

«Hör zu, Strobe», sagte Holbrooke. «Du erwartest von mir, dass ich auf eine Gehaltsstufe zurückkehre, die ich vor siebzehn Jahren hatte, in einer Situation, in der dieser Posten an Bedeutung verloren hat.» Er erklärte, dass er aus persönlichen Gründen – Kati – in einem Jahr seine Karriere beenden wolle, bis dahin gebe es in Deutschland noch einiges zu erledigen.

«Na ja, wir wollten dich nicht zuletzt deshalb wieder ins Ministerium holen, damit auch deine Kritiker erkennen, dass du in kürzester Zeit außerordentliche Arbeit geleistet hast. Ich bitte dich, darüber nachzudenken», fuhr Talbott fort. «Schließlich war es Christopher selbst, der dich vorgeschlagen hat, daraus folgere ich, dass er weiß, dass du der beste Mann für den Job bist.»

Das stimmte nicht. Christopher fand Holbrooke noch immer unangenehm.

«Christopher und ich kommen schon miteinander klar», antwortete Holbrooke.

Auch das stimmte nicht, aber Holbrooke gab sich die größte Mühe, zu verbergen, was er wirklich dachte – dass Christopher zu eitel war, um Fehler zu riskieren. «Wir hatten noch nie Streit. Diese ganze Sache, dass wir nicht miteinander zurechtkämen – das ist alles sehr einseitig. Strobe, ihm fehlt als Außenminister die nötige Erfahrung, aber er hat nun mal dieses Amt, und es ist von Bedeutung für unser Land, dass wir ihm helfen. Das eigentliche Problem ist Tony, und das weißt du.»

«Tonys Verhältnis zu dir und zu allen anderen kann man eigentlich nur als fortlaufendes Psychodrama bezeichnen.»

«Wie sieht's denn momentan zwischen euch aus?»

«Nicht so schlimm wie bei dir, aber es ist schwierig. Weißt du, Tony kann noch lange in seinem Sessel sitzen, kann aber auch sein, dass er in zwei Wochen weg ist.»

«Wenn es wahrscheinlich ist, dass er geht, wäre es dann nicht in deinem und meinem Interesse, dass ich hier abwarte, damit wir dann machen können, was wir immer schon machen wollten – nämlich zwei der drei entscheidenden Posten zu besetzen, egal in welcher Kombination?»

«Ich glaube wirklich, dass sich die Chancen erhöhen, wenn du die Stelle annimmst.»

«Strobe, ich glaube, der Präsident weiß überhaupt nicht richtig, wer ich bin –»

«Kannst du mal damit aufhören», unterbrach Talbott. «Es tut richtig weh, wenn du das sagst.»

«Tut mir leid, Strobe, aber es tut weh, weil es stimmt. Und du weißt auch warum – weil sich nämlich Tony zwischen den Präsidenten und mich gestellt hat. Ich glaube, wenn der Präsident mich besser kennen würde, würde er begreifen, wie wertvoll ich für ihn sein könnte.»

Kurz bevor er auflegte, sagte Talbott: «Das würde natürlich auch bedeuten, dass du das Bosnienproblem lösen müsstest.»

Holbrooke sagte nicht, was er gern gesagt hätte: «Ich könnte das

Bosnienproblem nicht lösen, weil ich überhaupt nicht dafür zuständig wäre. *Niemand* ist zuständig – und das ist das eigentliche Problem an der ganzen Bosnien-Sache.»

Er hatte noch nicht abgelehnt – das würde ihn bei Clinton in ein schlechtes Licht rücken. Er hoffte aber, dass Talbott es sich anders überlegen würde. Denn Washington war ein Schlangennest, und der Posten war mindestens zwei Stufen zu niedrig für ihn. Auf einer anderen Ebene, die für alle offensichtlich war, nur nicht für ihn selbst, hatte er jedoch bereits beschlossen, den Job anzunehmen, weil er damit wieder an der Stelle mitmischen konnte, wo es zählte.

Noch hatte er das Angebot aber nicht. Anfang Juni, als Christopher Clinton auf einer Rom-Reise begleitete, frühstückte er mit Donilon auf seinem Hotelbalkon. Donilon hielt einen gelben Schreibblock und ging eine Liste von Dingen durch, die zu erledigen waren. «Chris, pass auf. Du musst entscheiden, wer die Europa-Abteilung leiten soll. Strobe und ich empfehlen dir dringend, Dick zu ernennen.»

Christopher antwortete, dass er Holbrooke nicht mochte und ihm nicht vertraute. Dann gab er nach. «Okay, ich nehme ihn. Aber er ist *dein* Problem.»

Holbrooke wurde von Bonn nach Rom beordert. Donilon und Talbott schenkten ihrem Boss ein drittes Glas Chardonnay ein, um ihn für den Termin zu stärken, aber es lief trotzdem nicht gut. Christopher hatte den Eindruck, dass Holbrooke den Posten überhaupt nicht haben wollte und Bedingungen stellte, die ihn irgendwie in die Pflicht nehmen sollten. Holbrooke seinerseits glaubte, dass Christopher seine Verachtung spürte, dass er Angst davor hatte, überstrahlt zu werden, dass er mit dieser Angst nicht ganz falsch lag, dass er fürchtete, Holbrooke habe es auf seinen Posten abgesehen, womit er ebenfalls nicht ganz falsch lag.

Als Holbrooke die Hotelsuite des Außenministers verließ und von einem Beamten aus dem Ministerium gefragt wurde, ob er die Stelle nehmen werde, sagte Holbrooke: «Welche Stelle?» Christopher hatte sich nicht durchringen können, ihm den Posten anzubieten.

Holbrooke hörte von Tarnoff, dass Lake gegen seine Ernennung war, und er war überzeugt, dass Christophers Zögern etwas damit zu tun hatte. Zwei weitere Wochen mussten Talbott, Donilon und Tarnoff hinter den Kulissen agieren, bis Christopher endlich die Ziellinie erreichte, und selbst dann musste Holbrooke noch nachhelfen, indem er eine Story über die Ernennung an die *Times* durchstach. Der Reporter gab ihm Deckung: «Mr. Holbrooke, den wir telefonisch in Berlin erreichten, erklärte: ‹Ich kann dazu wirklich nichts sagen.›»

Statt der üblichen Lobhudelei übernahm Christopher in der Ansprache zu Holbrookes Ernennungszeremonie im achten Stock einige der gehässigsten Sätze jener Geburtstagparty, deren Einzelheiten gerade erst in einem höhnischen *Vanity-Fair*-Porträt ans Licht gekommen waren, mit dem Holbrooke in Washington begrüßt wurde.

Dann kehrte Holbrooke in den sechsten Stock zurück und machte sich an die Arbeit.

Es ist nicht leicht zu verstehen, wenn man den Apparat nicht selbst kennengelernt hat, aber auf der Ebene, wo die wichtigen Entscheidungen getroffen werden, kann das politische Geschäft die Menschen zerstören. Es zerstörte Les Aspin, der Clinton mit Tränen in den Augen darum bat, ihn nicht zu entlassen, bevor er fünfzehn Monate später einen Schlaganfall erlitt und starb. Politische Beamte arbeiten unter höchstem Druck bis zur totalen Erschöpfung, und das für relativ wenig Geld (Holbrookes Gehalt fiel innerhalb eines Jahres von über einer Million auf 123 000 Dollar). Sie ertragen Vierzehn-Stunden-Tage, endlose Sitzungen, Berge von Akten und eine erbarmungslose Presse. Trotzdem gibt es für diese Leute, deren Egos quasi von Amts wegen riesig sind, keinen objektiven Maßstab, an dem sie ihre Leistung messen können – keinen Jahresbonus, keine Wahlen, keine Sportstatistiken oder Bestsellerlisten –, weshalb sie sich auf andere, demütigende Weise vergewissern müssen, dass sie ganz oben angekommen sind: die Lage des Büros, Teilnahme an bestimmten Sitzungen, Gunst des Präsidenten. Nur wenn es auf Kosten anderer geht, können sie sicher sein, dass sie geschätzt werden. Wenn jemand strahlt, steht ein anderer im Schatten. Jeder hat einen Wert, der steigt und fällt, den ganzen Tag lang, wie an der Börse. Wenn man aber seinen eigenen Wert nur einen Moment lang aus dem Blick verliert, hat man verloren. Weshalb die hochwichtigen Angelegenheiten des Staates auf einer Ebene verhandelt werden, wo Kleinlichkeit und Sticheleien an der Tagesordnung sind.

Dies mag der Grund sein, warum die Außenpolitik brutaler ist als jeder andere Bereich. Anders als in der Innenpolitik, wo man sich bei seinen Entscheidungen an Arbeitslosenzahlen und Umfragewerten orientieren kann, versteht niemand wirklich, was da draußen in der Welt vor sich geht, und die Zeit reicht nicht, um es sich anzulesen. In der Außenpolitik geht es letztendlich um den unverhüllten menschlichen Charakter.

Und doch – das sollte man nicht unterschätzen – haben die Regierenden ein tiefes Verantwortungsgefühl für Dinge, die im Kern unkontrollierbar sind. Sie arbeiten sich an unlösbaren Problemen ab, oder sie meiden die Probleme von vornherein, weil es ohnehin nur wenige gibt, für die es bürokratische Lösungen gibt, und weil die wenigsten Bürokraten bereit sind, ihre Karrieren dafür zu riskieren. Doch die meisten von ihnen sind mit Idealen angetreten, mit tief empfundenen Idealen, und im Laufe der Zeit zerbrechen sie unter ihren eigenen Unzulänglichkeiten. Wie können sie also nicht anfangen, sich gegenseitig zu bekriegen?

Bosnien konnte die Beziehung zwischen Lake und Holbrooke nicht belasten – denn sie war bereits vergiftet. Doch als sie begannen, auf höchster Ebene an dem größten Thema zu arbeiten, das es damals gab (und, das darf man nicht vergessen, sie waren sich in Bezug auf Bosnien einig, tatsächlich *einig*), spürte jeder um sie herum, dass die Spannungen nicht nur mit Bosnien zu tun hatten, dass unter dieser Bosnienfrage Schichten und Schichten von Erfahrungen und Kränkungen lagen. James Steinberg, Christophers Politischer Direktor, kehrte eines Abends von einer besonders angespannten Sitzung im Weißen Haus ins Außenministerium zurück, setzte sich bei Donilon ins Büro und sagte: «Verdammt, was ist mit diesen Typen in Vietnam eigentlich passiert?»

Holbrooke begann wieder, seine eigene Geschichte auf Kassette aufzuzeichnen. Seine Stimme klingt anders als dreißig Jahre zuvor im Mekong-Delta. Ihr fehlt die Frische und die Begeisterungsfähigkeit von damals. Jetzt blickt ihm die historische Bedeutung über die Schulter, gleichzeitig flüstert ihm Gehässigkeit ins Ohr. Er ist auf dem Höhepunkt seiner Kräfte, er ist mit Kopf und Herz bei der Sache, und so zeigt er sich von seiner besten Seite, und gleichzeitig von seiner schlimmsten.

Richard Holbrooke als junger Mann.

RH in Südvietnam.

Mawell Taylor, Stewart Alsop und RH im Cercle Sportif in Saigon.

Anthony Lake in Südvietnam.

Blick von Holbrookes Balkon in Soc Trang.

RH und David Halberstam im Mekong-Delta.

RH mit Soldaten der 21. Division der südvietnamesischen Armee.

Von links: Anthony Lake, südvietnamesischer Standesbeamter, James Rosenthal, Litty Holbrooke, Britta Rosenthal, Antonia Lake (abgeschnitten).

Lyndon B. Johnson (zweiter von links), RH (dritter von rechts) im Kabinettsraum des Weißen Hauses.

RH mit David und Anthony Holbrooke.

RH im Büro von *Foreign Policy*.

RH, Cyrus Vance und Anthony Lake im Außenministerium.

Muska und Zbigniew Brzezinski (Mitte), RH (rechts) auf der Großen Mauer in China.

RH und Ferdinand Marcos.

Diane Sawyer und RH.

RH mit dem deutschen Außenminister Klaus Kinkel.

Slobodan Miloševic und RH in Dayton, Ohio.

**Die von dem bosnischen Bäcker
geschnitzte Holzfigur.**

Kati Marton.

Die Belagerung von Sarajevo.

Von links: Bill Clinton, Anthony Lake, Madeleine Albright, RH.

Unfall des gepanzerten Mannschaftstransporters am Igman.

Hillary Clinton und RH in New York.

**RH mit einem Kämpfer
der Befreiungsarmee
Kosovos in Junik, Kosovo.**

Angela Merkel und RH in der American Academy in Berlin.

Robert De Niro und RH im Waldorf Astoria in New York.

Von links: RH, James Jones, Michele Flourney, Barack Obama im Oval Office.

RH mit Mitarbeitern im Außenministerium.

RH, Hamid Karzai und David Petraeus.

RH mit Flüchtlingen in Pakistan.

RH kurz vor seinem Tod.

VI.

Dies ist ein sehr schlechter Tag für die Regierung, Goražde ist vor die Hunde gegangen, die Regierung wirkt machtlos. Die Optionen, die sie in Betracht gezogen haben, scheinen angesichts der Größe des Problems alle unzureichend. Diese halbherzigen Maßnahmen, die mich an die Operation Rolling Thunder gegen Nordvietnam erinnern, sind einfach nicht die richtige Herangehensweise. Wir sollten entweder richtig angreifen – indem wir zum Beispiel alle Brücken über die Drina sprengen – und den Serben deutlich zu verstehen geben, dass es nur schlimmer werden kann, bis sie aufhören, oder wir sollten die Hände in den Schoß legen. Kleine Stiche werden einfach nicht funktionieren, und doch schien genau das den Leuten heute vorzuschweben. Es ist ein gefährlicher Kurs, denn er scheint mir derjenige zu sein, bei dem die Wahrscheinlichkeit des Scheiterns am höchsten ist.

Ich habe Strobe gesagt, dass ich glaube, dass die Regierung in Bosnien noch nicht ein einziges Mal das Richtige getan hat. Sie haben Chaos geerbt, und sie haben alles noch schlimmer gemacht. Ich habe vorgeschlagen, unsere Taktik nicht täglich anzupassen, bevor wir ein strategisches Ziel formuliert und seinen politischen Preis berechnet haben, bis wir wissen, ob es sich lohnt und ob die Öffentlichkeit hinter uns stehen wird. Hört sich einfach an, aber es ist genau das, was wir in Vietnam versäumt haben, und was wir jetzt gerade wieder versäumen, während wir den Ball hin und her spielen.

Ich habe am Abend mit Les Gelb gesprochen, der erzählt hat, dass er das schlimmste Gespräch aller Zeiten mit Tony Lake gehabt hat, ein dreißigminütiges Schimpfen und Brüllen, womit das letzte Band der Freundschaft, das ihnen noch geblieben war, zerrissen ist. Ich sagte Les, dass es zwar lange gutgegangen sei, aber unausweichlich gewesen sei, dass ich auch keineswegs überrascht sei, höchstens von der Tatsache, dass er so lange loyal gewesen sei. Ich habe Les gesagt, dass er mehr für Tony getan hat als jeder andere, abgesehen von Sandy Berger, ohne den er nie Nationaler Sicherheitsberater geworden wäre. Les hat ihn 1992 unter die Fittiche genommen und ihm alles beigebracht, und er selbst ist aus der Antikriegsecke rausgekommen und hat sich in der Öffentlichkeit als gemäßigter Konservativer neu zu Vietnam positioniert. Und ich habe Les gesagt, dass Tony wohl nie etwas Vergleichbares für ihn getan habe, jetzt müsse er sich damit abfinden, dass ihre Freundschaft sehr einseitig gewesen sei und dass Tony nicht mehr sein Freund sei. Das ist bitter für Les, aber Tony arbeitet ja seit Jahren daran, seine Freunde einen nach dem anderen abzuservieren, er hat seinen Ehrgeiz und sein Konkurrenzdenken nämlich einfach nicht im Griff. Ich bin mir sicher, wenn das hier alles vorbei ist, wenn Tony, der noch immer sehr klug ist und auch charmant sein kann, dann versteht, was er getan hat, wird er versuchen, die Dinge wieder einzurenken, aber bis dahin wird viel passiert sein, und er wird einen hohen Preis gezahlt haben.

Ich habe Les gesagt, dass mich das alles nichts mehr angeht. Dass es Tonys größter Fehler gewesen sei, den Würgegriff zu lockern, in dem er mich hatte, und mit dem er meine Chancen auf irgendwelche Ministeriumsposten blockieren konnte – und als ich diesen Job hier bekommen habe, hat er die Kontrolle über mich verloren.

Ich habe gerade mit T. gesprochen, die heute einen schweren Tag hatte, aber glücklicher und liebevoller war als je zuvor. Les hat übrigens gesagt, dass er sie zwar wunderbar findet, dass er aber auch gern mit mir unter vier Augen sprechen möchte, bevor ich irgendwelche unumkehrbaren Entscheidungen treffe, und ich habe versprochen, dass ich ihm die Gelegenheit geben werde, weil ich weiß, dass er es gut mit mir meint.

Damals in den Sechzigerjahren dachte ich, dass Intelligenz die weit wichtigste Eigenschaft ist, die man für die Regierungsarbeit braucht. Ich glaube noch immer, dass sie wichtig ist – niemand will in den Ministerien Idioten sitzen haben. Aber ebenso entscheidend ist Charakter. Unter dem Druck der Ereignisse hat man nie mehr als fünf, höchstens zehn Prozent der Fakten, die man für eine Entscheidung eigentlich benötigt. Oft muss man sogar auf der Grundlage von zwei Prozent der Informationen entscheiden, die man eigentlich bräuchte. Man braucht also eine Reihe von leitenden Prinzipien, ein Wertesystem und eine unerschütterliche Integrität, weil man sonst von den Meinungsumfragen, dem Druck und der aus dem Kompetenzgerangel der Bürokratie entstehenden Verwirrung überrollt wird. Wem es dabei an Charakter mangelt, der gerät bald unter die Räder.

In der gegenwärtigen Regierung ist fraglos Strobe Talbott derjenige, der sich unter Druck als besonders charakterfest erwiesen hat, der seine Werte und seinen angeborenen Anstand bewahrt hat. Unter denjenigen, die in dieser Regierung ihre Charakterlosigkeit offenbart haben, muss wohl als Erster Tony Lake genannt werden, der noch immer der intelligenteste Mensch im gesamten Regierungsapparat ist, aber den schwächsten Charakter und die größte Persönlichkeitsveränderung gezeigt hat. In geringerem Maße auch Warren Christopher, der sich zwar nicht verändert hat und auch eine gewisse Charakterstärke hat, der aber schwach ist und jedem Druck nachgibt, den er spürt. Christopher ist ziemlich intelligent, aber sein Intellekt ist der eines Anwalts, ihm fehlt Orientierung, eine Grundüberzeugung. Nach dem Frühstück in Rom ist mir klar geworden, dass er buchstäblich keine Ahnung hat, was seine Aufgabe im klassischen Sinn ist. Er weiß nicht, welche außenpolitischen Ziele wir verfolgen, und wenn man ihn fragen würde, würde er vermutlich antworten, dass es ihm darum gehe, die wirtschaftliche Macht Amerikas in der Welt zu stärken. Das mag sich in der Öffentlichkeit ganz gut anhören, reicht aber längst nicht aus, um den Anspruch zu erfüllen, den sein Amt mit sich bringt.

Aber es gibt natürlich niemanden, von dem ich so enttäuscht bin wie von Tony. Seit er den Job übernommen hat, ist er wie ausgewechselt, es ist, als wäre er in die Haut von Henry Brzezinski geschlüpft. Er hat alle seine Vorsätze in den Wind geschlagen, ist verschlossen, manipulativ, unehrlich, er verteidigt seinen Zugang zum Präsidenten, hält die Leute von ihm fern. Da er und Warren Christopher eine oberflächliche Herzlichkeit pflegen, bei der keiner der beiden weiß, wie er mit dem anderen reden soll, ist das System von der Spitze her dysfunktional. Ich bin mir nicht sicher, ob sich der Präsident darüber im Klaren ist, auf jeden Fall ist er dabei der große Verlierer.

Bevor ich in die Clinton-Regierung eingetreten bin, habe ich immer gesagt, dass es zwei Arten von Präsidenten gibt. Denjenigen, die eine Aura hatten, wie Reagan und Kennedy, haben wir die größten Fehler verziehen, wie die Schweinebucht oder die Iran-Contra-Affäre. Die anderen mussten ihre Sache immer besonders gut machen, sie hatten nur ihre eigenen Leistungen, die sie beliebt oder unbeliebt machten, sie mussten sich ihre Lorbeeren verdienen. Damals habe ich gesagt, dass Clinton diese Aura hat, und ich habe es wirklich geglaubt. Auch wenn ich mich noch dagegen sträube, wird mir doch immer klarer, dass er diese Aura nie entwickeln wird. Ich hoffe, dass er sich aus seinem Umfragetief erholt, aber ich bezweifle, dass er die Aura je erlangen wird.

Wir können es uns nicht erlauben, alle vier Jahre den Präsidenten auszutauschen, wir können uns ein Scheitern der Clinton-Regierung nicht leisten. Die Folgen wären – vor allem im Inland – unabsehbar. In der Außenpolitik ist der Unterschied geringer, aber in der Innenpolitik ist Clinton besser als jeder Kandidat, den die Republikaner je ins Rennen schicken könnten. Er will die Dinge anpacken, er will unsere Probleme lösen – das ist die politische Führung, die wir brauchen. Aber in der Außenpolitik kennt er sich nicht aus, und das gefährdet seine Präsidentschaft.

Ich hatte ein kurzes, vertrauliches Gespräch mit George Stephanopoulos, er wollte sich nicht im Weißen Haus treffen, aus verschiedenen Gründen, die ich nicht ganz nachvollziehen kann. Den größten Teil der Zeit habe ich damit verbracht, ihm die Lage in Bosnien darzustellen, doch am Ende habe ich mir eine persönliche Bemerkung erlaubt. Ich sei zutiefst getroffen und tatsächlich entsetzt, sagte ich, dass ganz offensichtlich junge Mitarbeiter des Weißen Hauses Zitate an die Presse gegeben hätten, die meine Aktivitäten in Berlin während des Präsidentenbesuchs absichtlich verunglimpft hätten. George, der genau wusste, wovon ich sprach, entschuldigte sich umständlich und distanzierte sich von diesen Mitarbeitern. Gleichzeitig gab er aber auch zu, über den Artikel in *Vanity Fair* mit Marjorie Williams gesprochen zu haben.

Frank Wisner, der anderthalb Jahre lang im wahnwitzigen System unter Les Aspin seinen Mann gestanden hat, geht jetzt als Botschafter nach Neu-Delhi, er ist gewaltig erleichtert und meint, ich steuere in eine Situation hinein, die einem Albtraum gleiche. Auch Les Aspin hat dem Druck nicht standgehalten, er hat sich verbogen und ist letztendlich daran zerbrochen. Charakterschwächen, die er als Kongressabgeordneter unter Kontrolle hatte, brachen hervor, als er Verteidigungsminister wurde. Er hatte sich zu keiner Zeit im Griff, seine Wutanfälle und sein kindisches Verhalten machten es Tony Lake und Warren Christopher leicht, sich im Oktober, November 1993 auf ihn als Opferlamm zu einigen und ihn über Bord zu werfen, um sich selbst zu retten. Was sie auch taten, was ihre eigenen, grundlegenden Probleme allerdings nicht löste. Ein spätes Abendessen mit Frank bei unserem Lieblingsjapaner, bei dem er charmanterweise die Rechnung übernahm. Ich fragte ihn, ob er glaube, dass wir einfach nur älter geworden seien, oder ob Washington sich verändert habe. Washington habe sich verändert, meinte er, die Arbeit mache keine große Freude mehr. Die Politiker würden nicht mehr respektiert, man schaue nicht mehr zu ihnen auf. Der einfache Bürger habe den Eindruck, dass der Politikbetrieb nur noch sich selbst diene und niemandem sonst. Es gebe einfach nicht mehr diese Hochachtung vor dem Staatsdienst oder dem nationalen Interesse, die, wie wir jetzt verstünden, ein Erbe des Zweiten Weltkriegs und des Kalten Krieges gewesen sei. Übereinstimmend erklärten wir, dass wir keine weiteren Regierungsposten mehr übernehmen würden. Wir bereuten zwar nicht, diese Laufbahn eingeschlagen zu haben, die voller angenehmer und faszinierender Ereignisse gewesen sei, aber es werde einem nicht mehr mit Freude gelohnt.

Wenn ich heute das nächste Jahr meines Lebens schreiben müsste, würde ich sagen, dass ich weniger als ein Jahr lang als Assistant Secretary of State dienen werde, dass ich die Abteilung neu organisieren und die amerikanische Haltung Europa gegenüber zwar öffentlich kommunizieren, aber ohne viel Aufhebens umsetzen möchte. Dann verlasse ich das Ministerium, gehe nach New York und bleibe bei Trenchant. Meine Begeisterung für diese Arbeit ist fast völlig verschwunden. Wenn der Präsident nicht bereit ist, meinen Beitrag zur Regierungsarbeit anzuerkennen, gibt es für mich keinen Grund mehr, ihn weiter zu leisten. Ich habe, zumindest vorläufig, meinen Elan und meine Begeisterung für die Politik verloren, wenn sie nicht höchst effektiv ist, und meine Ziele – ich habe immer diesen Ehrgeiz gehabt, der für sich genommen weder bewundernswert noch anrüchig ist, denn es kommt darauf an, für wen oder was man ihn einsetzt – habe ich, so sehe ich es zumindest, erreicht.

Mag sein, dass morgen alles wieder anders aussieht. Diese Notizen sind nur eine Momentaufnahme meines Überdrusses und meines sehnlichen Wunsches, mit Trenchant in einer anderen Stadt ein anderes Leben zu führen. Ich kenne natürlich meine eigene Rastlosigkeit, und es ist gut möglich, dass ich in New York genau das vermissen würde, dessen ich jetzt gerade so überdrüssig bin.

Gestern fand die Anhörung im Bestätigungsverfahren statt, ich habe eine recht angenehme Stunde vor dem Ausschuss verbracht, die Senatoren Biden und Lugar waren beide voll des Lobes für meine Arbeit.

Biden versuchte allerdings, mich in der Bosnien-Frage als Gegenspieler zu Christopher und der Regierungsspitze darzustellen, und er sagte voraus, dass es zwischen mir und ihnen in dieser Sache zu Auseinandersetzungen kommen würde. Ich hielt mich zwar zumindest in Andeutungen an die Regierungslinie, aber Biden wusste natürlich, dass er recht hatte. Vorher hatte ich mich mit Biden unter vier Augen getroffen, um eine gemeinsame intellektuelle und moralische Grundlage herzustellen. Der Termin fand in den wunderschönen und prunkvollen Räumen des Vizepräsidenten statt, die an die Senatskammer grenzen, wo gerade die Debatte über die Krankenversicherungsreform stattfand. Vorher hatte ich schon kurz mit zehn oder fünfzehn Senatoren gesprochen, von denen die meisten alte Bekannte sind, wie Sam Nunn, John Danforth und Paul Simon. Mein Gespräch mit Biden war schwieriger. Sein Ego und seine Unfähigkeit, anderen Leuten zuzuhören, machten es unangenehm. Trotzdem war es nützlich.

Am Sonntagnachmittag fand das Treffen zwischen Präsident Clinton und Izetbegović statt. Ich saß im Halbkreis neben Tony, und als Izzy sprach, nickte ich ein paar Mal zustimmend, ich sah ihn direkt an und versuchte, ihm Mut zu machen, wo ich es für nötig hielt. Plötzlich flüsterte Tony aus dem Mundwinkel heraus: «Hör auf zu nicken.»

«Was?»

«Du sollst nicht nicken», zischelte er.

«Warum denn nicht?», fragte ich.

«Weil du mit deinem Nicken andeutest, dass wir achtzigtausend Soldaten nach Bosnien schicken werden», antwortete er.

Ich war so überrascht, dass ich während der Sitzung beinahe laut aufgelacht hätte. «Tony», flüsterte ich, «ich glaube nicht, dass man das so lesen kann, ich habe ihn nur ein wenig ermutigt.» All das, während sich Izzy, der Bosnisch sprach, und der Übersetzer abwechselten. Ich habe noch länger darüber nachgedacht, ich habe zu verstehen versucht, was in den einst so beherrschten Mann gefahren ist, der sich nie viel daraus gemacht hat, dass er der gesellschaftlichen Elite entstammt. Ich habe mir auf einem Zettel eine Notiz gemacht: «Ein Kontrollsüchtiger, der die Kontrolle verloren hat.»

Tom Donilon hat mir am Abend erzählt, dass Warren Christopher mit der Unterstützung, die er durch die Europäische Abteilung erhält, vor allem auch mit meiner persönlichen Arbeit sehr zufrieden ist. Diese Art von Lob bedeutet mir nicht sehr viel, muss ich sagen, da ich ihm schon unter Carter in einem vergleichbaren Posten mehr als angemessen zugearbeitet habe und es nicht für besonders erwähnenswert halte, dass ich es nun wieder tue. Ich muss sagen, dass EUR unter Clinton schwieriger ist, als es EA unter Carter war. Einer der Hauptgründe ist natürlich Bosnien – ein Problem, das viel vertrackter ist als alles, was uns in Asien, einschließlich China und Vietnam, begegnet ist. Aber darüber hinaus gibt es in Bezug auf die Genauigkeit und die politische Rückendeckung einen spürbaren Unterschied zwischen Vance und Christopher. Vance, so ist mir neulich wieder aufgefallen, als ich mit ihm zu Mittag gegessen habe, war nicht sonderlich einfallsreich, aber er war genau und scharfsinnig und konnte eine Menge Fakten abrufen. Bei Chris dagegen ziehen sich die Dinge hin, man spürt seinen Widerwillen, alles geschieht in winzigen Schritten, und er ist viel vorsichtiger, als Cy je gewesen ist. Viele sehen eine Ähnlichkeit zwischen den beiden, aber das halte ich für falsch. Ich würde mich immer für Cy entscheiden, in jedem Fall.

Morgen reise ich nach Sarajevo. Es wird mein dritter Aufenthalt in diesem Kriegsgebiet in den vergangenen fünfundzwanzig Monaten sein. Aber diesmal wird es anders sein – ich reise mit einer großen Delegation, die mich sicherlich behindern wird. Trotz allem bin ich sehr froh, dass mich meine früheren Besuche auf all das vorbereitet haben. Alles, was ich über die Region und seine Probleme höre, dazu die politische und administrative Zwangslage, in der wir uns befinden, bedrückt mich zusehends. Objektiv gesehen wäre es das einzig Richtige, militärischen Druck auf die Serben auszuüben. Sie sind die Aggressoren, und ihre irredentistischen Ziele bedrohen die gesamte Region. Ich bezweifle aber, dass die amerikanische Bevölkerung oder ihre Regierung den Willen dazu hat, die Briten und Franzosen sind eindeutig dagegen und drohen, ihre Friedenstruppen abzuziehen, um die eigenen Soldaten zu schützen, und die Risiken sind enorm – und sie steigen noch, wenn wir nicht bereit sind, es bis zum Ende durchzuziehen. Es ist ein quälendes Problem, und die letzten anderthalb Jahre, in denen es falsch angegangen wurde, haben es noch schlimmer gemacht.

Ich bin nach wie vor überzeugt, dass das Waffenembargo unmoralisch ist und aufgehoben werden sollte, damit sich die bosnischen Muslime verteidigen können, aber es wird unter den gegebenen Bedingungen äußerst schwierig sein, etwas Derartiges zu erreichen. Die Bosnier durch verdeckte Nachschublieferungen am Leben zu erhalten, scheint mir die bessere Option zu sein, aber auch mit diesem Vorschlag bin ich noch nicht weit gekommen.

Dienstag, 8. November, der Tag der Zwischenwahl. Eine seltsame und denkwürdige Äußerung von Clinton. Zu Reagans jetzt schon berühmtem Brief, in dem er der Welt mitteilt, dass er an Alzheimer leidet, sagte er: «Wissen Sie, die sind wirklich schlau. Ich wette, dass sie diesen Brief so kurz vor der Wahl veröffentlicht haben, um Mitleid zu schüren und die Aufmerksamkeit von uns wegzulenken.» Anfangs dachte ich, Wie absurd!, aber näher betrachtet schien es mir doch wahr zu sein. Dann sagte er etwas, das noch denkwürdiger war: «Wissen Sie, die Republikaner verstehen etwas davon, wie man die symbolische Macht der Präsidentschaft einsetzt. Wir Demokraten können das nicht. Ich fange gerade erst an, es zu lernen.» Und ich dachte, wie seltsam, wie berührend und gleichzeitig deprimierend das ist, wie scharfsinnig und auch aufschlussreich. Clinton ist klug, und er hat den symbolischen Wert der Präsidentschaft besser erkannt, als sein eigenes Verhalten vermuten ließe. Aber er hat sich mit Teenagern und Kindern umgeben, die ihm nicht das Wasser reichen können. Aber er hat sie ausgewählt und

Sie werden mich an Bord holen

hält zu ihnen, weil nämlich die Probleme letztendlich auf ihn selbst zurückfallen. Seine Stärken haben ihn bis ins Weiße Haus getragen, und jetzt behindern ihn seine Schwächen.

Ich sehe mir diese Wahlergebnisse an, und die Verluste der Demokraten sind so drastisch, dass man sich – dass ich mich komplett entmutigt fühle. Mit Jesse Helms und Bob Dole als Mehrheitsführer und einer ganzen Reihe aggressiver Republikaner werden die nächsten Monate und die nächsten zwei Jahre hier in Washington noch einmal wesentlich ungemütlicher. Das wird keinen Spaß machen. Was mir ohnehin schon kein Vergnügen mehr bereitet hat, wird jetzt noch unangenehmer.

Ich soll am Nachmittag mit Kati zu Thanksgiving nach London fliegen, stehe aber schon seit gestern unter Druck, die Reise wegen der Krise in Bosnien und wegen des allgemeinen Unbehagens im Büro abzusagen. Ich denke, ich werde trotzdem fliegen, aber das wird die unglaublichen Spannungen, die wir im Moment haben, nur noch weiter verschärfen. Es sieht so aus, als hätte die letzte Woche meinem vorzeitigen Ausscheiden aus dem Ministerium und damit, so glaube ich, auch meinem endgültigen Rückzug aus der Politik mehr oder weniger den Boden bereitet. Es ist das Ergebnis einer Reihe von Ereignissen, die mir die Freude an der Arbeit vergällt und mich selbst in den Augen anderer unliebsam gemacht haben.

Mein Versuch, eine klare Linie in die chaotische Bosnienpolitik zu bringen, war einigermaßen erfolgreich gewesen, Strobe und ich hatten auf eine UNO-Resolution und einen NATO-Beschluss hingearbeitet, Luftangriffe in der Region durchzuführen, was zwar nicht die Wende gebracht hätte, aber zumindest notwendig war, um zu beweisen, dass wir bereit sind, militärisch einzugreifen. Inmitten dieser Situation machte Tony einen unscheinbaren, aber klugen Schachzug, und ich reagierte über, was dazu geführt hat, dass ich die schmerzhaftesten Tage seit Langem in meiner politischen Arbeit erleben musste. Tonys Zug war sehr einfach. Er schloss mich aus einer Sitzung aus, die mit dem Generalsekretär der NATO, Willy Claes, geplant war, einem Mann, mit dem ich eng und erfolgreich zu mehreren wichtigen Themen zusammengearbeitet habe. Ich rief Strobe und Peter an und sagte, dass es ein Fehler sei, aber sie unterstützten mich nicht. Am Sonntag rief mich Strobe an und informierte mich, dass Christopher selbst an der Sitzung teilnehmen werde. Ich reagierte sehr schlecht und sehr ungestüm, und Strobe antwortete nicht weniger ungestüm, es war das schlimmste Gespräch, das wir je hatten. Ich sagte Strobe, dass er und Christopher mich hintergangen hätten – stärkere Worte, als ich hätte verwenden sollen – und Strobe schoss zurück. Ich sagte ihm, dass die Angelegenheit mein Ausscheiden aus dem Amt nur beschleunigen würde. Der Schaden sei nicht zu beheben, zumindest nicht in nächster Zeit.

Unterdessen wurde die Lage in Bosnien immer gefährlicher. UNO und NATO arbeiteten ausnahmsweise mal mit großer Geschwindigkeit und verabschiedeten neue Resolutionen, die NATO-Luftschläge in Kroatien während der aktiven Kampfphasen vorsahen. Ich war an jedem Schritt in dieser schwierigen Entscheidung – dem Versuch, den Krieg einzudämmen, indem wir ihn erweitern – zentral beteiligt. Wir hatten keine Wahl angesichts der Tatsache, dass serbische Flugzeuge von Kroatien aus über internationale Grenzen flogen, um die Bihać-Enklave anzugreifen. Der Schlag war zwar die größte Militäraktion in der Geschichte der NATO, genügte aber nicht, um die Serben abzuschrecken. Es dauerte nur Stunden, bis sie ihre Offensive gegen die Stadt Bihać wieder aufnahmen.

Bei allen Beteiligten, zumindest aber bei mir, hinterließ die Situation ein mulmiges Gefühl. Was als Nächstes passieren wird, ist unklar. Ich bin trotzdem weiterhin entschlossen, nach London zu fliegen.

Das Abendessen gestern wurde immer wieder von Anrufen gestört – Donilon flehte mich an, nicht nach London zu fliegen, Frontberichte, andere Unterbrechungen. Es war genau das, was ich am wenigsten mag, auch wenn unsere Gäste offenbar das Gefühl hatten, dass es sie irgendwie mit wichtigen Ereignissen verband – eine Perversion, wie sie nur in Washington zu finden ist. Ich empfand es als störend, und ich hätte mich auch gestört gefühlt, wenn ich selbst der Gast gewesen wäre und der Gastgeber eine Stunde zu spät gekommen wäre, was ich tat, und dann einen Anruf nach dem anderen angenommen hätte. Aber – und so ist das nun mal Washington – es machte ihnen nicht nur nichts aus, sie schienen sich sogar aufrichtig über diese Berührung mit der Geschichte zu freuen.

Noch spät am Abend erreichten mich düstere Nachrichten. Bob

Sie werden mich an Bord holen

Frasure, mein Stellvertreter, rief mich beim Essen an und sagte, dass die Serben einen Kilometer vor Bihać stünden und der Einmarsch unmittelbar bevorstehe.

Heute Morgen um 6 Uhr 15 kam aus London die Meldung, das britische Verteidigungsministerium sei der Meinung, dass die Situation weniger kritisch sei, als wir gehört hätten. Mag sein, dass sie recht haben, aber mein erster Eindruck war, dass hier das ominöse Muster fortgesetzt wird, nach dem die Briten gern Dinge runterspielen, um sich selbst nicht unter Handlungsdruck zu setzen. Im Ergebnis tun sie immer zu wenig, und das Wenige tun sie zu spät.

Also, jetzt – ins Büro und dann nach London.

Etwa vier Stunden vor dem Abflug kam Strobe Talbott ins Büro, er sah sehr niedergeschlagen und deprimiert aus und bat mich noch einmal, nicht zu fliegen. Er mache sich zu Christophers Laufburschen, antwortete ich, wenn Christopher nicht den Mumm habe, mich direkt zu fragen, wie es sich für einen Außenminister gehöre, solle er sich nicht instrumentalisieren lassen. Ich sagte ihm ganz offen und ziemlich emotional, emotionaler, als nötig gewesen wäre, dass es eine Beleidigung meiner Stellvertreter sei, zu unterstellen, sie würden mit der Situation in meiner Abwesenheit nicht zurechtkommen. Wenn ich absagen würde, erklärte ich, könne das für meine Beziehung zu T. außerdem Folgen haben, die so enorm seien, dass sie für mich schlicht nicht akzeptabel seien. Ich habe dem Außenministerium schon zwei Ehen geopfert, und ich bin nicht bereit, diese Beziehung auch noch aufzugeben. Er stand zerknirscht auf und ging zur Tür. Eine Stunde später rief er an und sagte, er habe sich um alles gekümmert, ich könne fliegen. Ich dankte ihm.

Unterdessen rief Gelb an, er war betroffen darüber, dass Tony Lake von Sandy Berger gehört hatte, ich würde verbreiten, dass Tony es nicht ertragen könne, mit Sandy in einem Raum zu sein, und ihn loswerden wolle. Es war klar, dass meine Bemerkungen zu Sandy zurückgefunden hatten, und dass Sandy sie Tony gegenüber wiederholt hatte. Ich entschuldigte mich mehrmals bei Les und erklärte wahrheitsgemäß, ich verstünde nicht, wie es dazu gekommen sei. Strobe verwahrte sich gegen die Anschuldigung, es sei nicht von ihm gekommen, aber soweit ich mich erinnern kann, war er der Einzige, mit dem ich darüber gesprochen hatte. Les war darüber sehr verärgert, was ich nachvollziehen kann, aber ich konnte nichts weiter tun, als mich dafür zu entschuldigen, dass ich mit Strobe darüber gesprochen hatte.

Die London-Reise machte mehr als deutlich, in welchem Zustand sich die Beziehung zu unseren NATO-Partnern befindet. Die Europäer sind nicht bereit, NATO-Einheiten einzusetzen, um den Muslimen zu helfen, und die USA selbst werden keine Bodentruppen in die Region entsenden. Der daraus resultierende Stillstand wird die Muslime mit Sicherheit ins Verderben stürzten, ein Rumpfstaat ist das Beste, auf das sie möglicherweise noch hoffen können. Die muslimische Offensive in Bihać hat einen serbischen Gegenangriff ausgelöst, der, Stand heute Morgen, vor einem durchschlagenden Erfolg steht. Karadžić und Mladić, die eine Gelegenheit gesehen haben, den Willen ihrer Feinde zu brechen, bevor der Winter sie in ihrer Isolation zur Aufgabe zwingt, setzen nun alles auf eine Karte, und der Westen weiß nicht, wie er reagieren soll. Die Antwort der Alliierten war erbärmlich. Und so stehen wir mit unserer Politik in der Region kurz vor dem Scheitern. Wir müssen uns also eine neue Strategie ausdenken, und es ist unvermeidlich, dass sie auf Kosten der Muslime gehen wird.

Mir wird schlecht angesichts einer solchen Strategie, die ich wohl oder übel mittragen muss. Allerdings fühle ich mich nicht verantwortlich, denn schließlich habe ich diese schreckliche Situation von meinen Vorgängern übernommen. Aber die Reaktionen der amerikanischen Regierung sind bisher ebenso schlimm gewesen wie die der Europäer, wenn auch auf andere Weise. Zum Beispiel sind meine Bemühungen um schnelle Antworten in der vergangenen Woche immer wieder durch Unentschlossenheit oder Differenzen oder Verwirrung zwischen Christopher und Lake gebremst worden. Die ständigen Einwände des Nationalen Sicherheitsrats gegen alles, was wir vorgeschlagen haben, hat sogar das Wenige, das wir noch tun wollten, verschleppt.

Niemand wagt es, rundheraus zu sagen, dass die Muslime den Krieg in seiner jetzigen Konstellation schon verloren haben, dass wir in dem dreieckigen Keil zwischen der kroatischen Küste, Sarajevo und der Tuzla-Ebene einen Rumpfstaat retten sollten, um einen Waffen-stillstand anzustreben und den internationalen Status des Landes zu erhalten. Niemand will sich darauf einlassen, und gleichzeitig will niemand die nötige Schlagkraft einsetzen, um den Muslimen zu helfen, den Krieg zu gewinnen. Die Rettung der Muslime kann jetzt nur noch durch NATO-Luftschläge und amerikanische Bodentruppen gewähr-leistet werden – was nicht mehr im Bereich des Möglichen ist. Ich hatte gehofft, eine Strategie zu entwickeln, die uns mit dem Status quo wenigs-tens durch den Winter bringt, aber die Bihać-Offensive hat diese Chance zunichte gemacht.

Nixon und Kissinger, die sich mit der unvermeidlichen Katastrophe in Vietnam konfrontiert sahen, gelang es, der amerikanischen Öffent-lichkeit vorzugaukeln, sie hätten einen ehrenhaften Frieden erreicht. Dabei haben sie die Südvietnamesen ans Schafott geliefert. Sie schoben dem Kongress die Schuld zu, machten einige kraftvolle Gesten und behaupteten, sie hätten alles in ihrer Macht Stehende getan. Dann stell-ten sie die Art des Abkommens mit Saigon falsch dar. Ich will damit nicht sagen, dass wir Ähnliches tun sollten. Dieses Maß an Zynismus ist nicht akzeptabel, abgesehen davon, dass die gegenwärtige Regierung, der es an Kohärenz und Disziplin mangelt, überhaupt nicht dazu fähig wäre. Aber Tatsache ist auch, dass wir unser Dilemma frontal angehen müssen, wir müssen uns der schrecklichen Situation, in der wir uns befinden, stellen, einige Prioritäten setzen und zusehen, dass wir eine starke amerika-nische Führungsrolle wiederherstellen. Das wird alles andere als einfach sein.

Tony Lake blockiert alle Maßnahmen, weigert sich aber, selbst wel-che zu ergreifen. Warren Christopher möchte durchaus etwas unter-nehmen, aber nichts Beherztes, er tastet sich vor und muss sich erst mit allen anderen abstimmen. Den Präsidenten scheint das alles nichts anzugehen. Und ich werde ständig von Tony angegriffen, und auf der siebten Etage ist Strobe der Einzige, der mich unterstützt. Und selbst auf ihn ist kein Verlass, weil es ihn teuer zu stehen kommen könnte und weil er konfliktscheu ist. Es bleibt mir nichts übrig, als einfach weiterzumar-schieren. Dabei habe ich das Gefühl, dass sich meine politische Laufbahn dem Ende entgegenneigt. Ich weiß nicht, wie ich unter den gegebenen

Umständen weitermachen soll, auch wenn ich es weiterhin versuche. Ich überlege schon, wie ich mit Ehre, Würde und einem intakten Ruf aus dem Amt scheiden könnte.

Am Samstag war ich mit dem Präsidenten, Christopher, Gore und Sandy Berger bei einem Mittagessen mit dem belgischen Premierminister. Das Gespräch war eine globale *tour d'horizon*, nicht weiter bemerkenswert.

Doch davor, als ich mit Christopher, Berger und Gore zum Vorgespräch ins Oval Office trat, war ich einigermaßen schockiert. Der Präsident sah von seinem Schreibtisch auf und sagte: «Ich wusste gar nicht, dass Sie mit Peter Jennings' Ex-Frau zusammen sind.» Er sah mir direkt in die Augen und fuhr fort: «Sie ist reizend, wirklich *sehr* reizend.» Ich bestätigte es und dankte ihm, und dann sagte er: «Das zeigt Ihren guten Geschmack, aber die Frauen – die verstehe ich nicht.» Ich wollte gerade etwas sagen wie: «Ich verrate Ihnen später gern mein Geheimnis, Mr. President», aber da sah Sandy auf die Uhr und erinnerte uns an den Grund für dieses Treffen.

Tony Lake tritt immer selbstbewusster auf. Zum ersten Mal war ich nun Zeuge, wie er Christopher unterbrach und dem Präsidenten in Anwesenheit ausländischer Gäste widersprach. Als die Niederländer da waren, hielt er eine ziemlich überraschende Rede über Demokratie und andere hochfliegende Dinge. Ich schätze, er wollte sich in einer Art Kissinger-Modus zeigen, aber es war nicht sehr beeindruckend. Und doch hatte er in diesem Raum voller Ausländer die viel größere Strahlkraft als Christopher. Es ist auch klar, dass er weiterhin seine Pressekontakte nutzt, um Warren Christopher zu untergraben. Les Gelb meint, dass er durchdrehen wird, wenn er das Weiße Haus verlässt. Ich glaube das nicht. Ich denke, dass er durch die Trennung von seiner Frau einen Teil von sich selbst befreit hat – zumindest den Teil, der mal wieder Sex haben will – und es nun endlich zugeben kann, und er wird dadurch ein wenig mehr Kontakt mit der Wirklichkeit bekommen. Aber tatsächlich nur ein wenig – von allen Menschen, die ich je kennengelernt habe, bleibt er derjenige, der sich selbst am hartnäckigsten verleugnet.

Peter Tarnoff hat erzählt, dass er und Mathea neulich mit Tony allein zu Abend gegessen hätten und dass Tony ihnen gesagt hätte, er fühle sich völlig befreit, eins mit sich selbst, er habe all die Schuldgefühle überwunden, die Schuldgefühle seinen Eltern gegenüber, vor allem aber seiner Frau gegenüber, dabei sei er nie fremdgegangen, als er mit ihr zusammen war, nicht ein einziges Mal in diesen dreißig Jahren, und so weiter. Die richtige Antwort, so Peter, wäre gewesen: «Hättest du es mal getan.» Peters Eindruck war, dass sich Tony das wirklich eingeredet hat, und so sehe ich das eigentlich auch – dass Tony selbstzufriedener sein wird, aber jetzt wird er sich erst recht von allen abkapseln, die er jemals kannte. Ich glaube, dass er wirklich sehr, sehr krank ist, dass er sich komplett selbst verleugnet, aber in dieser seltsamen Krankheit wird er möglicherweise glücklicher sein, und außerdem hat er sich seine Machtbesessenheit eingestanden und kommt damit offenbar auch klar. Das ist ziemlich erstaunlich.

Gestern Abendessen mit Toni, die sehr leidenschaftlich und auch verbittert erzählt hat, manchmal den Tränen nahe, wie ihr Mann sie nach dreiunddreißig Jahren abserviert hat. Sie sagte: «Warum hat er es nicht vor fünfzehn Jahren gemacht?» Und ich antwortete: «Weil er dich damals gebraucht hat.» Ein trauriger Abend war das. Mathea hat ihr eine Stelle in der Drogenbekämpfung vermittelt, was ihr Halt gibt, ein wenig Ausgeglichenheit, aber die Wut bricht doch immer wieder durch. Nach dreiunddreißig Jahren, sagt sie, ist sie noch nicht bereit, die Hoffnung aufzugeben, dass die Ehe zu retten ist. Sie ist durcheinander, aber am Ende, glaube ich, wird sie sich fangen. Es war schon erstaunlich, wie sie sich über die Kälte ihres Mannes beklagt hat – dass er überhaupt nicht mit ihr geredet hat. Ich habe sie daran erinnert, dass sie mir Ähnliches schon vor Jahren erzählt hat.

Bob Frasure wurde auf dem Weg nach Sarajevo, wo er die Verlängerung des Waffenstillstands verhandeln sollte, von den bosnischen Serben am Flughafen festgehalten und kam überhaupt nicht in die Stadt. Einer der demütigendsten Momente, den wir bisher in Bosnien erlebt haben, der zeigt, wie absolut schwach wir sind. Es mehren sich auch die

Anzeichen, dass die bosnischen Serben darüber nachdenken, das zu tun, was ich als «Saigon machen» bezeichne, nämlich alles auf eine Karte zu setzen.

Ich hatte Gelegenheit, dreißig oder vierzig Minuten lang mit Hillary Clinton allein zu sprechen, was nützlich und hilfreich war. Ich konnte ein paar grundlegende Dinge über den Wahlkampf sagen, wie sehr sich die Strategie eines Amtsinhabers von der eines Herausforderers unterscheidet, und betonte, wie schlecht wir bei außenpolitischen Themen dastehen. Am nächsten Tag rief der Präsident Strobe an und fragte, ob er über meinen Termin mit Hillary im Bilde sei, was Strobe bejahte. Clinton sagte, dass Hillary mich so verstanden habe, dass ich Tony Lake kritisieren würde, dessen Name interessanterweise in dem Gespräch nicht einmal gefallen war.

Eine Woche intensivster Gespräche mit Milošević sind gescheitert, trotz der heldenhaften Bemühungen von Bob Frasure, der mit großem Geschick verhandelt hat. Frasure konnte Milošević einfach nicht dazu bringen, einem sehr großzügigen Paket zuzustimmen. Es ist zurzeit noch unklar, ob Milošević überhaupt nicht die Absicht hatte einzuschlagen und uns hinhielt (so sehe ich das gerade, kann meine Meinung aber noch ändern), oder ob wir nahe dran waren, aber zu einigen Detailfragen keine Lösungen finden konnten. Das Ergebnis ist natürlich dasselbe. Morgen wird die Welt lesen, dass die Verhandlungen gescheitert sind, und Paris und London werden versuchen, uns weitere Zugeständnisse abzuringen. Immerhin kann niemand sagen, dass wir es nicht versucht hätten. Frasure hat Milošević über sechs brutale Sitzungen hinweg mehr als dreißig Stunden lang ertragen. Die Verhandlungen standen ein paar Mal auf der Kippe, dann gab es plötzlich so etwas wie einen Durchbruch, und am Ende reichte es doch nicht für eine Einigung. Die nächste Phase wird sehr schwierig werden.

Donnerstag fliege ich nach Budapest, um zu heiraten. Die Aussicht ist aufregend, und T. ist definitiv die Frau, mit der ich den Rest meines Lebens verbringen werde. Ich wünschte nur, ich könnte mich ganz darauf freuen und einlassen, statt mich, wie in den letzten Tagen und Wochen, immer wieder von Bosnien vereinnahmen zu lassen. Samstag war ich bis halb zwei am Morgen im Büro und habe mich mit Bosnien

beschäftigt. Wegen Bosnien musste ich dieses Wochenende zwei Tennis-
spiele absagen. Ich beginne, die Sache persönlich zu nehmen – besonders seit Milošević Frasure heute gesagt hat: «Die Russen sagen mir, dass
Holbrooke versucht, Außenminister zu werden, indem er mich begräbt.»

VII.

Die Hochzeit fand am 28. Mai im Garten der Residenz des
amerikanischen Botschafters in Budapest statt. Kati kannte den Ort
aus ihrer Kindheit. Etwa sechzig Gäste waren geladen – die meisten aus
Holbrookes Familie, kaum jemand von Kati. Sie war erst seit ein paar
Wochen von Jennings geschieden. Holbrooke telefonierte den größten
Teil seines Hochzeitstags mit Washington.

Dies war die Situation einige hundert Kilometer südlich auf dem
Balkan: Ein von Jimmy Carter ausgehandelter viermonatiger Waffenstillstand war im April ausgelaufen. Am Ende des Winters spürten alle
Kriegsparteien, dass 1995 das letzte Kriegsjahr sein würde, jeder versuchte noch einmal, seine Position zu verbessern. Anfang Mai starteten die kroatischen Streitkräfte – die inzwischen stärker waren als die
anderen – im westlichen Slawonien eine Offensive und töteten oder vertrieben die serbische Bevölkerung. Dies war das Muster für die späteren,
größeren Eroberungen.

Die bosnische Regierung konnte sich noch halten, aber nur dank der
Waffen aus islamischen Ländern, die von einem verlassenen kroatischen
Flugplatz zu einem Hafen an der Küste zwischen Split und Dubrovnik
geschmuggelt und von dort nach Bosnien gebracht wurden. Die amerikanische Haltung zu diesem Bruch des Waffenembargos durch die
Kroaten war ein Augenzwinkern von Lake. Als der amerikanische Botschafter in Zagreb, Peter Galbraith, um Instruktionen bat, antwortete
er lapidar: «Sie haben keine Instruktionen erhalten.» Frage nicht, sage
nichts. Lake dachte an Lord Nelson, der das Fernrohr an sein blindes
Auge hielt, als ihm der Oberbefehlshaber in der Schlacht von Kopenha-
gen mit der Flagge das Rückzugssignal geben wollte. Galbraith und Hol-

brooke machten aus dieser Strategie der Nichtstrategie einen konzertierten Einsatz, der beinahe einer verdeckten Aktion gleichkam, um den Bosniern Kleinwaffen, vor allem iranischer und türkischer Herkunft, zukommen zu lassen. Die Kroaten nahmen bei jeder Lieferung einen Anteil und weigerten sich, schwere Waffen durchzulassen, da die Muslime eines Tages wieder ihre Feinde sein könnten.

Am Ende des Winter-Waffenstillstands versuchte die bosnische Armee noch einmal, den Belagerungsring von Sarajevo zu durchbrechen, und scheiterte. Karadžić und Mladić, der die serbisch-bosnischen Einheiten kommandierte, beschlossen, das verbliebene Territorium so weit wie möglich zu besetzen, bevor die muslimischen und kroatischen Streitkräfte dem Krieg eine andere Wendung geben könnten. Sie taten also das, was Holbrooke selbst als «Saigon machen, alles auf eine Karte setzen» bezeichnete. Sie schnitten den Nachschub aus Kiseljak ab, schlossen den Flughafen von Sarajevo und zogen die Schlinge wieder enger. Außerdem griffen sie die überlaufenen muslimischen Enklaven in der Nähe der serbischen Grenze an, die eigentlich unter dem Schutz der UNO standen – Goražde, Žepa, Srebrenica.

Die Serben hatten über beinahe vier Jahre Siege auf dem Schlachtfeld eingefahren. Aber die Ausdauer korrupter und genozidaler Armeen ist begrenzt, und Milošević wusste, dass das Spiel bald aus sein würde. Serbien verkaufte Mladić Artilleriemunition und Kleinwaffen zum Fünffachen des Schwarzmarktpreises, und zwar im Tausch gegen Handelsgüter wie Eichenholz. Es war jetzt nicht mehr Großserbien, wonach Milošević strebte, sondern der Erhalt seiner eigenen Macht. Er wollte sich von den Sanktionen befreien und zu einem internationalen Ansehen gelangen, das ihm nur Amerika gewähren konnte. «Er hat sich einiges unter den Nagel gerissen, und ich glaube, dass er damit vorerst zufrieden ist», sagte Holbrooke zu Galbraith.

Im Frühjahr lernte Robert Frasure, Holbrookes Balkan-Abgesandter, Milošević richtig kennen. Über mehrere Wochen führten sie bei langwierigen Abendessen, die beinahe ausschließlich aus Fleisch und Kartoffeln bestanden, Gespräche. Ende Mai scheiterten diese Verhandlungen, man konnte sich nicht auf einen Mechanismus zur Aufhebung der Sanktionen einigen. Die amerikanische Seite bestand auf der Möglichkeit, sie auch gegen ein russisches Veto reaktivieren zu können, falls Milošević sein Versprechen, Bosnien als unabhängigen Staat anzuerkennen, nicht halten würde. Milošević war nicht gewillt, sich den Amerikanern derart auszuliefern. Bob Frasure war unterdessen zu dem Schluss gekommen, dass nur eine Bombardierung der Drina-Brücken zwischen Serbien und Bosnien Bewegung in die verfahrene Situation bringen würde, doch er bezweifelte, dass sich die amerikanische Regierung dazu durchringen würde. «Die serbischen Unschuldslämmer werden erfreut sein, dass ich gehe», schrieb er in der letzten Depesche vor seiner Abreise. «Am Ende eines langen Abends bezeichnete Milošević all das als ‹Messers Schneide›. Ich würde eher sagen, die Schildkröte hat den Kopf eingezogen und sich verkrochen, und zwar die ganze Zeit ... Milošević will ganz klar eine Einigung, nur ... Wenn wir keine Einigung bekommen, wird dieses diplomatische Kartenhaus einstürzen, und Milošević, der mir erzählt hat, dass er am kommenden Samstag ein Geheimtreffen mit Tuđman in der Slowakei hat, wird sich eine andere Strategie ausdenken, möglicherweise mit dem Ziel einer Aufteilung Bosniens.»

Ende Mai löste der erneute serbische Beschuss von Sarajevo eine internationale Reaktion aus, NATO-Flugzeuge sprengten zwei serbische Munitionslager. Als Antwort beschossen die Serben die Innenstadt von Tuzla. Sie töteten siebzig Zivilisten, die vor mehreren Cafés saßen, und nahmen mehrere hundert UNO-Soldaten fest. Die ketteten sie als «menschliche Schutzschilde» an Brücken und andere Ziele und führten sie im Fernsehen vor. Die UNO stellte die Luftschläge ein.

Im Haus des Botschafters in Budapest telefonierte Holbrooke mit Kollegen, die im Weißen Haus erwartet wurden. «Geben Sie den Serben achtundvierzig Stunden, um alle Geiseln wohlbehalten freizulassen, und sagen Sie ihnen, dass wir Pale bombardieren, wenn sie es nicht tun», sagte er. Und man solle ihnen noch ein Videoband der Bombardierung von Bagdad im Golfkrieg schicken, fügte er hinzu. «Ich bin überzeugt, dass sie nachgeben werden, wenn die Drohung glaubhaft ist. Ich meine es ernst» sagte er. «Und jetzt muss ich zu meiner Hochzeit.»

Seine Kollegen hatten den Eindruck, dass er all dies für seine Memoiren formulierte (wo es dann auch landete). Am selben Nachmittag beschloss das im Lageraum versammelte Sicherheitskabinett, die Bombardierung einzustellen, den Schritt aber nicht öffentlich zu machen. Das größte Militärbündnis der Geschichte hatte sich von Geiselnehmern erpressen lassen. Milošević, von seinen bosnischen Schützlingen blamiert, schickte seinen Geheimpolizeichef Jovica Stanišić zu Mladić, dessen Hauptquartier sich fünfzig Meter unter der Erde in einem Bunker nahe Pale befand. Am Eingang musste Stanišić seine Waffen abgeben. «Ich könnte Sie jetzt töten», sagte der Wachsoldat. «Stimmt», sagte Stanišić, «aber dann würden Sie auch getötet.» So sah die serbische Bruderliebe aus. Nach zwei Stunden Verhandlung willigte Mladić ein, die Geiseln freizulassen.

Die Europäer spielten ernsthaft mit dem Gedanken, ihre Friedenstruppen aus Bosnien abzuziehen. Die Serben hatten nun freie Hand, die muslimischen Enklaven zu überrennen, angefangen mit Srebrenica.

Holbrooke und Kati verbrachten ihre zehntägigen Flitterwochen in den französischen Alpen. Sie kleidete ihn in einem Geschäft in Annecy völlig neu ein. Der Krieg näherte sich seinem Höhepunkt.

Im selben Frühjahr veröffentlichte Holbrooke in *Foreign Affairs* einen Artikel mit dem Titel «Amerika – eine europäische Macht». Er enthielt strategische Überlegungen von einer Tiefe, die das politische Geschäft selten hervorbringt. Wann fand er die Zeit, ihn zu schreiben? Er blickte auf die Nachkriegsordnung in Westeuropa zurück, die Acheson und Kennan, seine Helden der Truman-Ära, geschaffen hatten. Er plädierte für einen ähnlichen Versuch, das postsowjetische Europa zu vereinigen und durch die Erweiterung der NATO in den ehemaligen Ostblock hinein demokratisch und frei zu machen. Ich glaube, dies war der Kern seiner Obsession mit Bosnien – nicht das blutige Treiben unter Nachbarn in unaussprechlichen Dörfern, sondern die Bedrohung für das transatlantische Bündnis und Amerikas Rolle in Europa nach dem Kalten Krieg. Denn das war ein Problem, das eines Staatsmannes würdig war, der die gesamte Geschichte im Blick hatte. Bosnien zerstörte vieles in Europa, nicht zuletzt die amerikanische Führungsrolle. Mit jedem Tag dieses Krieges wuchsen die Zweifel an der Durchsetzungskraft der NATO. Ein vernichtender Halbsatz aus diesem Artikel wurde auch von seinen viel beschäftigten Kollegen zur Kenntnis genommen: «Bosnien, das größte kollektive Sicherheitsversagen des Westens seit den 1930er-Jahren».

Seine Kollegen wussten, dass er die meisten von ihnen nicht respektierte. Er war ein Nestbeschmutzer – er hätte die Melodramen seines Tagebuchs ebenso gut zwischen den Ministerien zirkulieren lassen und in Auszügen in der *Times* veröffentlichen können. Bei Besprechungen im Lageraum saß er anfangs mit dem Rest der zweiten Garde an der Wand, doch dann begann er, mit seinem Stuhl nach vorn zu rutschen, bis er sich zwischen die Kabinettsmitglieder am Tisch gezwängt hatte, was allen unglaublich auf die Nerven ging. Einmal musste er eine Dreiviertelstunde an der Einfahrt des Weißen Hauses warten, weil jemand vergessen hatte, seinen Namen auf eine Teilnehmerliste zu setzen, und als er sich bitterlich darüber beklagte, dass man versuche, ihn von wichtigen Terminen auszuschließen, gab Christopher ihm keine Rückendeckung. Nicht einmal seine Verbündeten Talbott und Donilon hatten noch Lust, ihm zu helfen. Er hatte überzogen, das Wohlwollen war aufgebraucht. Er sah sich nach einer Stelle in New York um, und als der Verlag Doubleday nach einem neuen Leiter suchte, signalisierte er sein Interesse, aber daraus wurde nichts.

Während Holbrooke verdrängt wurde, tat sich Lake hervor. Gerüchte um seinen politischen Tod – Holbrooke hatte ihn hundert Mal vorausgesagt – stellten sich als verfrüht heraus.

Seinen Tiefpunkt hatte Lake im Spätherbst 1994 gehabt, als die Serben die nördliche «Schutzzone» von Bihać angriffen. Die USA standen kurz davor, ernsthafte Luftschläge durchzuführen, als Lake angesichts des europäischen Widerstands einen Rückzieher machte. Die Rettung der NATO war wichtiger als die Rettung von Bosnien. Nach Thanksgiving schickte er ein Memorandum an Clinton, in dem er die Niederlage einräumte: «Die ‹Peitsche› des militärischen Drucks scheint ausgedient zu haben.» Die USA könnten jetzt nur noch versuchen, die Ausweitung des Konflikts zu verhindern.

Wohlmeinende Vernachlässigung war genau das, was die oberen

Etagen des Außen- und Verteidigungsministeriums wollten, aber Lake konnte damit nicht länger als ein paar Monate leben. Im Frühjahr 1995 – etwa zu der Zeit, als Holbrooke einen neuen, freieren Lake bemerkte – beschloss er, Clinton zu einer Entscheidung zu zwingen und ein wie auch immer geartetes Engagement der Amerikaner in Bosnien zu erreichen.

Lake ließ die Rolle des ehrlichen Maklers, die zweieinhalb Jahre lang zu nichts als Misserfolgen geführt hatte, fallen und entwickelte eine eigene Strategie. Gemeinsam mit Alexander Vershbow, seinem wichtigsten Europa-Berater, der auf Jenonne Walker gefolgt war, und in Absprache mit Madeleine Albright versuchte er, ein Ende des Krieges auszuhandeln. Alternativ würde man Bosnien die Möglichkeit geben, sich zu verteidigen und Territorium zurückzugewinnen. Er nannte es die «Endspielstrategie». Falls die Kriegsparteien bis zum Winter nicht zu einer Einigung kämen, würde man den Blauhelmen beim Abzug helfen, um dann die Bosnier zu bewaffnen und auszubilden und mit der eigenen Air Force zu verteidigen. Ich werde die Einzelheiten hier nicht ausbreiten – all die Sitzungen und Memoranden, die langsam mahlende Mühle des Nationalen Sicherheitsrats, der einfach nicht mithalten kann, wenn in einem fernen Land Menschen einander ermorden. In vielen Büchern kann man es nachlesen (nur nicht in Holbrookes). Die Ideen waren nicht neu – in der ein oder anderen Form gab es sie schon, seit Clinton ins Weiße Haus gezogen war. Was gefehlt hatte, war der politische Wille des Präsidenten. Lake glaubte nun, seine Zustimmung bekommen zu können.

An einem Tag im Juni ging er mit dem üblichen scharlachroten «B» auf der Stirn ins Oval Office, außerdem mit einer Bauchnarbe von einer kürzlich erfolgten Leistenoperation, die, so meinte er, in etwa den Umriss von Bosnien habe, so wie eine berühmte Karikatur die Gallenblasennarbe von Lyndon Johnson als Vietnam-Karte gezeigt hatte. «Mr. President, sagen Sie mir, wenn Sie es nicht möchten», sagte Lake, nachdem er seine Ideen dargelegt hatte. «Stoppen Sie mich jetzt, denn die Risiken sind sehr klar.» Man würde entweder mit wehenden Fahnen diplomatisch untergehen und nicht wissen, wie es militärisch weitergeht, oder aber gerade in dem Augenblick, wenn der Wahlkampf des Jahres 1996 begänne, zwanzigtausend Bodentruppen ins Land senden, um einen diplomatischen Erfolg abzusichern.

Clinton gab Lake grünes Licht.

Ich würde gern schreiben, dass Clinton dem Morden in Bosnien Einhalt gebieten wollte. Das wollte er vermutlich auch – vor allem aber hörte er, wie ihn die Republikaner wegen seiner Schwäche verhöhnten. Außerdem wusste er, dass im Kongress eine Abstimmung über die Aufhebung des Waffenembargos vorbereitet wurde, die mit einer großen, möglicherweise vetosicheren Mehrheit angenommen würde; und er hörte auf den Rat des Meinungsforschers Dick Morris, eines amoralischen, halslosen Rasputins, den der Präsident im West Wing installiert hatte und der ihm gesagt hatte, er solle «den Serben die Scheiße aus dem Leib bombardieren, um Stärke zu zeigen». Und er wusste, dass er durch eine bereits getroffene Vereinbarung gezwungen sein könnte, Tausende von Soldaten nach Bosnien zu schicken, um den komplexen und gefährlichen Abzug der UNO-Friedenstruppen zu unterstützen, falls die Verbündeten den Rückzug beschlossen – was, da das Leben amerikanischer Soldaten in einer schmachvollen Niederlage riskiert würde, die schlimmste Möglichkeit von allen gewesen wäre.

In einer Rede versuchte der neue, energische französische Präsident Jacques Chirac, ihn anzustacheln: «Die Stelle des Führers der freien Welt ist unbesetzt.» Am 14. Juni besuchte Chirac Clinton im Oval Office und drängte ihn zum Handeln, und als Clinton begann, Ausflüchte zu machen, meldete sich zur Überraschung des Franzosen Holbrooke, der nachrangige Amerikaner im Raum, zu Wort: «Mr. President, Sie liegen falsch, und Präsident Chirac richtig. Wir müssen etwas unternehmen.»

«Ich geh komplett unter», schimpfte Clinton eines Tages, als er auf dem Grün des Weißen Hauses seine Putts übte. «Das muss aufhören. Wir brauchen jetzt irgendeine Strategie, die wir dann auch umsetzen. Warum tun meine Leute nicht mehr für mich?» Er konnte auf eine verführerische, wahnsinnig machende Weise Einfühlungsvermögen und Selbstmitleid, Klarsichtigkeit und Ausflüchte miteinander verbinden.

Wie üblich veränderte sich die Lage, bevor amerikanische Politiker Lösungen finden konnten.

Am Nachmittag des 11. Juli marschierten serbische Soldaten in den Ort Srebrenica ein. Er war leer. Fünfzehntausend Muslime – vor allem Männer, einige bewaffnet, andere nicht – hatten beschlossen, nicht auf den Schutz durch die UNO zu zählen, und waren am Abend aus der Stadt geschlüpft. Sie versuchten, sich durch Berge, Wälder und Minenfelder bis in die gut hundert Kilometer nordwestlich gelegene Stadt Tuzla durchzuschlagen. Zurück blieben fünfundzwanzigtausend Zivilisten, dazu dreihundertsiebzig niederländische Blauhelme, die sich auf dem UNO-Stützpunkt in einer Batteriefabrik einige Kilometer außerhalb der Stadt verschanzt hatten. Die NATO-Luftangriffe kamen erbärmlich spät und blieben ohne Wirkung.

General Mladić berief sich auf eine serbische Rebellion gegen die Osmanen im Jahr 1804 und erklärte den Sieg über die «Türken», aber er war wütend, dass so viele Männer aus Srebrenica geflohen waren. Er bestellte den niederländischen Bataillonskommandeur Oberstleutnant Thom Karremans in der Abenddämmerung in ein heruntergekommenes Hotel in der Stadt. Er schob sein Kinn vor, ließ neben den Hüften die Muskeln seiner Unterarme spielen, starrte sein Opfer mit psychopathisch blauen Augen an und verlangte zu wissen, wer die Luftschläge auf seine Soldaten angeordnet habe. Karremans, ein schlaksiger Mann mit einem historisch anmutenden Soldatenschnurrbart, stand buchstäblich mit dem Rücken zur Wand, verschränkte die Arme vor der Brust und nuschelte in schlechtem Englisch, dass die Angriffe nicht unter seiner Kontrolle stünden. Er war nicht zuständig für die Abläufe zwischen UNO und NATO, die wieder einmal nicht ausgereicht hatten, um die Serben aus der Luft in die Schranken zu verweisen.

«Spinnen Sie nicht rum, Oberstleutnant, Sir – sondern beantworten Sie meine Frage», brüllte Mladić auf Serbisch. «Haben Sie Ihren Soldaten befohlen, auf meine zu schießen?»

Karremans ließ die Arme sinken und faltete als Zeichen der Unterwerfung die Hände. Sie hätten ebenso gut hinter seinem Rücken gefesselt sein können wie bei den Schnitzfiguren des Bäckers. «Ich habe den Soldaten den Befehl erteilt, sich zu verteidigen.»

«Und gegen wen sollten sie sich verteidigen, wenn sie von niemandem angegriffen wurden?»

Sie werden mich an Bord holen

«Wir sind von Granatwerfern und Panzern angegriffen worden.» Mladić schimpfte weiter. Ein serbischer Soldat öffnete ein Zigarettenpäckchen. «Nehmen Sie eine», sagte Mladić. «Es wird nicht die letzte in Ihrem Leben sein.» Sie rauchten zusammen, und Karremans dankte Mladić für die gute Behandlung, die die niederländischen Soldaten erführen. «Ich will Ihnen helfen», sagte Mladić, «auch wenn Sie es weder als Mensch noch als Offizier verdient haben. Deshalb möchte ich Sie etwas bitten. Können Sie die Vertreter der Zivilbevölkerung herbringen, und wann wäre das möglich? Wir werden eine Vereinbarung treffen. Dann können Sie alle verschwinden – alle. Oder aber Sie bleiben. Oder Sie werden alle hier sterben. Ich will nicht, dass Sie sterben.»

Karremans versprach zu helfen. Mladić bot an, die Verwundeten in der muslimischen Bevölkerung behandeln zu lassen, Karremans dankte ihm für sein humanitäres Engagement. Vierzig Minuten lang wickelte Mladić Karremans um den Finger, bis es im Zimmer langsam dunkel wurde. Er bestand darauf, dass sie tranken, und obwohl Karremans ablehnte, wurde Weinschorle gereicht. Sie stießen an, die Anwesenden lächelten.

Einen Tag später, am 12. Juli, drangen Mladić und seine Männer in die Batteriefabrik vor der Stadt ein. Serbische Soldaten verteilten Süßigkeiten, Mladić tätschelte die Kinderköpfe und versprach den Muslimen, dass ihnen sicheres Geleit gewährt würde. Dann rissen seine Soldaten die Familien auseinander, trennten Männer und ältere Jungen von den Frauen, Kindern und Alten. Letztere wurden in Busse gepfercht und in das drei Stunden entfernt Tuzla gefahren, wobei auf dem Weg einige Frauen herausgezerrt, vergewaltigt und zurückgelassen, teils auch von den serbischen Soldaten ermordet wurden. Die Männer und Jungen wurden auf Felder getrieben oder in leerstehende Gebäude gebracht, wo die Serben sie mit Kalaschnikows niedermähten, mit Handgranaten zerfetzten und die Leichen in tiefen, mit Baggern ausgehobenen Gruben verscharrten. Die Männer, die in den Wald geflohen waren, wurden gejagt und einer nach dem anderen zur Strecke gebracht, wenn sie nicht vorher bereits Selbstmord begangen hatten.

Wenn man heute nach Srebrenica fährt, kann man die Namen dieser Männer lesen, fast siebentausend, sie sind in einen großen Halbkreis aus weißem, gesprenkeltem Granit gemeißelt, inmitten eines mit weißen muslimischen Grabsteinen bedeckten Feldes gegenüber der Batteriefabrik. Smajlović, Delić – so viele gleiche Familiennamen, so viele Verwandte.

Anthony Holbrooke war in Tuzla, als die Busse aus Srebrenica den Flugplatz erreichten und die verzweifelten Passagiere abgesetzt wurden. Anthony arbeitete mit Lionel Rosenblatt für Refugees International, sein Vater hatte seine Beziehungen spielen lassen. Er hörte die Klagen der Frauen, die wussten, dass sie ihre Männer, Väter und Söhne nie wiedersehen würden. Ein abgemagerter Mann trat aus dem Wald, einer der wenigen Überlebenden des Massakers.

Anthony nahm das Satellitentelefon und rief seinen Vater an. «Du musst was machen!»

«Das tue ich ja. Mein Vorschlag liegt auf dem Schreibtisch des Präsidenten. Aber sie hören nicht auf mich.»

Wie üblich hatte die Welt den Völkermord nicht kommen sehen, und wie üblich wollten sie es zuerst nicht glauben. Yasushi Akashi, der oberste zivile UNO-Beamte auf dem Balkan, machte die muslimische «Provokation» für die Lage in Srebrenica verantwortlich. Boutros Boutros-Ghali, sein Chef in New York, sagte: «Ich glaube nicht, dass wir gescheitert sind. Man muss sich fragen, ob das Glas halb voll oder halb leer ist. Wir bieten den Flüchtlingen weiterhin unsere Hilfe an.» Lake, in Washington, ahnte Schlimmes, aber vom Ausmaß des Schreckens in Srebrenica hatte er keine Vorstellung, denn nichts dergleichen war in diesem Krieg zuvor geschehen, genauso wie in Vietnam nie etwas geschehen war, das an das Massaker von Mỹ Lai heranreichte – bis Mỹ Lai.

Holbrooke fühlte sich bestätigt. Er war überzeugt, dass Bombenangriffe das Massaker verhindert hätten. Wenn mehr Politiker und Beamte sich aus Washington herausbewegten und die Flüchtlingslager anschauen würden, dachte er, wäre der Krieg weniger abstrakt, und so etwas wie Srebrenica würde sie weniger überraschen.

Jetzt musste die Clinton-Regierung etwas tun – *irgendetwas*. «Unsere Position ist unhaltbar», sagte Clinton zu seinen Beratern. «Es untergräbt unsere Führungsrolle in der Welt. Das geht weit über Bosnien hinaus.» Doch er blieb seltsam unberührt und ließ zu, dass die Katastrophe ihren

Lauf nahm – sechs Minuten lang nahm er an einer Sitzung teil, dann stand er auf und überließ den Europäern die schwierigen Entscheidungen. Holbrooke war der Ansicht, dass Clinton seine Verantwortung überhaupt nicht mehr wahrnam, er sei «ein gelegentlicher Besucher auf dem Schiff, dessen Kapitän er ist». Trotzdem verließ Holbrooke Anfang August, als ganz Bosnien von Gewalt erschüttert wurde, Washington und reiste mit Kati zu einem dreiwöchigen Urlaub nach Colorado.

Als Nächstes nahmen Mladićs Soldaten Žepa ein, weitere Muslime wurden vergewaltigt, getötet und vertrieben. Der Zusammenbruch der Enklaven entlang der serbischen Grenze führte perverserweise dazu, dass die bosnische Landkarte überschaubarer und die Grenzen eindeutiger wurden. Er entfernte die lästigen grünen Flecken, die im zusammenhängenden Rot des von den Serben gehaltenen Territoriums trieben. Einige Diplomaten in Europa und den USA schienen zu akzeptieren – möglicherweise sogar zu begrüßen –, dass die Schutzzonen gefallen waren, da es die Verhandlungen leichter machte.

Am 20. Juli trafen sich die Verbündeten in London und beschlossen endlich, eine rote Linie zu ziehen. Sollte Mladić Goražde angreifen, würde ihn die NATO trotz der Gefahr für die Blauhelme hart treffen. Von nun an lag die Entscheidung bei den UNO-Kommandeuren vor Ort, Boutros Boutros-Ghali in New York hätte kein Vetorecht mehr. Auch wenn die Gründung beider Organisationen in der Nachkriegszeit auf amerikanische Initiativen zurückging, hatten die USA in der NATO wesentlich mehr Einfluss als in der UNO.

Doch Mladić und Karadžić bereiteten schon den Angriff auf die übrigen Enklaven vor, um im Anschluss auch Sarajevo einzunehmen, womit sie alle ihre Kriegsziele erreicht hätten. Die Fantasie ging mit ihnen durch, ihre ungebrochene Siegesserie auf dem Schlachtfeld hatte sie trunken gemacht. Tatsächlich waren die Serben im Begriff, große Teile des Gebiets zu verlieren, das sie eingenommen hatten, und zwar mit denselben brutalen Methoden. Tuđman und seine Generäle machten sich bereit, Kroatien ethnisch zu säubern, und am 4. August führte die kroatische Armee eine Blitzoffensive auf die Krajina durch, die überwiegend von Serben besiedelte Grenzregion zu Bosnien. Sie brannten Dörfer nieder und vertrieben die serbische Bevölkerung. Die USA hatten für die Operation Oluja («Sturm») ein deutliches grünes Licht gegeben – es war eine ethnische Säuberung, die uns akzeptabel schien. Innerhalb von nur drei Tagen flohen zweihunderttausend Serben, deren Vorfahren seit Jahrhunderten in der Krajina gelebt hatten, über Nordbosnien nach Serbien. Milošević, der Pate der Serben, unternahm nichts, um den Kroaten Einhalt zu gebieten – er war an einem Friedensschluss interessiert, nicht an einer Erweiterung des Krieges –, und schickte die Flüchtlinge weiter in das Kosovo. Es war die erste serbische Niederlage seit Kriegsbeginn, und das erste Zeichen eines größeren Zusammenbruchs. Während Mladićs Armee den Genozid im Osten vorantrieb, drängten kroatische und bosnische Einheiten die Serben aus Gebieten in West- und Nordbosnien zurück, die sie 1992 eingenommen hatten. Die siebzig Prozent des bosnischen Territoriums, die die Serben über drei Jahre konstant gehalten hatten, schrumpften auf fünfzig Prozent zusammen, eine Zahl, die wohl noch deutlich weiter gefallen wäre.

Clinton überwand seine Lähmung. Nach Srebrenica und der Operation Oluja begriff er, dass dies seine letzte und beste Chance war, in Bosnien zu handeln. Lieber jetzt als mitten im Wahlkampf. Die veränderte Lage auf dem Balkan fiel mit dem Abschluss von Lakes interministerieller Überprüfung zusammen. Jede Behörde hatte eine mögliche Strategie dargestellt, Clinton musste eine dreißig Seiten dicke Akte lesen. Christopher im Außenministerium und Perry im Verteidigungsministerium zögerten weiterhin, größere Risiken einzugehen. Clinton entschied sich für Lakes Plan, der ehrgeiziger war als die anderen und Diplomatie und militärische Strategie endlich zusammenführte. Er forderte, auf ein politisches Abkommen hinzuarbeiten, das zum Ziel hätte, Bosnien als Staat zu erhalten, der – entsprechend einem international diskutierten Plan – allerdings aus zwei weitgehend autonomen, etwa gleich großen Regionen zusammengesetzt wäre, einem muslimisch-kroatischen Teil und einem serbischen. Daraufhin sollte eine große, von den Amerikanern angeführte NATO-Truppe nach Bosnien entsandt werden, um den Frieden zu überwachen. Andernfalls würden die USA die bosnische Armee bewaffnen und ausbilden und Luftangriffe durchführen, um die ethnischen Säuberungen rückgängig zu machen. Für beide Szenarien galt, dass zum ersten Mal das Leben amerikanischer Soldaten aufs Spiel gesetzt würde.

«Wir müssen uns den Arsch aufreißen, wenn wir in den kommenden Monaten eine Einigung hinkriegen wollen», sagte Clinton am 7. August zu seinen im Kabinettssaal versammelten Beratern. «Wir müssen jede Alternative in Betracht ziehen, alles ausprobieren, Risiken eingehen. Wenn wir diesen Moment verstreichen lassen, sind wir erledigt.» Er blickte über den Tisch zu Lake, der nach Europa reisen sollte, um die Verbündeten zu informieren. «Wie schnell können Sie Ihre Tasche packen?»

«Ich habe eine Zahnbürste im Büro.»

Der Ruf einer ganzen Reihe von Staatsmännern – Lord Carrington, Owen, Vance und sogar Jimmy Carter – war auf dem unversöhnlichen Balkan angekratzt worden. Den jüngsten europäischen Unterhändler, den schwedischen Politiker Carl Bildt, müsste man, das war klar, bei direkten Gesprächen mit den Kriegsparteien zur Seite drängen. Ein Amerikaner sollte die Verhandlungen führen.

Das Außenministerium bestand darauf, dass der Unterhändler aus den eigenen Reihen käme, schließlich handele es sich um eine klassisch diplomatische Aufgabe. Es gab einen offensichtlichen Kandidaten, den Lake aber nicht haben wollte. An Stelle von Holbrooke brachte er Frasure und Tarnoff ins Spiel. Albright schlug vor, einen Sondergesandten des Weißen Hauses zu verpflichten, jemanden wie Charles Redman, der Holbrooke als Botschafter in Deutschland nachgefolgt war und die Gründung der muslimisch-kroatischen Föderation ausgehandelt hatte, und Lake unterstützte die Idee. Tatsächlich aber wollte er diese Aufgabe selbst übernehmen. Er hatte gerade erst erfolgreich in Haiti vermittelt. Er war federführend bei der Neuausrichtung der Bosnien-Strategie gewesen, und er wollte den Prozess bis zum Ende begleiten. Es war durchaus möglich, dass die Gespräche über die Wiederwahl des Präsidenten entscheiden würden. Kissinger hätte diese Art von Hochseilakt niemals jemand anderem überlassen. Andererseits sah sich Lake als pflichtbewussten Beamten, der das Rampenlicht nicht suchte, als mächtigen Strippenzieher hinter den Kulissen. Außerdem hatte der Nationale Sicherheitsberater zu viele andere Aufgaben, um mehrere Wochen oder gar Monate der Beendigung eines kleinen Krieges zu widmen.

In der ersten Augustwoche war Warren Christopher in Hanoi, wo er zum Abschluss brachte, was Holbrooke zwanzig Jahre zuvor erfolglos einzufädeln versucht hatte – die Aufnahme diplomatischer Beziehungen zwischen den Vereinigten Staaten und der Sozialistischen Republik Vietnam. Auf dem Rückflug plädierten Donilon und Talbott, der telefonisch von Washington zugeschaltet war, dafür, Holbrooke die Verhandlungen in Bosnien anzuvertrauen. Wenn er den Job nicht bekäme, sagte Donilon, dann wäre er Ende des Sommers weg. Holbrooke führte schon Gespräche mit einer New Yorker Investmentbank.

Christopher begriff, dass Dick Holbrooke die perfekte Wahl war. Dieselben Charaktereigenschaften, die den Außenminister schaudern ließen – seine Selbstherrlichkeit und Aggressivität –, würden ihm helfen, den Kriegsherren auf dem Balkan mindestens auf Augenhöhe zu begegnen. Holbrooke würde eine Show daraus machen, für die die Leute Eintritt bezahlen würden. Bei einem Zwischenstopp auf Hawaii rief Christopher das Weiße Haus an und erklärte, dass nach Lakes Rückkehr aus Europa Holbrooke auf den Balkan reisen würde. Er versicherte Lake, dass Holbrooke sich an die Anweisungen halten und jeden Tag Bericht erstatten würde.

Lake gab seinen Widerstand auf. Er kannte Holbrookes Talente besser als jeder andere. Vielleicht war es genau diese Schamlosigkeit, die nötig war, um den Ball über die Linie zu kriegen.

Während der Präsident und seine Berater in Washington grundlegende Entscheidungen zu Bosnien trafen, leckte sich Holbrooke in Telluride die eigenen Wunden, wie Achilles in seinem Zelt. Er wollte diese Aufgabe – er wollte sie so sehr, dass er Anfang des Sommers uneingeladen in Donilons Büro neben der Ministersuite im siebten Stock getreten war, sich auf das Sofa gefläzt und eine ganze Stunde lang erklärt hatte, warum ihn seine ganze Laufbahn, beginnend mit den Pariser Gesprächen, auf diese eine Chance vorbereitet hatte. Doch jetzt hatte er jeglichen Glauben an die Clinton-Regierung verloren.

Am 9. August flogen Lake und einige andere nach Europa, um den Verbündeten und den Russen mitzuteilen, dass die USA eine diplomatische Initiative übernehmen würden, die bei ungünstigem Ausgang ein militärisches Eingreifen nötig machen könnte. Im Gegensatz zu Christopher 1993 bat Lake nicht um Erlaubnis, sondern um Mithilfe, die ihm auch prompt gewährt wurde. Die Europäer überließen den Amerikanern erleichtert die Führung. Es hatte vier Jahre gedauert, aber die europäische Sanduhr war abgelaufen. Endlich hatte man sich auf ein Vorgehen in Bosnien geeinigt. Lake bezeichnete diese Ausübung amerikanischen Einflusses als «das Bellen des großen Hundes». Es war ein Laut, den die Welt seit Clintons Amtsantritt nicht mehr gehört hatte. Lakes Gespräche waren so erfolgreich, dass Mitglieder seines Teams ihn zu überzeugen versuchten, doch selbst die Verhandlungen weiterzuführen.

Am 12. August, Holbrooke war gerade auf dem Weg von Colorado nach London, um Lake zu treffen, brachte die *New York Times* die Schlagzeile «Clintons Balkangesandter muss draußen bleiben». Der Artikel zitierte Holbrooke, der gegen seine eigenen Kollegen stänkerte: «Er erklärt, er müsse sich gegen eine ‹gigantische Maschinerie des Stillstands› zur Wehr setzen, die nur ‹verwässerte Strategien› hervorbringe, gegen einen Entscheidungsapparat, der von entscheidungsunfähigen Leuten angeführt würde, wo ‹jeder Bürokrat seinen Senf dazugeben› könne.» Es war ein Frontalangriff auf Lake. «‹Was haben wir aus Vietnam gelernt?›, fragt Mr. Holbrooke und beantwortet es gleich selbst: ‹Die einzige Lehre, die wir wirklich ziehen konnten, ist diese: Wenn wir einmal das nationale Interesse ins Spiel gebracht haben, ist der Erfolg zwingend.› Er hält inne. ‹Wir sehen ja, wie meisterhaft wir diese Lehre in Bosnien umgesetzt haben.›» Als Christopher, der sein Gemüt immer knapp unter Zimmertemperatur hielt, diese Zeilen in Washington las, wurde er wütender, als Strobe Talbott ihn je gesehen hatte.

Sandy Berger rief Lake in London an und warnte ihn, dass Holbrooke möglicherweise nicht mit dem Herzen bei der Sache sei – dass er befürchte, der Sündenbock zu werden, falls die Bemühungen auf dem Balkan scheitern sollten. Er müsse noch bearbeitet werden.

Am Morgen des 14. August traf Holbrooke in einem kleinen Sitzungssaal in der amerikanischen Botschaft mit Lakes Team zusammen. Lake legte ihm seine Endspiel-Strategie dar. Sie enthielt sieben Punkte: eine umfassende Friedensregelung für das gesamte ehemalige Jugoslawien; einen Waffenstillstand und die gegenseitige Anerkennung der drei Kriegsparteien; zwei etwa gleich große autonome Regionen – eine muslimisch-kroatische und eine serbische – innerhalb des bosnischen Staats und unter einer Verfassung; Aushandlung der Grenzziehungen auf der Grundlage der tatsächlichen militärischen Lage in Bosnien mit der Möglichkeit des Tausches, z. B. von Goražde, der letzten verbleibenden östlichen Schutzzone, gegen serbisch besetztes Gebiet in Zentralbosnien; die Aufhebung der Sanktionen gegen Serbien; die Rückgabe des letzten serbisch besetzten Gebiets in Ostslawonien an die Kroaten; und den wirtschaftlichen Wiederaufbau der zerstörten Region. Lake wies Holbrooke an, sich bei seinen Verhandlungen in den Balkan-Hauptstädten auf diese sieben Punkte zu konzentrieren.

Holbrooke antwortete, der Plan sei mangelhaft. Goražde dürfe auf keinen Fall aufgegeben werden, man würde weitere sechzigtausend Flüchtlinge schaffen. Die Idee war ein Knochen gewesen, den das Weiße Haus den Skeptikern im Pentagon hingeworfen hatte, die eine militärisch solide Karte wollten. Aber Holbrooke nutzte diesen Punkt, um sich moralisch überlegen zu zeigen und Lake über die tatsächlichen Gegebenheiten dieses Krieges aufzuklären. Lake erinnerte ihn daran, dass Izetbegović selbst Goražde für unhaltbar erklärt hatte, aber Holbrooke beharrte auf seinem Standpunkt. «So etwas können wir nach Srebrenica nicht vorschlagen.» Er hatte sein Stimmungstief noch nicht überwunden. Mit der Entwicklung dieser Strategie hatte er nichts zu tun gehabt.

«Wir sollten angesichts der Lage nicht zu viel erwarten», sagte Holbrooke. «Wir werden unser Bestes geben, aber es wird ein sehr schwieriger Prozess sein.» Er schätzte die Erfolgschancen auf fünfzehn bis zwanzig Prozent.

«Nein, nein, mindestens fünfzig Prozent», sagte Lake.

Er bat die anderen, sie allein zu lassen. Wer die Geschichte bis hierher kennt, wünscht sicher, er wäre der schweigende Dritte im Raum gewesen. Lake war sechsundfünfzig, Holbrooke vierundfünfzig. Sie kannten sich seit dreiunddreißig Jahren. Sie waren beide auf dem Höhepunkt ihrer Karriere. Lake hatte Holbrooke gerade seinen eigenen Plan überlassen, und die Rolle, die er sich selbst zugedacht hatte. Holbrooke sollte an dieser Stelle übernehmen, und er würde entweder alles in den Schatten stellen, was einer von ihnen je erreicht hatte, oder aber vor den Blicken der Welt dramatisch scheitern.

Mit all der Selbstbeherrschung, die Holbrooke missen ließ, unterdrückte Lake sein eigenes Konkurrenzdenken und vergaß einen Moment lang, was zwischen ihnen stand, um seinem ehemaligen Freund Mut zu machen. «Ich werde dir Rückendeckung geben, die ganze Zeit», sagte Lake. «Wenn die Sache scheitert, dann ist es mein Arsch mehr als deiner.» Plötzlich fiel ihm ein, wie alles angefangen hatte, die Tage und Nächte in Saigon, ihre Bemühungen, den Krieg besser zu führen oder aber zu beenden, und mit leiser Stimme sagte er: «Das ist die gemeinsame Aufgabe, von der wir einmal geträumt haben.»

Beide waren von diesen Worten gerührt. Sie reichten sich die Hand.

VIII.

Holbrooke flog weiter auf den Balkan.

Endlich hatte er etwas zu tun, weit weg von der Quälerei in Washington. Eine metabolische Umwandlung begann, all seine kleinlichen und destruktiven Charakterzüge zu einer Zielstrebigkeit zusammenzufassen, die er auf eine einzige Aufgabe lenken sollte. Sie bündelte das Licht in seinen eisblauen Augen und aktivierte alles, was er liebte – Geschwindigkeit, Geschichte, Amerika, sogar ein bisschen Unfug. Denn es stimmte, er hatte auf diese Chance sein Leben lang gewartet. Vorbereitung, Umstände und Glück hatten ihm die Rolle zugespielt, für die er geschaffen war.

Am Anfang wusste er nicht, wie er vorgehen sollte. Er kannte die drei führenden Politiker auf dem Balkan kaum. Er hatte Lakes Anweisungen, neun einzeilig beschriebene Seiten, die in Washington bereits als «Lake-Holbrooke-Plan» bekannt waren. Das Übrige sollte sich im Lauf der Verhandlungen finden.

Ich wünschte, ich könnte erzählen, was er damals gedacht hat. Später sollte er ein sehr lesenswertes Buch verfassen. Er machte sich zum Autor seiner eigenen Geschichte und verband so zum ersten und letzten Mal Journalismus und Diplomatie – seine beiden Traumberufe. Doch er litt unter dem «Bedeutende-Person-Syndrom», was hieß, dass er sein wahres Ich hinter einem erfundenen verbarg. Er ließ Fehleinschätzungen und Täuschungsmanöver aus, verzweifelte Rettungsversuche und unnötigen Ärger – den Wahnwitz der gesamten Unternehmung.

Er begann mit einem Team von fünf Leuten. Sie begleiteten ihn, um ihn zu beraten, um als Statisten in Verhandlungen aufzutreten, den Behörden und Institutionen, die sie entsandt hatten, zu berichten und Holbrooke auf Linie zu halten. Wenn man eine solche offizielle Mission unternimmt, muss man die gesamte Regierung mitbringen.

Vom Militär war Generalleutnant Wesley Clark dabei, der wiederum von Oberstleutnant Daniel Gerstein begleitet wurde. Clark: Rhodes-Stipendiat in Oxford, Kompaniechef in Vietnam, verwundet durch vier Schüsse aus dem Hinterhalt, Silver-Star-Orden, silbernes Haar, hübsche Augen und ernster Blick, drei Sterne, ein Aufsteiger und schlechter Verlierer, der in der Armee weithin unbeliebt war. 1994 war Clark Planungschef im Generalstab geworden und hatte Holbrooke in jenem Herbst bei einer Besprechung zur NATO-Erweiterung im Außenministerium kennengelernt.

«Ist hier jemand im Raum, der Zweifel daran hat, dass dies die Strategie der Vereinigten Staaten ist?», wollte Holbrooke wissen und marschierte an den Stühlen der zwei Dutzend Beamten entlang.

Clark vertrat in der Runde das Verteidigungsministerium, und das war gegen die Erweiterung. Er hob die Hand. «Wann wurde das beschlossen? Waren wir beteiligt?»

Holbrooke stellte sich hinter Clark. «Wer diese Strategie infrage stellt, verweigert dem Präsidenten der Vereinigten Staaten die Gefolgschaft.»

Clark wurde rot und haute auf den Tisch. «Wagen Sie nicht, mich aufsässig zu nennen.» Es war heiß im Raum, und er begann seine Jacke zu öffnen.

Holbrooke trat einen Schritt zurück, als wolle er einem Schlag ausweichen. «Ich meinte nicht aufsässig. Aber das ist der Plan.»

Sie werden mich an Bord holen

Es war leichter, Holbrookes Vorgesetzter oder Untergebener zu sein. Nach oben schwor er schmeichelnd Treue, und nach unten zeigte er sich anspruchsvoll und gütig, aber jeden, der sich auch nur annähernd auf gleicher Ebene befand, nahm er als möglichen Rivalen ins Visier, der erledigt oder mindestens kaltgestellt werden musste. Aus diesem Team traf das am ehesten auf Clark zu. Das brachte ihn in eine gefährliche Lage, Clarks leicht erregbares Selbstbewusstsein ließ ihn bisweilen sein politisches Gespür vergessen, und Holbrooke nutzte seine Fehler aus. Clark hatte einmal zwei Stunden lang zugehört, wie Mladić die bis ins Jahr 1389 zurückreichende Geschichte der serbischen Kränkungen rezitierte, woraufhin sich die beiden Generäle fotografieren ließen, wie sie in kameradschaftlicher Verbundenheit die Feldmützen tauschten. Holbrooke war empört und führte eine ungeschriebene Regel ein, Clark niemals mit einem Serben, Kroaten oder Moslem allein zu lassen.

Das Weiße Haus hatte Oberst Nelson Drew geschickt, einen Luftwaffenoffizier, der dem Nationalen Sicherheitsrat unterstellt war und von Lake für seine harte Arbeit an der Endspielstrategie geschätzt wurde. Drew war relativ unerfahren, er stieß erst zum Team, als Vershbow, sein Vorgesetzter im Sicherheitsrat, dessen Verhältnis zu Holbrooke von gegenseitiger Abneigung gekennzeichnet war, verzichtete. Aus dem Verteidigungsministerium kam Joe Kruzel, der als Geheimdienstoffizier der Luftwaffe in Vietnam gedient hatte (Vietnam war der schlammige Strom, der durch das gesamte Team der Amerikaner in Bosnien lief) und später Professor für Internationale Beziehungen an der Duke University wurde. Er war ein stämmig gebauter Kriegstheoretiker mit trockenem Humor, dunklen Augenbrauen und skeptischem Blick.

Aus dem Außenministerium war Bob Frasure dabei. Er war ein Jahr jünger als Holbrooke und in allem sein Gegenteil – ein Karrierediplomat von der Art, die im Auswärtigen Dienst als «klassisch» bezeichnet wird, ein zurückhaltender, unerschütterlicher Mann der Institutionen, leicht gebeugt und ein wenig zynisch, mit Geheimratsecken und breitem Schnurrbart. Ein «typischer Beamter des Auswärtigen Dienstes», so nannte Holbrooke diese Mitglieder seiner Zunft gern, doch einige von ihnen, vor allem Bob Frasure, wusste er zu schätzen, denn niemand kannte sich auf dem Balkan aus wie er, niemand im gesamten Regierungsapparat brachte den Mut auf, mit der ihm eigenen Deutlichkeit den eigenen Kollegen zu schreiben: «In den vergangenen drei Jahren sind wir mit diesem außerordentlich schwierigen Problem unbeholfen umgegangen.» Er hatte einen Hang zum Sarkasmus, und die Kombination von Krieg und Clinton-Regierung gab diesem Charakterzug einen besonders feinen Schliff.

Eines Tages kehrte Frasure von einer weiteren langen, ergebnislosen Sitzung im Weißen Haus in sein Büro im sechsten Stock des Außenministeriums zurück, steckte wie üblich die Hände in die Taschen und blickte aus dem Fenster auf das Lincoln-Denkmal, und er war gerade in düsteren Gedanken versunken, als Christopher Hill hereinkam, der für Frasure in der Balkan-Abteilung arbeitete. «Was ist passiert, Bob?»

Frasure antwortete nicht gleich. Schließlich sagte er, ohne sich vom Fenster abzuwenden: «Im Bürgerkrieg wollten die Soldaten, die sich zur Schlacht aufstellten, immer wissen, welche Einheiten sie zur Rechten und zur Linken hatten, um besser einschätzen zu können, ob sie auf der Flanke angegriffen würden oder nicht. Man kann sich also gut vorstellen, wie man da draußen steht, die Marschtrommeln hört und ruft: ‹Sergeant, wer ist das da drüben auf der rechten Seite?› Und man stelle sich den Schrecken vor, der durch die Reihen gefahren sein muss, wenn die Antwort lautete: ‹Keine Sorge, Jungs, das ist die Clinton-Brigade.›»

Frasure, Kruzel, Drew. Alle drei im mittleren Alter, jeweils verheiratet mit zwei Kindern, die ihre Ferien nutzten, um in den Krieg zu fliegen. Kurz vor ihrer Abreise erzählte Gail Kruzel einem Kollegen ihres Mannes, dass sie und ihre beiden kleinen Kinder ihn kaum je zu Gesicht bekamen – der Balkan-Arbeitsstab im Pentagon nahm ihn beinahe vollständig in Anspruch. Frasure war seit einem Jahr beinahe ständig zwischen Washington und dem Balkan unterwegs, und dies sollte seine letzte Reise sein – er würde von nun an in der Hauptstadt bleiben, oder bei seiner Frau Katharina und den beiden Teenagerinnen auf der Farm im Shenandoah Valley, er wollte die Scheune streichen und ein bisschen tischlern.

Frasure, Kruzel und Drew waren die Art von Karrierebeamten, die jeden Morgen ihre Anzüge und Krawatten anzogen, aus den Vororten in Virginia ins Büro fuhren und bis spät in den Abend arbeiteten, die hin und wieder mal eine Auszeichnung des Ministeriums erhielten, aber außerhalb ihres unmittelbaren Kollegenkreises völlig unbekannt waren. Wenn sie es nicht in die höchsten Ränge geschafft hatten, dann nicht aus Mangel an Fähigkeiten oder Hingabe, sondern aus Mangel an diesem teuflischen Ehrgeiz. Mit anderen Worten, sie waren Bürokraten. Wir stellen uns Bürokraten als farbloses Mittelmaß vor, das unbedeutende Aufgaben erfüllt, aber ich verwende das Wort mit großem Respekt. Die meisten von uns haben keine Ahnung, wie viel Talent und Ehre und Mühe in den in der Mitte des vergangenen Jahrhunderts errichteten, über weite Teile von Washington verstreuten Betonmausoleen der Regierung begraben liegen. Aus heutiger Sicht wirken diese drei, als gehörten sie einem anderen Zeitalter an, in dem man noch an etwas – irgendwas – glaubte.

Das Team verbrachte die Nacht vom 14. August in der Nähe von Split an der kroatischen Küste in einem zum Hotel ausgebauten Steinturm aus dem 16. Jahrhundert. Als Mutprobe sprangen Kruzel und Clark vom Balkon im dritten Stock in die Adria. Holbrooke saß an einem Klapptisch auf der Restaurantterrasse und aß mit Peter Galbraith, dem amerikanischen Botschafter in Kroatien, vor Ort gefangene Garnelen und Muscheln. Galbraith war der Sohn des von Holbrooke verehrten Wirtschaftswissenschaftlers John Kenneth Galbraith, der in der Kennedy-Ära als «action intellectual» aufgetreten war. Was Bosnien anging, vertrat er eine harte Linie, weshalb er ein natürlicher Verbündeter war. Er hatte ein gutes Verhältnis zu Tuđman und begriff, welch entscheidende Rolle das auf keine Seite festgelegte Kroatien in den Balkankriegen spielte, weshalb er nützlich war. Aber zwischen ihnen tobte ein ständiger Revierkampf. Galbraiths Aufgeblasenheit reichte beinahe an die von Holbrooke heran, was ihn ebenso unbeliebt bei seinen Kollegen machte, und seine Depeschen enthielten moralisierende Stellungnahmen, die in Washington als übermäßig emotional wahrgenommen wurden. Als er im November 1994 für Bombenangriffe auf die serbischen Kroaten plädierte, um Bihać zu retten, stachelte er Holbrooke an: «Steht das C. in ‹Richard C. Holbrooke› etwa für ‹Chamberlain›?» Holbrooke wies ihn sogleich in die Schranken: «Sie plädieren für eine Ausweitung des Krieges, was niemand in Washington will. Ich bin der einzige Freund, den Sie hier haben.»

Sie aßen kroatische Meeresfrüchte und gingen Lakes Liste durch, die sie beide ärgerlich fanden. «Washington» hatte Vorstellungen von diesem Krieg, die abstrakt waren, die von Landkarten und Verhandlungspositionen abgeleitet waren, nicht von Aggression und Genozid. Galbraith war vehement dagegen, Goražde im Stich zu lassen, er lieferte genau das Argument, das Holbrooke Lake gegenüber vorgebracht hatte. Holbrooke argumentierte versuchsweise dagegen, wie Lake es getan hatte, doch Galbraith rückte nicht ab, genauso wenig wie es Holbrooke getan hatte. Er beschloss, dass ihm seine Anweisungen genügend Freiraum ließen, um den Vorschlag zu entfernen. Holbrooke nahm einen dicken Filzstift und strich den Goražde betreffenden Satz.

Aber damit war Goražde noch nicht vom Tisch. Er machte noch einen Schachzug, und der sagt eine Menge darüber aus, wie er verhandelte. Am nächsten Tag traf der bosnische Außenminister Mohammed Sacirbey am Flughafen von Split ein, wo Holbrooke ihn in sein Flugzeug einlud. «Wir möchten, dass Sie einen Tausch von Goražde in Erwägung ziehen», sagte Holbrooke gleich zu Anfang des einstündigen Gesprächs. Sacirbey sah schockiert zu Frasure, der tat, als sei ihm nicht wohl bei der Sache, so als hätte Holbrooke diese Möglichkeit nicht ansprechen sollen. Wenn Sacirbey in irgendeiner Weise Offenheit signalisiert hätte, hätte Holbrooke etwas über die bosnische Verhandlungsposition erfahren, aber Sacirbey sagte, dass Goražde für einen Tausch nicht zur Disposition stehe, und Holbrooke beließ es dabei. Im Terminal warteten Journalisten, und bevor sie sich verabschiedeten, bat Holbrooke Sacirbey, der Presse nicht zu sagen, dass die Amerikaner die Bosnier gedrängt hätten, Goražde aufzugeben. Sacirbey fand, das klinge etwa wie: «Sagen Sie bitte der Presse, dass der Sex einvernehmlich war.» Er stieg also aus dem Flugzeug, trat vor die Presse und erklärte: «Dick Holbrooke hat mir gesagt: ‹Wir erwarten nicht, dass Sie Goražde aufgeben, ich möchte, dass Sie das der Presse mitteilen.›»

Damit war Goražde nun wirklich vom Tisch – aber erst, als Holbrooke begriff, welche Optionen er hatte. Er war zwar überzeugt, dass ein Tausch von Goražde falsch wäre, aber ein moralisches Absolutum gab es für ihn nicht. Er war erst bereit, eine Position aufzugeben, wenn er wusste, welche Karten die anderen Spieler in der Hand hielten.

Sie werden mich an Bord holen

Als Erstes musste er den drei Kriegsparteien den amerikanischen Plan vorstellen und hören, was sie dazu zu sagen hätten. Die erste Station sollte Sarajevo sein, aber ihr Hubschrauber kreiste anderthalb Stunden in Nebel und Regen über der Stadt und musste nach Split zurückkehren. Also flogen sie erst einmal nach Zagreb.

Tuđman hatte sich und seine Präsidentschaft in einem von Titos modernistischen, mit vergoldeten habsburgischen Sesseln und persischen Teppichen ausgestatteten Palästen eingerichtet, der, umgeben von mehreren hundert Hektar Parklandschaft, hoch über der Stadt lag. Die Ehrengarde trug rote Umhänge und Hüte, die dem Palast etwas Operettenhaftes verliehen. Kroatiens Größe, ebenso wie seine eigene, waren die Leidenschaft, die Tuđman unbeirrt verfolgte. Er war pünktlich, steif und tadellos gekleidet, sein weißes Haar war derart sorgfältig zu einer vollen altjugoslawischen Tolle gelegt, dass es zum körperlichen Symbol seiner Würde geworden war.

Holbrooke kam wie üblich ein paar Minuten zu spät. Während Tuđman am fernen Ende des Empfangssaals stand und wartete, schlüpften er und Galbraith in die Herrentoilette, um nebeneinander an den Pissoirs letzte Abstimmungen der Verhandlungsstrategie vorzunehmen, ohne abgehört zu werden. (Eine Gewohnheit, die sie beibehielten, bis die kroatischen Gastgeber schließlich alle Lichter in der Toilette abschalten ließen, bis auf den einen Strahler, der ein Schild beleuchtete, auf dem «Welcome, Mr. Ambassador» stand.) Galbraith riet Holbrooke, Tuđman aufzubauen und wie einen Staatsführer des 19. Jahrhunderts zu behandeln, einen Garibaldi oder Bismarck, mit denen er sich im Geiste verglich. Tuđman glaubte, dass sein Land zu einer Zivilisation souveräner europäischer Nationalstaaten gehörte, die jeweils ihre eigene Sprache, ihre eigene Volkstracht, ihren eigenen Freiheitskampf und ihr glorreiches Schicksal hatten. Seine beiden Amtskollegen Milošević und Izetbegović dagegen hielt er für balkanische Primitivlinge.

Die amerikanische und die kroatische Delegation saßen auf zwei Seiten eines riesigen Konferenztischs aus hellem Holz, als würde es sich um ein amerikanisch-sowjetisches Gipfeltreffen handeln. Sich selbst hatte Tuđman den Platz am oberen Ende des Tischs vorbehalten. Er war voller Selbstbewusstsein nach seinem Sieg in der Krajina und ärgerte sich, dass er jetzt auf die Bremse treten musste. Die ethnischen Säuberungen hatten gezeigt, dass auch in ihm ein balkanischer Rohling steckte. Er war einst Historiker gewesen, und nachdem er höflich Holbrookes Ausführungen abgewartet hatte, hielt er den Gästen einen Vortrag über die Geschichte Kroatiens seit der osmanischen Zeit, über die muslimische Bedrohung in Südosteuropa, den bosnischen Geheimplan, einen islamischen Staat zu etablieren, der von der Adria bis nach Makedonien reichen und mächtiger als Serbien sein würde. Der Westen könne sich glücklich schätzen, dass die bosnischen Kroaten die Muslime innerhalb der Föderation in Schach hielten.

«Die Muslime sind in Wirklichkeit Kroaten», so Tuđman zu Holbrooke. «Aber die Religion hat uns doch gespalten. Die Menschen fragen: ‹Wie können wir mit ihnen kooperieren, wenn sie keine Christen sind?› Bosnien und Herzegowina sollte als eigenständiges Land und UNO-Mitglied erhalten bleiben – allerdings nur vorläufig.» Eines Tages würden sich die Serben auf die Seite der orthodoxen Welt schlagen, und die Muslime würden europäisiert werden. Tuđman war ein Anhänger von Samuel Huntington, Holbrookes ehemaligem Chef bei *Foreign Policy*, er sagte voraus, dass Bosnien im Kampf der Kulturen an der Bruchlinie zwischen Ost und West zerrieben würde. Das klang wie eine akademisch versiertere Form der Aufteilung.

«Die Vereinigten Staaten werden bei dem unfreiwilligen Verschwinden eines Staates namens Bosnien von der Landkarte nicht zusehen», sagte Holbrooke.

Tuđman wechselte ins Englische. «Bosnien hat keine Zukunft.»

Galbraith war aufgebracht und schob Holbrooke einen Zettel zu. «Dick – das sind Tuđmans alte Vorurteile, die jetzt nach 18 Monaten relativer Zurückhaltung wieder zum Vorschein kommen. Auf diese Position muss sehr hart reagiert werden, sie war die Rechtfertigung für den kroatisch-muslimischen Krieg. Ich habe ihm immer gesagt, dass die Amerikaner den Muslimen <u>genau deshalb</u> mehr Sympathie entgegenbringen, weil wir sie als die westlichsten der 3 Völker Bosniens ansehen.»

Worauf Holbrooke antwortete: «Sehe ich auch so – aber NICHT JETZT, NICHT HIER, NOCH NICHT abgesehen von dem, was wir schon gesagt haben. Wenn er sich darauf festlegt, ist das viel zu ernst, um es hier zu diskutieren.»

Die ethnische Säuberung der Krajina war ein Schandfleck des Westens. Jetzt erfuhr Holbrooke also, dass Tuđman wie die Ustascha aus dem Zweiten Weltkrieg klingen konnte. Auf längere Sicht würden es die Muslime und Kroaten schwer haben, ihr Bündnis aufrechtzuerhalten. Aber im Moment war Tuđman ein nützlicher Nationalist mit einer leistungsfähigen Armee. Der Lake-Holbrooke-Plan forderte «alle Parteien auf, ihre offensiven Militäroperationen auszusetzen», aber die Operation Oluja hatte die Lage stärker verändert, als irgendjemand in Washington wahrhaben wollte. Die muslimisch-kroatische Föderation drang gerade mit Hilfe der kroatischen Armee tief in serbisch besetztes Territorium im westlichen Bosnien vor. Bevor die Grenzen eingefroren wurden, verdienten die Bosnier eine Chance, Städte zurückzuerobern, die sie durch die ethnischen Säuberungen verloren hatten. Ihr militärisches Momentum konnte bei den Pendelverhandlungen genutzt werden, um auf die widerspenstigste Gruppierung, die bosnischen Serben, Druck auszuüben.

Bei einem Mittagessen mit Tuđman wiederholte Clark den Konsens in Washington, dass die Offensive beendet werden müsse. Frasure schrieb eine Notiz auf sein Platzkärtchen und reichte sie Holbrooke: «Dick: Wir haben diese Typen als räudige Wachhunde ‹engagiert›, weil wir keine andere Wahl hatten. Jetzt müssen wir versuchen, sie an eine kürzere Leine zu nehmen. Dies ist aber nicht der Zeitpunkt, um zimperlich zu werden. Es ist das erste Mal, dass die serbische Welle zurückgeworfen wurde. Das ist von wesentlicher Bedeutung für uns, um die Stabilität zu erlangen, die wir brauchen, damit wir aussteigen können.»

Holbrooke hatte die Zeilen, in denen es um militärische Zurückhaltung ging, bereits aus seinen Gesprächsunterlagen gestrichen. Es lag auf der Hand, was aus der Situation zu folgern war, und es war profund: Krieg konnte ein Mittel der Diplomatie sein.

Am nächsten Tag, dem 17. August, flog das Team von Zagreb nach Belgrad. Eine serbische Polizeieskorte begleitete sie mit einer Geschwindigkeit, die andere Fahrer von der Straße drängte, vom Militärflughafen in die Innenstadt. An den Straßen verkauften Männer Schwarzmarktbenzin aus Plastikkanistern. Serbien war ein Polizeistaat mit einer mafiösen Wirtschaft.

Der serbische Präsidentenpalast war ein schmuddeliges Gebäude mit hohen, angegilbten Vorhängen und dem Geruch von alten Teppichen und dem seelenlosen Dekor der kommunistischen Ära. In einer Ecke des riesigen marmornen Empfangssaals stand ein weiblicher Akt, eine Bronze mit über den Kopf erhobenem linken Arm, die sich Gesicht und Nase in die Achsel drückte. Holbrooke hatte Milošević nie persönlich kennengelernt, aber er wusste, dass er der Schlüssel zu allem war. Als sie sich setzten, versuchte Holbrooke das diplomatische Eis zu brechen, indem er seine Reise per Anhalter durch das Jugoslawien von 1960 beschrieb: Wie er von Titos Polizei als mutmaßlicher Schmuggler aufgegriffen worden war, und wie er sich mit den Worten ‹Autostop Americanski!› gerettet hatte.

Milošević war nervös im Umgang mit Menschen, die er nicht kannte. Er trug einen eckig geschnittenen blauen Zweireiher, der ihm das Aussehen eines staatlichen Bankbeamten gab, der er einst tatsächlich gewesen war. Seine Haut war fahl, seine Ohrläppchen groß und frei hängend, seine Gefühle undurchsichtig. Er wirkte auf ausländische Besucher keinesfalls wie ein grausamer Despot. Er konnte geistreich sein, charmant oder krude. Unter den drei Präsidenten war er bei Weitem der lustigste. Er war schwer einzuordnen und ließ sich überhaupt nicht in die Karten schauen.

Außer dem Außenminister und einem Protokollanten schien niemand im Palast zu sein, denn Milošević vertraute niemandem außer seiner Frau Mira Marković. Er fühlte sich in der Öffentlichkeit unwohl und wurde bei seinem Volk, das er mit Schrecken regierte, immer unbeliebter. Er hüllte alles in Täuschung und verwischte seine Spuren, nur so war es ihm gelungen, in Bosnien und Kroatien Angriffskriege zu führen und gleichzeitig seine Unschuld zu beteuern. Carl Bildt, der schwedische Diplomat, der die Verhandlungsführung übernommen hatte, nachdem Frasures Bemühungen gescheitert waren, bemerkte, dass Milošević über Stunden keine Anrufe erhielt, höchstens einmal von seiner Frau, dass er die Sitzungen nie aus dringenden Gründen verlassen musste, dass auf seinem Schreibtisch keine Unterlagen oder sonst irgendwelche Anzeichen von Arbeit zu finden waren – so als bestünde das Amt des serbischen Präsidenten nur daraus, den neuesten ausländischen Gast zu begrüßen und bei riesigen Abendessen, bei denen große Mengen Alkohol flossen, bis spät in die Nacht über die Ereignisse in den Nachbarländern zu sprechen. Er schien alle Zeit der Welt zu haben – es war der Besucher, der den Wettlauf gegen die Uhr bestehen musste.

Milošević war nur vier Monate jünger als Holbrooke. Seine Familie stammte aus dem nördlichen Montenegro, den Appalachen von Jugoslawien, aber geboren wurde er in einem dreckigen Provinzloch eine Stunde von Belgrad entfernt. Sein Vater verließ früh die Familie, er wuchs bei seiner Mutter auf, die er verehrte und die ihm untersagte, Sport zu treiben. Als er sieben war, schoss sich sein Onkel, ein Partisanenheld, in den Kopf. Als er zwanzig war, beging sein Vater Selbstmord. Als er dreißig war, erhängte sich seine Mutter. Milošević sprach nie über diese morbide Familiengeschichte. Mit Geschick und Skrupellosigkeit stieg er in der kommunistischen Partei Jugoslawiens auf, aber sein Leben lang wurde er nicht von irgendeiner Ideologie geleitet, sondern von der Macht selbst, und von Mira, einer überzeugten Kommunistin, die nicht weniger monströs war als ihr Mann. Einmal schrieb sie: «Er würde niemals sagen: ‹Ich sterbe für den Sozialismus, ich sterbe für den Internationalismus.› Ich dagegen schon.» Ein serbischer Psychologe beschrieb Milošević einmal als «kalten Narziss», der die Wunden seiner Jugend mit einem Machthunger kauterisiert und jegliche Empathie abgetötet hatte. Der leere Palast und die spurenfreie Herrschaft spiegelten den Zustand seiner Seele wider. Falls er selbst Suizidgedanken hatte, dann wohl in dem Sinne, dass ihn seine Spielernatur in strategische Todesfallen führte.

Als Holbrooke den Palast betrat, versuchte Milošević gerade, sein leergefegtes Konto in Bosnien zu schließen. Das war nicht einfach, er brauchte die Hilfe der Amerikaner – die Hilfe von Holbrooke. Das Kriegsverbrechertribunal in Den Haag interessierte sich für ihn, das nach Srebrenica bereits Karadžić und Mladić unter Anklage gestellt hatte. Aber in diesem Moment ging es Holbrooke allein darum, Milošević als serbischen Staatsmann handeln zu sehen.

Ein weiß livrierter Kellner servierte Getränke auf einem silbernen Tablett: Saft, serbischen Wein, Scotch und Sliwowitz. Die Gruppe zog sich in den Speisesaal zurück, wo die üblichen Herzinfarktplatten mit Lamm und Kartoffeln gereicht wurden. Milošević trank wie ein Alkoholiker, er rauchte Zigarillos und kubanische Zigarren wie ein Mafiaboss und versuchte, Holbrooke zu umgarnen, indem er die Namen amerikanischer Banker fallen ließ, die er in den Siebzigerjahren auf seinen Reisen nach New York kennengelernt hatte, auch wenn er tatsächlich die meiste Zeit damit verbracht hatte, bei Bloomingdale's und Macy's einzukaufen. Holbrooke ließ sich auf das Spiel ein und nannte seinerseits ebenso viele Finanzleute, die er in New York kannte.

Das Gespräch dauerte fast sechs Stunden – unter dem Durchschnitt für Milošević. Er umkreiste das Thema, biss sich an Einzelheiten fest, verlor sich in Nebensächlichkeiten. Er kam zu dem Schluss, dass Holbrooke weniger genau wusste, wie die Dinge auf dem Balkan standen, als frühere Gäste. Später traf Frasure Carl Bildt am Flughafen und sagte trocken: «Die beiden Egos haben den ganzen Abend miteinander getanzt.»

Holbrooke und Frasure übernachteten in der Residenz von Rudy Perina, dem hochrangigsten amerikanischen Diplomaten in Belgrad. Holbrooke fragte Perina, der an den vorangegangenen, über Wochen sich hinziehenden Gesprächen teilgenommen hatte, ob er glaube, dass Milošević dieses Mal etwas Neues gesagt habe.

«Ehrlich gesagt, nein», antwortete Perina. «Das hat er alles schon einmal mit Bob durchgekaut.»

Es waren nur Konversationsspielchen, mit Holbrooke als aktuellem Mitspieler. Er ging früh ins Bett und wachte früh wieder auf. Perina und Frasure kamen gerade aus ihren Zimmern, als er sich im Flur wütend die Hose hochzog. «Zieht euch an», sagte er. «Ich will draußen im Garten mit euch reden.»

Sie spazierten unter den Kastanien neben den Tennisplätzen, fernab von Miloševićs Abhörgeräten. «Hört zu, Jungs», sagte Holbrooke. «Ich gehe gleich wieder zu Slobo und dann krieg ich einen verdammten Wutanfall.» Milošević sollte sehen, dass er es nicht einfach mit einem weiteren höflichen Diplomaten zu tun hatte. Er wollte eine angespannte Situation erzeugen, die das Verhandlungsmuster durchbrechen würde, und dafür wollte er die Gruppe klein halten und nur Frasure und Nelson Drew mitnehmen. Er machte sich heiß, er war bereit, in den Ring zu steigen. «Ich werde ihm einen richtigen Schrecken einjagen.» Zwei Stunden lang war es vor allem Holbrooke, der sprach, meist so laut, dass er durch die Tür zu hören war. Die Zeit der endlosen Diskussionen sei vorbei, schrie er, die Geduld des Westens sei aufgebraucht, Milošević solle endlich Ergebnisse liefern oder die Konsequenzen tragen. Es gab durchaus Situationen, in denen Holbrooke der Kragen platzte, aber dieser Wutausbruch war rein taktisch. Milošević, der jedes Anzeichen von Verwundbarkeit verbergen musste, um politisch zu überleben, sah ihn versteinert an. Holbrooke fügte hinzu, dass sie einen weiteren Versuch unternehmen würden, nach Sarajevo zu gelangen, und dass es unter der Würde von Präsident Clintons Friedensmission sei, die gefährliche Straße zu nehmen, die vom Igman in die Stadt hinabführte. Milošević solle also einen sicheren Flug von Belgrad zum Flughafen von Sarajevo garantieren.

Milošević starrte ihn immer noch an. «Sie haben recht», sagte er schließlich. «Ich werde es versuchen.»

Er schickte seinen Protokollanten hinaus, um Mladić anzurufen. Milošević hatte ein ganzes Jahr lang behauptet, er habe über seine mordenden Vasallen keine Kontrolle, und tatsächlich glaubte er inzwischen, dass Mladić, der sich selbst als mittelalterlichen Kreuzritter sah, verrückt geworden war – verrückt genug, um ein amerikanisches Flugzeug abzuschießen. Zwanzig Minuten später hatten sie eine Antwort.

«Mladić meint, dass der Flughafen zu gefährlich ist», beinahe so, als läge das Schicksal der Amerikaner nicht einzig und allein in den Händen von Mladićs eigenen Truppen und Geschützstellungen um Sarajevo. «Mladić meint, Sie sollten nach Kiseljak fliegen und von dort mit Autos in die Stadt fahren.» Die Kontrollpunkte waren von Karadžićs Polizei besetzt, nicht von Mladićs Soldaten. «Sie werden dort absolut sicher sein.»

Das war dieselbe Straße, über die Holbrooke 1992 mit Rosenblatt und Frease nach Sarajevo gefahren war. Bildt war zwei Tage zuvor ohne Zwischenfälle auf eben diesem Weg hineingekommen, und er hielt es für töricht und draufgängerisch, die andere Strecke über den Igman zu nehmen. Aber Holbrooke hatte keine Wahl. Die amerikanische Regierung weigerte sich, die Republika Srpska anzuerkennen, weshalb die Straße von Kiseljak nicht in Frage kam.

«Wir können Kiseljak nur in Erwägung ziehen, wenn Sie uns Ihre persönliche Garantie geben, dass wir nicht angehalten werden», sagte Holbrooke zu Milošević. Er versuchte herauszufinden, ob Milošević bereit war, für die bosnischen Serben zu sprechen. Holbrooke sah die Umrisse einer Lösung darin, Milošević zu zwingen, die gesamte serbische Seite zu vertreten.

«Ich kann Ihnen diese Garantie nicht geben», sagte Milošević. «Aber ich kann Mladić darum bitten.»

«Das ist für uns nicht akzeptabel, Herr Präsident.»

«Wir müssen über den Igman», flüsterte Frasure Holbrooke ins Ohr, «wir haben keine andere Wahl.»

IX.

Der Igman ragte vom Südwesten her über Sarajevo auf. Bei den Olympischen Winterspielen 1984 befand sich die Skisprungschanze in einer Senke am einen Ende des Plateaus und die Biathlonstrecke am anderen. An Sommertagen stiegen jugoslawische Familien zum Igman auf, sie wanderten und machten Picknicks. Der Berg war steil, ein dichter Nadelwald bedeckte seine Flanken, der immer wieder dramatische Ausblicke auf die roten Dächer und Minarette der Stadt eröffnete. An den Fuß des Berges grenzte unmittelbar das flache Gelände des Flughafens. Genau dort war die Belagerungslinie.

Im gesamten Krieg befand sich der Igman in den Händen der bosnischen Regierung. Um Sarajevo auf dem Landweg zu erreichen oder zu verlassen, mussten Politiker, Diplomaten und die meisten Ausländer die Erlaubnis der UNO einholen, um das Flugfeld zu überqueren. Trotzdem bestand die Gefahr, beschossen zu werden. Bosnische Zivilisten, die aus der Stadt fliehen wollten, zwängten sich durch den siebenhundertneunundsechzig Meter langen Tunnel unter der Startbahn, krochen im Haus einer muslimischen Familie auf der anderen Seite aus einem Loch und stiegen von dort den Berg hinauf. Die Serben kontrollierten die im Osten und Westen an den Flughafen angrenzenden Stadtviertel. Ihre Flakstellungen hatten Sichtverbindung zu den höher gelegenen Serpentinen, wo sich der Wald lichtete und die Straße völlig ungeschützt war. Es war wie ein Schießstand, der untere Teil der Straße war von Lastwagenwracks und umgestürzten Autos gesäumt. Bosnier fuhren in der Regel nachts mit ausgeschaltetem Licht, sie benutzten Nachtsichtgeräte, wenn sie welche hatten. Eine Frau namens Aida Cerkez riskierte mehrere Dutzend Male ihr Leben, um ausländische Journalisten in die Stadt und wieder hinauszubringen. Jedes Mal, wenn sie sich auf dem Weg hinab der Gefahrenzone im unteren Abschnitt der Straße näherte, etwa an der Stelle, wo die heraufkommenden Fahrer anhielten, um sich am Straßenrand zu übergeben, oder erleichtert zusammensackten, begann sie, leise ein amerikanisches Spiritual zu singen:

There will be peace in the valley for me some day
There will be peace in the valley for me, I pray
No more sorrow no sadness no trouble I see
There will be peace in the valley for me

Am Morgen des 19. August flogen Holbrooke und sein Team mit einem Militärhubschrauber der UNO von Split los. Die dichte Wolkendecke über dem Igman riss kurz auf, um 9 Uhr 40 konnten sie auf dem Plateau landen. Die Landezone war ein Fußballplatz namens Veliko Polje, was so viel bedeutet wie «großes Feld». Es hatte vier Tage geregnet, der Boden war durchnässt. Es war bereits warm, ein alpiner Duft begrüßte die Passagiere.

Zwei Fahrzeuge standen bereit, ein gepanzerter amerikanischer Humvee und ein dreiachsiger französischer Transportpanzer. Im Humvee, dem Begleitfahrzeug, befanden sich Pete Hargraves, der Sicherheitsoffizier der Botschaft, Oberstleutnant Randall Banky, der amerikanische Verbindungsoffizier im neben der US-Botschaft gelegenen Hauptquartier der UNO, und der Fahrer, ein Feldwebel namens David Respass. Der weiß lackierte, von drei französischen Blauhelmen besetzte Transport-panzer sollte die Besucher den Berg hinunterbringen.

Sofort wurden die Sitze umverteilt.

«Hey, Sir», sagte Oberstleutnant Banky zu General Clark, «wollen Sie im Hummer mitfahren?»

«Klar, warum nicht», antwortete Clark. Er hielt es für unangemessen, dass der Delegationsleiter in einem Transportpanzer untergebracht würde, und wandte sich an Holbrooke. «Sind Sie schon mal in so einem Ding drin gewesen?» Nein, war er nicht. «Dann kommen Sie, fahren Sie bei uns im Humvee mit. Die sind viel besser als die Jeeps, mit denen Sie in Vietnam herumgefahren sind.» Also tauschten Clark und Holbrooke mit Hargraves.

Bevor Frasure zum Transportpanzer ging, bat ihn Holbrooke noch, sich ein paar Gedanken zu machen, was sie Izetbegović sagen sollten. Frasure, der besser als jeder andere wusste, wie gering die Erfolgschan-cen dieses Besuchs waren, lachte nur mit dem ihm eigenen Sarkasmus. Holbrooke und Clark stiegen hinter Respass und Banky in den Humvee, Holbrooke im Anzug auf der linken Seite und Clark im grünen Dienst-anzug auf der rechten. Beide trugen Schutzwesten und Helme. Frasure, Drew, Kruzel, Clarks Adjutant Gerstein, Hargraves und ein französi-scher Sergeant zwängten sich auf gegenüberliegenden Sitzen in den hin-teren Teil des Transportpanzers, zwei französische Soldaten saßen vorn.

Im Panzer befanden sich außerdem ein Benzinkanister und eine Menge Munition – fünf Kisten Patronen, fünfzehn Handgranaten, ein halbes Dutzend Panzerfäuste und zwei Panzerabwehrraketen. Banky hatte der Mannschaft des Transportpanzers gesagt, dass sie sich unten am französischen Beobachtungsposten treffen würden, falls sie auf dem Weg hinab getrennt würden. Der Panzer würde an den Kontrollpunkten der bosnischen Armee nicht anhalten. Die Serben hätten in letzter Zeit keine Fahrzeuge beschossen, die Delegation sei im Inneren sicher.

Sie fuhren den Berg hinunter, vorn der Humvee.

Die Straße war damals nur eine Piste, vier bis fünf Meter breit und unbefestigt. Nach knapp zwanzig Kilometern erreichten sie eine scharfe Linkskurve, dann ging es einige hundert Meter über eine mäßig abfal-lende Gerade bis zu einer Rechtskurve. Der Hang war hier sehr steil, die

Straße führte zwischen einer Felswand links und einem steilen Abhang rechts hinab.

Die Amerikaner waren seit einer halben Stunde unterwegs und befanden sich etwa auf der Hälfte der Geraden, wo sie auf eine französische Kolonne von Lastwagen und Transportpanzern stießen. Die Kolonne war rechts herangefahren und hatte gehalten. Als sich der Humvee dem letzten französischen Fahrzeug näherte, begann ein französischer Soldat zu rufen und zu gestikulieren. Sergeant Respass, der Fahrer des Humvee, verstand nicht, was er sagen wollte.

Es gibt zwei Möglichkeiten, diese Geschichte zu erzählen. Eigentlich gibt es hunderte, aber nur zwei, die erzählt werden müssen.

Die erste ist die, die in den Geschichtsbüchern steht. Sie ist von den wichtigsten Akteuren mit ihren eigenen Worten, in Büchern und journalistischen Rekonstruktionen erzählt worden. Wer schon mal davon gehört hat, was an jenem Morgen auf dem Igman geschah, der wird diese Geschichte gehört haben.

Ich lasse sie Holbrooke und Clark erzählen.

Holbrooke: «Ich sprang aus dem Humvee, um zu helfen, aber ich verstand nicht ganz, was der französische Soldat sagte, irgendetwas über ein Fahrzeug hinter uns, das den Abhang runtergestürzt sei. Ich dachte, dass ich ihn missverstanden hatte. Hinter uns war – nichts. Ich gab Clark ein Zeichen, mitzukommen. Der Transportpanzer muss ganz schön weit hinter uns sein, dachte ich.

Clark: «Wir schauten die Straße zurück. Nichts.»

«Dann war es mir klar.»

«Dann war es uns klar. Sie meinten unseren Transportpanzer.»

«Clark und ich rannten dreißig Meter zurück. Vom Rand der Piste waren etwa fünfzehn Zentimeter weggebrochen.»

«Holbrooke und ich waren rasend. In dem gepanzerten Fahrzeug saßen doch unsere Leute. Schließlich hielt ich es nicht mehr aus und begann, den Abhang hinunterzuklettern.»

«Mit der schweren Schutzweste und den Helmen – ich trug darunter einen Anzug – sprangen wir vom Straßenrand und den steilen Weg hinab. Wir waren keine drei Meter unterhalb der Straße, als es zu zwei enormen Explosionen kam. Um uns herum fielen Schüsse. Von unten und oben brüllten Leute auf Französisch, ‹Minen! Kommen Sie zurück auf die Straße!› Wir griffen nach Wurzeln, um uns hochzuziehen, und krabbelten zurück auf die Straße.»

Holbrooke rannte zurück und befahl Respass, den Humvee zu drehen, damit sie zur Landezone zurückkehren könnten, falls sie unter Beschuss gerieten. «Wir versuchten, mit unserer tragbaren Satellitenschüssel Kontakt zur Außenwelt aufzubauen, aber die Berge waren so steil, dass das unmöglich war. Oberst Banky war verschwunden.»

Clark: «Dann tauchte ein bosnischer General auf, der sprach aber kein Englisch. Mit Hilfe meines schlechten Russisch und von Zeichensprache fanden wir heraus, dass die Serpentine eine Schleife macht. Das bedeutete, dass wir von unten an das Fahrzeug gelangen könnten, wenn wir der Straße weiter folgen würden.»

«Wes und ich begannen die Straße hinabzurennen, dabei schnitten die neun Kilo Gepäck in unsere Schultern und unsere Brust. Wir liefen durch die Haarnadelkurve und fast einen Kilometer weiter auf der Straße.»

«Der Bosnier hatte recht, nach ungefähr eineinhalb Kilometern und einer Schlaufe näherte sich die Straße in einem Hufeisenkurs wieder an. Dort sahen wir eine ganze Reihe von geparkten Fahrzeugen. Jemand sprach gebrochen Englisch, aber keiner konnte uns erklären, was passiert war.» Der obere Hang war an dieser Stelle beinahe vertikal, eine drei, vier Meter hohe felsige Abbruchkante. Es gelang Clark, sich ins Gebüsch hinaufzuziehen. «Hand über Hand versuchte ich, den steilen Berghang hochzukommen, und begegnete einem Sanitäter und einem toten französischen Soldaten. Zwei weitere, er zeigte in die Richtung. Das ist alles. Der tote Soldat konnte in unserem Fahrzeug gewesen sein, aber ich war nicht sicher. Ich rutschte wieder runter auf die Straße.»

«Die Fahrzeuge parkten dort, das wurde uns nun bewusst, wo der Transportpanzer auf der Straße aufgeschlagen war, bevor er weiter den Berg hinuntergeschleudert worden war. In die Bäume unter uns war eine Schneise geschlagen, wie von einem Riesenpflug. Schüsse waren keine mehr zu hören. Regen setzte ein.»

«Jemand zeigte hinunter, wo öliger, schwarzer Ruß aufstieg. Ich rannte einfach los, schlug mich durch das Unterholz, stolperte und fiel den Berghang hinunter.»

«Da ich der Einzige auf dem Berg war, der sowohl Französisch als auch Englisch sprach, blieb ich auf der Straße, um uns mit den Franzosen abzustimmen, während Wes hinabstieg. Wir befestigten ein Seil an einem Baumstumpf, mit dem er sich zu dem Fahrzeug abseilen konnte, das französische und bosnische Soldaten bereits erreicht hatten. Große Rauchschwaden stiegen von irgendwo unter uns auf.»

«Einige hundert Meter tiefer sah ich das Fahrzeug, es lag auf der Seite und brannte. Ein bosnischer Kämpfer lehnte an einem Baum. Er winkte mich weg. Aber meine Männer waren möglicherweise in dem Fahrzeug, ich musste da hin. Mit einem Holzstamm bog ich die heiße Metalltür auf, und es war, als würde ich in einen Ofen blicken. Zwei unserer Männer waren in dem Fahrzeug, ohne Frage tot, ihre ruhigen Gesichter waren von Flammen umgeben. Ich schaute mich sofort nach etwas um, mit dem ich das Feuer löschen könnte.»

«Clark brüllte durch das Funkgerät, dass er einen Feuerlöscher brauche. Ich sah hektisch um mich herum; es gab keinen. Ein französischer Jeep kam die Straße hoch und hielt. Eine einzelne Figur saß aufrecht auf der Rückbank, am ganzen Körper Blut und Bandagen. Sein Gesicht war nicht zu erkennen. Ich fragte ihn, wer er sei. Er murmelte etwas Unverständliches. ‹Wer?›, fragte ich noch einmal. ‹Hargraves ... Ihr ... Sicherheitsoffizier ... Sir›, sagte er sehr langsam, vollkommen benommen.»

Holbrooke und die beiden französischen Soldaten hoben ihn aus dem Jeep und legten ihn auf eine Trage.

«Ich kniete mich neben ihn. Es fiel ihm sehr schwer zu reden. Was ich davon verstand, war, dass er sagte, er hätte seine Leute retten müssen, dass es seine Schuld sei, dass seine Wirbelsäule gebrochen sei. Ich versuchte, ihn zu beruhigen. Ich versuchte verzweifelt herauszufinden, was geschehen war, und ging, einen nach dem anderen, unser Team durch. ‹Frasure. Wo ist Botschafter Frasure?› Ich brüllte fast. ‹Tot.› Er konnte das Wort kaum über die Lippen bringen. Ich stand auf. In den drei Jahren als Zivilist in Vietnam war ich bisweilen Gefechten und ihren schrecklichen Folgen ausgesetzt gewesen, aber das hier war etwas anderes. Das war *mein* Team, und mein Stellvertreter war angeblich tot. Aber es gab keine Zeit für Trauer. Wes Clark war noch immer tief unter uns am Berg, und alles, was ich wusste, war, dass Hargraves glaubte, dass Bob Frasure tot war. Ich kniete mich wieder hin. ‹Joe Kruzel›, sagte ich. ‹Was ist mit Joe Kruzel?› ‹Weiß nicht. Ich glaube, er ist rausgekommen.› ‹Nelson Drew?› ‹Tot. Hat's nicht geschafft.› Hargraves begann zu weinen. ‹Ich habe es versucht …› ‹Es ist nicht Ihre Schuld›, sagte ich hoffnungslos. ‹Sie haben getan, was Sie konnten.›»

«Ich rannte zurück durch das Unterholz, kämpfte mich hoch zur Straße in der Hoffnung, einen Feuerlöscher zu finden. Plötzlich schossen mir alle Soldaten durch den Kopf, die ich je verloren hatte, jeder Unfall, den ich je erlebt, jedes Schuldgefühl, das ich je gehabt hatte. Ich hätte alles getan, um diese Menschen zu retten.

«Clark zog sich an den Seilen den Hang hinauf. Er sah aus, als wäre er um zehn Jahre gealtert. ‹Es ist so schlimm da unten, so etwas haben Sie noch nie gesehen›, sagte er.»

«Wir löschten das Feuer und holten die Leichen von Botschafter Bob Frasure und Oberst Nelson Drew. Dann durchsuchten wir die Gegend und stellten fest, dass zwei von unserem Team aus dem Fahrzeug herausgeklettert waren, bevor es explodierte.»

«Inzwischen hatten Journalisten in Sarajevo über den französischen Militärfunk Gespräche über den Vorfall abgehört und begonnen, eine konfuse und ungenaue Version des Unfalls in der Welt zu verbreiten. Es war höchste Zeit, Washington zu informieren.»

Das ist die eine Geschichte, die man über den schrecklichen Unfall am Igman erzählen muss. Es war die dramatischste Geschichte in Holbrookes Leben. Sie steht am Anfang des einzigen Buchs, das er je schrieb. Aber es gibt noch eine zweite, unbekannte Geschichte, die es nicht in die offiziellen Berichte geschafft hat, vielleicht weil sie den klassischen Anforderungen an eine Erzählung nicht genügt und, falls sie fiktiv wäre, den Höhepunkt eines jeden guten Romans ruinieren würde. (Dabei bin ich überzeugt, dass diese zweite Geschichte der flüchtigen Wahrheit so nah kommt, wie es nur irgend möglich ist.) In dieser

Geschichte sind die berühmten Figuren nur Zuschauer, und die Protagonisten der Handlung haben Namen, von denen der Leser noch nie gehört hat, die in dem Augenblick, in dem sie in die Geschichte eintreten, auch wieder hinausschlüpfen, denn Igman – ihre kurze Berührung mit wichtigen Persönlichkeiten und historischen Ereignissen – hat ihren Lebenslauf nicht berührt, sie sind in die Finsternis zurückgewichen, die die offizielle Geschichtsschreibung für die meisten von uns bereithält.

Randall Banky war vierzig Jahre alt, schlank und dunkelhaarig. Er wuchs in einem Reihenhaus in einem Arbeiterviertel von Baltimore auf und ging unmittelbar nach der Schule, am Ende des Vietnamkriegs, zum Militär. Als er und die anderen Rekruten nach der Vereidigung ihre rechten Hände sinken ließen, sagte der Offizier: «Reingefallen, Trottel.» Später nahm Banky sein kostenloses Studium in West Point auf und erhielt sein Patent, aber er war einer jener Offiziere, die sich eher mit ihren Soldaten solidarisierten als mit der Führung. Seiner Ansicht nach stiegen in der Army nur Jasager auf, die sich selbst interessant machten.

Oberstleutnant Banky und Stabsunteroffizier Respass gehörten zu den wenigen Amerikanern in Uniform in Bosnien. Sie hatten den Auftrag am Igman nur erhalten, weil die amerikanische Botschaft kein einsatzfähiges gepanzertes Fahrzeug besaß, und weil Hargraves Banky gebeten hatte, ihn im Humvee hinaufzufahren. Banky verstand nicht, warum eine derart hochrangige Delegation nicht über eine andere Strecke kam – Igman war der Wilde Westen.

Die Delegation verließ Veliko Polje um 9 Uhr 52 am Morgen. Respass saß am Steuer, auf der Rückbank sagte Holbrooke zu Clark: «Sieht so aus, als würden Sie noch einen Stern auf Ihr Abzeichen bekommen.» Gemeint war, dass der General für seinen Bosnien-Einsatz eine weitere Kampfauszeichnung erhalten könnte. Banky und Respass warfen sich Blicke zu. «Das wird hier nicht passieren, Sir», sagte Respass. Er hatte erfolglos versucht, den Einsatz in Bosnien als Kampfeinsatz klassifizieren zu lassen, was für amerikanisches Militärpersonal mit einer Steuerbefreiung einhergegangen wäre. Holbrooke war empört und sagte Clark, er kenne einen Kongressabgeordneten in Washington, der sich darum kümmern würde.

Um Viertel nach zehn passierten sie einen bosnischen Kontrollpunkt, hielten aber nicht an. Ganz in der Nähe im Wald befand sich ein französischer Beobachtungsposten. Die französischen Soldaten bemerkten, dass der Humvee sehr schnell fuhr, zu schnell, wie sie fanden, etwa fünfzig Stundenkilometer und damit doppelt so schnell, wie sie selbst am Igman fuhren. Der Humvee hatte bereits zwei weitere Fahrzeuge am Berg überholt, ein französisches und ein britisches, beide hatten ihnen signalisiert, sie sollten langsamer fahren. Und wenn es stimmt, dass der Humvee zu schnell fuhr – wer trug die Verantwortung dafür? Respass war der Fahrer. Banky kommandierte das Fahrzeug. Clark war ein ranghoher Offizier. Holbrooke leitete die Delegation, und er liebte Geschwindigkeit.

Der Transportpanzer, der breiter und schwerer war, versuchte aufzuholen. Als sie sich dem Kontrollpunkt näherten, signalisierte ein ranghoher französischer Soldat am Beobachtungsposten, Stabsfeldwebel Eric Limousin, dem Transportpanzer, anzuhalten. Er erklärte Feldwebel Pause, dem Fahrzeugkommandeur auf dem Beifahrersitz, dass ein Lastwagenkonvoi zwei oder drei Kilometer weiter den Berg hinaufkomme, und dass es schwierig werden könnte, ihn zu passieren. Pause antwortete, sie würden eine wichtige Delegation eskortieren und müssten dringend weiter nach Sarajevo. Der Fahrer des Transportpanzers, Korporal Stéphane Raoult, raste den Berg hinab.

Limousin erreichte den Kommandanten des Lastwagenkonvois, Feldwebel Jacques Duedal, per Funk: «Seien Sie vorsichtig, Delta Unit, ein Transportpanzer kommt ihnen entgegen, die fahren wie die Verrückten.» Duedal stieg aus seinem gepanzerten Jeep und ging die Kolonne ab, er befahl jedem Fahrer einzeln, bis dicht an die Abbruchkante zu fahren.

Um 10 Uhr 20 fuhr der Humvee durch die Kehre und kam an dem gepanzerten Jeep vorbei. Die Lastwagen weiter unten waren nicht ganz an den Rand gefahren, weshalb der Humvee selbst im Schritttempo nicht vorbeigekommen wäre. Banky befahl Respass anzuhalten, beide stiegen aus. Banky ging voraus, um mit dem Fahrer eines Lastwagens zu sprechen, der die Straße teilweise blockierte, Respass ging zurück, um den Konvoi enger zusammenrücken zu lassen, damit der Lastwagen ein Stück bergauf fahren und den Weg freimachen konnte.

Der Fahrer des gepanzerten Jeeps, der die Kolonne anführte, Korporal Jean-Louis Jégou, sah den Transportpanzer kommen. Er raste heran und schien nicht zu bremsen. Er wich dem Jeep aus, fuhr über den Rand und erwischte eine unebene Stelle. Der vordere Teil tauchte ein, die Hinterräder hoben sich vom Boden. Das Fahrzeug prallte auf und rutschte nach rechts ab. Das Gewicht zog es den Abhang hinunter.

Hargraves, der Sicherheitschef der Botschaft, saß hinten an der Tür, gegenüber von Sergeant Hervé Michel. In der Dunkelheit des Innenraums spürte er, wie das Fahrzeug nach rechts kippte. Es überschlug sich einmal, er dachte, es würde zum Stillstand kommen, aber es überschlug sich weiter, und die Insassen wurden herumgeschleudert, irgendjemand landete auf Hargraves. Ein Stück von seinem Sitz brach ab, er hielt es sich vors Gesicht, um sich vor den Schlägen zu schützen, die ihn an die Treffer erinnerten, die er als junger Boxer eingesteckt hatte. Gerstein machte es genauso, er drückte sein Gesicht instinktiv gegen den Sitz, um die Wirkung der Stöße abzufangen, die die Knochen um sein rechtes Auge und seine Rippen bereits zertrümmert hatten.

Die Vordertüren wurden abgerissen. Nach vierzig Metern stürzte Feldwebel Pause aus dem Beifahrersitz auf den Hang. Sechzig Meter weiter, kurz bevor der Transportpanzer über die untere Serpentine flog, wurde auch Korporal Raoult, der Fahrer, hinausgeschleudert. Plötzlich schlugen die Hintertüren auf, Sergeant Michel war weg, Hargraves hing aus dem Fahrzeug heraus, er spürte schon den Dreck im Gesicht und wusste, dass er entweder raus oder rein musste. Er zog die Tür zu und klemmte sich beide Hände ein, Knochen brachen. Er brach sich die Rippen, sein Nasenloch riss auf und ein Stück seines Fingers wurde abgerissen.

Der Transportpanzer stürzte dreihundert Meter in die Tiefe, er muss sich dreißig oder vierzig Mal überschlagen haben. Er wäre wohl bis nach Sarajevo weitergerollt, wenn er nicht gegen einen großen Baum geprallt und auf der linken Seite liegend gewaltsam zum Stillstand gekommen wäre. Die Patronen in den verstreut im Wrack liegenden Kisten begannen zu explodieren, die Munition im Fahrzeuginneren zischte.

Oben am Konvoi traf Respass wieder auf Banky und erzählte ihm, dass französische Soldaten weiter unten am Hang Schüsse gemeldet hätten. Die Stelle, an der sie sich befanden, war ungeschützt und von der serbischen Feuerzone nicht weit entfernt. Banky bemühte sich, den Konvoi an den rechten Rand zu bewegen. Respass kehrte zurück. Nun sagten die Franzosen, ein Transportpanzer sei hinuntergestürzt. Respass und Banky rannten fünfzig Meter den Berg hinauf, wo die französischen Soldaten alle durcheinanderschrien und den Hang hinab zeigten.

Am Hang waren Bäume und Sträucher wie von einem riesigen Rasenmäher zermalmt worden. Die Schneise hatte die Breite eines Transportpanzers. Über tausend Meter tiefer, im Talkessel, lag gut sichtbar die Stadt Sarajevo. Regen setzte ein.

Holbrooke blieb beim Humvee, während Clark zu Banky und Respass rannte. Banky – es fühlte sich seltsam an, einem Drei-Sterne-General zu sagen, was er zu tun hatte – wies die anderen beiden an, Funkkontakt mit der Botschaft aufzunehmen und medizinische Hilfe anzufordern.

Dann verschwand Oberst Banky. Über die Kante, den Hang hinunter. Es war so steil, dass er auf seinem Hintern herunterrutschen musste. Den im zerquetschten Gestrüpp liegenden Oberfeldwebel Pause bemerkte er auf dem Weg nicht. Nach hundert Metern erreichte er den Fahrer, Korporal Raoult, der vor Schmerzen stöhnte. Stabsfeldwebel Philippe Duplessy, ein Soldat aus dem Konvoi, leistete bereits Erste Hilfe. Raoults Bein war nahezu abgerissen. Banky schnitt ein Stück von seinem eigenen Schnürsenkel ab und band ihm den Oberschenkel ab. Raoult, der zwanzig Jahre alt war, starrte ihn an. Beiden war klar, dass er sterben würde. Ein französischer Soldat kam von unten herauf, sah Raoult und rannte wieder fort.

Mehrere hundert Meter weiter waren Schüsse zu hören. Banky wusste nicht, ob scharf geschossen wurde oder Munition aus dem Transportpanzer explodierte. Größere Explosionen klangen wie serbische Flakeinschläge oder Panzerfäuste. Banky dachte an seinen Freund Hargraves und die anderen im Transportpanzer. Er tat, was er konnte, um Raoults Wunde zu verbinden, dann rutschte er fünfundzwanzig Meter weiter und stürzte die drei Meter hohe Abbruchkante hinunter auf die Straße.

Sie werden mich an Bord holen

Dort standen ein halbes Dutzend französische Soldaten und betrachteten die Schneise, die den Hang hinabführte. Banky ging ein paar Schritte weiter. «Minen! Minen!», riefen die Franzosen. Banky blieb stehen. Niemand kletterte hinunter. Er zögerte, hilflos. Wahrscheinlich würde er genau an dieser Stelle sterben, und er dachte an seine Familie. Dann gab er sich einen Ruck, schnappte sich zwei Erste-Hilfe-Beutel von den französischen Soldaten und rutschte, gefolgt von einem der Franzosen, weiter hinunter.

Banky kam etwa zwanzig Meter weit, dann gab es weiter unten zwei gigantische Explosionen, eine schwarze Rauchwolke stieg auf. Banky wusste, dass es der Transportpanzer war, obwohl er ihn noch nicht sehen konnte. Er rutschte weiter. Ein bosnischer Soldat rief von unten: «Minen!» Der Bosnier winkte Banky und den französischen Soldaten, ihm zu folgen. Sie kletterten wieder zur Straße hinauf und rannten einen halben Kilometer, bis sie einen schmalen Pfad erreichten, der links von der Straße abzweigte und beinahe parallel zu ihr verlief. Sie liefen ein paar hundert Meter durch dichten grünen Wald, bis sie eine Lichtung erreichten, wo eine Gruppe von bosnischen Soldaten drei Männern Erste Hilfe leistete.

Banky erkannte Hargraves, der mit verbundenem Kopf an einem Baumstamm saß. Gerstein lag auf dem Rücken. Beide sprachen und konnten sich verständlich machen. Der dritte Mann lag auf dem Boden und stöhnte etwas. Sein Kopf war zertrümmert, das Gesicht nicht zu erkennen. Es sei Kruzel, sagte Gerstein zu Banky.

Als der Transportpanzer auf der Seite zum Stillstand kam, zog sich Hargraves aus der kleinen Dachluke und fiel auf den Boden. Gerstein hatte es schon hinausgeschafft. Der Benzinkanister hatte Feuer gefangen, die beiden Panzerabwehrraketen vorn zischten in ihren Behältern, weißer Rauch schoss heraus. Aus dem Fahrzeuginneren kamen Schreie. Es gelang Hargraves, die hinteren Türen zu öffnen, er schob seine Arme unter Joe Kruzels Achseln und stemmte seine Füße gegen das Fahrzeug. Er fiel zurück auf den Boden, Kruzel landete auf ihm. Er schleppte Kruzel den Hang hinab, bis einige bosnische Soldaten auftauchten, die ihn übernahmen. Hargraves wollte nicht neben Kruzel liegen. Er wollte nach Hause zu seiner Frau, und ihm war klar, dass Kruzel mit einer solchen Kopfwunde sein Zuhause nicht wiedersehen würde. Hargraves kehrte zum Wrack zurück. Es brannte, weitere Schreie waren zu hören. Frasure und Drew waren noch drinnen. Hargraves versuchte wieder, die hinteren Türen zu öffnen, aber sie klemmten, und er verbrannte sich die gebrochenen Hände. Die Raketen explodierten, erst eine, dann die andere. Die Explosionen schleuderten Hargraves vier oder fünf Meter weit zurück. Ein Granatsplitter traf ihn am rechten Knie, und er dachte, wie weh es tun würde, wenn er wieder etwas fühlen könne. Er lehnte sich an einen Baumstamm, rutschte hinab und blieb sitzen. Er wusste: Wenn er sich hinlegen würde, würde er nicht nach Hause zurückkehren.

Wenige Minuten nach dem Unfall erreichten bosnische Soldaten den Transportpanzer. Sie gehörten zu einer fünfköpfigen Fronteinheit, die zweihundert Meter weiter unten in einer Holzhütte postiert war. Der Kommandant der Einheit war ein dreißigjähriger, 1 Meter 95 großer Moslem namens Dervo Gadžo. Vor dem Krieg hatte er in der Mercedes-Fabrik von Sarajevo als Mechaniker gearbeitet. Er hatte den größten Teil des Krieges am Igman verbracht, wo er als Kind oft gewandert war. Gadžo hatte keinen Rang, keinen Helm, keine Schutzweste und so wenig Munition, dass er sein Gewehr nur sehr selten benutzte. An jenem Morgen herrschte ein kurzer Waffenstillstand, weil eine diplomatische Delegation über den Igman nach Sarajevo unterwegs war. Gadžo dachte, der Lärm sei das Rumpeln eines Lastwagens, der Feuerholz nach Sarajevo hinunterbrachte. Die Gegend war nicht vermint – das Einzige, was explodieren konnte, war die Munition im Fahrzeug.

Als Gadžo und seine Männer die Stelle erreichten, versuchte gerade jemand, die hinteren Türen des Wracks zu öffnen. Sie rannten hin und halfen ihm, aber die Türen klemmten. Das Feuer war so heiß, dass die weiße Lackierung vom Metall blätterte. Aus dem Fahrzeuginneren waren Schreie zu hören. Ein solches Schreien hatte Gadžo noch nie gehört. Er lief mit einem seiner Kameraden um das Fahrzeug, der andere

Soldat begann, einen Mann herauszuziehen. Es gab zwei starke Explosionen, der Motorblock schoss heraus, der Kopf des Mannes flog den Hang hinauf. Der Soldat, den die Panzerung des Fahrzeugs geschützt hatte, war blutüberströmt. Die Schreie verstummten.

Danach brannte es so stark, dass es unmöglich war, sich dem Wrack zu nähern. Die bosnischen Soldaten kümmerten sich um die drei Männer, eine weitere Einheit stieß dazu, darunter auch eine serbische Krankenschwester namens Biljana Rakić, die sich als Freiwillige bei der bosnischen Armee gemeldet hatte. Gadžo und einige andere brachten Tragen von ihrer Hütte herauf. Es wurde wärmer, kleine Fliegen umschwirrten die Verwundeten, die Bosnier mussten sie immer wieder fortscheuchen.

Hargraves an seinem Baum fiel in Ohnmacht. Er kam wieder zu sich, als ein Bosnier versuchte, ihm die Armbanduhr, Marke G-Shock, abzunehmen. Der Bosnier schien überrascht, dass Hargraves noch lebte.

«Uhr, Uhr», sagte der Bosnier.

«Ja klar», sagte Hargraves. Der Bosnier nahm seine eigene, kaputte Uhr und steckte sie Hargraves in die Tasche.

Banky sichtete die Wunden der drei Amerikaner. Er gab den Bosniern einen Erste-Hilfe-Beutel und kletterte mit dem zweiten fünfzig Meter hinauf, wo der Transportpanzer brannte. Er kam bis auf einige Meter an das Wrack heran, konnte die beiden vermissten Amerikaner, Frasure und Drew, aber nicht finden.

Da Kruzel am schwersten verwundet war, trugen Banky und einige der Bosnier ihn als Ersten über den schmalen, mehrere hundert Meter langen Pfad hinauf zur Straße. Es war sehr schwer, ihn über den steilen Weg und durch das dichte Gestrüpp zu tragen, sie mussten ein, zwei Mal anhalten. An der Straße sahen sie einen französischen gepanzerten Jeep. Ein Krankentransporter war schon unterwegs, der Kruzel ins nächstgelegene Krankenhaus bringen sollte. Banky schrieb Kruzels Namen auf einen Zettel und ließ den Sterbenden bei den französischen und bosnischen Soldaten zurück. Dann rannte er mit der Trage über den Pfad zurück. Auf dem Weg begegnete ihm ein gepanzerter Jeep, der die Straße hinauffuhr. Hargraves saß aufrecht auf der Rückbank – es gab keinen Platz, um sich hinzulegen. Gerstein, der am wenigsten schwer verletzt war, wurde als Letzter heraufgeholt. Banky und einige Bosnier trugen ihn auf der Bahre den Pfad hinauf. Als er an der Straße ankam, waren Kruzel und Hargraves schon weg. Banky blieb bei Gerstein. Er versuchte, ihn bei Bewusstsein zu halten, indem er ihn fragte, wo er herkomme, ob er verheiratet sei. Schließlich kam ein Sanitätsfahrzeug und nahm ihn mit.

Banky ging ein drittes Mal über den Pfad hinunter, um nach den beiden vermissten Männern zu suchen. Als er die Stelle erreichte, hielten französische Soldaten gerade Feuerlöscher auf das Wrack. Der Rauch war zu stark, um in das Fahrzeug hineinzusehen.

Seit dem Unfall waren bereits anderthalb Stunden vergangen. Bankys ganzer Körper schmerzte. Er begann, über die Schneise zur Straße hinaufzuklettern, suchte nach Leichen, sammelte Papierfetzen. Er wollte General Clark berichten, was er gesehen hatte.

Als Oberst Banky verschwand, ärgerte sich Holbrooke, dass er zu einem Zeitpunkt, an dem Schüsse fielen, von seinem Begleitoffizier an exponierter Stelle zurückgelassen worden war. Bald darauf folgte Clark Banky über die Straßenkante. «Halt, lasst mich nicht allein», brüllte Holbrooke. «Kommt zurück!» Clark kletterte wieder auf die Straße.

Respass versuchte gerade, den französischen Konvoi einzuweisen, damit an der Felswand Platz für den Humvee wäre, um die Sanitätsfahrzeuge durchzulassen. Holbrooke wies ihn an, das Fahrzeug zu wenden und hundert Meter bergauf zum Landeplatz zu fahren für den Fall, dass sie sich in Sicherheit bringen müssten. Als Holbrooke erkannte, dass keine unmittelbare Gefahr bestand, befahl er Respass, noch einmal zu wenden und unten um die Kehre zu fahren. Der Humvee fuhr anderthalb Kilometer über die Serpentine und hielt bei den Fahrzeugen, die dort parkten, wo der Transportpanzer über die Straße gestürzt war.

Unten brannte ein großes Feuer, Respass machte sich Sorgen um Banky. Er schnappte sich den Feuerlöscher des Humvee und die aus den französischen Fahrzeugen und stieg über die Schneise ab, wobei er immer wieder verstreute Munition zur Seite räumte. Er erreichte den Transportpanzer und half den Franzosen, das Feuer zu löschen. Respass sah die Überreste eines Körpers im Fahrzeuginneren, aber die Flammen schlugen noch immer zu hoch. Er half, Sergeant Michel, der kurz vor dem Aufprall aus der Hintertür geschleudert worden war, auf einer Bahre hinaufzutragen. Er war der Letzte, der weggetragen wurde. Dann kletterte Respass zurück zur Straße, um nach weiteren Feuerlöschern zu suchen.

Oben am Humvee standen Holbrooke und Clark und telefonierten über Satellit.

Unten in der Botschaft brüllte es aus dem Funkgerät: «Botschaft Sarajevo, hallo, ist da jemand? Es ist ein Notfall, hier Holbrooke! Fickt euch, Leute, antwortet mir!»

Die Botschaft befand sich in einer zweistöckigen, schlicht ausgestatteten Stadtvilla. Das Personal, auch Botschafter John Menzies, schlief in Schlafsäcken auf Klappbetten. Es war ein ruhiger Samstagmorgen, eine bosnische Botschaftsmitarbeiterin versah am Empfang ihren Dienst. Sie war Kroatin und mit einem Muslim verheiratet, sie war das eingegangen, was erst seit Beginn des Krieges als «Mischehe» bezeichnet wurde. Ihr Sohn, der im elenden Winter 1993 geboren wurde, war bisher kaum aus der Wohnung herausgekommen.

Der Botschaftsfunk wurde über einen offenen Kanal abgewickelt, eine komplizierte Serie von Rufzeichen war nötig, um ihn zu bedienen. Der Anrufer verwendete keines dieser Zeichen, was sie aufhorchen ließ. Sie bat Menzies, herunterzukommen. Menzies war seit April in der Botschaft. Er hatte ein weiches Herz, ihm kamen die Tränen, wenn ihm bosnische Ortskräfte ihre Geschichten erzählten, sie liebten ihn dafür, dass er sich gemeinsam mit ihnen den Gefahren aussetzte. Er kam hinunter ins Erdgeschoss und hörte mit.

«Verdammt, wo seid ihr? Holbrooke hier, wir sind am Igman, es ist etwas Schlimmes passiert!»

Menzies bestätigte, dass es Holbrooke war, der sprach. Zwei Botschaftsfahrzeuge rasten Richtung Berg, während Menzies nach nebenan lief, um den UNO-Kommandeur zu benachrichtigen.

Kurz vor zwölf kam Banky an die Straße und ging zu Holbrooke, Clark und Respass, die am Humvee standen. Seit dem Unfall hatte er sie beide nicht mehr gesehen. Banky war überrascht, dass Hargraves noch bei ihnen war, und versuchte Holbrooke zu berichten, was mit den anderen im Transportpanzer passiert war. Respass spritzte ihm Morphium. Kurz bevor Hargraves in das Sanitätsfahrzeug geladen wurde, nahm er seinen Ehering ab und bat Holbrooke, ihn seiner Frau zu geben, falls er nicht durchkäme.

Banky beschrieb Clark die Situation unten: Kruzel und Gerstein waren behandelt und abtransportiert worden, Frasure und Drew galten weiterhin als vermisst, waren aber höchstwahrscheinlich tot im Inneren des Panzers. Während Banky seinen Bericht ablieferte, begann Holbrooke, Namen und Einzelheiten über den Botschaftsfunk durchzugeben. Banky machte Clark darauf aufmerksam, dass ganz Sarajevo mithören könne, worauf der Holbrooke anfauchte: «Verdammt, machen Sie den Funk aus!»

Die beiden Botschaftsfahrzeuge kamen. «Bringen Sie den Gesandten Holbrooke hier weg», sagte Clark zu einem der Fahrer, einem ehemaligen bosnischen Armeesoldaten.

«Sie haben das Kommando, General Clark», schnauzte Holbrooke zurück. «Ich will, dass die ganze Scheiße hier geklärt wird.»

Auf dem Weg in die Stadt brüllte Holbrooke ins Funkgerät: «Ich will, dass jeder verdammte Politiker, jeder, der in diesem Land irgendetwas zu sagen hat, in die Botschaft kommt. Oder holen Sie sie ans Telefon.» Er bat Menzies, mit der Meldung der Todesfälle an Washington zu warten, bis Clark Gelegenheit gehabt hätte, die Unfallstelle zu inspizieren. Aber die ersten Namen wurden in den Medien bereits genannt, Kruzels Familie wurde anfangs mitgeteilt, dass er den Unfall unverletzt überlebt hätte. Die ersten Beamten waren schon unterwegs in die friedlichen Wohnvororte von Washington im nahen Virginia. Katharina Frasure führte Strobe Talbott in das Arbeitszimmer ihres Mannes, um ihm den Lehnstuhl zu zeigen, in dem er am liebsten gearbeitet hatte. Tony Lake musste Sandy Drew die schreckliche Nachricht überbringen. Sie hörte es, ließ es auf sich wirken und sagte: «Klären Sie das auf, tun Sie es für Nelson.»

Auf dem Igman blieb nichts mehr zu tun, als die Leichen abzutransportieren. Als Clark Bankys Bericht gehört hatte, befahl er ihm, wieder herunterzuklettern, Fotos von der Stelle zu machen und ihn dann zu rufen. Er wolle sich selbst ein Bild machen. Also kehrte Banky noch einmal zum Unfallort zurück. Als Clark dazukam, zeigte ihm Banky, was noch identifizierbar war: einen Kopf und Rumpf im Inneren des Fahrzeugs, einen weiteren Kopf zehn Meter entfernt. Clark wies ihn an, die sterblichen Überreste in Leichensäcke zu legen. Respass kam mit dem Humvee über den Waldweg. Banky und Respass luden die Leichensäcke in den Humvee und fuhren zum Militärkrankenhaus am Flugplatz.

Eine Untersuchung der UNO ergab, dass der Unfall, bei dem Robert Frasure, Joseph Kruzel, Nelson Drew und Stéphane Raoult ums Leben kamen, nicht hätte verhindert werden können. Weiter unten hieß es allerdings: «Der tödliche Verkehrsunfall geschah aufgrund der überhöhten Geschwindigkeit auf der Straße am Igman. Die Verantwortung dafür tragen der Fahrer und der Kommandeur des Transportpanzers, auch wenn der Rhythmus der Abfahrt von einem amerikanischen gepanzerten Fahrzeug vorgegeben war.» Der Bericht wurde nie veröffentlicht.

Das Wrack ist noch immer da, es liegt, verrostet und ausgehöhlt, in einem Tannenhain an einem großen Laubbaum, dessen absterbende Blätter es jeden Herbst von Neuem füllen. In der Nähe befindet sich eine Gedenkstätte. Der Wald hat etwas Gespenstisches.

X.

Wir träumen davon, dass wir in der Gefahr handeln würden wie Banky, wie Hargraves, Respass, Gadžo, Duplessy, die serbische Krankenschwester Rakić. Aber wir wissen nicht – und die meisten von uns werden es niemals erfahren –, ob wir beim Anblick eines sterbenden Mannes davonlaufen würden, ob wir beginnen würden, unsere Kollegen zu beschimpfen, und wir sollten uns hüten, einen Menschen zu verurteilen, der es für sich herausfinden musste. Der Grund, warum ich all dies in derart absurden Details erzählt habe, ist, dass man die Namen dieser Menschen, die die eigentlichen Helden des Igman waren, noch nie gehört hat, während Holbrooke und Clark, die berühmt waren und später beide Berichte darüber verfassten, in denen sie selbst über den gesamten Ablauf der Katastrophe hinweg als Hauptpersonen auftreten, beinahe nichts taten – keine Leben retteten, keine Bahren trugen, keine Wunden verbanden. Ich will damit nicht sagen, dass sie sich falsch verhielten. Clark setzte sich körperlicher Gefahr aus, er war besonnen und in Sorge um die anderen, er konnte es fast nicht ertragen, gemeinsam mit Banky im französischen Militärkrankenhaus die Leiche von Kruzel zu identifizieren. Und als er später am Nachmittag mit finsterer Miene in der Botschaft eintraf, war seine Uniform schlammig und zerrissen, die Botschaftsmitarbeiterin wusch und bügelte seine Hose. Später sprach Banky Clark sein höchstes Lob aus: «An jenem Tag hat er mir gezeigt, dass er ein Soldat ist. Er hat uns gezeigt, dass er einer von uns war.»

Und Holbrooke? Er tat das, was die wichtigste Person am Berg zu tun hatte. Die Heldentaten überließ er anderen. Seine Aufgabe war es, eine Friedensmission zu leiten.

Niemand musste sich für irgendetwas schämen. Aber Clark und Holbrooke wurden nicht gebraucht. Und das ist für jemanden, der bedeutend sein will, nicht akzeptabel. Historische Ereignisse lassen sich so nicht erzählen. Die Hauptfiguren würden sich lieber dem Spott aussetzen als irrelevant sein. Und so begann sich noch am Tag des Unfalls eine andere Geschichte herauszuschälen, nämlich die, die ich zuerst erzählt habe.

Holbrooke schäumte vor Wut auf der Fahrt nach Sarajevo. Wegen der Dickköpfigkeit der Serben waren seine Kollegen an einem gefährlichen Berg gestorben, und im weiteren Sinne wegen des kläglichen Versagens des Westens, einschließlich der Vereinigten Staaten, dem es nicht gelungen war, diesen Krieg zu beenden. Sie waren die ersten amerikanischen Gefallenen dieses Krieges. Als Holbrooke in der Botschaft ankam, schlug er die Tür auf, knallte seinen Helm so hart auf den Boden, dass er aufprallte und auf dem Empfangstisch landete, und lief an Menzies vorbei nach oben. «Stellen Sie eine Verbindung zu Milošević her, ich werde ihm sagen, was passiert ist.»

Als er am Nachmittag Kati anrief, damit sie es nicht aus anderer

Quelle erfahren würde und sich Sorgen um ihn machte, klang er wie betäubt. «Wir haben Bob verloren.»

«Ihr habt ihn verloren? Wie meinst du das?»

«Er ist tot. Und Drew und Kruzel ebenfalls. Ich werde sie überführen, und ich möchte, dass du da bist, wenn wir landen.»

Am Abend gab er in der Botschaft ein Interview, er war bleich und schwitzte, er wirkte am Boden zerstört. «Wir haben drei große Staatsdiener verloren», sagte er in einem ausdruckslosen Ton, der ihn vor seinen innersten Gefühlen schützte. «Diese drei Menschen waren wichtig. Wir können uns nicht leisten, solche Leute zu verlieren ... Wir werden sie unglaublich vermissen.»

Die Wut wurde von Trauer und Schuldgefühlen begleitet. Er hätte mit den anderen im Panzerfahrzeug sitzen sollen. Mit dem Verlust von drei Fünfteln seines Teams hatte er auch die Kontrolle über die Friedensmission verloren, und aus psychologischen wie aus politischen Gründen musste er sie unbedingt wieder an sich reißen. In der Botschaft übernahm er das Kommando, er schob Menzies beiseite, brüllte herum, stürmte durch die Zimmer, forderte dies und verlangte das: «Bringen Sie Izetbegović her! Rufen Sie die Presse, ich will jetzt sofort eine Pressekonferenz! Wir brauchen ein Kondolenzbuch!» Selbst in Friedenszeiten schlossen die Buchhandlungen in Sarajevo samstags bereits um 14 Uhr. Aber das war egal – sie brauchten dieses Kondolenzbuch, irgendjemand musste es besorgen. Die Bosnier an der Botschaft verfolgten diese Vorstellung mit einer Mischung aus Entsetzen und Bewunderung. Holbrooke wirkte nicht wie ein Diplomat – eher wie ein Hooligan, ein Grobian, ein Wahnsinniger –, aber was hatten die in Sarajevo stationierten Diplomaten denn auch erreicht? Er verhielt sich genau so wie die Männer, die den Krieg gebracht hatten. Als eine Botschaftsmitarbeiterin ihn so sah, dachte sie, dass nur ein solcher Mann den Kriegsherren, einschließlich der bosnischen Politiker, die Stirn bieten und sie zur Umkehr zwingen könne.

Holbrooke sagte einmal zu dem bosnischen Fahrer, der ihn zur Botschaft gebracht hatte: «Wissen Sie, was Zuckerbrot und Peitsche sind? Man kann füttern, und man kann schlagen. Aber in Ihrem Land laufen Verhandlungen anders.»

«Was meinen Sie damit?», fragte der Fahrer.

«Man braucht einen Hammer, oder einen Vorschlaghammer. Sie wissen, sie werden so oder so verprügelt. Es kann ein bisschen wehtun, oder es kann sehr wehtun. Sie haben es selbst in der Hand.» Der Fahrer antwortete, er sehe es genauso.

Holbrooke hatte Menzies davon abgehalten, Washington über die Details des Unfalls zu informieren. Er wollte selbst derjenige sein, der berichtete. Als er am Nachmittag mit dem Außenministerium und dem Weißen Haus telefonierte, benutzte er Wendungen wie «Es ist meine traurige Pflicht» und «unsere gefallenen Kameraden» und «ihren Tod zu ehren und die Mission fortzusetzen», bis ihn Sandy Berger aufforderte, endlich zu sagen, was genau passiert war. Aber Holbrooke hatte bereits begonnen, die Katastrophe zu etwas Größerem, Bedeutsamerem aufzubauen. Der Unfall am Igman konnte eine Wirkung entfalten und das Thema Bosnien den Amerikanern nahebringen, beginnend mit dem Präsidenten. Sie hätten keine Wahl, als sich hineinziehen zu lassen. Er sollte den Unfall zum Urmythos seiner Bemühungen machen, den Krieg zu beenden.

Clinton, der in Jackson Hole, Wyoming, Golf spielte, wurde schließlich auch nach Sarajevo durchgeschaltet.

«Mann, das tut mir echt leid», begann er.

«Wir haben drei gute Leute verloren», sagte Holbrooke. «Ich möchte betonen, dass es keine feindliche Aktion war.»

Clinton überlegte schon, welchen Vorteil Holbrooke aus dem Unfall ziehen könnte, wenn er mit Milošević, Izetbegović und den Verbündeten verhandelte, die sich nun nicht mehr beklagen konnten, dass Amerika keine Soldaten in Bosnien hatte. «Was schlagen Sie vor?»

«Wenn Sie erlauben, Sir, würden wir gern unser Team zusammenhalten und die Leichen überführen.»

«Ich frage mich, wie sich das auf den Friedensprozess auswirken wird. Wie können wir diese schreckliche Tragödie nutzen, um den Druck zu erhöhen?»

Holbrooke beschrieb ausführlich, was passiert war. Clark war zugeschaltet, Holbrooke stellte ihn mit den Worten «wie Sie ein Oxford-Stipendiat aus Arkansas» vor. Holbrooke erzählte Clinton, dass Clark einen vierhundert Meter hohen Steilhang abgestiegen war, und dass er derjenige gewesen sei, der die Überreste von Frasure und Drew gefunden hätte.

Holbrooke hatte Bankys Einsatz gerade auf Clark übertragen. Es war der erste Hinweis darauf, dass Igman zu einer Geschichte der bedeutenden Männer umgeschrieben werden sollte. Kein Geringerer als der Präsident der Vereinigten Staaten war dementsprechend informiert worden, und es gab kein Zurück mehr. Hätte Holbrooke Clinton erzählt, dass ein gewisser Oberstleutnant Randall Banky – kein Oxford-Stipendiat, nicht zugeschaltet, nicht Teil der Friedensmission des Präsidenten – abgestiegen war, die Verwundeten gerettet und die Leichen entdeckt hatte, wäre es in der Leitung zu einer kaum merklichen Ernüchterung gekommen, und der Urmythos – und damit auch der amerikanische Friedensvorstoß – wäre möglicherweise überhaupt nicht entstanden. Holbrooke, der die Geschichte liebte, erzählte eine Version der Ereignisse, die wie geschaffen war für die Geschichtsbücher.

Danach war es dann nicht mehr schwer, über die Straßenkante zu springen, die «Minen» und «Schüsse» näher heranzurücken, das Seil am Baum zu befestigen, die Gesichter der Kollegen hinter den Flammen zu sehen, die Nebenfiguren auszulöschen, den ganzen Vorfall im rhetorischen Gewand von Tatkraft und Kompetenz darzustellen und die Nebenfiguren rauszulassen. Als dann einige Jahre später Holbrookes Buch über Bosnien erschien, muss er daher sehr überrascht gewesen sein, als er auf einer Buchvorstellung in Minneapolis hinter der Bühne mit dem Mann konfrontiert wurde, der zu seinem Schutz am Igman abgestellt gewesen war. Banky war inzwischen Professor für Militärwissenschaften an der University of Minnesota und hatte in der *Star-Tribune* von der Veranstaltung erfahren. Er kam, um Holbrooke zu sagen, dass seine Kameraden ihn für einen Feigling hielten, der sich verdrückt habe, denn Holbrooke hatte auf Seite elf geschrieben: «Oberst Banky war verschwunden», *und er hatte es dabei belassen.*

Holbrooke, abgelenkt, stellte Banky Walter Mondale vor und ließ sich dann am Telefon interviewen. Als er fertig war, beschuldigte er Banky, ihn am Berg im Stich gelassen zu haben. Dann gab er seinen Fehler zu und versprach, ihn in der nächsten Ausgabe zu korrigieren.

Banky wusste, dass dies nicht geschehen würde, und es geschah auch nicht, und als er 2002, nachdem ihm eine Beförderung verweigert worden war, als Oberstleutnant aus dem Dienst ausschied, konnte er nicht den Verdacht loswerden, dass seine militärische Laufbahn geendet hatte, weil «Oberst Banky verschwunden war».

Am Flughafen von Sarajevo wurden die Verwundeten in einen britischen Sea-King-Hubschrauber geladen. Die drei Särge wurden in einem französischen Puma transportiert. Clark bot an, mit den Särgen auszufliegen, und er wandte sich an Holbrooke: «Kommen Sie mit?» Holbrooke wollte nicht einsteigen. Etwas an dem Puma erfüllte ihn mit Schrecken. Er war Hunderte Male mit Hubschraubern geflogen, aber dieses eine Mal hatte er ein ungutes Gefühl und ungewöhnlich große Angst – als wäre die Friedensmission selbst zum Scheitern verurteilt und die Überlebenden des Igman-Unfalls müssten ebenfalls sterben. «Meinen Sie wirklich, dass wir einsteigen sollten?» Clark sah ihn kurz an, drehte sich um und ging zum Hubschrauber. Holbrooke hatte keine Wahl, als ihm zu folgen.

Den Atlantik überquerten sie in einem lärmenden C-141-Frachtflugzeug, zusammen mit den flaggenbedeckten Särgen. Auf dem Luftwaffenstützpunkt Andrews bemerkten die Versammelten, dass Holbrooke tiefe Falten bekommen hatte. Er ließ den Kopf hängen und stützte sich auf seine Begleiter. Als Frasures sechzehn Jahre alte Tochter in der Kapelle von Fort Myer an den Ambo trat und sagte: «Ich habe ihn immer als selbstverständlich angesehen. Ich habe ihm nie gesagt, dass ich ihn liebe. Jetzt werde ich nie wieder an einem Sonntagmorgen aufwachen und hören, wie er Pfannkuchen macht», rannen Holbrooke die Tränen über die Wangen. Wochenlang konnte er nicht aufhören, über die drei Männer zu sprechen, vor allem über Frasure.

In der US-Regierung drehte sich jetzt alles um Bosnien. Nach den Beerdigungen auf dem Nationalfriedhof in Arlington musste Holbrooke sein Team neu aufbauen und sofort nach Europa zurückkehren. Clark begleitete ihn, außerdem ein Jurist aus dem Außenministerium namens Roberts Owen, der eine neue Verfassung für Bosnien ausarbeiten sollte.

Oberst James Pardew, ein aus Arkansas stammender Nachrichtenoffizier der Army im Ruhestand, übernahm die Stelle von Kruzel, der ihn in der Balkan-Abteilung des Pentagon eingestellt hatte. Die Militärführung war – noch immer mit Verweis auf Vietnam – weiterhin gegen eine Entsendung von Bodentruppen nach Bosnien, sogar zur Durchsetzung eines Friedensabkommens. Doch Pardew, ein weiterer Vietnamveteran, folgte der Linie des Pentagon nicht. Er sah den Bosnienkrieg wie Holbrooke als Völkermord und Versagen der amerikanischen Führungsmacht.

General Don Kerrick, ein Ein-Sterne-General im Nationalen Sicherheitsrat, ersetzte Drew, dessen Rolle es gewesen war, Holbrooke auf Linie zu halten. Holbrooke, der jedem, der Lake unterstellt war, tiefes Misstrauen entgegenbrachte, akzeptierte Kerrick nur, weil Chris Hill ihn manipulierte. «Er bewundert dich, Dick», sagte Hill. «Er ist überzeugt, dass du der Einzige bist, der den Balkan wirklich versteht.» Holbrooke hatte Hill ausgewählt, seinem Chef Frasure nachzufolgen, mit dem er eng befreundet gewesen war. Als Diplomaten waren sie aus demselben Holz geschnitzt: Sie dachten analytisch, sie waren sarkastisch und geistreich zugleich. Vor der Abreise stattete Hill Katharina Frasure einen Besuch ab. Obwohl ihr Mann erst vor wenigen Tagen gestorben war, hatte sie die Kraft gefunden, Hargraves im Krankenhaus zu besuchen, um ihm zu sagen, dass er ihren Mann nicht hätte retten können. Katharina und Hill saßen eine Weile beisammen und erzählten von Frasure. Als Hill sich verabschiedete und die Eingangstreppe hinunterging, fragte sie plötzlich: «Wie kannst du das deiner Familie antun?»

Das Team flog mit dem Dienstflugzeug von Verteidigungsminister William Perry, einer zehnsitzigen C-20 – der Militärversion des Gulfstream –, deren Lackierung die «United States of America» ankündigte. Sie wurde, da sie bei der Landung auf trostlosen Balkan-Flughäfen wirklich großen Eindruck machte, zu einem von Holbrookes Machtinstrumenten. Vorn war ein VIP-Abteil mit einem Schlafsofa und einigen Sesseln, doch Holbrooke war meistens hinten, wo er Schuhe und Socken auszog, die Füße hochlegte und mit seinem Team konferierte. Wenn er Zeit hatte, las er ein Buch über die Friedensgespräche von Camp David. Aber er kam nur selten dazu. Alles musste spontan durchdacht und angepasst werden. Ihre wichtigsten Aufgaben bestanden darin, Milošević von seinen Verzögerungstaktiken abzubringen. Die bosnischen Serben mussten isoliert werden, um sie an den Verhandlungstisch zu zwingen. Holbrooke sah zwar nur geringe Erfolgschancen, ließ sich aber den Mut nicht nehmen. Die Falten in seinem Gesicht glätteten sich wieder, er verwandelte die Trauer und fand etwas, das ihn motivierte und zu Höchstleistungen antrieb.

Sie landeten am Morgen des 28. August in Paris. Es gab eigentlich keinen Grund für den Zwischenstopp außer dem, dass Holbrooke Pam Harriman sehen wollte. Izetbegović war zu einem Treffen mit Chirac ebenfalls in der Stadt, er wurde von seinem Außenminister Sacirbey begleitet, der einen bosnischen und einen amerikanischen Pass besaß, mit leichtem Südstaaten-Akzent (er hatte an der Tulane University Football gespielt) perfekt Englisch sprach und mit seiner Aggressivität Izetbegovićs Zurückhaltung perfekt kompensierte. Sacirbey begleitete den Präsidenten überallhin und sorgte dafür, dass er sich bei Verhandlungen nicht zu kulant zeigte.

Von den drei Präsidenten war es Izetbegović, den Holbrooke am wenigsten durchschaute und der ihm am wenigsten sympathisch war. Er war siebzig Jahre alt und schmal gebaut, seine Ausstrahlung hatte etwas Düster-Distanziertes. Er hatte so viel Leid gesehen, dass Holbrooke den Eindruck hatte, er wäre dem Schmerz der anderen gegenüber vollkommen empfindungslos. Izetbegovićs Blick war leer und eiskalt – selbst als er nach der Igman-Katastrophe zu einem Kondolenzbesuch in die Botschaft kam. Izetbegović seinerseits sah in dem höflichen, zuverlässigen Clark den besseren Amerikaner. Holbrookes Getriebenheit dagegen schien den latent vorhandenen Wahnsinn der bosnischen Verhandlungspartner hervorzubringen, und Izetbegović misstraute ihm. Wenn sie miteinander sprachen, dann begannen sie immer mit einem falschen Kompliment: «Herr Präsident, Sie haben völlig recht, aber …» Und so wurden sie, anders als Holbrooke und Milošević, nie echte Partner.

Während Milošević ein Zyniker war, handelte Izetbegović nach seinen Grundüberzeugungen, was den Umgang mit ihm erschwerte. Anders als Milošević und Tuđman hatte er nie etwas mit den Kommunisten zu tun gehabt. Er war ein Philosoph und Aktivist, der immer wieder in jugo-

Sie werden mich an Bord holen

slawischen Gefängnissen gesessen hatte. Er hatte sich nicht weniger als die serbischen und kroatischen Nationalisten in bestimmte historische Fakten verbissen, und seine Gegner durchkämmten seine Schriften nach Beweisen für seinen islamistischen Fundamentalismus. Und tatsächlich fanden sich genügend verstreute Sätze, um ihre antimuslimische Propaganda zu nähren, doch während Izetbegović zwar keinesfalls kosmopolitisch dachte wie Sacirbey, Ministerpräsident Silajdžić und viele andere Bürger von Sarajevo, war er auch kein Extremist. Er war ein gemäßigter Islamist, der zu einem Symbol des bosnischen Widerstands gegen die serbische Aggression geworden war. Er war auch ein zögerlicher Führer, der schwerwiegende Fehler gemacht hatte, von denen der schlimmste war, dass er die Unabhängigkeit erklärt hatte, ohne Vorbereitungen für den Krieg getroffen zu haben. Aber die Bosnier respektierten ihn dafür, dass er während der gesamten Belagerungszeit in Sarajevo geblieben war.

Die Muslime waren die Hauptopfer dieses Krieges aber das allein genügt nicht, um Überlegenheit auszustrahlen. Izetbegović und seine Berater waren unberechenbar und untereinander zerstritten, und auch anderen gegenüber zeigten sie sich wenig kooperativ. Während Tuđman seine Sitzungen leitete wie ein habsburgischer Erzherzog und Milošević mafiaartige, possenhafte Vier-Augen-Gespräche bevorzugte, stritten sich die bosnischen Delegierten offen vor ihren Gästen. Sie hatten ihre ganze Kraft aufgewendet, um den Krieg zu überleben – nun gab es nur wenige, die überhaupt noch in der Lage waren, den Blick nach vorn zu richten und zu sehen, was sie aufbauen wollten. Die europäischen Diplomaten konnten ihre Abneigung kaum verhehlen, während die Amerikaner hin und hergerissen waren – zwischen ihren eigenen Schuldgefühlen und dem Unmut über die bosnischen Politiker, die erwarteten, dass die USA ihnen zu Hilfe kommen und ihre unrealistischsten Ziele unterstützen würden. Sie wollten ihr ganzes Land zurückhaben, und Holbrooke befürchtete, dass sie die zweite Option des Lake-Holbrooke-Plans – amerikanische Luftangriffe, Waffenlieferungen, amerikanische Ausbilder – so attraktiv finden könnten, dass sie die Friedensgespräche sabotieren würden.

Als Sacirbey am 28. August am Flughafen Orly Izetbegović in Empfang nahm, sagte der Präsident: «Mohammed, hast du gehört, was passiert ist? Vielleicht wäre ich besser nicht nach Paris gekommen.» Am Morgen war im Zentrum von Sarajevo, auf demselben Markt, wo Anfang 1994 siebenundsechzig Menschen getötet worden waren, eine Mörsergranate explodiert. Diesmal betrug die Zahl der Todesopfer siebenunddreißig. Sacirbey drängte darauf, in Paris zu bleiben, um den Druck auf den Westen zu erhöhen. Es brauche eine ernsthafte Reaktion. Er ging an die Presse und stellte ein Ultimatum: Ohne Bomben keine Gespräche.

Als Sacirbey ins Hôtel de Crillon zurückkehrte – wo Holbrooke 1968 zu Beginn der Vietnamverhandlungen gewohnt hatte –, wartete der bereits auf ihn. «Ich habe gehört, Sie haben ein Ultimatum gestellt», sagte er zu Sacirbey. «Das können Sie nicht machen.»

«Machen wir aber.» Sacirbey fügte hinzu, dass Izetbegović Holbrooke erst empfangen würde, wenn die Bomben fielen.

Später sollte Sacirbey erkennen, dass Holbrooke ihn manipuliert hatte. Tatsächlich hatte das bosnische Ultimatum Holbrookes Verhandlungsposition verbessert. Das amerikanische Team zog sich in die Residenz des Botschafters zurück und verbrachte den Rest des Tages am Telefon, um in Washington Luftschläge durchzusetzen.

Die Mörsergranate war nicht nur ein grausames Verbrechen, sondern auch ein gigantischer strategischer Fehler – ein Unfall der Geschichte, der eine jahrelange Selbstblockade des Westens lösen und die amerikanische Außenpolitik auf einen neuen, kraftvolleren Kurs bringen sollte. Der Einschlag auf dem Markt machte den Weg frei für ein Friedensabkommen, das bis dahin überhaupt nicht in Sicht gewesen war. Holbrooke sah die Chance und nutzte sie. Clinton war endlich bereit, die Serben zu bestrafen – auch wegen des anderen Unfalls, der am Igman drei Tote gefordert hatte. Diesmal ignorierte er jeglichen Widerstand der Alliierten, der UNO und seines eigenen Militärs.

Die Serben behaupteten wie üblich, die Muslime hätten sich selbst beschossen, um die internationale Politik auf ihre Seite zu ziehen. Das hatte bisher immer genügt, um die UNO davon abzuhalten, entschieden einzugreifen, aber der Kommandeur vor Ort, General Rupert Smith, brauchte die Erlaubnis von Boutros Boutros-Ghali in New York nicht mehr, um NATO-Angriffe anzufordern. «Ich bin der Meinung, dass es Krieg ist», sagte Smith zu Menzies. «Das, was da reinkommt, ist von den anderen Wichsern. Beweisen Sie mir das Gegenteil.» Nachdem die britischen Friedenstruppen heimlich aus Goražde abgezogen wurden, um nicht zu den jüngsten Geiseln zu werden, begannen am 30. August kurz nach Mitternacht massive Bombenangriffe auf serbische Positionen um Sarajevo, nur Stunden bevor Holbrookes Team nach Belgrad fliegen sollte.

Wenn sich Holbrooke dramatischen Entwicklungen gegenübersah trat er immer einen Schritt zurück in den Strom der Geschichte. Inmitten all dieser Vorgänge, mit Blick auf Harrimans Van Gogh und die Renoirs, sah er Pam an und wies darauf hin, wie außerordentlich es sei, dass sie nun zusammen an einer Lösung dieser Krise arbeiteten.

«Und Averell wäre so stolz auf uns beide», sagte Pam.

In Sarajevo stieg eine Frau aufs Dach, um das NATO-Feuerwerk über dem wenige Kilometer entfernten Pale zu betrachten. Zu Beginn des Krieges waren ihre Eltern, die man gezwungen hatte, in einem Arbeitslager Gräben auszuheben, hinter den serbischen Linien geblieben. Sie hatte sie seit drei Jahren nicht gesehen. Die Frau legte Wert darauf, außerhalb der Wohnung immer Make-up zu tragen und immer zu gehen, niemals zu rennen – selbst auf der Sniper Alley. Es war eine riskante Art, sich seinen Stolz zu erhalten. Aber sie kannte viele Serben, die den Muslimen halfen, darunter einen Mann, der ihre Schwester über eine Brücke gezerrt hatte, um sie hinter der Belagerungslinie in Sicherheit zu bringen. Als ihre Nachbarn auf dem Dach den Luftangriff bejubelten, wies sie sie darauf hin, dass auch unschuldige Menschen getötet würden.

Haris Silajdžić genoss das Spektakel. Die Serben, die Menschen in Sarajevo fast beiläufig ermordet hatten, sollten jetzt zum ersten Mal Schrecken und Hilflosigkeit kennenlernen, und sie hatten es nicht anders verdient. Nachbarn des Botschaftsfahrers drückten ihm Dankeskarten und Blumen für Botschafter Menzies in die Hand.

Nach Einschätzung der amerikanischen Luftwaffe war es für Holbrookes Team zu gefährlich, während der Angriffe auf die Serben nach Belgrad zu fliegen. Holbrooke fand, es gebe keinen besseren Zeitpunkt. Er wusste nicht, wie Milošević reagieren würde und ob er ihn überhaupt empfangen würde – und er hatte ein mulmiges Gefühl, als er sich zum

Präsidentenpalast fahren ließ. Gleichzeitig spürte er, dass die Bomben seine Verhandlungsposition stärkten.

Milošević grüßte Holbrooke wie einen alten Saufkumpan. Als der weiß livrierte Kellner Mineralwasser und Fruchtsäfte reichte, fragte Holbrooke: «Darf ich zwei nehmen?», worauf Milošević antwortete: «Bitte, Gesandter Holbrooke, oder nehmen Sie doch drei.» Er drückte sein Mitgefühl für den Verlust der drei Amerikaner aus und hob besonders Frasure hervor, als wären sie alte Freunde gewesen. Holbrooke stellte die neuen Mitglieder seines Teams vor.

«Ich hatte einiges zu tun, während Sie weg waren», sagte Milošević. Er zog mit seinen Wurstfingern ein auf Serbisch verfasstes Dokument aus seinem blauen Blazer und reichte es Holbrooke. «Mit diesem Dokument haben wir für alle künftigen Friedensverhandlungen eine gemeinsame Delegation für Jugoslawien und die Republika Srpska geschaffen.» Die Delegation bestand aus sechs Unterhändlern – drei aus Belgrad und drei aus Pale – und wurde von Milošević selbst geleitet, der bei einem Drei zu Drei die entscheidende Stimme hatte. Von nun an würde er für die Republika Srbska verhandeln – womit das größte Hindernis für eine Einigung aus dem Weg geräumt war. «Der Vertrag wurde sogar von Patriarch Pavle beurkundet, dem Oberhaupt der Serbisch-Orthodoxen Kirche. Schauen Sie, hier.»

Milošević zeigte auf eine Unterschrift neben einem orthodoxen Kreuz. Der Patriarch hatte seinen Einfluss geltend gemacht, um den frommen Karadžić zu überzeugen. Zur Absicherung hatte Jovica Stanišić, Miloševics Geheimdienstchef, eine dicke Akte über die kriminelle Vergangenheit von Karadžićs Stellvertreter, den Zementschmuggler und Parlamentssprecher Momčilo Krajišnik, zusammengetragen. Möglich, dass Holbrookes inszenierter Wutausbruch bei seinem letzten Belgrad-Besuch Milošević ebenfalls beeindruckt hatte.

Hill, der ein bisschen Serbisch konnte, warf einen Blick auf das Dokument und bestätigte seinen Inhalt. Es schien den Schlüssel für einen Friedensschluss zu enthalten. «Ich wünschte, Bob wäre hier, um das zu sehen», sagte Holbrooke. Auch Hill war gerade dieser Gedanken gekommen, er hatte sich aber aus Angst, dass ihm die Tränen kommen würden, nicht getraut, ihn auszusprechen.

Milošević zündete sich eine dicke kubanische Zigarre an. Holbrooke begann, ihn zu löchern. «Woher wissen Sie, dass Ihre Freunde in Pale …» «Das sind nicht meine Freunde», sagte Milošević abfällig. «Es ist schon furchtbar, so lange mit ihnen in einem Raum sitzen zu müssen. Sie sind Abschaum.»

Sie redeten und aßen und tranken acht Stunden lang. Milošević trank die ganze Zeit, er trank sich einen an, nüchterte ein wenig aus, trank weiter, immer im Wechsel, während Holbrooke an seinem Scotch oder Sliwowitz kaum nippte. Er hielt sich nicht an seine Notizen – tatsächlich hatte er überhaupt keine –, sondern ließ das Gespräch dahinfließen, immer auf der Suche nach einer Stelle, an der er einhaken könnte. Milošević schweifte immer wieder ab, sprach über serbischen Wein, das Osmanische Reich, den Zweiten Weltkrieg, seine Zeit als Banker in New York, die wirtschaftliche Zukunft von Serbien, und Holbrooke ließ ihn gewähren und beteiligte sich vergnügt, und dann brachte er das Gespräch immer wieder auf den Krieg zurück. Hin und wieder ging er hinaus, um einen Anruf entgegenzunehmen – am liebsten stand er beim Essen auf, um zu zeigen, wie wichtig er war –, dann kehrte er zurück und sagte, dass das Weiße Haus angerufen habe, auch wenn es, so vermuteten Hill und die anderen, wohl eher Kati gewesen war.

Als Milošević nach zwei Stunden endlich die Luftschläge erwähnte und eher beiläufig und emotionslos darum bat, sie einzustellen, sagte Holbrooke: «Ich kann es nicht versprechen, aber General Clark könnte vielleicht in der Lage sein, sie abzubrechen.» Die Entscheidung lag nicht beim General, aber Holbrooke baute ihn auf, weil er es war, dessen Brust voller Orden hing, genauso wie er Milošević erzählte, Oberst Pardew würde im Namen des Verteidigungsministers sprechen und General Kerrick würde sich eng mit Clinton abstimmen. Holbrooke ließ es bewusst offen, welchen Einfluss er selbst auf die Kriegsmaschinerie der NATO hatte, er spielte damit und nutzte die Ungewissheit für seine Zwecke, genauso wie Milošević immer vorgeschützt hatte, als hätte er auf die bosnischen Serben nur geringen Einfluss – was ihn weniger abscheulich und damit zum angenehmeren Verhandlungspartner für Holbrooke machte.

So entstand eine Verbindung, die an die angespannte Vertrautheit zweier Poker spielender Schurken erinnerte. Holbrooke zögerte nicht, alle drei Balkanpräsidenten zu täuschen, aber er bluffte bei Milošević mehr als die anderen. Clark und Pardew stellten eine Geheimakte über die serbische Unterstützung der bosnischen Serben zusammen und sorgten dafür, dass sie ein paar wahre und ein paar falsche Behauptungen enthielt, und als Milošević sie überflog, schien er das eine nicht vom anderen unterscheiden zu können. Einmal, bei einer weiteren nicht enden wollenden Sitzung, rief Holbrooke Les Gelb an: «Hey, Les, ich sitze hier in Slobos Büro. Ich habe ihm erzählt, dass du auch kubanische Zigarren rauchst, und ich habe ihn gefragt, ob er dir welche schenkt. Er hat gesagt, dass er dir eine Kiste schickt, aber ich würde mich darauf nicht verlassen, er lügt ohnehin die ganze Zeit. Sie lügen die ganze Zeit, nicht wahr Slobo?» Es war ein Kammerspiel für exakt zwei Zuschauer – seinen besten Freund in New York und das Ungeheuer in Belgrad.

Milošević war noch direkter. Sein Englisch, das er mehr schlecht als recht beherrschte, war von «Fuck» durchsetzt, und er machte sich einen Spaß daraus, Holbrooke zu sticheln: «Richard Charles Albert Holbrooke. Warum haben Sie so viele Namen?» Oder: «Warum ist Ihr Kragen immer umgeschlagen? Sie sind ein Politiker – alle Politiker haben solche Sachen. Bei Tuđman ist es die Frisur, bei Ihnen der Kragen.» Tatsächlich war sein Hemdkragen so ziemlich das Einzige, was er nicht unter Kontrolle hatte.

Thomas Mann hat die Kunst einmal als «Spiel tiefsten Ernstes» bezeichnet. Holbrookes Diplomatie war ein Schauspiel, bei dem es um Leben und Tod ging. Ein ganzer Pulk von Journalisten begann, ihm und seinem Team überallhin zu folgen, sie warteten in der Lobby des Hyatt am Sava-Ufer, gleich gegenüber von Miloševićs Amtssitz, und auf der Straße vor Tuđmans Palast oberhalb von Zagreb, und immer blieb Holbrooke stehen, um ihnen ein paar spontane und perfekt kalibrierte Sätze zu geben, die keinerlei Neuigkeiten enthielten, wobei er immer bemüht war, die Erwartungen niedrig zu halten, denn es hätte ihm nichts genützt, sie zu wecken. Das Team hatte strikte Anweisung, keine Informationen an die Presse durchzulassen, aber Holbrooke selbst hatte zwei Lieblingsjournalisten – Roger Cohen von der *Times* und Christiane Amanpour von CNN –, die sich durch ihre Prominenz und Sympathie für seine Politik einen Zugang zu den Hintergründen gesichert hatten.

Sie werden mich an Bord holen

Holbrooke konnte ein, zwei Tage ohne Schlaf auskommen, dann fiel er ins Bett und gönnte sich ein paar Stunden. Es schien, als sei er ständig unterwegs, immer in Bewegung, er rauschte mit seinem Gefolge durch Flughäfen und Hotellobbys, führte täglich Gespräche bis tief in die Nacht, trieb seine Leute immer noch weiter an, und diese Intensität brachte den Schwung für den nächsten kleineren Durchbruch, und mit jedem Durchbruch verschärfte sich das Tempo, und die Energie stieg weiter. Diese Atmosphäre beflügelte ihn, und als er einmal einen ganzen Tag in Genf verbringen musste, um sich mit europäischen Diplomaten abzustimmen, und am Ende der Gespräche zum ersten Mal wieder eine ganze Nacht in einem Luxushotel schlief, war er zutiefst erschöpft. Er wollte sofort wieder auf den Balkan, wo ihm die angespannten, schlaflosen Stunden mit den Kriegsherren neue Energie verschafften. Wenn er überhaupt eine Strategie hatte, dann diese: Er bewegte sich so lange, bis andere sich auch bewegen mussten, wodurch Dinge möglich wurden, die niemals entstanden wären, wenn auf allen Seiten Stillstand geherrscht hätte.

Die Holbrooke-Skeptiker in seinem Team begannen, Vertrauen in ihn und die Mission zu haben. Clark, der zwischen der Verhandlungsstrategie und den Ansichten seiner Vorgesetzten in Washington den schwierigsten Spagat machen musste, sah aus erster Hand, welche Ergebnisse eine durch die militärische Drohgebärde gestützte Diplomatie liefern konnte, und wurde zum Verfechter einer kraftvollen Balkan-Politik. Pardew fragte sich, ob Holbrooke an seinem eigenen Ego zerbrechen würde, und erzählte seinen Kollegen im Pentagon, dass er auf der Grundlage dessen, was er von dem Gespräch zwischen Holbrooke und Milošević am 30. August mitbekommen hatte, von keinem der beiden Männer ein Auto kaufen würde. Doch am 2. September schrieb er in sein Tagebuch:

Es gibt in der amerikanischen Regierung sonst niemanden, der das hinkriegen könnte. Er ist unermüdlich und intuitiv, und er hat weder Angst vor Washington noch vor den Leuten, mit denen er in der Region zu tun hat. Er bezähmt mit seinem Charme alle Schlangen und treibt sie in die richtige Richtung. Das Risiko ist enorm. RH hat viele Feinde + Verleumder. Wenn die Mission scheitert, wird er den Kopf hinhalten müssen. Sehr mutig, sehr geschickt. Er versucht, uns alle einzubinden, aber er manipuliert das Team genauso wie all die anderen. Ein echtes Original. Man muss ihn mögen. Es macht wirklich Spaß, ihm zuzusehen.

XI.

An einem langen Wochenende Anfang September flog das Team von Belgrad nach Bonn, Brüssel, Genf, Zagreb, noch einmal Belgrad, Athen, Skopje, Ankara und zum dritten Mal Belgrad. (Athen und Skopje, weil Holbrooke, Hill und Pardew ihre Aktivitäten in Bosnien unterbrachen, um zwischen Griechenland und Mazedonien zu vermitteln, deren Verhältnis wegen des Namens des Letzteren gefährlich angespannt waren.) Dreieinhalb Jahre nach der Unabhängigkeitserklärung erklärte sich Milošević schließlich bereit, Bosnien und Herzegowina als eigenständigen Staat innerhalb der international anerkannten Grenzen zu akzeptieren. Um Karadžić keinen Grund zum Widerstand zu bieten, weigerte er sich, für Bosnien die Bezeichnung «Republik» zuzulassen, die der Zentralregierung zu große Macht gegeben hätte – eine «Union» oder «Föderation» war denkbar – und er bestand darauf, dass der serbische Teil weiterhin als «Republika Srpska» bezeichnet würde, so wie es die Kriegsverbrecher in Pale festgelegt hatten. In der militärischen Pattsituation standen Namen stellvertretend für Sieg oder Niederlage.

Am 1. September setzte die NATO die Luftschläge aus, um Mladićs Bereitschaft zu erkunden, die Belagerung von Sarajevo zu beenden. Mladić antwortete mit der üblichen Zweideutigkeit, die reichte, den politischen Willen in den europäischen und amerikanischen Institutionen zu schwächen. Holbrooke wusste, dass es ihm helfen würde, Miloševićs Forderungen den bosnischen Serben zu verkaufen, wenn die Bomben wieder fielen.

Am 4. September, dem amerikanischen Labor Day, erreichte Holbrooke Izetbegović in der Türkei. Sie trafen sich am späten Abend in der Residenz des amerikanischen Botschafters in Ankara. Izetbegović hatte Holbrooke gegenüber am Tag des Igman-Unfalls und noch einmal bei Pam Harriman in Paris bekräftigt, dass die Bosnier einen einheitlichen Staat forderten. Sie hatten nicht dreieinhalb Jahre durchgehalten, nur um zuzusehen, wie Serbien einen Teil ihres Landes annektierte. Letztendlich wäre es wohl besser gewesen, man hätte den bosnischen Serben erlaubt, sich vollständig abzuspalten – aber so weit sind wir noch nicht in dieser Geschichte. Niemand wusste, wie die beiden Regionen in diesem Einheitsstaat – eine muslimisch-kroatische und eine serbische – unter einer einzigen Verfassung koexistieren sollten. Würde das Land eine föderale Struktur erhalten wie die Schweiz, oder müsste es wie Zypern im Dauerzustand eines feindlichen Waffenstillstands verharren?

Izetbegović und Sacirbey saßen im Wohnzimmer des Botschafters und sahen sich den Entwurf der Grundsätze an, denen Milošević in Belgrad zugestimmt hatte. Die entscheidende Tatsache, dass sich Milošević bereit erklärt hatte, ihr Land anzuerkennen, nahmen sie nicht zur Kenntnis. Es war der verhasste Name «Republika Srpska», auf den sie sich einschossen.

«Das ist ein Nazi-Name», sagte Izetbegović.

Roberts Owen, der Jurist des Teams, versuchte ihnen zu erklären, dass der Name allein nichts bedeutete. «In unserem Land bezeichnen sich einige Bundesstaaten als ‹Republik›, andere als ‹Commonwealth›.» Er nannte Texas. «Es spielt überhaupt keine Rolle, solange sie anerkennen, dass sie alle einem einzigen Land angehören.»

Izetbegović entgegnete, dass auch Jugoslawien aus Republiken bestanden habe. Der entscheidende Unterschied sei aber, dass die Republika Srpska auf Völkermord gegründet sei. Sie diskutierten bis weit nach Mitternacht. Holbrooke ging immer wieder hinaus, um mit Washington zu telefonieren. Er drängte auf Wiederaufnahme der Luftschläge, die den Tag über durch den Widerstand der UNO-Generäle Bernard Janvier in Zagreb und Rupert Smith in Sarajevo, der Franzosen und des Pentagons, unterbrochen worden waren. Dies war ein Moment, in dem militärische Macht und Diplomatie perfekt aufeinander abgestimmt werden mussten. Wenn Izetbegović das Gefühl hätte, die Angriffe würden nicht fortgesetzt, würde er Miloševićs Angebot niemals annehmen. Es war wichtig, dass Izetbegović sah, wie sehr sich Holbrooke bemühte.

«Wir wissen, wie schwierig das für Sie ist», sagte Holbrooke schließlich zum Präsidenten. «Aber wir können ‹Republika Srpska› nicht aus dem Entwurf nehmen. Tut mir leid, aber mehr können wir nicht tun.» Die Bosnier besprachen sich. Izetbegović machte finstere Miene, während Sacirbey sagte: «Das ist schlecht für meinen Präsidenten, aber wir werden versuchen, es zu akzeptieren. Es wird sehr schwer für ihn sein, es seinem Volk zu erklären.»

Danach, am frühen Morgen des 5. September, telefonierte Holbrooke noch einmal mit Sandy Berger und den anderen im Lageraum. «Wenn wir jetzt nicht weitermachen, dann haben die Bombenangriffe im Ganzen nicht länger als achtundvierzig Stunden gedauert», sagte Holbrooke. «Es wird ein weiteres Desaster sein. Die NATO wird wieder einmal wie ein Papiertiger aussehen. Die bosnischen Serben werden wieder zur alten Taktik der Erpressung zurückkehren.» Was er als Nächstes sagte, mag wie ein weiterer churchillhafter Satz für seine Memoiren klingen, war aber völlig ernst gemeint, und er wurde in Washington auch ernst aufgenommen. «Gut möglich, dass die Geschichte heute Abend an einem Scheideweg angekommen ist. Ich bin wirklich überzeugt, dass Sie als Staatsdiener nie wieder eine derart wichtige Entscheidung treffen werden. Geben Sie uns Bomben für den Frieden.»

Am Morgen wurden die Luftangriffe wieder aufgenommen.

Im Nachhinein bedauerte Holbrooke, dass er Izetbegović gedrängt hatte, den Nazi-Namen zu akzeptieren. Milošević war zu diesem Zeitpunkt möglicherweise gefügiger, als er gedacht hatte, und er wünschte, er hätte seinerzeit mehr Druck ausgeübt, um weitere Änderungen durchzusetzen. Mit der «Republika Srpska» belegten die Unterhändler Bosnien mit einem Fluch, der weit in die Zukunft wirken sollte.

Die Episode in Ankara und die ganze Erfahrung der zwei Monate währenden Pendeldiplomatie zeigten, dass Holbrookes Ruf als polternder, gefürchteter Egomane übertrieben war. Ja, er wusste, Kampfflugzeuge und Tomahawk-Raketen zu seinem Vorteil einzusetzen. Ja, er war ein Bulldozer – ein Spitzname, den ihm offenbar Tuđman gegeben hatte –, und in Serbien wurde sein Nachname zum Verb: *holbrukciti*,

Sie werden mich an Bord holen

was so viel bedeutet wie «seinen Willen mit roher Gewalt durchsetzen». Er konnte die Leute anbrüllen, wenn er anders nicht weiterkam – das eine Mal Milošević, ein anderes Mal, als etwas schief ging, Chris Hill, ein paar Mal Sacirbey (in einem New Yorker Hotelzimmer wäre es beinahe zu Handgreiflichkeiten gekommen). Aber seine Methoden waren doch die eines Diplomaten. Die Durchbrüche erreichte er durch Überzeugung, die wiederum zu drei Vierteln aus Beharrlichkeit bestand. Dieser unerbittliche Sog seiner Stimme! Ich höre sie, wie sie zu Milošević sagt: «Herr Präsident, wir hatte eine Vereinbarung. Dieses Verhalten steht damit eindeutig nicht im Einklang. Falls Ihre ‹Freunde› nicht bereit sind, sich auf eine echte Diskussion einzulassen, werden wir jetzt abreisen.» Wie er gegenüber der Presse erklärt: «Präsident Clinton hat uns heute hergeschickt, um Frieden zu schließen in einem Augenblick des Krieges.» Wie er Izetbegović sagt: «Herr Präsident, Sie können die seit vier Jahren andauernden Kämpfe in Ihrem Land mit einer einzigen Unterschrift beenden, und zwar zu Ihren Bedingungen.» Wie er Pardew sagt: «Jim, gib mir deine Krawatte. Kati hat gesagt, dass ich seit drei Tagen dieselbe Krawatte im Fernsehen trage, sie will, dass ich eine andere nehme.»

In seiner Autobiographie schrieb Izetbegović, der Holbrooke nicht besonders mochte: «Es wird behauptet, dass Diplomatie und Macht zwei Enden eines Spektrums sind. Je mächtiger jemand ist, desto weniger Diplomatie braucht er. Im Extremfall – wenn man eine Supermacht ist – braucht man überhaupt keine Diplomatie. Holbrooke strafte diese Theorie Lügen. Er vertrat zwar die größte Supermacht – tatsächlich sogar die einzige wahre Supermacht der Welt –, war aber doch ein Vollblutdiplomat, und er setzte seine Überzeugungskünste ein wie die mächtigste aller Waffen.»

Und wenn zu Holbrookes Arsenal sein übertriebener Ruf für Brutalität gehörte, dann war das vermutlich ganz in seinem Sinn.

Die Luftschläge dauerten mehrere Tage an. Die Russen befanden sich am Tiefpunkt ihrer postsowjetischen Macht unter Boris Jelzin, und ihre Bereitschaft, den Amerikanern die Führung zu überlassen, war überraschend konstant. Doch die Bomben heizten den russischen Nationalismus an, und der Kreml deutete an, möglicherweise auf der Seite der orthodoxen serbischen Freunde in den Krieg einzutreten. Bosnische und kroatische Einheiten nutzten die Gelegenheit der Luftangriffe, um tief in serbisch besetztes Gebiet im Westen Bosniens vorzudringen und Tausende von Serben in Richtung Belgrad zu vertreiben. Holbrooke war überzeugt, dass militärischer Druck eine Einigung wahrscheinlicher machte, die NATO sollte unbedingt weitermachen. Aber die amerikanische Air Force behauptete, ihr gingen die Ziele aus.

Am Nachmittag des 13. September traf Holbrookes Team in einem von Titos Jagdhäusern an einem Ententeich in einem Wald bei Belgrad mit Milošević zusammen. Milošević rauchte ein Zigarillo nach dem anderen. Er sparte sich die Abschweifungen in die Geschichte des Osmanischen Reichs. «Dieses Bombenproblem muss sofort beseitigt werden», sagte er. «Frauen und Kinder sterben. In Banja Luka haben die Raketen Leute getötet, die gegen Karadžić waren.»

Holbrooke antwortete mit seinem Standardsatz: «General Mladić kann die Angriffe jederzeit beenden, er hat es selbst in der Hand.» Er erwähnte nicht, dass die NATO mit den Luftangriffen in zwei oder drei Tagen vermutlich von sich aus aufhören würde – dass er hergekommen war, um die Belagerung von Sarajevo zu beenden, solange er noch Bomben als Druckmittel hatte. Milošević verlangte einen Waffenstillstand für ganz Bosnien, aber Holbrooke wollte die muslimisch-kroatische Offensive im Westen noch ein wenig weiterlaufen lassen. Der Waffenstillstand müsse in Sarajevo beginnen.

Um das zu erreichen, meinte Milošević, müsse er die bosnischen Serben in die Gespräche einbeziehen. «Und sie sind hier.»

«Wo?», fragte Holbrooke erstaunt.

«Da drüben, in der Villa.» Milošević zeigte auf ein Gebäude etwa zweihundert Meter vom Jagdhaus entfernt.

Holbrooke zog sich mit seinem Team zurück. «Sollen wir mit ihnen reden?»

Holbrooke, der sich geweigert hatte, mit den bosnischen Serben zu verhandeln, um sie zu isolieren, war klar, dass sie – ob nun eine Anklage in Den Haag gegen sie vorlag oder nicht – früher oder später in die

Gespräche eingebunden werden müssten. Alle im Team fanden, dass die Zeit dazu gekommen war.

«Soll ich ihnen die Hand geben?»

Sie waren so weit gekommen, Hill konnte nicht fassen, dass Holbrooke diese Frage überhaupt stellte. «Verdammt, Dick, natürlich. Bringen wir die Sache hinter uns und fliegen nach Hause.»

Holbrooke hatte Angst, in eine Falle zu laufen und diesen Ungeheuern eine Sitzung zu gewähren, die ihm nichts brachte. Milošević müsse weiterhin für die serbische Seite sprechen, warnte Holbrooke, er solle jede Art von Predigt oder sonst einen «historischen Bullshit» unterbinden.

«Sie werden dem zustimmen», sagte Milošević. «Kein Bullshit. Ich geh sie holen.»

Die Amerikaner machten einen kurzen Waldspaziergang, während Milošević die bosnischen Serben herbestellte. Zwei schwarze Mercedes-Limousinen fuhren zum Jagdhaus herauf. Selbst aus der Entfernung konnten die Amerikaner die beiden Männer identifizieren, die im Licht des Spätnachmittags aus dem ersten Auto stiegen – der größere mit dem Stinktierschwanz auf dem Kopf, der kleinere mit den mächtigen Muskeln und dem stolzen, etwas hölzernen Gang. Zwei Typen wie aus einer Karikatur. Ein Adjutant kam und führte die Amerikaner zu den Serben.

Man trifft nicht oft auf Massenmörder, wenn sie noch auf freiem Fuß sind. Ein wenig Nervenkitzel ist dabei, eine Angst nicht vor dem, was sie tun könnten, sondern vor dem, was man selbst empfindet. Als Holbrooke aus dem Wald trat und auf sie zuging, lagen seine Nerven blank. Er wollte mit Mladić nicht reden, er wollte ihm nicht einmal die Hand geben. Um sich selbst Mut zu machen, dachte er an Raoul Wallenberg, der mit Himmler verhandelt hatte, um den ungarischen Juden das Leben zu retten.

Karadžić, im rotbraunen Anzug, stand lächelnd auf der Terrasse, Mladić, im grünen Tarnanzug, blickte finster herüber. Auf Hill und Pardew wirkten sie wie zwei serbische Bauern. Karadžić, mit seinem Doppelkinn und den matten, hängenden Augenlidern, war das Banale schlechthin. Mladić sah tatsächlich böse aus, und er roch, so meinte Pardew, wie ein Soldat, der zu lange auf dem Schlachtfeld gewesen war.

Mladić streckte seine kräftige Hand aus. Holbrooke hatte sich geschworen, sie nicht zu berühren, aber Mladić hielt sie ihm so lange hin, bis er sie doch kurz schüttelte, bevor er weiterging. (Später behauptete er, sich dem Handschlag verweigert zu haben.) Zu der Gruppe gehörten noch andere Serben, darunter Krajišnik, der Zementschmuggler, der mit Karadžić im Gefängnis gesessen hatte und jetzt der Sprecher des bosnisch-serbischen Parlaments war – ein kleiner, ordentlich gekleideter, schlitzäugiger Mann mit einer einzigen, buschig schwarzen Augenbraue, die über die ganze Breite seiner Stirn kroch. Er vertrat die härteste Linie in der Gruppe. Die beiden Delegationen setzten sich auf gegenüberliegende Seiten eines mit grünem Filz bedeckten Terrassentischs. Die Sonne ging gerade unter.

Mladić versuchte, Pardew mit seinem Blick einzuschüchtern, und Pardew konnte ein Lachen nicht unterdrücken.

Karadžić begann auf Englisch, er verurteilte die Luftangriffe der NATO, die Verbrechen der Muslime und Kroaten und andere Demütigungen, die den Serben zuteilgeworden waren. Holbrooke wandte sich zu Milošević: Wenn das so weitergehe, sagte er, würden sie abreisen.

Karadžić erhob sich. «Ich werde Präsident Carter anrufen. Ich stehe in regelmäßigem Kontakt mit ihm.» Carter hatte mit seiner Art von Privatdiplomatie den bosnischen Serben den Eindruck vermittelt, dass er auf ihrer Seite war.

«Hören Sie zu», sagte Holbrooke ziemlich erhitzt. «Präsident Carter hat mich seinerzeit zum Assistant Secretary of State ernannt. Ich habe vier Jahre für ihn gearbeitet. Wie die meisten Amerikaner, so habe auch ich großen Respekt vor ihm. Aber er ist jetzt ein Privatmann. Wir arbeiten nur für Präsident Clinton. Der Einzige, der uns Anweisung geben kann, ist Präsident Clinton.»

Holbrookes Kurzbiographie genügte, um Karadžić davon zu überzeugen, dass es besser wäre, sich wieder hinzusetzen. Als er sich später mit Holbrooke unterhielt, sagte Milošević verächtlich, die bosnischen Serben würden denken, Carter sei für die amerikanische Außenpolitik zuständig. Die Nachricht, dass Carter nichts mehr zu sagen hatte, versetzte Karadžić in eine konstruktivere Geisteshaltung, Mladić allerdings kochte vor Wut. «Niemand wird die Erlaubnis erhalten, auch nur einen

Meter unseres heiligen serbischen Bodens zu verschenken», gelobte er.

Holbrooke verbrachte den Abend damit, ihre Gesellschaft zu meiden – er telefonierte mit Washington, um die Situation zu beschreiben, ging mit Milošević spazieren –, während Clark und die anderen Amerikaner eine Erklärung entwarfen, die die Serben unterschreiben sollten. Darin hieß es, dass sie den Beschuss von Sarajevo einstellen, die schweren Geschütze aus den Hügeln abziehen und den Flughafen und die Straße nach Kiseljak für humanitäre Hilfe öffnen würden. Sie würden die Belagerung von Sarajevo beenden. Im Gegenzug – und um die Umsetzung zu verifizieren – würde die NATO die Bombardierung für drei Tage aussetzen, und die USA würden die Bosnier davon abhalten, militärischen Nutzen aus der Situation zu ziehen. Irgendwann nach Mitternacht stand Clark neben einer Lampe auf der Terrasse und las die Erklärung laut vor. Sie wurde simultan ins Serbische übersetzt, Mladić starrte ihn wütend an. Als er fertig war, begannen die Serben, den Text Wort für Wort auseinanderzupflücken.

«Haben wir jetzt eine Einigung oder nicht?», fragte Holbrooke. «Wenn nicht, dann sehe ich keinen Grund, weiter zu diskutieren.»

Niemand hatte die Serben je derart auf die Probe gestellt, und er hatte nicht vor, ihnen auch nur einen Augenblick des Durchatmens zu gönnen. Von seinen ehemaligen Chefs glich er weniger Jimmy Carter als Lyndon Johnson, der gern sagte: «Man muss sie an den Eiern packen, und man muss so lange zudrücken, bis es wehtut.»

Die Serben unterschrieben. Es war halb drei am Morgen. Mladić kritzelte seinen Namen, ohne das Dokument eines Blickes zu würdigen. Sein linker Ellenbogen war verbunden, seine Nierensteine begannen, sich bemerkbar zu machen. Er setzte sich auf ein Sofa und versank in eine tiefe Depression.

Drei Tage später, am 17. September, saß Holbrooke beim Anflug auf den wiedereröffneten Flughafen von Sarajevo im Cockpit einer C-130 und sah hinab auf die tiefe Wunde umgestürzter Bäume am Igman. Er war wegen der Bombenangriffe seit dem Unfall nicht mehr in der Stadt gewesen. Im Präsidentenpalast – hinter Einschusslöchern, Sandsäcken, mit Folie gesicherten Fenstern, abfallenden Türgriffen – waren Izetbegović, Silajdžić und Sacirbey (Holbrooke nannte sie Izzy, Silly und Mo) zutiefst unglücklich, dass die Luftschläge ausgesetzt waren. Sie meinten, die NATO müsse die Serben bestrafen, dafür hätten sie sogar die fortgesetzte Belagerung in Kauf genommen. «Wir stehen kurz vor dem vollständigen Sieg», sagte Silajdžić wütend. Sacirbey sagte zu Holbrooke, seit den Verhandlungen stecke ihm der serbische Gestank in den Kleidern. Die Bosnier befürchteten, dass er sich von Milošević um den Finger hatte wickeln lassen.

Doch als Holbrooke vor die Tür trat, begann eine Menge, die sich auf der anderen Straßenseite versammelt hatte, laut zu jubeln. Hill sagte ihm, er solle winken. Holbrooke wusste sich mit breitem Kreuz und breiter Brust immer die volle Aufmerksamkeit der Anwesenden zu sichern, egal ob drinnen oder draußen. Sein Auftreten, seine Größe und Energie gaben den Bosniern ein beinahe körperliches Gefühl dafür, dass hier nun endlich ein Diplomat stand, der Lösungen für ihre Probleme suchte. Aber diesmal hob er seine Hand langsam und unbeholfen. Er war den Tränen nahe. Zweiundvierzig Monate hatte die Belagerung gedauert.

Selbst ohne die Luftangriffe hatte sich die Offensive im Westen Bosniens Mitte September kurz vor dem Durchbruch befunden. Der Zusammenbruch der bosnisch-serbischen Armee war absehbar, die kroatischen und muslimischen Truppen standen zwanzig Kilometer vor Banja Luka, der zweitgrößten Stadt Bosniens, die den gesamten Krieg über eine Hochburg der Serben gewesen war. Milošević flehte Holbrooke an, den Fall von Banja Luka zu verhindern. Wenn die Stadt fiele, würden Hunderttausende von weiteren Flüchtlingen nach Serbien strömen und möglicherweise Miloševićs Regime bedrohen. In Washington wollten Lake und Christopher die Offensive beendet sehen. Holbrooke und Galbraith sprachen sich dafür aus, dass zwar nicht die Stadt selbst, aber doch das Umland eingenommen würde, und sie drängten die Kroaten und Bosnier, in Prijedor, im Dorf Omarska und der Region Manjača einzumarschieren, in Orten also, deren Namen für die ethnischen Säuberungen standen, weshalb sie es verdienten, zurückerobert zu werden. Sie würden sich am Verhandlungstisch leichter halten lassen, wenn sie

Sie werden mich an Bord holen

sich bereits in der Hand der Föderation befänden. Aber Tuđman, der sich seit Monaten auf der Siegerspur befand, gab Holbrooke zu verstehen, dass Banja Luka am Ende gegen Tuzla getauscht werden könne, was die kroatische Stellung in Bosnien festigen und das muslimische Gebiet auf die Gegend um Sarajevo beschränken würde. Tuđman sprach noch immer über die islamische Gefahr und den Kampf der Kulturen.

Und Izetbegović – für ihn war Banja Luka das Sarajevo der bosnischen Serben. Es wäre nur gerecht, würde man ihnen die Belagerung heimzahlen, indem man Granaten auf ihre größte Stadt herabregnen ließe! Er wollte noch etwas mehr Zeit haben, um den Anblick des panischen serbischen Rückzugs zu genießen.

Die politischen Führer hassten sich alle gegenseitig, jeder befürchtete, dass der andere die Ehe, die sie notgedrungen eingegangen waren, verraten würde, und diese Sorge trieb ihren Hunger nach Eroberung weiter an. Muslimische und kroatische Truppen hatten bereits wieder begonnen, sich gegenseitig anzugreifen, was den Amerikanern die allergrößten Sorgen bereitete. Hätte man die Eroberung von Banja Luka erlaubt, hätte man das Leben vieler Menschen riskiert. Einhunderttausend waren bereits gestorben.

Also erzählte Holbrooke beiden Präsidenten dieselbe Lüge, die einzige, die sie zur Einstellung der Offensive bewegen konnte. Er behauptete, mit Clinton telefoniert zu haben, der gewarnt habe, dass die NATO-Flugzeuge bosnische und muslimische Stellungen angreifen würden, wenn diese versuchten, Banja Luka einzunehmen.

Am 11. Oktober trat in ganz Bosnien ein auf sechs Tage angesetzter Waffenstillstand in Kraft. Die Kämpfe hatten die Landkarte inzwischen stark verändert: Bei einer ursprünglichen Aufteilung von siebzig zu dreißig zugunsten der Serben besetzte die Föderation nun mehr als die einundfünfzig Prozent, die ihr im Plan der Balkan-Kontaktgruppe zugestanden worden waren, ein Plan, der weitgehend auf den amerikanischen Vorstellungen beruhte. Die Bedingungen jetzt noch auf Kosten der Serben zu ändern, hätte zu größeren Problemen geführt. Der Waffenstillstand hatte zwar das Schießen beendet, aber es wäre auch nicht das erste Abkommen dieser Art gewesen, das gebrochen wurde. Der Teufel steckt im Detail, und all die ungelösten Fragen, die am Beginn des Krieges gestanden und ihn immer wieder angefacht hatten – wer welche Gebiete bekäme, wie Bosnien als Staat funktionieren würde –, sollten erst bei einer Friedenskonferenz in einigen Wochen beantwortet werden. Nachdem er zwei Monate lang zwischen den Balkanführern vermittelt hatte, schätzte Holbrooke die Erfolgsaussichten als relativ gering ein. Was, wenn er die Einnahme von Banja Luka doch zugelassen hätte? Er war nicht der Typ, der sich den Kopf über Vergangenes zerbrach, aber der Gedanke sollte ihn in den kommenden Jahren immer wieder beschäftigen. Es hätte das Ende der Republika Srpska bedeutet. Bosnien wäre heute ein nur schwer regierbarer, aber ungeteilter Vielvölkerstaat. Der Krieg hätte einen Sieger gehabt. Und es hätte die Verhandlungen in Dayton nicht gegeben.

XII.

Es wäre naheliegend gewesen, die Friedenskonferenz in Paris oder Genf abzuhalten. Beides wollte Holbrooke nicht. Diese glitzernden Städte hatten die Diplomaten verführt, die jahrelang über Vietnam verhandelt, das gute Essen genossen und die Sehenswürdigkeiten besucht hatten, während am anderen Ende der Welt das Töten weiterging. Holbrooke wollte, dass die Vereinigten Staaten als Gastgeber fungierten, und zwar auf einem Militärstützpunkt, der maximale amerikanische Kontrolle erlaubte und keinerlei Ablenkung bot. Niemand sollte den Wunsch haben, länger als unbedingt nötig zu verweilen. Der Erfolg sollte ein amerikanischer sein, und er war bereit, ein amerikanisches Scheitern zu riskieren, und auch wenn er nur ein Assistant Secretary war, wäre der Erfolg oder Misserfolg doch auch seine eigener, denn dies war Holbrookes Spiel, und er war bereit, für sein Land und für sich selbst alles auf diese Karte zu setzen.

Niemand sonst mochte die Idee eines amerikanischen Verhandlungsorts, außer Lake. Warum sollte man kurz vor einem Wahljahr das Risiko eingehen, dem Präsidenten zu schaden? Doch man fügte sich Holbrooke, der die Gespräche so weit gebracht hatte.

Der Ort der Wahl war Wright-Patterson Air Force Base bei Dayton, Ohio – einer der größten Luftwaffenstützpunkte der USA, der sich über mehr als dreißig Quadratkilometer flaches Farmland erstreckt, dreiundzwanzigtausend Tausend Menschen beschäftigt und mit einer vier Kilometer langen Landebahn ausgestattet ist. Die Delegationen landeten in der Nacht vom 31. Oktober, Holbrooke war der Erste, der den eintreffenden Präsidenten am roten Teppich die Hände schüttelte. In der Nähe des Haupttors befanden sich, um einen rechteckigen Parkplatz arrangiert, vier zweistöckige Backsteinbaracken – Besucherquartiere für die ranghöchsten Offiziere. Sie wurden zur vorübergehenden Heimat der nationalen Delegationen: Die Bosnier und Kroaten waren an den Nord- und Südseiten des Parkplatzes einander gegenüber untergebracht, die Serben und Amerikaner belegten die Ost- und Westgebäude, die Europäer eine fünfte Baracke gleich außerhalb der rechteckigen Anlage. Die Korridore in den Wohnblöcken waren lang und schmal, die Zimmer beengt, Plastikzierleisten und schäbige Möbel gaben ihnen den Charme eines billigen Motels.

Der Kommandant des Stützpunkts hatte im Erdgeschoss Wände einreißen lassen, Teppiche waren verlegt und Möbel angeschafft worden, um den drei Balkan-Präsidenten, Holbrooke und Carl Bildt, der die europäische Delegation leitete, größere und angenehmere Suiten zur Verfügung zu stellen. Es gab auf dem Stützpunkt nur zwei Orte, an denen man essen konnte: das eine kurze Autofahrt entfernte Offizierskasino und eine Sportkneipe namens Packy's im nach dem Entertainer Bob Hope benannten Hotel und Konferenzzentrum, einem Betonsteingebäude, das zweihundert Meter entfernt von den Baracken auf der anderen Seite einer Wiese lag. Arbeiter hatten einen gewundenen Pfad durch das Gras angelegt und Bodenleuchten installiert, die dem Ensemble einen Hauch von bescheidener Eleganz verliehen. Doch in der Geschichte der internationalen Diplomatie hatte es noch nie einen Ort gegeben, der weniger gediegen war als Wright-Patterson.

Und doch war es diese Kombination von gigantischem Ausmaß einerseits und Eintönigkeit andererseits – diese amerikanische, vor allem dem Mittleren Westen eignende, banale, beeindruckende und zugleich ernsthafte Atmosphäre –, die den vergoldeten Palästen Europas verkündete: Ihr mögt Geschichte haben und wunderschöne Städte, aber es ist euch nicht gelungen, den Krieg auf eurem Kontinent zu beenden. Nichts geschah, bis die Amerikaner eingriffen – bis sich der ungehobelte, schlaflose Holbrooke einmischte.

Nervös und erschöpft war er in Ohio angekommen. Er hatte immer wieder den Atlantik überquert, war zwei Monate lang in Europa von Hauptstadt zu Hauptstadt geeilt, hatte drei Stunden pro Nacht geschlafen und sich ansonsten mit zehn Minuten langen Nickerchen durch den Tag gerettet. Das Essen war schwer gewesen, Sitzungen hatten sich endlos hingezogen, sein Gesicht war fahl und aufgequollen. Nun war es ihm gelungen, das gesamte Balkan-Ensemble fünftausend Meilen entfernt auf einer von Sicherheitszaun umgebenen amerikanischen Militärbasis wieder zusammenzuführen.

Immer wieder fällt mir das Bild eines Theaters ein, in dem Holbrooke sowohl Intendant als auch Regisseur ist. Eintrittskarten verkaufte er keine – das riesige internationale Pressekorps war in einem nichtssagenden Gebäude am anderen Ende des Geländes weggesperrt und wurde mit einer dünnen Suppe täglicher Briefings am Leben gehalten. (Die Regel, keine Interviews zu geben, galt für alle außer Holbrooke, der mit Roger Cohen von der *Times* zu Abend aß und ihn über Kati mit Informationen versorgte, die sich zu einem ausführlichen Porträt des Mannes, der den Krieg beendete, zusammenfügen sollten.) Die Europäer degradierte er zu Nebenfiguren, ihre langatmigen Debatten über Verfahrensdetails trieben ihn in den Wahnsinn, schon bald gab er ihre morgendlichen Besprechungen an seinen Stellvertreter John Kornblum ab. Auch Washington hielt er auf Distanz, jede Frage und jeder Widerspruch von Lake galt ihm als unerträgliche Einmischung.

Hunderte von Statisten waren nach Dayton gekommen, aber das eigentliche Drama wurde von einem halben Dutzend Hauptfiguren bestritten. Es war ein Kammerspiel, man konnte das Licht in den Barackenfenstern sehen und erkennen, wer wach war und wer schlief. Die Handlung wurde durch Zufallsbegegnungen auf dem asphaltierten Parkplatz vorangetrieben. Holbrooke hatte diese klaustrophobische Bühne geschaffen, als könnte ihre Kargheit die Figuren zwingen, sich den Wahrheiten zu stellen, die er ihnen aufzeigen wollte.

Es gab zwar keinen festen Endtermin, er glaubte aber nicht, dass sie es in Wright-Patterson länger als zwei Wochen aushalten würden. Er reiste ohne festen Ablaufplan an, ohne Drehbuch – es war ein Improvisationsstück, das jeden Augenblick zu Ende sein konnte. Er bezweifelte, dass es gelingen würde. Aber nun war er hier, und er drängte sich in jede Szene.

Tuđman kam als Sieger der Balkankriege nach Dayton. Ganz Kroatien war jetzt ethnisch gesäubert, bis auf Ostslawonien, das am Donauufer gegenüber von Serbien gelegene Gebiet, in dem der Krieg begonnen hatte. Ostslawonien war das Einzige, was sich Tuđman von Dayton erhoffte – er würde, falls nötig, wieder in den Krieg ziehen –, weshalb er mit seinem ergebenen Gefolge aus Zagreb an- und wieder abreisen und die beiden Seiten zu seinem eigenen Vorteil gegeneinander ausspielen konnte.

Milošević wollte einen Friedensschluss in Dayton. Die Amerikaner sollten ihm helfen, sich aus einer Schlinge herauszuziehen, die er sich Jahre zuvor selbst um den Hals gelegt hatte. In Holbrooke hatte er seinen Retter gefunden, und allein die Tatsache, dass er amerikanischen Boden betreten konnte, wo ihn die Presse als bösen Strippenzieher des Krieges begrüßte, war eine Art Sieg. Er wollte in Serbien an der Macht bleiben, und er verlangte die Aufhebung der Sanktionen. Holbrooke hatte sich vor den Gesprächen um ihre Aussetzung bemüht, um ihm einen Anreiz für eine Einigung bieten zu können, aber Lake und Albright hatten es verhindert. Der anhaltende Würgegriff machte Milošević verwundbar – als er Belgrad verließ, befürchtete er, dass es in seiner Abwesenheit zu einem Militärputsch oder bei seiner Rückkehr zu einem Anschlag auf sein Leben kommen könnte –, weshalb er in Dayton anfangs nicht zu Zugeständnissen zu bewegen war. Doch er war bereit, für einen Friedensschluss weiter zu gehen als alle anderen Beteiligten. Karadžić und Mladić, die beide in Den Haag unter Anklage standen, wären in den USA verhaftet worden, weshalb sie nicht Teil der bosnisch-serbischen Delegation in Dayton waren. Milošević, der abgeschirmt auf der oberen Etage der serbischen Baracke verharrte, ließ die anderen vollständig im Dunkeln.

Die bosnischen Muslime waren vollkommen unberechenbar. Izetbegović hasste Verhandlungen, weil er gezwungen war, Entscheidungen zu treffen, was in diesem Fall bedeutete, dass er vor der Wahl stand, sein Volk wieder in den Krieg zu stürzen oder die serbischen Gräueltaten zu billigen. Für ihn waren die Friedensgespräche eine Art Erpressung, und er empfand es als derart unangenehm, beim Abendessen mit Menschen, die ihn vernichten wollten, diplomatische Freundlichkeiten auszutauschen, dass er sich in seiner Suite verkroch. Er schlief schlecht in Dayton und wachte mitten in der Nacht mit Herzrasen auf, er schien kurz vor dem Herzinfarkt. «Ich fühlte mich verraten und verkauft», schrieb er später. Seine beiden wichtigsten Berater, Silajdžić und Sacirbey, konnten einander nicht ausstehen. Sie kämpften um ihre politische Zukunft, denn es war klar, dass es nach dem Krieg keinen Platz für alle drei Politiker geben würde.

Niemand konnte mit Sicherheit sagen, wie die endgültige Position der Bosnier aussehen würde. Sie verlangten ein ungeteiltes Sarajevo und auch die anderen Enklaven, die von den Serben besetzt waren, darunter Srebrenica und Žepa. Außerdem wollten sie das Land behalten, das sie gemeinsam mit den Kroaten kürzlich erst erobert hatten, und sie wollten, dass die Kriegsverbrecher an Den Haag ausgeliefert würden. Die Bosnier waren wie Gewaltopfer, sie waren zu traumatisiert und verbittert, um mit anzusehen, wie der Täter mildernde Umstände geltend machte.

Die drei Seiten waren sich so spinnefeind, dass nur am ersten und dann wieder am letzten Tag der Konferenz formelle Sitzungen stattfanden. Das war nicht vergleichbar mit den Gesprächen zwischen den USA und Nordkorea über die Form des Verhandlungstischs, bei denen die offiziellen Positionen Jahr für Jahr unverändert wiederholt wurden. Es war auch keine Schachpartie zwischen zwei Großmeistern wie Kissinger und Zhou Enlai. Es war Diplomatie in ihrer menschlichsten Form, ein schmerzhafter Zusammenprall verwundeter Seelen.

Am ersten Abend führte Holbrooke Milošević zum Abendessen in Packy's Sports Bar & Grill im Hope Hotel aus. Haris Silajdžić und Chris Hill saßen an einem Tisch vor einer Wand von Breitbildfernsehern. Silajdžić, der bosnische Ministerpräsident, war ein Akademiker aus Sarajevo, gerade fünfzig geworden, der sich ein modernes, multiethnisches Bosnien wünschte. Auch er war launisch. Manchmal verfiel er urplötzlich in düsterste Stimmung, oder er platzte vor Wut, oder er verschanzte sich aus Rache hinter seiner Position. Holbrooke, der Izetbegović förmlich behandelte, konnte mit Silajdžić auf Augenhöhe sprechen. Da Izetbegović sich gegen Verhandlungen sträubte, wusste Holbrooke, dass der Erfolg von Dayton davon abhing, ob er diese beiden Männer, Silajdžić und Milošević, dazu bringen konnte, miteinander zu reden.

Aber bei Packy's gaben sie sich nur kurz die Hand und ignorierten sich dann gegenseitig. Milošević war übel gelaunt wegen der Sanktionen. Holbrookes ganze Herangehensweise an diese Verhandlungen sei dumm, sagte er. «Sie verstehen den Balkan nicht.»

«Da haben Sie bestimmt recht, Herr Präsident, aber wir sind hier, um Frieden zu schließen, und ich hoffe, Sie werden uns dabei helfen.»

Das Essen, sagte Milošević, sei «Scheiße». Nach diesem ersten Abend reservierte er im etwas gehobeneren Offizierskasino einen festen Platz, wo er sich zu Scotch und Hummer, den ein Unterstützer frisch aus Maine einfliegen ließ, über Gott und die Welt ausließ. Er ging in einer Mall in der Nähe shoppen, kaufte für seine bösartige Frau ein Paar Timberland-Schuhe und schien bereit, ewig in Dayton zu bleiben.

Am zweiten Tag, als sich Milošević und Tuđman mit Holbrooke und Christopher zusammensetzten, um über Ostslawonien zu reden, lief es nicht besser. Die beiden Präsidenten schrien sich halb auf Serbisch, halb auf Englisch an. «Franjo!» «Slobo!» Holbrooke wollte unbedingt eine Einigung festschreiben, damit sie sich anderen Themen zuwenden könnten, aber Milošević sperrte sich dagegen: «Mr. Holbrooke, Sie sind zu unrealistisch. Diese Frage muss auf dem Schlachtfeld entschieden werden. Ich kann diese Leute in Ostslawonien nicht bändigen.» Dann wandte er sich an Christopher: «Tuđman fliegt für ein paar Tage nach Zagreb, aber ich bin hier ein Gefangener des Tyrannen Holbrooke.»

An diesem Abend diktierte Holbrooke in sein Tagebuch: «Die Positionen sind wirklich sehr starr, ich habe keine Ahnung, wie wir das schaffen sollen.»

Am dritten Abend lud Holbrooke zu einem Bankett im National Museum of the United States Air Force ein, einem aus mehreren Hangars bestehenden Museum, in dem Flugzeuge aus allen amerikanischen Kriegen des 20. Jahrhunderts ausgestellt waren. Das Abendessen für die politischen Führer der Balkanstaaten fand also vor einer Kulisse statt, die auf wenig subtile Weise an die amerikanische Militärmacht erinnerte. Die bosnischen Serben saßen unter einem Tomahawk-Marschflugkörper, genau dem Modell, das amerikanische U-Boote in der Adria erst vor zwei Monaten auf Banja Luka abgefeuert hatten. Kati war in Dayton, sie fungierte an diesem Abend mit ihrem Mann als Gastgeberin. Er hatte von Henry Cabot Lodge gelernt, dass festliche Abendessen zu den wesentlichen Werkzeugen der Diplomatie gehören, und er hatte großes Vergnügen daran, an den kleinsten Details der Sitzordnung herumzubasteln. Kati, im roten Seidenjackett von Yves Saint Laurent, platzierte er an den Haupttisch zwischen Izetbegović und Milošević. «Du wirst zwischen ihnen sitzen und Frieden schließen», sagte er. Und tatsächlich versuchte sie, die beiden Männer miteinander ins Gespräch zu bringen, wobei sie ihre eigene Ostblockkindheit ins Spiel brachte und sich auf die Ungarn berief, die nach dem Aufstand 1956 in Jugoslawien Zuflucht gesucht hatten. «Wir haben Jugoslawien immer bewundert. Was ist nur mit Ihnen passiert?» Izetbegović war jeglichem Charme gegenüber resistent, aber durch Katis Anregung erinnerten er und Milošević sich schließlich daran, dass sie sich schon in jugoslawischen Zeiten kennengelernt hatten. Sie sagten, dass der Krieg sie überrascht hätte, seine Dauer ebenso wie seine Brutalität – als hätten sie selbst überhaupt nichts damit zu tun.

«Ihr verdammten Arschlöcher», hätte Holbrooke am liebsten gerufen, «ihr seid es doch, die die Sache angezettelt und am Laufen gehalten habt!» Aber die Band spielte Glenn Miller, und die Gäste wandten sich unter dem Flügel einer gigantischen B-52 Stratofortress, die Vietnam Tod und Zerstörung gebracht hatte, anderen Themen zu.

In der ersten Woche erreichten sie nichts. Durch die Isolation schien die ganze Welt, einschließlich des bröckeligen Rests eines Landes namens Bosnien, unwirklich. Es war, als wollten die Kriegsparteien im Mittleren Westen Amerikas nur eine längere Verschnaufpause einlegen.

Sacirbey fuhr mit Izetbegović nach Kentucky, wo sie zusahen, wie die Footballmannschaft von Tulane University, Sacirbeys Alma Mater, von Louisville geschlagen wurde. Silajdžić joggte um das Militärgelände. Der französische Unterhändler erhielt eine Lieferung Beaujolais Nouveau von der französischen Botschaft und entdeckte ein recht anständiges Restaurant in Dayton, L'Auberge, das seine Gefangenschaft gerade noch erträglich machte. Holbrooke und Hill verloren in zwei Sätzen gegen Tuđman, der aus Zagreb zurückgekehrt war, und einen Arzt, der der kroatischen Delegation angehörte und zufällig ein ausgezeichneter Tennisspieler war.

«Das Schwierigste ist es nun, die psychologischen Schwingungen einzufangen, um den Druck auf die Beteiligten zu justieren», diktierte Holbrooke. «Wie bringen wir sie dazu, die Kernfragen zu diskutieren? Ich weiß es noch nicht, aber mir ist klar geworden, dass dies hier wie eine Art Gruppentherapie ist, es wird alles sehr mühsam sein.»

Einen Sieg erzielte Holbrooke in der ersten Woche doch. Ein junger Reporter des *Christian Science Monitor*, ein gewisser David Rohde, der als Erster die Massaker von Srebrenica beschrieben hatte, hatte Ende Oktober Geheimdienstinformationen erhalten, war ohne Papiere und ohne Erlaubnis im Mietwagen in serbisches Territorium hineingefahren, wo er nördlich von Srebrenica an einem Erddamm, wo eine Massenexekution stattgefunden hatte, begann, nach Leichen zu suchen. Er wurde von bosnisch-serbischen Milizionären festgesetzt, die drohten, ihn als Spion anzuklagen. Rohdes Familie flog nach Dayton, um seine Freilassung zu erwirken. Holbrooke sagte Milošević, dass es kein Abkommen geben würde, solange Rohde nicht auf freiem Fuß sei, was Milošević zu dieser Frage veranlasste: «Sie würden all das für einen Journalisten tun?» Einer der bosnischen Serben in Dayton, ein Shakespeare-Gelehrter und Handlanger von Milošević namens Nikola Koljević, sah eine Chance, bei den Amerikanern zu punkten, und bot sich als Vermittler an. Was die Rohdes nicht wussten, war, dass Koljević auf die Milizionäre, die ihren Sohn festhielten, überhaupt keinen Einfluss hatte. John Menzies, der amerikanische Botschafter in Sarajevo, versuchte von Dayton aus stundenlang, einem amerikanischen Diplomaten Zugang zum verhafteten Rohde zu verschaffen. Kati, die dem Komitee zum Schutz von

Journalisten vorstand, drohte Milošević mit Druck von Seiten der internationalen Medien. Doch am Ende wurde Rohde von Miloševićs Mann fürs Grobe, Jovica Stanišić, gerettet. Er tat es auf ganz traditionelle Weise – rief Karadžić an und brüllte: «Lass ihn frei, oder ich fick deine Mutter.»

Holbrooke wurde immer angespannter. Warren Christopher, der die Konferenz eröffnet hatte, wurde zurückerwartet, in den Tagen, die er fort gewesen war, hatte es keine Fortschritte gegeben. Wann immer die schwierigen Fragen aufkamen – die bosnische Verfassung, das Schicksal von Sarajevo, die endgültigen Grenzen zwischen den Regionen –, verschanzten sich die Parteien. Die Verbitterung wuchs und wuchs an diesem seltsamen Ort, in der dumpfen Stille, in diesem wolkenverhangenen November.

«Es wird immer unwahrscheinlicher, dass wir hier ein Friedensabkommen schließen werden, auch wenn es noch nicht ganz ausgeschlossen ist. Es gibt zu viel zu tun, die Zeit läuft uns davon. Wir haben nicht genug Unterstützung von Washington, und die Europäer jammern und stöhnen die ganze Zeit, dass sie nicht ausreichend konsultiert werden. Vor allem aber weigern sich die Bosnier, uns auch nur zu einem einzigen der großen Themen eine Position zu geben. Ohne diese Positionen sind Verhandlungen unmöglich.»

Am Freitag, den 10. November kehrte Christopher nach Dayton zurück, gerade rechtzeitig, um zwei Ergebnisse zu präsentieren. Die bosnischen Muslime und die Kroaten waren bereit zu einem Abkommen, das die Föderation stärken würde, die de facto nicht mehr existierte; und die Serben und Kroaten hatten ein Abkommen über die Übergabe Ostslawoniens an Kroatien erzielt. Da diese beiden Fragen nun geklärt waren, konnten die Parteien den Hauptkonflikt in Bosnien angehen.

«Samstag, Sonntag und Montag wird es nur um die Grenzen gehen», diktierte Holbrooke. «Christopher kommt Montagabend und reist Dienstag nach Asien weiter. Er wird seinen Aufenthalt verlängern und Asien nach hinten schieben, wenn eine Einigung unmittelbar bevorsteht. Wenn es uns nicht gelingt, fliegt er nach Asien, und wir werden anfangen uns zu überlegen, wie wir ohne größeren Gesichtsverlust bis Ende der Woche hier rauskommen. Wir werden einige Zwischenergebnisse verkünden und diese Verhandlungen hier aussetzen und sagen, dass wir es erst einmal sacken lassen wollen und in ein paar Wochen zur Pendeldiplomatie zurückkehren werden. Nun, ich hoffe, das ist alles nur ein Trick. Ich will nicht mehr pendeln, aber ich will auch nicht den Rest meines Lebens in Dayton verbringen, wir werden also aufs Ganze gehen. In einer Woche wird das hier vorbei sein. Das ist der Plan, und ich glaube, es ist ein sehr guter. Wenn diese Leute Frieden schließen wollen, dann sollte eine Woche genügen.»

Am Samstag, den 11. November besuchte Holbrooke Silajdžić in seinem Zimmer in der bosnischen Baracke. Der Ministerpräsident, der Izetbegovićs Vertrauen nicht genoss und von Sacirbey verdrängt wurde, befand sich in einem Zustand wütender Verzweiflung.

«Was ist los mit Ihnen?», fragte Holbrooke. «Wir haben begonnen, die Grenzen zu diskutieren, und Sie sind nicht einmal dabei.»

«Sehen Sie, in welcher Situation ich mich befinde? Ich weiß überhaupt nicht, was dort vor sich geht! Sehen Sie, was für ein furchtbares Chaos die anrichten?»

«Sie müssen sich wieder einschalten, Haris», sagte Holbrooke und erklärte, dass er raten würde, die Konferenz zu schließen, wenn bis zu Christophers Rückkehr keine Fortschritte zu verzeichnen seien.

«Aussetzen, oder schließen?»

«Aussetzen, denke ich. Vielleicht werde ich die Pendeldiplomatie wieder aufnehmen. Ich weiß es noch nicht.»

«Aber das ist der falsche Weg. Sie müssen damit drohen, die Konferenz komplett zu beenden.»

Holbrooke überquerte den Parkplatz. Ein eisiger Wind blies Schneeregen durch das Gelände. Er trat in die serbische Suite und sagte Milošević genau das, was er gerade Silajdžić gesagt hatte. Er wollte die Konferenz beenden.

«Die Muslime sind schuld», sagte Milošević. «Sie sind stur und dumm.»

«Darum geht es jetzt nicht.» Holbrooke fragte Milošević, ob er sofort mit Silajdžić sprechen würde. «Warum nicht», sagte Milošević. Holbrooke kehrte zur bosnischen Baracke zurück. «Haris, das ist das wichtigste Treffen in Ihrem Leben», sagte er, als er mit Silajdžić über den Parkplatz ging. Es war eine seiner Finten: Er baute die Leute damit auf, dass er ihnen historische Rollen zusprach. Er erwähnte Mandela bei Silajdžić, Sadat bei Milošević. Er war schamlos. Doch Silajdžić nickte nur kurz.

«Verlieren Sie nicht die Beherrschung. Bleiben Sie dran. Bei Milošević hat man manchmal das Gefühl, als sei das Gespräch vorbei, gerade in dem Moment, wo es richtig anfängt.»

Er führte Silajdžić bis an die Tür der serbischen Baracke.

«Hören Sie, ich weiß gar nicht, was ich hier mache», sagte Milošević zu Silajdžić, als dieser in die Suite trat. «Ich will Ihnen ja helfen – Sie hatten einen Krieg. Ich will nach Belgrad zurückkehren und meine Arbeit machen.»

«Sie haben hier also gar keine Rolle?», fragte Silajdžić, der seine Empörung nicht verhehlen konnte.

«Natürlich nicht. Es sind Ihre dämlichen Serben. Sie sind wie Sie. Es sind Ihre Serben, nicht meine.»

«Und was ist mit den Waffen? Und den Einheiten, die über die Grenze kommen?»

«Haris, Sie sind ein kluger Mann – Sie wissen doch, dass auf dem Balkan jeder eine Waffe hat.»

«Und die Satellitenbilder mit den Panzern, die die Drina überqueren?»

«Haris, irgendein Typ setzt sich in einen Panzer und fährt los – was soll man da machen?» Und er fuhr fort: «Mein Patenonkel ist Muslim, warum sollte ich euch hassen? Dieser Typ Tuđman, der hasst euch. Ich nicht.»

Das Gespräch dauerte zwei Stunden. Silajdžić fand Milošević freundlich und entspannt. Selbst Izetbegović fiel es schwer, den angeschickerten Plauderer aus Dayton mit dem Despoten in Einklang zu bringen, der die Balkankriege begonnen hatte.

Samstag, Sonntag und Montag verstrichen, und es waren keine Fortschritte zu verzeichnen. Milošević selbst präsentierte die Landkarte mit den serbischen Vorstellungen. Sie waren so unverschämt, dass selbst wichtige Städte plötzlich auf der serbischen Seite auftauchten. Als Silajdžić die Karte sah, ging er förmlich in die Luft. Er gestikulierte heftig und irrte derart panisch im Raum umher, dass Holbrooke und Hill dachten, er stünde vielleicht unter Drogen. Die bosnische Karte war noch schlimmer – sie fügte die neue Waffenstillstandslinie der von der Kontaktgruppe festgelegten Grenze hinzu, den Serben blieb nur ein Drittel des Landes. Die Bosnier bedauerten zutiefst, dass sie 1994 der 51/49-Spaltung zugestimmt hatten, als ihre militärische Lage wesentlich schlechter war – aber diese Teilung war die Grundlage für die Einigung, die Holbrooke mit Milošević erreicht hatte, und die Amerikaner waren nicht bereit, sie wieder in Frage zu stellen.

Die Angehörigen von Frasure, Kruzel und Drew kamen auf Holbrookes Einladung hin für einen Tag nach Dayton. Er arrangierte mit jedem Präsidenten einen Termin, damit sie besser begreifen könnten, was ihre Männer und Väter zu erreichen versucht hatten, als sie starben. Außerdem hoffte er, die Balkan-Akteure würden einen zusätzlichen Impuls erhalten, und als Holbrooke am Ende des Besuchs aufstand und sagte, «Ohne Bob, Joe und Nelson wären wir heute überhaupt nicht hier. Sie werden immer bei uns sein», konnte er seine Ausführungen vor Rührung kaum beenden.

Christopher landete und flog sofort nach Asien weiter. Dienstag verstrich, und Mittwoch, und es bewegte sich nichts.

Es wurde kälter. Holbrooke war zunehmend verzweifelt. Sie waren seit zwei Wochen eingesperrt, alle waren erschöpft und wütend. Vor allem die Europäer fanden den Stützpunkt und das Essen unerträglich, sie wären am liebsten sofort abgereist. Bei einem Abendessen im Kasino sah Holbrooke zu, wie sich die drei Präsidenten um die Karte zankten, er hatte das Gefühl, mit drei furchtbaren Menschen zusammengeworfen worden zu sein. Sie waren in der Lage, den Krieg zu beenden, den sie begonnen hatten, und Millionen Menschen zu helfen, die sich nach Frieden sehnten, aber sie rangen sich einfach nicht dazu durch.

Christopher sollte am Freitag, den 17. November wieder nach Dayton kommen. Er würde den drei Seiten vierundzwanzig Stunden geben, um eine Einigung zu erzielen, sonst wäre die Konferenz vorbei. Kati war wieder da. Holbrooke wollte mit ihr angeben und sie gleichzeitig beeindrucken. Ihre Anwesenheit war das Einzige, das ihm einige Beruhigung verschaffte, und sein unermüdlicher Einsatz auf dieser von ihm selbst geschaffenen Bühne ließ ihre Liebe zu ihm weiter wachsen. Sie spielte mit dem Gedanken, ein Buch über Dayton zu schreiben, weshalb sie an Sitzungen teilnahm, manchmal auf dem Schoß ihres Mannes, und Zugang zu geheimen Informationen erhielt. Und er schrieb sie in sein Drehbuch hinein, sie übte wegen der Menschenrechte Druck auf Milošević aus und lud Silajdžić zu einem taktischen Spaziergang ein. Ihre Beteiligung verstieß gegen jedes Protokoll und machte Holbrookes Kollegen wütend. Als Chris Hill, der wie alle anderen im Team ein erhebliches Schlafdefizit hatte, bei einer morgendlichen Sitzung eine witzige Bemerkung machte, dass sie bei irgendeinem Problem mit Goražde doch auf Katis Gesprächsanweisungen zurückgreifen könnten, sah Holbrooke ihn scharf an: «Wir sprechen uns nach der Sitzung.» Er zog Hill in seine Suite und spie: «Ich warne dich: Sag so was nie wieder!» Holbrooke war so aufgelöst, dass er begonnen hatte, Leute zur Sau zu machen. Hill biss sich auf die Wange und ging hinaus. Kati war unantastbar.

Am Mittwochabend aßen Holbrooke und Kati mit Silajdžić im L'Auberge in Dayton. Sie fragten ihn über seine Jugend in Sarajevo aus, über seine Familie und seine Hoffnungen für Bosnien. Aber Silajdžić ließ sich aus seiner düsteren Stimmung nicht herausziehen. Es war, als hätten Dayton und die Aussicht auf Frieden ihm das ganze Ausmaß dieses tragischen Krieges deutlich gemacht – als könnte er es nicht ertragen, diesen Krieg loszulassen, denn das würde bedeuten, seine Ungerechtigkeit zu akzeptieren und die Toten zu verraten. «Sie verstehen das nicht», sagte er. «Sie verstehen nicht, was wir durchgemacht haben.»

«Mag sein», antwortete Holbrooke, «aber es war Ihr Wunsch, dass wir einen einheitlichen Staat schaffen. Warum versuchen wir es überhaupt, wenn wir nicht glauben, dass es funktionieren könnte?»

«Was Sie sich vorstellen, wäre 1992 oder sogar 1993 einfacher gewesen», sagte Silajdžić. «Wo war die Welt damals? Wo waren die USA?»

Holbrooke kannte die Antwort. Was sollte er dazu sagen? Nur, dass weiteres Töten die Toten nicht ehren würde.

Am folgenden Tag, Donnerstag, den 16. November, trafen sich Holbrooke und Hill mit Milošević zum Steakessen im Offizierskasino. Zwei Amerikaner begleiteten Silajdžić auf einem Spaziergang über das Gelände, und Holbrooke hatte ihnen aufgetragen, ihn ins Kasino zu bringen. Silajdžić setzte sich allein ans andere Ende des Saals, weit weg von der Ecke, wo Milošević seinen reservierten Tisch hatte. Mit seinem gedämpften Licht und der schäbigen Eleganz glich das Offizierskasino der Art von Speiselokal, das den beiden Männern möglicherweise noch aus jugoslawischen Zeiten vertraut war.

Holbrooke ging quer durch den Saal zu Silajdžić. «Milošević ist bereit, über Goražde zu reden.» Doch Silajdžić weigerte sich, herüberzukommen. Holbrooke ließ sich davon nicht beeindrucken. Er kehrte zu Milošević zurück und sagte: «Silajdžić ist bereit, über Goražde zu reden.» Milošević nahm eine Papierserviette und skizzierte eine Karte, die Sarajevo und Goražde zeigte sowie die durch serbisches Territorium führenden Straßen, die die beiden Städte miteinander verbanden. «Auf diesen beiden Straßen können wir sicheres Geleit anbieten.» Die Bosnier würden sich auf eine solche Zusage niemals verlassen, sagte Holbrooke. «Okay, dann gebe ich ihnen einen Kilometer auf jeder Seite der Straße.»

Holbrooke trug Miloševićs Serviette zu Silajdžić hinüber, der einen Blick darauf warf, seine eigene Papierserviette nahm und eine Karte mit einem wesentlich breiteren Landkorridor zeichnete, der Goražde mit Sarajevo und dem übrigen Territorium der Föderation verband. Ein halbes Dutzend Mal ging Holbrooke mit den Papierservietten zwischen den Tischen hin und her, während sich Silajdžić und Milošević aus der Ferne beäugten, um die Reaktionen zu lesen.

Schließlich sagte Holbrooke zu Silajdžić: «Milošević ist jetzt bereit, an Ihren Tisch zu kommen.»

«Nein, ich werde zu ihm gehen.»

«Warum?»

«Weil ich Ministerpräsident bin, und er Präsident. Das Protokoll verlangt es so.»

«Lassen Sie den Quatsch. Ehrlich jetzt: warum? Ich will es wissen.»

«Wenn er an meinen Tisch kommt, ist es, als würde er bereits etwas zugestehen. ‹Ich bin einer von den Guten, ein bescheidener Typ, und – wie wollen Sie jetzt mir entgegenkommen?›»

«Ich werde Sie nie verstehen.»

Silajdžić fand, dass Holbrooke sie eigentlich ziemlich gut verstand. Er gehörte nicht zu diesen staunenden, unschuldigen Amerikanern, deren Großzügigkeit und Vertrauen sie so sympathisch machte. Wenn Amerikaner dieser Art verschwänden, dachte Silajdžić, wäre Amerika zwar noch immer eine Großmacht, aber keine mehr, die seinen Respekt verdiente.

«Haris, was wollen Sie denn eigentlich?», fragte Milošević, als sich Silajdžić an seinen Tisch gesetzt hatte.

Silajdžić erklärte, er wolle Sicherheit für Goražde, die letzte muslimische Enklave im östlichen Bosnien. Nach allem, was sie in den anderen Enklaven erlebt hätten, erwarteten die Muslime eine echte Verbindung zwischen Goražde und dem Rest des Landes, den sie verteidigen könnten – einen Korridor.

«Warum brauchen Sie denn einen Korridor?»

«Weil Sie Bosnien aufteilen wollen.»

«Jetzt reicht's mir», sagte Milošević. «Ich werde Sie verbinden.»

Den ganzen Nachmittag lang blieben sie an diesem Tisch sitzen und debattierten über jede Moschee und jedes Dorf, das an der Straße zwischen Goražde und Sarajevo lag. Der Korridor wurde immer breiter, und Holbrooke und Hill wurden nach sechzehn Tagen in Dayton Zeugen der ersten direkten Verhandlungen.

Holbrooke hatte versucht, Lake von den Verhandlungen fernzuhalten, aber an diesem Donnerstag kam er zu Besuch. Er erzählte Holbrooke, dass es in Washington Widerstand gegen einen Erfolg gebe. Die republikanische Mehrheit im Kongress wollte Clinton einen Sieg verweigern, das Militär war immer noch wenig begeistert von der Vorstellung, zur Durchsetzung des Friedens Truppen zu schicken, und einige von Clintons politischen Beratern glaubten, dass ein Einsatz in Bosnien für den Wahlkampf von 1996 belastend würde. Dayton würde daher das Ende der einhundert Tage während amerikanischen Friedensbemühungen sein. Wenn die Konferenz scheiterte, sollten die Europäer übernehmen. Lake verbrachte nur wenige Stunden mit den Führern der Balkanstaaten. «Ich habe gehört, dass Sie von allen Politikern in Washington am meisten gegen die Serben sind», sagte Milošević, worauf Lake antwortete: «Nein, aber ich bin am meisten gegen die Aggression.» Als Lake mit Holbrooke über den Parkplatz lief, sagte er: «Das ist ein Affenhaus, das Verrückteste, was ich je gesehen habe.»

Am folgenden Tag, den 17. November, schrieb Don Kerrick, der in Holbrookes Team das Weiße Haus repräsentierte, in seinem täglichen Memorandum an Washington: «Die persönliche Dynamik des Endspiels ist in der Abwärtsspirale. Milošević und die Pale-Serben werden nie zusammen gesehen – sie reden kaum miteinander. Wir staunen weiterhin, wie groß der Wunsch von Izetbegović, Mo und Haris ist, sich gegenseitig zu torpedieren – und möglicherweise auch den Frieden selbst.»

Christopher kehrte am Abend zurück, um in vierundzwanzig Stunden eine Einigung zu erzielen. Sonst würde er die Konferenz schließen. Käme doch ein Abkommen zustande, hätte man einen weiteren Tag, um die letzten Details auszuarbeiten, bevor am Montag Clinton zur Unterzeichnung käme.

Jetzt brauchte Holbrooke Christopher wirklich, denn er war am Ende seiner Kräfte. Ihre Beziehung hatte sich verändert. Christopher fand Holbrooke noch immer unappetitlich, und Holbrooke wollte einen Erfolg unbedingt für sich selbst verbuchen, aber der Minister vertraute ihm und überließ ihm die Führung. «Selbst wenn ich mir nicht sicher bin, warum Sie etwas machen», sagte er, «so ist mir doch klar geworden, dass Sie immer einen Grund zu haben scheinen.»

Es war nichts fertig, und sie hatten nur noch vierundzwanzig Stunden Zeit. Abgesehen von Goražde war die Karte noch immer eine Katastrophe – es gab keine Einigung über Sarajevo, über Brčko im Nordosten und über die Grenze zwischen den beiden Regionen. Die Amerikaner hatten zwar den Verfassungsentwurf vorgelegt, überließen Verhandlungen dazu aber den Europäern, und grundlegende Entscheidungen – ob Bosnien neun oder drei Präsidenten haben würde, eine oder zwei Parlamentskammern, einen Ministerpräsidenten, und ob die Vertriebenen in ihren ehemaligen Heimatstädten wählen würden – mussten in Windeseile ausgehandelt werden. Bildt war der Ansicht, dass die Amerikaner, die die Karte und die militärische Lage in den Mittelpunkt stellten, das Pferd von hinten aufzäumten, denn bei all dem gehe es um die Aufteilung von Bosnien. Bosnien könne aber nur überleben und zusammenwachsen, wenn das Land durch die Politik geeint würde. Was die Amerikaner taten, sah eher nach einer Teilung aus als nach Wiedervereinigung. Außerdem wurde die Frage, wie all das überhaupt umzusetzen wäre, kaum gestellt.

Das Symbol des Krieges war Sarajevo. Die bosnischen Serben wollten die gemischteste Stadt Jugoslawiens in ethnische Bezirke aufteilen, wie Berlin im Kalten Krieg, oder wie Ost- und Westjerusalem. Karadžić schlug sogar vor, eine Mauer zu bauen. Die Muslime wollten Sarajevo als ungeteilte Hauptstadt Bosniens, auf dem Gebiet der Föderation. Holbrooke wollte unbedingt verhindern, dass in Sarajevo am Ende des 20. Jahrhunderts eine weitere Berliner Mauer entstand, und so schlugen die Amerikaner ein drittes, föderales Modell vor, angelehnt an den Status des District of Columbia. Die Diskussionen drehten sich im Kreis.

Am Samstag vertraten sich Holbrooke und Milošević auf dem Parkplatz die Beine, und Holbrooke drohte noch einmal, alles platzen zu lassen. «Sarajevo muss in Dayton geklärt werden», sagte er.

«Okay», sagte Milošević und lachte. «Ich werde heute nicht essen, bis wir Sarajevo geklärt haben.»

Wenig später trat Milošević in Holbrookes Suite. «Okay, okay. Aber Ihr D. C.-Modell können Sie in die Tonne stecken. Zu kompliziert, es wird nicht funktionieren. Ich werde Sarajevo lösen.»

Holbrooke war fassungslos. Milošević war bereit, die bosnische Hauptstadt aufzugeben, so sehr verachtete er seine Vasallen, die über dreieinhalb Jahre Sarajevo zerstört hatten: *«Sie sind Abschaum.»* Milošević sagte Holbrooke, dass er den bosnischen Serben in seiner Delegation kein Wort darüber sagen solle – Milošević hatte sie komplett ausgeschlossen, er hatte ihnen nicht eine einzige Karte gezeigt. Krajišnik, der Zementschmuggler mit der zusammengewachsenen Augenbraue, hielt seinen zwölf Morgen großen Bauernhof in der Nähe des Flughafens von Sarajevo für heiligen serbischen Boden – für ihn ging es in diesem Krieg vor allem um Sarajevo. Die entscheidenden Grenzen mussten auf der Karte noch eingezeichnet werden, aber die ganze Stadt, einschließlich der serbisch besetzten Bezirke, würde an die Belagerten gehen. Später sagte Milošević zu Silajdžić: «Sie haben Sarajevo verdient, weil Sie einen Tunnel gegraben haben und wie die Füchse rein- und rausgekommen sind. Aber Sie haben dafür gekämpft, und diese Feiglinge haben Sie von den Hügeln aus getötet.»

Der Sonntagmorgen kam, es war kalt. Die Frist lief ab. Christopher verlängerte sie bis Montagmorgen. Aber trotz Sarajevo glaubte niemand, dass die Zeit und der Wille ausreichen würde, um alle Fragen zu lösen. Alle spürten, dass das Scheitern unmittelbar bevorstand. Holbrooke, der Zyklen von Zusammenbruch und Erholung durchlief, sagte den Amerikanern, sie sollten ihre Sachen packen und die Taschen und Koffer gut sichtbar für die anderen Delegationen auf den Parkplatz stellen, um sie zum Flugplatz transportieren zu lassen. Es war ein Bluff, der jämmerlich scheiterte. Am Abend waren die Koffer wieder auf den Zimmern.

John Menzies hatte den Bosniern zwei Plakatkartons mit Tabellen gezeigt, die ihnen verdeutlichen sollten, was sie in Dayton bereits erreicht hatten. Holbrooke hatte ihnen gesagt, sie sollten sie behalten, und als Milošević Izetbegović am Sonntagnachmittag in seiner Suite besuchte, lehnte eine von ihnen zwischen dem Sofa und dem Wohnzimmertisch, und zwar so, dass nur die oberste Zeile zu sehen war: «Die Föderation erhält 58 % des Territoriums.» Der Goražde-Korridor und die anderen Zugeständnisse hatten von den 49 %, die den Serben ursprünglich zugeteilt worden waren, sieben Prozent weggenommen. Milošević war sich nicht darüber im Klaren gewesen, wie viel er bereits abgegeben hatte, und als er es herauszufinden versuchte, rückte Holbrooke – der in einem abhörsicheren Raum gegenüber von seiner Suite Zugang zu einer elektronischen Militärkarte hatte – mit der konkreten Zahl nicht heraus.

Milošević eilte aus der bosnischen Baracke direkt zu den Amerikanern. Holbrooke war in seiner Suite. «Sie haben mich reingelegt!», rief er. «Wie soll ich Ihnen jetzt noch vertrauen?»

Milošević war bereit, die allergrößten Zugeständnisse zu machen, um eine Einigung zu erzielen – selbst ein serbischer Friedhof oberhalb von Sarajevo ließ ihn kalt –, aber von der Teilung 51 zu 49 könne er nicht abrücken, erklärte er, und die Amerikaner könnten es von ihm nicht verlangen.

Also starrten Milošević und Silajdžić in einem kleinen Sitzungsraum in der amerikanischen Baracke einen ganzen Abend lang, bis Mitternacht und weit darüber hinaus, auf Karten und stritten sich, wo die sieben Prozent herkommen könnten. Silajdžić gab nicht nach – er verlangte Grbavica, das Viertel von Sarajevo, von dem aus serbische Schützen freie Sicht auf die Sniper Alley hatten, und er wollte ein Staubecken außerhalb von Sarajevo, das auf dem Gebiet der Republika Srpska lag, dazu ein Dorf knapp außerhalb des Goražde-Korridors, wo die Serben eine uralte Moschee zerstört hatten. «Sie werden mir das letzte Hemd nehmen», stöhnte Milošević, bevor er Grbavica, das Staubecken und die zerstörte Moschee Silajdžić überließ. Dann suchte er weiter nach seinen sieben Prozent. Bei den Verhandlungen ging es jetzt nur noch darum, wer welches Stückchen Land bekam.

In dem sicheren Raum gegenüber von Holbrookes Suite hatten IT-Spezialisten von NATO-Aufklärern aufgenommene Luftbilder von Bosnien zu einer Art 3-D-Videospiel umgewandelt. Mithilfe eines Joysticks konnte man über das ganze Land fliegen und das Gelände in allen Einzelheiten betrachten. Als Holbrooke Milošević und seinen Handlanger, Präsident Momir Bulatović von Montenegro, hineinführte, um ihnen dieses Wunder amerikanischer Technik vorzuführen, fiel ihm plötzlich auf, dass es auf dem Bildschirm beinahe nichts zu sehen gab – keine Häuser, keine Dörfer, nur Berge und Felslandschaft. Er wies die beiden auf diese Tatsache hin.

«Das ist wahr», sagte Bulatović, «aber das ist nun mal Bosnien.»

Holbrooke stützte den Kopf in die Hände. «Das hier wird meine Ehe ruinieren, mein ganzes Leben. Schauen Sie doch nur, wofür Sie kämpfen. Da ist nichts, gar nichts.»

Gegen 3 Uhr 30 am Morgen hatte Silajdžić plötzlich eine Idee: Man könnte den Serben eine Region in Westbosnien geben, die die muslimischen und kroatischen Streitkräfte kurz vor dem Waffenstillstand erst eingenommen hatten. Silajdžić hielt das meiste davon für wertlos, und

Milošević wollte einfach nur auf seine neunundvierzig Prozent kommen, und plötzlich gaben sie sich die Hand. Es war jetzt 4 Uhr. Christopher bestellte eine Flasche seines bevorzugten kalifornischen Chardonnay. Sie prosteten sich an einem kleinen, runden Tisch zu.

Da Tuđman fest schlief, wurde Außenminister Mate Granić hergeholt, um den kroatischen Segen zu geben. Izetbegović wurde ebenfalls geweckt, er trug noch seinen Schlafanzug unter dem Mantel, als er ankam, und wirkte äußerst unglücklich. Granić, ein glatzköpfiger und sanftmütiger Mann, warf einen Blick auf die Karte und platzte vor Wut. Das gesamte Land, das Silajdžić an die Serben abgegeben hatte, war in der Hand der bosnischen Kroaten. Granić schlug mit der Hand auf die Karte und rief: «Unmöglich! Null Komma null Prozent Chance, dass mein Präsident das akzeptieren wird!» Er stürmte aus dem Zimmer. Milošević und Silajdžić setzten sich und schwiegen. Der Frieden hatte nur eine gute halbe Stunde gewährt.

Izetbegović starrte auf die nordöstliche Ecke der Karte. Brčko an der Sava, nahe dem Dreiländereck von Bosnien, Kroatien und Serbien, war seit der ethnischen Säuberung von 1992 in serbischer Hand. Die Stadt lag an der Verbindungsstelle zwischen zwei Teilen des bosnisch-serbischen Territoriums und war gleichzeitig die Anbindung an Serbien. Aus diesem Grund war Brčko für die Serben strategisch immer von außerordentlicher Bedeutung gewesen. Jede diplomatische Karte, einschließlich des Entwurfs der Kontaktgruppe, hatte Brčko ihnen zugeschlagen. Während sich Milošević auf einen größeren, fünfzehn Kilometer breiten Korridor durch Brčko festgelegt hatte, bot Silajdžić nur eine dreißig Meter breite Unterführung unter einer Eisenbahnbrücke an, eine Engstelle, die die Republika Srpska praktisch zweigeteilt hätte.

Früher am Abend hatte Izetbegović Silajdžić gedrängt, Brčko ohne Einschränkungen zu beanspruchen. Der Ministerpräsident hatte geantwortet, dass eine solche Forderung die Gespräche sofort beenden würde. Jetzt starrte Izetbegović auf Brčko. Silajdžić hatte die Stadt den Serben überlassen.

Holbrooke spürte, dass etwas nicht stimmte. «Was geht Ihnen durch den Kopf, Herr Präsident? Können wir die Verhandlungen jetzt gleich abschließen?»

Izetbegović ließ sich immer sehr viel Zeit, bevor er schwierige Fragen beantwortete. «Ich kann diese Vereinbarung nicht akzeptieren», sagte er leise auf Englisch. «Was haben Sie gesagt?», fragte Christopher entsetzt. Izetbegović wiederholte etwas lauter, was er gerade gesagt hatte. Silajdžić warf seine Unterlagen auf den Tisch. «Ich halte das nicht mehr aus», rief er und rannte hinaus. Dieser Sonntag war der längste Verhandlungstag in Dayton gewesen, und er endete kläglich.

Am Montag schien die Sonne, es drängte die erschöpften Unterhändler hinaus, sie trafen sich auf dem Parkplatz, blieben wie in Trance stehen und sprachen miteinander. Am Abend ging Christopher zu Izetbegović. Der bosnische Präsident hielt einen zehnminütigen Vortrag über alles, was die Muslime in ihrer Geschichte von Seiten der Serben und Kroaten erlitten hatten, bis Christopher ganz gegen seine Art der Kragen platzte. Er zitterte beinahe und schimpfte, lauter und immer lauter werdend, über das irrationale Verhalten der Bosnier. Dann gab er Izetbegović eine Stunde Zeit, seine Haltung zu ändern, sonst sei die Konferenz vorbei. Nach einer Stunde, kurz vor Ablauf des Ultimatums, kam Izetbegovićs Antwort. Er sei bereit, ein Prozent des muslimischen Gebiets in Bosnien an die Serben abzugeben, um die Kroaten wieder mit ins Boot zu holen – aber dafür wollte er jetzt auch noch Brčko. Das war eine neue Forderung, und die Amerikaner lehnten sie rundheraus ab.

In dem Bewusstsein, dass die Konferenz am Morgen zu Ende gehen würde, legte sich Izetbegović ins Bett und schlief seit Langem zum ersten Mal wieder richtig gut. Er sollte also doch nicht als der bosnische Präsident in die Geschichte eingehen, der die Ergebnisse des Völkermords hingenommen hatte.

Und Holbrooke? Es war der schlimmste Tag seines Diplomatenlebens. Er hatte die vergangenen drei Nächte praktisch nicht geschlafen. Er hatte keinen Trumpf in der Hand, gar nichts. Sein unfassbares Durchhaltevermögen war aufgebraucht. Die Aufführung würde am Morgen abgebrochen, und ein Großteil der Verantwortung dafür würde auf ihn entfallen. Bei einer Sitzung mit den Europäern saß er ohne Schuhe und Socken, mit offenem Hemd und verknitterter Hose zusammengesackt in seinem Stuhl und sagte: «Das war's, wir reisen ab.»

Es war kein Bluff. Die Delegationen wurden gebeten, eine Presseerklärung über das Scheitern der Friedenskonferenz gegenzulesen. Der Besuch von Präsident Clinton wurde abgesagt, am nächsten Tag, am Dienstag, den 21. November würden alle nach Hause fliegen. Holbrooke wirkte so erschüttert, dass selbst Pauline Neville-Jones, die britische Diplomatin, zu der er ein bemerkenswert angespanntes Verhältnis hatte, Mitleid mit ihm hatte. Die Balkanpolitiker seien alle verrückt, sagte er Bildt, aber die Bosnier – die Opfer dieses Krieges, für die sich die Amerikaner so weit aus dem Fenster gelehnt hatten –, diese Bosnier erzürnten ihn mehr als alle anderen. Sie hätten sich das Scheitern der Gespräche wohl gewünscht, vermutete er, damit sie weiterkämpfen und den Krieg gewinnen könnten. Wenn dem so sei, dann hätten sie die Unterstützung der Amerikaner allerdings verspielt.

Einen Teilnehmer gab es aber doch, der nicht zulassen wollte, dass Dayton scheiterte.

Als Milošević Bildt zufällig auf dem Parkplatz traf, flehte er ihn an, weiter zu versuchen, den Serben ihre neunundvierzig Prozent zu verschaffen: «Geben Sie mir etwas – Berge, Felsen, Sümpfe – irgendetwas, es spielt wirklich keine Rolle mehr.» Und er ging John Kornblum, Holbrookes Stellvertreter, scharf an, so als sei Izetbegović der Karadžić der Amerikaner: «Das können Sie nicht zulassen. Sie sind doch die Vereinigten Staaten. Sie können es nicht zulassen, dass die Bosnier sie so herumschubsen. Sagen Sie ihnen einfach, was sie tun müssen.»

Am Dienstagmorgen schneite es. Milošević, der Mann, der die Hauptverantwortung für Millionen von Einzelschicksalen trug, die sich in den letzten vier Jahren auf dem Balkan abgespielt hatten, stand auf dem Parkplatz. Er wartete auf Holbrooke, der gerade in einer frühen Besprechung war, wo er seinen amerikanischen Mitarbeitern für ihren tapferen Einsatz für die Beendigung dieses Krieges dankte. Kati entdeckte

Milošević draußen im Schnee und brachte ihn eilig in Holbrookes überfüllten und unglaublich chaotischen Arbeitsraum.

Milošević erklärte, dass er vor seiner Abreise eine Einigung nur mit
Tuđman unterzeichnen wolle – *immerhin.* Holbrooke in seiner Verzweiflung war dafür, aber Christopher weigerte sich: «Das wäre kein belastbares Abkommen.»

«In Ordnung, in Ordnung», sagte Milošević zu den Amerikanern. «Ich
werde die letzte Meile für den Frieden gehen.» Er sei bereit, den Status
von Brčko in einem Jahr einem internationalen Schiedsgericht vorzulegen. Es war die letzte Karte, die er in der Hand hielt.

Holbrooke kam sofort wieder zu Kräften. «Chris», sagte er zum
Außenminister, als sie hinter verschlossenen Türen allein waren, «die
nächste Sitzung wird vielleicht die wichtigste in Ihrer gesamten Amtszeit sein.» Christopher rollte nicht mit den Augen – er hörte tatsächlich
sehr aufmerksam zu. «Wir können dieses Abkommen erreichen – oder
eben nicht. Vergessen Sie Washington. Wir haben es in der Hand. Wir
müssen absolut entschlossen und zielstrebig in diese Sitzung gehen.»

Sie gingen hinüber in die bosnische Baracke. Sie weigerten sich,
Platz zu nehmen. Holbrooke blieb in der Tür stehen und präsentierte
Miloševićs Angebot. Izetbegović, Silajdžić und Sacirbey saßen da und
hörten zu. Holbrooke wiederholte, was er gesagt hatte.

«Akzeptieren Sie ein Schiedsverfahren zu Brčko?»

Izetbegović war kurzzeitig verwirrt. Er hatte nicht damit gerechnet, dass Milošević nachgeben würde. Schweigen. Eine halbe Ewigkeit
schien zu vergehen. Dann sagte er: «Das ist kein gerechter Frieden.»
Wieder Stille. «Aber mein Volk braucht Frieden.»

«Dann machen wir das jetzt so», sagte Holbrooke. Auf Silajdžić wirkte
er wie ein Mann, der in letzter Sekunde aus der Gaskammer herausgezo-
gen worden war. Dann flüsterte er Christopher ins Ohr: «Lassen Sie uns
von hier verschwinden, schnell!»

Wir sind unseren Träumen nahe

Geben wir ihm, was ihm gebührt. Er hat einen Krieg beendet. Nun, er und andere – aber wer, wenn nicht Holbrooke, wäre bereit gewesen, die Kriegsherren des Balkans so lange zu drangsalieren und zu tyrannisieren, bis sie sich an jenem Dienstagnachmittag im Konferenzsaal B-29 des Hope Hotel zum feierlichen Paraphieren des Vertragsentwurfs hinsetzten, und einen Monat später zur offiziellen Unterzeichnung in Paris? Jemand fragte ihn einmal, welche Strategie er angewandt hatte: «Ausdauer», war seine Antwort. «Eine Art unerbittliche Schikanierung, bis die Verhandlungspartner Zugeständnisse machten, die sie nur zu machen bereit waren, weil die Vereinigten Staaten glaubhaft gedroht hatten, militärische Gewalt einzusetzen.»

Für die Lebenden und die Toten kam das Ende dieses Krieges viel zu spät. Der Frieden war, wie Izetbegović gesagt hatte, ungerecht. Was die Serben durch Morden gewonnen hatten, durften sie nun per Vertrag behalten. Das kann man Holbrooke nicht vorwerfen. Als er die Mission übernahm, war die Republika Srpska bereits eine beharrliche Tatsache. 1992 oder 1993 hätte man daran noch etwas ändern können, so hatte es Silajdžić beim Abendessen im L'Auberge gesagt, und damals wollte Holbrooke auf Seiten der Opfer in den Konflikt eingreifen. Man kann es Bush und Baker anlasten, den Franzosen, Boutros-Ghali, Clinton, Powell, Christopher und vielleicht, auch wenn das etwas unfair ist, Lake. 1995 aber hatte Holbrooke nur die eine Aufgabe, den Krieg zu beenden. Das war das Ergebnis, das die Bosnier am dringendsten benötigten. Izetbegović fühlte sich in Dayton verraten und verkauft, als er aber nach Sarajevo zurückkehrte, bejubelten ihn die Menschen, weil er ihnen Frieden gebracht hatte. Am Silvesterabend, drei Jahre nachdem Holbrooke die Nacht frierend im Holiday Inn verbracht hatte, kamen die Bürger und Bürgerinnen von Sarajevo vor dem Rathaus zu einem Freiluftkonzert zusammen.

Die bosnischen Serben weigerten sich, den Vertrag in Dayton zu paraphieren. In dieser letzten Nacht mit Silajdžić hatte Milošević sie immer wieder verraten, und der Schock, ihren Traum von einem mit Kontrollpunkten und Grenzlinien zerschnittenen Sarajevo aufgeben zu müssen, saß tief. Später mussten sie doch unterzeichnen – Milošević war noch immer der Pate –, doch dann setzten sie alles daran, das Abkommen zu untergraben. Krajišnik ermahnte und bedrohte die Serben, die Stadt zu verlassen, und als sie flohen, wurden ihre Wohnungen mit Granaten zerstört. Im ganzen Land wagten es nur wenige Vertriebene, egal welcher Gruppe, die ethnischen Grenzen zu überqueren und in ihre Heimatdörfer zurückzukehren. Bosnien blieb ethnisch gesäubert. Aufgrund der serbischen Uneinsichtigkeit und der Schwäche des Westens sollte es weitere anderthalb Jahrzehnte dauern, bis sich Karadžić und Mladić dem Kriegsverbrechertribunal in Den Haag stellen mussten. Wahlen verfestigten die Nationalismen, die den Krieg gebracht hatten, und die Korruption, die von ihm genährt wurde. Die Fäden der Wunde, die im Dayton-Abkommen genäht worden war, wurden von bosnisch-serbischen Politikern aufgetrennt. Mit oder ohne Krieg, ihr Denken blieb dasselbe. Ein faschistisches Projekt, so Silajdžić, hatte die Imprimatur der internationalen Gemeinschaft erhalten. Diejenigen Bosnier, die eine gewisse Vorstellung von westlichen Werten hatten, kamen über ihre Enttäuschung nie ganz hinweg.

Je weiter der Krieg zurückliegt, desto weniger großartig erscheint das, was in Dayton erreicht wurde. Es ist leicht, das Abkommen zu zerpflücken, wenn man das Sterben der Kinder, den Hunger und die Kälte nicht am eigenen Leib erfahren hat. Aber Diplomaten leben mit kurzen Fristen, und sie nehmen, was sie bekommen können. Der Friedensprozess erschuf ein zweiköpfiges Monster, weil es in dem Moment die beste Lösung schien, eine hybride staatliche Einheit mit zwei Armeen und einer schwachen Zentralregierung, in der es eine zweite hybride Einheit – die muslimisch-kroatische Föderation – gab, die aber hauptsächlich in den Köpfen ausländischer Diplomaten existierte. Mit der Zeit zogen die Ausländer weiter – selbst Holbrooke, der zwei Jahre lang immer wieder dort gewesen war – und überließen Bosnien ihrem Schicksal, das darin bestand, niemals ein normales Land zu werden. Der Patient hat überlebt, ist aber bis heute entstellt. Heute ist der Bürgermeister von Srebrenica ein Serbe, der leugnet, dass ein Genozid stattgefunden hat, und Sarajevo ist eine wunderschöne, betörende Stadt, aber es leben dort praktisch keine Serben und Kroaten mehr, und die Muslime, besonders die jungen, wollen alle weg.

Es mag vielleicht überraschen, aber in Sarajevo gibt es keine Straßen oder Plätze, die nach Richard Holbrooke benannt sind, und eine Statue findet man auch nicht. Nichts erinnert an den Mann, der am ehesten dafür verantwortlich ist, dass man in der Altstadt wieder draußen vor den Cafés sitzen und Mokka trinken kann. In Bosnien ist man ihm nicht dankbar, in Serbien wird er gehasst, und in Kroatien erinnert man sich überhaupt nicht an ihn.

Holbrooke sah genauso gut wie jeder andere auch, was Dayton war, und wenn er ehrlich war, erkannte er auch die Mängel an. Aber er konnte nicht immer ehrlich sein, wenn es um Dayton ging. Bosnien bedeutete ihm viel, aber ebenso viel bedeutete ihm die Geschichtsschreibung, und in Dayton hatte er seine Flagge ins Eis gerammt. Wir haben gesehen, welche Anstrengungen nötig waren, um die Höhe dieses Gipfels zu erreichen – schwere Ausrüstung, Windbrand, Gletscherspalten, Erschöpfung. Diplomatie, echte Diplomatie ist nichts für Kurzatmige.

«Wir sind unseren Träumen sehr nah, nach einem Jahr, das die Vorstellungskraft buchstäblich sprengte», schrieb er Ende 1995 an Kati, «nach einem Jahr, in dem wir den höchsten Gipfel erklommen haben und an der Katastrophe haarscharf vorbeigeschrammt sind.» Hochzeit, Igman, Dayton. Er nannte es «dieses Wunderjahr».

Und die Anerkennung kam umgehend. Am Dienstagabend nach der Paraphierungszeremonie schaffte er es gerade noch rechtzeitig nach New York und in den großen Ballsaal des Plaza Hotels, um den Friedenspreis des International Rescue Committee entgegenzunehmen, und dazu den rauschenden Applaus der festlich gekleideten Gäste, die aus ihren Sitzen aufgesprungen waren – und da wurde ihm plötzlich klar, was er erreicht hatte. Und es kamen in den folgenden Jahren zahlreiche Preise und Auszeichnungen hinzu, darunter: Mann des Jahres von Radio Romania; den Distinguished Service Award des Außenministeriums; der Humanitarian of the Year Award des American Jewish Committee; und die Ehrendoktorwürden von Georgetown University, Brown University, der University of Dayton; und zu viele weitere Ehrungen, um sie alle aufzuführen.

Im Februar 1996 verließ er die Regierung, kehrte nach New York zurück und zog zu Kati und ihren Kindern, die bereits Teenager waren, ins Beresford. Er stieg wieder an der Wall Street ein, wieder mit der Hilfe von Pete Peterson, auch wenn er dieses Mal nicht so viel Hilfe benötigte. Eine ausländische Bank, Credit Suisse First Boston, ernannte ihn zum Vice Chairman («Ich habe keinerlei Verpflichtungen in der Verwaltung oder im Management», erklärte er. «Es ist tatsächlich einfach nur ein Status-Titel.») und bezahlte ihm ein Jahresgehalt – plus Bonus – von mindestens 1,35 Millionen Dollar, um in Europa und Ostasien Politiker zu treffen und Geschäfte anzubahnen.

Derweil kümmerte er sich um sein Dayton-Erbe, er putzte und polierte es, als würde er schon spüren, dass sein Glanz mit der Zeit verblassen könnte. Er veröffentlichte einen zweiteiligen Bericht im *New Yorker* und schrieb *To End a War*, ein packendes Buch über Diplomatie – und damit eigentlich ein Ding der Unmöglichkeit. Er entwickelte für den Sender HBO ein TV-Projekt auf der Grundlage des Buchs, das glücklicherweise nicht zustande kam. Er versuchte, Dayton als Muster zu etablieren. Als das Buch eines ehemaligen Mitglieds des Nationalen Sicherheitsrats Lake einen größeren Anteil an der Strategie, die den Krieg beendet hatte, zuschrieb als Holbrooke, war Holbrooke so wütend, dass er erst versuchte, die Veröffentlichung zu verhindern und dann den Arbeitgeber und Verlag des Autors, die Brookings Institution, dazu zu bewegen, ihn zu entlassen. Dayton war heilig.

Er war jetzt jemand. Die Freunde seines Sohns Anthony betrachteten ihn mit Ehrfurcht. Zu seinen Ehren wurden Dinner abgehalten, feierliche Abendessen «in honor of». Das war etwas, das Leute in der feineren Gesellschaft, der er angehörte, regelmäßig veranstalteten, um einander zu bauchpinseln. Als er begann, sich für den Friedensnobelpreis zu positionieren, setzte er selbst ein äußerst schmeichelhaftes Empfehlungs-schreiben auf, das andere unterschreiben sollten, er bediente sich einer beeindruckenden Liste von Freunden und Unterstützern – Elie Wiesel, der Dalai Lama, Kofi Annan, José Ramos-Horta – und flog mehrmals nach Oslo, um sich mit dem Sekretär des Norwegischen Nobelkomitees zu treffen. Einige Jahre lang wurde er als Kandidat gehandelt, und erst als Elie Wiesel ihm sagte, dass er nicht das Profil habe, nach dem das Komitee suche, dass er nicht genügend persönliche Opfer gebracht habe, dass er zu großspurig, zu laut, zu amerikanisch sei, begriff er, dass der Preis, den Kissinger unverdienterweise gewonnen hatte, niemals an ihn, der ihn sehr wohl verdiente, gehen würde.

Er legte sich einen neuen, noch feineren Freundeskreis zu. Selbst sein Kardiologe, Isadore Rosenfeld, war eine Berühmtheit, er war der «Arzt der Stars» (und auch von Pam Harriman), schrieb Bestseller und hatte eine eigene Sendung bei Fox. Auch sein Vermögensverwalter, Kenneth I. Starr, war ein Star, zu dessen Klienten Tom Brokaw, Carly Simon und Sylvester Stallone gehörten. (Die zwar alle hätten erkennen müssen, dass ein schmieriger Typ, der seine dritte Frau verlassen hatte, um eine Stripperin zu heiraten, eher nicht geeignet war, ihren Wohlstand ehr-lich zu verwalten, die aber derart von Gier geblendet waren, dass sie schockiert zusehen mussten, als sich herausstellte, dass Starr sie alle mit einem Schneeballsystem reicher gemacht hatte, das ihn eines Tages ins Gefängnis bringen würde.) Eines Abends kam Robert De Niro ins Beresford, Holbrooke sollte ein Drehbuch für einen politischen Film mit dem Titel «Wag the Dog» prüfen. Der Investment-Milliardär Henry Kravis und seine Frau Marie-Josée luden die Holbrookes zum Abend-essen in ihre über drei Stockwerke reichende Maisonettewohnung an der Park Avenue ein. Der Held von Dayton sorgte für zusätzliches Pres-tige an ihrem Tisch, und Holbrooke seinerseits sonnte sich im Glanz ihres Lebensstils, doch als Richard und Kati auf dem Weg nach Hause waren, kritisierten das Ehepaar Kravis und ihre ultrareichen Freunde sie als schamlose soziale Aufsteiger und ließen kein gutes Haar an ihnen.

Dick Beattie hatte davon gehört, und er warnte Holbrooke, dass sol-che Leute nicht seine Freunde seien, aber Holbrooke weigerte sich, es zu akzeptieren. Beattie war selbst einer der bekanntesten Finanzanwälte, der sich auf fremdfinanzierte Übernahmen spezialisiert hatte und Kravis' Firma bei der hochkomplexen und abenteuerlichen Übernahme 1988 von RJR Nabisco vertreten hatte. Sein Verhältnis zum Wall Street-Club entsprach dem, das Gelb zu Washington hatte – er hatte alles, was man brauchte, um dazuzugehören, durchschaute aber den Schein und machte sich nicht genug daraus, um seine Eindrücke für sich zu behalten. Beattie war nicht nur Holbrookes Anwalt, er war auch sein Freund, ein echter Freund. Er machte sich Sorgen, dass das Geschwätz der Park-Avenue-Republikaner Holbrookes Chancen, eines Tages Außenminister zu werden, mindern könnte. Denn das war der Berg, der hinter Dayton aufragte.

Als Holbrooke Washington den Rücken kehrte, versicherte er Kati und sich selbst, dass er all seine Ziele erreicht hatte. Aussagen dieser Art haben wir seit jenem Abend im Jahr 1972, als er mit Geoffrey Wolff von der spanischen Küste in den Skiort nahe Granada fuhr, immer wieder gehört. Und wie gewohnt war Holbrooke wieder einmal der Einzige, der darauf hereinfiel. Kati war jedes Mal äußerst geschmeichelt, wenn er ihr sagte, dass ihn seine Karriere nicht mehr so interessiere, weil er mit ihr so glücklich sei. Trotzdem wollte sie, dass er Bedeutendes erreichte. Was sonst hatte es für einen Sinn, mit *Richard* Holbrooke verheiratet zu sein? Also wurde sie etwas, das er nie gehabt hatte – seine Kletterpartnerin, Teil einer Zweierseilschaft. Sie unternahmen gemeinsame Auslandsreisen, die seine Bankaktivitäten und unbezahlte Regierungsarbeit mit ihrem Einsatz für die Menschenrechte und ihren Lesereisen verbanden. Er und Kati waren durch Gurte und ein zwölf Millimeter dickes Seil fest miteinander verbunden. Einmal sagte er zu ihr, dass er längst Außenminister *wäre*, wenn er sie nur zehn Jahre früher geheiratet hätte.

Am 5. November 1996 wurde Clinton wiedergewählt. Wahlpolitisch gesehen war Bosnien ein Erfolg – der Militäreinsatz nach Kriegsende hatte nicht ein einziges amerikanisches Opfer gefordert – und es spielte bei Clintons Wahlsieg insofern eine Rolle, als es die Wunde schloss, die seine ganze erste Amtszeit hindurch geblutet hatte. Am Wahltag kündigte Warren Christopher an, dass er zurücktreten werde. Holbrooke wurde für die Neubesetzung eines Postens gehandelt, den er seit seinem zwanzigsten Lebensjahr haben wollte. Die anderen Kandidaten waren George Mitchell, der Senator aus Maine, der Clintons Gesandter bei den Friedensgesprächen in Nordirland gewesen war, und die UNO-Botschafterin Madeleine Albright.

Zwei Tage nach der Wahl war Strobe Talbott gerade bei einer Bosnien-Besprechung im Lageraum, als das Telefon klingelte. Der Präsident wollte mit ihm sprechen. Talbott ging zum nächsten Hörer.

«Wo sind Sie?», fragte Clinton.

«In den Eingeweiden des Weißen Hauses.»

«Na, dann kommen Sie mal rauf. Ich habe noch nicht geduscht, aber ich muss Ihnen was sagen. Ich bin tatsächlich splitternackt, aber das werden Sie schon verkraften. Sie haben bestimmt Schlimmeres erlebt.»

Talbott versuchte schon eine ganze Weile, fünfzehn Minuten mit dem Präsidenten zu bekommen, um über die außenpolitische Besetzung mit ihm zu sprechen. Er ging also hinauf in die Präsidentenwohnung. Clinton saß in Jogginghose und T-Shirt am Schreibtisch im Treaty Room, Hillary, die noch im Bademantel war, klagte, dass sie in zwanzig Minuten zu Christophers Verabschiedung unten sein müssten. Sie ging, um sich anzuziehen.

«Schießen Sie los», sagte Clinton.

Talbott atmete tief durch. «Die Frage, die sich mir stellt, ist, was Sie außenpolitisch tun können, um eine möglichst erfolgreiche zweite Amtszeit zu haben.»

Talbott hatte zu Albright tendiert – sie hatte bei der UNO gute Arbeit geleistet, während Holbrookes «Persönlichkeitsdeformationen» ihn zu disqualifizieren schienen. Doch Albrights Positionierung in diesem Wettbewerb, ihr «Emotionalismus und der fehlende innere Mittelpunkt», hatten seine Begeisterung gedämpft, und Mitchell genoss bei seinen ehemaligen Senatskollegen unter den Republikanern bestenfalls lauwarme Unterstützung. Was Holbrooke anging, so hatten ihre jüngsten Gespräche Talbott überzeugt, dass der innige Wunsch, seinen Traumberuf erfolgreich auszuüben, seine schlimmsten Impulse in Schach halten würde. Talbott war in Clintons Arbeitszimmer gekommen, um sich für Holbrooke einzusetzen.

«Es geht hier um Leistung», sagte er, «es geht um die Fähigkeit, Ergebnisse zu liefern. Es geht darum, in kniffligen Situationen, die auf Sie zukommen werden, so viele Erfolge wie möglich einzufahren. Dick ist bei weitem der talentierteste, energischste, erfahrenste, fähigste, eloquenteste und vielseitigste Außenpolitiker unserer Generation, vielleicht sogar unserer Zeit. Er ist auch eine echte Nervensäge. Viele Feinde, viele, die ihn nicht leiden können. Das einzige Thema, bei dem Chris und ich nicht einer Meinung sind. Dick ist ein Paradebeispiel dafür, dass ein hoher Wert auch mit hohen Ansprüchen einhergeht. Aber es lohnt sich, ihn ein bisschen zu verhätscheln, der Wert ist wirklich einzigartig. Er würde liefern, und zwar immer wieder.»

Clinton antwortete, dass er Holbrooke möge und bewundere, dass ihm aber seine Gier nach dem Rampenlicht Sorgen mache. «Die Tatsache, dass er so sehr für den Nobelpreis gekämpft hat, ist wahrscheinlich einer der Gründe, warum er ihn nicht bekommen hat.» Er fragte, ob Talbott bereit wäre, als Stellvertretender Außenminister weiterzumachen, um die Hand darüber zu halten. Talbott antwortete, das hänge von den Wünschen seiner Frau Brooke ab – sechs Monate könne er aber wohl noch bleiben.

Clinton wollte über andere Posten reden. «Tony muss gehen, oder?»

«Doch, auf jeden Fall. Das ist entscheidend. Solange er der Ersatzpapa ist, haben Sie ein Sicherheitsteam, das sich gegenseitig blockiert.»

«Sandy meint, wir könnten Tony noch ein paar Monate behalten, aus Anstand, eine Übergangszeit.»

«Ich habe Ihnen bereits gesagt, wie ich das sehe. Tony würde es gelingen, aus dieser Übergangszeit einen Dauerzustand zu machen.» Dann schlug Talbott Lake als CIA-Direktor vor – auch wenn er in Wahrheit nicht sicher war, dass Lake überhaupt weiter für die Regierung zur Verfügung stünde, wenn Holbrooke Außenminister würde.

«Sehr interessante Idee.»

«Einige der Eigenschaften, die Tony eher nicht geholfen haben, den Nationalen Sicherheitsrat als Team zu führen, würden ihm und auch Ihnen bei der CIA vielleicht hilfreich sein. Er ist verschwiegen, hart –»

«Fies und gemein», sagte Clinton bewundernd.

Inzwischen standen sie im Bad. Talbott, der mit vollem Namen Nel-

son Strobridge Talbott III hieß, war zwar ebenfalls in den Sechzigerjahren sozialisiert worden, war aber wesentlich weniger entspannt als
sein Chef. Er sah zu, wie sich Clinton rasierte, duschte und anzog, angefangen mit der mitternachtsblauen Jockey-Unterhose.

Talbott brachte das Gespräch noch einmal auf den Außenminister-
posten und lobte Albright. «Sie ist nicht so klug wie Holbrooke – von uns
ist das niemand, außer Sie vielleicht. Aber Madeleine begreift instinktiv,
welche Vorstellungen und Prioritäten Sie haben. Sie ist vollkommen
loyal, und sie kann strategische Entscheidungen gut artikulieren und
verteidigen.»

Clinton war plötzlich nicht mehr bei der Sache. Er sagte nichts, und
Talbott schloss daraus, dass Albright nicht mehr im Rennen war.

Die Erinnerung an das Warten nach der Wahl von 1992, als ihn
niemand zurückgerufen hatte, war so schmerzhaft, dass Holbrooke und
Kati beschlossen, ans Ende der Welt zu fliehen. Wisner, der Botschafter
in Neu-Delhi, hatte arrangiert, dass einige seiner Vietnamfreunde – Holbrooke, Frankie FitzGerald, Ward Just und ihre Ehepartner – zusammen
mit ihm als persönliche Gäste des Königs Bhutan besuchen könnten. Am
Morgen des 12. November befand er sich achttausend Fuß über dem Mee-
resspiegel im königlichen Gästehaus, als das Telefon klingelte. Es war Al
Gore. Sie kannten sich seit dem Wahlkampf von 1988, als Holbrooke sich
früh auf seine Seite geschlagen hatte, und sie hatten den Bosnien-Kon-
flikt sehr ähnlich gesehen. Aber sie standen sich nicht nahe – Gore hatte
ein zu hohes Amt inne, und Holbrooke hatte immer das Gefühl, dass zwischen Gore und allen anderen, selbst den Kollegen, die er mochte, eine
unsichtbare und unüberwindbare Wand war.

«Wo sind Sie?», fragte der Vizepräsident. «Ich kann Ihnen nicht
sagen, was Sie zu tun und zu lassen haben, aber an Ihrer Stelle würde ich
sofort zurückkehren.»

Es gab nur drei Flüge pro Woche aus Bhutan heraus. Holbrooke sagte
dem König, dass er eine wichtige Fußnote in der Geschichte werden
könne, wenn er die Holbrookes mit seinem königlichen Flugzeug nach
Neu-Delhi bringen ließe. Zwei Tage später saß er bei den Talbotts in

Washington am Kaminfeuer. Er aß Champignoncremesuppe, der Border Collie döste auf dem Teppich, und Strobe Talbott bereitete ihn auf seine Gespräche am Abend im Weißen Haus vor. Sie sprachen nicht über Außenpolitik. Talbott erklärte Holbrooke, wie er sich verhalten solle. Mach nicht zu viel Reklame für dich selbst, sei nicht *solipsistisch*, zügle dich. Holbrooke hatte nichts einzuwenden. Er beichtete sogar einige seiner Sünden. Vielleicht hatte der Jetlag den Schutzwall, hinter dem er sich verbarg, ein wenig dünner gemacht. Vielleicht hatte er in diesem Augenblick, in dem die Erfüllung seines Traums so nahe stand, aber auch eine Art Offenbarung, die er Talbott später so beschrieb:

Du und die anderen haben sich gefragt, ob ich mich ändern würde, falls ich dieses Lebensziel (das ich aber nicht seit dem elften Lebensjahr hege, Strobe!) erreichen würde, ob ich weicher würde oder so ... Ich denke, die Antwort lautet Ja. Wenn ich angekommen bin und diese Arbeit machen kann, wenn es keine persönlichen Ziele mehr gibt, nach denen ich mich strecken muss, dann werde ich mich beruflich allein auf die riesigen Dimensionen des Jobs, seine ehrfurchtgebietenden Anforderungen konzentrieren. Allein die Tatsache, dass ich in Frage komme, hat schon eine Menge verändert. Da ich über Jahre und Jahrzehnte härter als viele andere gegen mächtige Feinde kämpfen musste, um nicht unterzugehen, sind Dinge passiert, die einen schlechten Nachgeschmack oder Eindruck hinterlassen haben. Einiges davon war sehr dumm, anderes notwendig – aber alles hat Spuren bei mir und meinen Freunden, Bekannten und Kollegen hinterlassen. Es gibt vieles, das ich besser anders gemacht hätte, aber die Summe all dessen, des Guten und des Schlechten, haben mich zu dem gemacht, der ich heute bin.

Im gesamten Nachlass von Holbrooke gibt es nichts, in dem sein Innenleben auch nur annähernd so deutlich aufleuchtet, so als wäre der blinde Fleck in seinem Auge plötzlich verschwunden. Und selbst bei diesen Worten lässt sich die innere Welt nur erahnen. Warum die vielen mäch-

Wir sind unseren Träumen nahe

tigen Feinde? Warum wurde sein bester Freund zum mächtigsten Feind überhaupt? Das war der dunkle Raum, den er nie betrat.

Und stimmte es denn, dass ein Posten seinen Charakter ändern konnte? Außenminister Richard C. Holbrooke, und damit das Ende aller Probleme? Wohl eher nicht. Wir nehmen uns selbst überallhin mit, selbst ins Chefzimmer im siebten Stock.

Das erste Vorstellungsgespräch führte Gore. Er wollte Holbrooke für den Job – das war der Grund, warum er ihn in Bhutan aufgespürt hatte –, aber in seinem Besserwissermodus unterzog er Holbrooke trotzdem einer Herz-Nieren-Prüfung, er stellte Fragen zu allen Weltregionen, und Holbrooke, der nach vier Anschlussflügen sehr müde war, hatte bei Lateinamerika und Schwarzafrika irgendwann keine Antworten mehr parat. Und sofort, so unmittelbar wie MacArthur, der sich nach einem Showdown mit Franklin D. Roosevelt auf der Treppe des Weißen Hauses übergeben hatte, spürte er, dass er Kati und Strobe enttäuscht hatte.

Aber Zeit, sich Sorgen zu machen, hatte er keine, denn als Nächstes war Clinton an der Reihe. Er musste fünfundzwanzig Minuten im Map Room warten, bevor er in den Treaty Room vorgelassen wurde. Sie unterhielten sich über eine Stunde lang, das Gespräch war viel freundlicher als das mit Gore. Als der Präsident ihm erzählte, wie sehr sich Talbott für ihn einsetzte und dass er sogar seine eigenen Aussichten dafür zurückstellte, kamen Holbrooke die Tränen, und Clinton musste ein Taschentuch für ihn finden.

Holbrooke kehrte berauscht zu Talbotts Haus zurück. Er sah eine zweite Amtszeit vor sich, in der Berger als Nationaler Sicherheitsberater Lake ablösen und Talbott als Holbrookes Stellvertreter auf seinem Posten verbleiben würde, um die Kommunikation zwischen dem Nationalen Sicherheitsrat und dem Außenministerium zu organisieren, damit die beiden Behörden endlich, nach Jahrzehnten des Krieges, ihr eigenes Friedensabkommen schließen könnten. Alle würden an einem Strang ziehen, Holbrooke und Talbott würden das Ministerium neu beleben und an den Wochenenden abwechselnd Dienst tun, damit es für ihre Familien erträglicher wäre. Er dankte Talbott und sagte ihm, dass er ihn liebe.

Holbrooke und Kati kehrten nach New York zurück und warteten.

Es dauerte drei Wochen, bis sich Clinton endlich entschieden hatte. Aufgrund von Talbotts Drängen hatte Clinton Holbrookes Kandidatur sehr ernst genommen. Er konnte aber einen letzten Zweifel nicht ganz ausräumen. Gore war dabei, als er sich laut fragte, ob Holbrooke «selbstkritisch genug» sei, um nicht mit anderen Regierungsmitgliedern – einschließlich dem Präsidenten selbst – Fehden anzuzetteln. Washington, das ein lebhaftes und kollektives Bewusstsein besitzt, hielt Madeleine Albright eher für solide als für brillant. Sie konnte zwar klug taktieren, war aber keine ernst zu nehmende Strategin. Sie hatte eine dramatische Lebensgeschichte, die sie selbst nur in Teilen kannte. Es gab Parallelen zu Kati – sie war 1937, ein Jahrzehnt vor Kati, ein paar hundert Kilometer nordwestlich von Katis Heimatstadt in Prag geboren, ihr Vater war ein Pfeife rauchender Diplomat gewesen. Die Familie war 1938 vor den Nazis geflohen, 1948 vor den Kommunisten, von Kind auf hatte Madeleine gelernt, dass man Diktatoren nicht gewähren und ihre Aggression nicht unbeantwortet lassen durfte. Sie war katholisch aufgewachsen und hatte (wie Kati) nie erfahren, und wollte (anders als Kati) vielleicht auch nie erfahren, dass ihre Eltern Juden waren, was sie Ende 1996 im Begriff war herauszufinden, einschließlich der Tatsache, dass drei ihrer Großeltern in den Konzentrationslagern umgekommen waren.

In Eisenhowers Amerika wurde sie erwachsen, und sie heiratete einen wohlhabenden Journalisten. Ihr Aufstieg im akademischen Betrieb (Internationale Beziehungen) und in der Politik (Demokratische Partei) wären völlig konventionell gewesen, wenn sie ein Mann gewesen wäre. Anders als Holbrooke zog sie ihre Kinder tatsächlich groß. In der Mitte des Lebens ließ ihr Mann sie sitzen. Sie hatte einen verbissenen, beinahe stumpfsinnigen Optimismus – was lebenswichtig war für eine karriereorientierte Frau ihrer Generation, denn er machte sie zwar anfällig für persönliche Verletzungen, rüstete sie aber auch für die mühseligen öffentlichen Auseinandersetzungen.

Sie war Holbrookes engste Verbündete beim Thema Bosnien gewesen – sie waren die beiden Interventionisten dieser Regierung. Er hatte sich auch immer wieder für Frauen in politischen Spitzenpositionen eingesetzt, aber keine von ihnen war, wie Albright, ranggleich mit ihm gewesen. Er konnte seine von Sexismus und Konkurrenzdenken verstärkte Verachtung für sie kaum verhehlen. Einmal notierte er seine Meinung bei einem Mittagessen, dessen Gastgeberin sie war, auf der Rückseite der Speisekarte: «MKA – sehr wortgewandt, sogar eloquent im Bezug auf Werte – schwach bei Abläufen, Strategie + Diplomatie – wankelmütig, unberechenbar – charmant + hinterhältig – unsicher – Karriere beruht allein auf Lebensgeschichte – sehr starker Wille.»

Im Wettbewerb um den Außenministerposten litt Albright unter der fest verankerten Voreingenommenheit in der Politik: Die Frauen unterstützten sie, die Männer jemand anderen. In der Vergangenheit hätte ihr das jede Chance genommen, aber diesmal war es anders.

Seit über einem Jahr arbeitete Holbrooke daran, seine Beziehung zu Hillary Clinton zu festigen. Anfang 1996 hatte er ihr geraten, die Soldaten in Bosnien zu besuchen, um die Unterstützung des Präsidenten für das Friedensabkommen zu demonstrieren, und ihre Reise hatte Schlagzeilen gemacht. Er konnte mit ihr mehr anfangen als mit Bill – sie lachten zusammen, zogen sich gegenseitig auf, und sie war, anders als ihr öffentliches Bild suggerierte, warmherziger als ihr Mann. Aber Holbrooke war nicht Hillarys Wahl. Sie wollte, dass ihr Mann der erste Präsident wäre, der eine Frau zur Außenministerin ernannte, und aus Gründen, die nur diejenigen wirklich kennen, die in dieser Ehe stecken, hatte sie einen großen Einfluss auf Bill, den sie auch geltend machte: «Nur wenn du Madeleine nimmst, bekommst du eine Person, die deine Werte teilt, die deine Außenpolitik eloquent verteidigen und jedes Mädchen stolz machen wird.»

Vielleicht hätte Clinton dem Druck widerstanden, wenn er seine eigenen Zweifel gegenüber Holbrooke vollständig ausgeräumt hätte.

Der Anruf ins Beresford kam in der ersten Dezemberwoche. Es war Tom Donilon. «Dick, du hast es nicht bekommen.»

Holbrooke überbrachte Kati die schlechte Nachricht so, wie er es immer tat – ohne den Versuch, die Dinge schönzureden oder zu glätten: «Ich hab's nicht bekommen. Madeleine wird es machen.» Es war unfair, ganz offensichtlich unfair. Albright, davon war er überzeugt, war keine Intellektuelle, sie war einfach nur clever. Clinton hatte den Außenministerposten zum zweiten Mal zweitklassig besetzt, und Holbrooke wusste, dass er das Hillary zu verdanken hatte. Aber er schluckte die Enttäuschung herunter, bis der bittere Geschmack von selbst verschwand, denn Hillary würde eine große Zukunft haben, und er könnte möglicherweise ein Teil davon sein. Also ging er mit Kati ins Kino, es fiel ihr allein zu, den Schmerz, den sie beide spürten, zum Ausdruck zu bringen.

Immerhin sagte er zu Talbott: «Zum ersten Mal in meinem Leben fühle ich mich alt.»

Die Geschichte macht mit unseren Träumen brutal kurzen Prozess. Dayton war also doch nicht der höchste Gipfel. Mit dem Marshall-Plan oder der Annäherung an China war das nicht zu vergleichen. Er hatte ein vertracktes Problem gelöst, aber er hatte nichts Großes und Neues erschaffen. Für diejenigen, die den Krieg durchlebt hatten, die im Inneren gelitten oder von außen besorgt auf das Land geblickt hatten, war Bosnien übergroß, nichts anderes zählte. Aber Holbrooke hatte drei Jahre seines Lebens einem kleinen Krieg in einem obskuren Land gewidmet, der letztendlich im globalen Zusammenhang keine Auswirkungen hatte. Dieses Missverhältnis zwischen Aufwand und Bedeutung ist etwas, wofür ich ihn respektiere. *Alles, was deine Hand zu tun findet, das tue in deiner Kraft!* Aber Dayton markierte in der amerikanischen Geschichte keinen neuen Weg, der weiter oder gar weiter hinauf geführt hätte. Es war eher das Ende von etwas.

Anfangs schien es gar nicht so. Es schien, als könnte Holbrookes Name für eine neue Doktrin stehen.

Man denke, falls man nicht zu jung dazu ist, zurück an die späten Neunzigerjahre. Microsoft, Tomahawks, *Titanic.* Unsere Wirtschaft, unsere Militärmacht, unsere Kultur waren so dominant, niemand hätte gewagt, sie herauszufordern. Das war vorher nicht so, und es sollte auch nachher nicht mehr so sein. Diese Jahre waren, so könnte man sagen, die Hochwassermarke des amerikanischen Jahrhunderts. Aber es gab keine Clinton-Doktrin. Tatsächlich gab es unter Clinton kaum etwas, das den Namen Außenpolitik verdiente, abgesehen von dem grenzenlosen Vertrauen des Präsidenten in die Ideologie der Globalisierung, die sich seit 1993, als Lake den Begriff «Eindämmung» durch «Ausweitung» ersetzte, nur unwesentlich verändert hatte. Alles schien von selbst besser zu werden – und was hatte es eigentlich mit uns zu tun, wenn sich die Leute im östlichen Kongo oder auf dem südlichen Balkan gegenseitig die Köpfe einschlugen?

Holbrooke genügte das nicht. Er war kein großer Stratege, aber sein fiebriges öffentliches Auftreten machte ihn zur Verkörperung gewisser gelebter Vorstellungen und Ideen. Er war überzeugt, dass Macht Verantwortung mit sich brachte, und wenn wir uns dieser nicht stellten, vermehrten wir das Leid in der Welt, bis schließlich die Probleme der anderen auf uns selbst zurückfielen. Wenn wir nicht handelten, handelte niemand. Nicht notwendigerweise mit militärischer Gewalt, aber mit dem vollen Gewicht des amerikanischen Einflusses. Das war die Holbrooke-Doktrin, die in Dayton zum ersten Mal zur Anwendung gekommen war. Sie war aber nicht aus der Regierungserfahrung heraus entstanden, geschweige denn aus rigoroser Analyse. Seine Ideen stiegen aus seinem Nervensystem auf, so wie bei allen anderen Menschen auch, aus der Amygdala, seinem Persönlichkeitskern, wo Amerika für etwas stand, das mehr war als nur die eigene Macht. Holbrooke gehörte zu den wenigen Amerikanern ganz oben in den Wipfeln der Macht, denen die finsteren Orte dieser Erde nicht am Arsch vorbeigingen.

Klingt das ein wenig weichherzig und verträumt? Überhaupt nicht. Man konnte es als eine aktualisierte Version des Liberalen Internationalismus von Roosevelt, Truman und Kennedy bezeichnen. Die Feinde waren nun undurchsichtige Bürgerkriege, zweitklassige Tyrannen, Massenmorde und gescheiterte Staaten. Kissinger hätte diese Konflikte überhaupt nicht als Themen von großem nationalem Interesse erkannt, aber Holbrooke, der niemals reine Realpolitik betrieben hatte, war mit dieser Gegenwart lebendig verbunden.

«Dies ist nicht der Zeitpunkt für eine Fin-de-Siècle-Malaise», sagte er 1997 in einer Rede. «Der Kalte Krieg ist zu Ende, und die neue Ära verlangt nach einer gründlichen Überprüfung und der Entwicklung neuer Instrumente, um den Herausforderungen zu begegnen – die oftmals humanitär und politisch zugleich sind. Bis jetzt haben wir in dieser neuen, noch unbenannten Ära lediglich gezeigt, dass wir reagieren können, was viele Menschen ihr Leben und uns eine Menge Geld gekostet hat. Das Chaos zu bewältigen ist die außenpolitische Forderung der 1990er Jahre ... Wenn wir in den Zeiten des Kalten Krieges manchmal zu forsch und kühn gewesen sind, so sind wir heute zu selbstgefällig (oder gleichgültig) und vorsichtig.» Das Chaos war ein noch schwierigeres Problem als die Sowjetunion, es war weniger vorhersehbar, und Lösungen konnten ohne das Wissen der Menschen vor Ort und ohne die Hilfe der Verbündeten nicht entwickelt werden. Manchmal war Gewalt nötig, manchmal nicht, aber immer ging es um Intervention, die früh einsetzen und beharrlich bleiben musste – während wir Amerikaner am liebsten zu spät und dann in großer Zahl auftauchen, um schnelle Lösungen durchzusetzen und weiterzuziehen. Die Bewältigung von Chaos war in den Vereinigten Staaten kein Wahlkampfschlager. Die republikanischen Hardliner dachten, dass es die Außenpolitik zur Sozialarbeit machte. Zum Pazifismus und dem Amerika-ist-an-allem-schuld der Linken passte es nicht. Es verletzte alle Prinzipien der Realisten in der politischen Mitte. Und für die neuen Isolationisten wie Jesse Helms war es praktisch Hochverrat.

Die Frage, wie Amerika seine Supermacht einsetzen konnte, bewegte vor allem uns selbst. Wir hatten keine Rivalen. Die Umstände waren einzigartig. Das Dayton-Abkommen hatte dazu geführt, dass in Bosnien russische Soldaten unter dem Kommando der NATO stationiert waren – zum ersten und auch zum letzten Mal. Die NATO wurde bis an die Grenzen der alten Sowjetunion erweitert, und Holbrooke nahm die Sorgen von Leuten wie Kissinger, die warnten, dass eine alte russische Paranoia geschürt würde, nicht ernst. Warum sollte Russland den Westen denn fürchten? Wir wollten das Land doch nur in den größer werdenden Kreis europäischer Demokratien aufnehmen, die NATO konnten die Russen getrost ignorieren. Ein Vorteil der Realpolitik ist, dass es einem ein Gespür für die Interessen anderer gibt, und Kissinger meinte, Holbrooke trete zu sehr wie ein pistolenschwingender Amerikaner auf, als dass er begreifen könne, warum Russland auf die Idee kommen könnte, dass es eingekreist würde. Seine Doktrin riskierte, eine neue Art des Liberalen Imperialismus zu werden.

Einige Europäer – und auch einige Amerikaner – waren der Meinung, dass die Lehren, die wir aus Bosnien gezogen hatten, die falschen waren:

dass Amerika nur ein wenig seine Muskeln spielen lassen musste, um Ergebnisse zu erzielen. Diese Skeptiker zogen eine direkte Verbindungslinie zwischen Dayton und dem Irak, und in Holbrooke sahen sie amerikanische Hybris im Gewand des Humanitarismus. Ich sah das damals nicht so. Ich fand, dass er uns von unserer besten Seite zeigte. Heute sieht es etwas komplizierter aus, wie man am Ende dieser Geschichte erfahren wird, aber ich würde ihn noch immer den Alternativen vorziehen.

Die Pax Americana begann in dem Moment zu zerfallen, als sie auf ihrem Höhepunkt war. Wenn man mich fragen würde, wann der lange, schleichende Verfall eingesetzt hat, würde ich das Jahr 1998 nennen. Wir waren wabbelig, satt und mit uns selbst beschäftigt. Will man das verstehen, muss man sich nur einen Präsidenten vorstellen, der unvorsichtig genug ist, in die Falle seiner Feinde zu tappen und seine Macht wegen eines blauen Kleids zu verpulvern. Man stelle sich eine Supermacht vor, die so sehr auf dauerhaften Frieden und Wohlstand vertraut, dass sie es sich leistet, ein ganzes Jahr auf einen Blowjob im Oval Office zu verwenden. Nicht einmal al-Qaida, das im August zwei amerikanische Botschaften in Ostafrika in die Luft sprengte, brachte uns um den Schlaf – Clintons Antwort, ein paar Tomahawks, wurde in allen politischen Lagern verspottet, weil es genau dem Drehbuch von De Niros «Wag the Dog – Wenn der Hund mit dem Schwanz wedelt» folgte. Die Republikaner derweil beschlossen, dass es dringlicher wäre, den Präsidenten zu zerstören, als die nationalen Interessen zu wahren, weshalb sie ihn zu Hause und im Ausland bei jedem Schritt angriffen. Unsere Politiker glaubten, es sich leisten zu können, sich gegenseitig zu zerreißen, und sie haben bis heute nicht damit aufgehört. Hat es je ein Land gegeben, das so viel Macht mit so wenig Verantwortungsbewusstsein verbunden hat? Und so begannen wir, anfangs kaum merklich, diesen grundlegenden Glauben an uns selbst zu verlieren.

Holbrooke brauchte eine Aufgabe, es genügt ihm nicht, für Credit Suisse First Boston Kontakte zu knüpfen. Im Sommer 1997 wurde er zu Clintons unbezahltem Teilzeit-Sondergesandten für Zypern. Die Insel war seit 1974 zwischen dem türkischen Norden und dem griechischen Süden geteilt. Holbrooke beschloss, die Regierungschefs der beiden Gruppierungen – die in den Sechzigerjahren Studienfreunde gewesen waren – in einem verfallenden Grand-Hotel an der Demarkationslinie in Nikosia zusammenzubringen. Die Amerikaner hübschten einen eleganten Potemkin'schen Saal für dieses Treffen auf, spendierten Wein und Kaviar. Die beiden Politiker schwelgten stundenlang in Erinnerungen. Holbrooke wusste, wie man so etwas macht, und glaubte, seinem Ziel näher zu kommen. Aber keine der beiden Seiten gab nach. Die Türken waren nicht bereit zu offiziellen Gesprächen, solange die Griechen die türkische Teilrepublik im Norden nicht anerkannten, die von keinem anderen Staat der Welt anerkannt wurde außer von der Türkei selbst. Nach zwei oder drei Versuchen machte Holbrooke den türkischen Ministerpräsidenten für die verfahrene Lage verantwortlich und überließ Zypern anderen Unterhändlern. Die Situation war zu schwierig, die Aufgabe zu undankbar. Er wandte sich dem Kosovo zu.

Die Provinz, in der sich Milošević zum Führer von Großserbien aufgeschwungen hatte, war der ungelöste Konflikt der Balkankriege. Was dort begonnen hatte, sollte dort auch enden. Als Kroatien und Bosnien auseinanderbrachen, war es um das Kosovo einige Jahre ruhig. In Dayton hatte nur der deutsche Diplomat Wolfgang Ischinger Anweisung, das Kosovo in die Gespräche einzubeziehen, als er es aber am ersten Tag versuchte, erklärte Holbrooke, Bosnien allein sei schwierig genug. Einmal gingen Holbrooke und Milošević auf dem Stützpunkt spazieren, als sie eine Gruppe von Albanern sahen, die außerhalb vom Sicherheitszaun für die Autonomie des Kosovo demonstrierten. Holbrooke schlug vor, hinüberzugehen und mit den Demonstranten zu sprechen, aber Milošević lehnte kühl ab. Für ihn war das Kosovo eine interne serbische Angelegenheit, die die Welt nichts anging.

Dayton lehrte die Kosovo-Albaner, dass der Westen nur dann eingriff, wenn sich der Konflikt zuspitzte. Die Lehre, die sie aus Bosnien zogen, war, dass man nur mit Gewalt etwas erreichte. Wo die Menschen friedlich gegen die serbische Unterdrückung im Kosovo protestiert hatten, entstand nach 1995 ein bewaffneter Widerstand und die Forderung nach Unabhängigkeit. Waffen wurden über die Grenze des gescheiterten Mafiastaats Albanien in die Provinz geschmuggelt, bereits 1998 wurde

Wir sind unseren Träumen nahe

der größte Teil der ländlichen Regionen von der kosovarischen Befreiungsarmee UÇK kontrolliert. Die Aufständischen führten Angriffe gegen serbische Polizei und militärische Einrichtungen aus, die harte Vergeltungsmaßnahmen gegen die Zivilbevölkerung nach sich zogen. So wollten sie eine westliche Intervention provozieren.

Wie in Bosnien, so sahen die Europäer auch hier gleichgültig oder hilflos zu, während sich auf amerikanischer Seite die Bevölkerung für den Konflikt nicht interessierte und die Politik keine gemeinsame Linie fand. Albright, die einen persönlichen Hass gegen Milošević hegte, wollte Serbien massiv angreifen. Verteidigungsminister William Cohen und die Vereinigten Generalstabschefs wollten eine militärische Verstrickung unbedingt vermeiden. Der Nationale Sicherheitsberater Berger, der politischer dachte als sein Vorgänger Tony Lake, sorgte sich wegen der Risiken, die ein weiterer Balkankrieg für den Präsidenten mit sich bringen würde. Clinton selbst war abgelenkt, weil seine sexuelle Beziehung zu einer Praktikantin im Weißen Haus untersucht wurde.

Im März 1998 sandte Ibrahim Rugova, der Anführer der gewaltlosen Opposition im Kosovo, einen Brief an Albright: «Ich schreibe Ihnen, um Ihnen mitzuteilen, dass ich ohne jede Vorbedingung bereit bin, unter Vermittlung der Vereinigten Staaten Präsident Slobodan Milošević zu treffen. Ich möchte Sie gleichzeitig dringend bitten, Herrn Richard Holbrooke als Vermittler einzusetzen.» Einen Monat später drängte Ischinger (der Politische Direktor im deutschen Auswärtigen Amt) Strobe Talbott (der noch immer Stellvertretender Außenminister war), Holbrooke auf das Kosovo anzusetzen.

Albright, die spürte, dass Holbrooke bei dieser Kampagne selbst eine Hand im Spiel hatte, hasste die Idee. «Holbrooke ist außer Kontrolle», sagte sie zu Talbott. Sie war ein Medienstar, in der Regierung war nur Clinton selbst berühmter, aber unter ihrem schwarzen Stetson war sie dünnhäutig und witterte überall Gefahr. Ihr Misstrauen Holbrooke gegenüber grenzte an durchaus gerechtfertigte Paranoia, dass er versuchen würde, ihr das Kosovo wegzunehmen. Im Mai bat sie Chris Hill, den amerikanischen Botschafter in Mazedonien, im Kosovo zu vermitteln. «Chris», flehte Holbrooke seinen liebsten Protegé an, «du musst Madeleine sagen, dass du mich brauchst.» Am Ende waren es Talbott und Berger, die Clinton überzeugten, dass Holbrooke mit seinem Verhandlungsgeschick und seiner Vertrautheit mit Milošević derjenige sei, dem es gelingen könnte, Amerika aus einem weiteren Balkankrieg herauszuhalten.

Mitte Mai also reiste Holbrooke zusammen mit Hill nach Serbien. Milošević grüßte die beiden in seinem Palast wie alte Freunde. «Wissen Sie eigentlich, was das wichtigste Ergebnis von Dayton ist?», fragte er. «Die Amerikaner haben jetzt endlich begriffen, wie schwierig es ist, mit Muslimen umzugehen.»

Holbrooke ignorierte den Witz und erklärte Milošević, dass Hill der amerikanische Sondergesandte für das Kosovo sein würde.

«Mr. Richard Charles Albert Holbrooke», sagte Milošević und beugte sich weit vor, «es gibt keine Krise. Da sind nur ein paar albanische Separatisten, mit denen die amerikanischen Medien gern reden, unsere Sicherheitsdienste kümmern sich darum.» Als Holbrooke versuchte, zu unterbrechen, redete Milošević einfach weiter: «Mr. Holbrooke, ich brauche keinen Sondergesandten. Das Kosovo ist ein Teil von Serbien. Es ist ein *internes* Problem.» Dann fügte er hinzu: «Aber was ich Ihnen sagen kann, ist, dass Herr Botschafter Chris Hill jederzeit mit mir sprechen kann, und er darf sich im Kosovo ganz frei bewegen.»

Das Kosovo war nicht Bosnien, und Milošević war nicht mehr derselbe Verhandlungspartner. Der Spaßfaktor war weg. Demographisch gesehen waren die Serben im Kosovo, die nur noch knapp zehn Prozent der Bevölkerung stellten, dem Untergang geweiht, aber politisch war das Kosovo geweihter Boden. Milošević, der immer unbeliebter wurde, brauchte ihn, um sich an der Macht zu halten. «Das Kosovo ist für das serbische Volk wertvoller als mein Kopf», sagte er Holbrooke. Das Kosovo sei auch ein Ort, an dem ein umfassenderer Krieg ausbrechen könne, in den im schlimmsten Fall Albanien, Mazedonien, Griechenland und die Türkei hineingezogen würden.

Holbrooke arrangierte ein Treffen zwischen Milošević und Rugova, das aber ergebnislos blieb. 1995, in Bosnien, war die Diplomatie Miloševićs einzige Chance gewesen, aber 1998 nutzte er sie, um Zeit zu schinden, während seine Soldaten im Kosovo wüteten. Holbrooke ließ sich auf diesen Krieg nie in derselben Weise ein wie auf Bosnien. Hill führte die Verhandlungen, Holbrooke beteiligte sich nur sporadisch, sein Wissen über den Konflikt und die Menschen war nicht besonders tief. Sein Buch erschien, und er sammelte Geld für die American Academy in Berlin, die kurz vor der Eröffnung stand, und er musste die Credit Suisse First Boston bei Laune halten, und all das bedeutete, dass ihn ein vertieftes Engagement im Kosovo nur weiter abgelenkt hätte.

«Ich mag *Dieck*», sagte Milošević zu Hill. «Aber wenn es seine Karriere voranbrächte, würde er auch kleine Kinder zum Frühstück verspeisen.»

Die größte Ablenkung kam im Juni 1998.

Bill Richardson, der amerikanische UNO-Botschafter, ließ Holbrooke vertraulich wissen, dass er bald abtreten und ins Energieministerium wechseln würde, um seinen Lebenslauf zu vervollständigen und sich als Vize für Gores Wahlkampf im Jahr 2000 zu positionieren. Richardson drängte das Weiße Haus, Holbrooke nachrücken zu lassen. Er hätte den Job sofort angenommen. Wenn er bei der UNO wäre, könnte er in New York bei Kati und ihren Kindern bleiben, er würde dem Kabinett angehören, auf höchster Ebene mitmischen und mit Themen auf der ganzen Welt befasst sein. Er hatte miterlebt, wie kläglich die UNO in Bosnien gescheitert war, aber er schätzte die Institution genug, um sie retten zu wollen, selbst wenn es nur darum ginge, sie zu einem besseren außenpolitischen Instrument der USA zu machen. Dieses Mal wartete Holbrooke nicht einfach ab. Er rief Clinton aus dem Kosovo an, um von seiner Reise zu berichten, und fügte einigermaßen vermessen hinzu, dass er, falls man es ihm anbieten würde, bereit wäre, Richardsons Stelle zu übernehmen.

Clinton beorderte Holbrooke am 11. Juni nach Washington. Es war kurz vor Mitternacht, sie trafen sich wie beim letzten Mal oben im Treaty Room. «Ich brauche Sie wirklich dringend», sagte der Präsident. Holbrooke hatte die Situation genau durchschaut. Clinton war mit seinem außenpolitischen Team unzufrieden. Albright liebte die Medienaufmerksamkeit, und wenn sie genaue Anweisungen hatte, machte sie ihre Sache ganz gut, aber sie war der Aufgabe nicht gewachsen. «Sie verarscht mich, wo immer sie kann.» Im Jahr des Lewinsky-Skandals brauchte

Clinton jemanden, der die richtigen Voraussetzungen mitbrachte. «Ich geben Ihnen diesen Job, weil Sie ein Schwergewicht sind, ich will, dass Sie Madeleine und Sandy ein bisschen Feuer unterm Hintern machen, aber Sie sollen natürlich auch ein Teamplayer sein.»

«Das bin ich immer gewesen», antwortete Holbrooke. «Ich glaube, dass wir unsere Strategien intern entwickeln müssen, und wenn die Entscheidung dann gefallen ist, nehmen wir den Ball und rennen los.»

Clinton konnte nicht widerstehen, noch ein wenig Verführung hinzuzufügen. «Wenn Sie Ihre Sache gut machen, wird auch das passieren, wofür Strobe seit Langem eintritt.»

Holbrooke bat Clinton, ihm einen Gefallen zu tun. Wäre der Präsident bereit, Kati anzurufen und ihr die Neuigkeit mitzuteilen? Sie ging in New York ans Telefon, und da war der Präsident, der zu der wirklich *sehr* reizenden Ex-Frau von Peter Jennings leicht anzüglich sagte: «Jetzt werden wir wohl beide vorgeladen, weil ich Sie so spät am Abend anrufe.»

Albright hatte keine Wahl, als Holbrooke in ihrem alten Job zu akzeptieren. «Ich habe das ja nicht zu entscheiden», sagte sie schlicht, als er sie anrief. «Wenn wir zusammengearbeitet haben, sind wir noch immer miteinander ausgekommen.» Später sagte sie zu ihrem Stellvertreter: «Er gehört Ihnen, Strobe», dann machte sie Holbrookes Arbeit im Kosovo nieder. «Das war Mist, was er dort gemacht hat. Er ist kein Genie. In Dayton hat er seine Sache gut gemacht, aber in Zypern und im Kosovo hat er sich keine Lorbeeren geholt.»

Am 18. Juni trat Clinton im Rosengarten vor die Kameras und gab die Nominierung bekannt. Als Holbrooke an der Reihe war, sprach er darüber, wie er mit seinem Vater die UNO-Baustelle besucht hatte, er schaffte es vor Rührung kaum, seine Rede zu beenden.

Trudi, David und Anthony waren da, und als die Holbrookes hinter dem Präsidenten durch die Südkolonnade zum Oval Office gingen, wo das obligatorische Foto gemacht wurde, flüsterte Holbrooke Anthony zu: «Der Geheimdienst hat einen Haftbefehl gegen dich ausgegraben.» Beamte des Justizministeriums warteten vor dem Tor des Weißen Hauses, um Anthony in Gewahrsam zu nehmen, sobald er herauskam. «Wir tun was, wir sind dran.»

Anthony hatte vier Jahre lang mit Flüchtlingen in Thailand gearbeitet, Ende 1995 war er als Heroinsüchtiger heimgekehrt. Der Haftbefehl wurde erlassen, als er versäumt hatte, seine vom Gericht bestimmten Sozialstunden abzuleisten.

Holbrooke stand Anthony näher als David. Sie hatten zusammengewohnt und dieses gemeinsame Junggesellenleben in New York geführt, und Anthonys Verletzlichkeit und sein Charme hatten seinen Vater gezwungen, Kenntnis von ihm zu nehmen. David, der vier Jahre älter war als Anthony, hatte die Scheidung seiner Eltern aus der Perspektive der Mutter miterlebt und war praktisch ohne Vater aufgewachsen. Holbrooke nahm seine Söhne zu Basketball- oder Baseballspielen mit, er hatte durch seine Verbindungen immer die besten Plätze, und er beeindruckte sie mit seinen neuen Freunden, darunter Tom Cruise, der drei Wochen lang versuchte, Anthonys Sucht zu heilen, indem er ihn für Scientology rekrutierte. Als Anthony begann, sich der Malerei zu widmen, was seine eigentliche Berufung wurde – seine ersten Bilder waren abgemalte Zeitungsfotos seines Vaters –, war Holbrooke sein größter Fan. Er redete sich ein, dass es seinen Söhnen großartig ging, egal ob es der Fall war oder nicht, und er liebte sie, aber nichts davon konnte die stetige Präsenz in ihrem Leben ersetzen, die sie gebraucht hätten und die er ihnen nicht geben konnte. Als David heiratete und schließlich selbst Kinder bekam, erzählte er Litty, dass sein Vater seine eigenen Enkelkinder nicht erkennen würde, wenn man sie mit anderen in einer Reihe aufstellte.

Kati fand Holbrookes Familie unerträglich. Sie hielt es kam aus, nach dem Tod von Trudis zweitem Ehemann Stanley eine Stunde in Scarsdale zu verbringen. «Wir müssen bleiben», sagte Holbrooke zu ihr. «Sie ist meine Mutter.» Kati wünschte sich, dass Holbrooke ihrer *eigenen* Familie näher käme, weshalb er all sein diplomatisches Geschick und seine Geduld aufwendete, um seine abweisend kühle und schöne Stieftochter Lizzie aufzutauen, die sich ihm schließlich öffnete, und seinen abgehobenen Schwiegervater Endre zu umgarnen, was ihm aber nie gelang. Aber Kati machte sehr deutlich, dass sie mit Holbrookes Familie nichts zu tun haben wollte. Er erzählte es seinem Bruder, um ihm zu erklären, warum sie sich so selten sahen. Nein, Trudi durfte nicht in ihrem Wagen mit in die Hamptons fahren; nein, Anthony durfte nicht mit ihnen nach

Telluride ins Ferienhaus fahren, obwohl Lizzie und Chris auch da sein würden. Manchmal setzte sich Holbrooke durch, aber normalerweise fügte er sich Kati, und er verbrachte mehr Zeit mit ihren Kindern als mit seinen.

Auf dem Flügel im Beresford standen Dutzende von Fotos von Richard und Kati und ihren Kindern, wie sie Ski fuhren und andere glamouröse Dinge taten, aber kein einziges von Anthony, dessen Anrufe Holbrooke im Badezimmer entgegennahm, damit Kati es nicht mitbekommt, und dessen Mitteilungen aus der Junggesellenzeit («Du laberst so eine Scheiße. Politik=Diplomatie=Bullshit=Du»; «Den Grapefruitsaft draußen zu lassen, damit er verdirbt, ist wohl deine Art, ein Vorbild zu sein»; «War das nicht ein Riesenspaß? Ich weiß, dir hat's auch gefallen. Danke. Der große PAPA und Ant-Man gehen in Sachen Familienwerte neue Wege»; «PAPA – hab dein Zimmer aufgeräumt wie du gesagt hast – $Bitte lass mir $$Dollar da») er eingerahmt und in seinem eigenen begehbaren Kleiderschrank aufgehängt hatte.

«Es gibt zwei Arten von Menschen», erklärte Holbrooke seinen Söhnen. «Diejenigen, die Furzwitze mögen, und diejenigen, die sie nicht mögen. Wir wissen, auf welcher Seite die Holbrookes stehen.» Aber sein eigenes Leben drehte sich um Kati, die auf der anderen Seite der Furzwitzlinie stand.

Dick Beattie, Holbrookes Anwalt, Fixer und Freund, war zufällig auch bei der Zeremonie im Rosengarten. Er überredete die Justizbeamten, Anthony nicht beim Verlassen des Weißen Hauses abzuführen. Das war die Art von Hilfe, die ihm sein Vater geben konnte.

Am Tag nach der Zeremonie erhielt der Generalinspekteur des Außenministeriums ein Schreiben. «Ich muss Sie auf zwei Dinge aufmerksam machen», begann der Brief, «die die Eignung von Mr. Holbrooke für seine jüngste Nominierung in Frage stellen.» Die erste Angelegenheit betraf die Tatsache, dass er unmittelbar nach seiner Amtszeit als Assistant Secretary of State für Europa eine Stelle bei einer europäischen Bank angenommen hatte und seine Kontakte zu europäischen Spitzenbeamten aus seiner Zeit im Außenministerium nutzte, wobei er sich manchmal, da er noch immer als unbezahlter Berater für die Regierung tätig war und also, wie man in Regierungskreisen sagt, zwei Hüte gleichzeitig trug, von US-Botschaftern begleiten ließ, was zumindest auf Außenstehende wirkt, als würde er amerikanische Politiker nutzen, um private Geschäfte anzukurbeln. Die zweite Angelegenheit betraf einen Vorfall, bei dem er sich zwei Monate, bevor er begann, mit Credit Suisse über eine Anstellung zu reden, bei der ungarischen Regierung für eben diese Bank eingesetzt hatte, die an einer Ausschreibung beteiligt war.

Der Brief war mit «Anon.» unterzeichnet. Vier dicht bedruckte Seiten voller detaillierter Informationen, die nur aus dem Außenministerium selbst kommen konnten. Der Verfasser zollte Holbrooke für seine glänzende Karriere sogar Respekt. Wenn ich wüsste, wer Anon. war, würde ich es sagen, aber es gibt Dinge, die niemals ans Licht kommen. Die Liste der Außenministeriumsmitarbeiter, denen Holbrooke auf die Füße getreten war – einige davon sind in diesem Text schon aufgetreten – ist viel zu lang, um mögliche Verdächtige zu identifizieren. Vielleicht zählte Anon. genau darauf.

Das Büro des Generalinspekteurs war Holbrooke auch in einer anderen Angelegenheit bereits auf der Spur. Als Assistant Secretary hatte er allein in der mit eigenem Hauspersonal ausgestatteten Villa eines reichen Clinton-Unterstützers namens Larry Lawrence in Georgetown gewohnt, der zum Botschafter in der Schweiz ernannt worden war. Lawrence war 1996 gestorben, und dank einer Empfehlung von Holbrooke hatte die Armee eine Ausnahmegenehmigung erteilt, damit er aufgrund seines heldenhaften Einsatzes bei der Handelsmarine im Zweiten Weltkrieg auf dem Nationalfriedhof in Arlington begraben werden konnte – um dann schon im folgenden Jahr wieder exhumiert und in San Diego neu bestattet zu werden, weil sich herausgestellt hatte, dass der heldenhafte Einsatz eine Erfindung war. Holbrooke hatte versäumt, die Nutzung der Lawrence'schen Villa bei seiner finanziellen Selbstauskunft als geldwerten Vorteil aufzuführen.

Es gab weitere Dinge, Kleinigkeiten. Er war ungenau, unvorsichtig.

Aber Investmentbanken stellten ihn ein, weil er in Seoul und in Stockholm Türen öffnen konnte. Interessenkonflikte sind normal in den Wipfeln der Macht, wo jeder, den man kennt, sich für einen einsetzen kann – denn das ist es, wozu Freunde da sind. Wenn du über das Erlaubte hinaus für meinen Wahlkampf spendest, werde ich dir einen hübschen Posten geben, für den du nicht qualifiziert bist. Du lässt mich achtzehn mietfreie Monate in deiner Villa in Georgetown wohnen, und ich werde dir einen Platz für die Ewigkeit in Arlington verschaffen.

Holbrooke und Kati erhielten von Countrywide Financial große Darlehen zu ermäßigten Zinssätzen für ihre Häuser in den Hamptons, in Connecticut und in Telluride. Der Vorstandsvorsitzende der Bank, Angelo Mozilo, kultivierte mit VIP-Behandlungen in Washington mächtige Freunde, denn er wollte bei einem Geschäft mit Fannie Mae, der staatlich geförderten Hypothekenbank, günstige Bedingungen herausholen. Es war der Vorstandsvorsitzende von Fannie Mae, Holbrookes Freund und ehemaliger Geschäftspartner Jim Johnson, der Holbrooke in den Kreis der «Freunde von Angelo» einlud. Und wer hätte ein solches Angebot denn abgelehnt? Niemand machte sich Gedanken, bis Countrywide ein Jahrzehnt später im Subprime-Hypothekenskandal zusammenbrach und Mozilo zu einem der berüchtigtsten Gesichter der Finanzkrise wurde. Sein VIP-Programm hatte einen nicht unerheblichen Anteil daran, dass die Amerikaner die Eliten in New York und Washington mit tiefem Zynismus zu betrachten begannen, und trug – das ist gar nicht zu weit hergeholt – sogar dazu bei, den Weg zu ebnen, der ein weiteres Jahrzehnt später einen Präsidenten hervorbrachte, der versprach, das ganze System in die Luft zu jagen.

Mitte Juli, in Beatties Büro in Midtown, befragten zwei Vertreter des Generalinspekteurs Holbrooke beinahe drei Stunden lang. Holbrooke schlug sich ausgezeichnet.

«Hielten Sie es für ein Geschenk der Familie Lawrence, dass Sie mietfrei in deren Haus wohnen durften?», fragte der Sonderermittler Brian Hess.

«Ich bin mir nicht sicher, dass ich die Frage verstehe», antwortete Holbrooke. «Es ist, was es war. Ich bin Existenzialist. Sie haben mir ein Zimmer in ihrem Haus angeboten. Also ein Zimmer in einem Haus. Ist das ein Geschenk? Wie eine Schachtel Pralinen? Ich weiß nicht, das müssen andere entscheiden.»

Es war der Sommer von «Kommt darauf an, was die Bedeutung des

Wortes ‹ist› ist», des Lewinsky-Skandals. Die Jagdsaison war eröffnet, parteiische Bluthunde schnappten nach Existenzialisten. Ein Jahr zuvor hatten die Bluthunde bereits Tony Lake zur Strecke gebracht. Nachdem Clinton ihn als CIA-Direktor nominiert hatte, begann Richard Shelby, der republikanische Vorsitzende des Geheimdienstausschusses im Senat, in jedem Winkel seines Lebens zu herumzustochern. Shelby besorgte sich Lakes ungeschwärzte FBI-Akte und durchsuchte sie nach vergangenen Sünden. Er fand nichts außer einem Versäumnis, einige Erdölaktien zu verkaufen, als er Nationaler Sicherheitsberater war, wofür er eine Strafe von 5000 Dollar zahlte. Aber Shelby ließ nicht locker und zog das Bestätigungsverfahren über Monate in die Länge. Clinton versuchte, Lake bei der Stange zu halten –, er nahm ihn im Oval Office in die Arme und drückte ihn einmal, zweimal –, aber Lake hatte sich bereits entschieden und gab folgende Erklärung ab: «Ich habe die vergangenen drei Monate mit Geduld und, so hoffe ich, auch Würde ertragen. Aber Erstere habe ich nun verloren, und Letztere könnte mir auch noch abhandenkommen, da dieser politische Zirkus endlos weitergeht ... Washington ist durchgedreht.» Mit dieser bitteren Bemerkung beendete Lake im Alter von nur siebenundfünfzig Jahren seine politische Karriere.

Holbrooke war überzeugt, dass Albright sein eigenes Verfahren zum Abschluss hätte bringen können, wenn sie nur gewollt hätte, aber die Clinton-Regierung konnte sich einen weiteren Konflikt mit dem Kongress nicht leisten, und die Untersuchung wuchs immer weiter. Im Herbst 1998 stellte der Generalinspekteur fest, dass es Grund zu der Annahme gab, dass Holbrooke gegen Bundesgesetz verstoßen hatte. Die Angelegenheit wurde dem Justizministerium – und damit der obersten Strafverfolgungsbehörde – übergeben, das mit der Lewinsky-Affäre bereits alle Hände voll zu tun hatte. Holbrooke würde monatelang im Regen stehen.

Was hätte er anderes tun können, als in das Kosovo zurückzukehren? Guerillas mit Kalaschnikows, nervöse Soldaten an Kontrollpunkten, hochrangige Gespräche mit Milošević – es gab nichts, das seine Nehmerqualitäten mehr stärkte, nichts das ihn derart berauschte.

Im Sommer und Frühherbst gingen die Serben in die Offensive und fügten den Kosovaren schwere Verluste zu, sie trieben die UÇK-Kämpfer über die Grenze nach Albanien und machten dreihunderttausend Menschen zu Flüchtlingen. Die ländlichen Regionen wurden leergefegt. Die Morde der serbischen Truppen überschritten das, was Berger als «Gräueltatenschwelle» bezeichnete, was bedeutete, dass die USA aussehen mussten, als würden sie etwas dagegen unternehmen.

Anfang Oktober wurde Holbrooke gegen Albrights Widerstand nach Belgrad entsandt, um einen Waffenstillstand auszuhandeln. Seine juristischen Schwierigkeiten folgten ihm. Albrights Büroleiter warnte Holbrooke: «Für die Ermittlungen ist es wirklich wichtig, dass Sie erkennbar Seite an Seite mit Madeleine stehen.» Als Bedingung dafür, dass er ihre Anweisungen zum Kosovo ausführte, verlangte wiederum Holbrooke, dass Albright seine Senatsbestätigung garantierte.

Holbrooke und Milošević handelten nicht nur einen Waffenstillstand aus, sondern auch die Rückkehr der Serben in ihre Kasernen und die Entsendung von vierzehnhundert unbewaffneten Beobachtern, die im ganzen Kosovo die Einhaltung überwachen sollten. Holbrooke betrachtete dies als einen Durchbruch. Albright, die Milošević nicht traute und amerikanische Bomber am Himmel über Serbien sehen wollte, glaubte nicht, dass es von Dauer sein würde. Sie hatte recht – nach ein paar Wochen war es mit dem Waffenstillstand vorbei. Nach weiteren serbischen Gräueltaten stellte sich die NATO auf Krieg ein. Der neue britische Premier Tony Blair, ein lautstarker Verfechter humanitärer Interventionen, übernahm die Führung, und Clinton, der nach dem Amtsenthebungsverfahren im Unterhaus den Befreiungsschlag von der Lewinsky-Angelegenheit suchte, stolperte hinterher.

Im Februar 1999 versammelte Albright die Kriegsparteien zu Gesprächen in dem mittelalterlichen Schloss Rambouillet bei Paris. Ihr Ziel bestand weniger darin, ein eigenes Dayton zuwege zu bringen, als den Westen gegen die Serben in Stellung zu bringen. Milošević blieb in Belgrad – er fürchtete einen geheimen Haftbefehl aufgrund von Kriegsverbrechen – und seine Vertreter in Frankreich weigerten sich, einem Abkommen zuzustimmen, bei dem ausländische Truppen im Kosovo stationiert würden. In Vorbereitung auf einen NATO-Luftangriff wurden die internationalen Beobachter abgezogen. Holbrooke hielt die Eile, mit der der Westen in den Krieg zog, für taktisch unklug. Es gab weder klare Ziele noch Pläne für einen ausgedehnten Konflikt im Kosovo, der in der ganzen Region eskalieren könnte, noch gab es eine Besatzungsmacht für die Zeit danach. Er war nicht einmal sicher, ob Wesley Clark, inzwischen Oberbefehlshaber der NATO, wirklich bereit war, anzugreifen. Aber inzwischen war Holbrookes eigene Rolle nur noch marginal. Er nannte das Kosovo «Madeleines Krieg».

Clinton schickte ihn zurück nach Belgrad, um die Serben vor dem zu warnen, was unmittelbar bevorstand. Am Morgen des 23. März ging er zum letzten Mal zu Milošević.

Sie setzten sich in dem riesigen Empfangssaal hin. Es wurde kein Essen serviert. Milošević blickte finster, fatalistisch. Holbrooke fragte ihn, ob er begreife, was geschehen würde, wenn die Serben sich weigerten, das Abkommen von Rambouillet zu unterzeichnen.

«Sie werden uns bombardieren», antwortete Milošević.

«Genau.»

«Sie sind eine große und mächtige Nation. Bombardieren Sie uns, wenn Sie wollen. Es ist dumm, denn das serbische Volk wird sich gegen Sie vereinen. Aber wir können Sie nicht aufhalten.»

Sie schwiegen eine Weile. Dann führte Milošević Holbrooke zur Treppe.

«Ich frage mich, ob wir uns noch einmal wiedersehen werden», sagte Milošević.

Holbrooke konnte nicht akzeptieren, dass seine Überzeugungskünste nicht gewirkt hatten. Er wäre am liebsten in Belgrad geblieben, um die Gespräche fortzusetzen, aber Albright sagte, er solle noch am Nachmittag abreisen. Einen Tag später flogen die NATO-Jets ihre ersten Angriffe auf Serbien. Nach einigen Tagen der Bombardierung rief Holbrooke Clark an. «Was halten Sie von einer Pause?» «Nicht nur nichts», antwortete Clark. «Nie und nimmer.» Holbrooke kontaktierte Bojan Bugarčić, den außenpolitischen Berater von Milošević: «Hören Sie, ich bin in Budapest», sagte er. «Sagen Sie Präsident Milošević, dass ich hier bin, falls er will, dass ich komme, um die Sache, über die wir gesprochen haben, mit ihm zu unterzeichnen.» Milošević weigerte sich. Er fühlte sich von Holbrooke verraten, und vielleicht hoffte er, dass er, wenn er nur lange genug durchhielte, das Kosovo aufgeben könnte, ohne den höchsten Preis zu zahlen, nämlich von seinem eigenen Volk aus dem Amt gejagt zu werden.

Der Luftkrieg, der von General Clark geleitet wurde, war auf einige Tage angesetzt. Er dauerte schließlich elf Wochen. Kurzfristig scharten sich die Serben um ihren Führer, was eigentlich immer der Fall ist, wenn es Bomben regnet. Eine Million Kosovo-Albaner, die Hälfte der Bevölkerung, wurden aus ihren Häusern und Dörfern vertrieben. Holbrooke, der kaum eingebunden war und dessen Karriere in einer quälenden Schwebe verharrte, hatte für den ersten Krieg, den die NATO in ihrer Geschichte führte, nur wenig Bewunderung übrig. Mitte Mai notierte er: «Warum, frage ich mich, sollte ich dieses schmutzige Bestätigungsverfahren über mich ergehen lassen, nur um das Privileg zu haben, mehr Zeit mit Madeleine Albright und ihrer Bande zu verbringen, die so blind sind, dass sie ihr Ziel nicht einmal mit einem Kampfjet treffen? Ich halte es kaum noch aus, mit diesen Leuten in einem Raum zu sein, sie haben einfach keine Ahnung, was sie da tun. Die moralische Grundlage dieses Krieges ist unangreifbar, doch das ist zwar eine notwendige, aber keine hinreichende [sic] für den Erfolg. Ich habe dennoch keine Wahl. Ich muss das Bestätigungsverfahren durchstehen, nicht um ins Amt zu kommen, sondern um meine Ehre zu retten.»

Die Russen, die die Zustimmung zu diesem Krieg im UNO-Sicherheitsrat blockiert hatten, weigerten sich, mit dem Westen zu kooperieren, genau wie bei Bosnien. Als aber Blair die NATO drängte, eine Invasion vorzubereiten, erkannte Milošević schließlich, dass der betagte und gebrechliche Boris Jelzin, der im Begriff war, zugunsten seines handverlesenen Nachfolgers Wladimir Putin abzutreten, ihm nicht zu Hilfe kommen würde. Am 11. Juni gab Milošević auf. Das Kosovo wurde unter den Schutz der NATO gestellt und begann seinen unsicheren Weg in die Unabhängigkeit. Im Herbst 2000, nachdem er versucht hatte, die Präsidentschaftswahlen zu manipulieren, wurde Milošević gestürzt. Sechs Monate später wurde er verhaftet und an das Kriegsverbrechertribunal in Den Haag ausgeliefert, wo er 2006 in Haft starb. Karadžić wurde 2008 gefasst, Mladić 2011.

So endete das Jahrzehnt der Balkankriege, die Milošević́s Kriege gewesen waren und Holbrooke zu dem gemacht hatten, was er war.

Eines Tages, Ende 1998, kam jemand auf der Straße auf Dick Beattie zu und übergab ihm einen Umschlag mit einem zweiten anonymen Brief. Gerade als Holbrooke mit einem Päckchen von Anschuldigungen fertig war, erreichte ihn das nächste. Eine Menge Leute hatten ein ernsthaftes Interesse daran, ihn zu Fall zu bringen. Und er hatte es ihnen zu leicht gemacht. Er war, wie Clinton, unvorsichtig gewesen. Er musste Terminkalender, Korrespondenz, Kreditkartenabrechnungen und telefonische Verbindungsnachweise von mehreren Jahren vorlegen. Die Ermittlungen des Justizministeriums zogen sich weitere Monate hin.

Eines Morgens, Ende Januar 1999, als der Senat gerade über den des Meineids und der Behinderung der Justiz angeklagten Präsidenten zu Gericht saß, traf Beattie seinen Mandanten in seinem Büro in Midtown. Er würde im Bestätigungsverfahren keinen Schritt weiterkommen, sagte Beattie, wenn er den Ermittlern nicht irgendetwas an die Hand gebe. «Lass uns einen Fehler eingestehen», sagte er, «dann arbeiten wir eine Vereinbarung aus und du zahlst eine Strafe.»

Holbrooke war aufgebracht. «Das kannst du mir nicht antun!»

«Wenn du es nicht machst, wirst du vom Senat nicht bestätigt. Das Justizministerium interessiert sich dafür nicht, sie wissen aber auch nicht, wie sie es loswerden sollen.»

«Das wird mein Leben ruinieren!»

Holbrooke lief auf dem Flur von Simpson Thacher & Barlett auf und ab und schäumte vor Wut. Aber Beattie war ein weltgewandter Mann, er wusste, wie man mit diesen Dingen umgehen musste – in einer Woche würde niemand mehr darüber reden. Holbrooke gab nach. Er bekannte sich zwar nicht schuldig, bezahlte aber eine Strafe von 5000 Dollar (genau der Betrag, den auch Lake gezahlt hatte) dafür, dass er weniger als ein Jahr nach seinem Ausscheiden aus dem Staatsdienst den amerikanischen Botschafter in Seoul zur Eröffnung der ersten koreanischen Filiale der Credit Suisse mitgenommen hatte. Mehr konnten sie ihm nicht anhängen. Die Anwaltskosten betrugen 336 000 Dollar, aber Beattie berechnete ihm nur zwei Drittel davon. Doch damit war die Sache noch nicht aus der Welt. Der Senatsausschuss für Auswärtige Beziehungen wollte wissen, was es mit den 3000 Dollar auf sich hatte, die ihm *Time* in dem Zeitraum, in dem er keine finanziellen Vorteile aus seiner Regierungsarbeit hätte ziehen dürfen, für einen Artikel über Bosnien bezahlt hatte. Der Vorsitzende des Ausschusses, Jesse Helms, vertagte die Anhörungen immer wieder, während die Senatoren das Verfahren für ihren Kleinkrieg mit der Clinton-Regierung in Geiselhaft nahmen. Mitch McConnell drängte darauf, einen bei Konservativen beliebten Juraprofessor in die Bundeswahlkommission zu berufen. Deshalb blieb der Sitz der USA, eines ständigen Mitglieds, im UNO-Sicherheitsrat ein ganzes Jahr lang unbesetzt. Dies war nicht mehr nur ein Wettstreit der politischen Parteien – es war eine Zurückweisung der internationalen Verpflichtungen Amerikas.

Gerüchte kursierten, dass das Weiße Haus den Schaden begrenzen und einen anderen Kandidaten finden würde. Zu diesem Zeitpunkt hätte jemand mit mehr Würde und weniger Beharrlichkeit längst seinen Hut genommen. Holbrooke aber sah sich nach einem mächtigen Freund um.

Im vorangegangenen Dezember hatten Kati und er zu einer Weihnachtsfeier zu Ehren von Hillary Clinton im Beresford eingeladen, um zum Ende des Monica-Jahres ihre Unterstützung zum Ausdruck zu bringen. Kein Bill – nur Freunde aus New York, einschließlich einiger Hollywood-Stars, die von der Einladung ebenso geschmeichelt waren wie die Politiker und Journalisten. Clinton hatte einmal beiläufig erwähnt, dass sie die Heilsarmee bewundere, und so hatte Holbrooke eine Band der Heilsarmee angeheuert, die Weihnachtslieder für sie spielte. Als dann im Weißen Haus die Frage gestellt wurde, ob man Holbrooke fallen lassen solle, rief er Hillary mindestens ein halbes Dutzend Mal an, manchmal spät am Abend, und drängte sie verzweifelt, den Präsidenten bei der Stange zu halten.

«Wir dürfen Richard Holbrooke nicht im Stich lassen», sagte sie ihrem wankelmütigen Ehemann. «Wir müssen ihn weiter unterstützen.» Es war der Beginn eines Loyalitätsbündnisses, das lange Bestand haben sollte.

Die Anhörungen begannen am 17. Juni – einen Tag, bevor sich Holbrookes Nominierung jähren sollte. Er sorgte dafür, dass unter den anwesenden Verwandten auch die drei Jahre alte Tochter von Davids Verlobter Sarah war, und dass sie ein bezauberndes blaues Kleid trug. Als Jesse Helms, bewehrt mit einer Reihe von Schautafeln und einem langen Redemanuskript, das den Kandidaten in Stücke reißen und die Clinton-Regierung in Verlegenheit bringen sollte, in seinem Rollstuhl in die Kammer fuhr, stellte Holbrooke ihm seine Familie vor: «Das ist mein Sohn David, und seine Frau Sarah, und ihre kleine Tochter Bebe.» Und der konservative Senator aus North Carolina zeigte, dass er doch ein Herz hatte.

In seinem Eröffnungsstatement betonte Holbrooke, welch entscheidende Rolle der Kongress bei der Gestaltung und Durchführung der US-Außenpolitik habe. Das waren nicht nur die Standardsätze, die von der Exekutive zu erwarten gewesen wären – es war die schmerzhafte Lektion aus Vietnam, die er verinnerlicht und unter Carter und später auch in Bosnien angewandt hatte. Aber die Wende in der Anhörung kam erst, als er wieder zu der Geschichte ansetzte, wie ihn sein Vater zur UNO gebracht hatte, und wieder kamen ihm die Tränen.

«Mein Vater hat mit mir über seine – Vielleicht sollte ich das einfach ins Protokoll geben. Ich glaube nicht, dass ich es schaffen werde, den Teil über meinen Vater laut zu verlesen.»

«Wir können uns ja mal treffen, und dann reden wir auch über meinen Vater», sagte Helms mit seinem Südstaatenakzent. «Mir geht es mit meinem nämlich genauso. An dieser Stelle beeindrucken Sie mich wirklich.»

Am Ende wies er seine Mitarbeiter an, die Schautafeln herunterzunehmen. Er unterstützte die Kandidatur, und Anfang August bestätigte der Senat Holbrookes Nominierung mit großer Mehrheit. Siebzehn Monate blieben Holbrooke, um das Amt auszuüben.

Entweder du siegst, oder du stürzt

Ich weiß nicht, wie ich erzählen soll, was in den folgenden Monaten passierte. Es gab kein durchgängiges Thema, sondern einen permanenten, verschwommenen Strom von zielgerichteten Aktivitäten, und ich habe keine Lust, nur die Highlights aneinanderzureihen. Er ertrug es nicht, auch nur zwanzig Sekunden in einem Aufzug zu verschwenden, geschweige denn, sich zwanzig Minuten lang in der Dienstlimousine durch Manhattan fahren zu lassen. An seinem ersten Morgen versuchte er, zwei Angestellte der gegenüber vom UN-Hauptquartier an der First Avenue gelegenen amerikanischen Vertretung zu feuern, einen von ihnen, weil er den neuen Botschafter im Aufzug nicht erkannt hatte. Sein Büroleiter führte den Auftrag nicht aus, aber die Ansage war deutlich: Nachlässigkeit wurde nicht toleriert.

Er verglich sich selbst mit einem «Skifahrer, der bei einem Abfahrtsrennen einfach runterrast – entweder du siegst, oder du stürzt». Er stürzte nicht. Er setzte Dinge durch, von denen der Leser vermutlich nie gehört hat – Dinge, die zwar nicht die Dramatik von Dayton hatten, aber beinahe ebenso wichtig waren. Er rettete die Stellung der Amerikaner in der UNO, was so viel bedeutete, dass er die UNO selbst rettete. Er war noch nie so produktiv gewesen, noch nie so glücklich.

Es half, dass er in New York war und nicht in Washington. Er und Kati verbrachten die Abende im Beresford, nicht in der offiziellen Residenz des Botschafters auf der zweiundvierzigsten Etage des Waldorf Astoria auf der East Side, die sie nur für Empfänge nutzten. Er war der Herr über das Reich, das er sich geschaffen hatte, und er beschäftigte sich mit den Themen, die ihn persönlich interessierten und die Washington links liegen ließ. Wenn er versucht hätte, sich mit Albright anzulegen, die seine Vorgesetzte war, hätte er nur verlieren können. Das hielt ihn allerdings nicht davon ob, sie vor seinen Mitarbeitern zu verunglimpfen – «Wir können es uns nicht leisten, eine Amateurin in diesem Amt zu haben» – und es hielt Albright nicht davon ab, Talbott zu sagen: «Natürlich hoffe ich, dass Gore gewählt wird, aber ich will in die Hölle fahren, wenn Holbrooke mein Nachfolger wird.» Ihr gegenseitiger Hass war, anders als der zwischen Holbrooke und Lake, nicht vom Bodensatz der Vergangenheit verunreinigt. Aber er war diszipliniert genug, um seine Distanz zum Außenministerium und zum Weißen Haus zu wahren. Die wichtigsten außenpolitischen Themen, die im letzten Jahr der Clinton-Regierung aufkamen – das irakische Waffenprogramm und der israelisch-palästinensische Konflikt –, fasste er nicht an. Seine ganze Laufbahn hindurch mied er den Nahen Osten, und zwar aus diesem einen Grund: Man konnte viel zu leicht die jüdisch-amerikanischen Organisationen gegen sich aufbringen, womit man sich auf dem Weg nach oben keinen Gefallen tat.

In seiner ersten Arbeitswoche Anfang September 1999 kam es in Osttimor zu einem Blutbad. Von der indonesischen Armee unterstützte Milizen gingen gewaltsam gegen örtliche Bevölkerung vor, die gerade für die Unabhängigkeit gestimmt hatten. Holbrooke rief den indonesischen Außenminister an, den er noch aus Carter-Zeiten kannte, damals hatte Holbrooke versucht, Indonesien amerikanische Kampfjets zu verkaufen und die blutige Annexion Osttimors geflissentlich übersehen. Zwei Jahrzehnte später nutzte er seine alten Beziehungen, um den Außenminister so lange zu beschimpfen und zu bedrängen, dass Osttimor in die Unabhängigkeit entlassen würde. Er berief den Sicherheitsrat zu einer Wochenendsitzung ein und setzte eine Resolution durch, die eine von den Australiern angeführte internationale Einsatztruppe am 20. September nach Dili entsandte.

Es war der erste Einsatz dieser Art seit den Katastrophen in Somalia, Ruanda und Bosnien, und er zeigte, dass die UNO – mit einer gewissen regionalen Vormachtstellung und amerikanischer Führung – doch in der Lage war, Gräueltaten zu stoppen und vom Krieg gezeichnete Länder zu stabilisieren.

In den Monaten, die er bei der UNO war, drehte sich alles um zwei oder drei Dinge.

Die erste, zeitlich am weitesten zurückreichende Angelegenheit, die auch besonders bedeutsam und schwierig war, war gleichzeitig ausgesprochen obskur. Die Vereinigten Staaten, der größte Beitragszahler, schuldeten der UNO rund eine Milliarde Dollar. Das fehlende Geld, das als «Rückstände» bezeichnet wurde, hatte sich über Jahre im Senat angesammelt, wo es von Republikanern wie Helms zurückgehalten wurde, der die UNO für einen Sumpf der Verschwendung und eine Sickergrube antiamerikanischer Stimmungsmache hielt und sie als eine Gefahr für die amerikanische Souveränität darstellte. Die republikanische Partei hatte bereits die einsame Route weg vom Internationalismus eingeschlagen und näherte sich dem «America First».

Bevor er das Geld freigab, verlangte Helms drakonische Reformen bei der UNO – vor allem eine Verringerung des amerikanischen Beitrags. Das Helms-Biden-Gesetz war vom Senat bereits verabschiedet worden, aber viele Kongressabgeordnete hätten nichts lieber gesehen als einen vollständigen Zusammenbruch der Institution, und ein republikanischer Abgeordneter aus New Jersey blockierte das Gesetz im Unterhaus, weil er Entwicklungshilfe streichen lassen wollte, die in armen Ländern zur Familienplanung eingesetzt wurde. Holbrookes Vorgänger, Albright und Richardson, waren unwillig oder unfähig gewesen, das Problem zu lösen, und hatten es ihm überlassen. Als er seinen Amtseid schließlich leisten konnte, waren die USA nur noch Monate davon entfernt, ihr Stimmrecht in der Generalversammlung zu verlieren. Das hätte Helms und den America-First-Abgeordneten im Kongress durchaus gepasst – sie hätten die USA einfach ganz herausgenommen. Und die Clinton-Regierung war auch nicht gerade darauf erpicht, kurz vor einem Wahljahr zur Verteidigung der Beiträge in den Ring zu steigen. Und so machte es sich Holbrooke, dessen Unterstützung für Kriegsverbrechertribunale und friedenserhaltende Missionen genau den lockeren Umgang mit der nationalen Souveränität verkörperte, den Helms verabscheute, zur obersten Aufgabe, republikanische Kongressabgeordnete für sich zu gewinnen. In jenem Herbst flog er wöchentlich nach Washington, er verwickelte in der Rotunde des Kongressgebäudes oder in der U-Bahn unter

Entweder du siegst, oder du stürzt

dem Kapitolkomplex völlig fremde Menschen in Gespräche, er hörte ihre Klagen und erklärte ihnen, warum der Fortbestand der Vereinten Nationen für die Menschen in ihren Wahlkreisen relevant sei.

Im Vorzimmer von Bart Stupak, einem konservativen Demokraten aus einem ländlichen Gebiet im nördlichen Michigan, wurden Holbrooke und sein Repräsentant in Washington, Robert Orr, von einem Poster begrüßt, auf dem stand: CHARLTON HESTON IST MEIN PRÄSIDENT. Charlton Heston war der Präsident der National Rifle Association, der mächtigen Waffenlobby.

«Um Himmels willen», flüsterte Holbrooke Orr ins Ohr, «wo haben Sie mich hingebracht?»

Holbrooke und Stupak setzten sich. «Ich sehe, dass Sie innere Sicherheit ganz großschreiben», sagte er von Mann zu Mann. Stupak war früher Polizist gewesen.

«Klar», sagte Stupak. «Ich habe Milizen in meinem Wahlkreis, und eine Menge Waffen.»

«Nun, ich möchte mit derselben Leidenschaft über unsere äußere Sicherheit sprechen.» Bei der UNO gehe es nicht um amerikanische «Werte», erklärte er, sie sei ein Instrument zur Durchsetzung der eigenen Interessen. In neun von zehn Ländern der Welt entstehe der amerikanische Einfluss durch die Rolle bei der UNO, besonders bei den Friedensmissionen. Als Stupak die Bemühungen der UNO erwähnte, den weltweiten Handel mit Kleinwaffen einzuschränken – wogegen die NRA Sturm lief –, tat Holbrooke die Sorgen ab. Das sei nur ein Ablenkungsmanöver für die Generalversammlung, was zähle, sei der Sicherheitsrat, wo Amerika mit seiner Macht und dem Veto seine Interessen schützen müsse.

«Ich wusste nicht, was ich erwarten sollte, als Sie baten, mit mir zu sprechen», sagte Stupak, als Holbrooke geendet hatte. «Aber ich muss Ihnen sagen, Sie haben mich überzeugt.»

Holbrooke traf über einhundert Abgeordnete zu Einzelgesprächen. Die meisten von ihnen hatten noch nie persönlich mit einem Kabinettsmitglied gesprochen, und die Aufmerksamkeit eines berühmten Diplomaten schmeichelte ihnen. Die ganz Glücklichen erhielten eine Einladung zu einem Abendessen zu Ehren irgendeines Hollywood- oder

Fernsehstars, die Holbrooke und Kati regelmäßig im Waldorf abhielten. Einige wenige waren sogar selbst Ehrengäste. Im Dezember 1999 wurde das Helms-Biden-Gesetz auch im Unterhaus verabschiedet, und Clinton unterschrieb.

Am 20. Januar brachte Holbrooke Helms nach New York, dem die Ehre zuteil geworden war, vor dem Sicherheitsrat zu sprechen. Und auch wenn der eulenäugige alte Rassist und Isolationist an dem berühmten hufeisenförmigen Tisch saß und die UNO verurteilte, weil sie es wagte, über die Rechtmäßigkeit von Amerikas Aktivitäten in der Welt zu urteilen, und obwohl die Botschafter mit versteinerten Mienen dasaßen und schwiegen, hatte seine Anwesenheit doch den Effekt, die Spannungen ein wenig zu lösen. Am nächsten Tag hielt der Senatsausschuss für Auswärtige Beziehungen eine Anhörung zur Reform der UNO in Midtown Manhattan ab. Helms leitete die Sitzung in einer blauen UNO-Baseballmütze. Er dachte inzwischen über seinen Platz in den Geschichtsbüchern nach. Im März erwiderte er die Geste, indem er den Sicherheitsrat nach Washington einlud, und im Mai hielt Kofi Annan, der erste schwarzafrikanische Generalsekretär, eine Rede an der Wingate University in North Carolina, Helms' Alma Mater, die einst die Rassentrennung praktiziert hatte.

Als Bedingung für die Zahlung der Rückstände verlangte das Helms-Biden-Gesetz, dass der amerikanische Beitrag von fünfundzwanzig auf zweiundzwanzig Prozent des Gesamthaushalts und von neunundzwanzig auf fünfundzwanzig Prozent des Haushalts für friedenserhaltende Maßnahmen gesenkt wurde, was bedeutete, dass alle anderen Länder ihre Beiträge erhöhen mussten, teilweise um das Dreifache. Holbrooke empfand dieses Gefeilsche des reichsten Landes der Erde als unwürdig und beschämend. «Aber ich werde es durchsetzen, denn die Vereinigten Staaten dürfen nicht das Land werden, das die UNO zerreißt», sagte er dem britischen Botschafter Sir Jeremy Greenstock. Holbrooke brauchte die Stimmen der gesamten Generalversammlung, wo der Widerstand ebenso heftig war wie im republikanisch geführten Kongress. Er richtete seinen unerbittlichen Blick für Details auf die einhundertachtundachtzig anderen Botschaften an der UNO und nahm sich die Zeit, mit den ständigen Vertretern kleinerer, ärmerer Länder wie Mauritius zu sprechen, die – als geopolitische Gegenstücke zu Bart Stupak – noch nie Gelegenheit gehabt hatten, einen amerikanischen Botschafter kennenzulernen, und erkundete ihre Befindlichkeiten und Wünsche. Eine Gruppe afrikanischer Botschafter nahm er zu einer Privatführung der afrikanischen Sammlung des Metropolitan Museum mit. Er vertiefte sich in die Haushaltsberechnungen und trug in seiner Tasche eine laminierte Karte, auf der die aktuellen und zukünftigen Beiträge eines jeden Landes aufgeführt waren.

Am Silvesterabend des Jahres 2000, bei der abschließenden Abstimmung, hielt er seine Kollegen in New York die ganze Nacht lang wach, während sie mit ihren Regierungen berieten, ob sie dem neuen Haushalt zustimmen würden. Greenstock widersetzte sich seinen Anweisungen, den vorgeschlagenen britischen Beitrag abzulehnen. «Tut mir leid, ich musste mich in dieser Sache mit Holbrooke herumschlagen», erklärte er dem Staatsminister, der um 4 Uhr am Morgen im Londoner Außenministerium gesessen und gewartet hatte. «Ich habe mich ganz gut gehalten. Jetzt müssen wir es akzeptieren.» Die Reformen wurden verabschiedet, und die USA begannen, das Geld freizugeben, das sie der Organisation schuldeten, die sie selbst erschaffen hatten.

Holbrooke, der zu starrköpfig war, um an den Traum seines Vaters zu glauben, und zu idealistisch, um ihn ganz aufzugeben, rettete die Vereinten Nationen vor der Auflösung, die eingesetzt hätte, wenn Amerika die Führungsrolle abgegeben hätte. Freud hat einmal gesagt, dass die Arbeit des Psychoanalytikers darin besteht, neurotisches Elend in gemeines Unglück zu verwandeln. Holbrooke bewahrte die historische Rolle der UNO als der Organisation, in der Lösungsversuche für die größten Probleme der Welt scheitern können.

Überzeugungsarbeit und Erbsenzählen in Washington und New York genügten ihm nicht mehr, er brauchte ein größeres Spielfeld. Er fand es in Afrika, einem Kontinent, auf den er außerhalb des arabischen Nordens noch nie einen Fuß gesetzt hatte.

1998 hatte Bill Clinton begeistert von einer «afrikanischen Renaissance» mit einer neuen Generation von politischen Führern gesprochen.

Diese Ankündigung war verfrüht. Ende 1999 fielen Zehntausende Menschen Kriegen zum Opfer, die ebendiese politischen Führer angezettelt hatten, vor allem auf der äthiopisch-eritreischen Grenze, in Sierra Leone und im östlichen Kongo, wo ein halbes Dutzend benachbarter Länder in einen ethnischen Bürgerkrieg und den Kampf um Bodenschätze verwickelt waren. Wenn die Bewältigung des Chaos die Außenpolitik der Zeit nach der Ära des Kalten Krieges war, schien Afrika ein guter Ausgangspunkt zu sein.

Anfang Dezember 1999 leitete Holbrooke eine Delegation – Kati war dabei, außerdem Senator Russ Feingold und verschiedene Mitglieder der Clinton-Regierung – auf einer zwölftägigen Afrikareise, sie besuchten zehn verschiedene Länder, darunter den Kongo, Südafrika und Simbabwe. Bei diesem Tempo konnte Holbrooke nicht in eine Pagode spazieren und das verkohlte Herz eines Mönchs betrachten. Je wichtiger die Menschen werden, desto weniger lernen sie – sie lesen nicht mehr so viel, ihnen fehlt die Zeit, die sich produktiv verschwenden ließe, sie reden kaum noch mit den Menschen vor Ort, die auf der Empfängerseite der Geschichte leben. Holbrooke bekämpfte dieses Syndrom, so gut er konnte – sein Goldstandard für Diplomatie war noch immer sein Jahr im Mekong-Delta –, aber es traf auch ihn.

Sein Ziel war, die Probleme des Kontinents vor den Sicherheitsrat zu bringen, besonders den Krieg im Kongo und die AIDS-Epidemie, die in allen Ländern, die er besuchte, das soziale Gefüge zerstörte. Im Januar 2000 übernahm Amerika den Ratsvorsitz, und Holbrooke erklärte ihn zum «Afrika-Monat». Er brachte die Staatsoberhäupter der kriegführenden Länder im Kongo nach New York und setzte – gegen den Einwand Russlands, Chinas und Kofi Annans – AIDS als Bedrohung des Weltfriedens und der Stabilität auf die Tagesordnung des Sicherheitsrats, nicht zuletzt, weil UNO-Friedenstruppen in Afrika und anderswo das Virus verbreiteten. Seine Bemühungen, den Krieg im Kongo zu beenden, führten zu nichts. Aber das Schlaglicht, das er auf die AIDS-Epidemie warf, hatte außerordentliche Konsequenzen: für die UNO, wo eine Gesundheitskrise zum ersten Mal die kollektive Aufmerksamkeit der Weltmächte erregte, was dazu führte, dass sich der Sicherheitsrat auch mit anderen, «weichen» Aspekten von Krieg und Frieden, wie Kindersoldaten und zivile Opfer, zu befassen begann; und für Holbrooke selbst, der nach dem Ausscheiden aus dem Amt eine Koalition multinationaler Konzerne leitete, die sich zum Ziel gesetzt hatte, AIDS-Erkrankungen zu behandeln und HIV-Tests verfügbar zu machen. Er begriff früher als viele andere, dass Diplomatie sich im 21. Jahrhundert verändern würde – dass sie mehr mit der Motivierung einzelner Menschen und Gruppen außerhalb der Politik zu tun hat, die gemeinsam komplexe Antworten auf humanitäre Krisen finden müssen, als mit Sitzungen von Männern in Anzügen.

Es ist kaum eine Fußnote zu der Geschichte, die ich hier erzähle. Es bleibt nicht einmal die Zeit, zu beschreiben, wie er im Alleingang das völkermordende Regime des Sudan daran hinderte, seinen turnusmäßigen Platz im Sicherheitsrat einzunehmen; wie er die UNO so lange bearbeitete, bis sie die Rücksiedlung der Menschen aus Osttimor, die im Krieg mit Indonesien geflohen waren, beschleunigte; und wie er versuchte, die Chinesen zu einem Treffen mit dem Dalai Lama zu überreden, und sie drängte, Tibet im Gegenzug für die Anerkennung der chinesischen Hoheit über die Region kulturelle Autonomie zu gewähren. (Daraus wurde nichts.) Dies sind die Dinge, die Holbrooke tat, wenn niemand hinsah.

Bei der UNO machte er sich auch einen weiteren mächtigen Feind.

Das Einzige, was in bürokratischer Hinsicht zwischen ihm und Afrika stand, war eine fünfunddreißigjährige Assistant Secretary of State namens Susan Rice. Sie war ein Produkt der schwarzen Intelligenzija von Washington, eine sportliche, kluge und angriffslustige Frau, die von Lake im Nationalen Sicherheitsrat und von Albright im Außenministerium gefördert wurde, was zusammengenommen nichts anderes bedeuten konnte, als dass Holbrooke früher oder später mit ihr zusammenprallen würde. Sie kannten sich seit dem Sommer 1998. Rice war auf dem Kapitol und sprach gerade mit Abgeordneten, als ihre Assistentin anrief und sagte, dass in ihrem Büro im sechsten Stock des Außenministeriums der neue Kandidat für die UNO warte und sich weigere zu gehen, bis sie zurückkehre. Rice bat sie, Botschafter Holbrooke auszurichten, dass sie zwar nicht zurückeilen würde, dass er aber gern auf sie warten dürfe. Was genau das war, was er an ihrer Stelle auch getan hätte.

Als sie schließlich ins Außenministerium zurückkehrte, fand sie Holbrooke ausgestreckt auf ihrem Sofa vor. «Ich mag Sie nicht, weil Sie meinen Rekord gebrochen haben. Ich war hier der jüngste Regional Assistant Secretary der Geschichte», sagte er. Er wollte rauen Charme versprühen, aber Rice biss nicht an. Sie beschloss sofort, dass sie es mit einem arroganten Arschloch zu tun hatte. Und als Holbrooke ein Jahr später begann, seine afrikanischen Themen durchzudrücken, wurde der Kontinent ein weiteres Mal zum Schlachtfeld äußerer Mächte. Sein Gespür für die Schwächen anderer sagte ihm, dass die von Rice das Thema Ruanda war. Sie war während des Völkermords im Nationalen Sicherheitsrat für Afrika zuständig gewesen und hatte, gemeinsam mit Lake und Albright, ihren Teil dazu beigetragen, dass Amerika versäumt hatte, auch nur einen Finger zu rühren, um das Morden zu verhindern oder zu stoppen. Dieser Fehler verfolgte Rice, und Holbrooke wusste das.

Der Afrika-Monat zu Beginn des neuen Jahrtausends war vermutlich der längste Monat in Rices Leben. Indem er die Staatschefs und Botschafter ihrer Region zu den Kongo-Gesprächen nach New York einlud, drang er in ihr Territorium ein und markierte sozusagen jeden Strauch und jeden Baum. Besonders unangenehm wurde es bei einer Sitzung in seinem Konferenzraum. Es ging um die Frage, ob die UNO-Friedenstruppen ein Mandat haben sollten, die kongolesischen Milizsoldaten zu entwaffnen, wie Rice es wollte, oder ob sie als Beobachter fungieren sollten, wie Holbrooke vorgeschlagen hatte. Er stand am Tischende, zeigte ihr vor den versammelten Botschaftern seine ganze Verachtung, deutete an, dass ihr Urteil durch ihr Versagen in der Vergangenheit beeinträchtigt sei, und als er schließlich sagte, «Ich weiß, wie das ist, der jüngste Regional Assistant Secretary im Außenministerium zu sein», war es einfach zu viel. Von ihrem Platz am anderen Ende des Tisches aus zeigte sie ihm den ausgestreckten Mittelfinger.

Er ignorierte es und redete weiter. Nach der Sitzung rief Rice Albright an, um sie zu warnen, dass sie gerade einem Mitglied des Kabinetts den Stinkefinger gezeigt hatte. Die Außenministerin gratulierte ihr dazu. In ein paar Jahren sollte diese Rechnung beglichen werden.

Ich kann auch Tony Lake nicht aus diesem Teil der Geschichte heraushalten. Er lehrte an der Georgetown University und diente, da er sich seit den späten Sechzigerjahren mit Afrika beschäftigt hatte, als Clintons unbezahlter Gesandter für Äthiopien und Eritrea. Ihr Grenzkrieg mitsamt den Schützengräben und Artilleriestellungen sah aus wie der Erste Weltkrieg, und er verschlang etwa dieselbe Menge von Soldaten. Einhunderttausend Menschen starben wegen eines einzigen ausgetrockneten, von Hungersnot geplagten Grenzstädtchens. Waffen aus anderen Ländern strömten herein, und die amerikanischen Versuche, die Feindseligkeiten zu beenden, scheiterten immer wieder.

Anfang Mai 2000 gerieten die Friedensgespräche, die Lake in Algier leitete, ins Stocken, weil die Abfolge der Schritte, die zu einem Waffenstillstand führen sollten, nicht geklärt werden konnte. Die beiden Länder schienen bereit zu sein, die Kämpfe wieder aufzunehmen – äthiopische Truppen wurden schon an der Grenze zusammengezogen. Lake kehrte zu Beratungen nach Washington zurück, während Holbrooke gerade mit einem halben Dutzend Botschaftern des Sicherheitsrats durch Afrika reiste. Als Holbrooke und seine Kollegen von Kampala nach Kairo flogen, beschlossen sie kurzerhand, das Flugzeug zum Horn von Afrika umzuleiten, um weiteren Kämpfen zuvorzukommen und, aus Holbrookes Sicht, Lake und Rice einmal zu zeigen, wie man kraftvolle Diplomatie betrieb. Lake wusste, dass es wie ein weiteres kleinliches Kapitel in ihrer endlosen Saga aussähe, wenn er versuchen würde, Holbrookes Einmischung abzuwehren. Wie üblich verschaffte Lakes Sinn für Würde Holbrooke einen taktischen Vorteil.

Für die Clinton-Regierung waren in erster Linie die Eritreer die Aggressoren, und Rice verstand sich äußerst gut mit dem äthiopischen Ministerpräsidenten Meles Zenawi. Holbrooke glaubte, dass diese Unausgewogenheit Teil des Problems war. Er pendelte mit seinen Kollegen zwischen Addis Abeba und Asmara hin und her, bis sie den eritreischen Präsidenten Isaias Afwerki überredet hatten, den äthiopischen Forderungen zuzustimmen, wodurch Meles – dessen Militär auf das Schlachtfeld zurückkehren wollte – in die Ecke gedrängt wurde. Holbrooke nahm sich den Äthiopier zur Brust, beinahe, als wäre er selbst der Ministerpräsident: «Sie verstehen Ihre Rolle als Regierungschef falsch, Mr. Prime Minister.» Meles kochte danach vor Wut.

Kaum dreißig Stunden nachdem die Botschafter Addis verlassen hatten, starteten die Äthiopier eine Offensive, die zwei Wochen andauerte und Tausende von Menschen das Leben kostete, bevor der Krieg in den letzten Maitagen endlich endete.

Die Offensive war ohnehin geplant gewesen, aber in Washington kam man zu dem Schluss, dass Holbrookes Beteiligung sie ausgelöst hatte. Im Außenministerium machte eine Mail die Runde mit der auf Holbrookes Bestseller anspielenden Betreffzeile «To Start a War». Lake, der für seine Bemühungen bei den Friedensgesprächen die Samuel-Nelson-Drew-Auszeichnung des Weißen Hauses erhalten hatte, schwor, nie wieder mit Holbrooke zu sprechen.

Richard und Kati waren nie glücklicher als in der UNO-Zeit. Sie lebten nun endlich ihren Traum von dem großartigen Paar, das sich von der Öffentlichkeit bewundern ließ. Ihre Abendessen in der Suite 42A im Waldorf Astoria, die immer seinen Absichten und Zielen untergeordnet waren, wurden legendär. Morgens saßen sie auf ihrem Bett im Beresford und erstellten die Sitzordnung, sie schoben die Gäste auf Haftzetteln hin und her, als wären sie, so dachte Kati manchmal, zwei Generäle, die ihre Truppen für die Schlacht aufstellen. All das zu Ehren von Mandela, Bono, De Niro, Dikembe Mutombo (Basketball war ein beliebtes Thema), Paul McCartney, Wes Clark, Barbara Walters, Hillary, Gore (Holbrooke schenkte dem Vizepräsidenten zu Beginn des Wahlkampfs von 2000 außerordentliche Aufmerksamkeit), Helms, Biden und hin und wieder auch mal des Vorsitzenden irgendeines Unterausschusses aus Kentucky. Holbrookes Koch und Küchenchef und die beiden Protokollbeamten, die er beschäftigte, standen immer kurz vor dem Nervenzusammenbruch.

Zu Thanksgiving war Holbrookes Familie eingeladen. Kofi Annan und verschiedene Botschafter waren anwesend, und reihum sagte jeder, wofür er dankbar war. Auf Andrew wirkten diese Sätze so frömmlerisch und falsch – «dass ich die Gelegenheit habe, Frieden in die Welt zu bringen» –, dass er, als die Reihe an ihn kam, sagte: «Ich bin dankbar, dass ich einen derart gütigen, fürsorglichen, liebevollen Bruder habe.» Alle lachten – selbst Holbrooke. Dann sagte Trudi, die gerade ihren zweiten

Ehemann verloren hatte und mit einer beginnenden Alzheimer-Erkrankung kämpfte: «Ich habe überhaupt nichts, wofür ich dankbar bin. Ich fühle mich elend.» Schweigen legte sich über die Tischgesellschaft. Kati hielt immer die erste Tischrede, hatte aber Besseres zu tun, als den ganzen Tag lang Speiseabfolgen zu planen. Holbrooke war derjenige, der an der Speisekarte seines Kochs herumbastelte, bis sie ihm passte, besonders wenn es ums Dessert ging – die *Île flottante*, in einem See von Vanillesauce schwimmende Meringue. Sie waren Partner, aber Kati führte auch ihr eigenes Leben. Sie schrieb an ihrem sechsten Buch, das ihr bis dahin erfolgreichstes sein würde – über die Ehen der Präsidenten, einschließlich der Clintons – und sie hatte alle Hände voll damit zu tun, Geld für das Komitee zum Schutz von Journalisten und für Human Rights Watch zu sammeln. Sie besuchte im Ausland inhaftierte Schriftsteller und belehrte Diktatoren über Pressefreiheit. Richard und Kati waren ganz oben angekommen.

Es gab ein Gerücht über eine Affäre, die er mit einer jüngeren Frau haben sollte. Das Gerücht stimmte. Sie waren im Beresford und arbeiteten, als er ganz nah an sie heranrückte und sagte: «Ich will dich küssen.» Er wartete die Antwort nicht ab – er nahm sie sich, wie ein Mann, der aus seiner Bedeutung Befugnisse ableitet. Aber die jüngere Frau fand ihn liebevoller als die anderen VIPs, die sie kennengelernt hatte. Sie blieben eng befreundet, selbst in den sexlosen Phasen, wenn sie mit anderen Männern ausging. Im Sommer 2000, als Holbrooke hoffte, in wenigen Monaten zu Gores Außenminister ernannt zu werden, tauchte das Gerücht in der Boulevardpresse auf. In seiner Panik entwickelte er einen Plan: Er und Kati würden mit Pete Peterson und Dick Beattie an Petersons fest reserviertem Tisch im Four Seasons zu Mittag essen, unter den Augen der Gesellschaft, in der sie sich bewegten. Um zu zeigen, dass sie glücklich verheiratet waren. Natürlich bemerkte sie niemand, und es war den Leuten auch egal.

Als Kati von dem Gerücht erfuhr, ging sie damit wesentlich geschickter um – tatsächlich mit dem Takt einer Comtesse de Marton. Sie war in der Öffentlichkeit betont nett zu der jüngeren Frau und zeigte sich beinahe fürsorglich. Kati würde sich nicht unterkriegen lassen, auf gar keinen Fall.

Und sie waren ja auch glücklich verheiratet. Zumindest aus seiner Sicht, und das widerlegte auch eine Affäre seinerseits nicht. Die jüngere Frau erregte einfach nur privilegiertes Interesse, in einer sozialen Sphäre, in der Affären praktisch erwartet wurden. Er lag Kati immer noch zu Füßen.

Aber er wäre auch dann nicht Gores Außenminister geworden, wenn das Oberste Gericht die Präsidentschaft nicht George W. Bush zugesprochen hätte. Gores außenpolitischer Berater, Leon Fuerth, sagte Les Gelb, dass Holbrooke chancenlos sei, und zwar «aus den offensichtlichen Gründen» – zu viel Ärger, zu viele Feinde, unverstandenes Talent. Gelb argumentierte, dass Holbrooke Clinton gegenüber immer loyal gewesen sei, aber Fuerth war ungerührt, und Jim Johnson, der für Gores Debattenvorbereitung und den Regierungsübergang zuständig war, bestätigte die schlechte Nachricht.

Nach dem Ende seiner Amtszeit richtete sich Holbrooke in einem Büro am Council on Foreign Relations ein, er plante ein weiteres Buch, das als Fortsetzung von Kennans *American Diplomacy 1900–1950* gedacht war. Es sollte die Diplomatie in der zweiten Hälfte des Jahrhunderts behandeln, die den größten Teil des «amerikanischen Jahrhunderts» ausmachte und vor allem aus Ereignissen in der diplomatischen Laufbahn von Richard Holbrooke bestand. Doch er war zu unruhig und fand in die Arbeit nie richtig hinein. Johnson führte ihn bei einer weiteren Finanzfirma an der Wall Street ein, diesmal einer Handelsbank namens Perseus, die anderthalb Millionen Jahresgehalt und Bonus zahlte, mehr als Holbrooke je verdient hatte. Beattie versuchte, ihn zu warnen – er hielt Frank Pearl, den Chef von Perseus, für einen schleimigen Typen –, aber das Geld war einfach zu verlockend. Zu dem Job gehörten eine Sekretärin, ein persönlicher Assistent, ein Wagen und ein Chauffeur, der einst den Polizeichef gefahren hatte und noch immer die Polizeiplakette besaß, die sie überall sehr schnell hinbrachte.

Holbrooke akquirierte für Perseus nur sehr wenige Kunden. Er arbeitete an seiner AIDS-Initiative, leitete die Asia Society, saß in wichtigen Aufsichtsräten, schrieb Kolumnen für die *Washington Post* und hielt vor Oligarchen in Kiew eine Rede, für die er lockere 100 000 Dollar einsteckte. Er war unruhig, und diese Unruhe machte Kati das Leben schwer.

Und er begann, gesundheitliche Schwierigkeiten zu haben. Vorhofflimmern – ein unregelmäßiger Herzschlag, Schwindelgefühle. Drei Episoden in sechs Jahren, und jedes Mal wurde eine Kardioversion durchgeführt – die Ärzte hielten ihm Paddel an Brust und Rücken und versetzten ihm einen Elektroschock, der sich wie ein Eselstritt anfühlte –, um ihn vorübergehend bewusstlos zu machen, sein Herz anzuhalten und den normalen Rhythmus wiederherzustellen. Diese Vorfälle machten ihm Angst.

Die Ehe litt darunter, dass er kein Amt innehatte. Wenn sie gemeinsam kletterten, blieb das Seil, das sie verband, straff, aber wenn er nicht die Arbeit machte, für die er bestimmt war, verlor dieses Seil die Spannung. Sie waren kaum noch allein zu Hause, und mit jedem Abendtermin – Restaurantbesuche mit Freunden, Spendengalas, Diners zu Ehren von diesem oder jenem – verging ein Stückchen ihrer Intimität. Beide hatten Angst davor, unter den Augen der / des anderen und auch in Betrachtung ihrer selbst still zu stehen, als könnte der Spiegel, der ihnen vorgehalten würde, ihnen etwas zeigen, das sie nicht sehen wollten. Es war leichter, einander zu beschützen, wenn seine eisblauen Augen leuchteten, wie nur die Arbeit, zu der er bestimmt war, sie aufleuchten ließ.

Er arbeitete wie verrückt, in diesen Jahren ohne Amt, aber die Erregung der Macht, an die sie sich gewöhnt hatten, konnte er für sie beide nicht herstellen. Sein Leben nahm zu viel Raum ein, und sie musste ihren eigenen immer verteidigen. Sie sollte immer in Reichweite sein, aber er selbst konnte sich von dem, was ihn gerade beschäftigte, nie ganz lösen. Sie fühlte sich zunehmend vernachlässigt. Und dies war der grundlegende Unterschied in dem Ehrgeiz, der sie in einem Salut der Chromosomen vereinte. «Holbrooke will mit dem auffallen, was er tut, nicht mit dem, was er ist», erklärte Lake einmal in einem Augenblick wohlwollender Einsicht. «Das ist eine wichtige Eigenschaft und gleichzeitig das Einzige, was ihn rettet.» Kati aber wollte als Person auffallen – sie brauchte die Aufmerksamkeit wie die Luft, die sie atmete.

Drei Mal schlug sie ihm vor, einen Psychotherapeuten aufzusuchen, um Themen zu besprechen, die für ihn so schmerzhaft waren, dass er mit ihr nicht darüber reden konnte. Das erste war sein Vater. Das zweite war Lake, der ihre Freundschaft, so hatte er ihr erzählt, völlig grundlos beendet hatte. Aber Holbrooke weigerte sich, deshalb jemanden zu sehen. «Ich weiß, was für mich funktioniert, und ich will nicht, dass mich jemand durcheinanderbringt», sagte er. Nicht zu tief in bestimmte Bereiche vorzudringen – das war es, was für ihn funktionierte. Das dritte Thema, dem aus ihrer Sicht professionelle Hilfe guttäte, war eines, das ihre Ehe fast beendet hätte.

Im Sommer 2004 arbeitete sie an einem Buch über ihre Eltern und das Drama ihrer eigenen Kindheit, weshalb sie immer wieder nach Budapest reiste. Sie lernte dort einen ungarischen Medienmanager kennen, der ihr Liebhaber wurde. Er war reich, gutaussehend und durch und durch europäisch. Sie liebte es, mit ihm in der Sprache ihrer Kindheit zu reden. Sie liebte es, Gedichte mit ihm zu lesen, stundenlang im Café zu sitzen und Wein zu trinken, miteinander zu schlafen und sich in seiner Hingabe, seiner ungeteilten Aufmerksamkeit zu sonnen (ohne dass das Handy geklingelt hätte) – alles Dinge, die in ihrem Alltag mit Holbrooke schon lange nicht mehr vorkamen. Kati und ihr Liebhaber reisten den ganzen Sommer in einer Art romantischem Rausch durch Europa, ein Zustand, dem sie nicht widerstehen konnte. Sie spielte mit dem Gedanken, ihren Mann zu verlassen.

Eines Tages im August saßen sie auf Gartenstühlen hinter ihrem Haus in den Hamptons. «Richard, es gibt da jemanden.» Sie begann, bitterlich zu weinen, und konnte den Satz nicht beenden. Dann weinte auch er. Er hatte ihr einmal gesagt, dass er ihr verzeihen müsse, wenn sie ihn je betrügen würde.

«Du hast uns da reingeritten», sagte er, bevor er wegging. «Jetzt hol uns auch wieder da raus.»

Dieses «uns» – die pauschale Behauptung einer Realität, die ihr keinen Raum ließ, eigene Vorstellungen zu entwickeln oder zu verhandeln – gab ihr den Rest. Sie rief ihren Liebhaber in Budapest an und sagte: «Ich kann das nicht.»

Richard und Kati ließen sich nach New York zurückfahren, auf der Fahrt sprachen sie kein Wort. Dann nahmen sie ihr Leben unter den Blicken der Öffentlichkeit sofort wieder auf.

Als am 11. September 2001 die Türme fielen, fuhr Holbrooke gerade zum Flughafen LaGuardia. Sandy Berger war ebenfalls im Wagen – sie sollten bei derselben Tagung in Houston sprechen – und vor dem Hintergrund der Katastrophe, die sich in ihrem Rücken auf der anderen Seite des East River abspielte, entwickelte sich ein angespanntes, zugleich sehr persönliches Gespräch.

«Wann hast du deinen Sohn zum letzten Mal gesehen?», fragte Berger. Und: «Clinton wollte wissen, was zwischen dir und Tony vorgefallen ist.»

«Und was hast du ihm gesagt?»

«Ich hab gesagt, ich weiß es nicht.»

Die Flüge wurden gestrichen, der Flughafen wurde gesperrt. Aus einem Hotel in der Nähe rief Holbrookes Assistentin Ashley Bommer CNN an. Drei Stunden nach dem Einsturz war er einer der ersten Experten, der im Fernsehen befragt wurden. Er sagte, dass Osama bin Laden möglicherweise der Schuldige sei, dass aber alle Länder, die die Terroristen unterstützten, nicht weniger verantwortlich seien. Dann erwähnte er kurz noch Ashley, damit sich ihre Eltern keine Sorgen machen mussten. Berger klang bei seinem Interview nervös. Als es um die Bilanz der Clinton-Regierung bei der Terrorismusbekämpfung ging, versuchte er abzulenken.

Holbrooke wusste eigentlich überhaupt nicht, was er zu den Anschlägen sagen sollte, er brachte nur seine patriotische Unterstützung für die Regierung Bush zum Ausdruck. Je mehr Fernsehauftritte er absolvierte, desto mehr fühlte er sich wie ein Betrüger, der die Katastrophe für seine eigenen Zwecke nutzte. Er fiel in ein tiefes Loch. Er hatte zu einem historischen Zeitpunkt kein Amt, und al-Qaida war auch nicht sein Spezialgebiet – Terrorismus war eine Angelegenheit der Geheimdienste und des Staatsschutzes. Aber wie passten die Anschläge zur Holbrooke-Doktrin, dass unter amerikanischer Führung das Chaos eingedämmt und den Verzweifelten dieser Welt Hoffnung gebracht wurde?

Im Oktober nutzte er eine lang geplante Rede in den Niederlanden dazu, seine Position neu zu durchdenken. Das Jahrzehnt nach dem Kalten Krieg war eine «Zwischenkriegszeit» gewesen, die nun vorüber war. Der 11. September war ein Schock von der Tragweite des 28. Juni 1914 und des 7. Dezember 1941. Auf der Suche nach Orientierung in der neuen

Ära richtete Holbrooke, wie er es oft tat, den Blick auf die Jahre der Roo-
sevelt- und Truman-Regierungen. Ein Sieg über al-Qaida würde eine
ähnlich breit angelegte Zusammenarbeit der westlichen Demokratien
erfordern. «Heute müssen wir all unsere Kräfte daransetzen, auf der
Grundlage der NATO das dritte große Bündnis transatlantischer Mächte
zu schaffen, ähnlich wie wir es im Zweiten Weltkrieg und im Kalten
Krieg gemacht haben», erklärte er seinem niederländischen Publikum.
Ohne Europa gehe es nicht, und auch nicht ohne die UNO und andere
internationale Organisationen, aber Amerika müsse wieder die Führung
übernehmen. Ein Alleingang – der Standardansatz der Bush-Regierung –
wäre zum Scheitern verurteilt, denn die USA bräuchten nicht nur Verbündete, sondern auch Legitimation. Der Krieg gegen den Terror werde
ein unkonventioneller Krieg sein, teils auch ein Krieg der Ideen, wie
es die Auseinandersetzung mit dem im Niedergang befindlichen Kommunismus gewesen sei. Der schlimmste Fehler, den man machen könne,
sei, daraus einen Krieg gegen den Islam zu machen.

Nach dem Sturz der Taliban, fuhr er fort, müsse Amerika in Afghanistan die Lektionen anwenden, die es auf dem Balkan gelernt habe. Die
NATO und ihre weltweiten Partner würden Truppen und Geld bereit-
stellen müssen, um das Land wiederaufzubauen und die Rückkehr der
Terroristen zu verhindern. «Jetzt, da sich Washington der Herausforderung in Afghanistan stellt», schrieb er im Frühjahr 2002, «muss
die Frage gestellt werden: Was haben wir gegen das Nation Building?
Irgendwo auf dem Weg von Vietnam nach Somalia wurde dieser einst
wichtige Aspekt der amerikanischen nationalen Sicherheitsstrategie zu
einem Schimpfwort.»

Die Analyse erwuchs aus den Werten und Ideen, die Holbrookes
Leben geleitet hatten. Doch dann bog er irgendwo falsch ab und ging
auf fatale Weise zu weit. Denn wir Amerikaner sind schließlich nie gut
darin gewesen, die inneren Angelegenheiten anderer Länder zu regeln.
Wir sind lausige Imperialisten. Wir sind zu chaotisch und lassen uns zu
leicht ablenken – wir sind zu demokratisch. Wir haben nicht das Wissen,
das Durchhaltevermögen, die öffentliche Unterstützung, die Eliten, die
ein Imperium führen wollen oder können. Und wir haben auch nur selten die moralische Überlegenheit, in der wir uns wähnen. Wenn es uns

gerade passt, machen wir uns so lange etwas vor, bis wir denken, die Menschenrechte würden uns etwas bedeuten. Man könnte Deutschland und Japan als Erfolgsgeschichten anführen, aber das waren bereits hoch entwickelte Gesellschaften, die wir ihrer Aggression halber kurz und klein schlugen – sie hatten das Recht verwirkt, sich unserem Wiederaufbau zu widersetzen. Bosnien und das Kosovo waren in Europa, das war unser Revier. Osttimor konnte sich glücklich schätzen, gleich auf der anderen Seite der Timorsee Australien zu haben. Die wichtigste Lehre der Neunziger – wo ein amerikanischer Wille ist, ist auch ein Weg – beruhte auf Zufällen der Geschichte und geographischen Gegebenheiten.

Präsident Bush und seine Berater interessierten sich nicht für die Lehren der Neunzigerjahre. Sie weigerten sich, sie auf Afghanistan anzuwenden – Nation Building *war* ein Schimpfwort. Es dauerte nicht lange, bis sie den Irak ins Visier nahmen, und sie waren bereit für den Alleingang. Holbrooke sprach sich trotzdem für den Krieg aus. Er war überzeugt, dass Saddam Hussein mit seinen Waffen und seinen Gräueltaten eine weit größere Bedrohung darstellte, als Milošević es je getan hatte. Im September 2002 trat Holbrooke vor den Senatsausschuss für Auswärtige Beziehungen und meldete die üblichen Bedenken an: dass man eine Koalition bilden und die UNO einbeziehen solle, dass man einen Plan für die Zeit nach dem Krieg entwickeln müsse. Aber er wies auch darauf hin, dass die Clinton-Regierung in Bosnien und Kosovo auch ohne die Resolutionen des Sicherheitsrats militärisch eingegriffen hatte. Er stufte die Rolle der UNO im Irak auf «wünschenswert, aber nicht notwendig» herab.

Einige seiner Freunde – Joy de Menil, seine Lektorin bei Random House; Mary Ellen Glynn, seine Pressesprecherin bei der UNO – sagten ihm, dass er einen enormen Fehler mache. Aber Vietnam hatte ihn immer wieder gelehrt, dass ein weicher Demokrat politisch dem Untergang geweiht ist. In jenem Herbst, als der Kongress über die Kriegsresolution debattierte, kam John Kerry zum Abendessen ins Beresford. Er spielte mit dem Gedanken, 2004 für die Präsidentschaft zu kandidieren, und Holbrooke sagte ihm unverblümt, dass er für die Resolution stimmen müsse, wenn er beim Thema nationale Sicherheit nicht als schwach angesehen werden wollte. Was Holbrooke nicht sagte, war, dass dasselbe auch für ihn selbst galt, wenn er sein Ziel erreichen wollte, Kerrys Außenminister zu werden.

Falls dies der Hauptgrund für Holbrookes Unterstützung des Krieges war, wäre es vielleicht besser gewesen, mit einer aufrichtigen Meinung auf dumme und katastrophale Weise falschzuliegen, so wie es bei einigen von uns der Fall war. Kerry stimmte für die Resolution und verlor die Präsidentschaftswahl trotzdem. Aber Kerry hätte ihn, denke ich, ohnehin nicht genommen. Joe Biden hatte die besseren Karten, der nächste Außenminister bei den Demokraten zu werden. Holbrooke trieb Kerry mit seinen unaufhörlichen Ratschlägen derart in den Wahnsinn, dass John Edwards, der Kandidat für die Vizepräsidentschaft, ihm mitteilen ließ, er solle aufhören, Kerry auf dem Handy anzurufen.

1996, 2000, 2004. Er schaffte es nie ganz auf den Gipfel, und er hatte es immer sich selbst zuzuschreiben. Bei der nächsten Wahl war Irak der scharlachrote Buchstabe «I», der auf der Stirn von Demokraten wie Holbrooke prangte.

Er mochte Hillary Clinton, weil sie menschlich war – verletzlich, lustig, warmherzig und auch dann noch kampfbereit, wenn sie mit dem Rücken zur Wand stand. Es gab Dinge, an die sie glaubte: ihre Familie, ihre Religion, ihr Land. In dieser Hinsicht war sie konservativ. Als zweite Senatorin von New York tat sie sich im Militärausschuss hervor. Sie war kompromissloser als ihr Mann, eher bereit, militärische Gewalt einzusetzen. Holbrooke war der Ansicht, dass sie 2008 besser darauf vorbereitet war, den Oberbefehl über die Streitkräfte zu übernehmen, als es Bill Clinton 1992 gewesen war. Und er mochte sie einfach lieber als ihren Mann. Als Bill irgendwann begann, seine Frau zu der Weihnachtsfeier zu begleiten, die Richard und Kati ein ganzes Jahrzehnt lang zu Hillarys Ehren gaben, ging etwas verloren. Er redete zu viel und überschattete seine Frau.

Hillary ihrerseits mochte Holbrooke, sie schätzte ihn für die Weisheit und Erfahrung in außenpolitischen Angelegenheiten, die ihr selbst fehlte, und wenn er zu anmaßend wurde, wies sie ihn in die Schranken. 2002 hatte er ihr geraten, für die Kriegsresolution zu stimmen, und jetzt, wo ihr diese Entscheidung im Vorwahlkampf gegen Barack Obama zum Nachteil geriet, legte er ihr nahe, sich öffentlich dafür zu entschuldigen. Aber das war nicht ihre Art.

Wenn es jemals ein Jahr gab, an dem es aussah, als könnte Holbrooke den Gipfel erreichen, dann war es dieses. Er positionierte sich früh als Clintons wichtigster außenpolitischer Berater und warnte die anderen Demokraten, auf den Zug aufzuspringen, weil sie sonst überfahren würden – für die Obama-Leute würde in einer Hillary-Clinton-Regierung kein Platz sein. Jeffrey Bader, der in Carters Regierungszeit unter Holbrooke in der Ostasienabteilung gearbeitet hatte und später, unter Clinton, ins Weiße Haus gewechselt war, trat Obamas Wahlkampfteam bei. «Ich bin kein Fan von Dynastien», ließ er sich 2007 in *Newsweek* zitieren. Holbrooke sah das Zitat und rief ihn an: «Ich weiß nicht, warum Sie das machen. Sie schaden sich selbst. Es wäre besser, Sie würden den Mund halten.»

«Das ist mir scheißegal», schoss Bader zurück. «Ich werde so oder so nicht für Hillary arbeiten.» Wenn man Holbrooke Paroli bot, ließ er einen normalerweise in Ruhe.

Bader erzählte am nächsten Tag Lake, was passiert war, der eine Flut von obszönen Schimpfwörtern losließ, um zu erklären, warum man mit Holbrooke nicht zusammenarbeiten könne. Es hatte sich nämlich ergeben, dass Lake Obamas wichtigster außenpolitischer Berater war.

Lake hatte Obama schon auf dem Schirm, als dieser noch im Senat des Bundesstaats Illinois saß. Lake hatte nach dem 11. September in Chicago eine Rede zur Verteidigung der bürgerlichen Freiheiten gehalten, als ihm jemand aus dem Publikum den jungen, vielversprechenden Politiker von der South Side vorstellte, der Lake bat, ihn in außenpolitischen Fragen zu beraten, auch zum Krieg im Irak, den beide ablehnten. Als Obama 2005 in den Senat in Washington aufstieg, veranstalteten Lake und seine Frau (er hatte inzwischen eine Investmentbankerin geheiratet, die einst bei Lehman Brothers für Holbrooke gearbeitet hatte, und er war zu ihrer Religion, dem jüdischen Glauben, konvertiert) ein Abendessen in kleiner Runde für Obama und einige Leute aus der außenpolitischen Szene, darunter Susan Rice. Als Obama beschloss, für die Präsidentschaft zu kandidieren, leiteten Lake und Rice sein außenpolitisches Team.

Rice verpflichtete eine ganze Reihe ihrer Kollegen und Kolleginnen von der Brookings Institution. Die meisten waren unter fünfzig und mochten Obama wegen seiner Biographie, seiner Intelligenz und seiner Haltung gegen den Krieg. Aus deren Sicht waren Clinton, Holbrooke und ihr Team das alte Establishment, das ausgedient hatte. Sie wurden noch immer von den Dämonen von Vietnam verfolgt, die in der wichtigsten Frage einer ganzen Generation ihr Urteilsvermögen und ihre Standhaftigkeit beeinträchtigten. Es war an der Zeit, dass sie abtraten, damit Obama die Amerikaner vereinen und unsere Rolle in der Welt neu definieren konnte.

Vor allem wegen seiner Selbstinszenierung war Holbrooke bei den Obama-Leuten unbeliebt. Denis McDonough, eine der wichtigsten Figuren in Obamas Wahlkampfteam, nahm an einigen außenpolitischen Mittagessen teil, die Holbrooke in Washington organisierte, um mit jüngeren Leuten ins Gespräch zu kommen, und er empfand es als unerträglich, wie umständlich er war, wie belehrend er unablässig über Vietnam sprach. Je mehr Holbrooke versuchte, sich beliebt zu machen, desto versteinerter wurde McDonoughs markantes Gesicht. Es war eine Frage der Generationen, aber auch des Temperaments.

Als sich Obama im Sommer schließlich nach langen, zermürbenden Vorwahlen durchsetzte, sah es für Holbrooke düster aus. Er hatte alles auf ein Full House gesetzt und staunte, als sein Gegner einen Vierling präsentierte. Nicht nur hatte die Kandidatin, die er als Freundin, Gönnerin und letzte Hoffnung ansah, verloren – der Sieger war von Menschen umgeben, die ihm nicht wohlgesonnen waren, ja, die ihn hassten. «Sagen Sie ihm, dass wir ihm VIELLEICHT eine Chance geben werden, wenn wir gewinnen – aber nur, wenn er sich bis dahin benimmt», schrieb Susan Rice an Barnett Rubin, einen Afghanistan-Experten, der Obama beriet und gleichzeitig mit Holbrooke in der Asia Society zu tun hatte. Falls Obama je über Holbrooke nachdachte, dann wäre er gegen ihn eingenommen, bevor er ihn überhaupt kennenlernen könnte.

Eine Verbündete hatte Holbrooke im Obama-Team aber doch – Samantha Power. Power hatte mit vierundzwanzig als freie Journalistin aus Bosnien berichtet, seit dieser Zeit kannten sie sich. Er interessierte sich sofort für sie – er muss damals jemanden in ihr gesehen haben, der ähnlich getrieben und ehrgeizig war wie er selbst, und der auch rein physisch eine ähnliche Präsenz hatte. Ihr Buch über die Völkermorde des 20. Jahrhunderts hatte ihn beeindruckt, vor allem die schmerzliche Selbstanalyse zu Ruanda, die sie Lake abgerungen hatte: «Wie haben Sie ihn dazu gebracht, diese Dinge zu sagen?» Sie und Holbrooke gehörten zu der Gruppe der Linksliberalen, die militärische Gewalt für ein legitimes Mittel der Politik hielten, aber Alter, Geschlecht und die Haltung zum Irakkrieg trennten sie. Als sie begann, für Obama zu arbeiten, hielt Holbrooke den Kontakt aufrecht. Doch schon früh im Wahlkampf, als sie nämlich einer schottischen Zeitung gegenüber erklärte, Hillary sei ein «Monster», verspielte sie ihre politische Nützlichkeit, und Obama musste sie aus seinem engsten Mitarbeiterkreis ausschließen. Als Power in jenem Sommer heiratete, arrangierte Holbrooke als Hochzeitsgeschenk ein Treffen mit Clinton für sie. Power entschuldigte sich übermäßig, Clinton nahm die Entschuldigung kühl an. Als Obama hörte, wie das Treffen zustande gekommen war, sagte er: «Andere Leute schenken Toaster.» Power erzählte es Holbrooke, der sich sehr über die Bemerkung freute. Was er nicht wahrnahm, war der Ton der Ironie – Obamas Verachtung für reine Machtpolitik.

2008 war das Jahr der Demokraten, und trotzdem lief für Holbrooke alles schief. Im Juli hatte er eine weitere Episode des Vorhofflimmerns, die vierte – es war, als würde ihm das Herz in der Brust herumspringen. Im August musste er ertragen, dass er beim Wahlparteitag in Denver nicht gebraucht wurde. Er saß in seinem Hotelzimmer und sah sich das meiste im Fernsehen an, und nach der Hälfte flog er wieder nach Hause, genau wie Harriman 1972 in Miami Beach. «Das ist wie eine Kreuzfahrt, bei der doppelt so viele Passagiere an Bord sind, wie das Schiff eigentlich aufnehmen kann», schrieb er in sein Tagebuch. «90 % dieser Leute will man an Land nie wiedersehen, und romantische Verwicklungen gibt es auf der Reise auch keine.»

Selbst die Finanzkrise traf ihn persönlich. Innerhalb einer einzigen Woche im September wurde sein alter Arbeitgeber, Lehman Brothers, hinweggefegt, und AIG, der Versicherungsgigant, in dessen großzügig vergütetem Aufsichtsrat Holbrooke saß, wurde zu einem Mündel des Staats. Beattie, der den Aufsichtsrat juristisch beriet, hatte den Konkurs im Sommer vorausgesehen und Holbrooke (der keine Ahnung hatte, was eine Kreditausfallversicherung war) geraten, seinen Sitz aufzugeben, bevor es ihm politisch schaden konnte. Als Countrywide Financial zusammenbrach, wurde sein Name als einer der «Freunde von Angelo» genannt, die VIP-Konditionen erhalten hatten. Jim Johnsons Ruf wurde im Skandal um Fannie Mae ruiniert – er war zwar nicht mehr verantwortlich, aber der politische Einfluss in den Jahren seiner Führung hatte einige der Bedingungen für die Krise geschaffen – und er musste als Leiter der Gruppe, die für Obama nach einem Kandidaten für die Vizepräsidentschaft suchte, zurücktreten. Die Firma Perseus, wo Holbrooke und Johnson angestellt waren, machte im Crash Verluste von einem Ausmaß, dass die Solidität ihres Geschäftsmodells infrage gestellt wurde.

Die Arbeit bei der Bank und in den Aufsichtsräten sowie seine Reden brachten Holbrooke zwei bis drei Millionen Dollar im Jahr ein, aber seine persönlichen Ausgaben waren ebenfalls sehr hoch. Er und Kati besaßen neun Immobilien, die im Ganzen mit 7,5 Millionen Dollar beliehen waren, und sie reisten mit einem geleasten Privatjet. Als der Wert ihrer vielen Häuser und Aktienanlagen sank, standen sie vor einem Cashflow-Problem. Holbrooke verkaufte das Haus in Connecticut und ein Grundstück in Telluride.

Man kann Dinge bewundern und gleichzeitig den Tatsachen ins Auge sehen. Die Eliten in Washington und New York schickten die Kinder anderer Leute zum Kämpfen nach Afghanistan und Irak, während sie selbst Wege fanden, immer reicher zu werden. Jetzt war die Flut vorbei, das Wasser zog sich zurück, und sie standen nackt da.

Als der Tag der Wahl näherrückte und Obamas Sieg unausweichlich schien, verfiel Holbrooke in seine alte, überdrehte Verzweiflung. Er rief jeden an, der ihm einfiel. Er bat Wes Clark, der inzwischen pensioniert war, aber während der letzten Woche vor der Wahl mit Obamas Team umherreiste, für ihn ein gutes Wort einzulegen.

«Ich würde Sie gern um eines bitten», sagte Clark während einer Wahlkampfveranstaltung in Pueblo, Colorado, zu Obama. «Geben Sie Richard Holbrooke einen Job in Ihrer Regierung.»

«Das ist alles?», fragte Obama. «Ich habe so viele Dinge über Holbrooke gehört.»

«Er ist der beste Diplomat, den wir haben, und er wird Ihnen gegenüber loyal sein.»

Holbrooke rief sogar Toni Lake auf ihrer Farm in Massachusetts an. Sie hatten seit Jahren nicht mehr miteinander gesprochen, und doch bat er sie jetzt, einzugreifen und ihren Ex-Mann Tony zu bitten, ihm nicht weiter die Tür zu versperren. Toni reagierte überrascht und sagte, dass sie nichts tun könne. Lake hatte sich zu diesem Zeitpunkt ohnehin schon aus dem harten Konkurrenzkampf um Obamas Aufmerksamkeit zurückgezogen. Diesmal meinte er es ernst, als er erklärte, dass er für einen Posten nicht zur Verfügung stünde. Power und Talbott sagten Holbrooke schließlich, er solle aufhören zu drängeln, er schade sich nur selbst.

Aber Holbrookes Schicksal hing nicht nur von seinen Freunden und Feinden ab. Er hatte immer noch den Ruf, schwierige Dinge erledigen zu können. Wer zum Teufel hatte denn sonst etwas Handfestes erreicht? Obama brauchte das demokratische Establishment – seine eigene Mannschaft war zu klein. Am 16. November, zwölf Tage nach der Wahl, bekam Holbrooke einen Anruf von dem Team, das die Amtsübernahme vorbereitete. Ob er bereit sei, am Morgen nach Chicago zu fliegen? Der designierte Präsident wolle mit ihm über einen Posten sprechen.

AFGHANISTAN

Alles ist anders –
und doch genau gleich

I.

Aus heutiger Sicht scheint es unausweichlich, dass er in Afghanistan landen würde. So schließt sich ein Kreis. Um es in Erinnerung zu rufen: 1970, als er für das Peace Corps arbeitete, war er zum ersten Mal dort gewesen. Er fand das Land romantisch, wunderschön und friedlich. Sechsunddreißig Jahre, sechsunddreißig schreckliche Jahre lang kehrte er nicht zurück. Im Frühjahr 2006 reiste er mit Kati nach Kabul. Ihr Neffe Mathieu hatte den Vorschlag gemacht, er arbeitete dort für die Vereinten Nationen. Es fällt nicht schwer zu verstehen, warum Holbrooke die Idee reizvoll fand. Irak war im Begriff zu zerfallen – den Krieg dort hätte er am liebsten vergessen. Er hatte nicht den Wunsch, Bagdad mit eigenen Augen zu sehen. Ich kenne keinen Amerikaner, weder einen Zivilisten noch einen Soldaten, der sich gern am Tigris eine kleine Villa mit Park gekauft hätte. Irak war flach und heiß und unwirtlich, und jede Berührung, einschließlich unserer eigenen, machte es hässlicher. Aber Afghanistan war der gute Krieg, eine Reaktion auf den 11. September – ein Krieg, der das Land von al-Qaida und den Taliban befreien sollte. 2006 kehrten die Taliban in die Paschtunenprovinzen im Süden und Osten des Landes zurück, aber Kabul war noch immer sicher, eine Stadt, die Expats magisch anzog: die schneebedeckten Ausläufer des Hindukusch, Eselskarren und weiße Land Rover auf schlammigen Pisten, glitzernde Hochzeitssäle, die Geschäfte auf der Koch-e Murgha, britische Gästehäuser und französische Restaurants und libanesische Tavernen, der Granatapfelsaft, das unermessliche Elend, Idealismus und Opportunismus und Klatsch.

Eine bemerkenswerte Gruppe von Ausländern bildete die dortige Expat-Szene. Da war Rory Stewart, ein extravaganter Schotte Anfang dreißig, der die Prinzen William und Harry unterrichtet und Ihrer Majestät als Diplomat und möglicherweise Spion gedient hatte, der nach dem 11. September quer durch Asien gewandert war und ein schönes Buch darüber geschrieben hatte, und der dann, auf Bitten von Prinz Charles und dem afghanischen Präsidenten Hamid Karzai, eine Stiftung gegründet hatte, um Handwerker bei der Restaurierung der Altstadt von Kabul zu unterstützen. Und da war Michael Semple, ein Ire, der einen langen Bart und den Salwar Kamiz trug und sich so gut auskannte, dass ihn die einen als MI6-Spion, die anderen als Taliban-Kollaborateur verdächtigten, obwohl er einfach nur ein ausgezeichnet informierter Berater war. Und dann war da noch Sarah Chayes, die scharfzüngige Tochter eines hohen Beamten der Kennedy-Regierung, die als Reporterin für National Public Radio nach Afghanistan gekommen und dann geblieben war, um mit Bauern in Kandahar eine Genossenschaft für Seifenherstellung zu gründen und später, als Kritikerin der Regierung Karzai, amerikanische Kommandeure zu beraten. Es waren fantasievolle Ausländer eines bestimmten Typs, die Afghanistan vollkommen verfielen.

Gleich zu Anfang seines Aufenthalts lernte Holbrooke Generalleutnant Karl Eikenberry kennen, den Kommandeur der Koalition, der seine zweite Stationierung in Afghanistan gerade zur Hälfte hinter sich hatte. Eikenberry staunte darüber, dass jemand wie Holbrooke, der seit 1970 keinen Fuß mehr auf afghanischen Boden gesetzt hatte, derart rechthaberisch auftreten konnte. Holbrooke hetzte bis spät in den Abend von Termin zu Termin, und er löcherte jeden, der mit ihm reden wollte – Bauern, Ladenbesitzer, Journalisten, Beamte. Er traf sogar Karzai im Arg, dem Präsidentenpalast im Zentrum von Kabul, und informierte ihn, dass die historischen Minarette, die er in Herat gesehen hatte, wegen des schlecht geregelten Verkehrs bröckelten. Karzai stritt den schlechten Zustand der Minarette ab, ging aber ans Telefon und brüllte einige Anweisungen. Eine weiße Taube flog zum Fenster herein, und der Präsident, der sie hinauszuscheuchen suchte, war abgelenkt. Holbrooke war von Karzai wenig beeindruckt.

Er blieb nur wenige Tage. Bei der Abreise traf er noch einmal Eikenberry und überreichte dem General ein Memorandum mit zehn Punkten, das die Probleme zusammenfasste, unter denen Afghanistan litt – darunter Korruption, Opium, schlechte Polizeiausbildung und pakistanische Subversion. Eikenberry griff auf Holbrookes Notiz zurück, als er am Ende seines Einsatzes seinen Abschlussbericht verfasste. Er kannte niemanden, der die Dinge so schnell und genau erfassen konnte wie Holbrooke.

Holbrooke verliebte sich nicht in Afghanistan. Er war zu sehr Amerikaner, um in einem anderen Land aufzugehen. Die einzige Fremdsprache, die er je gelernt hatte, war Französisch, das er fließend, aber mit starkem New Yorker Akzent sprach, und wenn er Souvenirs kaufte, dann nur, um sie zu verschenken, nicht um seine eigenen Häuser damit auszustatten. Er verfiel den Problemen, nicht den Ländern selbst, und es war das Problem, das Afghanistan darstellte, was ihn mehr und mehr beschäftigte, bis es schließlich all seine Aufmerksamkeit in Anspruch nahm. Alles war in diesem Problem vereint – Geschichte, Geopolitik, Schönheit, Tragik, Hoffnung. Er war der Ansicht, dass der Krieg schwieriger sein würde, als die Amerikaner gedacht hatten, dass er sehr lange dauern würde – länger als der Irakkrieg, länger selbst als Vietnam. Afghanistan würde Amerikas längster Krieg werden. Al-Qaida baute seine Strukturen wieder auf, jenseits der Grenze in Pakistan, einem im Zerfall begriffenen Staat, der Atomwaffen besaß. Die Sorge um die Sicherheit dieser Waffen war ebenso groß wie die Angst vor einem weiteren Terrorangriff zu Hause. Möglich, dass wir in diesem Krieg gegen die Taliban im falschen Land gegen den falschen Gegner kämpften. Aber Holbrooke war überzeugt, dass dies die Weltregion war, in der die Geschichte der Gegenwart sich entschied, und dass wir uns engagieren sollten. Wir hatten sie bereits zwei Mal im Stich gelassen.

Die Geschichte ist immer wieder erzählt worden, und jedes Mal, wenn ich sie höre, macht sie mich traurig und wütend zugleich. Sie handelt von Torheit und Verschwendung.

Zahir Schah wurde 1973 von seinem Cousin, dem Prinzen Daoud, gestürzt, der die Republik Afghanistan ausrief. 1978 wurden Daoud und seine Familie von kommunistischen Soldaten im Arg hingerichtet. Die folgenden anderthalb Jahre ermordeten sich die Putschisten gegenseitig, bis die Sowjets am Heiligabend 1979 einmarschierten, um die Ordnung wiederherzustellen. Es war das Jahr, in dem der politische Islam die Welt zum ersten Mal aufrüttelte. Im Februar hatten islamische Revolutionäre den Schah von Persien vertrieben und die Macht übernommen. Im April hatte der pakistanische General Zia ul-Haq den gewählten Ministerpräsidenten henken lassen, den er in einem Staatsstreich gestürzt hatte. Er schaffte das Parlament ab und führte die Scharia ein. Im November hatten Hunderte von militanten Islamisten die Große Moschee von Mekka besetzt, erst nach zwei blutigen Wochen gaben sie auf. Dann beschloss der saudische König, die Welle der Radikalen zu brechen, indem er noch restriktivere religiöse Gesetze erließ, er verbot Kinos und nicht-islamische Bildung und verfügte die vollständige Trennung der Geschlechter im öffentlichen Leben. Kurz darauf, im Dezember, marschierte die Rote Armee in Afghanistan ein und provozierte einen von amerikanischem und saudischem Geld, amerikanischen Waffen und pakistanischen Geheimdienstaktivitäten gestützten Dschihad, der bis heute andauert.

Kein Ereignis seit 1945 hat die Geopolitik stärker verändert als der Afghanistankrieg. Während der sowjetischen Besatzung in den 1980er Jahren starben bis zu zwei Millionen Afghanen, weitere Millionen wurden verwundet, fünf bis zehn Millionen flohen nach Pakistan und in den Iran. Die Sowjets töteten so viele Zivilisten, dass es einem Völkermord gleichkam. Die Rote Armee musste sich 1989 gedemütigt über die Grenze zurückschleppen, was das Ende des Kalten Krieges näher brachte, und wir verloren das Interesse an Afghanistan, und zwar gerade in dem Moment, als sich arabische Veteranen des Dschihad zu einer globalen Terrortruppe organisierten, die sich al-Qaida nannte. 1992 drangen die Mudschaheddin in Kabul ein und begannen, sich gegenseitig umzubringen. Der Bürgerkrieg zerstörte die Hauptstadt – man sieht die Einschusslöcher und Trümmerhaufen bis heute, und auch die Amputierten – und Afghanistan fiel dem Banditentum anheim.

In diesem Chaos entstand eine Bewegung von besonders frommen jungen Afghanen, Paschtunen, die in der unerbittlichen Ideologie der mit saudischem Geld finanzierten Madrassas in Pakistan oder in den Flüchtlingslagern an der Grenze geschult waren. Sie nannten sich Taliban, «Studenten». 1994 trat zum ersten Mal ihre Armee in Kandahar im Süden Afghanistans auf. Sie wurde von einem einäugigen Dschihadisten namens Mullah Mohammed Omar angeführt und bis zu einem nie ganz geklärten Grad vom pakistanischen Geheimdienst Inter-Services Intelligence, kurz ISI, kontrolliert. Die Taliban zogen durch das Land, 1996 hatten sie bereits drei Viertel von Afghanistan, einschließlich Kabul, erobert. Genau wie seinerzeit die Roten Khmer wurden sie anfangs von der Bevölkerung willkommen geheißen. Sie ersetzten das Banditentum durch eine Form von Recht und Ordnung, die auf extreme Grausamkeit und Ignoranz hinauslief. Die Mächtigsten der besiegten Warlords zogen sich in das Pandschir-Tal zurück und bildeten eine Widerstandsarmee, die sich Nordallianz nannte und kaum mehr ausrichtete, als das eigene Überleben zu sichern.

Die Taliban mit ihrem Terror blieben fünf Jahre an der Macht. Einen Teil des Landes überließen sie Osama bin Laden und al-Qaida, die ihre Rechnungen bezahlten als Dank dafür, dass ihnen in einer Zeit, in der sie planten, Amerika in einen Krieg gegen den Islam zu ziehen, Unterschlupf gewährt wurde. Dann kam der 11. September 2001. Die USA verlangten von den Taliban die Auslieferung der Täter, aber Mullah Omar weigerte sich – selbst wenn es ihn die Macht kosten sollte.

Nachdem die Amerikaner die Taliban und al-Qaida vertrieben hatten, schien es, als sei das Leiden Afghanistans vorüber. Im Herbst rief eine UNO-Konferenz in Bonn eine Nationalversammlung, die sogenannte Loja Dschirga, ins Leben, die Hamid Karzai, einen Spross des paschtunischen Stammesadels, zum Übergangspräsidenten von Afghanistan bestimmte. Auf Drängen der Amerikaner wurden alle Taliban-Anhänger von der neuen Regierung ausgeschlossen, was schicksalhafte Folgen haben sollte. 2004 wurde Karzai der erste gewählte Präsident in der Geschichte des Landes.

Sein Auftreten hatte eine natürliche, nahezu königliche Anmut. Er trug einen violett-grün gestreiften usbekischen Seidenumhang und eine Karakulmütze, um Tradition und nationale Einheit zu symbolisieren. Er war ein brillanter Verhandler, der ein Gespür dafür hatte, den wichtigen Leuten die richtigen Angebote zu machen, damit sie loyal blieben. Wie ein Stammesführer verbrachte er seine Zeit eher damit, Menschen im

Arg zu Tee und Gebäck zu empfangen, als zu regieren. Er sah Macht als etwas an, das man festhalten musste, nicht als Mittel zur Umsetzung von Ideen für sein Land. Er bezauberte alle, Afghanen wie Ausländer, mit seiner Offenheit, er hörte aufmerksam zu und antwortete mit ausladenden Gesten. Selbst das gelegentliche Zucken seines linken Auges, das die darunterliegende Wange hüpfen ließ – ein Nervenschaden als Folge eines fehlgeleiteten amerikanischen Luftangriffs Ende 2001, als Karzai einen mutigen Aufstand der Paschtunen gegen die Taliban anführte –, selbst das machte ihn sympathisch. Er erklärte Besuchern gern, dass die Afghanen vor allem eines schätzten: Aufrichtigkeit. «Sobald ein Afghane aber spürt, dass er auf den Arm genommen oder betrogen wird, macht er nur noch Schwierigkeiten.»

Aber bald, und zum zweiten Mal, wandten wir Amerikaner uns von Afghanistan ab, denn der Irak beanspruchte jetzt unsere ganze Aufmerksamkeit und all unsere Ressourcen. Wir hinterließen nur eine kleine Anzahl von Soldaten, deren Auftrag nicht darin bestand, Sicherheit zu garantieren, sondern Terroristen zu töten. Bush und sein Verteidigungsminister Donald Rumsfeld hatten kein Interesse an der langwierigen und schwierigen Arbeit, die Institutionen Afghanistans aufzubauen und seine Armee auszubilden. Karzais Staat wurde so schwach, dass man den Präsidenten als Bürgermeister von Kabul bezeichnete. Um die Kontrolle über die Provinzen zu erlangen, wandte er sich an dieselben Warlords, die das Land zerstört und die Taliban an die Macht gebracht hatten. Darunter waren auch seine Verwandten, seine Brüder. Er band sie ein, indem er sie in ihrer Vetternwirtschaft gewähren ließ. Durch den boomenden Opiumhandel und die Milliarden, die Amerika für Hilfsprojekte ins Land pumpte, und die amerikanischen Unternehmen und afghanischen Profiteuren mehr zu nützen schienen als der bettelarmen Bevölkerung, wurden sie steinreich. Die opulenten Mafiavillen im Sherpur-Viertel von Kabul, von den Einwohnern Chorpur, «Stadt der Diebe», genannt, wurden zum Symbol von Karzais Herrschaft.

Nicht alles war vergeudet. Schulen und Krankenhäuser wurden gebaut, Millionen von Flüchtlingen kehrten in ihre Heimat zurück, das Leben wurde besser, vor allem für Frauen und Mädchen. Aber das Leiden war noch nicht vorüber. Die Warlords, die sich dem Drogenhandel

zugewandt hatten, die korrupten Politiker und die amerikanischen Luftangriffe, bei denen zahlreiche Zivilisten getötet und verwundet wurden,
desillusionierten die Afghanen, die von dem neuen Regime ein wenig
Sicherheit und Gerechtigkeit erwartet hatten. All das ergab für die Taliban die Möglichkeit zurückzukehren.

Sie waren nicht besiegt worden, sie hatten sich nur in die überfüllten
Städte Pakistans und in die bergige Grenzregion zurückgezogen, wo sie
von demselben ISI unterstützt wurden, der in den Achtzigerjahren den
Dschihad angeführt und in den Neunzigern Geburtshilfe für die Taliban-
Bewegung geleistet hatte. Al-Qaida war derweil dabei, sich in der pakis-
tanischen Stammesregion Wasiristan neu zu formieren.

Die Bush-Regierung hatte kein Interesse daran, genauer hinzusehen.
Präsident Bush sah Karzai und General Pervez Musharraf, den pakistanischen Diktator, als Freunde und Verbündete im Krieg gegen den Terror an, selbst dann noch, als die Region wieder ins Chaos zurückzufallen
begann.

Holbrooke kehrte im März 2008 zurück, gerade als sich
Clinton und Obama bis aufs Messer bekämpften. Zu diesem Zeitpunkt
hatten die afghanische Regierung und ihre westlichen Unterstützer die
Initiative bereits verloren. Die Taliban kontrollierten in den paschtunischen Gebieten ganze Bezirke. Trotz seiner freundlichen wöchentlichen Videokonferenzen mit Bush hatte Karzai zunehmend das Gefühl,
dass ihn die Amerikaner nicht als gleichberechtigten Partner ansahen.
Er beklagte sich bitterlich bei Condoleezza Rice über die steigende Zahl
von zivilen Opfern, einschließlich eines schrecklichen Vorfalls, bei dem
auf einem Hügel in der Nähe der pakistanischen Grenze eine ganze
Hochzeitsgesellschaft durch einen Luftangriff ausgelöscht worden war.
Er reklamierte, dass amerikanische Flugzeuge Pestizide auf die Mohnfelder in Helmand sprühten, ohne Rücksicht auf den Lebensunterhalt
der Bauern oder die Zukunft von Boden und Wasser. Aber es änderte
sich nichts.

Karzai klang zusehends wie ein Nationalist – nicht aggressiv wie
Milošević, sondern eher stolz und gekränkt wie Diem, mit der beschäm-

ten Wut, die ein armer Mann gegenüber einem reichen empfindet, den er um Hilfe gebeten hat. Karzai erklärte Besuchern, dass Pakistan die Ursache allen Übels in Afghanistan sei. Da sich die Amerikaner aber weigerten, die Taliban dort zu zerschlagen, müssten sie wohl ihre eigenen strategischen Gründe haben, in seinem Land einen endlosen Krieg zu führen. Falls die Vereinigten Staaten Afghanistan nicht als Partner, sondern als Vasallenstaat betrachteten, als Instrument zur Durchsetzung ihrer eigenen Interessen, würde sie dasselbe Schicksal ereilen wie die Briten und die Sowjets. Karzai wurde derart unberechenbar in seinen Äußerungen, dass westliche Geheimdienste spekulierten, er sei möglicherweise psychisch labil, stehe vielleicht sogar unter Drogen. Aus Angst vor einem Attentat verließ er den Palast kaum noch, während in seinem Regime und unter seinen Verwandten die Korruption um sich griff. Das war die Fäulnis, die das Land von innen aushöhlte und den Nährboden für die Taliban lieferte.

Holbrooke, den man als möglichen Außenminister betrachtete, wurde wieder im Arg empfangen. Diesmal nahm er kein Blatt vor den Mund. «Sie sind an den Fehlschlägen der letzten Jahre schuld», sagte er unverblümt zu Karzai.

«Was habe ich denn falsch gemacht?»

Holbrooke erwähnte die Korruption und Karzais Duldung blutrünstiger Warlords. Karzai machte die Verträge der internationalen Hilfsorganisationen für die Korruption verantwortlich, die Politik der Bush-Regierung für die Warlords und Pakistan für die Taliban. Und er hatte in allen drei Fällen nicht ganz unrecht. Als Holbrooke weg war, bemerkte Karzai gegenüber seinem Kanzleichef, dass es vielleicht besser wäre, wenn Hillary Clinton die Wahl verlöre.

Holbrooke flog in einem in die Jahre gekommenen russischen UNO-Hubschrauber ostwärts nach Khost, einer Provinzhauptstadt auf einer trockenen Hochebene an der Grenze zu Pakistan. In den 1990er-Jahren hatte Osama bin Laden in der Nähe von Khost ein Ausbildungslager für Terroristen eingerichtet, 1998 hatten einige Dutzend amerikanische Marschflugkörper ihn dort nur knapp verfehlt. Im Winter 2001 waren bin Laden und seine Anhänger über einen Bergpass nach Pakistan geflohen. Weniger als sieben Jahre später kontrollierten die Taliban wieder weite Teile dieser Region. Ein paar Meilen östlich von Khost, jenseits der vom ersten Frühlingsregen bereits grünen Berge, lag Wasiristan, der Rückzugsort von Amerikas eingeschworenen Feinden.

Nicht viele amerikanische VIPs besuchten Khost. Näher konnte ein möglicher Außenminister an die tatsächliche militärische Lage nicht gelangen.

Kael Weston, ein Beamter des Auswärtigen Dienstes, hatte Holbrooke eingeladen, die Nacht auf einem amerikanischen Stützpunkt zu verbringen, der einst ein sowjetischer Flugplatz gewesen war. Weston war Mitte dreißig und stammte aus Colorado. Er hatte vier Jahre als politischer Berater der Marineinfanterie in dem extrem gefährlichen Falludscha verbracht, wo er zu dem Schluss gekommen war, dass Irak der falsche Krieg war. Er bat darum, nach Afghanistan, in den besseren Krieg, versetzt zu werden, und er fand in Khost eine Bevölkerung vor, die den Amerikanern gegenüber offener war. Weston war einer der seltenen amerikanischen Diplomaten im Krieg gegen den Terror, der sich nicht rund um die Uhr hinter Schutzwällen und luftdicht verschlossenen Türen verschanzte, dessen Kontakt mit der Außenwelt und dem Land, das er verstehen und analysieren sollte, nicht nur aus E-Mails bestand. Er trug keine gebügelten Khakihose, sondern Jeans, verbrachte seine Zeit auf Märkten und an Stützpunkten, sprach mit Stammesältesten und Studenten, begleitete amerikanische Soldaten bei Patrouillen und setzte sich denselben Risiken aus wie sie. In seinen Depeschen an das Außenministerium kritisierte er eine Strategie, die sich zu stark auf militärische Präsenz und protzige Hilfsprojekte verließ. Er war der Ansicht, dass die Anstrengungen in Afghanistan bescheidener und gleichzeitig beharrlicher sein müssten, als es amerikanische Politiker wünschten.

«In Washington kennt sich niemand mit Afghanistan aus», sagte Holbrooke bei seiner Ankunft auf dem Stützpunkt.

«Das brauchen Sie mir nicht zu sagen», sagte Weston.

«Und das wenige, das sie wissen, ist meistens falsch.»

Sie hatten sich einige Monate zuvor in Manhattan kennengelernt, in den Räumen von Perseus, wo Holbrooke Weston ein Schwarzweißfoto gezeigt hatte, das ihn mit Botschafter Maxwell Taylor, seinem damaligen Chef, auf einer Straße in Südvietnam zeigte. Achtundfünfzigtausend amerikanische Opfer, wegen einer Fehleinschätzung. «Warum sollte uns Afghanistan etwas angehen?», hatte Holbrooke gefragt.

Es gab offensichtliche Ähnlichkeiten zwischen Afghanistan und Vietnam, struktureller Art – eine aufständische Landbevölkerung, eine korrupte, unzuverlässige Regierung, Rückzugsorte des Feindes auf der anderen Seite der Grenze, ein verworrener, nicht enden wollender Krieg. Weston antwortete, der Unterschied sei strategischer Natur. Die vietnamesischen Kommunisten hatten für die Vereinigten Staaten keine direkte Bedrohung dargestellt – die Domino-Theorie erwies sich als falsch. Wir hätten Vietnam den Rücken kehren können. Aber Amerika war aus den Tälern und Hochebenen um Khost angegriffen worden, und diese Angriffe konnten sich wiederholen. Holbrooke sah es genauso, und er fügte hinzu, dass die Verwundbarkeit des pakistanischen Nuklearwaffenarsenals durch einheimische Terroristen die strategische Bedeutung noch deutlich vergrößere. Afghanistan und Pakistan – Holbrooke hatte sich angewöhnt, die Region als einen Organismus namens «Af-Pak» zu betrachten – würden große Teile des Ressorts, das er als Clintons Außenminister übernehmen würde, in Anspruch nehmen.

Weston stellte Holbrooke einige Koranschüler, Stammesälteste und ehemalige Taliban vor, die zögerlich zur Regierungsseite übergelaufen waren. Holbrooke sank in seinen Stuhl, faltete die Hände vor dem Bauch und hörte zu, wie sich die Ältesten über Polizeikorruption und die nächtlichen Razzien der amerikanischen Spezialeinheiten beklagten. «Nicht einmal mein Bruder darf nachts mein Haus betreten», sagte ein alter, weißbärtiger Mann, «und Ihre Amerikaner haben nicht einmal an die Tür geklopft.» Die Afghanen steckten zwischen den eigenen, raffgierigen Politikern, den ungeschickten Ausländern und den brutalen Aufständischen in der Klemme. Holbrooke fragte die Ältesten, ob es ihnen lieber wäre, wenn die Amerikaner verschwänden. Ohne die Amerikaner würden die Taliban an die Macht zurückkehren, antworteten sie, aber wenn die Amerikaner bleiben wollten, sollten sie das Land aufbauen.

Holbrookes Quartier in dieser Nacht war ein VIP-Zimmer auf dem Stützpunkt: Sperrholzwände, billige afghanische Teppiche, ein Klappbett und amerikanisches Kabelfernsehen. Er zog die Schuhe aus, legte die Füße auf den Tisch, zappte sich durch die Kanäle und kritisierte die

Experten und Politiker auf dem Bildschirm, während er gleichzeitig Weston mit Fragen über Khost löcherte.

«Herr Botschafter, wann werden Sie denn unseren anderen Krieg, Irak, besuchen?», fragte Weston.

Holbrooke blitzte ihn an. «Ich sehe keinen Grund, in den Irak zu reisen.»

Weston erinnerte ihn an sein früheres Selbst, vor einer halben Ewigkeit in Soc Trang. «In Ihrem Alter war ich schon Assistant Secretary of State», sagte er. Wenn Weston die Außenpolitik gestalten wolle, dann bräuchte er eine Adresse in Washington und einen Dienstausweis des Außenministeriums. Aber Weston war eher wie Frank Scotton, der ein Jahrzehnt in Vietnam verbracht und sich von Washington immer ferngehalten hatte. Weston wusste, dass es seiner Karriere schaden würde, aber er war entschlossen, bis zum Ende des Krieges zu bleiben.

Holbrooke schlief in einem billigen hautfarbenen Schlafanzug, der aussah wie etwas, das, eingeschweißt in Plastik, in einem Flugzeug ausgegeben wird. Er wachte früh am Morgen auf, um den Hubschrauber zurück nach Kabul zu nehmen. Wie in Sarajevo, so hatten ihm auch in Khost vierundzwanzig Stunden genügt.

Er bat um ein Aspirin. Weston brachte eine Ibuprofen-Tablette.

«Das ist nett, aber ich brauche Aspirin, hierfür.» Holbrooke zeigte auf sein Herz.

II.

Am Nachmittag vom 17. November gewährte ihm der designierte Präsident im Hilton Hotel in Chicago, wo die Amtsübernahme vorbereitet wurde, dreißig Minuten. Strobe Talbott und Tom Donilon hatten ihm schon gesagt, dass Obama vier Tage zuvor bereits Hillary Clinton zum Gespräch gebeten hatte – und dass die unterlegene Kandidatin seine erste Wahl für den Posten der Außenministerin sei. Was Holbrooke nicht wusste, war, dass er auf Platz vier oder fünf der Liste stand. Er wurde nie ernsthaft in Betracht gezogen. Falls Clinton ablehnen sollte, würde John Kerry das Angebot bekommen. Es war eine traurige Gnade, dass er es nicht wusste. Kerry hätte ihm beinahe so wehgetan wie Albright. Aber Clinton bewohnte eine andere Sphäre – da war einfach nichts zu machen. Wenigstens war er jetzt in Chicago. Es bedeutete, dass es seinen Widersachern nicht gelungen war, ihn zu stoppen, und das war etwas, das er genießen konnte. 1992 war es zu einem solchen Termin überhaupt nicht gekommen. Holbrooke und Obama setzten sich hin, sie waren allein. Er schenkte dem designierten Präsidenten ein signiertes Exemplar seines Buchs. Das war vorhersehbar und eigennützig – ein verzeihlicher Fehler. Obama war die Art von Person, die beim ersten Kennenlernen ihre Glaubwürdigkeit bewies, indem sie verkündete, das Buch des anderen *nicht* gelesen zu haben.

Obama nannte ihn «Dick», der Name, den Holbrookes ehemalige Kollegen in seinem Wahlkampfteam noch immer benutzten.

«Würden Sie mir einen Gefallen tun, Mr. President?», fragte Holbrooke. «Meine Frau findet es wichtig, dass Sie mich ‹Richard› nennen.»

«Richard.»

Holbrooke hatte gerade den zukünftigen Präsidenten korrigiert, und zwar als treuliebender Ehemann. Das war schon ein größerer Fehler.

Obama ging wie üblich methodisch vor. «Sie gelten weithin als der beste strategische Denker, den wir haben. Ich möchte in dem, was vor uns liegt, Ihren Rat und Ihre Hilfe haben. Ich möchte Sie in meinem Team haben. Tatsächlich stehen Sie auf meiner Liste. Ihrer ist nicht der einzige Name –»

«Habe ich gelesen.»

«Glauben Sie bitte nicht alles, was Sie gelesen haben. Okay, dann sagen Sie mal, was Sie sich vorstellen.»

Und hier machte Holbrooke seinen dritten Fehler. Er war sein ganzes Leben lang ein leidenschaftlicher Verfechter der Gleichberechtigung der Rassen gewesen. Als ihm nun die Tränen in die Augen stiegen, sagte er dem ersten schwarzen Präsidenten genau das, was er eine Woche zuvor schon Obamas enger Freundin und Beraterin Valerie Jarrett gesagt hatte, als er beim Frühstück in New York um ihre Hilfe gebeten hatte und genau das passiert war, was jetzt wieder passierte: «Wissen Sie, man braucht kein Afroamerikaner zu sein, um weinen zu können.» Selbstdarstellung, Besserwisserei, Schmeichelei, Gefühlsduselei. Nichts Extremes – aber Obama war einer jener seltenen Politiker, die wie ein Romanautor denken. Ihm entging nichts. Hätte es Holbrooke in dieser ersten gemeinsamen Minute darauf *angelegt*, ihn abzuschrecken, hätte er es besser nicht machen können.

Er sagte dasselbe, was er 1976 Carter gesagt hatte, und 1992 Gore, und 1996 Clinton – die Sache mit dem Basketballteam, das harmonieren müsse, dass der Präsident Leute brauche, die die gleichen Vorstellungen hatten wie er selbst. Er warnte, dass ein «Team of Rivals» – so der Titel einer neuen Lincoln-Biographie, die in Obamas Übergangsteam herumgereicht wurde – sich selbst sehr schnell blockieren könne. Er beschrieb, was er getan und was er erreicht hatte, beginnend mit Vietnam. Was die Posten anging, so wollte er nur einen ausschließen: Er hatte kein Interesse daran, Sondergesandter im Nahen Osten zu werden. Er schlug vor, ihn als Nationalen Sicherheitsberater in Betracht zu ziehen – was den designierten Präsidenten zu überraschen schien. Wenn er selbst nicht Außenminister werden könne, sei Hillary eine ausgezeichnete Wahl.

«Sie hat genau da gesessen, wo Sie jetzt sitzen, und sie hat genau dasselbe über Sie gesagt», erklärte Obama.

Gegen Ende des Gesprächs schien Obama abgelenkt. Holbrooke fragte sich, ob er zu viel geredet hatte. Trotzdem fand er, dass es gut gelaufen war. So sagte er es auch Gelb, den er gleich nach dem Termin anrief. Gelb war sich nicht so sicher. Als Holbrooke ihm die Richard-und-Dick-Sache erzählte, sagte er: «Das ist jetzt ein Witz, oder?» Und es beunruhigte Gelb, dass sie überhaupt nicht über außenpolitische Strategie gesprochen hatten, nur über Verfahrensweisen.

Tatsächlich war es nicht gut gelaufen. Holbrooke hatte kein Gefühl dafür, wie er auf diesen hochkonzentrierten, undurchschaubaren Mann gewirkt hatte. Er konnte Obama überhaupt nicht lesen – nicht nur weil sich Obama nicht in die Karten schauen ließ, sondern weil Holbrooke des Lesens überhaupt nicht fähig war, wenn es im Text um ihn selbst ging. Als er nach Hause flog, glaubte er, eine Chance auf den Außenminister-posten zu haben. Aber er war nach Chicago eingeladen worden, weil er zu gewichtig war, um nicht eingeladen zu werden. Der designierte Präsident hatte keinen Job für ihn. Und sie würden niemals mehr unter vier Augen zusammen sein.

Clinton lehnte Obamas Angebot mehrmals ab, bevor sie schließlich akzeptierte («meine patriotischen Gene», sagte sie zu Holbrooke), unter der Bedingung, dass sie ihren eigenen Mitarbeiterstab benennen könne. Talbott hatte Holbrooke bereits als ihren Stellvertreter vorgeschlagen, und die Idee gefiel ihr. Holbrooke hörte durch Talbott davon und war zufrieden – es wäre der höchste Posten, den er im Außenministerium je gehabt hätte –, auch wenn er selbst nicht die Eigenschaften besaß, die Talbott, der das Amt sieben Jahre bekleidet hatte, mitbrachte: Ausgeglichenheit, Uneitelkeit, die Fähigkeit, mit gleichrangigen Kollegen im Nationalen Sicherheitsrat Hand in Hand zu arbeiten.

Am 20. November rief Holbrooke Clinton an. Sie sagte ihm, dass sie ihn zum Außenminister gemacht hätte, wenn sie gewonnen hätte (es kostete sie nichts, das nun zu sagen), und er sagte ihr, es wäre ihm eine Ehre, ihr als Stellvertreter zu dienen. Ihre Antwort war warmherzig, aber nicht ganz konkret. Eine weitere Woche verstrich mit Anrufen und Pressegeschichten und unheilvollem Schweigen und einer schmerzhaften Aussprache im Haus von Talbott, wo er immer auflief, wenn er sich in einer beruflichen Krise befand (aber jetzt war Strobes Frau Brooke schwer an Krebs erkrankt). Er verbrachte Thanksgiving mit Kati in den Hamptons, und dann erst wurde ihm klar, dass der Posten an jemand anderen gehen würde.

Denis McDonough, der zu einem wichtigen Mitglied von Obamas innerem Kreis geworden war, und Rahm Emanuel, der Kongressabgeordnete aus Chicago, der Stabschef im Weißen Haus werden sollte, argumentierten, dass das Weiße Haus jemanden aus den eigenen Reihen unter Clinton installieren sollte, damit das Außenministerium nicht zu einem rivalisierenden Machtzentrum würde. Die nächstliegende Person war Jim Steinberg, Warren Christophers Politischer Direktor, der einen wichtigen Posten bekommen sollte, weil Obama ihn mochte und weil er im Kampf um die Stelle des Nationalen Sicherheitsberaters, die ihm bereits in Aussicht gestellt worden war, gegen James Jones den Kürzeren gezogen hatte, einen Vier-Sterne-General a. D. der Marine und ehemaligen NATO-Kommandeur, der dem jungen demokratischen Präsidenten eine erhöhte militärische Legitimation geben und ihn vor dem Druck der Streitkräfte schützen sollte.

Das war Außenpolitik als Reise-nach-Jerusalem-Spiel, und Holbrooke fand keinen Platz. Er verfiel in eine Stimmung, die nicht weniger düster war als im Winter 1992–93, als er vergeblich auf den Anruf von Bill Clintons Übergangsteam gewartet hatte.

Aber Hillary Clinton brauchte ihn, und Ende November machte sie ihm ein Angebot, das, so meinte sie, genau richtig für ihn sei. Seit Monaten wurde in den außenpolitischen Kreisen der Demokraten über einen Sondergesandten für Afghanistan und Pakistan spekuliert. Holbrooke hatte sich schon früh für eine solche Position ausgesprochen. Da er diese Region zu seinem Schwerpunkt gemacht hatte und privat nach Afghanistan gereist war, und da er den Nahost-Auftrag nicht wollte – der an George Mitchell, ein weiteres Mitglied des demokratischen Establishments, gehen sollte –, schien Af-Pak ebenso richtig für Holbrooke zu sein wie Holbrooke für Af-Pak.

Im Gespräch mit Obama in Chicago war diese Überlegung nicht einmal erwähnt worden. Einige Tage nach ihrem Treffen, als er das Gefühl hatte, sich noch einmal stärker zeigen zu müssen, hatte Holbrooke dem designierten Präsidenten ein Memorandum mit dem Titel «Die Paradoxe von Afghanistan und Pakistan» geschickt. Es enthielt eine Menge schlechte Nachrichten und eindringliche Warnungen, und das wichtigste Paradox war dieses: «Der einzige Grund, warum wir nach Afghanistan gegangen sind, war al-Qaida – und die sind nicht mehr dort. Wir führen jetzt also Krieg gegen einen Feind, der keine direkte Bedrohung für die Vereinigten Staaten darstellt – während unser wahrer Feind, al-Qaida, auf pakistanischem Gebiet, im Land unserer Verbündeten, einen sicheren Rückzugsort gefunden hat.» Unsere Kriegsziele seien unklar, die eingesetzten Mittel ungenügend, unsere Partner in beiden Ländern unzuverlässig. Aber wir könnten es uns nicht leisten, Afghanistan noch einmal im Stich zu lassen, egal wie lang und schmerzhaft das Engagement sein würde. Das Ziel sollte nicht darin bestehen, die Taliban zu besiegen, sondern mithilfe der Nachbarländer Kabul und Islamabad zu versöhnen. Der neue Präsident dürfe nicht in dieselbe Falle treten, in die Johnson in Vietnam und Bush im Irak geraten waren. «Ich glaube, wir müssen der amerikanischen Öffentlichkeit gegenüber ehrlich sein», schrieb Holbrooke. «Der schlimmste Fehler wäre es, Ergebnisse mit einem bestimmten Zeitplan zu versprechen. Der zweitschlimmste wäre es, Fortschritte zu verkünden, die es nicht gibt.»

Ich weiß nicht, ob Obama dieses Memorandum gelesen hat. Der professorale Ton hätte ihm nicht gefallen, selbst wenn er für die unbequeme Wahrheit dankbar gewesen wäre. Niemand in seinem engeren Kreis war von der Idee begeistert, Holbrooke in die Regierung zu holen. McDonough misstraute ihm, und Rice – die den Botschafterposten bei der UNO übernehmen sollte und vierzehn Jahre jünger war als seinerzeit Holbrooke – trug ihre Einwände gegen ihn mit Vehemenz vor. Donilon, der als stellvertretender Nationaler Sicherheitsberater vorgesehen war, würde sein einziger mächtiger Verbündeter im Weißen Haus sein, aber er gehörte nicht zum inneren Kreis und musste sich um seine eigene Stellung kümmern. Joe Biden, der designierte Vizepräsident, hatte eine lange und schwierige Beziehung zu Holbrooke, die bis in die Siebzigerjahre zurückreichte. Er musste ständig seine eigene außenpolitische Kompetenz unter Beweis stellen, und er hatte den Eindruck, nie ausreichend Anerkennung für seine harte Haltung gegenüber Milošević während des Bosnienkriegs bekommen zu haben. Sie waren praktisch gleich alt und ähnlich herrisch, und sie waren in fast allen Dingen einer Meinung, weshalb es nur natürlich war, dass sie sich nicht ausstehen konnten.

Am 1. Dezember verbrachten Holbrooke und Clinton dreieinhalb Stunden miteinander in ihrer Suite im Essex House in Manhattan. Sie sagte ihm, sie wünsche sich einen starken zivilen Gegenpart zum militärischen Auftritt in Afghanistan: einen Diplomaten, der es mit David Petraeus aufnehmen könne, dem Vier-Sterne-General, der die amerikanischen Streitkräfte in der gesamten Region von Ägypten bis Pakistan – und also überall dort, wo Amerika gegenwärtig kämpfte – befehligte. Die amerikanische Politik, die unter Bush stark militarisiert worden war,

musste wieder ins Gleichgewicht kommen, Diplomatie und Entwick-
lungspolitik sollten gleichberechtigte Komponenten werden. Das wäre
Holbrookes Aufgabe. Er legte dar, was er seinerseits benötigte. Er würde dem Präsidenten
unterstellt sein, aber ihr berichten. Er wäre eine Art Außenminister für
Af-Pak, ein Präsidentenberater, der nicht die offiziellen Wege gehen
müsse, um mit Obama zu sprechen. Er würde einen Stab von Mitarbeitern aus verschiedenen Ministerien zusammenstellen – ein «intermi-
nisterielles Team» im Jargon des Regierungsbetriebs –, dazu die besten
Leute aus der Abteilung für Süd- und Zentralasien des Außenministeriums und externe Fachleute. Er würde ein Flugzeug brauchen, um in der
Region umherzureisen. Er könne sich nicht auf Afghanistan und Pakistan beschränken, Indien, der riesige Nachbar, der das pakistanische
Denken geprägt und verzerrt habe, müsse in sein Ressort fallen, außerdem der Iran, dessen Einfluss aufs westliche Afghanistan er 2006 in
Herat mit eigenen Augen gesehen hatte. Das Af-Pak-Problem lasse sich
nur lösen, wenn er den Streit zwischen Indien und Pakistan über Kaschmir angehen und zum ersten Mal seit der Revolution Gespräche mit den
Iranern aufnehmen könne. Er wolle auch kein «Sondergesandter» sein –
das habe er ja schon in Zypern und auf dem Balkan gemacht. Das französische Wort «envoi», das dem Englischen «special envoy» zugrunde liege,
klinge zu leicht, wie eine Friedenstaube im Nadelstreifenanzug. Dieses
Mal wolle er nicht nur in der Region herumreisen, sondern auch die Politik in Washington bestimmen. Er werde der «Special Representative for
Afghanistan und Pakistan» (SRAP) sein – ein Sonderbeauftragter, nicht
ein Sondergesandter.

Er bestand auf diese Dinge, wie Bob «der Flammenwerfer» Komer,
sein historischer Vorgänger in einer vergleichbaren Mission, die Privi-
legien eines Vier-Sterne-Generals bei CORDS eingefordert hatte. Holbrooke zog bereits die Grenzen seines Imperiums, als Obamas Team
überhaupt noch nicht einmal wusste, wo der Kartenraum war.

Er hielt all das in einem Memorandum für Clinton fest. Doch seine
Rolle war immer noch undeutlich definiert, und nach dem Gespräch
hatte er ein ungutes Gefühl. Sie hatte nicht auf ihr Recht gepocht, den
eigenen Stellvertreter zu benennen, als man ihr Steinberg aufgedrückt

hatte. Sie sagte Holbrooke, «Chicago» habe ihn noch nicht «ganz akzeptiert». Er hielt das für ein schlechtes Omen – ein Zeichen von Schwäche und fehlender Selbstsicherheit. Er hatte den Eindruck, dass sie die Strukturen des Apparats nicht verstand, den sie übernehmen sollte, und kaum jemandem vertraute. «Ich bin in dieser Sache hin- und hergerissen», notierte er in seinem Tagebuch. «Ein unklarer Auftrag ist, als würde man in einen Konferenzraum treten, in dem alle Stühle schon besetzt sind. Man muss alle bitten, ein wenig aufzurücken ... Jeder sagt, dass ich diesen Job annehmen soll, und das werde ich wohl auch tun. Aber ohne große Begeisterung oder Hoffnung, dass ich viel daraus machen kann, angesichts der Schwierigkeiten. Ob ich etwas erreichen kann, hängt davon ab, ob H + BO bereit sind, mich anzuhören – und da habe ich so meine Zweifel.»

Es dauerte zwei Wochen, bis Clinton auf sein Memorandum reagierte. «Chicago» zögerte eine Antwort immer wieder hinaus und sie erinnerte Obama an die Bedingungen, unter denen sie den Posten angenommen hatte. Er sagte ihr, dass sie Holbrooke haben könne, wenn sie ihn unbedingt wolle. Aber er müsse ihr unterstellt sein, nicht dem Präsidenten.

Die Rückkehr in die Regierung bedeutete, dass er zu einem Zeitpunkt, in dem er ohnehin in finanziellen Schwierigkeiten war, nur noch ein Zehntel seines früheren Einkommens hatte. Er und Kati luden Pete Peterson und seine Frau zum Abendessen ein, um über ihre finanzielle Situation zu sprechen. «Richard, fangen wir mal ganz vorne an», sagte Peterson (Nettovermögen 2,8 Milliarden Dollar). «Wie hoch ist denn dein Netto-Cashflow.» Holbrooke wusste nicht, was das bedeutete. «Vereinfacht gesagt, deine Einnahmen minus Ausgaben.» Peterson rechnete die Kosten seiner Darlehen, des Privatjets und all der anderen Dinge zusammen und subtrahierte sie von Holbrookes neuem SRAP-Gehalt von 177 000 Dollar. «Das ist ein erheblicher negativer Cashflow», sagte Peterson. «Dann lass uns mal über dein liquides Vermögen sprechen.»

«Was ist das?»

Peterson sah sich die Werte von Holbrookes Investitionen an. «Du veräußerst dein liquides Vermögen in einer Geschwindigkeit, dass du in vier oder fünf Jahren bankrott sein wirst. Dann hast du ein ernstes Problem.»

«Und was willst du mir damit sagen?»

«Ich mach es mal ganz einfach. Du musst ein paar von deinen Häusern verkaufen.»

Das größere der beiden Häuser in Telluride war besonders teuer und wertvoll. Holbrooke war fassungslos – er liebte dieses Haus. Aber Kati sagte: «Richard, hör auf Pete», und Holbrooke stimmte dem Verkauf zu.

Er musste außerdem dem Übergangsteam dreiundsechzig Fragen beantworten, ein Verfahren neueren Datums, das Leute, die ein interessantes Leben geführt haben, davon abhalten sollte, für ihr Land zu arbeiten, wenn sie den Präsidenten nicht in Verlegenheit bringen wollten. «8. Beschreiben Sie kurz die umstrittensten Angelegenheiten, mit denen sie im Lauf ihrer Karriere zu tun hatten.» «61. Hatten Sie Verbindungen zu einer Person, einer Vereinigung oder einem Unternehmen, die – selbst unfairerweise – genutzt werden könnten, um Ihren Charakter und Ihre Eignung für den Staatsdienst in Frage zu stellen oder anzugreifen?» Statt Obamas Übergangsteam zu erzählen, was ich auf den Seiten dieses Buchs dargestellt habe, beantwortete er die Frage Nr. 8 mit einem kurzen Lebenslauf und die Frage Nr. 61 mit dem Wort «Nein».

Frage 60 betraf seinen Gesundheitszustand.

Am 10. Dezember ging er zu seinem inzwischen zweiundachtzigjährigen Kardiologen Izzy Rosenfeld. Rosenfeld galt in seinem Fach eher als großer Kommunikator denn als großer Mediziner. Er strahlte einen Glanz aus, der die prominentesten Patienten verführte, die für seine Klinik spendeten, ihr Leben aber einer Reihe besser qualifizierter Partner anvertrauten. Holbrooke wurde vor allem von einer jungen Kardiologin namens Holly Andersen behandelt, aber Rosenfeld empfing noch immer seine Patienten und fertigte Notizen an, die sich wie Kurzessays lesen: «Er steht kurz davor, eine wichtige Aufgabe in der Regierung zu übernehmen, und möchte wissen, ob er in der Lage sein wird, lange Reisen zu machen und viel zu arbeiten ... Der Schlüssel bei Patienten mit paroxysmaler Fibrillation besteht, so habe ich ihm erklärt, darin, die Herzfrequenz stabil zu halten und einer Koagulation vorzubeugen. Wir verbrachten eine Stunde zwanzig Minuten damit, alle Konsequenzen seiner

bevorstehenden Ernennung durch Präsident Obama zu erörtern einschließlich der Frage, ob er überhaupt in der Lage dazu ist.»

Holbrooke war siebenundsechzig Jahre alt und wog mit knapp hundert Kilo mehr als je zuvor. Blutdruck und Puls waren mithilfe von Medi-
kamenten normal, die Atemwege frei, eine Verengung der Halsschlag-
ader war nicht zu erkennen und die Bauchdecke gab auf Druck nach. Er
nahm Metoprolol für den Blutdruck, Coumadin als Gerinnungshemmer,
Ezetrol und Niacin für den Cholesterinspiegel, Aspirin, Folsäure und
gelegentlich Viagra. Etwa alle zwei Jahre spielte sein Herz verrückt, ihm
wurde schwindlig, und der normale Herzrhythmus musste wiederher-
gestellt werden. Mit anderen Worten, er war, als Amerikaner, relativ
typisch für sein Alter. Er erzählte seinem Arzt, er fürchte, die Belastung
des neuen Jobs könne eine Gefahr darstellen. Aber Rosenfeld beschei-
nigte ihm eine ausgezeichnete Gesundheit für einen Mann seines Alters
und attestierte seine Tauglichkeit für den Staatsdienst.

Er fand etwas in Georgetown, nur einen Block von Harrimans Haus
entfernt, in dem er einst untergekommen war. Pam, die neunzig Prozent
ihres Hundert-Millionen-Erbes durchgebracht hatte, hatte die Villa
1996 verkauft, um einen Vergleich im Rechtsstreit mit Averells Erben zu
bezahlen. Wenige Monate später erlitt sie bei ihren morgendlichen Bahnen im Pool des Hotels Ritz in Paris einen Schlaganfall, starb und wurde
auf dem Anwesen der Harrimans am Hudson River begraben, genau an
der Stelle am See, die sie ausgewählt hatte, um an einem Grabstein mit
der Inschrift PATRIOT, STAATSDIENER, STAATSMANN bis in alle
Ewigkeit mit Averell vereint zu sein. Doch selbst ohne die Harrimans zog
es Holbrooke in die N Street zurück wie eine heimkehrende Taube, er
mietete ein zweistöckiges, mit Holzschindeln verkleidetes Townhouse,
das teurer war, als er sich leisten konnte. Er würde dort allein wohnen.
Kati wollte in New York bleiben, wo ihre Freunde waren, ihre Kinder, ihr
Leben, und nur zu besonderen Anlässen – wie der Amtseinführung von
Obama – nach Washington kommen.

Am 20. Januar schrieb Holbrooke in sein Tagebuch: «Gute Rede,
aber die unvergesslichen Sätze eines JFK fehlten – Niemand wird sich
an einzelne Wendungen erinnern, aber der <u>Anlass</u> ist das Bemerkenswerte. Daran wird sich jeder erinnern – riesige Menschenmengen.

Aber Washington sieht aus wie ein glücklicher Polizeistaat – Sicherheit geht über alles, was der Regierung manchmal einen halbfaschistischen Anstrich gibt.»

Am zweiten vollen Tag von Obamas Präsidentschaft schlüpfte Holbrooke unbemerkt an einer Menge vorbei, die sich vor dem Haupttor des Außenministeriums versammelt hatte, um die Ankunft von Hillary Clinton zu bejubeln. Er hatte sich vor nicht allzu langer Zeit vorgestellt, dass diese Menge auf den Außenminister Richard C. Holbrooke wartete. Statt aber im persönlichen Aufzug des Ministers in den mahagoniverkleideten siebten Stock hinaufzufahren, durchquerte er die Lobby und verschwand in einem mit Linoleum und Neonröhren ausgestatteten Flur. SRAP war eine enge, reizlose Suite im Erdgeschoss neben der Cafeteria zugeteilt worden. Dies war sein vierter Einsatz in diesem Gebäude in vier Jahrzehnten, aber ferner von seinem Traumposten hätte er gar nicht sein können, weder physisch noch symbolisch.

Kurz vor zwei kam Obama, um seine Sondergesandten vorzustellen. Die Zeremonie fand in dem nach Benjamin Franklin benannten Saal in der achten Etage statt, vor drapierten goldenen Vorhängen und Granitsäulen und einer begeisterten Menge von Mitarbeitern des Auswärtigen Dienstes. Vizepräsident Biden war ebenfalls da, mit ihrem gemeinsamen Auftritt signalisierten sie ihr Vertrauen in die Diplomatie nach Jahren des Militarismus unter Bush, und sie zeigten ihre Unterstützung für Clinton, die Widersacherin in einem erst wenige Monate zurückliegenden Kampf, der zwar auch unter den Hauptakteuren, vor allem aber unter den Mitarbeitern des Weißen Hauses und des Außenministeriums noch immer schmerzhaft gegenwärtig war. Holbrooke stand auf der Bühne neben dem Präsidenten, George Mitchell neben dem Vizepräsidenten, als die bereits bestätigte und vereidigte Außenministerin im gold-braunen, kragenlosen Strickblazer ihre Sondergesandten vorstellte.

Als Holbrooke an der Reihe war, trat er ans Mikrofon und sagte: «Ich danke Ihnen für Ihr Vertrauen, mir diese gewaltige Aufgabe zu übertragen, ich kann nichts tun als zu versprechen, dass ich mein Bestes geben werde.» Seine Worte klangen ein wenig deplatziert. «Ich sehe – gerade denke ich an meine Anfangszeit im Auswärtigen Dienst, und ich sehe, dass John Negroponte hier ist, mein ehemaliger Mitbewohner in Saigon. Ich erinnere mich gern an diese Zeit. Und ich hoffe, dass wir dieses Mal zu einem besseren Ergebnis kommen werden.»

Als es vorbei war, sprach der Präsident mit Holbrookes Familie. Kati strahlte Obama an und sagte: «Wissen Sie, Mr. President, diese Aufgabe ist für meinen Mann viel mehr als nur ein Job.» Fotos wurden gemacht, der Präsident sprach mit David, der die Größe eines NBA-Angreifers hatte, über Basketball, und alle waren ganz aufgeregt, wie das damals so war, wenn man den frisch gewählten Präsidenten kennenlernte. Dass Holbrooke Vietnam erwähnen würde, hatte nahegelegen. Es drängte sich förmlich auf. Holbrooke trug diesen Krieg mit sich herum wie ein Buch, das er in jungen Jahren auswendig gelernt hatte, und jetzt erinnerte er sich plötzlich an ganze Passagen.

Am selben Abend erhielt er eine E-Mail von Rufus Phillips, der 1963 bei Rural Affairs Holbrookes Chef gewesen war. Er war inzwischen beinahe achtzig Jahre alt. Er gratulierte und bot seine Hilfe an. Holbrooke schrieb zurück:

«Rufe – es ist schlimmer als 'Nam!»

III.

Als sich in Washington herumsprach, wie weit Holbrooke seine Aufgabe fasste, gingen die indischen Diplomaten in Washington die Wände hoch. Im November hatten zehn pakistanische Terroristen bei einem dreitägigen Angriff in Mumbai einhundertvierundsechzig Menschen getötet. Sie waren von Teilen des ISI unterstützt worden, und Pakistan weigerte sich, bei der Untersuchung mit Indien zu kooperieren. Aus Sicht der indischen Regierung war Pakistan Teil des Problems, während Indien selbst, die größte Demokratie der Welt und eine aufstrebende Macht, die eine Sonderbeziehung mit den USA genoss, Teil der Lösung war. Wenn Holbrooke nun vorhatte, Indien mit dem Af-Pak-Schlamassel in einen Topf zu werfen und den uralten Konflikt mit Pakistan über das von Indien beanspruchte Kaschmir in seinen

Aufgabenbereich zu ziehen, würde er nicht einmal ein Visum erhalten, um nach Delhi zu reisen. Holbrooke musste sich heraushalten. Er musste seinen Auftrag erledigen, ohne auch nur das zu erwähnen, was er bald als «K-Wort» bezeichnete. So wurde gleich zu Anfang eine große Lösung – Pakistan demobilisiert die Taliban im Austausch für irgendein Entgegenkommen in Kaschmir – ausgeschlossen.

Iran war ebenfalls schwierig. Clinton ernannte Dennis Ross, einen weiteren ehemaligen Berater ihres Ehemanns, als Unterhändler im Persischen Golf, seine Büros waren gleich neben denen des SRAP. Dies bedrohte die westliche Flanke von Holbrookes Imperium, er war aber nicht bereit, sich zurückzuziehen. Wie Indien, so war auch der Iran untrennbar mit dem Afghanistan-Problem verbunden. Nach dem Sturz der Taliban hatten die USA und Iran gemeinsam daran gearbeitet, eine neue Regierung in Afghanistan zu unterstützen, aber Bushs Achse-des-Bösen-Rede ließ diese kurzlebige Zusammenarbeit 2002 platzen. Teheran, wie auch Delhi, hielt engen Kontakt zu Karzais Regierung, unterstützte sie tatkräftig und garantierte im westlichen Afghanistan eine gewisse Stabilität. Iran war außerdem der weltweit größte Abnehmer für afghanisches Opium, das Land hatte ein enormes Drogenproblem. Theoretisch war die Schnittmenge zwischen den amerikanischen und iranischen Interessen in Afghanistan erheblich, und Holbrooke suchte nach einem Gesprächskanal.

Bei einer Afghanistankonferenz in Den Haag saß an seinem Nebentisch der Stellvertretende Außenminister des Iran. Beim Mittagessen stand Holbrooke auf, ging hinüber und stellte sich der Reihe nach allen am Tisch vor, bis er den Iraner erreichte.

«Ich bin Richard Holbrooke. Freut mich, Sie kennenzulernen.» Er streckte seine Hand aus. Der Iraner war überrascht und hatte keine Wahl, als sie zu schütteln. Holbrooke erwähnte die Ähnlichkeiten, die er zwischen den Moscheen in Herat und Isfahan bemerkt hatte. Er sprach mit einer Sicherheit über Architektur, als verstünde er etwas davon. Das reichte, um das Eis zu brechen und ein wenig Vertrauen aufzubauen. Und dann: «Wir sollten in Kontakt bleiben.» Der höchste Kontakt, der zwischen den Vereinigten Staaten und dem Iran in vierzig Jahren stattgefunden hatte, dauerte weniger als dreißig Sekunden. Clinton erklärte später vor der Presse, dass die Begegnung spontan gewesen sei – was so nicht stimmte, denn sie hatte im Voraus ihre Zustimmung gegeben. Die Iraner bestritten, dass das Treffen jemals stattgefunden hatte. Ein zweites gab es nicht. «Wieder was gelernt», schrieb Holbrooke in sein Tagebuch. «Langsam vorgehen, gut vorbereiten.»

Es ging ihm nicht nur darum, sein Territorium zu erweitern, auch wenn es für seine Kollegen so aussah. Er wusste, dass die Taliban auf dem Schlachtfeld nicht besiegt werden konnten, dass Nation Building langwierig sein und einen unsicheren Ausgang haben würde, und dass der Weg zum Frieden von außen nach innen, von den Nachbarländern nach Kabul führen müsse. Das wichtigste Nachbarland aber war der Albtraum im Osten.

Pakistan wurde von dem Virus angegriffen, das es in seinem eigenen Labor entwickelt hatte. Eine einheimische Truppe, die pakistanischen Taliban, ermordete 2007 die ehemalige Premierministerin Benazir Bhutto und sprengte 2008 das Marriott-Hotel in Islamabad in die Luft. Bei Obamas Amtsantritt hielten islamistische Kämpfer Städte, die nur einhundertfünfzig Kilometer von der Hauptstadt entfernt waren, und errichteten ihre übliche Schreckensherrschaft. Sie schlossen Mädchenschulen, verboten Videos, zerstörten buddhistische Altertümer, griffen religiöse Minderheiten an und inszenierten öffentliche Prügelstrafen und Hinrichtungen für Verhalten, das ihren strengen Regeln widersprach. Auch sonst gab es Probleme zuhauf – Wasserknappheit, Stromausfälle, Unruhen, Abspaltungsbestrebungen. Pakistan glich immer mehr einem zerfallenden Staat. Und doch war das Land gelähmt. Die Hälfte der Pakistaner – besonderes aus den ärmeren und traditionsverbundeneren Schichten – sympathisierte mit den Islamisten. Die städtischen Eliten waren schwach und uneins, sie begriffen nicht, wie enorm die Bedrohung war. Die zivilen Politiker waren zerstritten und verunsichert angesichts einer militärischen Klasse, die die wahre Macht in Händen hielt und Indien für die größte, wenn nicht gar einzige Bedrohung hielt. Es gab niemanden, der wirklich Interesse hatte, gegen die Taliban vorzugehen.

Das pakistanische Militär betrachtete Afghanistan als eine Erweiterung des pakistanischen Interessengebiets und als Wettkampfzone mit Indien und anderen asiatischen Ländern. Pakistan könne ohne ein befreundetes Regime in Kabul, das sich gleichzeitig jegliche Einflussnahme Indiens verbat, niemals sicher sein. Die afghanischen Taliban waren ein Instrument, um zu verhindern, dass Pakistan von feindlichen Nachbarn umzingelt würde.

Die «Pak»-Hälfte von Holbrookes Mission verlangte daher eine Reihe von komplizierten und nicht gerade naheliegenden Schritten: Er musste den Pakistanern versichern, dass die amerikanische Unterstützung mehr als nur kurzfristig und zweckdienlich war; die zivile Regierung durch massive Erhöhung der Hilfszahlungen stärken; den Argwohn des Militärs gegenüber Indien abbauen; die Nachbarländer zu regionalen Verhandlungen an einen Tisch bringen; und die pakistanische strategische Ausrichtung so weit verändern, dass sie die Taliban fallenließen. Es ging darum, die Pakistaner davon zu überzeugen, dass der radikale Islamismus sie mehr bedrohte als der Erzfeind Indien. Amerikanische Diplomaten sprachen über das Land wie über ein vernachlässigtes Kind: Nicht reagieren, wenn es schreit und um sich schlägt, einfach nur sehr fest halten. Oder wie ein schwerbewaffneter Desperado, dem man sich mit größter Vorsicht näherte: «Legen Sie die Waffe hin, ziehen sie die Selbstmordweste aus – wir sind auf Ihrer Seite.»

Pakistan war der Hauptgrund dafür, dass es schlimmer war als 'Nam.

Ende Januar lud Holbrooke den pakistanischen Botschafter Hussein Haqqani zum Mittagessen ein. Sie trafen sich nicht weit vom Weißen Haus entfernt unter den Kronleuchtern des Restaurants im Hay-Adams Hotel, einem Ort, der so berühmt war, dass kein zufällig dort auflaufender Reporter auf die Idee gekommen wäre, dass ihr Gespräch geheim bleiben sollte. Das, zumindest, war, was Holbrooke im Kopf hatte, und es produzierte genau die Art von politischem Theater, das die neuen Bewohner des Gebäudes auf der anderen Seite des Lafayette Square hassten.

Am folgenden Tag schickte Haqqani eine Depesche nach Islamabad, in der er ihr Gespräch zusammenfasste:

«Er sagte, dass die USA, anders als in einigen Kreisen geäußert, keine

Hintergedanken in Bezug auf Pakistan hätten, dass sie keinen Grund sähen und auch nicht den Wunsch hätten, in Pakistan Unruhe zu stiften. ‹Die USA werden Pakistan niemals bitten, etwas zu tun, das ihren nationalen Interessen schaden könnte.› ... Bezüglich Indien sagte er: ‹Ich werde mich mit Indien befassen, indem ich tue, als würde ich mich nicht mit Indien befassen.› Dann fügte er hinzu, dass Indien in dem Maße, in dem es die Sicherheitslage von Pakistan und Afghanistan beeinträchtige, ebenfalls in seinen Aufgabenbereich falle. Er fragte mich, ob die USA ‹gleichzeitig mit Indien und mit Pakistan befreundet› sein könnten. Ich betrachtete dies als rhetorische Frage und beschränkte mich auf ein sehr allgemeines ‹Natürlich, solange die nationalen Interessen Pakistans geschützt werden.› Er fragte, ob Präsident Karzai der beste Mann sei, um unter diesen Bedingungen Afghanistan zu führen, und ob Alternativen bereitstünden. Ich bewahrte diplomatisches Schweigen. (Gemeinsame Freunde haben mir erzählt, dass Holbrooke ein außergewöhnliches Gedächtnis hat, weshalb eine gewisse Wortkargheit im Umgang mit ihm die beste Wahl ist.) ... Er sagte, dass er in seiner diplomatischen Laufbahn mit vielen komplexen Problemen zu tun gehabt habe, dass ihm unsere Region aber als die größte Herausforderung erscheine. Das Selbstverständnis der verschiedenen Akteure sei komplex und widersprüchlich, und die unterschiedlichen Erwartungen seien unvereinbar. Sie könnten nicht erfüllt werden, ohne neue Schwierigkeiten heraufzubeschwören und Konfliktfelder zu eröffnen.»

Haqqani war der Autor eines höchst skeptischen Buchs über das pakistanische Militär, und seine offizielle Depesche unterschlug das, was das Gespräch eigentlich ausmachte – seine Warnung an Holbrooke, die pakistanische Armee und die Geheimdienste nicht auf Kosten der kürzlich gewählten Regierung von Präsident Asif Zardari, dem Witwer von Benazir Bhutto, zu stärken. In den kommenden Monaten sollten Holbrooke und Haqqani eine enge Freundschaft entwickeln. Sie trafen sich oft, immer wieder auch außerhalb von offiziellen Anlässen, und Haqqani begann, Holbrooke zu erklären, wie sich die pakistanischen Täuschungen und Selbsttäuschungen durchschauen ließen.

Beinahe instinktiv gestaltete er das SRAP-Büro nach dem Modell von Rural Affairs – Freiheit und Transparenz, Ablehnung bürokratischer Konventionen, Begeisterung und Risikobereitschaft. Eines Tages kam Frank Wisner ins Büro, um zu sehen, was sein Freund so trieb, und er hatte sofort das Gefühl, dass er sich mit geschlossenen Augen durch die Räume bewegen könnte. Er wusste genau, wie alles organisiert war, denn genau so hatten sie es auch in Saigon bei der Befriedung gemacht. Das Echo beunruhigte Wisner. Warum wiederholte Holbrooke etwas, das letztendlich gescheitert war?

Was Holbrooke als sein «Kabuff» bezeichnete, lag an einem Ende der Büroflucht, das Fenster ging auf einen Innenhof hinaus. An den Wänden hingen Bilder aus Saigon und Dayton, signierte Fotos von Cyrus Vance und Kofi Annan, ein gerahmter Brief, den Nixon 1994 nach seinem Besuch in Bonn geschickt hatte, Holbrookes Nachruf auf Dean Rusk aus demselben Jahr, ein Titelblatt der *Times* von 1995 nach dem Durchbruch in Dayton. Im Regal lag ein Feuerzeug, ein Zippo aus Vietnam mit dieser Gravur: ICH LIEBE ES, DIE ARMEE ZU FICKEN, UND DIE ARMEE LIEBT ES, MICH ZU FICKEN. Draußen im Flur hing eine Bosnienkarte mit Grenzen, die irgendeinen Verhandlungsstand wiedergaben, und ein Bücherregal mit Bänden über Afghanistan und Pakistan, Kiplings *Kim*, Katis Buch über die Ehen der Präsidenten, Clark Cliffords Memoiren und drei Dutzend Exemplare von *To End a War*. Holbrooke hatte sich mit dieser Ausstattung selbst ein Denkmal gesetzt, seine Mitarbeiter sollten wissen, dass sie mit ihm in die Geschichte eingehen würden.

Einige von ihnen waren aufstrebende junge Beamte aus verschiedenen Ministerien, die sich die Chance nicht nehmen ließen, mit einer lebendigen Verbindung zu Kennan und Harriman zusammenzuarbeiten. Talentierte junge Leute aus dem Außenministerium, vom Militär, vom Pentagon, der CIA, dem FBI, den Finanz- und Landwirtschaftsministerien und der Entwicklungsbehörde – alle ließen sich freistellen und quetschten sich in die Räume 1515 und 1517. Andere waren nicht gewohnt, einen Zugangspass der Regierung um den Hals zu tragen, sie kamen von außen, was einer der Gründe war, warum Holbrooke sie interessant fand. Als Erstes hatte er Barnett Rubin angerufen, einen Professor der New York University, der als führender Afghanistan-Experte galt, und den im Iran geborenen Wissenschaftler Vali Nasr, der über den politischen Islam forschte. «Ihr Problem ist, dass es Ihnen um die Substanz geht», warnte Holbrooke Rubin. «Beim Regieren geht es aber nur um den Prozess.» Zu Nasr sagte er: «Bitte versuchen Sie überhaupt nicht, die Politik zu verstehen. Washington ist intellektuell tot. Hier entstehen keine neuen Ideen – es geht nur um Revierkämpfe, darum, zu sagen: ‹Das habe ich auch mal gemacht›. Ihre Aufgabe besteht darin, all das zu durchbrechen. Wenn Ihnen dabei jemand Schwierigkeiten macht, dann kommen Sie zu mir.» Sobald ihre Sicherheitsfreigaben vorlagen, begann Nasr Holbrooke zu Pakistan zu beraten, Rubin – der Karzai gut kannte – kümmerte sich um Afghanistan.

Und dann war da noch Rina Amiri, eine junge afghanischstämmige Amerikanerin mit verwandtschaftlichen Beziehungen zum Königshaus. Sie hatte in Kabul für die UNO gearbeitet, dann für George Soros' Open Society Institute. Eines Abends Ende Februar entdeckte sie Holbrooke im letzten Flieger von Washington nach New York, setzte sich in die Reihe hinter ihm und begann, wegen der bevorstehenden afghanischen Wahlen auf ihn einzureden.

«Sie wissen, dass ich gerade dieses Team zusammenstelle», unterbrach Holbrooke.

«Ja, das weiß ich», sagte Amiri. «Aber ich bin hier, um Sie von etwas zu überzeugen.»

«Ich arbeite sehr effizient. Ich habe Ihre Überzeugungsarbeit gerade zu einem Vorstellungsgespräch umgewandelt.» Als sie darauf nicht einging, erhöhte Holbrooke den Druck. «Sind Sie sich darüber im Klaren, dass ich Ihnen gerade ein Angebot mache, in Ihrem Land etwas zu verändern, das Sie so nicht noch einmal bekommen werden?»

Amiri widerstand bis zum Ende des Flugs, aber weniger als einen Monat später kündigte sie bei Soros und stieß zu Holbrookes Team.

Es gab zwei Stellvertreter, Paul Jones, einen Karrierediplomaten, und Dan Feldman, einen von Gelb protegierten Juristen. Theoretisch gab es auch ein Organigramm, aber das war völlig bedeutungslos. Holbrooke hatte blitzschnell dreißig Leute zusammen. Jeder durfte in sein Büro hereinspazieren und mit ihm debattieren. Manchmal brüllte er sie an, aber sie wurden immer auch angehört.

Barney Rubin war neun Jahre jünger als Holbrooke, und aus dem Altersunterschied ergab sich eine politische Differenz. Während sich der junge Holbrooke begeistert zu Kennedys «New Frontier» gemeldet hatte, war Rubin ein Fußsoldat der sogenannten Neuen Linken. Er hatte sich in Studentenorganisationen engagiert und war bei einer Demonstration gegen den Vietnamkrieg verhaftet worden, und seine achtzig Seiten dicke FBI-Akte machte die Sicherheitsfreigabe noch komplizierter, als sie ohnehin schon war. Er war ein weißbärtiger Professor mit dem freundlich blinzelnden Lächeln eines Jerry Garcia und, wie Holbrooke mit Sorge bemerkte, mit einer Miene, die an Trotzki erinnerte. Er stand dem Krieg gegen den Terror kritisch gegenüber und hatte nicht viel übrig für die typisch amerikanische Gleichsetzung von Taliban mit al-Qaida. Er war auch der Ansicht, dass Holbrooke die Fähigkeit der Amerikaner, der Welt Schaden zuzufügen, unterschätzte. Rubin betrachtete den Krieg politisch, nicht moralisch, und er verdrehte jedes Mal die Augen, wenn Holbrooke es für nötig befand, jeglicher Erwähnung der Taliban «die widerlichen» voranzustellen. Rubin glaubte, dass Frieden nur durch eine Einigung mit den Talibanführern zu erreichen sei. Holbrooke wusste zwar nicht, ob das möglich sein würde, zeigte sich aber offen für Rubins Argumente.

Anfang Februar, als Rubin noch auf seine Sicherheitsfreigabe wartete, traf er sich mit Holbrooke in der Asia Society in New York. Für das Ende der Woche war im Speisesaal im achten Stock des Außenministeriums ein nicht-öffentliches Abendessen mit verschiedenen Afghanistan-Experten geplant. Holbrooke erklärte Rubin, wie er sich verhalten solle. Er solle argumentieren, dass Amerika Karzai nicht ermutigen dürfe, erneut für das Präsidentenamt anzutreten – was ihn auf Kollisionskurs mit der Außenministerin bringen werde. Wenn Rubin aber in irgendeiner Weise herablassend gegenüber Clinton auftrete, werde sie ihm überhaupt nicht zuhören. Holbrooke hatte bemerkt, dass Rubin Leute, von denen er glaubte, dass sie weniger wüssten als er, mit einer gewissen Arroganz behandelte.

«Okay, hab verstanden», sagte Rubin. «Lustig, ich hab genau dasselbe über Sie gehört.»

«Sehen Sie – genau davon spreche ich.»

Ein weiterer Experte auf der Gästeliste war Rory Stewart. Er war zu einer absolut minimalistischen Sichtweise auf Afghanistan gelangt: Es gab kein Problem, das man mit zusätzlichen Soldaten lösen konnte. Amerika, Großbritannien und ihre NATO-Verbündeten hatten keine Ahnung, wie man einen afghanischen Staat aufbaut oder die Korruption beendet oder sich in der Stammespolitik der Aufständischen zurechtfindet. Der Westen konnte nur hoffen, in denjenigen Gebieten, wo Ausländer erwünscht waren, die Lage durch bescheidene und gezielte Hilfsmaßnahmen zu verbessern – so wie es seine eigene Stiftung, die Turquoise Mountain Foundation, tat.

Einige Tage vor dem Abendessen rief Holbrooke Stewart spätabends an und weckte ihn. «Ich weiß, dass Sie glauben, wir sollten keine weiteren Soldaten nach Afghanistan schicken», begann Holbrooke, wie üblich ohne sich für die späte Störung zu entschuldigen. Offiziell prüfte die Regierung noch den Wunsch des Militärs, einundzwanzigtausend weitere Soldaten einzusetzen, aber es zeichnete sich ab, dass sie zustimmen würde. «Was Sie aber wissen sollten, ist, dass die Militärs im August weitere vierzigtausend anfordern werden.» Holbrooke hatte diese schockierende Zahl eben erst von General Mike Mullen erfahren, dem Vorsitzenden der Vereinigten Generalstabschefs. «Und, Rory, wenn Sie denken, dass das nicht gut ist, dann müssen Sie es offen sagen.» Holbrooke erwähnte einen Generalmajor in Vietnam, der 1968 entschieden gegen Westmorelands Forderung einer Truppenaufstockung gewesen war, sich aber nicht getraut hatte, in aller Deutlichkeit dagegen zu argumentieren. Wenn sich Stewart jetzt nicht zu Wort melde, sagte Holbrooke, würde es ihm für den Rest seines Lebens keine Ruhe lassen, so wie es diesem Zwei-Sterne-General ergangen war. Stewart saß inzwischen aufrecht im Bett, er war nackt und drückte das Handy ans Ohr, und Holbrooke sagte: «Das ist der Moment, auf den Sie gewartet haben.»

Am 3. Februar waren zwei Dutzend Leute um den eleganten Esstisch der Außenministerin versammelt. Etwa die Hälfte der Gäste gehörte der neuen Regierung an – Denis McDonough und David Axelrod aus dem Weißen Haus; Leon Panetta, der neue CIA-Direktor –, die andere Hälfte bestand aus Experten, darunter Sarah Chayes, die länger in Afghanistan gelebt hatte als Rory Stewart und mit gleicher Gewissheit wie er zu genau dem entgegengesetzten Schluss gekommen war. Rubin beschloss, nichts zu Karzais Zukunft zu sagen – die Runde war so groß, dass mit Sicherheit etwas nach außen dringen würde, und Karzai würde das bestimmt nicht gut aufnehmen.

«Ich glaube, man kann mit Fug und Recht behaupten, dass noch nie eine solch geballte Intelligenz in diesem Saal versammelt gewesen ist», erklärte Holbrooke.

«Richard», warf Clinton ein, «wenn du mit deinen Schmeicheleien fertig bist, können wir vielleicht anfangen.»

Holbrooke hatte dafür gesorgt, dass Rubin neben Clinton saß. Angefeuert von Holbrookes Worten hielt er eine leidenschaftliche Rede über die begrenzten Möglichkeiten, die der Westen in Afghanistan habe. Clinton hörte aufmerksam zu und stellte einige höfliche Fragen. Stewart wartete darauf, dass sein Chef ihm den Rücken stärken würde, aber Holbrooke schwieg. Nach dem Essen sprach Stewart ihn an. «Wie fanden Sie das?» Holbrooke hielt sich bedeckt.

«Am besten haben es Barney Rubin + Sarah Chayes gemacht, die Af wirklich kennen + nur Verachtung füreinander haben», notierte Holbrooke. «Rory Stewart hat für all die Rudyard-Kipling-Nostalgiker gesprochen, die es überall gibt, er forderte mehr Rory-ähnliche Experten + und größeren Respekt für die Stämme.» Er wollte bei einem derart heiklen Thema, vor so vielen wichtigen Leuten – und besonders in Gegenwart seiner eigenen Vorgesetzten – den eigenen Hals nicht riskieren, hatte aber doch dafür gesorgt, dass Hillary Clinton die Argumente gegen eine Truppenaufstockung hörte. Dies war die Taktik, an die er sich bis zum Ende des Jahres hielt.

IV.

Afghanistan war das verdammte Gespenst, das aus der Vergangenheit auftauchte, und Pakistan war ein finsteres Spiegelkabinett, aber der eigentlich gefährliche Schauplatz war Washington.

Am Tag nach Obamas Amtseinführung setzte jemand in Donilons

Büro Holbrookes «Rahmenbedingungen» auf – der im Regierungsbetrieb übliche Ausdruck für eine Funktionsbeschreibung. Doch im Chaos der ersten Tage wurden sie nie endgültig abgezeichnet. Von Beginn an fehlte eine klare Abgrenzung des Mandats, Kooperationsgebiete und Arbeitsteilung zwischen dem SRAP und dem Nationalen Sicherheitsrat wurden nie vollständig geklärt. Das Ergebnis war, dass im Weißen Haus niemand recht wusste, was Holbrooke eigentlich machte.

Wenn er einen Ansprechpartner dort hatte, dann war es wohl Douglas Lute, ein Generalleutnant der Armee, der als Sonderberater unter Bush für Irak und Afghanistan zuständig gewesen war und jetzt die Kriegsstrategie «koordinieren» und «implementieren» sollte. Er stellte also sicher, dass Probleme erkannt und Entscheidungen zügig umgesetzt wurden. Obamas Berater wollten ihn loswerden, weil sie ihn für eine unzuverlässige Hinterlassenschaft hielten, aber der neue Nationale Sicherheitsberater, James Jones, überzeugte den Präsidenten, dass Lute ein loyaler Soldat sei. Er blieb als Leitender Direktor für Afghanistan im Nationalen Sicherheitsrat, aber auf einer etwas niedrigeren Stufe. Als das neue Team am Tag nach der Amtseinführung im Weißen Haus eintraf, war Lute schon da und musste allen zeigen, wo die Kaffeemaschine und wo die Toiletten waren.

Lute stammte aus dem Mittleren Westen, ein stattlicher Mann mit einer fröhlichen Art, der niemandem etwas vormachen wollte und im Regierungsapparat nirgends aneckte. Damit war er einer jener Beamten, die Holbrooke seine ganze berufliche Laufbahn lang mit Missachtung gestraft hatte. Tatsächlich waren sie sich bereits 1996 begegnet, als Holbrooke, der damals wieder bei der Bank arbeitete, nach Belgrad entsandt wurde, um Milošević zu drängen, seinen Teil der Vereinbarung von Dayton einzuhalten. Wes Clark war damals schon weitergezogen, Oberst Lute war es, der Holbrooke an seiner Stelle begleitete. Als Holbrooke verspätet am Luftwaffenstützpunkt Andrews ankam und in die C-20 stieg, fiel sein Blick auf Lute. «Wer sind Sie?», fragte er barsch. «Ich habe Sie für diesen Flug nicht zugelassen.»

«Ich kann meine Tasche rausholen, in fünf Minuten bin ich weg», antwortete Lute.

«Nein, so war das nicht gemeint.»

In Belgrad am folgenden Morgen klopfte es an Lutes Zimmertür. Holbrooke stand im Hotelbademantel da, barfuß. «Haben Sie Socken für mich?» Er hatte entweder vergessen, welche mitzunehmen, oder er hatte sie alle schon durchgeschwitzt. Wie leicht es ihm fiel, das Unbehagen an seinen schmerzenden Füßen, mit denen er durchaus auch nach unten treten konnte, auf andere zu übertragen! Lute gab ihm ein Paar Dienstsocken. So lernten sie sich kennen.

Lute war von Holbrookes Ernennung zum SRAP, vor allem auch von diesem Titel, überrascht worden. Es war unausweichlich, dass es Reibungen zwischen ihren beiden Ämtern geben würde, wenn die Kompetenzen nicht geklärt wären. Holbrooke gewöhnte sich an, uneingeladen in Lutes fensterloses, im Untergeschoss des Westflügels gelegenes Büro zu spazieren, die Tür hinter sich offen zu lassen, die Schuhe auszuziehen und die bestrumpften Füße auf Lutes Schreibtisch zu legen. Er blieb, solange er wollte, egal welche Termine bei Lute gerade anstanden. Oft kam er unmittelbar vor den Sitzungen im Lageraum. Lutes Team war für die «Tagesordnung» verantwortlich – eine drei bis vier Seiten lange Stichwortsammlung, die der Nationale Sicherheitsrat wie den eigenen Augapfel hütete, und die dem Präsidenten, *nur* dem Präsidenten, jeweils am Vorabend vorgelegt wurde. Holbrooke war immer scharf auf Informationen, die er vorab bekommen konnte. Lute meinte, dass die Füße auf seinem Schreibtisch deutlich zeigten, wofür Holbrooke ihn hielt: einen nützlichen Bürokraten.

Lute bat Jones mehrmals, ihm Holbrookes Funktionsbeschreibung zu zeigen, aber Jones ließ ihn abblitzen – die Kompetenzen würden sich im Lauf der Zeit schon sortieren.

Jones hatte in Vietnam und in Bosnien gedient. Einen Großteil seiner Laufbahn bei der Marineinfanterie hatte er den Befehl geführt, er war selbst Kommandeur des Marine Corps gewesen und hatte kurz vor seinem Dienstende noch Clarks alte Position bei der NATO übernommen. Er war ein blauäugiger, Französisch sprechender John-Wayne-Typ, über ein Meter neunzig groß, mit breitem Kreuz, der es gewohnt war, Befehle zu geben, die andere schnell und effizient ausführten. Mit fünfundsechzig Jahren war er nun der wichtigste Mitarbeiter des Präsidenten, er musste jedes Detail im Blick behalten und ständig zur Stelle sein. Der Job war brutal, und er war ihm nicht gewachsen. Holbrooke war das sofort klar. Als sich Obama und sein außenpolitisches Team am 22. Januar kurz vor der Vorstellung im Madison Room des Außenministeriums versammelten, fiel Holbrooke auf, was für eine Randfigur Jones war. Er schien überhaupt nicht anwesend zu sein. Jones verbrachte das Wochenende nach der Amtseinführung in seinem Ferienhaus an der Ostküste von Maryland. Er machte zwar äußerlich eine gute Figur, war aber Obamas erster großer Fehler.

Donilon, Jones' Stellvertreter, klagte Holbrooke gegenüber, dass Jones seinen vorbereiteten Text ablese und manchmal nur langsam zu begreifen scheine, worum es bei einer Diskussion ging. Andere waren überzeugt, dass Jones neurologisch beeinträchtigt war. Bald wurde klar, dass Donilon derjenige sein würde, der den Nationalen Sicherheitsrat von Tag zu Tag leiten und früh genug aufstehen musste, um den Kurzbericht zur Sicherheitslage vorzubereiten, der dem Präsidenten täglich um 9 Uhr 30 vorgelegt wurde. Nach ein paar Tagen dieser Doppelbelastung konnte Donilon nicht mehr.

«Du bist wirklich ein herausragender Organisator, aber jetzt musst du deine eigenen Meinungen formulieren», erklärte Holbrooke ihm eines Tages. Er war gerade aus Lutes Kellerloch hinaufgekommen und platzte in Donilons Besenkammer, die sich unmittelbar neben Jones' großzügigem Eckbüro befand. «Es genügt nicht mehr, dass du Probleme identifizierst – du musst führen.» Er sprach mit Donilon noch immer, als wären es die Neunzigerjahre, als er sich im Vorzimmer von Warren Christopher auf Donilons Sofa ausgestreckt und eine Stunde lang vor sich hin doziert hatte. Aber die Situation war jetzt eine ganz andere, und Donilon, der klug und erfahren war, auf den man sich aber nicht verlassen konnte, wenn er unter Druck geriet, war entschlossen, Holbrooke an die lange Leine zu nehmen.

Clinton wollte, dass der Präsident seinen SRAP kennenlernte, er durfte sie bei einem ihrer ersten wöchentlichen Termine im Oval Office begleiten. Da saßen sie nun zu dritt am präsidialen Wohnzimmertisch, der noch aus der Amtszeit von Bush stammte und dem Raum etwas von einem Reiche-Leute-Wohnzimmer in Dallas gab. Obama war sechsundvierzig Jahre alt und mit ein Meter zweiundachtzig etwa so groß wie Holbrooke, wog aber fünfzehn Kilo weniger. Er war noch drahtiger, als er auf Fotos wirkte. Sein Gesicht war schmal, die Kummerfalten tief, aber graue Haare hatte er damals noch nicht. Er hörte zu, während Holbrooke eine Strategie umriss, die alle Akteure in der Region einbinden würde. Er wolle Indien durch einen inoffiziellen Kanal einbeziehen; mit dem Iran über Herat und den Westen sprechen; die Chinesen und die Saudis bewegen, Druck auf ihren Verbündeten Pakistan auszuüben; und letztendlich mit den Taliban ins Gespräch kommen. «Und wir müssen jeden von ihnen darüber täuschen, wie weit wir selbst bereit sind zu gehen. Und Sie haben diese große Entscheidung zur Aufstockung zu treffen, und wir müssen schauen, was wir mit diesen diplomatischen ...»

«So machen wir das nicht in dieser Regierung», unterbrach Obama. Keine Täuschung, keine Lügen. Das war die alte Art, Diplomatie zu betreiben. Lügen hatten zu der Katastrophe im Irak geführt. Die Bush-Regierung hatte den Ruf Amerikas in der ganzen Welt beschmutzt, und Obama sah seinen Auftrag darin, ihn wiederherzustellen: Folter beenden, Guantanamo schließen. Obama wollte keine krummen Touren, Ehrlichkeit war sein Markenzeichen.

Holbrooke lehnte sich auf dem geblümten creme- und beigefarbenen Sofa vor. Clinton schien zu wissen, was ihm durch den Kopf ging: *Was zum Teufel reden Sie da? Was meinen Sie denn, wie ich Milošević an den Verhandlungstisch gekriegt habe?* Und genau das dachte sie auch. Er kam schnell wieder auf die Füße. «Ich meine nur, wir müssen uns überlegen, was wir sagen und wie wir es sagen wollen.» Clinton aber spürte den eisigen Hauch, der vom Präsidenten herüberwehte. Das Treffen, dessen Zweck es gewesen war, eine Beziehung zwischen den beiden Männern herzustellen, war gescheitert.

Die Öffentlichkeit, geblendet von Obamas Wahlkampfreden, seinem charmanten Geplänkel mit Ellen und Oprah, sollte den Präsidenten, den seine Mitarbeiter gerade kennenlernten, nie zu Gesicht bekommen, den Mann, der forsch in den Lagerraum hereintrat, sich hinsetzte und sagte: «Dann legen wir mal los.» Ein paar freundliche Worte zur Begrüßung oder Smalltalk hielt er für Zeitverschwendung. Er war, dachte Holbrooke, das genaue Gegenteil von Bill Clinton – er war diszipliniert wie ein Unternehmenschef, scheute sich nicht, Befehle zu geben, er war ungeduldig und manchmal unterkühlt. Obama hatte die Abgeklärtheit eines Introvertierten, der ebenso wenig Zuneigung heuchelte wie er vorgab, das Buch seines Gegenüber gelesen zu haben. Für ihn bedeutete Integrität, dass er sich jeglicher Kumpelhaftigkeit verweigerte. Seine Herzenswärme sparte er für die wenigen Menschen auf, die sie in ihm erzeugten – seine Familie, seine alten Freunde. Die Distanz, die er zu seinen Beratern hielt, gab ihm eine Macht, die Clinton nie besessen hatte. Dennoch wünschte sich Holbrooke, er würde hin und wieder lächeln oder lachen.

Obama hatte es zu Beginn mit zwei außenpolitischen Zwickmühlen und einer Wirtschaftskatastrophe zu tun. Er war bereits eine historische Figur, der Prinz der Demokraten, der JFK einer neuen Generation. Holbrooke hatte für jeden demokratischen Präsidenten seit Kennedy gearbeitet. Er setzte alles daran, das Vertrauen auch dieses Präsidenten zu gewinnen.

Obama musste schnell eine Entscheidung über die von der Militärführung geforderten siebzehntausend zusätzlichen Einsatzsoldaten und viertausend Ausbilder für Afghanistan treffen – die notwendig waren, um dem wachsenden Chaos im Süden des Landes entgegenzuwirken und die Sicherheit der afghanischen Wahlen im August zu gewährleisten. Holbrooke war der Meinung, dass der Präsident die Aufstockung genehmigen sollte, nicht nur wegen der sich verschlechternden Lage in Afghanistan, sondern auch aus innenpolitischen Gründen. Im Wahlkampf hatte Obama versprochen, den Einsatz im Irak zurückzufahren und das Augenmerk auf Afghanistan zu richten, und er hatte erklärt: «Dies ist ein Krieg, den wir unbedingt gewinnen müssen.» Gleichzeitig war Holbrooke überzeugt, dass das Militär versuchte, den neuen Präsidenten mit trügerischen Zahlen und einer vorgetäuschten Dringlichkeit unter Druck zu setzen.

David Petraeus, der Kommandeur des Central Command, war der berühmteste und mächtigste amerikanische General seit Vietnam. Er war Mitte fünfzig und ein Fitnessfanatiker, er hatte kein Gramm Fett zu viel, ging aber aufgrund einer beinahe tödlichen Schussverletzung in der Brust, die er sich bei einem Ausbildungsunfall zugezogen hatte, leicht gebeugt. Seine Zielstrebigkeit hatte sein Gesicht geformt und ihm jeglichen Sinn für Humor geraubt. Er hatte in Princeton promoviert, mit einer Dissertation unter dem Titel «Das amerikanische Militär und die Lehren aus Vietnam». Er ging meisterlich mit der Presse um, beantwortete die Fragen der Reporter innerhalb von Minuten. Wenn er über sein Metier redete, klang es intellektuell anregend, beinahe als fiele der Krieg in den Bereich der Gesellschaftswissenschaften. Er war überzeugt, dass Aufstandsbekämpfung funktionieren konnte, wenn das Militär die politischen Zwänge zu lesen verstand.

Im Winter 2009 kehrte Petraeus aus dem Irak zurück, nach anderthalb Jahren, in denen er die Ideen seiner Dissertation und des von ihm überarbeiteten Feldhandbuchs zur Aufstandsbekämpfung brillant umgesetzt hatte. Seine Strategie, die Zivilbevölkerung zu beschützen und mit ehemaligen Feinden zu verhandeln, trug dazu bei, den drohenden Zerfall des Irak zu verhindern und die Gewalt dramatisch einzudämmen. Er hatte eine Entwicklung eingeleitet, die zum ersten Mal seit Beginn des Krieges Hoffnung brachte. Demokraten wie Clinton und Obama hatten Schlimmstes befürchtet, aber der von Petraeus geführte massive Truppeneinsatz war höchst erfolgreich. Die Republikaner stellten Petraeus daraufhin einen Blankoscheck aus, die Aufstandsbekämpfung wurde zu einer waffenstarrenden Glaubensfrage. Es würde Obama großen politischen Mut abverlangen, sich gegen Petraeus zu stellen.

An einem Januarabend lud Clinton Holbrooke und Petraeus, die sich nie persönlich kennengelernt hatten, zu einem Abendessen in ihrer Backsteinvilla im Diplomatenviertel ein. Sie saßen am Kamin und unterhielten sich zwei Stunden lang über Afghanistan, auch wenn Petraeus immer wieder den Irak ins Spiel brachte, an dem er sich orientierte, wie sich Holbrooke immer an Vietnam orientiert hatte. Petraeus wurde nicht weniger vom Konkurrenzdenken angetrieben als Wes Clark, war aber wesentlich klüger und beherrschter. Holbrooke sah in ihm mehr als einen würdigen Gegner. Er war eigenwillig und geschickt darin, den schwierigen Fragen auszuweichen. Als Holbrooke ihn nach dem Kriegsziel fragte, antwortete Petraeus vage, dass es darum gehe, al-Qaida einen Rückzugsort in Afghanistan zu verwehren – und sagte damit eigentlich gar nichts. Dank Clintons taktvoller Vermittlung verstanden sie sich gut, aber später nannte Petraeus Holbrooke immer wieder «meinen diplomatischen Flügelmann», was Holbrooke ärgerte. Der Ausdruck zeigte, wie Petraeus das Verhältnis zwischen Soldaten und Zivilisten sah. «Seine Aufgabe ist es, Bomben zu werfen, wenn ich es ihm sage», erklärte Holbrooke seinen Mitarbeitern gegenüber. Aber das Militär hatte in diesem Kampf schon seit Langem – seit Beginn seiner Laufbahn – die Oberhand.

Immer wieder dachte er an das Jahr 1965, als Lyndon B. Johnson nach seinem Wahlsieg die Anzahl der Soldaten in Vietnam von dreiundzwanzigtausend auf einhundertvierundachtzigtausend erhöhte. Die Parallelen zu 2009 und Obama waren unheimlich. Holbrooke kopierte die Passagen aus *Counsel to the President*, in denen Clifford seine Gespräche mit Johnson in jenem Juli beschrieb, und verteilte sie im Büro. Er wollte unbedingt verhindern, dass Petraeus und die Militärs Obama zu derselben blindwütigen Eskalation drängten. Aber dieses Zitieren aus einem Buch, das er selbst verfasst hatte, wirkte selbstherrlich auf seine Kollegen, und wenige von ihnen machten sich die Mühe, die Seiten zu lesen.

«Ich bin überzeugt, dass in den nächsten Monaten Geschichte geschrieben wird, mit all ihren Ungewissheiten», notierte Holbrooke in seinem Tagebuch.

Am 13. Februar war Holbrooke in Kabul, es war das erste Mal seit seiner Ernennung, dass er in der Region war. Im Lageraum saß der Präsident mit seinen Beratern, um eine Entscheidung über die Truppenaufstockung zu treffen. Clinton, die eine Rede bei der Asia Society halten sollte, hatte Holbrooke gebeten, sie in der Sitzung zu vertreten. In einem abgedunkelten Raum in der amerikanischen Botschaft wurde er per abhörsicherem Video mit dem Weißen Haus verbunden. In Kabul war es bereits nach Mitternacht, Holbrooke war müde. Als Obama ihn ansprach, begann er, aus den Notizen vorzulesen, die er in einem linierten Schreibheft gemacht hatte.

«Erlauben Sie mir, mich im Namen von Ministerin Clinton – und nach ihrer Anweisung – für Option zwei auszusprechen.» Dabei handelte es sich um die Option, in einem Schwung siebzehntausend Kampftruppen zu senden, statt sie in zwei Tranchen einzuteilen. «Wir tun dies keineswegs leichtfertig, wir wissen um die Schwierigkeiten, die eine solche Entsendung nach sich ziehen kann. Ihre Entscheidung wird zusätzlich dadurch verkompliziert, dass Afghanistan zurzeit wegen seiner eigenen Wahlen mit einer politischen und verfassungsrechtlichen Krise konfrontiert ist. Es ist das erste Mal, dass Sie – anders als im Irak – über eine Entsendung in einen aktiven militärischen Konflikt entscheiden müssen, Sie treffen also eine Entscheidung, die an der brutalen Schnittstelle von Strategie, Politik und Geschichte liegt.»

«Wer redet denn so?», murmelte Obama. Er schien tatsächlich verwundert. Am Tisch im Lageraum war dieser Kommentar überall zu hören, aber Holbrooke, siebentausend Meilen entfernt, hörte ihn nicht und sprach weiter.

«Es ist in vielerlei Hinsicht seltsam, weitere amerikanische Soldaten in eine potenziell derart chaotische politische Situation zu entsenden. Wenn wir mehr Truppen schicken, vertiefen wir natürlich unser Engagement, ohne dass der Erfolg garantiert wäre. Und der Schatten von Vietnam liegt auf uns.»

«Richard, was machen Sie da?», unterbrach Obama. «Lesen Sie etwa ab?»

Holbrooke erklärte von der Leinwand herab, dass die Ministerin sichergehen wolle, dass der Präsident ihre Ansichten unverfälscht höre. «Wenn wir unsere Truppen aber nicht weiter aufstocken», fuhr er fort, «steigt die Wahrscheinlichkeit, dass das politische Chaos zunimmt und die Taliban weitere Erfolge erzielen.»

«Warum lesen Sie das vor?», fragte Obama noch einmal.

Holbrooke unterbrach, um es noch einmal zu erklären. Es gelang ihm, den Rest seiner Notizen vorzutragen, die man auch in zwei Sätzen hätte zusammenfassen können. Aber die Aufmerksamkeit des Präsidenten hatte er verloren. Er verstand nicht, was er falsch gemacht hatte, aber er bemerkte, dass Obama genervt wirkte und ihn für den Rest der Sitzung ignorierte.

Es war die schlimmste Begegnung, die er mit einem Präsidenten gehabt hatte, seit Jimmy Carter ihn 1979 in Südkorea wegen des Truppenabzugs zusammengestaucht hatte. Er bereute, seine Notizen abgelesen zu haben. Er hatte es getan, um eben *nicht* zu schwafeln, aber es hatte sich angehört, als halte er eine Rede oder als wollte er den ersten Entwurf seiner Memoiren vortragen.

Ein paar Jüngere, die hinten an der Wand saßen, fanden es aufregend, dass ein alter Löwe über brutale Schnittstellen sprach, aber niemand, der am Tisch saß, wäre gern auf diese Weise angesprochen worden, und als sich Obama irritiert zeigte, konnten sie nur zu dem Schluss kommen, dass Holbrooke beim neuen Präsidenten bereits in Ungnade gefallen war. Was bedeutete, dass man ihn getrost ignorieren konnte. Nach dem Treffen sagte Obama zu Jones, dass Holbrooke nur dann weiter an den Besprechungen im Lageraum teilnehmen dürfe, wenn er sich kurzhalte, und dass er in Zukunft so wenig mit Holbrooke zu tun haben wolle wie möglich.

Als Holbrooke einen Monat später, nach einem Treffen im Oval Office zwischen den Präsidenten Obama, Karzai und Zardari – ein Termin, der dank der großen Anstrengung des SRAP-Teams zustande gekommen war –, wartete, um dem Präsidenten zu danken, bat Obama, kurz mit ihm allein zu sprechen. Er zog Holbrooke hinaus auf den Flur und sagte ihm, wie sehr er ihn schätze. Dann fügte er hinzu: «Ich mag es nicht, wenn Dinge an die Presse durchgestochen werden. Sie haben das ja ein paar Mal gemacht. Das ist sehr störend.»

Donilon und McDonough hatten sich deswegen bei Obama beschwert. Er begann, sich zu verteidigen.

«Ich will Ihre Antwort nicht hören», sagte Obama.

«Mr. President, ich muss Ihnen aber antworten, denn Sie haben einen schweren Vorwurf gegen mich erhoben, der nicht wahr ist. Wenn Sie das Vertrauen in mich verlieren, kann ich nicht effektiv arbeiten.»

«Ich habe Vertrauen in Sie», sagte Obama und ging. Holbrooke blieb zitternd zurück.

Kati erzählte er davon nicht – sie wäre so aufgebracht gewesen, dass sie es weitererzählt hätte, womit die Geschichte durchgesickert wäre. Verbittert ging er zu Donilon, der ihm sagte, er solle sich keine Sorgen machen – der Präsident habe mit ihm, und auch mit anderen, dasselbe gemacht. Manchmal stoße Obama ihm den Zeigefinger in die Brust, wenn er ihn in irgendeiner Sache beschuldige. Aber Tatsache war, dass Obama Holbrooke nicht mochte, er fühlte sich beinahe körperlich abgestoßen, was ihm jede Wärme nahm. Bei einem Empfang im Weißen Haus, in der Woche, als Karzai und Zardari in Washington waren, trug Holbrooke mit seiner Schmeichelei so dick auf – «Mr. President, das war eine glänzende Rede» –, dass Obama ihm mit seiner Körpersprache offene Verachtung signalisierte.

Und doch erging es Holbrooke nach ihren Begegnungen meistens so, wie es ihm auch in Chicago ergangen war, er dachte: *Das ist gut gelaufen.* Auf dem Weg hinaus aus dem Weißen Haus sagte er zu Jake Sullivan, Clintons Mitarbeiter: «Jake, das war großartig», worauf Sullivan, der gesehen hatte, wie die Kollegen die Augen verdrehten, den viel älteren Mann korrigieren musste: «Nein, wir haben jetzt wirklich eine Menge Arbeit vor uns, sie waren überhaupt nicht überzeugt.»

Sullivan war Mitte dreißig und stammte aus Minnesota. Er war aufrichtig, effektiv und einer der wenigen Leute aus Clintons Umfeld, die im Weißen Haus beliebt waren, was bedeutete, dass er viel Zeit damit verbrachte, die Schäden zu beheben, die Holbrooke anrichtete. Obama erinnerte Sullivan an seine Juraprofessoren in Yale – er verlangte immer zuerst eine logische und lineare Darstellung des vorliegenden Falls. Auch Sullivan dachte so, doch gleichzeitig war er einer der jüngeren Beamten, die Holbrooke bewunderten. Er sah ihn immer ein wenig als einen Diplomaten aus einem anderen Land und einer vergangenen Zeit, der sich für eloquent hielt, obwohl er die Landessprache kaum beherrschte.

Sullivan war einer der vielen Protegés von Gelb, die das Archipel der nationalen Sicherheit in dieser Regierung bevölkerten. So erfuhr Gelb, was sich zwischen Obama und Holbrooke abspielte, und er versuchte, seinem Freund zu helfen.

«Hör auf rumzuschleimen.» Gelb war der Einzige, der so mit Holbrooke sprechen durfte.

«Mach ich doch gar nicht. Warum soll ich ihm kein Kompliment machen, wenn er etwas wirklich Kluges sagt?»

«Lass es einfach, Dick. Hör auf damit. Obama kann es nicht leiden.»

«Woher weißt du das?»

«Von den Leuten, die dabei waren. Ich werde dir nicht erzählen, wer es mir gesagt hat, aber ich würde es dir nicht sagen, wenn ich nicht wüsste, dass es genau so ist. Hör einfach auf damit.» Holbrooke verstand überhaupt nicht, was Gelb meinte. Er hielt sich für einen der wichtigsten Berater des Präsidenten. Er bat Donilon, ein persönliches Treffen mit Obama zu arrangieren, aber Donilon, verärgert, weigerte sich – so lief das nicht im Nationalen Sicherheitsrat. Im März rief er spät am Abend Ben Rhodes an, der die außenpolitischen Reden des Präsidenten schrieb. Er hatte eine Rede fertiggestellt, die Obama am nächsten Tag zu Afghanistan halten sollte, und war gerade nach Hause gekommen.

«Ben, ich sitze gerade mit David Petraeus im Café Milano. Wir hätten da noch ein paar Änderungsvorschläge für Ihre Rede.» Im Lärm eines bei der Machtelite von Washington beliebten Restaurants begann Holbrooke, Änderungen zu diktieren, die auf ehrgeizigere Ziele zur Verbesserung der afghanischen Regierungsführung hinausliefen. «Und? Werden Sie das einarbeiten?»

«Ja, das meiste. Aber der Präsident hat die Rede schon, und ich weiß nicht, was er damit machen wird.»

«Sie *müssen* die Änderungen einbauen. Sie kommen von mir und David Petraeus.»

Rhodes war vor noch gar nicht langer Zeit ein angehender Romanschriftsteller gewesen, und er hätte sich damals sicherlich gefreut, einen Anruf von Holbrooke zu erhalten. Aber Einmischungen wie diese – Holbrookes implizite Behauptung, er habe ein besonderes Verhältnis zum Präsidenten, vergleichbar mit Harrimans zu Kennedy oder Cliffords zu Johnson – hatten nur die Wirkung, dass sich Sullivan der düsteren Sichtweise auf Holbrooke annäherte, die sein Freund Denis McDonough eingenommen hatte. Obama ignorierte die meisten von Holbrookes Änderungsvorschlägen.

Fachleute und Fachthemen beherrschten zunehmend die Regierungsarbeit, was Obama entgegenkam, der sehr penibel und prozessorientiert war – ein als Visionär verkleideter Technokrat. Holbrooke allerdings brauchte Dramatik und hochtrabende Rhetorik, um die Arbeit lebendig zu machen. Er verlangte, dass die wöchentlichen Berichte des

SRAP an den Präsidenten in fein strukturierten Sätzen abgefasst wurden, und er schimpfte und verlangte zahlreiche Änderungen, wenn die Formulierungen seiner Mitarbeiter hölzern und bürokratisch klangen. Obama, der ein Freund guter Prosa war, hasste Holbrookes Berichte und bat Donilon, sie zu überarbeiten, bevor er sie vorlegte, weil er verstehen wollte, was Holbrooke ihm ohne die Ausschmückungen und Schmeicheleien sagen wollte.

Gut möglich, dass Holbrooke in all den Jahren, in denen er nicht im Staatsdienst war, bei all den Abendessen, die er zu Ehren dieses oder jenes glanzvollen neuen Freundes gegeben hatte, ein wenig an geistiger Schärfe verloren hatte. Mag sein, dass ein Teil des Problems darin lag, dass er selbst zu einer Persönlichkeit geworden war. Als er wieder in die Schlacht eintrat, nahm er sich nicht die Zeit, das Terrain zu überblicken, Freund von Feind zu unterscheiden und eine Bestandsaufnahme seiner Ausrüstung und seiner Fähigkeiten zu machen. Er begriff nicht, wie steil dieser letzte Berg war, den er besteigen wollte. Und selbst als er schließlich akzeptierte, dass der Präsident ihn nicht mochte («In Obamas Adern fließt Eiswasser», sagte er der jüngeren Frau, die eine Zeitlang seine Liebhaberin gewesen war), sah er die Gründe nicht und wusste nicht, wie er damit umgehen sollte. Er konnte am Ende einer langen Laufbahn, in der ihm dieser unverrückbare Persönlichkeitskern gute Dienste geleistet hatte, nicht ändern, wer er war. Ihm fehlte sogar die Einsicht, die nötig gewesen wäre, um seine Strategien anzupassen. Also wurde er panisch, und diese Panik führte dazu, dass er sich immer mehr bemühte und alles immer noch schlimmer machte.

Das Grundproblem, so scheint es mir, war Vietnam. Holbrooke erwähnte es immer wieder, er konnte es einfach nicht lassen. Er verteilte Exemplare eines Buchs, das er kürzlich selbst rezensiert hatte. *Lessons in Disaster* handelte von McGeorge Bundy und den fatalen Entscheidungen, die zur Eskalation des Krieges geführt hatten. Er beschwor die kritischen Momente des Jahres 1965 so unheilvoll herauf, dass Obama ihn einmal fragte: «Ist das die Art und Weise, wie man unter Johnson über diese Dinge geredet hat?» Das Problem war nicht nur, dass Holbrooke zu einem Langweiler wurde, einem durchnässten Vietnamveteranen, der taumelnd aus dem Stockwerkbau des Dschungels kam, Fremde beim Kragen packte und zwang, seine grauenhafte Geschichte anzuhören. Tatsächlich wollte Obama von Vietnam nichts hören. Er sagte seinen jungen Beratern, dass es nicht relevant sei, und sie stimmten ihm zu: Vietnam war graue Vorzeit. Obama war drei Jahre alt, als Clifford Johnson warnte, keine Bodentruppen zu schicken. McDonough und Rhodes sollten erst drei Jahre später überhaupt zur Welt kommen.

Man konnte die Reaktion verstehen. Was sollte Obama mit dieser Analogie anfangen? Sie verriet ihm nicht, wie viele zusätzliche Soldaten in der Provinz Helmand ausreichen würden, um etwas zu bewirken. Sie verriet ihm nur, dass dieser Krieg seine Präsidentschaft zerstören konnte. Holbrooke beschwor im Lageraum den Untergang herauf, er war plötzlich derjenige, der den jüngeren, unerfahrenen Mann belehrte, der herablassend wirkte, und das war für Obama genauso unerträglich wie die Schmeichelei. Er mochte junge, kluge, absolut loyale Mitarbeiter. Er mochte Männer nicht, die die eigene Bedeutung herausstrichen, um sich einen Vorteil zu verschaffen.

Die Trennlinie zwischen ihnen war anfangs eine Frage ihres Temperaments und weitete sich durch ihre unterschiedliche Generationenzugehörigkeit zu einer Kluft, die durch ihre unterschiedlichen Visionen unüberbrückbar wurde. Obama – kenianischer Vater, in Indonesien aufgewachsen, pakistanische Studienfreunde – sah sich als der erste amerikanische Präsident, der die Vereinigten Staaten von außen nach innen verstand. Er wusste um die Grenzen der amerikanischen Macht und begriff, dass nicht jedes Problem eine amerikanische Lösung hat. Unter Bush, und vorher schon unter Bill Clinton, war die Regierung der Hybris einer einsamen Supermacht erlegen gewesen. Dann kam der Irakkrieg und die Wirtschaftskrise, es wurde abgerechnet, wir mussten wieder nüchtern werden.

Obama hätte es so niemals ausgedrückt, aber seine Aufgabe bestand darin, unseren Niedergang zu leiten, was bedeutete, die verbliebene Macht klug einzusetzen. Mit seinen langen, schlanken Fingern, die er skeptisch an die Wange drückte, wenn er im Lageraum am Tischende saß und zuhörte, verkörperte er das genaue Gegenteil einer schwabbeligen Grandiosität, hinter der sich die Vorstellung verbarg, dass wir schalten und walten konnten, wie wir wollten, und einer feigen Angst, als schwach bezeichnet zu werden, wenn wir es nicht versuchten. Ich glaube, Obama dachte damals nicht an die Berliner Luftbrücke oder an Dayton, er dachte nur an die Impulse, die Amerika in Vietnam und im Irak in den Untergang geführt hatten. Der Präsident und seine Berater glaubten, dass dies auch Holbrookes Impulse seien, während er eigentlich nur sagen wollte: *Seid vorsichtig. Das könnte euch passieren.* Obama hatte dafür kein Ohr – er konnte es gar nicht hören, weil ihn der Redner mit seiner überbordenden Rhetorik ablenkte, einem Bombast, der Lyndon B. Johnsons würdig gewesen wäre.

Also sagte Obama zu Jones, und Jones zu Clinton, und Clinton zu Holbrooke: Hör auf, immer über Vietnam zu reden. «Sie glauben nicht, dass sie aus Vietnam etwas lernen können», sagte Clinton.

«Sie werden dieselben Fehler machen!»

Gelb gegenüber gestand Holbrooke, dass selbst Hillary daran nicht interessiert war.

Er versuchte aufzuhören, konnte aber nicht. Das Gespenst verfolgte ihn, und wie hätte es auch anders sein können? Es gab nichts Neues unter der Sonne. Irgendwie war es uns gelungen, nach diesem Umweg über die Gipfel amerikanischer Macht und Größe, der ein halbes Jahrhundert gedauert hatte, genau an die Ausgangsstelle zurückzukehren. Alle Fragen in Afghanistan hatten sich schon in Vietnam gestellt. War es möglich, ihre Gesellschaft zu verändern? Und wenn nicht: Konnten wir trotzdem den Krieg gewinnen? Arbeiteten unsere eigenen Bemühungen gegen uns? Was hatten wir eigentlich in der Hand, um Druck auszuüben? Sollten wir ihren Staatschef stürzen? War es möglich, uns mit Gesprächen herauszuretten?

Es ist mehr als ironisch, dass wir 40+ Jahre später wieder in Vietnam sind. Alles ist anders – und doch genau gleich. Und irgendwie bin ich wieder mittendrin, der Einzige in dieser Regierung, der es wirklich erlebt hat. Ich habe seit Jahren kaum noch über VN nachgedacht, aber jetzt drängt es sich jeden Tag auf. Jedes Programm, das wir auflegen, hat seine eigene frühere Inkarnation – meistens gescheitert. Aber 9/11 macht natürlich einen Unterschied. Die V Cong + die Nordvietnamesen haben die USA damals nicht direkt bedroht ... Gates wird genau da sein, wo damals McNamara war, Biden wird die Rolle von George Ball spielen, und ich – nun, ich glaube, wir müssen erkennen, dass wir militärisch nicht gewinnen können, + wir müssen verhandeln. Aber mit wem? Die Taliban sind nicht Hanoi, solange ihr Bündnis mit al-Qaida besteht, können wir nicht reden.

Hier lag das Paradox: Vietnam zeigte ihm, dass die Afghanistanstrategie nicht funktionieren würde. Trotzdem glaubte er, dass es ihm gelingen könnte. Er sprach regelmäßig mit Wisner, und täglich mit Gelb, manchmal auch mehrmals am Tag. Sie hörten ihm zu, äußerten ihre Zweifel, sprachen ihm Mut zu. Sie trieben ihn tiefer in dieses Paradox, denn da sie sowohl Vietnam kannten als auch Holbrooke, dachten sie: Es ist unmöglich, aber er könnte es schaffen. Denn wer sonst wäre dazu in der Lage?

Und da war noch etwas anderes. Wenn er die wahre Lektion von Vietnam angewandt hätte – *«Lasst die Finger davon»* –, hätte er bald keinen Posten mehr. Und was würde dann aus ihm?

Mit der Zeit lernte er, Vietnam seinen eigenen Mitarbeitern vorzubehalten. Er holte Rufus Phillips, der über Rural Affairs zu ihnen sprach, und Lionel Rosenblatt sprach über CORDS. Eines Tages, als er wieder einmal im Weißen Haus saß und den optimistischen Einschätzungen des Militärs lauschte, drang ein Zitat aus seiner tiefsten Vergangenheit herauf, und er schrieb es auf einen Zettel und zeigte es seinen jungen Mitarbeitern, die natürlich keine Ahnung hatten, woher es stammte:

«Wie können wir verlieren, wo wir uns doch so bemühen?»

V.

Holbrooke war der Meinung, dass der Krieg verloren wäre, wenn Karzai weitere fünf Jahre im Arg bliebe. Zusammen mit den zivilen Opfern und dem Rückzugsort in Pakistan war die Korruption seiner Regierung die stärkste Waffe der Taliban. Karzai war zu der Überzeugung gelangt, dass Afghanistan das Schlachtfeld eines neuen Great Game sei, eines imperialen Zugriffs auf Land und Bodenschätze, bei dem an die Stelle von Großbritannien und Russland, die diesen Konflikt im 19. Jahrhundert ausgetragen hatten, nun Amerika und China getreten seien. Er sprach wirr davon, selbst in die Berge zu gehen, um sich seinen «Brüdern», den Aufständischen, anzuschließen, und während die Hoffnungen von 2002 vom Blut der Opfer fortgeschwemmt wurden, wurde er unter Afghanen, und sogar unter seinen eigenen Paschtunen, immer unbeliebter.

Eine Lehre, die Holbrooke aus dem Jahr 1963 gezogen hatte, war, dass Amerika nicht die Präsidenten anderer Länder auswählen sollte – jedenfalls nicht durch Staatsstreiche oder Attentate. Aber es gab andere Möglichkeiten, Karzai loszuwerden. Holbrookes oberstes Ziel als SRAP war es, zu verhindern, dass er im August wiedergewählt würde. Er versuchte es überhaupt nicht zu verhehlen – tatsächlich war er in dieser Sache ausgesprochen indiskret. Im Umgang mit Karzai schien Indiskretion die einzige Strategie zu sein, auf die er regelmäßig zurückgriff.

Kurz nach seiner Ernennung sagte Holbrooke zu Zalmay Khalilzad, dem afghanisch-amerikanischen Diplomaten, der in Karzais Anfangsjahren US-Botschafter in Kabul gewesen war und den Präsidenten gut kannte: «Ich werde ihm die Hölle heiß machen.» Khalilzad warnte ihn, dass er mit solchen Bemerkungen vorsichtig sein solle – was, wenn er Karzai nicht loswürde? Khalilzad, der damals selbst mit dem Gedanken spielte, für die afghanische Präsidentschaft zu kandidieren, und der meinte, man solle dem König nur dann die Pistole an die Stirn setzen, wenn man auch gewillt ist abzudrücken, muss diese Bemerkung erregt und zugleich alarmiert haben.

Was Karzai anging, hatte Holbrooke recht – er hatte aber keine Strategie, und niemand sonst in Washington sah die Dinge klar genug und war mutig genug, ihn zu unterstützen. Er improvisierte, ohne die Autorität eines offiziellen Beschlusses. Er rechnete sich aus, dass die Anti-Karzai-Stimmen zunehmen und ihm die Mehrheit nehmen würden, wenn nur genügend andere Paschtunen anträten, was zu einer Stichwahl führen würde, bei der sich die Opposition um einen einzigen Kandidaten scharen würde, der dann auch die Wahl gewinnen würde. Das war Wunschdenken und beruhte auf keinerlei Daten oder Umfragen, nicht einmal auf Gesprächen mit afghanischen Insidern, die alle davon ausgingen, dass Karzai im ersten Wahlgang gewinnen würde, weil er der Amtsinhaber war und es niemanden gab, der ihn schlagen konnte.

Holbrooke ermutigte so viele afghanische Politiker, in den Wahlkampf einzusteigen, dass Ahmad Zia Massoud, der erste Vizepräsident, klagte: «Ich muss der einzige Mensch in Kabul sein, den Holbrooke noch nicht aufgefordert hat, bei der Präsidentschaftswahl gegen Karzai anzutreten.» Holbrooke schob vor, eine offene und spannende Wahl würde der afghanischen Demokratie guttun – Amerika wolle sich nicht auf diese oder jene Seite schlagen, man wollte nur einen fairen Wahlkampf. Aber die Afghanen verstanden ihn so, dass das allmächtige Amerika jemand anderen als Karzai siegen sehen wolle. Jeder potenzielle Kandidat ging davon aus, dass die Amerikaner ihn unterstützen würden, und jeder war enttäuscht, als sich herausstellte, dass dem nicht so war. Ein Aspekt des beharrlichen Selbstvertrauens der Afghanen war, dass jeder Einzelne von ihnen zu glauben schien, er würde den besten Präsidenten abgeben und auch tatsächlich gewinnen, wenn er nur kandidierte.

Holbrookes Machenschaften erzürnten Karzai, der genau wusste, wie man die tollpatschige Einmischung eines Ausländers in die afghanische Politik für seine Zwecke nutzen konnte.

Holbrooke bezog seine Informationen über Karzai hauptsächlich vom britischen Botschafter Sir Sherard Cowper-Coles, der seit zwei Jahren in Kabul war und den afghanischen Präsidenten beinahe täglich sah. Um mit den Amerikanern mitzuhalten, war Außenminister David Miliband im Begriff, Cowper-Coles zum britischen Holbrooke zu ernennen. In seinem Tagebuch bezeichnete Holbrooke ihn als «mein semi-neokolonialistisches britisches Gegenstück, klug + hilfreich + hinterlistig + nur begrenzt vertrauenswürdig». Holbrooke zog ihn gern auf, weil er Brooks's angehörte, einem exklusiven Privatclub in Piccadilly, wo sie zu Holbrookes offensichtlicher Freude den besten Ecktisch bekamen.

Die Briten, die im Süden Afghanistans Tausende von Soldaten stationiert hatten, waren der Ansicht, dass militärisches Eingreifen ohne eine begleitende politische Strategie nur in die Katastrophe führen konnte. Sie warnten davor, sich in eine weitere Wahl zu stürzen und gleichzeitig mehr Soldaten und mehr Geld einzusetzen, ohne den Versuch zu machen, Politik und Verwaltung in den Provinzen zu stärken und die Nachbarn in eine regionale Lösung einzubinden. Als Holbrooke und Cowper-Coles einmal mit Clinton und Miliband im gigantischen Büro des britischen Außenministers am Horse Guards Parade saßen, begann Cowper-Coles, Karzais komplexe Persönlichkeit zu beschreiben. Im Umgang mit ihm empfahl er eine tägliche Mischung aus Respekt in der Öffentlichkeit und harter, aber zugeneigter Kritik hinter den Kulissen. Holbrooke hatte gegen jeden Aspekt dieses Vorschlags bereits verstoßen.

Plötzlich fragte Clinton: «Ist er eigentlich schwul?»

«Frau Ministerin, er ist bisexuell», antwortete Cowper-Coles ohne Zögern. «Er ist in seinen Bergbauminister verknallt.»

Cowper-Coles hatte eine semi-neokoloniale Idee, wie man im Wahljahr mit Karzai umgehen konnte. Statt ihn abzusetzen, könne man ihn wegloben, meinte er, man könne ihm den Titel von Zahir Schah verleihen, ihn zum «Vater der Nation» machen, der einer Loya Dschirga vorstünde, die unabhängig vom Wahlergebnis eine nationale Versöhnung anstreben solle. Vielleicht bräuchte man überhaupt keine Wahlen. Das könne genau der richtige Weg sein, um an Karzais eigenes Sendungsbewusstsein zu appellieren.

Es schneite heftig, als Holbrooke eines Abends im Februar spät in Kabul landete. Es war sein erster offizieller Besuch bei Karzai. Zwei Tage zuvor hatten die Taliban eine Reihe von blutigen Anschlägen auf Regierungsziele in der gesamten Hauptstadt durchgeführt, alle waren verunsichert. Holbrooke übernachtete in der Residenz des Botschafters im Diplomatenviertel, das mit seinen sich immer weiter ausbreitenden Schutzwällen und Stacheldrahtzäunen jedes Jahr der Green Zone in Bagdad ein bisschen mehr ähnelte. Am Morgen kam der leitende UNO-

Beamte in Kabul, ein norwegischer Diplomat namens Kai Eide, zum Frühstück. Holbrooke mochte weder Eide noch den amerikanischen Botschafter William Wood, der den Spitznamen «Chemical Bill» trug, weil er die Mohnfelder begeistert mit Herbiziden spritzen ließ – eine Praxis, die Holbrooke als völlig kontraproduktiv empfand und zu beenden versprach. Holbrooke versuchte, Wood loszuwerden, und er hatte sogar schon einen Ersatz im Ärmel – Karl Eikenberry, der General, den Holbrooke 2006 gleichzeitig genervt und beeindruckt hatte. Aber mit Eide musste er leben.

Das Erste, was Holbrooke Eide fragte, als sie sich in Woods Wohnzimmer hingesetzt hatten, war: «Wann läuft eigentlich Ihr Vertrag aus?» Eine Taktlosigkeit, oder schlimmer.

«Ich habe gerade um ein weiteres Jahr verlängert.»

Holbrooke ließ es auf sich wirken. «Wie ich gehört habe, sind Sie ein alter Freund von Peter Galbraith.» Eide und Galbraith waren sich während der Balkankriege in Zagreb begegnet, wo Eide Galbraith eine norwegische UNO-Mitarbeiterin vorgestellt hatte, die später seine Frau wurde. Holbrooke wünschte sich Galbraith als Eides Stellvertreter in Kabul, wo er in Holbrookes Sinn handeln könnte. Eide meinte, Galbraith eigne sich nicht als zweiter Mann – auch Galbraith selbst sah sich eher in der Führung –, aber es war offensichtlich, dass Holbrooke mit Generalsekretär Ban Ki-Moon, Eides Chef, längst eine entsprechende Vereinbarung getroffen hatte.

Dann erwähnte Holbrooke Karzai. Alle seien sich einig, dass er nicht weitermachen dürfe, sagte er, aber niemand wisse, wer ihn ersetzen könne, und wie das ablaufen würde. «Wer wäre der beste Kandidat?» Er fragte nach Hanif Atmar, dem Innenminister, der die beeindruckendste Persönlichkeit in Karzais Kabinett war. «Ich werde ihn anrufen.»

«Tun Sie das nicht», sagte Eide. «Karzai wird sofort davon erfahren.»

Aber am nächsten Tag traf sich Holbrooke mit Atmar, einem ehemaligen Kommunisten, der in den 1980er Jahren im Kampf gegen die Mudschaheddin ein Bein verloren hatte. Atmar lehnte die Einladung, Karzai in den Rücken zu fallen, höflich ab. Als Holbrooke zu seinem Termin mit dem Präsidenten ging, wusste Karzai bereits, womit er es zu tun hatte.

Am 14. Februar trafen sie sich in Karzais kleinem, bibliotheksartigem

Arbeitszimmer auf der zweiten Etage des Arg. Sie hatten sich ein Jahr lang nicht gesehen, eine Zeitspanne, in der sich ihre gegenseitige Feindseligkeit immer weiter intensiviert hatte. «Ich bin ein Freund der Vereinigten Staaten», sagte Karzai, «aber ein wütender Freund, ein Freund, der verletzt worden ist.»

Holbrooke deutete versuchsweise an, was die Briten vorgeschlagen hatten – präsentierte die Idee allerdings so: «Miliband und Cowper-Coles würden Sie gern loswerden.» Karzai, der einer wüsten Verschwörungstheorie verfallen war, dass die Briten in Afghanistan etwas Unheilvolles im Schilde führten, sagte Cowper-Coles später, er habe es Holbrooke nicht abgenommen. Er wusste, wer ihn wirklich loswerden wollte. Es war bestenfalls eine Indiskretion, möglicherweise auch eine Art Verrat, dass Holbrooke seinen britischen Kollegen so im Regen hatte stehen lassen, aber Cowper-Coles verzieh ihm schnell. Er war einigermaßen eingenommen von Holbrooke, er wollte auf diplomatischem Parkett mit ihm tanzen und jagte ihm ein Jahr lang um die Welt hinterher. Er folgte ihm von Sitzung zu Sitzung und versuchte, Holbrookes flackernde Aufmerksamkeit dreißig Sekunden lang zu halten, um gemeinsam mit ihm das Afghanistan-Problem zu lösen, wurde allerdings fast immer ignoriert.

Nach Holbrookes Abreise aus Kabul bestellte Karzai Eide in den Palast. «Er will Sie zur Strecke bringen, und er will mich zur Strecke bringen», sagte Karzai.

Die Reformer unter Karzais Beratern wünschten, dass der Präsident für jemand anderen Platz machte. Sie glaubten, dass Holbrooke, verschiedene andere Diplomaten und einige afghanische Schlüsselfiguren Karzai mit einer sorgfältig vorbereiteten Überzeugungskampagne sanft aus dem Arg hinausbefördern wollte, um ihm die Rolle eines Landesvaters zu geben, der Afghanistan in eine hellere Zukunft geführt hätte. Und sie alle verfolgten Holbrookes Bemühungen mit wachsender Bestürzung. Was auch immer er unternahm, schien den Präsidenten in seiner Position zu stärken.

In der inzestuösen Welt afghanischer Politik verbreiteten sich in

Windeseile alle Details von Holbrookes Besuchen, der alle sechs bis acht Wochen einflog und Handys benutzte, die nicht abhörsicher waren. Wie aggressiv sein Ton und seine Haltung waren – er hatte sogar seine Fußsohlen gezeigt! Wie er von Karzai verlangt hatte, seinen Halbbruder zu feuern, Ahmed Wali Karzai, den Königsmacher von Kabul, der in Korruption und Drogenhandel verwickelt war und auf der Gehaltsliste der CIA stand. Seit Hunderten von Jahren sei Kandahar fest in der Hand der Karzais, erklärten die Reformer Holbrooke, und dort sei die Basis des Präsidenten. Wie könne er seinen eigenen Bruder loswerden?

Die Afghanen wussten, welche Rolle Holbrooke auf dem Balkan gespielt hatte. Sie warnten ihn, dass die Dinge in Afghanistan anders liefen. Einschüchtern, Herumschubsen, Dicke-Hose-Machen – das gängige Bild dessen, was Holbrookes Erfolg bei Milošević ausgemacht hatte – würden hier nicht ziehen. Wenn man einen Afghanen in die Ecke dränge, habe er keine Wahl als zu kämpfen. Es gab eine Menge Sprichwörter, die in diese Richtung gingen, etwa: «Du kannst einen Afghanen nicht zwingen, mit dir in den Himmel zu gehen, gewinnst du aber seine Freundschaft, begleitet er dich in die Hölle.» Rina Amiri, die afghanischstämmige Amerikanerin, die für Holbrooke arbeitete, erklärte ihm: «Wir Afghanen zerstören uns lieber selbst, als unseren Stolz und unsere Ehre aufzugeben. Das müssen Sie über uns verstehen. Es ist unsere Stärke und auch unser unheilvolles Schicksal.»

Holbrookes Machenschaften gegen Karzai verletzten die Gefühle der Afghanen und führten dazu, dass sich die Paschtunen um ihren Präsidenten scharten. Falls Karzai im August gewönne, dachten nicht wenige afghanische Politiker, dann wäre dies zumindest teilweise Holbrookes Schuld.

Im Frühjahr war Holbrooke klar, dass es ihm nicht gelingen würde, Karzai von einer Kandidatur abzuhalten. In einem Hintergrundgespräch mit Dexter Filkins, dem Reporter der *Times*, gab er seine Niederlage zu. «Das Problem bei der ganzen verdammten Angelegenheit ist Karzai selbst», sagte er im Garten des Botschaftskomplexes. «Seine Regierungsmannschaft ist so korrupt – wenn wir das nicht in den Griff bekommen, werden wir den Krieg verlieren. Es passiert unweigerlich, wenn man zu lange an der Macht ist. Als ich diesen Posten übernommen habe, habe ich es als meine vorrangigste Aufgabe angesehen, dafür zu sorgen, dass er nicht wieder antritt. Das hat nicht funktioniert – ich habe es nicht geschafft. Ich habe alles versucht, ich habe sogar mit Obama darüber gesprochen. Er hat mir nicht richtig zugehört, in einer neuen Regierung gibt es zu viele Ablenkungen. Niemand ist auf dem neuesten Stand, niemand kennt die Zusammenhänge, die meisten Posten sind noch unbesetzt. Aber ich weiß, was hier los ist.»

Er fand andere Möglichkeiten, die zivile Seite einzubeziehen und – im Sprachgebrauch seiner jungen Jahre – den «anderen Krieg» zu eskalieren. Er wies seine Mitarbeiter an, Pläne für die Landwirtschaft, den Strafvollzug, das Gesundheitswesen, das Bildungssystem, Opiumproduktion und Drogenhandel und den Informationskrieg zu entwickeln. Die amerikanische Regierung hatte zusätzliche Milliarden an Hilfsgeldern für Afghanistan und Pakistan bereitgestellt, und Holbrooke zog alle Auftragsangelegenheiten an sich, was in seinem Büro zu riesigen Rückstaus führte. Die Entwicklungshilfe sollte nach seinem Willen von Helfern vor Ort verteilt werden, die sich mit den Einheimischen abstimmten, wie damals unter Rufus Phillips bei Rural Affairs, statt in der Green Zone geprüft und per Depesche gewährt zu werden. Einige Verträge löste er, andere änderte er ab, um das Geld in die Provinzverwaltungen und zu den Menschen in den Dörfern zu bringen, statt amerikanische Unternehmen damit zu bezahlen. Nation Building war für Obama ein ebenso schmutziges Wort wie für Bush, aber genau das taten sie nun, auch wenn sie einen neuen Euphemismus – «vollständig integrierte zivil-militärische Bemühungen» – dafür entwickelten.

Holbrooke hatte all das in Vietnam schon einmal versucht, und er war gescheitert. Und trotzdem stürzte er sich mit der Kraft, die gelegentlich an ein Tier erinnerte, das sich panisch aus einer Falle zu lösen versucht, in Komers alte Rolle des Befriedungsbeauftragten. In der ersten Jahreshälfte 2009 – jeden Flug musste er sich vom Weißen Haus genehmigen lassen und dann eine C-20 vom Pentagon erbetteln – flog er fünf Mal nach Islamabad und vier Mal nach Kabul, und er landete in dreizehn Hauptstädten zwischen Riad und Tokio. Monat für Monat flog er um die halbe Welt, er nahm an Hunderten von Sitzungen im Weißen Haus teil und jettete am Wochenende nach New York – und ständig klagte er über Erschöpfung. Er kam immer zu spät, musste immer schnell wieder weg, hantierte mit seinem Telefon oder BlackBerry, las die Zeitung, während er gebrieft wurde, verließ Sitzungen, um Anrufe entgegenzunehmen, die immer «von der Ministerin» zu kommen schienen, selbst dann, wenn seine Mitarbeiter vermuteten, dass es Kati war. Niemand blieb von seiner Unaufmerksamkeit verschont – nicht die Kabinettsmitglieder, nicht einmal Petraeus, dem schwante, dass Holbrooke unter ADS leiden könnte. Er las Zeitung im Lageraum, nahm in Clintons Büro Anrufe entgegen. «Leg das Handy weg», sagte sie scharf – es war ohnehin verboten, elektronische Geräte in die Ministerbüros mitzubringen. Nur Obama, der sie nicht wollte, hatte seine volle Aufmerksamkeit.

Was er nicht verloren hatte, war seine Liebe zum Detail, der Wunsch, alles von Grund auf zu verstehen. Er flog nach Helmand, dem Kernland des Aufstands und des Opiumhandels, wo er den Gouverneur zum Weizenexport befragte und ob man die Bauern überzeugen könnte, Granatäpfel statt Mohn anzubauen. Er befasste sich eingehend mit dem Thema der Kühlhäuser in Wardak. Seine Kollegen in Washington verstanden nicht, warum Holbrooke im Lageraum über afghanische Landwirtschaft referierte. Verteidigungsminister Robert Gates, der aus Kansas stammte, spottete, dass Holbrooke über Nacht zum Agrarexperten geworden sei. Andere meinten, dass er sich manisch von einer Idee zur nächsten hangele, weil das Problem unlösbar sei. Aber in Bezug auf Afghanistan bewegte sich wegen der Wahlen nichts, selbst die anstehenden Debatten im Weißen Haus über die Truppen und die Strategie, einschließlich der Möglichkeit einer politischen Lösung, waren aufgeschoben worden. Und deshalb suchte Holbrooke nach Möglichkeiten, seine Machtfülle trotzdem einzusetzen, und bei dieser Suche stieß er auf Granatäpfel.

Karl Eikenberry, den Holbrooke als Botschafter ausgewählt hatte, war ein unbeholfener Mann, der sich, da er in der Armee aufgestiegen war, sklavisch an Regeln und Rangordnungen hielt. Aber in seiner Art zu denken war er scharfsinnig und unkonventionell. Er kannte

Afghanistan nicht nur durch seine militärischen Einsätze, er interessierte sich auch für die Menschen. Auf den Straßen von Kabul erkannte man ihn, er besuchte Dörfer und Märkte und spendete gemeinsam mit seiner Frau nach einem Selbstmordanschlag Blut. All das wussten die Afghanen zu schätzen. Einmal unterhielt er sich mit einem Automechaniker in Kabul über Osama bin Laden. «Mag sein, dass Sie bin Laden eines Tages erwischen», sagte der Mann, «aber vergessen Sie nicht, dass es in Afghanistan Hunderte von bin Ladens gibt, und die sitzen alle in der Regierung.»

Eikenberry sah Probleme, die die kurzsichtigen Amerikaner für lösbar hielten, die aber, wie er wusste, tiefere Wurzeln hatten: schlechte Moral und hohe Fluktuation in der afghanischen Armee; chronische Korruption und Inkompetenz der Regierung; die Niedertracht Pakistans, die es den Taliban ermöglichte, alles abzuwehren, was die NATO ihnen entgegenwarf. Als Kommandeur war er zu der Ansicht gelangt, dass der Kampf nur gewonnen werden konnte, wenn die Afghanen in Eigenverantwortung daran beteiligt waren. Als General im Ruhestand war er in einzigartiger Weise befähigt, die amerikanische Militärstrategie mit der nötigen Skepsis zu betrachten.

Als Eikenberry im April 2009 nach Washington kam, um seine Ernennung vom Kongress bestätigen zu lassen, verabredete er sich mit Petraeus zu einem Bier im Hotel Four Seasons.

«Karl, Ihr größtes Problem als Botschafter wird nicht Hamid Karzai sein», sagte Petraeus. «Es wird Richard Holbrooke sein.»

Eikenberry lachte unbehaglich. «Wie meinen Sie das?»

«Vergessen Sie einfach nicht, dass ich Sie gewarnt habe.»

Ein paar Monate später begriff Eikenberry, was Petraeus gemeint hatte.

Ende Juli waren Holbrooke und Eikenberry bei Karzai zum Mittagessen geladen. Die mafiöse Zwanglosigkeit, die Milošević in seinem Palast kultiviert hatte, herrschte im Arg nicht. Ein Dutzend Amerikaner saßen Karzai und seinem Kabinett an einem langen Tisch im Bankettsaal gegenüber, genau an der Stelle im Erdgeschoss, wo bei dem kommunistischen Umsturz 1978 Soldaten den Präsidenten Daoud Khan und seine Familie ermordet hatten. Karzai, der ein schwarzes Jackett und einen bis zum Hals zugeknöpften weißen Umhang trug, war nervös und theatralisch, und Holbrookes druckvoll gurgelnde Stimme machte ihn noch nervöser.

Karzai fürchtete, dass ein Großteil seiner paschtunischen Wählerbasis nicht an die Urnen gehen würde – die Taliban drohten, die mit Tinte markierten Finger der Wähler abzuschneiden, Hunderte von Wahllokalen befanden sich in Gegenden, die so entlegen oder von Gewalt erschüttert waren, dass niemand bereit war, sie zu betreiben. «Ich bin besorgt, dass über zwanzig Prozent der Paschtunen von der Wahl ausgeschlossen sein werden», begann Karzai.

Atmar, sein Innenminister, erklärte, dass sogar bis zu dreißig oder vierzig Prozent der paschtunischen Stimmen verloren sein könnten.

«Mehr als dreißig oder vierzig Prozent – das ist ja noch schlimmer, als ich befürchtet habe!», rief Karzai mit einstudiert überraschtem Ton, als hörte er es zum ersten Mal. Tatsächlich hatte er Atmar vor dem Treffen gesagt, dass die Zahl von zwanzig Prozent, die den Amerikanern bereits genannt worden war, zu niedrig sei.

Holbrooke sah Karzai über den Tisch hinweg an. «Was wollen Sie dagegen unternehmen?», fragte er ruhig. «Ihre Umfragewerte sind ja deutlich höher als die Ihrer Mitbewerber.»

Atmar schlug vor, weitere Soldaten in die Hochrisikogebiete zu schicken und die Pakistaner zu bitten, ihren Kontakten bei den Taliban mitzuteilen, dass eine Störung der Wahlen nicht erwünscht sei.

«Darauf können wir uns aber nicht verlassen», sagte Karzai finster.

«Sie dürfen die Menschen am 20. August auf keinen Fall mit der Nachricht überraschen, dass achthundert Wahllokale nicht öffnen können», sagte Eikenberry. «Sie müssen das jetzt bekanntgeben. Sagen Sie die Wahrheit – sagen Sie dem afghanischen Volk, dass die Wahl in einigen Regionen nicht wie geplant durchgeführt werden kann, und dass wir die Hilfe unserer pakistanischen Freunde brauchen.»

«Ich habe meine Karriere in Vietnam begonnen», sagte Holbrooke. «Dort wurde im Krieg zwar gewählt, aber die Wahlen waren gefälscht. Diese hier sind echt. Sie machen sich natürlich Sorgen, was die Wahlen für das paschtunische Volk bedeuten.»

«Und wir fragen uns, was in der Folge passieren wird. Was das Ergebnis für al-Qaida und die Taliban bedeutet. Wir haben eine Analyse erstellt.» Karzai sah seinen Geheimdienstchef Saleh an, der erklärte, dass die Taliban die politische Initiative ergreifen und ihren Stand in der Bevölkerung festigen könnten, wenn Wähler in diesem Ausmaß ausgeschlossen würden.

«Genau. Genau das ist es», sagte Karzai. «Sie werden die Kontrolle über die Bevölkerung beanspruchen.»

«Und auch die territoriale Kontrolle», fügte Saleh hinzu.

«Auch die territoriale Kontrolle.»

Karzais Blick ging von einem zum anderen, während seine Kiefermuskeln das Essen bearbeiteten. Er sprach wie ein Bühnenkönig, der sich warmläuft, um die Verschwörer abzuwehren, die nach seinem Thron greifen. Holbrooke begriff sofort, dass Karzais Darbietung den Boden für die Anfechtung des Ergebnisses bereiten sollte, für den Fall, dass die Wahl nicht in seinem Sinne verliefe. Auch Wahlbetrug ließe sich so rechtfertigen, eine Möglichkeit, die Karzai in der Hinterhand hielt, um sich gegen einen westlichen Komplott abzusichern.

Holbrooke wechselte das Thema. «Wo immer internationale Kräfte in Helmand in den letzten Wochen die Taliban vertrieben haben, hat Ihre Regierung keinerlei Anstrengungen unternommen, Verwaltungsstrukturen aufzubauen.»

«Wurden diese Maßnahmen denn mit unserer Regierung abgestimmt?»

Holbrooke blieb beharrlich. «Ich glaube, dass das ein riesiges Thema für Sie ist. Wenn das Militär in neue Bezirke eindringt, ist es militärisch auch erfolgreich, davon können wir ausgehen. Aber die Menschen fragen, warum die Regierung nicht nachzieht. Wir wissen, dass es schwierig ist, Leute hineinzubringen, aber wir bitten die Regierung inständig – das kann nämlich nicht bis nach der Wahl warten –, sich mit der NATO und der Botschaft zusammenzusetzen und einen Plan vorzulegen, wie die Verwaltung schnell aufgebaut werden kann, in der Gesundheitsfürsorge, bei den Schulen und vor allem in der Justiz. Gerade die Justiz ist entscheidend.»

Karzai nickte, antwortete aber nicht. Das Mittagessen war bald vorüber. Er war der unzuverlässige Vasall, dessen Schwäche sich seinem reichen und mächtigen Protektor gegenüber als Stärke herausstellte. Die Amerikaner hatten zwar ihre F-16-Kampfjets und Agronomen, aber Karzai saß doch am längeren Hebel. Und das sollte nach seinem Willen fünf weitere Jahre so bleiben. Als der 20. August näherrückte, wurde in Kabul das Krisenhafte der Situation immer spürbarer. Rina Amiri, und auch Cowper-Coles und Eikenberry, drängten Holbrooke, während der Wahlen außer Landes zu bleiben. Die Lage würde äußerst angespannt sein, und er könnte vielleicht etwas sagen, das eine Explosion auslösen würde. Aber Holbrooke hätte sich die Wahlen um nichts in der Welt entgehen lassen.

Der Wahltag war der blutigste seit fünfzehn Jahren. Angst und Ernüchterung drückten die Wahlbeteiligung auf unter dreißig Prozent, wesentlich weniger als bei früheren Wahlen – in einigen Bezirken lag sie sogar nur bei fünf oder zehn Prozent. Kaum eine Frau traute sich aus dem Haus. Und der Wahlbetrug hatte historische Ausmaße, um nicht zu sagen einen industriellen Maßstab.

Holbrooke besichtigte Wahllokale und gab eine überraschend nichtssagende Erklärung ab, in der er sich zufrieden mit dem demokratischen Prozess in Afghanistan zeigte. Am nächsten Morgen besuchte er Aschraf Ghani, einen der prominenten Kandidaten, in seinem Haus im Westen von Kabul. Ghani berichtete von zahlreichen Fällen von Wahlmanipulation – ganze Stapel von Wahlzetteln, bei denen der Name Karzai bereits angekreuzt war. Danach fuhr er mit Eikenberry, Amiri und Barney Rubin weiter zu dem schwer bewachten UNO-Komplex unmittelbar an der Green Zone, der als «Palace 7» bekannt war. Kai Eide und Peter Galbraith warteten bereits. Holbrooke argumentierte, man dürfe keinesfalls zulassen, dass sich Karzai zum Sieger erkläre. Amiri hielt es für möglich, dass Abdullah Abdullah, der wichtigste Herausforderer, den ersten Wahlgang gewonnen hatte. Da die Wahlen, wie berichtet wurde, derart manipuliert seien, meinte Holbrooke, müsse die internationale Gemeinschaft auf einen zweiten Wahlgang bestehen.

«Sagen Sie das bloß nicht Karzai», meinte Eide. «Vergessen Sie nicht, dass er Sie als jemanden ansieht, der ihn loswerden will.»

Holbrooke hatte Eide bereits als letzten ausländischen Verteidiger eines Regimes abgeschrieben, das unhaltbar geworden war. «Ich verstehe mich mit Karzai inzwischen ganz gut», antwortete Holbrooke. «Ich weiß, wie ich mit ihm umzugehen habe.»

Als er kurz vor zwölf wieder an der Botschaft war, nahm Holbrooke an einer Telefonkonferenz mit seinen SRAP-Kollegen teil – inzwischen hatten dreißig Länder ihre eigenen Holbrookes ernannt. Dass es Wahlmanipulationen geben würde, sei zu erwarten gewesen, meinte Holbrooke, aber «hier wurde so massiv betrogen, das können wir nicht durchgehen lassen». Karzai hatte sich bereits zum Sieger erklärt, die anderen Kandidaten fochten die Ergebnisse an. Holbrooke wiederholte, was er Eide bereits gesagt hatte: Es müsse unbedingt ein zweiter Wahlgang durchgeführt werden.

Er benutzte sein Handy, die Leitung war nicht abhörsicher. Die Geheimdienste verschiedener Länder, darunter Afghanistan, hörten mit. Es dauerte nur wenige Minuten, bis Karzai informiert war. Was er hörte, war, dass sich Holbrooke mit anderen Ausländern verschwor, um ihm seinen Sieg zu nehmen. Tatsächlich glaubte Karzai, dass die Amerikaner die Stimmzettel manipuliert hatten. Als Holbrooke um 12 Uhr 30 im Arg erschien, kochte der Präsident bereits.

Das Mittagessen wurde wieder in dem Bankettsaal serviert, der Tatort eines brutalen Mordes gewesen war. Die Gruppe war kleiner, vier oder fünf Afghanen auf einer Seite, eine entsprechende Zahl von Amerikanern auf der anderen. Holbrooke spürte nicht, wie gereizt Karzai bereits war. Nach einer halben Stunde sagte er: «Herr Präsident, darf ich Ihnen eine schwierige Frage stellen? Werden Sie einen zweiten Wahlgang akzeptieren, wenn die unabhängige Wahlkommission feststellen sollte, dass niemand über fünfzig Prozent gekommen ist?»

Eikenberry und sein Stellvertreter Frank Ricciardone schnappten nach Luft. Holbrooke forderte Karzai vor seinen eigenen Leuten heraus und bezeichnete ihn als Lügner.

«Selbstverständlich.» Karzai, der bereits wie ein Flitzebogen gespannt war, straffte sich noch mehr. «Aber warum stellen Sie mir diese Frage? Niemand glaubt, dass es einen zweiten Wahlgang geben wird, niemand. Und wer käme auch auf diese Idee?»

Holbrooke meinte, die Frage sei hypothetisch gewesen.

«Ich weiß genau, was Sie machen», sagte Karzai.

«Wollen Sie sagen, dass wir auf ein bestimmtes Ergebnis drängen? Das ist nämlich nicht der Fall.» Dann fügte Holbrooke hinzu: «Wir haben gehört, dass es massiven Wahlbetrug gegeben hat.»

«Wo haben Sie das gehört?»

«Die ganze Stadt spricht darüber.»

«Mit wem reden Sie denn?»

«Ich war heute Morgen bei Aschraf Ghani.»

«Aha, Sie sprechen also für Ghani!»

Schweigen.

«Sir, Sie sind ein Gast in unserem Land, und Sie dürfen jederzeit gehen.» Karzai krallte sich an die Tischkante. «Danke, dass Sie gekommen sind, Mr. Holbrooke.»

Holbrooke blieb sitzen. So wollte er nicht gehen. «Ich danke Ihnen für die Einladung.»

«Danke, dass Sie gekommen sind.»

«Danke, dass Sie mich eingeladen haben.»

Karzai und Holbrooke starrten sich an. Wieder herrschte eine quälende Stille, fast eine Minute lang. Dann stand Karzai auf, ging um den Tisch und gab jedem die Hand. Obst und Tee waren noch nicht serviert worden.

Holbrooke wusste, dass er einen schweren Fehler gemacht hatte. In der Botschaft versuchte er, das Ausmaß des Desasters vor Amiri und Rubin zu verbergen, aber seine Miene verriet, was vorgefallen war. Amiri war stinksauer: «Genau das habe ich befürchtet! Sie haben die Sache komplett vermasselt!»

«Ich bring das wieder in Ordnung», sagte er.

Holbrooke wollte verhindern, dass Washington von dem Streit erführe. Er redigierte die Depeschen der Botschaft und verwies Reporter an Ricciardone, der einen geschönten Bericht über das Mittagessen abliefern sollte. Ricciardone war ein erfahrener Diplomat, der bereits in mehreren Ländern als Botschafter gedient hatte, zuletzt in Ägypten. Holbrooke hatte ihn überredet, als «Vizebotschafter» nach Kabul zu kommen, ein Titel, der etwas besser klang als das übliche «Stellvertretender Gesandtschaftsleiter», und, wie Holbrooke ihm erklärte, seit 1965, als William Porter unter Henry Cabot Lodge gedient hatte, nicht mehr verwendet worden war. Ricciardone spürte, dass Holbrooke bewusst die alte Botschaft in Saigon wiederherstellen und gleichzeitig zu einem anderen, besseren Ergebnis kommen wollte. Holbrooke erinnerte ihn an den Baseballspieler Reggie Jackson kurz vor Ende seiner Karriere – es machte zwar noch immer Spaß, ihm zuzusehen, und man hoffte noch immer auf einen Homerun, und hin und wieder gelang ihm auch ein präziser Schlag, aber meistens traf er dann doch nicht. Holbrooke hatte Karzai unnötigerweise provoziert, ohne bereits den nächsten Schritt geplant zu haben.

«Das kann ich nicht verdrehen», sagte Ricciardone zu Holbrooke. Er war nicht bereit, die Presse zu belügen, und weigerte sich stattdessen, das Interview zu machen. Es dauerte nicht lange, bis das Weiße Haus erfuhr, was vorgefallen war.

Am Abend kehrte Eikenberry in den Arg zurück, um den Schaden einzudämmen, nach einer Stunde hatte sich Karzai etwas beruhigt. Aber es war zu spät.

Es dauerte zwei weitere Monate, bis das Wahldesaster endgültig abgehakt war. In der UNO-Vertretung versuchte Eide, den Wahlbetrug herunterzuspielen, aber Galbraith ließ die Details an die Presse durchsickern. In Kandahar waren fünfzehn Mal so viele Stimmen für Karzai gezählt worden, wie im Ganzen abgegeben worden waren – so massiv war der Betrug. Während die internationale Gemeinschaft offenbar bereit war, eine gestohlene Wahl abzusegnen, sah Galbraith eine Möglichkeit, Karzai loszuwerden. Biden sollte Obama überreden, bei den Verbündeten dafür zu werben, dass ein Übergangspräsident eingesetzt würde, bis im Frühjahr 2010 eine neue Wahl in Afghanistan stattfinden könnte. Der Plan klang wie ein von den Amerikanern eingefädelter Staatsstreich, der Karzais wüsteste Verschwörungstheorien bestätigt hätte. Eide ließ Galbraith feuern, weil er seine Vorgesetzten umgangen hatte. Holbrooke, der sich inzwischen mit Karzais Wiederwahl abgefunden hatte, war in Galbraiths Komplott nicht eingeweiht. Da er Galbraith aber persönlich nach Kabul gebracht hatte, nahm sein Ruf weiter Schaden.

Die endgültige Auszählung ergab, dass Karzai wenige Zehntel unter der Fünfzig-Prozent-Marke lag. Für die Diplomaten war dies der denkbar schlechteste Ausgang – eine manipulierte Wahl, die keinen Sieger hervorgebracht hatte. Karzai, der glaubte, dass sich ausländische Mächte verschworen hatten, um ihm den klaren Sieg zu nehmen, sperrte sich gegen eine Stichwahl, die er höchstwahrscheinlich doch gewonnen hätte. Holbrooke zog sich aus Kabul zurück, und Senator Kerry nahm seinen Platz ein. Mit einer Geduld und einem Taktgefühl, das Holbrooke nicht aufgebracht hatte, versuchte Kerry Karzai zu dem Eingeständnis zu überreden, dass er die absolute Mehrheit nicht erhalten hatte, und dass er einen zweiten Wahlgang, der vermutlich zu weiterem Betrug und Blutvergießen führen würde, vermeiden könne, wenn er Abdullah zum Ministerpräsidenten ernenne. Karzai räumte ein, dass er den ersten Wahlgang nicht gewonnen hatte, weigerte sich aber, die Macht mit Abdullah zu teilen. Eine Woche vor der Stichwahl am 7. November zog Abdullah seine Kandidatur zurück mit der Begründung, dass eine faire Wahl unmöglich sei. Ende November wurde Karzai im Arg für eine zweite Amtszeit vereidigt. Doch er war gedemütigt worden, und er sollte es nie verzeihen.

Afghanistan und Amerika mussten ihn fünf weitere Jahre ertragen – fünf Jahre, die sicherlich instabil, möglicherweise sogar katastrophal sein würden. Holbrooke versuchte, seine Fehler wettzumachen. «Sagen Sie Ihrem Präsidenten, dass ich ihn liebe», bat er Saleh, den Geheimdienstchef. Als Zalmay Rassoul, der Außenminister, nach der Amtseinführung Amiri anrief, um zu sagen, dass sein Präsident zu einer erneuten Zusammenarbeit mit ihrem Chef bereit sei, war Holbrooke überglücklich. «Großartige Nachricht! Schreiben Sie es mir in einer Mail, damit ich es der Ministerin zeigen kann. Das schicken wir in den siebten Stock.» Aber Karzai spürte, wie angeschlagen Holbrooke in Washington bereits war, und er nutzte die Schwäche des SRAP, um ihn gegen zugänglichere Amerikaner wie Gates und Clinton auszuspielen, die Karzai zwar für schwach und hinterhältig hielten, aber nicht für korrupt, und die überzeugt waren, dass man ihm nur ein wenig Mut machen musste, um ihn auf die eigene Seite zu ziehen.

Holbrooke war in Kabul jetzt nicht mehr erwünscht. Karzai bat Eikenberry, ihm Holbrooke vom Leibe zu halten, ein Wunsch, dem

Eikenberry nur zu gern nachkam. Holbrooke kam jetzt immer seltener nach Kabul. Obama unternahm nichts, um unserem Mann in Af-Pak den Rücken zu stärken.

VI.

Es waren weniger die Afghanen, die seine Stellung bedrohten, als die eigene Mannschaft. Aus Sicht des Weißen Hauses war Holbrooke, der Karzai eine Waffe ins Gesicht gehalten hatte, dann aber nicht abgedrückt hatte, auf eigene Faust losgegangen und hatte die Wahl vermasselt. Aber das war noch nicht alles. Im September erschien im *New Yorker* ein längerer Bericht über ihn, kein besonders guter, da der Autor nicht erkannt hatte, auf welch wackligen Füßen Holbrooke sowohl in Washington als auch in Kabul stand. Der Artikel ging über Holbrookes eigene Sichtweise kaum hinaus, was für den Mann, um den es ging, ein ziemlich großes Problem darstellte, denn er bestätigte in Obamas innerem Kreis das negative Bild von Holbrooke als schamlosem Selbstdarsteller. Während der Verfasser die Fakten seines Artikels überprüfte, begann er, von Seiten des Weißen Hauses eine große Unzufriedenheit zu spüren. Nur ein Mitglied der Obama-Regierung durfte diese Art von Medienaufmerksamkeit bekommen. Den Fototermin für die Zeitschrift sagte er im letzten Moment ab. Er behauptete, er habe gedacht, der Artikel würde nicht von ihm handeln, sondern von Af-Pak. Dabei hatte er selbst Kontakte zu alten Freunden hergestellt. Wenn es um Aufmerksamkeit ging, zogen seine Bedenken letztendlich doch immer den Kürzeren.

«Also, wer redet jetzt mit Holbrooke?», fragte der Präsident seine Berater. Der Auftrag ging an Denis McDonough. Jeder Präsident braucht einen Getreuen, dem es egal ist, was die Leute über ihn denken, solange er nur das Vertrauen seines Chefs genießt. So erhält alles, was er tut, einen Segen, der über der normalen Moral steht. McDonough war an der School of Foreign Service der Georgetown University eingeschrieben, als Holbrooke den Frieden in Bosnien verhandelte. Aber nun zitierte er ihn ins Weiße Haus, um ihn zurechtzuweisen und für die Fehler verantwortlich zu machen. Dort, wo die Nähe zur Macht die einzige Währung ist, ist keine Leistung so wertvoll wie diejenige, das Vertrauen des Präsidenten zu besitzen. Ganz gleich, was man sonst noch getan hat, verschafft einem dieses Vertrauen eine Machtfülle, die sehr schnell zu Kopf steigen kann.

Auch Eikenberry hatte längt die Nase voll von Holbrooke. Wie König Lear mit seinen hundert Rittern und Pferden suchte der SRAP weiterhin jeden Monat die Kabuler Botschaft heim. Die Anzahl der US-Zivilbeamten in Afghanistan war von einigen hundert explosionsartig auf tausend angestiegen, nirgends auf der Welt war die amerikanische Präsenz größer. Der Botschaftskomplex platzte aus allen Nähten, doch Holbrooke und sein Gefolge mussten untergebracht und versorgt und seine Termine organisiert werden. Einmal, als die Nummer drei unter Eikenberry, ein Gesandter namens Jim Keith (es gab allein an dieser Botschaft fünf Gesandte) Holbrooke erklärte, dass ein bestimmter Wunsch nicht erfüllt werden könne, sagte Holbrooke: «Okay, Jim, haben Sie sich schon überlegt, wohin Sie versetzt werden möchten?» Er bestand sogar darauf, die Anordnung der Schreibtische im Botschaftsbüro zu ändern. Er rief Eikenberry während offiziellen Banketts und zu jeder Tages- und Nachtzeit in Kabul an, und viele dieser Anrufe zogen sich über eine Stunde hin, während Holbrooke den Botschafter mit allem zutextete, was ihm gerade durch den Kopf ging, und Eikenberry den Hörer vom Ohr weghielt, bis er schließlich bat, entlassen zu werden, damit er sich um seine Gäste kümmern oder ein wenig Schlaf bekommen könne.

Diese Art der Behandlung verletzte Eikenberrys Sinn für Hierarchien und vor allem seinen Stolz. Er begann, Holbrooke den «Sonnenkönig» zu nennen. Er verzögerte verschiedene Genehmigungen für Holbrookes Mitarbeiter, begrenzte die Größe seines Gefolges auf ein halbes Dutzend Mitarbeiter und schränkte ihre Bewegungsfreiheit im Land ein. Ashley Bommer, inzwischen Holbrookes Kommunikationschefin, wurde für eine Weile mit einem Einreiseverbot belegt, weil sie ohne Erlaubnis die Botschaft verlassen hatte, um Afghanen zu treffen. Rina Amiri hatte Dutzende von Kontakten in Kabul und Umgebung – sie hatte über ihren Ehemann verwandtschaftliche Beziehungen zu Karzai –, aber Eikenberry zwang sie, immer über den Umweg seiner politischen Abteilung zu gehen, weshalb sie mit wichtigen Leuten, die mit ihr offener sprachen als mit den übrigen Amerikanern, nicht zusammentreffen konnte. Amiri kam zu dem Schluss, dass die amerikanischen Beamten die Afghanen an Kleinlichkeit noch übertrafen. Gleichzeitig starben in den Bergen und Feldern des Landes amerikanische Soldaten.

Nach der Wahl teilte Holbrooke Eikenberry mit, das Weiße Haus erwarte, dass der Botschafter Karzai eine Liste von fünf Zielen für seine zweite Amtszeit vorlege. Eikenberry war misstrauisch.

«Dick, wer im Weißen Haus hat dir diese Anweisung gegeben?»

«Willst du sagen, dass du mir nicht glaubst?»

«Nein, aber woher hast du das?»

«Willst du sagen, dass ich lüge?»

«Was ich sage, ist, dass in dem Augenblick, in dem ich aus Karzais Büro trete, ganz Kabul darüber reden wird, dass wir versuchen, diese zweite Amtszeit zu kapern, was der Präsident blitzschnell und effektiv gegen uns verwenden wird. Wir brauchen das schriftlich, als Depesche.»

«Verdammt, du Hurensohn, du vertraust mir nicht.»

Eikenberry sagte Ricciardone schließlich, dass er es nicht mehr aushalte – das Einschüchtern, die Lügen, die unmögliche Behandlung des Botschaftspersonals. Er oder Holbrooke – für beide sei in Kabul kein Platz. Dann wandte er sich an seinen guten Freund Doug Lute im Weißen Haus. «Sag's Jones», sagte Lute. «Er wird rüberkommen. Ich kann Richard Holbrooke nicht entlassen – sag's Jones.» Holbrooke war es gelungen, drei Generäle, Freunde aus einer äußerst selektiven Studentenverbindung, die zusammengenommen zehn Sterne trugen, gegen sich aufzubringen. Sie machten sich daran, ihn loszuwerden.

«Niemand von uns versteht, warum Sie überhaupt hier sind», sagte Amrullah Saleh einmal beim Abendessen zu Eikenberry. «Karzai glaubt, dass Sie aus Gründen hier sind, die Sie ihm noch nicht genannt haben» – Geopolitik, Bodenschätze, vielleicht christliche Missionierung. Aber Saleh fand nichts davon einleuchtend. «Aber warum wissen *Sie* es denn nicht? Sie müssten doch ein klareres Bild haben.» Das unscharfe

Denken der Amerikaner beleidigte den Scharfsinn des jungen afghanischen Geheimdienstchefs. Nach acht Jahren versuchten wir noch immer, uns selbst diesen Krieg zu erklären.

Im Herbst 2009 stand Obama vor einer weiteren Entscheidung über die Truppenstärke. Sein neuer Befehlshaber in Afghanistan, General Stanley McChrystal, verlangte vierzigtausend Soldaten zusätzlich zu den bereits beschlossenen einundzwanzigtausend, womit sich die Gesamtzahl auf über einhunderttausend erhöhen würde, eine Forderung, die Petraeus vom Central Command und Admiral Mullen, der Vorsitzende der Vereinigten Generalstabschefs, unterstützten. McChrystal war seit Juni in Afghanistan, er war im Land umhergereist, hatte die militärische Lage erkundet und war zu dem Schluss gekommen, dass Afghanistan ohne eine massive Aufstockung in eine «Todesspirale» eintreten würde. McChrystals Truppenanforderung war an die Medien durchgesickert, wieder einmal hatten Obama und seine Berater das Gefühl, vom Militär in die Ecke gedrängt zu werden.

Gelb, der McChrystal vom Council on Foreign Relations kannte, wurde von einem Reporter gebeten, ihn zu beschreiben. «Kein Körperfett, fällt mir da ein», sagte Gelb. McChrystal war ein General von ähnlicher Intensität wie Petraeus – vier Stunden Schlaf pro Nacht, eine Mahlzeit am Tag, Hörbücher bei härtestem Training. Auf Holbrookes Empfehlung hin hörte er bei seinen frühmorgendlichen Läufen um den NATO-Stützpunkt in Kabul Stanley Karnows *Vietnam – A History*. McChrystal war politisch etwas naiver als Petraeus und im Umgang mit den Medien nicht annähernd so gewandt. Er hatte diesen ernsthaften Drang zur Selbstoptimierung, den er als Koordinator der Sondereinsätze im Irak mit der todbringenden Hingabe an die Aufgabe verbunden hatte, al-Qaida-Mitglieder aufzuspüren und auszuschalten. In Afghanistan lautete seine oberste Devise, keine Zivilisten zu töten, und tatsächlich führten seine Bemühungen dazu, dass die Zahl der Opfer sank. McChrystal gehörte zum Besten, was die Armee zu bieten hatte. Karzai war von ihm ganz eingenommen und versuchte, ihn gegen Eikenberry und Holbrooke zu instrumentalisieren.

Im Herbst 2009 leitete Obama im Laufe von zehn Wochen neben zahllosen Sitzungen des Sicherheitskabinetts und untergeordneter

Gremien nicht weniger als neun stundenlange Sitzungen des Nationalen Sicherheitsrats. In seinem Tagebuch beschrieb Holbrooke den Lageraum einmal als «Raum, der für mich das ganze Problem symbolisiert: ein fensterloser, unterirdischer Raum, in dem, maximal von der Realität abgeschirmt, hochrangige Menschen, die keine Ahnung haben, bedeutende (oder nicht so bedeutende) Entscheidungen treffen, oder auch (wie so oft in den Clinton-Jahren) gar keine Entscheidungen treffen». Lute hatte in den letzten Monaten der Regierung Bush eine Überprüfung der Afghanistan-Strategie durchgeführt. Eine weitere hatte in den ersten Wochen von Obamas Amtszeit stattgefunden, und nun ging es wieder von vorn los, diesmal ganz groß angelegt. Wie die vielen Erkundungsmissionen, die Kennedy nach Südvietnam geschickt hatte, wie Johnsons ständige Umorganisation der Befriedungspolitik war auch dieser Überprüfungsmarathon ein sicheres Zeichen dafür, dass die Situation vor Ort aus dem Ruder lief.

Die Debatten stießen immer wieder auf die grundlegenden Widersprüche dieses Krieges, die Obama ebenso gut kannte wie alle anderen. Woche um Woche diskutierten sie im Lageraum in endlosen Schleifen, während Obama, der nach Anwaltsart klare Ansagen bevorzugte, zuhörte und schwierige Fragen stellte.

Dann legen wir mal los.

Warum sind wir in Afghanistan?

Weil uns al-Qaida von Afghanistan aus angegriffen hat. Unser Ziel ist es, einen weiteren Angriff zu verhindern und letztlich al-Qaida zu vernichten.

Aber al-Qaida ist in Pakistan.

Wenn die Taliban in Afghanistan wieder die Macht übernehmen, wird al-Qaida dort wieder einen sicheren Rückzugsort haben.

Aber al-Qaida hat doch bereits einen sicheren Rückzugsort im westlichen Pakistan – ganz zu schweigen von Somalia, Jemen und der afrikanischen Sahelzone. Warum brauchen wir einhunderttausend Soldaten und einen Feldzug in Afghanistan, um hundert al-Qaida-Mitglieder in den pakistanischen Stammesgebieten zu jagen?

Pakistan, unser angeblicher Verbündeter, unterstützt in Wirklichkeit unsere Feinde. Die Pakistaner werden amerikanische Truppen in ihrem

Land nicht dulden. Wir können nur verdeckte Operationen durchführen, Informationen sammeln und Terroristen, die zum Teil auch Ziele in Pakistan angreifen, in den Stammesgebieten mit Drohnen treffen – und selbst damit machen wir uns sehr unbeliebt.

Was wissen wir denn eigentlich über die Taliban? Sind wir uns sicher, dass sie al-Qaida wieder ins Land lassen werden?

Nein, aber sie weigern sich, sich ganz von al-Qaida zu distanzieren.

Warum tun wir nicht, was Biden vorschlägt: Drohnen und ein paar tausend Sondereinsatzkräfte und Spione, die sich nur die richtig bösen Jungs vornehmen – ein Antiterrorkampf?

Das versuchen wir seit 2001, aber es funktioniert nicht. Nur eine breite Aufstandsbekämpfung wird der afghanischen Regierung den nötigen Spielraum verschaffen, um das Volk auf ihre Seite zu ziehen und an Stärke zu gewinnen, bis sie sich selbst verteidigen kann.

Aber klassische Aufstandsbekämpfung erfordert Hunderttausende von Soldaten.

Wir beschränken uns also darauf, die Bevölkerungszentren und die wichtigsten Verbindungswege zu schützen – die Ölfleckstrategie –, bis die afghanische Armee groß und schlagkräftig genug ist.

Und wenn der Feind gleichzeitig auch größer und schlagkräftiger wird?

Möglicherweise müssen wir in ein, zwei Jahren weitere Soldaten schicken.

Und wenn unsere Präsenz dort dazu beiträgt, dass er größer und schlagkräftiger wird?

In zwei oder drei Jahren werden wir beginnen, die Verantwortung auf die afghanische Regierung zu übertragen.

Und wenn Karzai wegen der fetten Verträge und der Kampfbrigaden möchte, dass wir im Land bleiben, damit seine eigene Regierung in Ruhe die Bevölkerung ausbeuten kann? Aufstandsbekämpfung funktioniert nur mit einem zuverlässigen Partner, und die Wahlen haben Karzais Legitimität großen Schaden zugefügt. Was, wenn die afghanische Regierung überhaupt nicht in der Lage ist, die Bevölkerung für sich zu gewinnen, oder gar den Willen dazu nicht aufbringt?

Darauf gibt es keine gute Antwort.

Und wenn das pakistanische Militär seine Strategie niemals ändern wird?

Darauf gibt es keine gute Antwort.

Holbrooke saß am fernen Ende des Tischs, neben Petraeus mit seinen vier Sternen, und machte Notizen. In diesen Notizen finden sich einige private Einwürfe. Als McChrystal eine Folie zeigte, auf der das Kriegsziel nicht mehr «die Taliban besiegen» lautete, sondern «der von den Taliban geführte Aufstand stellt für die afghanische Regierung keine existenzielle Bedrohung mehr dar», ohne jedoch die Truppenstärke zu ändern, schrieb Holbrooke: «Wow! Man kann Wörter benutzen, und sie bedeuten genau das, was man gerade haben will.» Rice schlug gemeinsame amerikanisch-chinesische Hilfsprogramme in Pakistan vor: «UNSINN.» Gates meinte, zivile Hilfe für Pakistan könne möglicherweise eine Gegenreaktion gegen die USA auslösen: «WAS FÜR EIN QUATSCH!» Biden sagte, Pakistan habe eins zu eins dieselben Ziele wie Amerika: «HÄH?»

Er behielt seinen Sarkasmus für sich. Er hielt keine langen Reden mehr und las auch nicht mehr ab. Er machte dem Präsidenten seltener Komplimente. Er meldete sich nur selten zu Wort, und wenn er es doch tat, dann nur zu Themen, die zu seinem Aufgabenbereich gehörten, die Hauptdiskussion aber nur am Rande berührten – Landwirtschaft und Polizeikorruption. Er machte sich für die zivile Aufstockung stark, den Plan des Außenministeriums, mehr als tausend amerikanische Fachleute einzustellen und in die afghanischen Städte und Regionen zu entsenden. Mit diesem Programm würde Holbrookes eigene Rolle gestärkt, auch seine Glaubwürdigkeit den Generälen gegenüber, die immer darüber klagten, dass die zivilen Programme hinterherhinkten. Und so hütete er sich, im Weißen Haus zu sagen, was er wirklich dachte. Als aber sein eigener Berater für Entwicklungshilfe, Sepideh Keyvanshad, erklärte, er glaube nicht, dass in Afghanistan mehr notwendigerweise auch besser bedeute, und fragte: «Warum schicken wir all diese Leute? Es wird überhaupt nichts bringen», antwortete Holbrooke: «Glauben Sie denn, das weiß ich nicht?»

Bei den Sitzungen zu Bosnien hatte Holbrooke immer seine Meinung gesagt – er hatte nicht gezögert, seinem Vorgesetzten Warren Christopher und selbst Präsident Clinton zu widersprechen, wenn er glaubte, dass sie auf der falschen Fährte waren. Jetzt, im siebenundvierzigsten Jahr seiner Diplomatenkarriere, war er vorsichtig geworden. Sein Eindruck war, dass ihn Obama nicht in einer Weise wertschätzte, die es ihm erlaubte, sich gegen das Militär zu stellen, vor allem nicht gegen den berühmten General zu seiner Linken. Er hatte im Raum keine Unterstützer außer Clinton, und da er angeschlagen war und sie brauchte, um politisch zu überleben, durfte zwischen sie und ihn kein Blatt Papier passen. Sie aber stand auf der Seite der Generäle und des Verteidigungsministers, der ihr unter den Kabinettskollegen der Nächste war.

Und so erfuhr niemand, was Holbrooke über die Truppenaufstockung wirklich dachte. Er hielt seine Meinung vor den Kollegen und den eigenen Mitarbeitern zurück. Als sich Eikenberry und Ricciardone in Kabul skeptisch zu McChrystals Plänen äußerten, blieb Holbrookes Antwort absichtlich vage: «Karl, es wird so kommen.» Er kreuzte die Finger und sagte: «Hillary und ich, wir sind uns in allem einig», und Clinton sollte von den Zweifeln der beiden nie erfahren.

Auf Drängen von Biden, Jones und Lute, die ähnlich skeptisch waren, verfasste Eikenberry Anfang November zwei streng vertrauliche Depeschen, in die er seine fünfjährige Erfahrung in Afghanistan einfließen ließ. Eikenberry, Ricciardone und zwei Mitarbeiter arbeiteten die ganze Nacht, sie aßen Pizza, tranken Bier und argumentierten kraftvoll gegen die Truppenaufstockung: Karzai würde nie ein angemessener Partner werden; zusätzliche Soldaten würden zwar die Sicherheitslage in einigen Städten wie Kandahar verbessern, langfristig aber die Korruption innerhalb der afghanischen Regierung befördern und ihre Abhängigkeit vertiefen; Aufstandsbekämpfung könne nicht zum Erfolg führen, solange die Taliban einen Rückzugsort in Pakistan hätten. Die Depeschen, die schließlich an die *Times* gelangten, zündeten einige Stangen politischen Dynamits unter den Plänen der Generäle und erzürnten sowohl McChrystal, der von Eikenberry im Dunkeln gelassen worden war, als auch Petraeus, der meinte, der Botschafter wolle sich mit seiner Großspurigkeit einen Platz in den Geschichtsbüchern sichern.

Clinton betrachtete die Depeschen als Verrat, der aus ihrem eigenen Haus gekommen war, und ihr Verhältnis zu Eikenberry sollte sich davon nie mehr erholen. Sie duldete keinen Widerspruch gegen ihre eigene Haltung. Als Holbrooke ihr erzählte, dass sich General «Hoss» Cartwright, der Vizevorsitzende des Vereinigten Generalstabs, gegen McChrystals Pläne ausgesprochen hatte, antwortete sie: «Das ist unerhört.» Sie hatte immer schon zu dem Flügel der Demokraten gehört, der militärisches Eingreifen befürwortete – «Sie würden staunen, wenn Sie wüssten, wie konservativ sie sein kann», sagte Holbrooke einmal zu Barney Rubin. Er fand sie frustrierend kompliziert – zugleich verschlossen und überaus direkt, geheimniskrämerisch und indiskret. Außerdem fehlte ihr die strategische Intelligenz, die ihren politischen Instinkt gezügelt hätte, der ihr sagte, dass es der eigenen Laufbahn nicht förderlich wäre, wenn sie jetzt, in einem Krieg, einem Feldkommandeur einen Wunsch verweigerte, der ein mögliches Scheitern später den Politikern in die Schuhe schieben würde.

Tatsache aber ist, dass beinahe jedes Wort in Eikenberrys Depeschen auch von Holbrooke hätte stammen können. Er hatte erst einen Monat zuvor einen eigenen Entwurf gemacht.

Er war in den Hamptons, das Wochenende war durch den Columbus Day verlängert, als er einmal bis 4 Uhr am Morgen durcharbeitete, um ein neunseitiges Memorandum für Clinton zu entwerfen. Er arbeitete es in den folgenden Tagen mehrmals um und war doch am Ende immer noch nicht zufrieden. Wenn ich es heute lese, versetzt es mich vierzig Jahre zurück zu Holbrookes Memorandum an Johnson aus dem Herbst 1967, das Napoleons Russlandfeldzug zum Thema hatte. Es hatte die gleiche Klarheit, den gleichen eisblauen Blick auf eine schwierige Realität.

Wie du, so glaube auch ich an die Chancen amerikanischer Führungsmacht, und ich bin in meinem Wesen kein Pessimist. Ich hoffe, dass meine Einschätzung falsch ist. 1965 liefen unter LBJ im Laufe einer Woche Gespräche von derselben Art, die wir heute führen, doch er zog daraus die falschen Schlüsse. 2002–2003 hat George W. Bush nicht einmal seinen eigenen Außenminister konsultiert, bevor er sich auf den Irakkrieg einließ. Jetzt sind wir an der Reihe, und es ist Barack Obama hoch anzurechnen, dass er diese langen Diskussionen führen lässt und alle anhört, bevor er seine Entscheidungen trifft. Aber den Rahmen dieser Debatten hat beinahe ausschließlich das Militär gesetzt, und ich glaube nicht, dass die politischen, regionalen und globalen Auswirkungen von McChrystals Forderungen angemessen diskutiert worden sind.

Holbrooke war der Ansicht, dass die Aufstandsbekämpfung in Afghanistan niemals erfolgreich sein würde. In der Geschichte hatte sie in Kolonialkriegen funktioniert, wo sie nur mit starken Zwangsmaßnahmen durchgesetzt worden war – auf den Philippinen, in Malaya und in Französisch-Marokko, dem Geburtsort des Begriffs «Ölfleckstrategie», von der er zum ersten Mal 1963 in Bac Lieu gehört hatte und die McChrystal nun bei den Sitzungen des Nationalen Sicherheitsrats wiederbelebte. Sie konnte nur gelingen, wenn der Feind keinen Rückzugsort jenseits der Grenze hatte. Im Irak war Petraeus' Strategie von konkreten politischen Entwicklungen in den sunnitischen und schiitischen Bevölkerungsgruppen abhängig gewesen. Afghanistan war in keiner Weise mit diesen Fällen vergleichbar. Der einzige analoge Fall war Vietnam, der Krieg, der in den Debatten nicht mehr erwähnt werden durfte.

Einhunderttausend amerikanische Soldaten würden nicht die afghanische Bevölkerung schützen, sondern nur das Narrativ der Taliban bestätigen, dass eine Armee von Ungläubigen, die das Land besetzte, eine Marionettenregierung stützte. Alle waren sich einig, dass der Krieg ein politischer war, aber nur Holbrooke wies darauf hin, dass bei der Überprüfung die politischen Aspekte übergangen worden waren – das Wahldesaster, das Krebsgeschwür der Korruption, Karzais fehlende Legitimität. Es war beinahe ausschließlich um Truppenstärke gegangen – aber welche Art von Regierung sollten die Soldaten, die zu Zehntausenden ins Land geschickt wurden, denn stützen? «Die gegenwärtige Regierung ist weder ausreichend legitimiert noch zugkräftig genug, dass Hunderttausende von Afghanen bereit wären, für sie zu sterben», schrieb er. «Zwar ist ein beträchtlicher Anteil der afghanischen Bevölkerung durchaus gewillt, die TB zu bekämpfen, aber sie sind in der Regel nicht von einem Bekenntnis zu den Werten motiviert, für die die Regierung in Kabul angeblich steht, sondern von ihren Bindungen an Volksgruppen und Stämme.»

Und dann war da noch Pakistan. Der Nationale Sicherheitsrat hatte zu Pakistan am 7. Oktober eine dreistündige Sitzung abgehalten, und sie waren sich einig gewesen, dass man alles daransetzen müsse, die Pakistaner durch eine wie auch immer geartete Kombination von Hilfszahlungen und druckvollem gutem Willen dazu zu bringen, die unter ihrem Schutz stehenden Terroristen fallen zu lassen. Eine Strategie war das aber noch nicht. General Pasha, der Chef des ISI, hatte sich gegen eine amerikanische Truppenaufstockung ausgesprochen, was die Hoffnung auf pakistanische Kooperation dämpfte. «Wir werden in unseren Bemühungen schlicht nicht erfolgreich sein, wenn wir nicht die volle Unterstützung der pakistanischen Seite haben», schrieb Holbrooke.

Er argumentierte nicht gegen weitere Soldaten – jedenfalls nicht in einem Memorandum an Clinton. (Privat erzählte er Gelb, dass er viertausendfünfhundert Militärberater schicken würde, wenn es nach ihm ginge, was er aber Hillary nicht sagen könne, nicht einmal vertraulich.) Ein Rückzug aus Afghanistan aber würde «eine Kaskade von unkontrollierbaren Ereignissen in Gang setzen, die unseren kritischen Interessen ernsthaften Schaden zufügen könnten». Es war eine Art weiche Dominotheorie – die Sorge war nicht, dass die Regierungen der Nachbarstaaten eine nach der anderen fallen würden, sondern dass die gesamte Region vom Nahen Osten bis Indien mit ihren Atomwaffen, unzähligen Volksaufständen und Dschihadistengruppierungen destabilisiert würde. Holbrooke suchte nicht nach einer Exitstrategie, sondern nach einer Möglichkeit, die amerikanische Präsenz in der Region zu erhalten.

Die Amerikaner wollten es nicht hören, auch nicht Obama, aber es war klar, dass wir in Afghanistan nur mit langem Atem erfolgreich sein würden. Das war der Grund, warum Holbrooke immer sagte, es würde unser längster Krieg werden. Eine große Truppenaufstockung würde sowohl den Amerikanern als auch den Afghanen zu viel versprechen, die Konsequenzen – entweder der Ruf nach weiteren Soldaten oder ein überstürzter Abzug – wären absehbar. Eine bescheidenere Zahl – Holbrooke sprach von zwanzig- bis fünfundzwanzigtausend Mann, eine einzige Kampfbrigade, dazu Ausbilder und Berater für die afghanische Armee – würde genügen, um die Taliban in Schach zu halten und die amerikanische Öffentlichkeit zu beschwichtigen, bis eine neue politische Strategie Wirkung zeigen würde. «Und Zeit, die wir, wollen wir erfolgreich sein, dringend benötigen, ist ein knappes Gut.» Auf Zeit spielen – das war auch das Thema seines Napoleon-in-Russland-Memorandums gewesen. Und wie sollte die politische Strategie aussehen? Das war noch nicht klar – Lösungsvorschläge waren in Afghanistan nie so überzeugend wie Kritik. Holbrooke fügte einen kurzen, vagen Absatz über «Wiedereingliederung und Versöhnung» hinzu – die «das größte fehlende Puzzleteil unserer Strategie» darstellten. Wiedereingliederung bedeutete, Überläufer aus den unteren Rängen der Taliban zu integrieren. Versöhnung bedeutete, Gespräche mit der Talibanführung aufzunehmen. Es war von Anfang an Barney Rubins Aufgabe gewesen, entsprechende Möglichkeiten auszuloten, und Rubin verfolgte tatsächlich einige interessante Ansätze. Aber Clinton wollte nichts von Friedensgesprächen hören, das Militär auch nicht, und das Weiße Haus ebenfalls nicht. Zu keiner Zeit in der Strategieüberprüfung wurden Gespräche mit dem Feind – der einzige Weg, den Krieg zu beenden – auch nur in Erwägung gezogen.

Am Morgen des 26. Oktober saß er im großen Empfangsraum im siebten Stock des Außenministeriums, der als Foyer für das Privatbüro der Ministerin diente, eine Stunde lang mit Clinton zusammen. Der Blick aus dem Fenster ging auf das Lincoln Memorial. Er skizzierte seine Vorstellungen und gab ihr zwei Seiten mit Argumenten auf der Grundlage seines Memorandums, die sie kurz überflog. «Du bist vielleicht lustig», sagte sie zu seinem Vorschlag, die Aufstockung auf zwanzigtausend Soldaten zu begrenzen. Ihr nächster Termin war ein Treffen mit Gates, Obama und seinen Beratern im Oval Office, wo sie an ihrer Position zugunsten von McChrystals Forderung nach vierzigtausend Soldaten festhielt. «Sie hat Gates rechts überholt», sagte Donilon zu Holbrooke und fügte hinzu, dass Obama den Respekt vor Clinton verloren habe. Er benötigte ihre Hilfe, um sich gegen die Generäle durchzusetzen, aber ihre Ratschläge schienen ihm von taktischen Überlegungen geleitet.

Weder Holbrooke noch seine Chefin trugen seine Ideen dem Präsidenten oder dem Nationalen Sicherheitsrat je vor. Holbrooke vertraute sie privat Donilon und Axelrod an, in der Hoffnung, dass einer von ihnen sie an Obama weitertragen würde, aber daraus wurde ebenfalls nichts. In den zehn Wochen der Strategieüberprüfung sagte er an der Stelle, wo es gezählt hätte – nämlich im Lageraum – nicht ein einziges Mal, was er wirklich dachte. Seine Kollegen gingen davon aus, dass er die Truppenaufstockung unterstützte.

Am 19. November nahm er in Kabul mit achthundert weiteren Würdenträgern aus der ganzen Welt an Karzais farcenhafter Amtseinführung teil. Er saß neben Eikenberry in der dritten Reihe. Vier Tage später, am Abend des 23. November, hielt der Nationale Sicherheitsrat seine letzte Sitzung zu einer möglichen Truppenaufstockung ab.

«Wir haben fast ein Jahr gewartet, dass die afghanischen Wahlen vorbei sind. Jetzt ist es an der Zeit voranzuschreiten», sagte Clinton. «Wenn wir uns nicht dazu durchringen, wissen wir, wie es ausgeht. Es wird schwierig werden. Möglich, dass es nicht funktionieren wird. Wir werden täglich mit den Folgen konfrontiert sein. Aber wir dürfen nicht halbherzig vorgehen. Es ist in unserem nationalen Interesse», rief sie und schlug mit der Faust auf den Tisch. «Wir müssen es versuchen.»

Nach der Sitzung, gegen 11 Uhr, als Holbrooke gerade mit Clinton telefonierte, wurde das Gespräch von der Telefonzentrale des Weißen Hauses unterbrochen. «Der Präsident der Vereinigten Staaten möchte mit Botschafter Holbrooke sprechen.»

Obama war in der Leitung. «Richard, ich habe es versäumt, Sie am Ende anzusprechen. Wie sehen Sie die Sache?»

Holbrooke war überrascht, konnte sich aber fangen und sagte dem Präsidenten, dass alles von Pakistan und vom Aufbau der afghanischen Armee abhänge. Er war so still gewesen, dass Obama überhaupt nicht wusste, wo er stand.

Am 1. Dezember kündigte der Präsident in einer Rede vor Kadetten der Militärakademie in West Point an, dass er dreiunddreißigtausend weitere Soldaten nach Afghanistan entsenden würde. Ihm war deutlich bewusst, dass unter seinen Zuhörern einige waren, die in diesem Krieg fallen würden. Im selben Satz sagte er, dass der Truppenabzug im Sommer 2011 beginnen würde. Er setze McChrystal eine Frist von achtzehn Monaten, in denen er zeigen müsse, dass die Aufstandsbekämpfung greife, dann würden die Afghanen selbst beginnen, Verantwortung zu übernehmen. Obama hätte diese Strategie «Afghanistanisierung» nennen können, wenn es die Leute nicht zu sehr an die «Vietnamisierung» erinnert hätte. Er schickte die Soldaten in einen Einsatz, den er immer mit Skepsis betrachtet hatte. Wer ihm kein Wohlwollen entgegenbrachte, konnte meinen, er wolle nur aufzeigen, dass es nicht funktionierte, weil er in Afghanistan endlich einen Schlussstrich ziehen wollte.

Nach zehn Wochen intensiver Diskussionen misstraute der Präsident seinen Generälen und war kühl gegenüber Mullen, seinem obersten Militärberater. Einige der Generäle verachteten die Zivilisten, auch wenn nur McChrystal naiv genug war, es zu zeigen. Gates nahm es den Beratern im Weißen Haus übel, dass sie sich den Versuchen der Militärs widersetzt hatten, den Präsidenten einzuschüchtern. Der Nationale Sicherheitsrat griff das Pentagon mit Durchstechereien an und führte verdeckten Krieg gegen den SRAP. Obama war von Clinton enttäuscht, und Clinton war wütend auf das Weiße Haus. Eikenberry hatte Clinton, McChrystal, Petraeus und Gates vor den Kopf gestoßen. Jones und sein Stellvertreter Donilon hassten sich gegenseitig. Die meisten von Jones' Mitarbeitern hielten ihren Chef für inkompetent.

Und Holbrooke? Holbrooke hielt sich an Clinton fest, seinem letzten politischen Rettungsanker. Und er hatte Mullen auf seiner Seite. Die beiden waren sich nicht immer einig gewesen, aber ihre Freundschaft überdauerte, weil sie zwei Dinge gemeinsam hatten: ihre Liebe für Musicals und ihre Treue zu Clinton. Das waren seine einzigen Verbündeten. Ende 2009 war er beinahe vollständig isoliert. Und das schien allen klar zu sein – allen außer ihm selbst.

Jetzt, da die Wahlen in Afghanistan und die Strategieüberprüfung vom Tisch waren, machten sich seine Feinde daran, ihn endgültig zur Strecke zu bringen.

Ende des Jahres beauftragte Jones Lute und seine Mitarbeiter, ein Dossier über Holbrookes Verfehlungen zusammenzustellen – Karzais

Wiederwahl und ihre Folgen; Eikenberrys Berichte über Holbrookes Auftreten in Kabul; der Artikel im *New Yorker.*

Während der üblichen Morgenbesprechung im Oval Office an einem Januartag 2010 fragte Obama plötzlich: «Ist hier einer, der glaubt, dass Richard Holbrooke eine Bereicherung für unsere Bemühungen in der Region darstellt?» Weder Biden, Jones, Donilon, Emanuel noch John Brennan, der stellvertretende Nationale Sicherheitsberater für Innere Sicherheit, sagten etwas zu Holbrookes Gunsten. Nach einer Pause hob Jones seine Hand und fragte, ob der Präsident Holbrooke von seinen Aufgaben befreien wolle. «Ja, das wäre hilfreich», sagte Obama. «Aber sagen Sie Hillary unbedingt, dass er von mir aus im Außenministerium bleiben kann, wenn sie einen anderen Job für ihn findet. Es ist Zeit für einen Wechsel.»

Jones berichtete Clinton von der Entscheidung des Präsidenten, und sie nickte und sagte, dass sie ihr Folge leisten würde. Aber es wurde Februar und nichts passierte. Als Jones sich noch einmal bei Clinton meldete, sagte sie, dass sie Probleme habe, Holbrooke woanders unterzubringen. Anfang Februar flog Jones nach Kabul, um Eikenberry zu trösten: Holbrooke würde bald weg sein, sagte er dem Botschafter und später auch Kai Eide. Zwei Wochen später fiel Holbrooke wieder in Kabul ein. Eikenberry beklagte sich bei Jones und Lute, und am 23. Februar schrieb ihm Jones einen Brief:

Es tut mir leid, dass Sie eine weitere «Abschiedstournee» ertragen mussten. Ich kann Ihnen versichern, dass es die letzte gewesen ist. Es darf über die Absichten unseres Chefs keine Zweifel geben, und wir werden sie unbedingt neu darlegen.»

Der Brief wurde als Diplomatenpost per Depesche verschickt, nicht als vertrauliche Kommunikation, was bedeutete, dass Dutzende von Mitarbeitern im Außenministerium Kopien erhielten. Holbrooke sah den Brief am 16. März, was damit gemeint war, begriff er aber erst, als ihn Ricciardone, der ebenfalls eine Kopie erhalten hatte, in einer E-Mail vor einer «weiteren Gemeinheit» warnte, der Brief nenne zwar keine Namen, «enthält aber eindeutige und negative Verweise auf Ihre

Person ... Es ist natürlich davon auszugehen, dass es auch an die Presse gelangt und uns alle in Misskredit bringt. Es tut mir so leid, für uns alle.» Ricciardone war fast ein ganzes Jahr lang an Eikenberrys Seite gewesen und hatte genug von Holbrookes Selbstherrlichkeit gesehen – und war einmal sogar selbst vor einem Reporter zusammengestaucht worden – dass er, was Holbrooke persönlich anging, eher traurig als empört war.

Holbrooke sah in Jones' Brief den Beweis für eine vor allem in der Kabuler Botschaft angesiedelte Verschwörung, und der Verrat schmerzte ihn. Eikenberry und Ricciardone hatten ihre Posten ihm zu verdanken. Er verstand nicht, wie sie sich so gegen ihn wenden konnten. Zwei Tage später bat Jones Holbrooke, um fünf am Nachmittag zu ihm zu kommen.

Sie saßen in dem geräumigen Eckbüro des Nationalen Sicherheitsberaters, wo sich Holbrooke und Tony Lake 1993 beim Mittagessen über Bosnien gestritten hatten. Jones begann mit Smalltalk, aber hinter seinem Semper-Fi-Charme und der scheinbaren Abgeklärtheit spürte Holbrooke etwas Gefährliches – die Weigerung eines alten Haudegens, einen Rückzieher zu machen, falls es zu einem Duell käme.

«SRAP funktioniert nicht», sagte Jones schließlich. Es gibt eine Entscheidung des Präsidenten dazu. Er hat es Hillary im Januar gesagt, sie hat aber nichts unternommen. Jetzt mache ich das. Sie muss das dann anpassen. Sie dürfen gehen und ein Buch darüber schreiben, wie ahnungslos wir alle sind.» Jones sagte, dass Obama ihn in allen Ehren entlassen wolle, mit Auszeichnungen.

Holbrooke war blass geworden. «Das ist ja eine großartige Weise, meine Karriere zu beenden.» Dann lieferte er mehrere Minuten lang eine Kurzfassung seiner Leistungen und sagte, dass ein solcher Rauswurf einen schweren Schatten auf sein politisches Vermächtnis werfen würde. Schließlich unterbrach ihn Jones.

«Richard, es geht hier nicht um dich, es geht um das Land und den Präsidenten. Wir alle sind ihm verpflichtet. In zwei Jahren bin auch ich raus.»

Holbrooke sagte Jones, er habe überhaupt keine Ahnung, was der SRAP tue. «Was meinen Sie denn mit ‹anpassen›?»

«Das entscheidet Hillary.»

Alles ist anders – und doch genau gleich

«Feuern Sie mich also?»

«Nein, nein. Sie muss die Anpassung vornehmen.»

«Was für eine Anpassung?»

«Das muss sie mit Ihnen gemeinsam entscheiden.»

Holbrooke versuchte, sich zu beruhigen, während Jones die Anklage verlas: Der Sonderbeauftragte des Präsidenten war in der gesamten Af-Pak-Region faktisch eine persona non grata. Die Inder wollten ihn in Delhi nicht treffen, General Kayani wollte ihn nicht in Islamabad zum Essen empfangen, Karzai und Eikenberry wollte ihn auf keinen Fall mehr in Kabul haben.

«Wir haben uns einmal im Kreis gedreht, was Sie angeht», sagte Jones. «Niemand kommt mit Ihnen zurecht.»

Biden hatte genau das Gleiche einmal gesagt, als Gelb ihn im Weißen Haus besuchte: «Was zum Teufel werden Sie wegen Ihres alten Freundes Holbrooke unternehmen? Er geht uns so auf den Sack – niemand kann ihn ausstehen. *Ich* kann ihn nicht ausstehen.» Gelb antwortete, Holbrooke sei der Beste, den sie hätten. Biden widersprach nicht – blieb aber dabei, dass ihn alle hassten.

«Niemand?», fragte Holbrooke. «Was ist mit Mullen?»

«Die einsame Ausnahme.»

«Gates?»

«Dazu würde ich lieber nichts sagen.»

«Petraeus?»

«Dazu würde ich lieber nichts sagen.»

«McChrystal?»

«Dazu würde ich lieber nichts sagen.»

«Donilon?»

«Ich werde nicht verraten, wer was gesagt hat.»

Das Gespräch dauerte fünfundvierzig Minuten. Am Ende gelang es ihnen irgendwie, sich die Hand zu geben. «Wenn ich mit Hillary gesprochen habe, möchte ich den Präsidenten sehen.»

«Ich werd's ihm ausrichten.»

Holbrooke ging nach nebenan in die Besenkammer des stellvertretenden Nationalen Sicherheitsberaters, aber Donilon war nicht da. Dann verließ er das Gebäude.

Man sprach über das Weiße Haus, als wäre es eine kollektive Person. «Das Weiße Haus ist der Meinung», «das Weiße Haus ist unglücklich darüber» – genauso wie «der Palast» jedem Höfling die Autorität des Königs verlieh. Nie zuvor war versucht worden, aus einer derart unscheinbaren Ansammlung von Höhlen und Tunneln heraus der Welt den Willen eines Weltreichs aufzuzwingen, aber die von der Nähe zur Macht aufgeplusterten Kommissare im West Wing machten selbst die mächtigsten Leute im Außenministerium zu Claqueuren. McGeorge Bundy hätte Averell Harriman Ähnliches niemals antun können, und sein zweiter Stellvertreter, wenn er denn einen hatte, schon gar nicht.

Auf der West Executive Avenue warteten schwarze Limousinen auf ihre VIP-Passagiere. Aber er war zu Fuß gekommen und begann, Richtung Tor zu gehen. Es war ein warmer, wolkenloser Abend. Die Sonne ging hinter dem Eisenhower Executive Office Building unter. Ich bezweifle, dass er jemals so allein gewesen war.

Aber er hielt es nicht aus, allein zu sein, und so kehrte er um, ging hinein und lief über den schmalen Korridor zum Büro von David Axelrod, gleich neben dem privaten Speisesaal des Präsidenten. Holbrooke war sich nicht sicher, ob Donilon noch sein Freund war, aber Axelrod, dachte er, sei möglicherweise noch auf seiner Seite, vielleicht könne er ja ein Gespräch mit dem Präsidenten arrangieren. Sie gingen alle paar Monate zusammen essen, und Axelrod hatte seine Freude an dem ganzen Theater, an Holbrookes gierigem Interesse an Politik und Geschichte, aber die Schmeicheleien waren ihm unangenehm. Gelb hatte Holbrooke gewarnt, dass Axelrod nicht auf seiner Seite war – er hatte keine Verbündeten mehr im Weißen Haus. Das Weiße Haus mochte ihn nicht.

Axelrods junger Assistent, Eric Lesser, sagte, sein Chef sei nicht da. Holbrooke setzte sich in das enge Büro und wartete. Als Axelrod zurückkehrte, erzählte er ihm, was Jones getan hatte. Er versuchte, moralische Überlegenheit für sich zu reklamieren, indem er behauptete, die Entscheidung würde der Regierung schaden und den Kriegsverlauf beeinträchtigen, doch dann konnte er sich einen Kommentar nicht verkneifen: «Jones hat ja keine Ahnung, mit wem er es zu tun hat.» All das war überraschend für Axelrod. Er sagte, dass er Holbrooke am Morgen anrufen würde.

Auf dem Weg zum Ausgang sah er noch einmal bei Donilon hinein, aber der war noch immer nicht da.

Er rief seine engsten Mitarbeiter an – Ashley Bommer und seine Büroleiterin Rosemarie Pauli, die beide schon seit Jahren für ihn arbeiteten – und sagte ihnen, sie sollten in sein Haus in der N Street kommen, wo niemand von seinen Mitarbeitern erfahren würde, dass er kurz vor seiner Entlassung stand. Er wohnte kaum in diesem Haus – im Kühlschrank fanden sich bestenfalls mal ein Stück schimmliger Käse oder eine abgelaufene Milch. Ohne Kati war er zu seinem Junggesellenleben zurückgekehrt, er aß bei Strobe, oder mit Samantha und ihrem Ehemann im Cafe Milano, oder er aß Junkfood an seinem Schreibtisch, blieb bis Mitternacht im Büro, ging mit seinem Freund Hussein Haqqani, dem pakistanischen Botschafter, in Georgetown ins Kino, rief an den Wochenenden zu jeder Tages- und Nachtzeit irgendwelche Mitarbeiter an, die ihm das Ladegerät für seinen BlackBerry oder seinen Pass bringen sollten.

«Weiß Hillary davon?», fragte Bommer.

«Die sind in Russland», antwortete Holbrooke.

«Rufen wir Jake an. Die gehen ja nie ins Bett.»

In Moskau war es 2 Uhr am Morgen. Sullivan wartete, bis Clinton wach war, um ihr zu berichten. Sie war wütend, zugleich aber auch von Jones' Methoden amüsiert. Sie sagte Holbrooke, er solle stillhalten, bis sie wieder da sei.

Später am selben Abend rief Donilon an. Jones sei ein «Idiot», sagte er – er mache ständig solche Sachen –, Holbrooke solle ihn einfach ignorieren. Donilon leugnete, ihn bei Jones angeschwärzt zu haben, aber er klang nicht überzeugend, und Holbrooke, der ihm sehr gern vertraut hätte, glaubte ihm nicht, vor allem als Donilon fragte, wie lange er den Job denn noch machen wolle. Die Wahrheit war, dass auch Donilon die Nase voll hatte. Ein paar Mal hatte er Sullivan gesagt, dass sie Holbrooke nicht länger decken könnten, dass er nicht mehr auf der Höhe sei, dass er nicht mehr der Holbrooke sei, der in Bosnien verhandelt hatte.

Nur Clinton konnte ihn jetzt noch retten. Und sie war fest entschlossen, denn sie war loyal, sie brauchte Holbrooke, und der Angriff galt nicht zuletzt auch ihr.

Bommer und Sullivan stellten – als Antwort auf Lutes Dossier – eine Liste der Erfolge des SRAP zusammen, die die Ministerin Obama überreichen sollte. Clinton sagte Holbrooke, er solle mit niemandem mehr reden, sie würde sich um alles kümmern. «Das wird nicht einfach sein», sagte sie, bevor sie am Morgen des 26. März ins Weiße Haus ging.

Persönlich habe er gar nichts gegen Holbrooke, erklärte Obama, doch er störe die Abläufe. Störend – das war auch die Vokabel gewesen, die er im Gespräch mit Holbrooke selbst verwendet hatte. Sowohl Eikenberry als auch McChrystal hatten dem Präsidenten am Ende der Überprüfung gesagt, dass Holbrooke nicht nur Probleme verursache, sondern in Afghanistan auch nicht mehr nützlich sei. «Also», fragte Obama die Ministerin, «warum sträuben Sie sich so gegen eine Veränderung?»

Nicht Holbrooke sei das Problem, erklärte Clinton, sondern die Überempfindlichkeit von Eikenberry und die Feindseligkeit von Jones. Sie erzählte Obama, was er und sein Team alles in Bewegung brächten. Der Präsident könne ihn entlassen, aber es wäre eine Entlassung gegen den Willen der Außenministerin.

«Okay, dann warten wir drei Monate und schauen, wie es sich entwickelt», sagte Obama.

Clinton und Holbrooke vereinbarten, niemandem von der drohenden Hinrichtung und ihrem Aufschub zu erzählen. Seine Mitarbeiter erfuhren es nicht, nicht einmal Kati. «Mein Bauchgefühl sagt mir, dass es nicht passieren wird. Wenn doch, dann bin ich darauf vorbereitet. Ich habe meine Freunde, mein Leben, und ich weiß, dass ich gute Arbeit geleistet habe, wobei ich auch Zweifel an der Strategie hatte, die ich ja durchaus angemeldet habe. (Ich werde nicht wie McNamara enden, der seine eigene ewige Grabinschrift verfasste, als er zu dem Schluss kam, dass der Krieg verloren war, es aber niemandem sagte.)»

Dies war seine Notiz an dem Tag, als Clinton ihn aus der Schlinge zog. Er machte – wieder einmal – gute Miene zum bösen Spiel.

VII.

In der letzten Märzwoche schien alles aus den Fugen zu geraten. Obama, der mit der Verabschiedung der Gesundheitsreform gerade erst den größten Erfolg seiner gesamten Präsidentschaft erzielt hatte, reiste zum ersten Mal nach Kabul, und zwar ohne seinen Af-Pak-Berater zu informieren, denn der Af-Pak-Berater war bei der Reise gar nicht dabei, denn der Präsident vertraute seinem Af-Pak-Berater nicht. Holbrooke nahm die Demütigung hin, beinahe ohne ein lautes Wort. Er musste mit den Leuten weiter zusammenarbeiten, die versucht hatten, ihn zu zerstören.

Ende des Monats rief Dr. Rosenfeld an, um ihm zu sagen, dass ein Scan gezeigt hatte, dass drei seiner vier Koronararterien verengt waren, und zwar bis zu fünfundsiebzig Prozent. Er müsse sich einem Angiogramm unterziehen – ein Stent sei möglicherweise nötig, vielleicht sogar eine Bypass-Operation. Er flog nach New York. «Wird mich dieser Job umbringen?», fragte er Rosenfeld und Andersen. Die beiden hatten ihn noch nie so besorgt erlebt. Beinahe zwei Stunden lang sprachen sie mit Holbrooke darüber, was er tun könne, um das Risiko einzudämmen.

Doch es war ein Fehlalarm. Anfang April zeigte ein Angiogramm im New York Hospital, dass die Verengungen nicht mehr als vierzig Prozent betrugen. Gleichzeitig jedoch offenbarte ein Aortogramm – ein Röntgenbild der Hauptarterie, die, gekrümmt wie ein Spazierstock, von der Oberseite des Herzens in den Bauchbereich, und über eine Gabelung weiter in die Beine führt – dass Holbrooke ein Aneurysma der aufsteigenden Hauptschlagader hatte, eine Erweiterung der Aortenwurzel an der Stelle, wo sie die linke Herzkammer verlässt. Normal war ein Durchmesser von etwa vier Zentimetern. Holbrookes war einen halben Zentimeter breiter. Bei fünf Zentimetern war ein chirurgischer Eingriff angezeigt, aber die Aortenwurzel von einigen Menschen blieb jahrelang bei 4,9 Zentimeter. Man musste es also beobachten – er würde im November, sechs Monate später, zu einer weiteren Untersuchung kommen müssen. Holbrooke stand von der Krankenliege auf und flog erst einmal wieder um die halbe Welt.

Er versuchte, vor seinen Mitarbeitern zu verbergen, wie schlecht es um ihn stand. Aber sie wussten es trotzdem. Niemand ließ den SRAP im Stich, um zu seinem alten Posten zurückzukehren. Sie waren Holbrooke in einer Weise ergeben, die über beinahe alles hinausgeht, was man normalerweise in den Annalen unseres starren, um sich selbst kreisenden Politikbetriebs findet. Sie waren wie junge Spieler, die loyal zu einem alternden, charismatischen und großherzigen Trainer aufsahen.

Er zog junge Beamte an sich, die niemand auf dem Schirm hatte, und gab ihnen Chancen, die weit über ihren Rang hinausgingen und ihre Karrieren verändern konnten. Shamila Chaudhary, die in der Pakistan-Abteilung arbeitete, durfte ihn zu einem Briefing in Clintons Empfangsraum begleiten, und als Clinton sie fragte, ob sie etwas zur Diskussion hinzufügen wolle, antwortete sie: «Ich denke, wir sollten mit Nawaz Sharif sprechen.» Sharif war der Vorsitzende einer konservativen Partei in Pakistan, es war aber die amerikanische Position, nicht mit der Opposition zu sprechen.

«Aber redet Sharif nicht mit den Taliban?», fragte Clinton.

«Welcher pakistanische Politiker redet denn nicht mit den Taliban?», antwortete Chaudhary. Alle lachten. Clinton war überrascht und zufrieden, und Holbrooke nickte ihr ermutigend zu. Am nächsten Tag wurde sie befördert. Als sie aber zögerte, ein Projekt anzunehmen, das ihr Holbrooke angeboten hatte, sagte er: «Diese Existenz verdanken Sie mir, und ich kann sie Ihnen wieder nehmen.» Sie weinte in seinem Büro, bis er flehte: «Um Himmels Willen, warum tun Sie mir das an? Hören Sie auf, bitte!»

Er wurde nicht mehr so oft laut, war aber noch immer streng. Er kritisierte die Denkgewohnheiten seiner Mitarbeiter und ihren schriftlichen Ausdruck. Als einmal ein besonders geschwollen formuliertes Memorandum auf seinem Schreibtisch landete, rief er alle in sein Büro und gab ihnen Kopien von Orwells Essay «Politics and the English Language». «Beginnen Sie Ihre Sätze nicht im Passiv», verlangte er. «Sagen Sie ‹Ich gehe davon aus›, und nicht ‹Es wird davon ausgegangen›.»

Seine Mitarbeiter sahen, wie es ihm ging, sie sahen seine Verletzungen und stellten sich schützend vor ihn. Er nahm Anteil an ihrem Leben, beruflich wie privat, fragte, wer mit wem zusammen sei. Sepideh Keyvanshad, seine Entwicklungshilfeberaterin, die gerade eine Scheidung durchmachte und zwei Kinder großzog, wies er an, um fünf nach Hause zu gehen, während andere bis spät in den Abend arbeiten mussten. Einmal bat er Vali Nasr, länger zu bleiben, um ein Memorandum mit ihm zu entwerfen. Nasr nahm das Handy, rief seinen Sohn an und sagte, dass er jemanden finden solle, der ihn vom Fußballtraining nach Hause bringen könne. Holbrooke murmelte, wie wichtig der Vater im Leben eines Kindes sei, nahm einen Bogen seines persönlichen Briefpapiers und schrieb eine Notiz für Amir Nasr: «Hiermit bitte ich, deinen Vater zu entschuldigen, der dich nach dem Fußballspiel heute nicht abholen konnte, aber er hat mir geholfen, ein Memorandum zu schreiben, das die Welt retten könnte.»

Er war überzeugt, dass er das beste Team in der gesamten Regierung zusammengestellt hatte, und er nutzte jede Gelegenheit, um seine Mitarbeiter vor einflussreichem Publikum im Council on Foreign Relations und bei Brookings namentlich vorzustellen. Sie waren seine letzte Erfolgsstory.

An den seltenen Wochenenden, an denen Kati nach Washington kam, konnten sich seine Mitarbeiter ein wenig entspannen, denn er ließ sie in Ruhe und erschien am Montagmorgen in besserer Verfassung im Büro. Wenn sie sich ankündigte, wurde er nervös, es sollte alles genau so sein, wie sie es wünschte. Seine Mitarbeiter hielten es für möglich, dass er ein wenig Angst vor ihr hatte, was sie verwirrte, da er eigentlich vor niemandem Angst hatte. Er redete ständig über sie, zeigte ihr Foto herum – «Ist sie nicht wunderschön?» – und bat andere, sie zu häufigeren Besuchen zu überreden. Als sie zum White House Correspondents' Dinner einflog, nahm Holbrooke sie gemeinsam mit Hussein Haqqani zur Afterparty von Bloomberg mit. «Es macht wirklich Spaß, mit Richard ins Kino zu gehen», sagte Haqqani zu Kati, denn so lautete Holbrookes Anweisung. «Aber wir hätten noch viel mehr Spaß, wenn du auch dabei wärst. Washington ist als Stadt gar nicht so übel.»

«Ich will versuchen, öfter zu kommen», sagte sie, aber sie mochte Washington nicht, und aus dem ‹öfter› wurde nichts. Einige seiner Mitarbeiter meinten später, sie habe ihn in dem Augenblick im Stich gelassen, als er sie am meisten brauchte.

Ihr neuestes Buch – über ihre Eltern und das dramatische Leben, das sie in Budapest geführt hatten – hieß *Volksfeinde.* Die Rezensionen waren so gut wie bisher noch nie, das Buch wurde für einen wichtigen Preis nominiert. In dem Moment, als er beruflich strauchelte, startete sie durch. Sie hatte sich immer gewünscht, dieselbe Anerkennung zu erhalten wie ihre Ehemänner, und Holbrooke tat alles, um ihrem sich erweiternden Leben Raum zu geben. Er beeilte sich, um freitags den letzten Flug nach LaGuardia zu bekommen, fuhr übers Wochenende mit ihr in die Hamptons, obwohl er weder den Strand noch das Gesellschaftsleben dort mochte, und flog am Montagmorgen zum Reagan National Airport zurück, im Gepäck das pinkfarben gestufte, trägerlose Abendkleid, das sie am Abend in der Residenz des jordanischen Botschafters tragen wollte, wo zu Richard und Katis Ehren ein Abendessen gegeben wurde.

Ab Januar 2011 sollte sie an einer Universität in Jerusalem unterrichten. Bei der Vorstellung war ihm ganz elend zumute. «Ich brauche sie», sagte er zu seiner alten Freundin Sally Quinn, die ihn regelmäßig zum Abendessen in ihre Villa in Georgetown einlud.

Vielleicht verbrachte er nicht nur aus Eitelkeit, sondern auch aus Einsamkeit so viele Sonntagvormittage im Haus von Bob Woodward, wo er sich stundenlang rechtfertigte, während der berühmte Journalist, der gerade ein Buch über Obama und Afghanistan schrieb, sein Tonbandgerät mitlaufen ließ. Freunden gegenüber, sogar solchen, die überhaupt nicht gefragt hatten, behauptete Holbrooke, er habe nicht mit Woodward gesprochen, er würde so etwas nie tun, dazu müsse man schon ziemlich dumm oder treulos sein. Als Gelb über Leute, die sie beide kannten, sagte: «Man muss schon ein ziemlicher Idiot sein, wenn man glaubt, man kann mit Woodward sprechen, ohne nachher von ihm gefickt zu werden», antwortete Holbrooke: «Genau.» Und er behauptete es auch noch, nachdem das Buch erschienen war, das zahlreiche verletzende Bemerkungen über ihn enthielt und – was noch schlimmer war – nur wenige Zitate von ihm selbst, weil Woodward ihn nicht für wichtig genug erachtete.

Nach 2009 war Afghanistan für Holbrooke mehr oder weniger gesperrt. Karzai wollte ihn nicht dahaben, und Obama gestand Karzai zu, sich seine amerikanischen Gesandten selbst auszusuchen. Die amerikanischen Soldaten strömten ins Land, das Militär saß fest im Sattel und bestimmte die amerikanische Politik. 2010 musste Holbrooke also andere Möglichkeiten finden, seine Aufgaben zu erfüllen. Er vernachlässigte Weizenpreise und Granatäpfel und wurde wieder zum Diplomaten. Es hatte für diesen Krieg nie – wirklich nie – eine echte politische Strategie gegeben, und er beschloss, sie zu entwerfen. Der Weg führte über Pakistan.

Anfang des Jahres kritzelte er auf der Rückseite eines offiziellen Dokuments einige kryptische Notizen:

Mögliches Vorgehen:
1. Stan macht Druck auf TB
2. US-Pak nehmen Gespräche auf, Ziel: TB zur Aufnahme eines Dialogs zu bewegen
3. US-AF Gespräche, um ihnen Zusicherungen zu geben, + und sie zum Dialog zu ermutigen
4. US-Indien Gespräche, um sie auf dem Laufenden zu halten und ihre Hilfe einzufordern bis spätestens: XYZ (Keine Erwähnung von Kaschmir!)
5. US-Kontaktaufnahme zu anderen Nachbarn (VRC, 3 'Stans)
6. Indirekte Kontakte mit TB, über HK, Pakmil, Saudis usw.

Über eine Abfolge wie diese dachte er schon seit Monaten nach, aber er hatte sie noch nie niedergeschrieben und noch mit niemandem eingehend diskutiert. Sie wurde zum Fahrplan für seinen Versuch, den Krieg zu beenden. Doch bei jedem Schritt gab es Hindernisse – in Afghanistan, in Pakistan, in Indien, bei den Taliban und auch in der eigenen Regierung.

Alle sechs Wochen reiste Holbrooke nach Pakistan, im Ganzen fünfzehn Mal. Er landete irgendwann nach Mitternacht in Islamabad, schlief drei Stunden und hetzte von einem Termin zum nächsten. Immer gab es irgendeine Krise. Hunderttausende, die vor Militäroperationen gegen die pakistanischen Taliban im Swat-Tal flohen; Anhänger von Nawaz Sharif, die auf die Straße drängten und gegen Zardaris Absetzung des Präsidenten des Obersten Gerichts demonstrierten; Stromknappheit und Unruhen im Süden; Putschgerüchte; Flutkatastrophe – ein Fünftel des Landes stand unter Wasser. Im SRAP-Büro wurde die Frage erörtert, ob Pakistan ein im Scheitern begriffener Staat sei oder einer, der bereits gescheitert war.

Im Präsidentenpalast setzte er sich mit Zardari, einem kleinen, schlagfertigen Mann mit Metallbrille und dünnem, ergrautem Schnurrbart, zusammen. Überall hingen Bilder seiner ermordeten Ehefrau Benazir Bhutto.

«Und? Was treiben Sie so?», fragte Zardari, als wären sie beste Kumpels.

«Ich arbeite die ganze Zeit.»

«Sie haben in Italien gearbeitet. Am Strand.»

«Ich war tatsächlich in Italien. Sie sind gut informiert.» Holbrooke lachte. «Jedes Mal, wenn ich komme, wird die Lage ein bisschen besser.»

«Das ist Karma. Sie bringen uns Glück. Das ist östliche Weisheit, wir glauben daran.»

Zardari stammte von Großgrundbesitzern in Sindh ab. Die feudale Herkunft und die politische Karriere seiner verstorbenen Frau hatten ihm ein Vermögen von beinahe zwei Milliarden Dollar eingebracht. Die Palastwachen trugen Uniformen aus der Kolonialzeit, die Angestellten des Hofes verneigten sich tief. Dies war, anders als Amerika, kein Land, in dem jeder glaubte, Präsident werden zu können.

«Wir brauchen eine Art Marshallplan», fuhr Zardari fort. «Da wir uns seit dreißig Jahren auf die Verteidigung konzentrieren, sind unsere wirtschaftlichen Möglichkeiten begrenzt. Botschafter Holbrooke, Sie können uns den Übergang von unserer extrem defensiven Position zu einem zivilisierten Dialog mit dem Rest der Welt erleichtern.»

Holbrooke war bei der Zivilbevölkerung in Pakistan beliebt. Er hörte zu, wenn Zardari stundenlang über seine Trauer um Benazir sprach, und der ISI, der das Präsidentenbüro verwanzt hatte, hörte mit. Er verbrachte viel Zeit mit den Flüchtlingen aus Swat in ihren brütend heißen Zelten, und die Pakistaner fragten sich, warum ihre eigenen Politiker es ihm nicht nachtaten. Während Zardari in seinem Schloss in der Normandie saß, besichtigte er Überschwemmungsgebiete und gab Hunderte Millionen Dollar an Hilfsgeldern für Flutopfer frei. Er führte Gespräche mit der wüsten pakistanischen Presse, mit Frauenvertreterinnen und

Studenten, mit Paschtunen, die den langen Weg aus den Stammesgebieten in die Hauptstadt auf sich genommen hatten. Es war die Strategie der festen Umarmung, mit der man ein vernachlässigtes Kind beruhigt. Er war der Ansicht, dass die Beziehung zwischen den USA und Pakistan immer ein Tauschgeschäft gewesen war – Geld und Waffen gegen Unterstützung bei der Verfolgung von Kommunisten und Terroristen –, was zu kurzfristigen Abmachungen und wiederholtem Verrat geführt und auf beiden Seiten tiefes Misstrauen hinterlassen hatte. Er wollte eine dauerhafte Beziehung aufbauen, und er investierte eine Menge Zeit und amerikanische Steuergelder, um es zu erreichen, und er war sich nicht zu schade, auch Abgeordneten in den Hintern zu kriechen, die ihre Sitze mit dem Familienerbe gekauft hatten. Er hielt Zardari für einen netten Schwätzer und einen sehr schlechten Präsidenten, aber er wollte den gewählten Politikern des Landes doch Rückendeckung geben. Sie mochten zerstritten und korrupt sein, steckten aber wenigstens nicht mit den Terroristen unter einer Decke, die die Region destabilisierten und die USA bedrohten.

Die amerikanische Pakistanpolitik war zweigleisig: Offiziell, und für jeden gut sichtbar, gab es Hilfszahlungen und bilaterale Treffen. Inoffiziell operierten Spione und geheime Drohnen, deren Aufgabe es war, die Sicherheit Amerikas zu gewährleisten. Das Interesse der US-Regierung einschließlich des Präsidenten galt ganz überwiegend der verdeckten Strategie, vor allem, nachdem ein pakistanischer Taliban versucht hatte, im Times Square eine Autobombe zu zünden. Als Obama einen neuen Botschafter nach Islamabad entsandte, lautete seine einzige Anweisung: dafür zu sorgen, dass von pakistanischem Boden kein größerer Angriff auf Amerika ausging. Während in Afghanistan das Pentagon das Sagen hatte, war es in Pakistan die CIA. Die Diplomaten bildeten die Nachhut.

Pakistans Generäle, nicht seine Politiker, entschieden, was im nationalen Interesse war. General Ashfaq Kayani, der Stabschef der Armee, und General Shuja Pasha, der den ISI leitete, waren Pandschabis aus der unteren Mittelschicht. Das Militär bot ehrgeizigen Pakistanern wie ihnen Aufstiegsmöglichkeiten, und es lehrte sie, die zivilen Politiker als privilegiert, egoistisch und disziplinlos zu verachten. Kayani war ein

Kette rauchender Golfspieler, dessen strategisches Verständnis in den Fünfzigerjahren feststeckte, als die Inder die existenzielle Bedrohung Pakistans darstellten. Er hatte in Fort Leavenworth studiert und bewunderte die amerikanischen Streitkräfte. Für seinen amerikanischen Amtskollegen Admiral Mullen, der in seiner Funktion als Vorsitzender der Vereinigten Generalstabschefs siebenundzwanzig Reisen nach Pakistan unternahm und Kayani jedes Mal in seinem Haus in Rawalpindi, der Wohnstadt bei Islamabad, zu einem privaten Abendessen aufsuchte, weil er zu verstehen versuchte, was Pakistan von den USA wollte, hatte er alle Zeit der Welt. Für Holbrooke dagegen eher weniger.

Als Holbrooke Kayani und Pasha 2009 in Islamabad kennenlernte, bat er sie um Hilfe bei der Suche nach dem amerikanischen Journalisten David Rohde.

Holbrooke hatte Rohde über die Jahre immer wieder bei Partys und anderen Veranstaltungen gesehen, und er war ihm gegenüber immer etwas grausam gewesen. Jedes Mal erinnerte er ihn daran, dass er während der Konferenz von Dayton in die Gefangenschaft der bosnischen Serben geraten war, als zeige es nur seine Dummheit, nicht aber seinen Mut. Im Sommer 2008 waren sie beide bei der Hochzeit von Samantha Power in Irland gewesen, und als Holbrooke hörte, dass Rohde im Begriff sei, nach Afghanistan zu reisen, um ein Buch über den Krieg fertigzustellen, warnte er ihn, nicht wieder so leichtsinnig zu sein. Doch im November waren Rohde, sein Dolmetscher und sein Fahrer außerhalb von Kabul von einem Talibankommandeur, den sie interviewen wollten, als Geisel genommen worden.

Die Pakistaner erklärten, sie hätten keine Ahnung, wo David Rohde sei. Pasha meinte, er sei wohl noch in Afghanistan. Tatsächlich aber befand er sich in Wasiristan, der pakistanischen Region, aus der die Haqqani-Familie (keine Verbindung zu Botschafter Haqqani) stammte. Das Haqqani-Netzwerk war eine besonders brutale Taliban-Gruppierung, die im gesamten Osten Afghanistans aktiv war und auch Angriffe und Selbstmordanschläge in Kabul verübte. Die US-Geheimdienste hatten eindeutige Beweise, dass die Haqqanis vom ISI unterstützt wurden und dessen Anweisungen folgten. 1995 hatte Holbrooke Rohde aus der Hand der bosnischen Serben befreit, indem er dem Feind, der mit Sanktionen und Bomben an den Verhandlungstisch getrieben worden war, ein schlichtes Ultimatum gestellt hatte. Diesmal hatte er es mit einem vermeintlichen Verbündeten zu tun, einem Empfänger gewaltiger amerikanischer Hilfszahlungen, der lächelte, sich eine weitere Zigarette anzündete und log.

Der ISI gab einen Bericht über das Gespräch mit Holbrooke an Siradschuddin Haqqani weiter, den Sohn des Anführers, der Rohde gefangen hielt. Dies hatte zur Folge, dass die Terroristen den Wert ihrer Geisel für die amerikanische Regierung noch höher einschätzten. Also verlangten die Haqqanis, direkt mit Rohdes gutem Freund Richard Holbrooke zu verhandeln.

Holbrooke kehrte aus Islamabad zurück und erzählte Botschafter Haqqani von seinem Gespräch mit Kayani und Pasha. «Eure Armee will ein militärisches Gleichgewicht mit Indien», sagte Holbrooke. «Die Zivilisten wollen mehr Geld für wirtschaftliche Entwicklung. Wie wär's, wenn wir beiden ein Stück entgegenkommen?»

«Super Idee», antwortete Haqqani. «Aber was passiert, wenn sich die Armee nicht vorrangig gegen Indien verteidigen will – denn besteht diese Gefahr wirklich? Was, wenn es ihr um Stolz und Prestige geht – dass sie in dieser Hinsicht mit Indien gleichziehen wollen? Schau dir an, was sie bisher gemacht haben.»

Haqqani – dem weder Washington noch Islamabad über den Weg trauten – begann, Holbrooke systematisch über die pakistanische Wirklichkeit aufzuklären. Die Unterrichtsstunden begannen zur Arbeitszeit im Büro des SRAP und wurden an den Abenden und am Wochenende in den Restaurants von Georgetown, im Kino und in Eisdielen fortgesetzt, wo Haqqani immer die Rechnung übernahm. Als Holbrooke einmal fragte, warum das Außenministerium die Visa für amerikanische Agenten zurückhielt, die beim Aufspüren von Terroristen helfen könnten, antwortete Haqqani, der ISI habe kein Interesse daran, dass Amerika Pakistan zu gut kennenlerne. Haqqani hatte einmal gehört, wie Pasha sagte: «Ihr Zivilisten irrt euch – Holbrooke kann gar nicht auf unserer Seite sein. Er ist Jude.» Haqqani erklärte Holbrooke, dass die pakistanischen Militärs sowohl sich selbst als auch die Amerikaner täuschten – sie würden das Hirngespinst einer indischen Bedrohung aufbauen, um die übergroße Macht und das enorme Budget zu rechtfertigen, die sie seit Gründung des Staates immer für sich beansprucht hatten. Welches Interesse hätten die Generäle daran, zu einer Einigung bezüglich der Taliban zu kommen, wenn diese Einigung zu einer Entspannung mit Indien führen und so ihre eigene Bedeutung schmälern würde? Holbrookes Bemühungen, Pakistans eigene Wahrnehmung seiner nationalen Interessen zu ändern, seien zum Scheitern verurteilt, denn diese Wahrnehmung beruhte auf Selbsttäuschung.

Die pakistanischen Politiker dagegen würden immer alles Mögliche versprechen, was sie nicht halten könnten, denn ihr Rückhalt in der eigenen Bevölkerung war begrenzt. In Bezug auf die gewalttätigen Islamisten sei die öffentliche Meinung geteilt, aber in seinem schrillen Antiamerikanismus sei das Volk beinahe geeint, was auch Fluthilfen, egal welcher Größenordnung, nicht ändern würden. Aber die Versprechungen und Täuschungen würden weitergehen, denn Generäle wie Politiker seien von den Amerikanern abhängig. Es sei wie im Theater, meinte Haqqani. Die ganze Region sei ein Theaterstück, bei dem jeder seine Rolle gelernt habe, nur eben nicht die Amerikaner.

Dieser Unterricht selbst war eine Art verdeckte Operation, er reflektierte in keiner Weise die Depeschen, die der Botschafter nach offiziellen Gesprächen mit Holbrooke an den Außenminister in Islamabad schickte, wo jeder amerikanische Schritt mit einem Argwohn betrachtet wurde, der die Haltung des pakistanischen Militärs reflektierte. Die Depeschen waren Teil des Theaters.

Es war gewaltig, was Holbrooke in dieser Zeit stemmte. Ich bin schon erschöpft, wenn ich nur darüber nachdenke. Die zahlreichen Reisen nach Islamabad, strategische Dialoge in Washington, Geberkonferenzen in Tokio und Madrid, bilaterale und trilaterale Gespräche, der fünfte Entwurf des siebenunddreißigsten Memorandums, die schiere Menge an Worten – all das für ein Hirngespinst. Und während ihm die ganze Zeit klar war, womit er es zu tun hatte, glaubte er doch, dass es ihm gelingen könne, wenn er nur ein weiteres Memorandum schreibe, eine weitere Sitzung einberiefe ...

Als er einmal abends in Haqqanis Bibliothek saß, zog der Botschafter ein Exemplar von *To End a War* aus dem Regal. Er schlug es auf und las

Holbrookes Beschreibung der Balkanpräsidenten in Dayton laut vor –
ihre Selbstbezogenheit, ihr Desinteresse am Wohlergehen des eigenen
Volkes.

«Und? Hast du das Gefühl, dass du es heute mit einer ähnlichen
Situation zu tun hast?», fragte Haqqani.

«Oh Gott», sagte Holbrooke. «Das hatte ich alles längst vergessen.
Aber ja, vielleicht ist es so.»

Haqqani fragte Holbrooke, was er denn zu erreichen hoffe.

«Ich versuche, das pakistanische Militär dazu zu bringen, schrittweise etwas weniger hinterhältig gegenüber den Vereinigten Staaten zu
sein.»

VIII.

Die politische Strategie war zweigleisig, und das zweite Gleis
waren die Taliban selbst.

In amerikanischen Regierungskreisen gab es nur wenige, die bereit
waren, mit dem Feind zu reden. Das Weiße Haus hatte Bedenken gegen
jeglichen Kontakt mit einer Gruppe, die ihre Verbindungen zu al-Qaida
nie offiziell gelöst hatte. Nach Ansicht der CIA waren die Taliban-Führer
für eine Einigung nicht offen, weil sie sich schon als Sieger sahen, und
amerikanische Analysten in Kabul erzählten Barney Rubin, dass ihre
Vorgesetzten alles herausredigierten, was danach klang, als könnten die
Taliban gesprächsbereit sein. Die Militärs, allen voran Petraeus, waren
der Meinung, dass es 2009 und auch noch 2010 für Verhandlungen viel
zu früh sei, die zusätzlichen Truppen bräuchten Zeit, um den Feind zu
bestrafen. Im Irak hatte Petraeus die aufständischen Sunniten von den
unteren bis in die obersten Ränge bestochen, und er wollte dieselbe
Strategie in Afghanistan anwenden. Clinton hielt sich weitgehend ans
Militär und versuchte gleichzeitig, ihren weltweiten Ruf als Verfechte-
rin von Frauenrechten zu schützen.

Während des gesamten Jahres 2009 erwähnte Holbrooke Friedensgespräche nicht ein einziges Mal, weder in den Sitzungen im Weißen

Haus noch, abgesehen von Rubin und ein, zwei anderen, seinen eigenen Mitarbeitern gegenüber. Sie verwendeten den Euphemismus «Versöhnung», den Holbrooke noch weiter zu «Bedrohungsminderung» neutralisierte. Rubins Memoranden hielt er vor beinahe allen ihren Kollegen zurück. «Vergiss nicht», sagte er zu Rubin, der in Bezug auf die US-Regierung im selben Maße naiv war, wie er in der afghanischen Politik erfahren war, «dein Hauptproblem sind nicht die Taliban, sondern die CIA und Denis McDonough.» Im Wahlkampf 2008 musste Rubin aus Obamas Beraterteam ausscheiden, nachdem die *Times* seine Bemühungen beschrieben hatte, Gesprächskanäle mit den Taliban zu eröffnen. Im ersten Jahr der neuen Regierung wurde McDonough aus dem Weißen Haus rausgehalten.

Auch Holbrooke war skeptisch. Er – wir – wussten beinahe nichts über die Taliban. Wer waren sie? Was wollten sie? Gab es eine Befehlshierarchie, oder zerfielen sie gerade zu einer losen Sammlung regionaler, halbautonomer Gruppierungen, von denen einige radikale Islamisten waren und andere paschtunische Nationalisten oder einfach nur Verbrecher? Waren sie dieselben Barbaren, die Afghanistan in den 1990er-Jahren tyrannisiert und zugelassen hatten, dass das Land zu einem Stützpunkt für den globalen Terrorismus wurde? Sie waren noch immer äußert brutal – die meisten Zivilisten, die starben, waren Opfer von Bombenanschlägen der Taliban. Holbrooke bestand darauf, die Meinung von Rina Amiri anzuhören, die von den Millionen von Afghanen – Frauen, ethnischen und religiösen Minderheiten, der bildungsbürgerlichen Schicht in den Städten – sprach, die jedes Abkommen ablehnen würden, das den Taliban einen Anteil an der Macht einräume. Gleichzeitig jedoch beauftragte er Rubin, im Geheimen die Möglichkeiten auszuloten.

Anfang 2009 stellte Qayum Karzai, der Bruder des Präsidenten, Rubin einem saudischen Anwalt namens Mansour bin Saleh vor, einem ehemaligen Mudschaheddin, der in den Achtzigerjahren in Afghanistan und in den Neunzigern auf dem Balkan gekämpft hatte und jetzt dem saudischen Geheimdienstminister nahestand. Mansour und Qayum hatten sich in Kandahar mit einem Taliban-Mitglied getroffen, der eine direkte Verbindung zur Quetta Shura, dem hohen Rat um Mullah Omar, auf der pakistanischen Seite der Grenze hatte. Die Quetta Shura hatte gerade erst einen politischen Ausschuss gebildet. Es stellte sich heraus, dass einige hochrangige Taliban abseits der Kontrolle ihrer ISI-Schutzherren mit den Amerikanern reden wollten.

All das hatte Rubin von Mansour erfahren, und zwar auf einer Reise nach Saudi-Arabien im Frühjahr 2009. Als er nach Washington zurückkehrte, notierte er für Holbrooke: «RCH sollte so bald wie möglich nach Riad reisen ... Müssen offizielle ‹Anlaufstelle› für die Taliban einrichten, um Gespräche zu ermöglichen. Die Saudis können das in Riad oder Mekka machen. Eine Anlaufstelle, die die Taliban vor dem Druck der pakistanischen Seite und den Drohungen von al-Qaida schützt, und die die Taliban aus der Umarmung von al-Qaida befreien kann ... Diese Anlaufstelle für die Taliban kann nur mit der vollen Unterstützung durch die USA geschaffen werden ... Die USA sollten diese Unterstützung durch die Freilassung afghanischer Häftlinge signalisieren.»

Holbrooke las das Memorandum auf dem Flug nach New York – er hatte dafür gesorgt, dass Rubin in der ersten Klasse neben ihm sitzen konnte – und sagte: «Wenn das funktioniert, ist es unsere einzige Chance, aus dem Krieg herauszukommen.»

Rubin brachte Mansour und Holbrooke in der VIP-Lounge des Flughafens in Dubai zusammen. Holbrooke, der nach Abu Dhabi unterwegs war, hatte nur eine halbe Stunde Zeit, wovon er einen guten Teil am Telefon und auf der Toilette verbrachte.

«Vertrauen Sie den Pakistanern nicht, Exzellenz», sagte Mansour zu Holbrooke. «Sie sollten sich um alles selbst kümmern. Hören Sie ihnen zu, aber trauen Sie ihnen nicht. Nehmen Sie die Sonnenbrille ab, damit Sie alles klar und deutlich vor Augen haben. Wenn Sie den Friedensprozess selbst in die Hand nehmen, werden Ihnen alle in der Region dankbar sein. Es wird das Chaos in der islamischen Welt beseitigen. Im Moment werden Sie von allen Seiten gehasst.»

Mansour nuschelte nervös und sprach mit einem starken Akzent, Holbrooke hatte Schwierigkeiten, ihm zu folgen. «Sie behaupten also, mit den Taliban Kontakt zu haben?», unterbrach er.

«Ja.»

«Nun, wenn Sie mit ihnen reden, dann tun Sie etwas für David Rohde.» Er schrieb den Namen auf einen Zettel und reichte ihn Mansour, um seine

Glaubwürdigkeit zu überprüfen. «Er ist ein guter Freund von mir, er ist eine Geisel der Taliban. Er hat eine Familie. Können Sie da etwas tun?» Mansour versprach, es zu versuchen.

Auf dem Rückflug in die USA unterhielten sich Holbrooke, der seinen hautfarbenen Schlafanzug trug, und Rubin in der Bordküche zwischen First Class und Business Class. «Ich hab kein Wort davon verstanden, was der Typ gesagt hat», sagte Holbrooke. «Ist das einer von der Sorte, mit dem man erst einmal stundenlang rumsitzen und Tee trinken muss?»

«Ich befürchte, ja.»

«Na ja, ich mach das nicht. Mach du das.»

Mansour kannte einen korrupten afghanischen Geschäftsmann, der wegen Heroinschmuggels zehn Jahre in einem New Yorker Gefängnis gesessen hatte und der zu allen Seiten des afghanischen Krieges gute Beziehungen unterhielt. Der Geschäftsmann nahm Kontakt zu den Entführern auf, und die veröffentlichten bald darauf eine Videobotschaft von Rohde, in der er versuchte, seine Familie zu beruhigen. Dadurch erhielt Mansour eine gewisse Glaubwürdigkeit. Die Entführer verlangten fünfzehn Millionen Dollar für die Freilassung von Holbrookes Freund. Der Geschäftsmann und die Saudis versuchten sie auf fünf Millionen herunterzuhandeln. Doch eines Nachts im Juni 2009, nach sieben Monaten qualvoller Geiselhaft, gelang Rohde und seinem Dolmetscher die Flucht. Sie kletterten mit einem geklauten Stück Seil über die Mauer des Hauses, in dem sie gefangen waren, und rannten zu einem nahe gelegenen pakistanischen Militärstützpunkt, wo sie sich zu erkennen gaben. Man flog sie zum amerikanischen Stützpunkt Bagram außerhalb von Kabul. Der erste Anruf, den Rohde erhielt, war von Holbrooke.

«Tut mir aufrichtig leid», sagte Rohde und machte sich darauf gefasst, mit Hohn und Spott übergossen zu werden.

«Verdammt, es ist so gut, Ihre Stimme zu hören», sagte Holbrooke.

Rubin suchte weiterhin den Kontakt zu den Taliban über die Saudis. Im August zitierte Mansour ihn noch einmal nach Dubai, wo er Rubin berichtete, er habe kürzlich einen Brief und zwei Anrufe von Talibanvertretern erhalten. Mullah Omar hatte gerade erst einen neuen politischen Bevollmächtigten ernannt, der die Quetta Shura bei Verhandlungen vertreten sollte. Er hieß Tayeb Agha. Er war durch Heirat mit Mullah Omar verwandt und hatte in den letzten Jahren des Taliban-Regimes als persönlicher Sekretär des Führers der Gläubigen in Kandahar gedient. Er war Ende dreißig, dunkelhäutig und schlank, seine Ausstrahlung war die eines Melancholikers. Als Mansour Tayeb Agha kennenlernte, erklärte er ihm, dass die Amerikaner notfalls zwanzig Jahre in Afghanistan bleiben würden, was Gespräche unumgänglich machte: «Die USA wollen den Krieg nicht verlieren, und die Taliban auch nicht. Beide Seiten suchen einen Ausweg, bei dem sie nicht verlieren.»

Rubin schrieb Holbrooke, dass sie nun einen Gesprächspartner mit einem Namen hätten. Unglücklicherweise war Tayeb Agha auch als Geldbeschaffer für die Taliban tätig – tatsächlich war er gerade in Dschidda, um bei privaten saudischen Geldquellen die Runde zu machen. Die Amerikaner konnten nur mit ihm reden, wenn sie ihn von der Sanktionsliste strichen. Für die Taliban hatten die Freilassung von Häftlingen und die Streichung ihrer Anführer von der Liste bei etwaigen Verhandlungen die höchste Priorität.

Holbrooke wollte diesen neuen Gesprächskanal selbst nutzen, statt ihn der CIA zu überlassen. Seinen Kollegen sagte er, dass die Verhandlungen in Afghanistan, mit seinen verschiedenen Kriegsparteien und undurchsichtigen Beziehungen, schwieriger sein würden als Vietnam oder Bosnien. Rubin erklärte mit einem Lachen, dass sie ihre Erwartungen zurückschrauben sollten, statt vom Friedensnobelpreis zu träumen, sollten sie wenigstens nicht Gegenstand eines Films wie «The Fog of War» zu werden, Errol Morris' schonungsloser Obduktion von Robert McNamara. Holbrooke hatte genug Sinn für Humor, um mitzulachen.

Tayeb Agha lehnte die saudische Forderung ab, dass die Taliban mit al-Qaida brechen und sich mit Karzai zusammensetzen sollten. «Wir werden uns erst mit Karzai zusammensetzen, wenn er sich Mullah Omar unterwirft», erklärte er. Die Saudis schmissen ihn raus, und er landete in Doha, Katar, wo die Taliban ihr erstes politisches Verbindungsbüro einrichteten.

Doch bis zum Ende des Jahres passierte überhaupt nichts. Erst kam die katastrophale Wahl in Afghanistan, dann die endlose Diskussion um McChrystals Forderung, dann die Truppenaufstockung selbst. Im Lageraum des Weißen Hauses stand die politische Strategie nicht einmal auf der Tagesordnung, und Holbrooke brachte das Thema auch nicht ein. «Ich bin *so* enttäuscht von dieser Regierung», sagte Rubin eines Abends zu ihm. Obama und seine Berater waren nicht bereit, neben dem militärischen Vorgehen, an dessen Erfolg sie zweifelten, irgend eine weitere Strategie in Betracht zu ziehen – als würden Gespräche mit dem Feind den Präsidenten zu viel von seinem ohnehin begrenzten politischen Kapital kosten.

Aus Vietnam und Bosnien wusste Holbrooke, dass Verhandlungen zeitlich mit der Lage an der Front koordiniert sein mussten. In Vietnam hatte Nixon den Beginn ernsthafter Gespräche immer wieder hinausgeschoben und zugleich Hunderttausende von Soldaten abgezogen, was Kissingers Verhandlungsposition in Paris geschwächt hatte (Lake hatte Kissinger davor gewarnt). «Als die beiden Männer Ende 197[2] endlich eine Vereinbarung erreichten, waren sie wie die Verlierer eines Strip-Poker-Spiels – nackt», schrieb Holbrooke Anfang 2010 in einem Memorandum an Clinton. In Bosnien ließ Holbrooke die Muslime und Kroaten mit ihrer Offensive gewähren, bis ihm die Geländegewinne bei den Verhandlungen in Dayton ein maximales Druckmittel gegenüber den Serben boten. Wenn Obama warten würde, bis Mitte 2011 der Abzug der zusätzlichen Truppen begönne, würde er Nixons und Kissingers Fehler wiederholen.

Im Frühjahr 2010 begannen Holbrooke und Lute wider Erwarten, am selben Strang zu ziehen. Der SRAP und auch der Nationale Sicherheitsrat wollten noch während der massiven Truppenpräsenz in Afghanistan Verhandlungen aufnehmen. Im April schließlich gab Obama grünes Licht, und Lute übernahm den Vorsitz einer Gruppe von Beamten aus verschiedenen Ressorts – der sogenannten Conflict Resolution Cell –, die wöchentlich in einem kleinen, abgesicherten Sitzungsraum gleich neben dem Lageraum zusammenkam. Die Gruppe schaffte eine noch aus der Amtszeit von Bush stammende Anweisung ab, die Gespräche mit Taliban-Führern untersagte, bis sie bereit wären, sich zu ergeben. Dann nahmen sie die drei in der Anweisung formulierten Vorbedingungen für Gespräche und erklärten sie zu Verhandlungszielen: Die Taliban sollten die Kriegshandlungen einstellen, sich von al-Qaida lossagen und die afghanische Verfassung akzeptieren.

Im Mai stellten Vikram Singh, ein Zivilist aus dem Verteidigungsministerium, den Holbrooke zu SRAP geholt hatte, und Chris Kolenda, ein Armee-Oberst, McChrystal diese Ideen vor. Die Militärführung lehnte Verhandlungen mit den Taliban während der Truppenaufstockung ab, aber das dreistündige Treffen im Keller des Pentagon überzeugte den General, dass eine politische Strategie die besten Erfolgsaussichten hatte, wenn die Truppenzahl besonders hoch ist, wenn der militärische Druck eingesetzt werden könnte, die kooperierende Teile der Taliban zu belohnen und die unversöhnlichen zu bestrafen. McChrystals Zustimmung zum Dialog würde es leichter machen, den Präsidenten und seine Berater zu überzeugen. «Wenn Stan dafür ist», sagte Holbrooke zu Singh, «dann werden wir nicht die Diplomaten sein, die den Krieg ruiniert haben.»

Die Gruppe versuchte, einzelne Taliban-Anführer zu identifizieren, mit denen Gespräche möglich waren. Ganz oben auf einer Liste von fünfzehn Personen stand Tayeb Agha. Er hatte enge Verbindungen zu Mullah Omar, war nicht in Pakistan, und die Deutschen, die von seiner Glaubwürdigkeit überzeugt waren, führten, wie Holbrooke erst kürzlich erfahren hatte, bereits Gespräche mit ihm. Holbrooke hielt es für so wichtig, Tayeb Aghas Identität zu schützen, dass er einen Codenamen für ihn vorschlug: A-Rod, nach dem Third Baseman der Yankees. Lute tat dies als den üblichen Holbrooke-Quatsch ab, gab aber schließlich nach: «Na gut, wenn Sie darauf bestehen.»

Holbrooke ging davon aus, dass er am Ende die Verhandlungen führen würde. Manchmal sagte er, dass es für Afghanistan kein Dayton geben würde, aber man kann doch davon ausgehen, dass er sich im Stillen manchmal einen goldverzierten Sitzungssaal in irgendeinem arabischen Fürstentum vorstellte, mit Karzai in seinem violettfarbenen Umhang, Kayani in seiner Khakiuniform, einem bärtigen Mullah mit schwarzem Turban und ihm selbst im Anzug. Er strebte noch immer danach, der Diplomat zu sein, der Amerikas längsten Krieg beendete, denn das würde ihm einen Platz unter den historischen Persönlichkeiten sichern.

Lute hatte andere Vorstellungen. Alle waren sich einig, dass die afghanische Regierung offiziell die Verhandlungen führen würde, aber Holbrooke hatte Karzais Vertrauen verspielt. Und da die Amerikaner selbst in Afghanistan kämpften – wäre es nicht sinnvoller, wenn jemand anders, ein Nicht-Amerikaner, vermittelte? Lute schlug den algerischen Diplomaten Lakhdar Brahimi vor, der zwar nicht mehr der Jüngste war, aber 2001 die UNO-Konferenz in Bonn geleitet hatte. Hillary Clinton lehnte den Vorschlag umgehend ab: «Wir lagern unsere Diplomatie nicht aus.» Ein Amerikaner würde die Verhandlungen führen.

Als Holbrooke ihr aber sagte, dass er bei den Verhandlungen diplomatische Hilfe brauchen würde, sagte sie, es sei längst nicht ausgemacht, dass er die Gespräche führen würde. Holbrooke war fassungslos. Offenbar war das, was sie für ihn tun würde, doch begrenzt.

Im Juni 2010 erschien im *Rolling Stone* «The Runaway General», ein Artikel von Michael Hastings, in dem McChrystal und sein innerer Kreis zitiert wurden, die sich mit arroganter Herablassung über die zivilen Politiker – Biden, Jones, Eikenberry, selbst Obama – äußerten. Holbrooke erhielt eine echte Breitseite. «Der Chef sagt, er sei wie ein verwundetes Tier», sagte einer von McChrystals Mitarbeitern. «Holbrooke hört immer wieder Gerüchte über seine bevorstehende Entlassung, das macht ihn so gefährlich.» Das Bild war lebendig und zutreffend. «Er ist brillant, aber er kommt einfach rein und zieht am erstbesten Hebel, den er zu fassen bekommt.» Man konnte lesen, wie McChrystal über eine weitere E-Mail von Holbrooke stöhnte und seinen BlackBerry in seine Tasche zurückstopfte. «Die will ich nicht einmal öffnen.»

Holbrooke und McChrystal waren beide in Kabul, als der Artikel erschien. Holbrooke war am Abend erst aus Helmand heraufgeflogen, wo seine V-22 Osprey bei der Landung auf dem Marineinfanteriestützpunkt Marja unter Beschuss geraten war. Als er zu einem Dorfvorsteher gefahren wurde, explodierten ein paar hundert Meter von seinem Fahrzeug entfernt zwei Selbstmordbomben. Holbrooke, in seiner Yankees-Baseballmütze, blieb bei all dem so lässig, dass er sogar die Leute um McChrystal beeindruckt hätte.

Holbrooke wurde mitten in der Nacht in seinem Zimmer in der Botschaft von einem Anruf geweckt. Es war McChrystal. Als Erstes schoss es Holbrooke durch den Kopf, dass Karzai ermordet worden sei oder die Green Zone angegriffen würde.

«Sir, ich möchte mich bei Ihnen entschuldigen», sagte McChrystal.

«Wofür?»

«Im *Rolling Stone* wird ein Artikel über mich erscheinen, in dem einige schlimme Dinge über Sie stehen.»

«Na und?»

«Also, es wird einen Feuersturm lostreten, deshalb sollen Sie es von mir hören. Ich bin verantwortlich, und ich muss mich bei Ihnen entschuldigen. Ich habe dem Verteidigungsminister meinen Rücktritt angeboten.»

«Kommen Sie, wir kriegen in der Presse alle unser Fett weg.» Holbrooke ahnte inzwischen, wie schlimm es war. «Machen Sie sich wegen mir keine Sorgen, Stan. Egal was da drinsteht, ich habe schon Schlimmeres über mich gelesen. Und es wird meinen Respekt vor Ihnen und meine Freundschaft nicht schmälern.»

Als sie aufgelegt hatten, schrieb er McChrystal noch eine Mail, die der General möglicherweise weniger widerwillig geöffnet hat:

Ich liege hier ein paar hundert Meter von Ihnen entfernt, es ist drei am Morgen, und ich denke über diesen Anruf von eben nach. Und das möchte ich Ihnen noch versichern, bevor ich ihn selbst zu lesen bekomme: Was immer in dem Artikel steht – über Sie, Ihre Mitarbeiter, mich oder sonst jemanden –, er wird unsere gemeinsame Mission hier in keiner Weise beeinträchtigen. Und auch an meiner Zuneigung zu Ihnen wird sich nichts ändern … Ich gehe natürlich davon aus und bin voller Hoffnung, dass der Verteidigungsminister Ihr Angebot auf der Stelle abgelehnt hat. Ihr Freund, Richard.

Gates, und auch Mullen und Clinton, wollten McChrystal halten. Aber der Präsident, dem Biden ins Ohr knurrte, entließ ihn wegen Insubordination, was seine Karriere beendete. Obama ersetzte McChrystal durch Petraeus, dem Holbrooke gleich schrieb: «Es tut mir so leid wegen Stan, mit dem ich in seinen letzten beiden Tagen in Kandahar und Kabul viel Zeit verbracht habe. Aber die Entscheidung zu Ihren Gunsten fühlt sich trotzdem richtig an.»

Petraeus zwang dem Krieg seinen eisernen Willen auf, er brachte das gesamte, tödliche Instrumentarium der Aufstandsbekämpfung zum Einsatz. Die Zivilisten wurden verdrängt, dann beschuldigt, weil sie ihre Arbeit nicht gemacht hatten.

Kaum war McChrystal fort, verlor die militärische Führung in Afghanistan das Interesse an Gesprächen mit dem Feind. Wenn Holbrooke das Thema ansprach, tat Petraeus es ab. «Nach fünfzehn Sekunden wäre das Gespräch vorbei.» Petraeus versuchte sogar die Verhandlungen zu übernehmen, um sie im Keim zu ersticken: Er steckte Reportern, dass die NATO einem Taliban-Anführer, der Karzai im Arg treffen wollte, mit einem NATO-Flugzeug sicheres Geleit von Quetta nach Kabul bot. Holbrooke war empört – wenn ein Zivilist so etwas durchsickern ließe, würde er gefeuert werden.

Dann kam eine verblüffende Nachricht. Bei einer Pressekonferenz an der Botschaft in Kabul entdeckte Holbrooke Dexter Filkins von der *Times*, der herausgefunden hatte, dass der Taliban, um den es ging, Mullah Akhtar Mansour war, der zweite Mann in der Quetta Shura. Während des gesamten Briefings gelang es Holbrooke, Filkins' gehobene Hand zu ignorieren. Gegen Ende reichte jemand Filkins einen Zettel von Holbrooke: «Können wir einen Augenblick vertraulich sprechen?»

Als Filkins mit den anderen Reportern den Raum verließ, wurde er gepackt und in eine nahe Herrentoilette geschoben.

Holbrooke stand mit dem Rücken zur Tür am Pinkelbecken. «Sind wir allein?»

«Ich glaube schon.»

«Überprüf die Kabinen.»

Filkins sah unter den Türen durch. «Richard, ich glaube, wir sind allein.»

«Weißt du was? Der Taliban-Typ, über den du die ganze Zeit schreibst. Der, mit dem wir reden, ist es nicht.»

«Was soll das heißen?»

«Unser Typ ist ein kompletter Betrüger.» Holbrooke pinkelte noch.

«Er hat einen Laden in Quetta. Wir haben ihm eine Menge Geld gegeben – eine Viertelmillion Dollar in bar.»

«Und habt ihr seine Identität nicht überprüft?»

«Doch. Wir haben gedacht, dass er die Wahrheit sagt.» Niemand schien zu wissen, wie Mullah Mansour aussah, außer einem Afghanen an der Grenze, der den Hochstapler identifiziert hatte. «Die Sache ist eine komplette Farce.» Holbrooke machte die Hose zu und zog ab. «Es ist nicht mehr zu retten.» Er öffnete die Toilettentür und schob Filkins auf den Flur. «Und wenn du irgendjemandem erzählst, von wem du das hast, werde ich nie wieder mit dir reden.»

«In einem Guerillakrieg gewinnen die Aufständischen, wenn sie nicht verlieren», schrieb Holbrooke im September in einem Memorandum an Clinton. «Wir können Pakistan nicht überzeugen, seine strategischen Interessen an unsere anzugleichen, weil sie von der indischen Bedrohung besessen sind und ihre politisch-strategischen Entscheidungen vom Militär dominiert werden. Daher sollten wir prüfen, ob es eine Grundlage für eine politische Einigung mit den Taliban gibt, die unsere roten Linien nicht verletzt. Nichts ist weniger verlockend als die Vorstellung, mit den Taliban zu verhandeln, aber es wäre unverantwortlich, diese Möglichkeiten weiterhin zu ignorieren.»

Clinton war bereit, den Schritt mitzugehen. Mit Obamas Einwilligung würde sich Holbrookes Stellvertreter Frank Ruggiero in München mit Tayeb Agha und dem deutschen Diplomaten Michael Steiner treffen, der auch in Dayton gewesen war. Ein erster Kontakt mit den Taliban konnte etabliert werden. Doch Holbrooke glaubte inzwischen nicht mehr daran, dass er zu einer Beendigung des Krieges führen würde. Die Kämpfe würden weitergehen, solange sich in der Region nichts änderte. Die USA benötigten eine regionale Strategie.

Die Situation war komplex wie ein Zauberwürfel. Karzai spielte die USA und Pakistan gegeneinander aus, er redete mit beiden, traute aber niemandem. Diejenigen Mitglieder seiner Regierung, die aus den nördlichen Bezirken kamen, lehnten jegliches Zugeständnis an die Taliban oder den ISI ab. Indien war nur bereit, direkte Gespräche mit Pakistan zu führen, aber keinesfalls über Kaschmir, während Pakistan die USA in den Konflikt mit seinem verhassten Nachbarn ziehen wollte. China, das mit Pakistan verbündet war, hielt sich politisch heraus, suchte aber sowohl in Afghanistan als auch in Pakistan wirtschaftliche Vorteile. Iran war einerseits ein Verbündeter von Karzai, finanzierte andererseits aber auch die Taliban. Die Saudis boten ihre Dienste für den Frieden in Afghanistan an, wollten aber auch Pakistan nicht vor den Kopf stoßen. Jede Lösung musste all diese Akteure einbinden, es galt, ihre verschiedenen Interessen aufeinander abzustimmen.

Holbrooke hoffte, dass Indien und Pakistan miteinander ins Gespräch kämen, wenn es allein um Afghanistan ginge. Es gab subtile Anzeichen für einen Wandel in Pakistan. Kayani hatte ein fünfzehn Seiten langes Weißbuch verfasst, sein drittes in einem Jahr, und es Obama und einigen anderen Amerikanern gegeben. Er deutete an, dass Pakistan Afghanistan inzwischen als regionales Problem ansah: «Frieden in Pakistan wird nur möglich sein, wenn auch in Afghanistan Frieden herrscht. Ein schnelles Ende des Konflikts in Afghanistan ist eines der wichtigsten strategischen Ziele von Pakistan ... Die Vereinigten Staaten und Pakistan wünschen sich, dass Afghanistan von extremistischen und radikalen Kräften befreit wird.»

Holbrooke glaubte, die Inder und Pakistan würden den Sauerstoff, der die Flammen dieses Krieges schürte, abdrehen und auf beide Seiten Druck ausüben, wenn sie nur einsähen, dass ihr gemeinsames Problem – die «extremistischen und radikalen Kräfte» – gewichtiger war als alles, was sie trennte. Er schrieb an Clinton und erklärte ihr den Gedankengang. Der Leser, den er sich eigentlich wünschte, blieb aber unerreichbar.

Er war nur das eine Mal, in Chicago, mit Obama allein gewesen. Er wusste, dass der Präsident ihm misstraute, und dass er ihn nicht mochte, aber er war überzeugt, dass er dem Präsidenten zeigen könnte, wie nützlich er für ihn war, wenn er nur fünfzehn Minuten mit ihm verbringen könnte, ohne von irgendjemandem unterbrochen zu werden. Obama sollte wenigstens hören, was er zu sagen hatte. Früher oder später – daran glaubte er bis zuletzt – würde der Präsident ihn brauchen. Er versuchte, Valerie Jarrett zu treffen, Obamas gute Freundin und Beraterin, aber sie verschob die Termine immer wieder, und so kam es nie zu einem

Treffen. Er versuchte über Axelrod einen Termin mit dem Präsidenten zu bekommen, aber Axelrod rief ihn schon nicht mehr zurück. Also versuchte er es bei Axelrods jungem Assistenten, aber nicht einmal Eric Lesser, der aussah wie ein Studienanfänger, antwortete ihm.

Eines Tages war Lesser im Untergeschoss des Weißen Hauses, gleich um die Ecke vom Lageraum, auf der Toilette, als er einen Blick nach rechts warf. Holbrooke stand neben ihm am Pissoir.

«Eric, ich bin außerordentlich enttäuscht.»

Lesser sagte nichts.

«Ich bin wirklich außerordentlich enttäuscht. Ich habe Sie angerufen, ich wollte einen Termin, aber Sie haben sich nicht bei mir gemeldet.» Er klang persönlich verletzt, als hätte Lesser einen Freund hintergangen.

«Tut mir leid, Botschafter Holbrooke. Ich schreibe Ihnen eine Mail, ich rede mit David, sobald wir etwas arrangieren können, melde ich mich bei Ihnen.» Lesser floh.

Freunde, die Holbrooke in jenem Herbst erlebten, wussten, dass etwas nicht stimmte. Er aß ungesund, machte keinen Sport, schlief nicht genug. Sein Bauch war aufgebläht, sein Gesicht war rot vom Kinn bis zum Haaransatz. Als er einmal in der Botschafterresidenz in Kabul die nackten Füße auf den Tisch legte, bemerkte Eikenberry, dass seine Knöchel stark angeschwollen waren. «Dick, deine Füße», sagte Eikenberry. «Sie sind rot und aufgedunsen.»

«Hab ich manchmal, ja.»

«Das ist gefährlich. Ich rufe den Botschaftsarzt, er soll sich das mal ansehen.»

Wenn er in der N Street die kurze Treppe in sein Schlafzimmer hinaufstieg, kam er ins Keuchen. Wisner bemerkte es eines Abends, als Holbrooke ihn gebeten hatte, ins Haus zurückzukehren, weil er nicht allein sein wollte. Wisner äußerte sich besorgt, und Holbrooke versprach, zum Arzt zu gehen, aber den Kontrolltermin im November, an dem sein Aortenaneurysma nach sechs Monaten überprüft werden sollte, verpasste er. Kurz darauf trafen sie sich im Metropolitan, Wisners Club in Washington. Es war ein alljährliches Ritual, sie bestellten immer dasselbe – die traditionelle Bohnensuppe des Kongresses, zwei Dutzend Venusmuscheln, Salat und Reispudding – und Wisner bezahlte. Holbrooke aß zu schnell und zu gierig, auf dem Weg zum Mund kratzte er sich mit einer Muschel-schale die Nasenspitze auf. Das Blut spritzte so heftig heraus, dass er zwei Servietten brauchte, um es aufzufangen. Er nahm noch immer Coumadin, das seine Blutgerinnung hemmte. Wisner war entsetzt. «Warum machst du das alles?», sagte Wisner. «Verdammt, du musst aufhören.»

«Mach ich, mach ich.»

Er musste Wisner versprechen, dass er zum Jahresende zurück-treten würde. Sie wussten beide, dass Holbrooke nicht vorhatte, sein Versprechen zu halten. Mit Gelb war es genauso. Sie telefonierten mehr-mals am Tag miteinander – es war immer Holbrooke, der anrief, um das Drama zu besprechen, in das er gerade verwickelt war – und als Gelb ihn drängte aufzuhören, da außer weiteren Schmerzen und Demütigungen aus der Situation eigentlich nichts mehr herauszuholen sei, sagte Hol-brooke immer, dass er über eine Exitstrategie nachdenken wolle, aber noch könne er nicht gehen, er könne noch einiges bewegen, zumindest müsse er länger durchhalten als Jones.

Er platzte in Sitzungen in Clintons Büro, zu denen er überhaupt nicht eingeladen war, und ihre jungen Mitarbeiter mussten ihn behutsam entfernen. Er bat den pakistanischen Außenminister, ihr zu sagen, wie gut er seinen Job machen würde. Sein gesamtes Auftreten hatte etwas Panisches – er wusste einfach nicht, wie es weitergehen würde. Vincent Mai, seinem Kumpel aus Lehman-Zeiten, vertraute er an, dass Perseus ihn nicht wieder nehmen würde. Diesmal war an der Wall Street niemand mehr bereit, Holbrooke wegen seines Namens und seiner Verbindungen einzustellen. «Es wird sich bestimmt jemand finden, der deinen Namen auf seinem Briefkopf haben will», sagte Mai, und er bot Holbrooke als Freundschaftsdienst an, ihn in seiner eigenen Investment-Firma unter-zubringen.

Er könnte auch ein Buch schreiben – er hatte immer vorgehabt, ein weiteres Buch zu schreiben. Aber auf der Karriereleiter ging es nicht weiter hinauf. Die Obama-Jahre, begriff er, waren aller Voraussicht nach das Ende der Fahnenstange. Dass es so enden sollte, war für ihn uner-träglich.

Nachdem Kati 2004 die Affäre mit dem Ungarn gehabt hatte, hatte er selbst ein Verhältnis mit einer Frau in Deutschland angefangen. Sie war mittleren Alters, geschieden, wohlhabend, warmherzig. Von Jahr zu Jahr reiste er immer öfter nach Deutschland. Auf dem Weg nach Afghanistan machte die C-20 des SRAP zum Betanken und Ausruhen immer einen Zwischenstopp in München, und nur hier ließ er seine Assistenten auf einer anderen Etage oder in einem anderen Hotel übernachten. Die Stadt, bekannt für Brauhäuser und ihren Fußballverein, wurde in seinem Tagebuch immer mit einem freudig erregten Ausrufezeichen bedacht, wenn er das magentafarbene Handy aufschob – das seine Mitarbeiter das «Candy phone» nannten, weil in ihrer Fantasie seine Geliebte so hieß –, kam ein Bild der Frau im Bademantel zum Vorschein. Sie machte ihn glücklich, aber eine Alternative zu seiner Ehe war sie nicht.

Wenn er aufhören würde, dann würde er wieder bei Kati in New York leben. Das würde nicht einfach sein. Die Machtverhältnisse würden sich zu ihren Gunsten verschieben. Sie sprachen noch immer am liebsten miteinander statt mit anderen, aber er ging ihr doch auch immer wieder mächtig auf die Nerven. «Urlaub mit K, leider streiten wir uns täglich mindestens ein Mal», schrieb er auf einer Reise durch die Po-Ebene. «Ich wünschte, K wäre zufriedener mit mir, aber ich sehe wohl auch ein, dass es teilweise meine Schuld ist.»

David fragte seinen Vater einmal, warum er Kati nach ihrer Affäre nicht verlassen hatte. «Ich will nicht noch einmal von vorn anfangen», antwortete Holbrooke. «Das ist meine dritte Ehe. Ich liebe sie, und ich will, dass wir irgendwie zurechtkommen.» Aber im Herbst erzählte er einigen Freunden, dass er nicht wisse, ob die Ehe halten würde. Doch er liebte sie noch immer, und er brauchte sie – mehr, als sie ihn brauchte.

Als sich 2010 dem Ende zuneigte, kehrte er zusehends in seine Vergangenheit zurück. Er verbrachte mehrere Tage damit, eine Rede zu schreiben, die er aus Anlass der Eröffnung des Vietnamkriegsarchivs im Außenministerium halten sollte. Er feierte den neunzigsten Geburtstag eines Kollegen aus Saigon-Zeiten, wo er auch Rufus Phillips wiedertraf. Als *Foreign Policy* den vierzigsten Jahrestag seiner Gründung feierte, ging er hin, nahm eine Auszeichnung entgegen und hielt eine Rede, in der er an seine Zeit als Herausgeber zurückdachte. Diese Auftritte waren mehr als nur Pflichtübungen. Sie weckten seine tiefsten Gefühle.

Ich möchte ihn noch einmal selbst zu Wort kommen lassen. Seine Stimme klingt jedes Mal gleich, weil er im Kern derselbe blieb. Dieselbe kristallklare Brillanz, dieselbe innere Verschlossenheit, dieser blinde Fleck, der unter dem Druck der letzten Monate noch einmal größer geworden war. Und doch klingt sie jedes Mal auch anders, wegen der Geschichte – seiner eigenen und der des Landes. Die Tonlage ist dunkler als in der Vergangenheit, er spricht kehliger und weniger nasal, und sein Husten zeigt, wie anstrengend das Sprechen für ihn geworden ist – als hätte die Unterwasserströmung plötzlich ihre Richtung geändert, als würde der unerbittliche Druck dieser Stimme auf *ihn* einwirken, *ihn* bedrängen und ärgern und schikanieren, ihm sagen: «Hör jetzt nicht auf. Warum solltest du auch? Du hast es fast geschafft.»

IX.

Heute war ein schwerer Tag, ich bin heute morgen aufgewacht und habe mich nicht wohlgefühlt, und mir war gleich klar, dass ich wieder dieses Vorhofflimmern habe. So verließ ich New York und erzählte es Kati erst, als ich in Washington war und die Bestätigung hatte. Vom Flughafen ging es direkt ins Weiße Haus zu einer Sitzung der Non-Group, die sich mit Sicherheitsfragen beschäftigt. Wir sprachen über einige der heikelsten Themen bei unseren Bemühungen in Pakistan und Afghanistan – was tun mit der Haqqani-Gruppe, was, wenn es zu einem Angriff auf die Vereinigten Staaten von pakistanischem Gebiet käme? Gleich danach fuhr ich zum Sibley-Krankenhaus, den frühen Nachmittag verbrachte ich mit Blutabnahme und der Vorbereitung auf die Kardioversion, die für morgen angesetzt ist.

Die Anspannung, der zunehmende Druck sind überall zu spüren. Ich spüre es auf jeden Fall, und ich habe das Gefühl, es wird alles in die Luft fliegen, wenn die Sommerferien zu Ende sind. Immer mehr Leute sagen, dass der Krieg nicht gut läuft. Zardari hat in London öffentlich verkündet, dass wir verlieren – was nicht hilfreich war. Er hat sich sehr geschadet, als er in Europa blieb, angeblich um die politische Karriere seines Sohns zu befördern, während Pakistan mit den schlimmsten Überschwemmungen seiner Geschichte zu kämpfen hatte.

Ein Gedanke, eine Erinnerung. Ich saß einmal mit Averell Harriman in Paris, als er zu viele Anweisungen zu den vietnamesischen Friedensgesprächen erhielt. Das muss Ende 1968 gewesen sein, wahrscheinlich im Herbst, und er erzählte frustriert, dass FDR ihn 1942–43 zusammen mit Churchill mit dieser schlichten Anweisung nach Moskau geschickt hatte: Gehen Sie mit Churchill hin und erklären Sie Stalin, warum wir noch keine zweite Front eröffnen können. Und heute, sagte er, werde er von Leuten wie Walt Rostow mit den detailliertesten Anweisungen überhäuft. Es ist mir heute wieder eingefallen, weil ich meinem jungen Team ein paar Geschichten aus dem Krieg erzählt habe, während wir eigentlich in einer Sitzung zu einem ganz anderen Thema waren, und ich sagte zu Shannon Darcy, einer netten, einunddreißig Jahre jungen Frau aus der Entwicklungshilfebehörde, der wir etwas zu schreiben gegeben hatten: «Schreiben Sie gut?», worauf sie antwortete: «Ich tue mein Bestes», und irgendjemand anders einwarf: «Und doch wird Holbrooke es mehrmals korrigieren.» Dann erzählte ich von dem ersten Artikel, den ich damals für *Foreign Policy* redigiert habe, das war 1972 das Stück mit George F. Kennan, also erzählte ich den Leuten, die das wahrscheinlich alles todlangweilig fanden, dass der Erste, den ich jemals redigiert habe, George Kennan war, der quasi unredigierbar war, weil er so perfekt schreiben konnte, er war der beste Stilist im gesamten Ministerium. Und jetzt redigierte ich also Shannon Darcy.

Wir haben Hillary drei Papiere vorgelegt. Das eine, von Rina Amiri, das ich umfassend umgeschrieben habe, ist der erste Strategieplan, wie ich ihn mir vorstellen kann, der die Frauenfrage in die Verhandlungsschiene integriert und so zu einem zentralen Thema macht. Das könnte Widerstand aus dem Weißen Haus geben, aber es ist der richtige Weg, und ich denke, wir haben hier großen Fortschritt gemacht. In intensiver und detaillierter Zusammenarbeit mit Rina haben wir ein traditionelles Memorandum, das auf ein Thema aufmerksam machen will, in ein neues Strategiepapier umgewandelt und dafür gesorgt, dass Frauenrechte einen entscheidenden Stellenwert einnehmen werden, falls es je zu Verhandlungen über die politische Zukunft kommen sollte, denn nur so motivieren wir unsere eigenen Bürger, Afghanistan nach dem Krieg weiter zu unterstützen, und außerdem ist es einfach das Richtige.

Dann, und das war noch wichtiger, begannen wir, uns offensiv für die Entsendung eines Amerikaners einzusetzen, der sich mit dem wichtigsten Kanal treffen sollte, den wir je zu den Taliban hatten, dem Mann, den ich «A-Rod» nenne. Er ist die einzige wirklich zuverlässige Verbindung, die wir zu Mullah Omar haben. Als Drittes haben wir noch ein Papier vorgelegt, das dafür plädiert, Gespräche mit dem Iran aufzunehmen. Alles ist also gleichzeitig fertig geworden.

Am Vormittag habe ich mit Hillary gesprochen und ihr gesagt, dass wir meiner Meinung nach an einem kritischen Punkt angelangt sind, und dass es moralisch nicht nachvollziehbar wäre, wenn wir jetzt, da wir die Möglichkeit haben, mit den Taliban zu sprechen, die Gespräche weiter hinauszögern würden. Petraeus lehnt all das strikt ab. Er sagt, es sei zu früh, es soll erst dann laufen, wenn er sagt, dass der richtige Zeitpunkt gekommen ist, und das, so meint er, werde erst nächstes Jahr sein, wenn er einige militärische Erfolge vorzuweisen habe. Ehrlich gesagt nehme ich ihm das einfach nicht ab. Ich glaube, dass die Lage noch genauso undurchsichtig sein wird, dass es Fortschritte und Rückschritte geben wird. Vor allem aber wird die Zeit nicht genügen, um das zu erreichen, was er als klassische Aufstandsbekämpfung bezeichnet – ohnehin eine Theorie, die ich immer angezweifelt habe.

Interessant daran ist, dass wir uns für all diese Dinge schon seit letztem Jahr systematisch eingesetzt haben, als uns allerdings der Widerstand bestimmter Elemente in der amerikanischen Regierung und die Passivität anderer daran hinderte, sie voranzutreiben. Jetzt sind plötzlich alle ganz begeistert.

Die Chancen, dass wir damit Erfolg haben, sind sehr gering. Trotzdem müssen wir es versuchen, und endlich ist auch der Präsident darauf konzentriert. Das abschließende Memorandum, das Hillary heute dem Präsidenten geben wird, ist, glaube ich, ziemlich gut geworden. Möglich, dass es im Rückblick eines der wichtigsten Memoranden sein wird, die wir je geschrieben haben, aber das muss sich noch zeigen.

Rückblende: Anfang des letzten Jahres, 2009, in einigen der ersten

Sitzungen des Nationalen Sicherheitsrats mit dem Präsidenten, bezog ich mich auf Vietnam, aber dann sagten mir Tom Donilon und Hillary, dass der Präsident keine Verweise auf Vietnam wünsche. Sie träfen nicht zu, niemand wolle sie hören, das schrecke sie ab. Das hat mich damals sehr gewundert, war ich doch davon ausgegangen, dass der Vergleich ganz offensichtlich relevant war.

Gerade fällt mir ein, dass heute der zweiundvierzigste Jahrestag des sowjetischen Einmarschs in die Tschechoslowakei ist. Es war 1968, beim Wahlparteitag der Demokraten. Ich erinnere, dass Dean Rusk gerade vor dem Programmausschuss aussagte, glaube ich, und ich erinnere mich, dass er schockiert war, als die Nachricht reinkam.

Das absolute Hauptthema, während ich eigentlich Urlaub machen wollte, war die Flutkatastrophe in Pakistan. Wir haben Journalisten und Regierungsbeamte einfach nicht in Ruhe gelassen, und so ist es uns einigermaßen gelungen, die Bedeutung deutlich zu machen, denke ich. Das Weiße Haus hat am Anfang praktisch gar nicht reagiert, der Präsident gab nur eine nichtssagende Erklärung ab, aber Hillary wusste sofort, was das bedeutete, und ich habe es massiv in die Medien getragen. Wir haben uns bisher mit hundertfünfzig Millionen Dollar beteiligt, mehr wird kommen, aber die Katastrophe wird immer größer, offenbar steht ein Gebiet größer als Italien unter Wasser, zwanzig Millionen Menschen sind betroffen. Cholera, Zusammenbruch des Stromnetzes, Zerstörung der Baumwollernte, was wiederum die Textilindustrie zerstören wird. Das Land ist mit einer Reihe von Problemen konfrontiert, die man sich nur schwer vorstellen kann.

Gestern war ich mit Kati in der letzten Vorstellung der Neuproduktion von «South Pacific» im Lincoln Center, Frank Rich, Alex Witchell und Linda Janklow waren auch dabei. Eine fantastische Inszenierung, die mich außerordentlich bewegt hat. Männer haben geweint, ich eingeschlossen. Ich habe mich gefragt, warum dieses Musical eine solche ungeheure emotionale Wirkung auf uns hatte. Was mich berührt hat, war die Schönheit der Darstellung verbunden mit dieser Musik, und die Tatsache, dass dieses Musical so viele wichtige Momente der amerikanischen Geschichte in sich vereint, dass es 1949 in New York uraufgeführt wurde, in einer Ära also, als New York großartiger war als zu jedem anderen Zeitpunkt seiner Geschichte, und das Thema – Amerikaner im Krieg in einem fernen Land, auf irgendwelchen Inseln im Südpazifik – dieses Gefühl, dass Amerika der Optimismus abhanden gekommen ist, dass wir uns damals alles zutrauten. Der Kontrast zu heute war sehr eindrucksvoll, und mir ging immer wieder durch den Kopf, wo wir heute stehen, als Nation, wie sehr es uns an Selbstvertrauen mangelt, an dem Glauben an unsere eigene Führungsfähigkeit, verglichen mit 1949, als das Musical uraufgeführt wurde, das eine Ära heraufbeschwört, die damals erst fünf oder sieben Jahre zurücklag, als wir in die entferntesten Winkel der Erde vordrangen, um die Zivilisation zu retten.

Kabul Bank, Afghanistans größte Bank, scheint kaum mehr als ein gigantisches Pyramidensystem zu sein, die Einlagen sind wohl zum größten Teil an die Eigentümer der Bank selbst geflossen, die keine Zinsen zahlen. Wenn das stimmt, dann wäre das schwindelerregend kriminell und hätte enorme Auswirkungen. Ich habe Hillary angerufen – sie hat alle Punkte sehr gut aufgenommen, aber die Sache mit der Kabul Bank hat sie natürlich mächtig aufgeregt. Sie hat sofort begriffen, dass es katastrophale Konsequenzen haben könnte, und wir haben darüber gesprochen, wie sich der Schaden begrenzen lässt. Was die Anbahnung der Versöhnungsgespräche angeht, meinte sie, ich solle unbedingt zeigen, dass wir seit über einem Jahr an der Sache dran sind. Sie meinte, ich solle all diese Memoranden sammeln, was rein physisch überhaupt nicht möglich ist, weil sie, wie Hillary immer wieder sagt, alles daransetzen werden zu verhindern, dass ich diesen Weg gehen kann.

Ich habe mit Biden allein gesprochen. Als ich die Frauenrechte erwähnte, ist er in die Luft gegangen. Er sprang beinahe aus seinem Sessel und sagte: «Ich schicke meinen Jungen nicht wieder da raus, damit er sein Leben für Frauenrechte riskiert, das wird einfach nicht funktionieren, dafür sind sie nicht dort hingegangen.» «Joe», antwortete ich, «Sie haben ja recht, das ist nicht der Grund, warum wir dort sind, aber das hier ist es, was wir versuchen», woraufhin ich für ihn die Position zusammenfasste, die Hillary und ich gemeinsam formuliert haben. Er hielt das alles für Blödsinn, und es artete zu einer viel größeren Diskussion darüber aus, wie sich die Dinge gerade entwickeln, und das war wirklich außergewöhnlich. Joe vertrat schlicht und einfach den Standpunkt, dass wir aus Afghanistan raus sollten. Ich erinnerte ihn daran, dass der Präsident und Hillary und tatsächlich, glaube ich, auch Joe selbst von einer Restpräsenz, wie im Irak, gesprochen hätten, woran er, wie er meinte, tatsächlich beinahe das gesamte letzte Jahr gearbeitet habe. Ich sagte, dass der Kongress die Mittel freigeben müsse, damit wir die Streitkräfte und die Polizei ausbilden und Wirtschaftshilfe leisten könnten, und dass nichts davon geschehen würde, wenn wir die Frauen in die schwarzen Jahre und ins dunkle Zeitalter zurückschicken würden. Er sagte, das würde nicht passieren, ich verstünde nichts von Politik, wir würden ein politisches Debakel erleben und 2012 die Präsidentschaft verlieren, wenn die Arbeitslosigkeit hoch bleibe, und Afghanistan sei das andere Thema, das uns runterziehen könnte, wir müssten den Abzug zumindest eingeleitet haben und tun, was wir in Vietnam auch getan haben.

Das hat mich schockiert, und ich habe nicht gezögert zu sagen, was ich denke, dass wir nämlich eine Verpflichtung den Menschen gegenüber haben, die uns vertraut haben. Er sagte: «Scheiß drauf, damit müssen wir uns nicht abgeben. Wir haben es so in Vietnam gemacht, und Nixon und Kissinger sind damit durchgekommen.» Ich sagte: «Aber die strategischen Konsequenzen gehen über den Konflikt hinaus», und er fragte: «Welche sind das denn?», und ich versuchte, sie zu umreißen. Er dachte ganz offensichtlich, dass ich irgendwelchen rechten Mist nachplapperte, es wurde dann ziemlich heftig.

Ich sagte, es sei mir ja im vergangenen Jahr ganz gut gelungen, Hillary zu seinen Standpunkten hinüberzuziehen. Das stimme vielleicht, entgegnete er, aber warum hätte ich mich bei den Sitzungen mit dem Präsidenten eigentlich nicht öfter zu Wort gemeldet? Ich sagte: «Hören Sie, ich kann dem Präsidenten in diesen Sitzungen nicht sagen, was ich denke, zum Beispiel, dass Aufstandsbekämpfung nicht funktioniert, nicht, weil Hillary das anders sähe – was sie tatsächlich tut –, sondern weil ich mich in Gegenwart des Präsidenten nicht mit Petraeus, Mullen und seinerzeit McChrystal und Gates anlegen kann, ohne meine Fähigkeit zu riskieren, Tag für Tag direkt mit ihnen an der Umsetzung der

Aufstandsbekämpfung zu arbeiten.» Selbst wenn ich nicht daran glaube, sagte ich, sei ich natürlich zur Umsetzung der vom Präsidenten vorgegebenen Strategie verpflichtet.

Selbst wenn die Erfolgschancen eines Dialogs mit den Taliban sehr gering sind – ich schätze sie auf zehn bis zwanzig Prozent –, wäre es unverantwortlich, es nicht zu versuchen, da es schließlich keine militärische Lösung dieses Krieges gibt und da wir gerade nicht gut dastehen, weder im eigenen Land noch mit Blick auf das zusehends zerrüttete Verhältnis zu Karzai. Die Strategie demontiert sich gerade selbst, und jeder sieht das. Unsere einzige Möglichkeit, damit umzugehen, besteht meiner Meinung nach darin, eine politische Lösung zu suchen. Petraeus jedoch ist überzeugt, dass klassische Aufstandsbekämpfung das Mittel der Wahl ist. Mit dem Begriff meint er genau das, was er in seiner Doktrin beschrieben hat. Ich dagegen glaube, dass es in Afghanistan genauso wenig funktionieren wird wie anderswo. Sie können über die verschiedenen Modelle – Algerien, Marokko, Malaysia, Philippinen – reden, so viel sie wollen, aber hier wird es nicht funktionieren, weil es dieses Rückzugsgebiet Pakistan gibt, und weil die Regierung inkompetent ist, weil wir nicht die Mittel und auch nicht die Zeit haben, und weil der Präsident nächstes Jahr den Truppenabzug einleiten wird. Petraeus setzt darauf, dass seine Brillanz – und er ist unbestreitbar brillant – irgendwie dazu führen wird, dass der Feind dezimiert wird und sich quasi in Luft auflöst. Sehr unwahrscheinlich.

Petraeus hat sich verändert, und nicht unbedingt zum Guten. Er hat nicht viel Zeit. Der Juli 2011 ist bedrohlich nah. Seine übliche Intensität ist einem nahezu dämonischen Stil gewichen, er hört anderen Leuten eigentlich nur noch zu, wenn es das Protokoll oder kurzfristige Eigeninteressen erfordern. Wenn er nicht selbst spricht und sein Gesprächspartner ein Amerikaner ist, der nicht in seiner Befehlskette steht, ist sein Mangel an Geduld deutlich spürbar. In gewisser Hinsicht habe ich echtes Mitleid mit ihm. Er weiß, dass jeder Augenblick zählt. Er muss ein Ergebnis liefern, und wie die meisten bedeutenden Befehlshaber, darunter sein persönlicher Held Ulysses S. Grant, ist er von seinem Weg und seinem Schicksal durch und durch überzeugt. Seine persönliche Geschichte – der beinahe tödliche Unfall in der Ausbildung, seine denkwürdigen Auseinandersetzungen mit hochrangigen Offizieren, die ihn verachteten, sein offensichtlicher Erfolg im Irak, den kaum jemand für möglich gehalten hat – hat ihn zu einer beinahe mythischen Figur gemacht. Er hat sich, wie die meisten Vier-Sterne-Generäle, mit fanatisch loyalen Helfern umgeben, aber sein Team ist im Gegensatz zu McChrystals anmaßenden und verächtlichen Cowboys, die sich für eine Priesterkaste von Schattenkriegern hielten und meinten, das Land vor sich selbst retten zu müssen, unaufgeregt effizient.

Trotz seiner enormen Talente ist sein Instinkt außerhalb seiner unmittelbaren Kompetenz in militärischen Angelegenheiten und bei der Selbstvermarktung tatsächlich eher schlecht. Seine Zielstrebigkeit, sein mangelndes Interesse an anderen Themen und seine Kälte sind manchmal erschreckend. Mullen mag ihn nicht, muss ihn jetzt aber unterstützen. Lute mag ihn erst recht nicht, und er ist der Ansicht, dass uns Petraeus in eine Richtung führt, die der vereinbarten Strategie zuwiderläuft. Ich kann diese Einschätzung nachvollziehen, teile sie aber nicht ganz. «Er versucht, Nation Building zu betreiben», sagt Lute, aber Aufstandsbekämpfung macht ja auch nichts anderes. Die eigentliche Frage ist, ob Petraeus' Strategie funktionieren wird, und zu welchem Preis. Sein dynamischer Ansatz tut zweifellos den Taliban weh, wie die wachsende Zahl von ihnen zeigt, die sich auf Provinzebene mit Verhandlungen zu retten versuchen. Ironischerweise haben jedoch nicht seine Bemühungen, die Bevölkerung zu schützen, zu diesen Ergebnissen geführt, sondern die unglaubliche Wirkung seiner «Nachtangriffe» (die allerdings längst nicht alle nachts stattfinden). In den vergangenen neunzig Tagen wurden, so sagt er, über tausendfünfhundert Spezialeinsätze durchgeführt, ein in der Militärgeschichte einmaliges Kampftempo! Wo also liegt das Problem – wenn es denn eines gibt? In einem Wort: Nachhaltigkeit. Oder anders gesagt: Übertragbarkeit.

Als ich bei Axelrod vorbeischaute und eigentlich schon gehen wollte, sagte ich noch: «David, ich weiß, dass Sie es nicht noch einmal von mir hören wollen, aber der Präsident ist in der gesamten Regierungsspitze der Einzige, dem ich meine Ansichten noch nicht direkt und offen darlegen konnte, und ich hoffe sehr, dass sich das bald ändert.» Er nickte nur. Nichts ist so frustrierend wie diese Situation, selbst wenn ich nicht glaube, dass es etwas ändern würde, wenn ich ihn tatsächlich sprechen könnte. Zumindest aber hätte ich meine Verpflichtung ihm gegenüber erfüllt.

Die Frage, die immer wieder auftaucht – die ich mir selbst stelle, die meine Freunde mir stellen – ist, wie lange ich das noch machen will. Die Antwort ist klar: So lange, wie ich noch etwas bewegen kann. Was die Formulierung der politischen Strategie angeht, befinden wir uns gerade in der schwierigsten Phase. Seit dem vergangenen Jahr gestalten wir die Politik in einer Weise, die den weiteren Verlauf des Krieges bestimmen wird. So habe ich es letzte Woche für Hillary notiert. Es ist das letzte Mal, dass sich der Präsident von den anstehenden Problemen abwenden kann. Wir werden versuchen, sie davon zu überzeugen, dass sie sich um das, was wir Versöhnung nennen, zumindest bemühen. Das ist eigentlich ein Euphemismus für die Suche nach einer Grundlage, auf der eine politische Lösung mit den widerlichen Taliban möglich wäre. Da aber ein militärischer Sieg außer Reichweite ist, müssen wir diese Suche zumindest angehen.

Ich bin in Islamabad, nach zwei strapaziösen Tagen im Süden Afghanistans und in Sindh, wo ich die Überschwemmungsgebiete besichtigt habe. Man kann sich kaum einen überwältigenderen Anblick vorstellen. Den Flüchtlingen selbst geht es schlecht, aber ich habe in den Flüchtlingslagern in Angola und Kambodscha, sogar in Bosnien, Schlimmeres gesehen. Was das Ganze allerdings so außergewöhnlich macht, ist diese unfassbare Fläche, die unter Wasser steht, und der Anblick der Menschen, die gar nicht erst versuchen, irgendwo unterzukommen, sondern sich, da sie in der Nähe ihrer Felder bleiben wollen, an die Deiche klammern, die die Landschaft des südlichen Sindh durchziehen. Am Mittwoch den 15. waren wir in Thatta, wo wir eine unüberschaubare Menge von Menschen sahen, die ums nackte Überleben kämpften. Sie sind widerstandsfähig, unglaublich zäh.

Als wir am Mittwochmorgen mit dem Hubschrauber von Karatschi abflogen, nachdem wir von Dubai, wo wir die Nacht verbracht hatten, eingeflogen waren, entdeckten wir zunächst nur einzelne Flecken, die unter Wasser standen, doch weiter im Norden sahen wir ein riesiges Binnenmeer, aus dem nur hier und dort ein paar Bäume ragten, und gelegentlich ein kleines Stück Land, und auf den Deichen, den Straßendämmen und erhöhten Flächen kauerten Menschen in Zelten, die sie neben der Fahrbahn aufgebaut hatten. Schließlich erreichten wir Thatta und besichtigten ein Flüchtlingslager, das von der Armee betrieben wird. Es war furchtbar heiß, die Menschen hockten in ihren Zelten. Sie hatten nichts, nur ihre Bettgestelle hatten die meisten mitgebracht. Sie hatten auch keine Information, sie wussten nicht, was los war. Als wir mit ihnen sprachen, sagten natürlich alle, dass sie nach Hause wollten. Sie kritisierten die Regierung nicht, aber die Regierung stand ja auch neben uns – in Form eines Generals und eines Bezirkskommissars, eines sehr guten Mannes, der sich wegen der Lage aufrichtig Sorgen machte. Ich gab ihm 100 Dollar und sagte ihm, er könne sie nach eigenem Ermessen verwenden. Ich konnte mir einfach nicht vorstellen, wieder abzureisen, ohne etwas dagelassen zu haben.

Das bei Weitem wichtigste Treffen war das mit Kayani, bei dem ich zum ersten Mal, hypothetisch formuliert, das Thema eines direkten Kontakts mit den Taliban angesprochen habe. Kayani ist für die amerikanische Außenpolitik eine wichtige und auch rätselhafte Figur. Er ist offensichtlich extrem klug, er denkt strategisch und diszipliniert, aber er spricht mit einem nuscheligen, verschliffenen Akzent, wodurch er etwas schwer zu verstehen ist und man hochkonzentriert sein muss. Als ich ihn anfangs kennenlernte, trafen wir uns immer im Hauptquartier der Armee, und er trug immer Uniform, aber seit Beginn des Jahres empfängt er mich in Zivil in seinem Privathaus, was ein vorsichtig dosiertes Zeichen des Respekts ist. Meistens ist seine rechte Hand dabei, General Pasha, der Direktor des ISI, so auch gestern Abend. Bei ihrem ersten Zusammentreffen im Februar des vergangenen Jahres stellte er sich Hillary als Chef des berüchtigsten Geheimdienstes der Welt vor. Was natürlich seinen Sinn für Humor zeigt. Was den Umgang mit diesen beiden Männern so schwierig macht, ist die Tatsache, dass ihre Zustimmung zu unserer Politik absolut entscheidend ist, dass sie uns aber nicht wirklich vertrauen. Sie sehen vieles anders und sagen uns nicht immer, was sie tun. Es gehört zu den ewigen Komplexitäten unserer Außenpolitik, dass der wichtigste Gesprächspartner der CIA in diesem Teil der Welt gleichzeitig Verbindungen zu Amerikas Feinden unterhält. Wir unterstützen sie, wir arbeiten mit ihnen zusammen, wir tauschen Informationen aus, wir geben ihnen Geld und technische Hilfe, und sie kooperieren mit uns nur, wenn sie Lust dazu haben. All das war gestern beim Abendessen wieder deutlich zu sehen.

Ich fragte sie, was sie wirklich wollten, und sie kehrten diese Frage einfach um: Welche Absichten haben Sie in Afghanistan? Ich antwortete: «Sie haben uns diese Frage schon oft gestellt, und ich dachte, wir hätten Ihnen eine Antwort gegeben, aber wir versuchen es noch einmal.» Diesmal machte ich ein paar Schritte in die richtige Richtung, indem ich ihnen sagte, dass ich über die Frage der Versöhnung sprechen wollte, womit ich natürlich meinte, ob wir mit den Taliban sprechen sollten oder nicht, und wenn ja, unter welchen Umständen. Ich erklärte, ich spräche rein hypothetisch, es seien keine Entscheidungen gefallen. Rein formal stimmt das sogar, aber wir bewegen uns doch eindeutig in die Richtung, dass der Präsident die Erlaubnis zu einer direkten Kontaktaufnahme mit den Taliban geben wird.

Die pakistanische Position war im Wesentlichen in dreierlei Hinsicht widersprüchlich. Erstens meinten sie, dass alle Gespräche mit den Taliban über Karzai laufen und dass wir uns im Hintergrund halten sollten. Das entspricht der amerikanischen Haltung. Zweitens sagten sie aber auch, dass wir versuchen sollten, mit der Haqqani-Gruppe direkt zu verhandeln, worauf ich sagte: «Wie können wir mit den Haqqanis sprechen. Das sind mit al-Qaida verbündete Nihilisten, sie stehen für nichts, und sie sind gefährlicher als alle anderen in der Region.» Was Pasha mit einem Hauch von Stolz – es kam mir fast vor wie Stolz – so kommentierte: «Ja, sie sind die Besten.» Wer die Geschichte dieses Konflikts kennt, weiß natürlich, dass die Haqqani-Gruppe von der CIA und den Pakistanern gegründet wurde, und zwar in den 1980er Jahren als Teil von Reagans anti-sowjetischer Politik, genau der Politik also, die uns nach dem 11. September wieder eingeholt hat, mit bekanntermaßen katastrophalen Folgen. Die dritte Ungereimtheit von Seiten der Pakistaner war, dass sie behaupteten, nicht zu wissen, wie man mit den Haqqanis Kontakt aufnehmen könne – obwohl sie uns eben diesen Kontakt empfohlen hatten. Das nimmt ihnen bei der CIA oder in der US-Regierung natürlich niemand ab. Da sind wir also, wir sitzen in der Falle einer dreifach widersprüchlichen Haltung der Pakistaner und bemühen uns, höflich zu bleiben. Klar ist aber, dass irgendetwas im Gange ist. Mein Eindruck ist, dass die Taliban eine Art diplomatischer Charmeoffensive starten, beziehungsweise die bereits seit einiger Zeit laufende intensivieren, und dass ihr nächstes Ziel darin besteht, eine internationale Präsenz aufzubauen, wahrscheinlich in Saudi-Arabien, einem Ort, an dem sie Zugang zur internationalen Gemeinschaft haben können, ohne von den pakistanischen Geheimdiensten überwacht, bedrängt und mit misstrauischem Blick verfolgt zu werden. Weniger klar ist, ob die Pakistaner ihnen diese Freiheit zugestehen werden. Und völlig unklar ist noch, wie ein Abkommen mit den Taliban überhaupt aussehen könnte. Heute, als wir allein auf der Lexington Avenue zu Mittag aßen, stellte ich Barney Rubin genau diese Frage, und selbst er, der immer optimistisch ist, was den Umgang mit den Taliban angeht, war sich nicht sicher.

Gestern veröffentlichte das *Wall Street Journal* die Geschichte, die wir am meisten gefürchtet haben: Das Justizministerium ermittelt gegen den älteren Bruder von Karzai, Mahmoud Karzai, der die Geschäfte der Familie leitet. Die Familie ist, das sollte ich hinzufügen, ähnlich organisiert wie die Corleones in *Der Pate*: Einer ist für die Geschäfte zuständig, einer handelt mit Drogen, einer führt verschiedene Restaurants und einer ist Präsident – und erfüllt den Traum, den Don Corleone für seine Familie immer gehabt hat. Natürlich ist es für den Paten und seine Familie nicht gut ausgegangen, und es sieht auch nicht aus, als würde das Modell hier gut funktionieren.

Alle, die sich damit beschäftigen, staunen noch immer über das Buch von Woodward. Nicht, dass es ein gutes Buch wäre, im Gegenteil, es erklärt sehr schlecht, wie Politik gemacht wird. Es steckt voller bedeutungsloser und trivialer Mini-Fakten und Anekdoten, die zu dem eigentlichen Thema überhaupt nichts beitragen. Woodward würde wahrscheinlich argumentieren, dass sie den Charakter des Präsidenten beleuchten, und in diesem Sinn hätte er wohl recht. Aber er ist nicht in der Lage zu unterscheiden, was wichtig ist und was nicht, und da er schreibt, während er die Informationen sammelt, fehlt diesen Informationen der Kontext. Ein unbedeutender Streit, der zügig, aber mit Intensität beigelegt wurde, überschattet dann manchmal eine wichtige Strategiedebatte, die auf andere, geordnetere Weise zuende geführt wurde. Das eigentlich Schockierende an dem Buch aber ist die undisziplinierte Selbstdarstellung des Weißen Hauses. Tom Donilon hat mir heute erzählt, er glaube nicht, dass Jim Jones noch zweiundsiebzig Stunden durchhalten würde, schließlich war er die Hauptquelle für dieses Buch. Ich werde das Ausscheiden von Jim Jones nicht nur nicht bedauern, ich werde seinen Abgang vor meinem eigenen sogar begrüßen, denn er war es, der versucht hat, mich aus der Regierung zu drängen. Allerdings ist er nicht der Einzige, der Woodward mit Informationen versorgt hat. General Lute ist eine wichtige Quelle. Es ist mir peinlich, einer Regierung anzugehören, die sich so schlecht darstellt, die so undiszipliniert, so selbstgerecht und arrogant ist.

Jim Jones ist heute gefeuert worden, und zwar ziemlich brutal, und er wurde von Tom Donilon ersetzt. Damit ist offensichtlich die Person aus der Regierung entfernt worden, die meine Zerstörung am aktivsten betrieben hat, und mein engster Verbündeter im Weißen Haus hat ihn ersetzt, auch wenn jeder, der mal mit Tom gearbeitet hat, gut weiß, dass man sich wegen seiner Charakterschwächen am Ende nicht auf ihn verlassen kann. Aber er hat sich gut entwickelt, er war der beste Kandidat für diesen Job, und für uns hätte es nicht besser laufen können.

Jones erhielt seine Kündigung per Telefon, Denis McDonough rief ihn gegen 19 Uhr 15 während der jährlich stattfindenden Gala der United Service Organizations an – die USO ist die Wohltätigkeitseinrichtung, die er am meisten liebt, vermutlich war er als Marineinfanterist in seiner feinsten Ausgehuniform dort, als er den Anruf erhielt. Das hat General Mullen erzählt, als ich heute Morgen zu einem persönlichen Gespräch über die Anbahnung von Verhandlungen bei ihm war. Mullen ist zwar der Meinung, dass Jones' Entlassung richtig war, findet die Art und Weise, wie es gehandhabt wurde, aber schäbig. Der militärische Kodex wurde verletzt, ein Mann mit vierzig Dienstjahren wurde wie

Dreck behandelt, und zwar von einem Typen, den sie für einen kleinen Punk halten. Die Militärs respektieren McDonough nicht, und sie haben ihre Gründe dafür. Wieder einmal zeigt sich die Eiseskälte, die beinahe schon mutwillige Grausamkeit des Weißen Hauses. Es ist ein wiederkehrendes Thema, und auch wenn man es dem Präsidenten nicht direkt zuschreiben kann, entspringt es offensichtlich einem Stil, gegen den er überhaupt nichts einzuwenden hat.

Dienstagabend, 2. November, der Wahlabend. Wenn ich auf die vergangenen beiden Jahre zurückblicke, habe ich den Eindruck, dass Obama aufgrund eines brillanten Wahlkampfs gewonnen hat, der wiederum auf seiner eigenen Biografie beruhte, dem darin enthaltenen Versprechen, dass in Amerika alles möglich ist. Er hat das sehr geschickt gemacht, aber als er gewonnen hatte, verlor er es aus dem Blick und zog sich in taktische Überlegungen zurück, die keinen Zusammenhang und – abgesehen von der großen Gesundheitsreform – keine hochfliegenden Ziele erkennen ließen. Einiges, was er angepackt hat, war sehr gut und hat zu beeindruckenden Ergebnissen geführt, aber es ist ihm nicht gelungen, sie als Teil dieses Versprechens zu präsentieren, weshalb ihn die Republikaner taktisch schlagen konnten. Ich kann mich des seltsamen Eindrucks nicht erwehren, dass Obama glaubt, er sei besser als die meisten Amerikaner, weshalb er, anders als Clinton, nicht auf sie zugeht. Ich weiß, dass diese Analyse fehlerhaft ist, und ich sehe diese Fehler, während ich dies hier formuliere, aber der Eindruck bleibt, dass er abgehoben ist, und dass die Leute es spüren. Gore und Carter hatten sehr ähnliche Schwächen. Clinton und Reagan dagegen nicht. Sie gingen auf die Leute zu, und wenn sie politisch in Schwierigkeiten waren, half ihnen das.

Wenn ich über diese Wahl nachdenke, und über die vergangenen zwei Jahre, komme ich zu einem grundlegenden und beunruhigenden Schluss. Barack Obama ist brillant, eine beeindruckende Persönlichkeit, und seine Biografie ist wirkmächtig, und er hat den Wahlkampf von 2008 perfekt geführt. Und doch muss man auf der Grundlage der ersten beiden Jahre sagen, dass er noch nicht die nötige Reife hatte, um Präsident zu werden. Die meisten Präsidenten der letzten Jahrzehnte haben anfangs Fehler gemacht – Clinton 1993, Reagan 1981, Carter 1977, und natürlich Bush im Jahr 2001, bis zu den Anschlägen des 11. September, die ihm letztendlich die zweite Amtszeit beschert haben. So gesehen ist Obama keine Ausnahme. Aber kein Präsident zu unseren Lebzeiten hatte weniger Regierungserfahrung als er, und das zeigte sich. Er war einfach nicht bereit, und jetzt muss er sich wieder sammeln, er muss anders auftreten, offener werden, besser kommunizieren, strategischer denken, den Regierungsapparat in den Griff bekommen, Überzeugungskraft entwickeln und Führungsstärke zeigen. Wenn ihm das gelingt, wird er eine zweite Amtszeit bekommen, so wie – nach ähnlich desaströsen Ergebnissen bei den ersten Zwischenwahlen – Clinton und Reagan. Falls es ihm nicht gelingt, wiederholt sich die Geschichte von Jimmy Carter und George Bush Senior, die nach einer Amtszeit nicht wiedergewählt wurden.

Das interessanteste Ereignis des Tages war eine Stunde, die ich mit Donilon in seinem neuen Büro verbracht habe. Als Nationaler Sicherheitsberater wirkt entspannter als zuvor. Er braucht jetzt nicht mehr zu befürchten, dass er sich mit seinem unmittelbaren Vorgesetzten anlegt. Ich kam herein und sagte als Erstes, dass ich schon oft in diesem Büro gewesen sei, dass ich jeden Nationalen Sicherheitsberater seit McGeorge Bundy kennengelernt hätte, und dass seit 1977, als Kissinger diesen Raum verließ, etwas Seltsames passiert sei. Kissinger, sagte ich, habe offenbar eine Art Chemikalie in der Wandfarbe hinterlassen, die alle seine Nachfolger infiziert hätte, sie hätten sich zu Sandy Kissinger, Tony Kissinger, Brent Kissinger und Bud McFarland Kissinger entwickelt. Ich wies darauf hin, dass einer nach seiner Entlassung versucht hatte, sich umzubringen, ein weiterer im Gefängnis gelandet war und mehrere durchgedreht sind, und ich legte ihm ans Herz, nicht Tom Kissinger, sondern einfach Tom Donilon zu sein.

Als ich eigentlich schon gehen wollte, erwähnte ich noch das Buch von Woodward, und Tom regte sich wahnsinnig auf, er meinte, er würde nie wieder mit Woodward reden. Ich sagte: «Aber eure Ehefrauen sind doch eng befreundet.» Er antwortete: «Das ist vorbei.» Ich fand Toms Reaktion seltsam, da sich in dem Buch nur eine einzige negative Bemerkung über ihn findet, und zwar von Gates, der allerdings bestreitet, es gesagt zu haben. Es war im Übrigen auch vollkommen belanglos. Wahrscheinlicher ist die Erklärung, dass Tom Woodward Informationen geliefert hat, und dass Woodward ihn verheizt hat. Tom behauptet, das Buch nicht einmal aufgeschlagen zu haben, was ich angesichts seiner Wut für unwahrscheinlich halte.

Dies veranlasste Tom jedoch zu einer Tirade gegen Jim Jones. Tom erwähnte noch einige weitere Dummheiten von Jones und meinte dann, dass er der schlechteste Nationale Sicherheitsberater aller Zeiten gewesen sei, eigentlich einfach nur ein Clown. Ich kann dem nicht widersprechen. Toms Hass auf Jones ist gerechtfertigt, auch wenn er charakteristischerweise nicht bemerkt, dass er in Bezug darauf, wie es ihn und wie es mich betrifft, unterschiedliche Maßstäbe ansetzt.

Der Präsident ist offenbar auf dem Weg nach Kabul, was ich gestern Abend herausfand, indem ich die Puzzleteile zusammensetzte – vor allem die Tatsache, dass Doug Lute nicht zu dem Abendessen erschien, das wir gemeinsam für die Internationalen gegeben haben, er hat seinen Stellvertreter Oberst Tien geschickt, der eher tonlos zu mir sagte: «Doug ist beim Präsidenten.» Ich sagte: «Also in der Luft.» Er sagte: «Das kann ich nicht beantworten.» Ich sagte: «Okay, dann beantworten Sie es nicht. Aber bestätigen Sie mir, dass er nicht in der Luft ist.» Und Tien, der Auskunft geben wollte, ohne etwas zu sagen, antwortete: «Das kann ich nicht.» Ich kann nicht behaupten, dass ich glücklich darüber wäre, dass ich bei dieser Reise nicht dabei bin. Die letzte Reise dieser Art – der Kurztrip im April – war eine Farce, aber diese hier ist wichtiger, und ich denke, man hätte mich mitnehmen sollen, jetzt muss ich den ganzen Tag so tun, als wäre das alles Routine. Wie auch immer.

Kati hat vorgeschlagen, dass ich das Buch, das ich früher oder später noch schreiben werde, «Außenseiter» nenne, als ironischer Bezug. Das ist natürlich nur eine erste Idee, aber heute morgen gefällt sie mir, vor allem, wenn ich einen Untertitel hinzufüge wie: «Außenseiter – Ein Insider-Blick auf die Obama-Regierung in Afghanistan.»

Mein indischer Amtskollege S. K. Lambah ist auf meine Einladung hin hergekommen, um eine Idee von mir auszuprobieren – wir wollen sehen, ob die Inder und die Pakistaner bereit sind, miteinander zu reden, aber nur über Afghanistan, nicht über die bilateralen Fragen. Frank Wisner hatte vorhergesagt, dass es zu nichts führen würde, aber wir sind auf dem richtigen Weg. Heute hatte Lambah ein Treffen mit Hillary Clinton. Das lief ausgesprochen gut. Auf meinen Vorschlag hin sollten sie eine Weile zu zweit in ihrem großen, prunkvollen Saal sprechen. Als wir alle anderen rausgeschmissen hatten und noch zu dritt waren, schlug sie die Beine unter, was immer bedeutet, dass sie sehr entspannt ist. Die Idee gefiel ihr sehr gut.

Später traf ich S. K. Lambah in seinem Hotel. Er war sehr motiviert. Ich werde am Morgen mit Botschafter Haqqani frühstücken, und dann werden wir einen äußerst diffizilen Prozess in Gang setzen, um zu sehen, ob Indien und Pakistan bereit sind, miteinander zu reden, wenn sich das Gespräch wirklich nur auf Afghanistan beschränkt. Darum geht es also, wir werden sehen, wie es sich entwickelt.

Ende Dienstag, 7. Dezember.

X.

Am folgenden Morgen traf Holbrooke Haqqani im Four Seasons zum Frühstück. Er berichtete dem pakistanischen Botschafter, dass S. K. Lambah, ein altgedienter indischer Diplomat, in der Stadt sei und die Idee eines indisch-pakistanischen Dialogs zu Afghanistan positiv aufgenommen habe. Haqqani schickte ein Telegramm nach Islamabad und riet zu einer unverbindlichen pakistanischen Antwort, man könne die Idee im Kopf behalten für den Fall, dass die indischen Ambitionen eingedämmt werden müssten.

Inoffiziell sagte er Holbrooke allerdings, dass Pakistan seine Interessen in Afghanistan niemals aufgeben würde. «Wie lange willst du das noch machen?», fragte Haqqani. «Ich bin fertig.»

«Solange ich noch etwas bewegen kann. Wir können jetzt nicht aufhören.» Holbrooke sagte, die ganze Welt versuche, die Beweggründe der pakistanischen Militärs zu verstehen. «Ich fragte mich, ob sie es selbst wissen. Vielleicht begreife ich bald, dass ihre Interessen rein wirtschaftlich sind. Vielleicht können wir irgendetwas im wirtschaftlichen Bereich machen, um Druck auszuüben.»

«Das kannst du versuchen», antwortete Haqqani. «Aber, ehrlich gesagt, warum sollte sich jemand mit irgendwelchen wirtschaftlichen Vorteilen abgeben, wenn ihm ohnehin das ganze Land gehört.»

Nach dem Frühstück traf Holbrooke Lambah in seinem Hotel. Lambah war ebenso skeptisch wie Haqqani. Er war bereit, die Idee nach Delhi mitzunehmen, aber selbst nachdem ihm Holbrooke Kayanis neuestes Weißbuch gezeigt hatte, bezweifelte er noch, dass sich Pakistans Haltung ändern würde. Pakistan hatte nie den Wunsch gehabt, mit Indien über Afghanistan zu sprechen – denn für Islamabad lag Afghanistan im eigenen Herrschaftsbereich. Holbrookes Optimismus roch ein wenig nach Verzweiflung.

Sie verabschiedeten sich und fuhren zu verschiedenen Flughäfen, Lambah flog zurück nach Indien, Holbrooke nach New York. Er hatte ein wenig Zeit und rief, wie jeden Tag, Gelb an.

Gelb, über die Regierung stets besser informiert als Holbrooke, hatte erfahren, dass es einen weiteren Versuch gab, Holbrooke loszuwerden. Sie hatten ihn von Obamas Reise nach Afghanistan ausgeschlossen, er durfte nicht zum NATO-Gipfel nach Lissabon fliegen, sie hatten ihn nicht in die neueste Strategieüberprüfung eingebunden. Holbrooke hatte Zweifel, dass Donilon ihn weiter stützen würde, und er befürchtete, dass selbst Clinton es leid war, für ihn zu kämpfen.

«Ich will einen Termin beim Präsidenten», sagte Holbrooke zu Gelb. Mit Begrüßungsformeln gaben sie sich nicht ab.

«Das wird nichts, glaube ich.»

«Ich versuche die ganze Zeit, Axelrod zu erreichen, aber er ruft nicht zurück. Weißt du, was da los ist?»

«Ich hab dir ja immer gesagt, dass er nicht dein Verbündeter ist. Du erzählst mir immer, dass er auf deiner Seite ist, und dass er dir gute Ratschläge gibt. Aber er ist nicht auf deiner Seite. Ich kann es zwar nicht mit Sicherheit sagen, aber ich kann mir gut vorstellen, dass er selbst zu den Leuten gehört, die verhindern wollen, dass du einen Termin bei Obama bekommst.»

Holbrooke schwieg einen Moment lang. Dann wechselte er das Thema, sprach über die Inder und die Pakistaner, dass die neuesten Entwicklungen vielversprechend seien.

«Blödsinn», sagte Gelb. «Die sagen doch immer, dass wir recht haben, und dann kommt nichts dabei heraus, und auch Kayani wird nicht liefern.»

«Ich weiß, wann sie es ernst meinen und wann nicht.»

«Ja klar, du warst dabei. Aber ich glaube es nicht. Bisher haben sie noch nie ernst gemacht, weil sie ihre Interessen anders interpretieren als wir. Ganz oben auf ihrer Prioritätenliste – Platz eins und Platz zwei – steht: Indien ficken.»

Als Holbrooke im Beresford ankam, war er erschöpft. Kati hatte ihn noch nie so bleich gesehen. Sie sagte ihm, er solle sich hinlegen und ausruhen, und er antwortete fast schluchzend: «Ich will mich nicht ausruhen, ich will mit dir reden.» Er konnte nicht aufhören, sich über die Brieftasche Sorgen zu machen, die er kürzlich verloren hatte, und in der sich noch das abgerissene Stück rosafarbenes Botschaftspapier befand, auf dem er 1993 die Telefonnummer von Katis Schwester in Paris notiert hatte. Er hatte es immer bei sich getragen. Dass er es jetzt verloren hatte, schmerzte ihn ungeheuer.

Aber sie hatten keine Zeit zu reden. Drei Veranstaltungen wollten sie am Abend besuchen: Die Buchvorstellung von *A Rope and a Prayer*, die Geschichte von David Rohde und seiner Frau Kirsten über die schreckliche Entführung; die Premiere der Autobiografie des Finanziers Felix Rohatyn; und eine Abschiedsparty für ihren Freund Jim Hoge, der als Herausgeber von *Foreign Affairs* aufhörte. Diese letzte Veranstaltung, ein Abendessen im Four Seasons, das die Petersons ausrichteten, war die Art von gesellschaftlichem Ereignis, das jene New Yorker Aristokratie des Erfolgs anlockte, die gerade im Begriff war, in der Bedeutungslosigkeit zu versinken – die Banker, die Journalisten und Fernsehmoderatoren, die außenpolitische Szene, die er, wenn er sich die Wunden aus Washington leckte, als seine «wahren Freunde» bezeichnete.

Das Essen fand in einem privaten Saal im Obergeschoss statt. Auf der Treppe, die hinaufführte, waren Wisner und seine Verlobte ein paar Schritte hinter Kati und Holbrooke, der sich umdrehte, um sie zu grüßen.

Wisner sagte etwas über Holbrookes Idee zu Indien und Pakistan, dass es vielleicht funktionieren könne, wenn er versuchen würde –

Wisner sah, wie Holbrooke die Miene verzog, bemerkte Katis strengen Blick und hörte auf zu reden.

Beim Abendessen stand Holbrooke auf, ging zu Gelb und zog ihn zu einem leeren Tisch. Er war so aufgewühlt, dass er zitterte.

«Kati und ich haben uns furchtbar gestritten.»

Doch dann näherte sich jemand vom *Wall Street Journal*, um die beiden alten Freunde zu fotografieren. Sie posierten mit erhobenen Zeigefingern, als würden sie gerade über Afghanistan und Pakistan streiten, allerdings mit einem Lächeln. Holbrookes Gesicht war vom Kinn aufwärts rotfleckig, die Augen trüb vor Erschöpfung, der Bauch schwoll ihm über den Gürtel. «Lass uns morgen reden», sagte er. Sie kehrten an ihre Plätze zurück.

Nach dem Abendessen bat Holbrooke Wisner, am nächsten Tag bei ihm in der N Street zu übernachten. Wisner lehnte ab – er würde im Metropolitan Club sein.

Am Morgen flog Holbrooke nach Washington zurück. Auf dem Weg zum Flughafen rief ihn Dick Beattie an. Beatties Frau hatte Holbrooke bei dem Abendessen gesehen, und sie hatte ihm gesagt, dass Holbrooke ganz bestimmt an einem Herzinfarkt sterben werde – seine Gesichtsfarbe, sein Gewicht, er habe einfach furchtbar ausgesehen. Beattie sagte Holbrooke, er solle seinen eigenen Kardiologen aufsuchen, er traute Dr. Rosenfeld nicht. Holbrooke erwähnte, dass er sich mit Kati gestritten hatte. Er war noch immer wütend auf sie, gleichzeitig schämte er sich dafür, wie er reagiert hatte. Sie hatten sich schlimme Dinge an den Kopf geworfen.

Er traf sich mit Susan Glasser, der Herausgeberin von *Foreign Policy*, zum Mittagessen in der Kantine des Außenministeriums. Er aß sein Sushi und verschlang ihre California Roll dazu. Sie gab ihm ein Andenken, das ihm bei der Vierzigjahrfeier überreicht worden war, eine Acrylglaskopie der ersten Ausgabe, deren Titel seinen Artikel «Der Apparat, der «versagt» ankündigte. Er hatte sich sehr darüber gefreut, hatte aber vergessen, das Geschenk mit nach Hause zu nehmen. An diesem Abend saß er noch spät an seinem Schreibtisch, ein Büromitarbeiter bemerkte, wie er schokoladenüberzogene Espressobohnen in sich hineinschaufelte, die aus einem Präsentkorb stammten, den ihm ein pakistanisch-amerikanischer Verband zum islamischen Neujahr geschickt hatte. Der Mitarbeiter nahm sie ihm weg.

Er kehrte nach Hause in die N Street zurück, zog Jeans und einen hellblauen Pullover an und ging ins 1789, ein Restaurant in Georgetown, das in einem alten Gebäude der Bundesverwaltung untergebracht war, mit offenem Kamin und freiliegenden Deckenbalken. Er war um acht mit Michael Abramowitz verabredet, dem Sohn seines Freundes Mort Abramowitz – seines ehemaligen Freundes, müsste man eigentlich sagen, seit sie sich in der Kosovo-Frage überworfen hatten. Holbrooke war erschöpft und niedergeschlagen, doch es hob seine Stimmung, das Neueste von der Familie Abramowitz zu hören, denn sie waren Teil seiner Vergangenheit. Er wollte nicht über die Arbeit reden, meinte nur, es sei eine Plackerei, aber das müsse man aushalten, wenn einem der Präsident die größte Herausforderung anvertraue, der das Land gegenüberstehe.

Aber über Kati wollte er reden. Dass sie eine brillante Schriftstellerin sei, die zwei Bücher über den Holocaust geschrieben habe (Michael war damals Teil der Leitung des Holocaust-Museums), dass sie erst spät im Leben ihre jüdischen Wurzeln entdeckt habe, dass ihr Vater gefühlskalt gewesen sei, dass Peter Jennings nach der Hochzeit verlangt habe, dass sie ihre Stelle bei ABC aufgebe. Nur Holbrooke selbst wisse sie wirklich zu schätzen. Er wollte einfach nicht aufhören, über Kati zu sprechen. Vielleicht gab es ihm das Gefühl, ihr näher zu sein. Sie hatten seit dem Streit nicht miteinander gesprochen.

Abramowitz fuhr ihn in die N Street zurück. Auf dem Weg erzählte Holbrooke, dass er und Kati mit jedem Jahr, in dem er für die Regierung arbeite, Hunderttausende von Dollar verloren.

Es war halb elf, als er zu Hause ankam. Er rief Wisner in seinem Club an und bat ihn zu kommen. «Ich muss dich unbedingt sehen. Ich will dir erzählen, was gestern Abend vorgefallen ist.»

«Das geht nicht. Ich bin gerade in mein Zimmer zurückgekehrt. Es ist spät.»

«Was du über meine Idee gesagt hast – ich hab mit Kati nie darüber gesprochen, und es kam zu einer kompletten Wut-Attacke, sie griff mich an und kritisierte mich. Wir haben uns selten so gestritten wie dieses Mal.»

«Oh, Scheiße, das tut mir leid. Das war überhaupt nicht meine Absicht.»

«Ich weiß, dass du das nicht wolltest, aber sie ist unglaublich sauer, dass ich es dir erzählt habe, aber nicht ihr. Ich versuche, ein Paket daraus zu schnüren, das ich dem Präsidenten überreichen kann, und Kati redet einfach zu viel – ich kann ihr nichts von meiner Arbeit anvertrauen. Deshalb haben wir uns so furchtbar gestritten, und seitdem ist Funkstille.» Ihre Ehe, sagte er, sei in großer Gefahr.

Er blieb lange auf. Er rief die jüngere Frau an, die einmal seine Geliebte gewesen war, und als sie nicht ans Telefon ging, hinterließ er eine Nachricht: «Du hast mich vergessen. Das bricht mir das Herz.» Seine Sekretärin Donna Dejban schickte ihm eine Nachricht: Axelrod wolle ihn am morgen um neun im Weißen Haus sehen. Er sah Stephen Colberts Sendung im Fernsehen, rief verschiedene Leute an, schrieb bis weit nach Mitternacht E-Mails.

Freitag, 10. Dezember. Er war gerädert und nervös, als er aufwachte. Um halb acht rief er seinen Stellvertreter Frank Ruggiero an. Ruggiero hatte um zehn einen Termin bei Clinton, um sie über seine Begegnung mit Tayeb Agha in München zu informieren, bei der die Grundlage für weitere Gespräche gelegt worden war. Holbrooke hielt ihn eine Stunde lang am Telefon, sprach über alles, was ihm durch den Kopf ging und schwelgte in Erinnerungen an die Washingtoner Politszene von einst. Er fragte Ruggiero, ob er wisse, warum Axelrod ihn so kurzfristig sehen wolle. Er schien zu glauben, dass ihn eine schlechte Nachricht erwartete – dass er vielleicht sogar entlassen würde.

Er rief noch schnell Kati an. Es war nicht der Zeitpunkt, darüber zu sprechen, was zwischen ihnen passiert war, und den Schaden zu reparieren. Sie lachten über eine Geschichte in den Nachrichten – Indiens Botschafterin, eine Frau, die sie beide nicht mochten, hatte sich darüber empört, an einem Flughafen in Mississippi abgetastet worden zu sein.

«Lachen tut gut», sagte Holbrooke. Aber auf der Fahrt zum Weißen Haus war er aufgewühlt.

Er war blass und außer Atem, als er ankam, Schweiß stand ihm auf der Stirn. Axelrod fand, dass er furchtbar aussah.

«Ich werde Ihnen etwas erzählen, das nur fünf Menschen auf der Welt wissen», begann Holbrooke. Es war genau dieses Ausholen, das die Obama-Leute so nervte, aber Axelrod hörte höflich zu, während Holbrooke ihm von Tayeb Agha erzählte, der direkten Verbindung zu Mullah Omar, der Notwendigkeit einer diplomatischen Lösung. Er schien weniger konzentriert als üblich, ihn schien etwas anderes zu bedrücken. Einmal hatte er einen Hustenanfall, der so schlimm war, dass Axelrod Lesser bat, ein Glas Wasser zu holen.

«Ich muss mit dem Präsidenten sprechen», sagte Holbrooke. «Er weiß möglicherweise nicht alles, was er wissen sollte.»

Axelrod erklärte, er werde den Nationalen Sicherheitsrat nicht umgehen, und fragte, ob Holbrooke schon mit Donilon und McDonough darüber gesprochen habe.

Sie seien diejenigen, die ihm im Weg stünden, antwortete Holbrooke und fügte hinzu: «Ich weiß, dass der Präsident mich nicht mag.»

Axelrod hätte jede Glaubwürdigkeit verloren, hätte er es geleugnet. Also sagte er: «Er weiß Ihre Bemühungen sicher zu schätzen, aber Sie müssen Ihre Vorstellungen auf produktive Weise darlegen.» Das war nicht als Hinweis darauf gedacht, wie er mit Obama reden sollte, sondern als Erklärung, warum es nie zu einem solchen Gespräch kommen würde.

Plötzlich sah Holbrooke auf seine Uhr. «Ich muss los, ich habe einen Termin bei Hillary.» Eilig verließ er das Weiße Haus, Lesser begleitete ihn zu seinem Wagen an der West Executive Avenue. Es war bereits klar, dass Axelrod sein Amt zum Ende des Jahres niederlegen würde, um den kommenden Wahlkampf zu leiten, und dass auch Lesser aufhören würde, und Holbrooke schluckte seine Enttäuschung immerhin so weit herunter, dass er Lesser eine Stelle beim SRAP anbot. Lesser lehnte dankend ab, er wolle Jura studieren.

Auf der Fahrt zum Außenministerium rief er Gelb an. «Ich war bei ihm. Sieht nicht so aus, als würde es klappen.» Gelb wusste nichts von einem Treffen mit Axelrod, aber er begriff sofort, worum es ging.

Er trat in den Aufzug, fuhr in den siebten Stock.

Eilte über den Flur, vorbei an der Einsatzzentrale, wo damals, am Tag der Igman-Katastrophe, sein Anruf aus Sarajevo eingegangen war, vorbei an Gelbs altem Büro, Lakes altem Büro.

Dann in den mahagonigetäfelten Flur der Ministersuite. Das offizielle Porträt von Dean Rusk, der von der Wand gegenüber der Tür auf ihn herabblickte, mit schweren Tränensäcken, ernster Miene – die widerwillige Vaterfigur, der Mann, der dafür verantwortlich war, dass er Diplomat geworden war.

Eilte an Steve Mull vorbei, dem Sekretär von Clinton.

«Wie geht es Ihnen, Botschafter?»

«Schlimm. Der schlimmste Tag überhaupt. Und jetzt komme ich auch noch zu spät zu Hillary.»

Ins Vorzimmer hinein, wo er einst mit Wisner und Tarnoff herumgelungert hatte in der Hoffnung, Cyrus Vance zu Gesicht zu bekommen. Ließ den Mantel auf einen Stuhl gleiten, damit Claire Coleman, Clintons Assistentin, ihn in den winzigen Schrank im Türrahmen hängen konnte. In den riesigen Empfangssaal der Ministerin, wo er und S. K. Lambah erst drei Tage zuvor mit Clinton gesprochen hatten. Wo er früher Vance und Christopher und Albright getroffen hatte, und, mit gerade einmal zwanzig, Rusk. Wo er immer selbst gestanden hatte, wenn er träumte, als Außenminister bedeutende Persönlichkeiten zu empfangen – wichtige Besucher wie ihn selbst.

Hinten in der Ecke stand ein Weihnachtsbaum. An den Wänden hingen Porträts von Washington, Madison und John Quincy Adams. Ein gigantischer Perserteppich bedeckte den Boden. Vorhänge in Blau und Pink, mit einem Muster, das «Die vier Kontinente» hieß und von Stoffen abgeleitet war, die Ben Franklin 1799 aus Paris mitgebracht hatte. Clinton saß auf dem Sofa unter dem Fenster, von dem man auf das Lincoln Memorial hinüberblickte. Links neben ihr Jake Sullivan. Ruggiero saß links von Sullivan in einem Sessel.

Holbrooke war eine Viertelstunde zu spät – der Termin war fast vorbei. Er setzte sich in einen Sessel rechts von Clinton. «Ich komme gerade von Axelrod. Das war sehr interessant.» Er begann über die historische Bedeutung der Verhandlungen mit den Taliban zu sprechen, warum es so viel schwieriger sei als Vietnam und Bosnien. Es war die Art von Vortrag, die dazu geführt hatte, dass Obama ihm nicht mehr zuhörte.

«Komm schon, Richard», sagte Sullivan, «wir wissen alle, was du uns sagen willst, lass uns also beim Thema bleiben.»

Ruggiero fuhr fort, die Ministerin für ihr Treffen im Weißen Haus zu briefen.

Holbrooke wollte etwas sagen.

«Um Gottes willen, Richard, was hast du?»

Clinton sah ihn an. Sein Gesicht hatte eine Farbe angenommen, die bei Menschen nicht vorkommt, es war so rot, dass es wie eine Karikatur wirkte. Holbrooke stand auf.

«Ich weiß nicht.» Er wirkte fassungslos – nicht vor Schmerz, sondern als hätte er gerade eine gewaltige Überraschung erlebt. «Ich fühl mich nicht so gut. Etwas Schreckliches passiert gerade.»

«Komm, wir bringen dich zum Arzt.»

«Nein, ich warte lieber.»

«Komm, sofort. Claire bringt dich runter zum Sanitäter.»

Ruggiero und Sullivan führten Holbrooke zum Ministeraufzug, während er Anweisungen bellte – «Es geht schon, Claire kann mich runterbringen. Geht zurück zu Hillary, damit Frank weitermachen kann.»

Coleman fuhr mit ihm in die erste Etage. Einmal links, noch einmal links, vorbei an Zimmer 1515, seinem Kabuff. Dann hinunter ins Untergeschoss, ein Labyrinth von weißen Gängen, Linoleumböden, niedrige Deckenplatten. Donna Dejban, seine Sekretärin, holte sie ein. Ein paar Meter vor der Sanitätsstation ließ er sich gegen die Wand fallen.

«Meine Beine! Da stimmt etwas nicht!»

Dejban und Coleman brachten ihn auf die Station. «Ruft bloß nicht Kati an!», sagte er immer und immer wieder zu Dejban.

«Mein Handy funktioniert hier unten eh nicht», sagte Dejban. «Wir werden sie anrufen, wenn wir wissen, was los ist.»

Die Sanitäter setzten ihn auf eine Liege. Sie zogen ihm Jackett, Krawatte und Hemd aus, legten ihn hin und bedeckten seinen mächtigen Rumpf mit einem Kittel. Die untere Hälfte seines Gesichts war aschfahl, die obere knallrot. Er brüllte vor Schmerzen. Es dauerte eine Ewigkeit, bis der Krankenwagen kam.

«Wo sind meine Leute? Wann kommt der Krankenwagen?»

Seine Stellvertreter Ruggiero und Dan Feldman kamen herein, dazu sein persönlicher Assistent Chris LaVine. «Ich komme mit», sagte Ruggiero.

«Dan, bleib bei mir», sagte Holbrooke. Feldman war seit zwei Jahren dabei, er war in diesem Moment ein Ersatzsohn.

Sie schoben Holbrooke über die Laderampe hinaus auf den Bürgersteig der 21st Street. Die Winterkälte streifte ihn, er zog sich das Laken übers Gesicht. «Das ist das Ende meiner Laufbahn, es wird nie wieder werden wie zuvor.» Sie warteten zehn weitere Minuten in der Eiseskälte, bis der Krankenwagen endlich kam.

Feldman kletterte hinten zu Holbrooke, LaVine stieg vorn ein. Der Krankenwagen fuhr über die 21st Street, bog links in die C Street, dann noch einmal links auf die Virginia Avenue, die nach Georgetown führt, wo beinahe alle, die er einst gekannt hatte, bereits tot waren.

Sein Büroleiter hatte den Krankenwagen angewiesen, zum Sibley Memorial Hospital zu fahren, vorbei an dem Haus auf der Nebraska Avenue, wo er damals mit Litty gewohnt hatte. Aber seine Begleiter meinten, er würde es vielleicht nicht schaffen, und sagten dem Fahrer, er solle die 23rd Street hinauf zum George Washington Hospital fahren, so sparten sie zehn Minuten.

«Wir sollten Kati anrufen», sagte Feldman.

LaVine rief sie auf dem BlackBerry an, und als Kati abnahm, sagte er: «Ich bin hier bei Richard. Wir sind in einem Krankenwagen. Ich geb ihn dir.» Er reichte Holbrooke das Telefon.

«Ich habe noch nie solche Schmerzen gehabt», sagte Holbrooke. Es war die tonlose, leblose Stimme, mit der er sie nach dem Unfall am Igman angerufen hatte. «Ich spüre meine Beine nicht.»

Kati war im Beresford, sie war gerade aus dem Fitness-Center gekommen, trug noch ihre Sportklamotten. Sie sei schon unterwegs, sagte sie. Es war ein kurzes Gespräch.

Holbrooke beklagte sich über seine Behandlung – keine Ärzte, nur Krankenpfleger und Sanitäter, der Krankenwagen hatte zwanzig Minuten gebraucht. «Sag Hillary, dass die Sanitätsstation eine Katastrophe ist.»

Feldman begann, auf der Rückseite der Kreditkartenquittung eines chinesischen Restaurants Notizen zu machen.

«Ruf meine Kinder an – sag ihnen, wie sehr ich sie liebe. Sag David und Lizzie, sie sollen herkommen. Ruf Anthony an» – er war in Deutschland –, «er braucht nicht zu kommen. Sag Chris, er kann kommen, aber nur wenn er will. Ihr seid die besten Mitarbeiter, die ich je hatte. Sorg dafür, dass die Leute das hören.»

Er hatte furchtbare Schmerzen in der Brust. Feldman versuchte, Holbrookes Hand zu halten und gleichzeitig Notizen zu machen.

«Du wirst eine tolle Karriere haben. Jeder mag dich. Deine Kinder sind großartig. Verbring mehr Zeit mit deiner Familie. Lass mich hier nicht sterben.»

«Keine Sorge. Wir sind gleich im Krankenhaus.»

«Was passiert mit mir? Es fließt nichts. Mein Arsch, meine Beine – ich spüre sie nicht. Vielleicht ein Blutgerinnsel.» Er war panisch. «Ich will nicht allein sterben. Ich will zu Hause sterben, bei meiner Familie. Ich habe noch so viel vor.»

Jehan El-Bayoumi, Hillary Clintons Ärztin, arbeitete damals am George Washington Hospital, ein Mitarbeiter von Clinton rief sie an und sagte, eine wichtige Person sei auf dem Weg. Eine junge Kardiologin, Monica Mukherjee, stand bereit, als der Krankenwagen vorfuhr, und führte die Trage durch die Notaufnahme direkt in die Radiologie.

Holbrooke schrie vor Schmerz. Mukherjee versuchte, ihn zu beruhigen, um einen CT-Scan machen zu können. Sie konnte bereits erkennen, dass die Aorta gerissen war. Sie wusste nicht, wer er war, aber er kam ihr wie ein Riese vor, viel zu groß für die Trage. Seine gewaltigen Füße fielen fast vom Rand herunter. Kein Blut erreichte diese Füße, sie waren in höchster Notlage.

Feldman trat zurück, um die Ärzte in New York anzurufen.

«Wo ist Dan?», rief Holbrooke, «wo ist Dan?»

«Sie müssen versuchen, sich zu beruhigen», sagte Mukherjee.

Der Scan zeigte eine Aortendissektion Typ A, eine Notoperation war angezeigt. Im Büro der Außenministerin hatte sein Herz mit einer Macht Blut durch das überlastete und geschwächte Aneurysma gepumpt, dass es ein Loch in die Innenschicht der Aorta gerissen hatte, Blut strömte zwischen den Schichten hindurch, die Lappen an der Rissstelle blockierten den Blutfluss zu den Wirbelsäulenarterien, die untere Hälfte seines Körpers war abgeschnitten.

Mukherjee rief den Chefarzt der Herzchirurgie an, der fünfzehn Minuten entfernt war. «Sie müssen sofort kommen. Es ist ein VIP»

«Wer?»

«Er heißt Holbrooke.»

Er wurde in den Schockraum gerollt, um seine Trage wurden die Vorhänge zugezogen. Feldman war bei ihm, hielt seine Hand, LaVine stand am Fußende. Mukherjee versuchte, einen Katheter in seinen rechten Arm einzuführen, um den Blutdruck zu überwachen, doch er war so unruhig, dass es ihr nicht auf Anhieb gelang. Er hatte kaltfeuchte Haut, ihm schien übel zu sein, er sah aus, als müsse er jeden Augenblick in Ohnmacht fallen. Trotzdem fiel Mukherjee auf, wie sehr er den Raum dominierte – nicht nur durch seine Größe, sondern durch seine schiere Gegenwart, das Strahlen seiner eisblauen Augen.

Sie hantierte mit der Kanüle. «Das tut jetzt möglicherweise weh.»

«Es ist gut, dass Sie schön sind, Frau Doktor», sagte Holbrooke zu ihr.

El-Bayoumi und einige andere waren inzwischen dazugekommen. Sein Blutdruck stieg und stieg, der Puls in seinen Beinen war nicht mehr zu spüren, aber er redete trotzdem immer weiter, gab Anweisungen an Feldman, der noch immer Notizen machte, als wären sie in einer Mitarbeiterbesprechung.

«Es gibt so viele Menschen, die ich liebe. Sag Les, dass ich ihn liebe. Ruf Frank und Strobe an. Ruf Jim Johnson an. Sag Claire einen lieben Dank. Sag Rosemarie Bescheid. Erzähl Hillary, was passiert ist. Erzähl es auch Eric Lesser, in Axelrods Büro. Sag Ash, dass ich sie liebe, sie soll kommen. Schreib alles auf, jeden kleinen Witz, den ich mache.»

Mukherjee sah El-Bayoumi an. «Versuchen Sie, ihn irgendwie zu beruhigen.»

«Bitte schließen Sie jetzt die Augen, versuchen Sie, sich zu entspannen», sagte El-Bayoumi. «Stellen Sie sich vor, Sie wären am Strand.»

Er schloss die Augen. «Ich kann Strände nicht ausstehen.»

«Okay, was mögen Sie denn?»

Er öffnete die Augen und sah Mukherjee an. «Ich mag schöne Frauen.»

Mukherjee war zusehends genervt.

El-Bayoumi forderte ihn erneut auf, sich zu entspannen.

«Ich kann mich nicht entspannen. Ich bin für Afghanistan und Pakistan zuständig.»

«Und Irak?»

«Nein. Der Irak interessiert mich nicht. Ich versuche, Frieden nach Afghanistan zu bringen.»

«Entspannen Sie sich», sagte El-Bayoumi. «Ich kümmere mich um Afghanistan.»

«Na gut. Dann sorgen Sie dafür, dass der Krieg beendet wird.»

Man gab ihm Einverständniserklärungen, die er unterschreiben sollte, aber er hatte zu großen Schmerzen, um sie zu lesen. «Ich hab da ein Problem mit dem zweiten Absatz», sagte er, um sie auf den Arm zu nehmen. Dann unterschrieb er.

Sie schoben ihn zum Aufzug und fuhren hinauf in den zweiten Stock. Er gab noch immer Anweisungen an Feldman.

«Sag Mort Janklow Bescheid. Nein, warte bis nach der Operation, und eine Pressemitteilung machst du auch erst, wenn es vorbei ist.»

Auf der Intensivstation stellte sich der Chirurg vor. «Mr. Holbrooke, ich bin Doktor Farzad Najam, der Herzchirurg hier.»

«Ich bin mit jedem indisch-amerikanischen Arzt einverstanden», sagte Holbrooke. Er wollte noch immer seinen Spaß haben. Najam und Mukherjee sahen sich an. Najam kam ursprünglich aus Pakistan, aus Lahore. Er wusste über Holbrookes Arbeit Bescheid. «Sagen Sie mir einfach, dass ich durchkommen werde.»

«Mr. Holbrooke, Sie haben eine akute Aortendissektion – die Aorta ist gerissen. Das ist eine Notoperation, wir müssen Sie sofort in den OP bringen.» Najam musste das Brustbein durchtrennen, ihn an eine Herz-Lungen-Maschine anschließen, die Aorta und möglicherweise auch die Herzklappe ersetzen.

«Und was setzen Sie stattdessen ein? Etwas Mechanisches? Geben Sie mir, was Sie haben – einen Teil von einem Schweineherzen, einen Teil von Dans Herz.»

Die OP-Schwestern nahmen ihm Armbanduhr, Ehering und den Ausweis des Außenministeriums ab und gaben sie Feldman.

«Das ist eine sehr risikoreiche Operation», sagte Najam. «Das Sterberisiko ist erheblich. Fünfzig Prozent oder höher.»

Holbrooke hörte es und wurde ruhiger. «Ich mag Sie», sagte er. «Sie machen mir nichts vor, das ist gut. Wenn ich durchkomme, dann weiß ich, es ist, weil ich bei Ihnen gelandet bin.»

Die Darbietung, die ihm geholfen hatte, die Angst und den Schmerz zu ertragen, war zu Ende. Der unablässige Drang zu handeln, der selbst in den letzten Minuten äußerster Not nicht nachgelassen hatte, hörte plötzlich auf. Zum ersten und zugleich zum letzten Mal waren seine eisblauen Augen von der Entschlossenheit erfüllt, die Wahrheit über sich selbst zu sehen und den Blick nicht abzuwenden.

Er hielt die Hände von Feldman und Mukherjee fest. Drückte sie.

«Ruf Kati an.»

Epilog

Das war das Ende. Zwanzig Stunden Operation, extrem starke Blutungen wegen des Coumadin, seine Aorta war bis zum Becken hinunter aufgerissen. Er wachte nicht mehr auf. Am Montagabend, den 13. Dezember, versagte sein Herz. Hillary Clinton informierte im Warteraum des Krankenhauses seine Mitarbeiter, die sich dort versammelt hatten. Sie weinten in ihren Armen. Sie nahm sie mit ins Ritz-Carlton, wo sie in der Bar saßen und sich bis spät in die Nacht Geschichten über ihn erzählten.

Wenn ein König stirbt, versuchen sich die Hinterbliebenen, in ihrer Trauer gegenseitig zu übertreffen, als würde die Bedeutung des Verstorbenen auf diejenigen übergehen, deren Trauer am größten zu sein scheint. So war es auch mit Holbrooke, der zwar nie den Thron bestiegen hatte, aber eine ähnliche Reaktion hervorrief. Es gab ein seltsames Gerangel darum, wer ihm am nächsten gewesen war, und viele der Konkurrenten waren jetzt, da er nicht mehr da war, wesentlich netter zu ihm als zuvor. Karzai rief Kati an und erklärte, wie bestürzt er sei. Eine rosa geblümte Grußkarte mit der Aufschrift «Gute Besserung» kam nach Holbrookes Tod an, gezeichnet «Generalleutnant Ahmed Shuja Pasha, Direktor der Inter Services Intelligence». Die Trauerfeier im Kennedy Center Opera House war wie ein Staatsbegräbnis. Zardari war aus Pakistan angereist, und Generäle, Diplomaten, Banker, Journalisten, Carl Bildt, Dikembe Mutombo, Albright, Biden, die Mitarbeiter des Weißen Hauses, die ihn am Boden gefesselt hatten wie Gulliver, auch Litty und die Frau aus Deutschland. Renée Fleming sang das «Ave Maria». Die Plastikpalmen von «South Pacific», dem Musical, das im Kennedy Center lief, standen auf der Bühne, und ebendort – neben Kati, David, Anthony und den anderen Trauerrednern – saßen Hillary und Bill Clinton sowie Barack Obama.

«Richard war ein sehr guter Ehemann», sagte Kati.

«Vergesst nie, nie, wie zerbrechlich Dick war, wie verletzlich», sagte Les Gelb.

«Ich habe nie verstanden, warum es Leute gab, die nichts mit ihm anfangen konnten», sagte Bill Clinton. «Die meisten, die ihn nicht zu schätzen wussten, konnten längst nicht so gut *handeln*.»

«Gott segne dich, mein Freund», sagte Hillary Clinton.

Obama blieb die gesamten zwei Stunden dort, aus Respekt oder Schuldgefühl. Als er an der Reihe war, lobte er seinen verstorbenen und gedemütigten SRAP mit abstrakten, von anderswo übernommenen Begriffen und zitierte Matthew Arnolds Gedicht «Das begrabene Leben», eine seltsame Wahl, handelt es doch von der Suche nach einem inneren Leben – ein Berg, den der Verstorbene nie erklimmen wollte.

In seinem privaten Umfeld zeigte sich Obama verärgert über die Anschuldigung, die damals die Runde machte, dass er Richard Holbrooke umgebracht habe.

Hätte Holbrooke das Afghanistan-Problem lösen können? Ich glaube nicht. Die besten Ideen sind nutzlos, wenn man sie nicht in die Welt tragen kann. Er hatte die Gabe der Überzeugung verloren, die für seine Arbeit so entscheidend war. Möglich auch, dass Afghanistan zu dem Zeitpunkt, als Holbrooke dort ankam, bereits eine dieser schrecklichen Aufgaben geworden war, die einerseits dringlich, andererseits unlösbar waren. Doch wenn Obama meinte, es könne sich lohnen, sechzigtausend Soldaten zu entsenden, dann hätte es sich wohl auch gelohnt, die Abneigung gegen seinen weitschweifigen Sondergesandten zu überwinden und Holbrookes schwindende Kräfte zu nutzen, um den Krieg zu beenden. Afghanistan war nie wichtig genug.

Gegen Ende lebte er in allen Kapiteln seines Lebens gleichzeitig – Kennedy und Obama, Vietnam und Bosnien und Afghanistan –, als würde er in einem einzigen Gewässer treiben, dessen Temperatur sich von Ort zu Ort und je nach Wassertiefe änderte. All diese Erfahrungen, die er gesammelt hatte – wir Amerikaner wollen sie nicht haben. Sie sind uns unangenehm, beinahe peinlich, es sei denn, wir begraben sie gerade. Also vergessen wir die Fehler, die wir gemacht haben, oder schrecken vor ihnen zurück, wir gehen von einem Extrem ins andere, entwickeln übermenschliche Kräfte oder ziehen uns missmutig zurück, wir suchen nach Antworten in unserem eigenem guten Willen, in unserer eigenen Weisheit, nicht dort, wo sie tatsächlich liegen – draußen in der Welt und in der Geschichte. Ich kann nur staunen, dass wir am Ende unseres halben Jahrhunderts an der Spitze so gut dastanden. Aber das ist jetzt vorbei.

Es gab Trauerfeiern in anderen Städten. In New York füllten sich die Sitze der UNO-Generalversammlung ebenso mit Menschen, die ihn liebten, und solchen, die ihn hassten. Samantha Power und Susan Rice kamen gemeinsam zu spät. Oben, allein auf dem Balkon, saß Tony Lake. Er war einundsiebzig Jahre alt und trug einen grauen Bart. Er war zu Fuß gekommen, nur einen halben Block von der UNICEF, wo er dank Obama und Rice für die Rettung der Kinder dieser Welt, von Syrien bis Birma, zuständig war – ein Posten, für den er hervorragend geeignet war, und der ihn endlich auch glücklich machte. Er war gekommen, um seinen alten Freund und Feind zu verabschieden, aber er war, wie so oft, hin- und hergerissen. Er wollte kein Aufsehen erregen, aber er wollte ihm doch die letzte Ehre erweisen. Wenn nicht ihm, so doch zumindest der gemeinsamen Vergangenheit. Dann schlüpfte er unbemerkt hinaus.

Eine Unruhe ging von Holbrookes Abwesenheit aus. Er war so plötzlich aus einer Welt verschwunden, in der seine Anwesenheit solche Wellen geschlagen hatte. Mit seinem Tod war nichts geklärt – alles stand zur Disposition.

Kati bat Hillary Clinton und Admiral Mullen, ihn in Arlington beisetzen zu lassen. Eine Ausnahmegenehmigung der obersten Armeeverwaltung war nötig, da Holbrooke nicht gedient hatte. Clinton und Mullen schrieben entsprechende Briefe, und Mullen machte im Pentagon Druck, aber der Widerstand von Petraeus und von General John Kelly, Gates' militärischem Assistenten, war einfach zu groß. Holbrooke hatte seinem Land mit einigen Unterbrechungen über fünf Jahrzehnte gedient, und er war sozusagen im Einsatz gefallen, aber auf dem Nationalfriedhof war für ihn kein Platz.

Selbst seine Asche war unruhig. Sie wurde hierhin gebracht und dorthin, es dauerte Jahre, bis sie begraben wurde. Erst stand die Urne im Krematorium herum, weil Kati zu durcheinander war, um sie abzuholen, dann blieb sie monatelang im Haus seiner Büroleiterin. Die trug schließlich die Urne in einer bunten Makrameetasche zu einer Buchpremiere, bei der Kati erwartet wurde, und Kati nahm sie mit in ihre neue Wohnung in Manhattan, wo sie sie einige weitere Jahre aufbewahrte.

Sie verarbeitete ihren Verlust zu einer ganzen Serie von Interviews, Reden und Meinungskolumnen. Sie sprach in Berlin, Srebrenica und Dayton über das Erbe ihres Mannes. Sie verurteilte Obama. Sie schrieb ein Buch über ihre Ehen, in dem sie ein letztes liebevolles Gespräch beschrieb, das sie unmittelbar vor seinem Zusammenbruch mit ihm geführt hatte, aber nicht den Streit, der dem vorangegangen war. Als David sich daranmachte, einen Film über den Vater zu drehen, den er nie richtig kennengelernt hatte, versuchte Kati, ihn davon abzuhalten, und sie stritten darüber, wer in Holbrookes Namen und zu seinem Andenken sprechen durfte. Als Witwe wurde sie zu einer ebenso beharrlichen Fürsprecherin für ihn und seine Anliegen, wie er es selbst im Leben gewesen war.

Im Herbst 2015 wurde seine Asche schließlich bestattet, auf einem Friedhof in den Hamptons, unter einem Grabstein, auf dem steht:

RICHARD C.
HOLBROOKE
23. APR. 1941
13. DEZ. 2010
STAATSMANN
MENSCHENFREUND
PATRIOT

Als ich all dies betrachtete, aus der Entfernung einer Tribüne, auf der seine weniger wichtigen Freunde saßen, kam mir der Gedanke, dass diese Unruhe etwas mit der Tatsache zu tun hatte, dass er beinahe bedeutend gewesen war. Wenn er zu der Größe aufgestiegen wäre, die er und seine Bewunderer erhofft hatten, wäre auf seinen Tod ein Ehrenbegräbnis gefolgt, und zwar an dem festen und ruhigen Ort, den die Geschichte für ihn reserviert hätte. Wäre er aber gewesen wie wir, hätten Trauer und Andenken im Privaten stattgefunden. In diesem undefinierbaren Zwischenraum aber, in dem die Seelen der beinahe Bedeutenden um Anerkennung betteln, kämpfte er weiter, er strebte und sehnte sich nach mehr.

Das ist alles, was ich zu erzählen habe. Die Geschichte ist länger geworden, als ich geplant hatte. Es gab einfach zu viel zu sagen, ich habe seine Stimme noch immer im Ohr. Eines Tages, davon bin ich überzeugt, wird sie sich verlieren, so wie sich auch sein Andenken verlieren wird, wie auch die Vorstellung von einem Leben, das so gelebt wird, als bräuchte die Welt die helfende Hand Amerikas, um die Dinge in Ordnung zu bringen. Nun sind Sie mit all seinen Schwächen, mit all den Fehlern dieses Lebens vertraut. Aber empfinden nicht auch Sie jetzt, da Holbrooke nicht mehr da ist und wir die Alternativen kennenlernen, eine Art von Bedauern? Die Geschichte ist in dieser Hinsicht grausam. Er hat sie trotzdem geliebt.

Zu den Quellenangaben

Die Hauptquellen dieses Buches sind der in der Seeley G. Mudd Manuscript Library der Princeton University lagernde Holbrooke-Nachlass sowie die Interviews, die der Autor mit beinahe zweihundertfünfzig Personen geführt hat. Diese Gespräche fanden in den Vereinigten Staaten und neun weiteren Ländern statt, darunter Vietnam, Bosnien und Herzegowina, Serbien, Kroatien und Afghanistan.

Es handelte sich jeweils um Hintergrundgespräche, was bedeutet, dass der Autor die Informationen ohne Nennung der Quelle verwenden durfte. Daher werden diese Quellen in den folgenden Angaben nicht einzeln aufgeführt, obwohl sie sehr viel Material zum Buch beigetragen haben. Die Beschreibung von Saigon am Beginn der Vietnam-Abteilung etwa stützt sich neben den in den Quellenangaben aufgeführten Büchern und anderen Materialien auf Gespräche mit zahlreichen Menschen, die damals vor Ort waren. Die Darstellung des Unfalls am Igman in den Bosnien-Kapiteln beruht einerseits auf dem UNO-Untersuchungsbericht und andererseits auf Gesprächen mit den unmittelbar Betroffenen. Die Szenen im Weißen Haus unter Obama in der Abteilung zu Afghanistan sind auf der Grundlage zahlreicher Gespräche mit ehemaligen Amtsträgern entstanden und stützen sich zusätzlich auf den Holbrooke-Nachlass und weitere schriftliche Quellen. Die Namen der Gesprächspartner sind im Folgenden aufgeführt, der Autor ist ihnen zu Dank verpflichtet: Hassan Abbas, Michael Abramowitz, Morton Abramowitz, Christiane Amanpour, Rina Amiri, Dejan Anastasijević, Holly Andersen, Michael Armacost, Ken Auletta, David Axelrod, Jeffrey Bader, Randall Banky, Peter Bass, Richard Beattie, Edina Bećirević, Elizabeth Becker, Richard Bernstein, Carl Bildt, Avis Bohlen, Ashley Bommer, Lakhdar Brahimi, Marie Brenner, Kevin Buckley, Bojan Bugarčić, John Fisher Burns, Gahl Hodges Burt, Robert Campagna, Aida Cerkez, Shamila N. Chaudhary, Derek Chollet, Zoran Cirjakowicz, Wesley Clark, Hillary Rodham Clinton, Richard Cohen, Roger Cohen, Summer Coish, Steve Coll, Sherard Cowper-Coles, James B. Cunningham, Pete Dawkins, Muhammad Umar Daudsai, Donna Dejban, Joy de Menil, John Dempsey, Saša Đogović, Tom Donilon, Peter Duchin, David Dunn, R. P. Eddy, Kai Eide, Karl Eikenberry, Jehan El-Bayoumi, Lawrence P. Farrell Jr., Ronan Farrow, Dan Feldman, Burt Field, Dexter Filkins, Jon Finer, Frances FitzGerald, Sylvana Foa, Stefanie Frease, Dervo Gadžo, Peter W. Galbraith, Bob Gallucci, Ejup Ganić, Judy Gelb, Les Gelb, Daniel Gerstein, Susan Glasser, Mary Ellen Glynn, Philip Goldberg, Mary Beth Goodman, Mate Granić, Jeremy Greenstock, David Greenway, Eliza Griswold, Claudia Grose, Peter Grose, Mirza Hajrić, Hussein Haqqani, Paul Hare, Peter Hargraves, Stephen Heintz, Christopher Hill, James Hoge, Andrew Holbrooke, Anthony Holbrooke, Blythe Babyak Holbrooke, David Holbrooke, Litty Holbrooke, Martin Indyk, Wolfgang Ischinger, Susannah Jacob, Ali Dschalali, Michael Janeway, Morton L. Janklow, Elizabeth Jennings, James A. Johnson, James Jones, Paul W. Jones, Ward Just, Robert G. Kaiser, Marty Kaplan, Hamid Karzai, Nicholas deB. Katzenbach, James Keith, Donald L. Kerrick, Sepideh Keyvanshad, Zalmay Khalilzad, Ann Kinney, Gilbert Kinney, Henry Kissinger, Fausia Kufi, John C. Kornblum, Momčilo Krajišnik, Norm Kurz, Mark Lagon, Anthony Lake, Antonia Lake, S. K. Lambah, Chris LaVine, Vladimir Lehovich, Eric Lesser, Jonathan Levitsky, Jean-David Levitte, Mark Lippert, Jawad Ludin, Douglas Lute, Mark Lynch, Vincent Mai, Gail Malcolm, Mark Malloch-Brown, Kati Marton, Veran Matić, Denis McDonough, George McDowell, John Menzies, David Miliband, Tom Miller, Anne Milliken, Ivan Mišetić, Saad Mohseni, Roger Morris, Nader Mousavizadeh, Monica Mukherjee, Steve Mull, Mike Mullen, Cameron Munter, Farzad Najam, William Nash, Vali Nasr, Shuja Nawaz, John Negroponte, Pauline Neville-Jones, Thu Ha Nguyen, John W. Nicholson Jr., Rod Nordland, Suzanne Nossel, Morgan O'Brien, Robert Orr, Peter Osnos, James Pardew, Anne Patterson, Peter Peterson, David Petraeus, Annie Pforzheimer, Barbara Phillips, Rufus Phillips, Nicholas Platt, Richard Plepler, Dschilani Popal, Samantha Power, John Prendergast, Kenneth Quinn, Sally Quinn, Ahmed Rashid, Zalmai Rassoul, Saskia Reilly, Chris Reimann, David Remnick, Ben Rhodes, Francis J. Ricciardone, Enver Robelli, Robbie Robinson, David

Rohde, Lionel Rosenblatt, Peter R. Rosenblatt, Jack Rosenthal, James Rosenthal, Barnett Rubin, Frank Ruggiero, Mohammed Sacirbey, Nikola Šainović, Amrullah Saleh, Mansour bin Saleh, Tom Schick, Douglas Schoen, Frank Scotton, Daniel Serwer, Maureen Shea, Maria Sheehan, Neil Sheehan, Haris Silajdžić, John Silson, Vikram J. Singh, Vesna Skare-Ozbalt, E. Benjamin Skinner, Edie Smith, Gary Smith, Scott Smith, Peter J. Solomon, Matthew Spence, Jovica Stanišić, James Steinberg, Michael Steiner, Jim Sterba, Fritz Stern, Rory Stewart, Howard Stringer, Jake Sullivan, Mona Sutphen, Strobe Talbott, Peter Tarnoff, Alex Their, James Townsend, Milo Vasić, Alexander Vershbow, Karl von der Heyden, Barbara von Schreiber, Jenonne Walker, Volney F. Warner, Kael Weston, Maureen White, Leon Wieseltier, Frank Wisner, Peter Wittig, Geoffrey Wolff, Priscilla Wolff, Tobias Wolff.

Anmerkungen

Prolog

9 Sie sagt: «Ich habe das Gefühl»: Richard Holbrooke (im Folgenden RH), Audiotagebuch Afghanistan, 14. September 2010, Nachlass Holbrooke (im Folgenden zitiert als NH).

10 In den Achtzigerjahren ging er: Leon Wieseltier, «Richard», *The New Republic*, 14. Dezember 2019, https://www.thenewrepublic.com.

14 In einem seiner Briefe: Joseph Conrad, *The Collected Letters of Joseph Conrad* (Band 2), Cambridge 1986, S. 349.

15 «Was mich berührt hat»: RH, Audiotagebuch Afghanistan, 23. August 2010, NH.

16 «So etwas muss Les»: «Leslie H. Gelb on the Late Richard Holbrooke's Contributions to Foreign Policy», *The Daily Beast*, 2. Januar 2011, https://www.thedailybeast.com.

Träume, weit entfernt

21 Sein Name war Abraham: Als Hintergrundinformation zu RHs Eltern stellte Andrew Holbrooke dem Autor Briefe, Fotos, Pässe und weitere offizielle Dokumente sowie eine Audioaufnahme zur Verfügung.

21 Er wurde 1912 in Warschau geboren: Trudi Kearl an Anthony Holbrooke, 28. März 1994, NH.

22 «Nach dem Krieg werden die Amerikaner»: Sami Moos an Rudolf Saenger, 5. Februar 1916, NH.

22 Später hatte Sami Moos: Trudi Kearl an Anthony Holbrooke, 28. März 1994, NH.

23 «Ist Nasser ein weiterer Hitler?»: RH an Dan Holbrooke, 2. August 1956, NH.

24 «Ich werde Andy Schokolade schicken»: RH an Trudi Holbrooke, 2. August 1956, NH.

24 In jenem Jahr hatte Dan: Isamu Noguchi an Dan Holbrooke, undatiert 1950. Zur Verfügung gestellt von Andrew Holbrooke.

24 Einundvierzig Jahre später: «USA: Richardson and Holbrooke Head for New Posts Update», Associated Press Videoarchiv, 18. März 1998, https://www.aparchive.com.

26 Doch 1958, bei einem Frühstück: RH, Interview mit Richard Rusk, März 1985. Dean Rusk Oral History Collection, Richard B. Russell Library for Political Research and Studies, University of Georgia Libraries, Athens, http://purl.libs.uga.edu.

27 Im Mai des vorangegangenen Jahres: RH in Michael J. Berland und Douglas E. Schoen, Hrsg. *What Makes You Tick? How Successful People Do It – and What You Can Learn from Them.* New York 2009, S. 159; E. Benjamin Skinner, «Reporting Truth to Power», *The Unquiet American*, hrsg. von Derek Chollet und Samantha Power. New York 2011, S. 48–51.

27 Noch als Student wurde er einmal: RH, Seminararbeit ohne Titel, History 174, Brown University, 14. Mai 1962, NH.

28 «die erste Katastrophe»: Fritz Stern, *Einstein's German World*. Princeton 1999, S. 199.

28 Sein Traum vom globalen Frieden: RH, Seminararbeit ohne Titel, History 174, Brown University, 14. Mai 1962, NH.

29 «Mit herzlichen Glückwünschen»: RH an Litty Holbrooke, undatiert, NH.

Wie können wir verlieren, wo wir uns doch so bemühen?

33 «Jungs, zieht diese Anzüge aus»: Rufus Phillips, *Why Vietnam Matters: An Eyewitness Account of Lessons Not Learned*. Annapolis 2008, S. 161; RH, Aufzeichnungen zur Anfangszeit in Vietnam, ohne Titel, 12. September 1969, NH.

34 Aber im Sommer 1963: Harry Maurer, Hrsg., *Strange Ground: An Oral History of Americans in Vietnam, 1945–1975*. New York 1989, S. 101.

34 Zur Mittagszeit, wenn sich die Straßen: Anne E. Blair, *Lodge in Vietnam: A Patriot Abroad*. New Haven 1995, S. 8.

34 «Zu den Privatclubs in Saigon»: Malcolm W. Browne, «Saigon AP Bureau Handbook», 25. Januar 1963. PBS, *Reporting America at War*, https://www.pbs.org.

36 Bei seiner Abschlussprüfung: Vladimir Lehovich im Interview mit Charles Stuart Kennedy, 1998, Association for Diplomatic Studies and Training (im Weiteren ADST), Arlington, https://www.adst.org; Eignungsbewertung für den Auswärtigen Dienst von Vladimir Lehovich, undatiert. Zur Verfügung gestellt von Vladimir Lehovich.

36 Er erklärte, dass er: RH an Litty Holbrooke, 5. November 1962, NH.

37 Vor ihrer Abreise: Skript für «Modernizing at the Mekong», undatiert, NH.

38 Als er in Vietnam ankam: RH an Litty Holbrooke, 9. November 1962, NH.

38 Um all das geht es mir hier nicht: Zu den besten Büchern über den Vietnamkrieg aus amerikanischer Sicht gehören: *Choosing War* und *Embers of War* von Fredrik Logevall; *A Bright Shining Lie* von Neil Sheehan; *The Best and the Brightest* von David Halberstam; *Fire in the Lake* von Frances FitzGerald; *Vietnam: A History* von Stanley Karnow; und *Reporting Vietnam*, eine zweibändige Anthologie der Library of America. Zu den informativsten Büchern über die Anfangsjahre des Krieges gehören *The Making of a Quagmire* von David Halberstam; *Mission in Torment* von John Mecklin; *The Lost Revolution* von Robert Shaplen; *Once Upon a Distant War* von William Prochnau; *Why Vietnam Matters* von Rufus Phillips; *Uphill Battle* von Frank Scotton und *The Road Not Taken* von Max Boot.

39 «Mach genau das»: Jonathan Nashel, *Edward Lansdale's Cold War*. Amherst 2015, S. 1.

39 Er bildete sein eigenes Geheimdienstteam: Fredrik Logevall, *Embers of War: The Fall of an Empire and the Making of America's Vietnam*. New York 2014, S. 635.

41 Lansdale hatte außerdem die Idee: Cecil B. Currey, *Edward Lansdale: The Unquiet American*. Boston 1988, S. 278.

41 Kennedy bezeichnete Lansdale: David C. Martin, *Wilderness of Mirrors*. New York 1980, S. 128.

42 Außerdem gab es im Pentagon Leute: Max Boot, *The Road Not Taken: Edward Lansdale and the American Tragedy in Vietnam*. New York 2018, S. 366–380.

44 Das Handbuch von Rural Affairs: Philipps, *Why Vietnam Matters*, S. 130.

44 Aber sie verkörpern etwas sehr Amerikanisches: Graham Greene, *The Quiet American*. New York 1996, S. 60.

44 Ich fand immer, dass Orwell: George Orwell, «Review of *The Heart of the Matter* by Graham Greene», *All Art Is Propaganda: Critical Essays*, hrsg. von George Packer. New York 2008, S. 348.

45 «Wir saßen in diesen»: Logevall, *Embers of War*, S. 708.

45 Holbrooke las das Buch: RH an Litty Holbrooke, 5. Oktober 1962, NH.

46 Viele Jahre später: RH im Interview mit Neil Sheehan, 29. Mai 1976, Library of Congress, Recorded Sound Reference Center, RYB 6803-4, Washington.

46 Der Kampf der Schwarzen: RH an Andrew Holbrooke, 6. August 1963, NH.

47 Es zeigte einen älteren: Malcolm Browne im Interview mit Brian Lamb, «Red Socks and Muddy Boots», C-SPAN, 26. September 1993, https://www.c-span.org.

48 «Heilige Scheiße!»: William Prochnau, *Once Upon a Distant War*. New York 1996, S. 308.

48 Am Ende seines ersten Tages: RH, Aufzeichnungen zur Anfangszeit in Vietnam, ohne Titel, 12. September 1969, NH.

48 An seinem zweiten Tag: Aufzeichnung zu George Melvin, ohne Titel und Datum, NH.

50 «Die schreckliche, uneingestandene Wahrheit»: RH, Aufzeichnung zur Reise nach Vietnam, ohne Titel, 22. bis 23. Februar 2003, NH.

50 An der Küste in Nha Trang: RH an Andrew Holbrooke, 6. August 1963, NH.

51 Die Vietcong kamen in der Nacht: RH an Litty Holbrooke, 20. August 1963, NH.

52 Drinnen, an einem unordentlichen Küchentisch: Prochnau, *Once Upon a Distant War*, S. 228.

53 «So ein General bin ich nicht»: David Halberstam, *The Best and the Brightest*. New York 1993, S. 184.

54 Ende 1961 telegraphierte Rusk: «Telegram from the Department of State to the Embassy in Vietnam», 28. November 1961, Foreign Relations of the United States (im Weiteren FRUS) 1961–1963, Band I: Vietnam 1961. Dokumentennr. 228.

54 Einmal fragte Nolting François Sully: Prochnau, *Once Upon a Distant War*, S. 50.

55 Nolting warf Halberstam: Prochnau, *Once Upon a Distant War*, S. 172.

56 diese beiden «jungen Kommandosoldaten»: RH an Litty Holbrooke, 15. Oktober 1963, NH.

56 Sie luden Holbrooke zum Abendessen: Neil Sheehan, *A Bright Shining Lie: John Paul Vann and America in Vietnam*. New York 1988, S. 350–351; RH, Aufzeichnung zur Reise nach Vietnam, ohne Titel, 22. bis 23. Februar 2003, NH; RH im Interview mit Neil Sheehan, 29. Mai 1976, Library of Congress, Recorded Sound Reference Center, RYB 6803-4, Washington.

60 Am Wahlabend 1960: Antonia Lake und Anthony Lake, «Coming of Age Through Vietnam», *New York Times Magazine*, 20. Juli 1975, S. 9.

64 Kurz nach Mitternacht hatten Nhus Spezialkräfte: Prochnau, *Once Upon a Distant War*, S. 366–370.

65 «Dave ist praktisch berauscht»: RH an Litty Holbrooke, 23. August 1963, NH.

66 Henry Cabot Lodge Jr. war am Vorabend eingetroffen: Blair, *Lodge in Vietnam*, S. 37.

66 «Dann lass uns mal ein bisschen Theater spielen»: RH an Litty Holbrooke, 23. August 1963, NH.

67 Mag sein, dass er eine amerikanische Marionette war: Maurer, Hrsg., *Strange Ground*, S. 80.

67 Drei Tage nach dem Angriff: RH an Litty Holbrooke, 24. August 1963, NH.

67 «Lodge will wissen»: Phillips, *Why Vietnam Matters*, S. 165.

68 «Wir stecken genauso tief drin»: RH an Litty Holbrooke, 24. August 1963, NH.

68 Am selben Abend des 24. August: Richard Reeves, *President Kennedy: Profile in Power*. New York 1993, S. 560–568.

68 «Die US-Regierung», hieß es in der Depesche: «Telegram from the Department of State to the Embassy in Vietnam», 24. August 1963, FRUS 1961–1963, Band III: Vietnam Januar bis August 1963. Dokumentennr. 281.

69 Am nächsten Tag schrieb Lodge zurück: Blair, *Lodge in Vietnam*, S. 43–44.

69 «Mein Gott! Diese Regierung gerät aus den Fugen»: Richard Reeves, *President Kennedy*, S. 565–567.

69 «Es ist wirklich schwierig»: William Colby, *Lost Victory: A Firsthand Account of America's Sixteen-Year Involvement in Vietnam*. New York 1989, S. 138.

70 Und Lodge, der seit nicht einmal: Phillips, *Why Vietnam Matters*, S. 168–169.

70 Am 28. August schrieb er: Blair, *Lodge in Vietnam*, S. 45.

70 «Wir kommen an einen kritischen Augenblick»: RH an Litty Holbrooke, 25. August 1963, NH.

71 «Ich möchte eine Provinz übernehmen»: RH im Interview mit Neil Sheehan, 29. Mai 1976, Library of Congress, Recorded Sound Reference Center, RYB 6803-4, Washington.

72 Es war kurz vor Cà Mau: Maurer, Hrsg., *Strange Ground*, S. 109.

73 Holbrooke interessierte sich am meisten: RH in Kim Williamson, Hrsg., *The Bad War: An Oral History of the Vietnam War*. New York 1987, S. 107–108.

74 Die amerikanischen Militärberater dort: RH an Litty Holbrooke, 16. Oktober 1963, NH.

74 Ich wünschte, ich könnte Ihnen: Diese Beschreibung beruht auf Ausschnitten von RHs Briefen an Litty Holbrooke vom 3. September 1963, 15. September 1963, 17. September 1963, 19. September 1963, 28. September 1963, 3. Oktober 1963, 9. Oktober 1963, 25. Oktober 1963, 27. bis 29. Oktober 1963, 10. November 1963, 7. bis 8. Dezember 1963, 17. Dezember 1963, 25. Februar 1964, 10. März 1964, 11. März 1964, 24. März 1964, 27. März 1964; an David Rusk am 8. November 1963, 11. Dezember 1963, 31. Januar 1964, NH. Die Briefe wurden zum leichteren Verständnis behutsam korrigiert.

91 Er war im September nach Washington zurückgekehrt: Phillips, *Why Vietnam Matters*, S. 179–187; Rufus Phillips im Interview mit Charles Stewart Kennedy, 1998, ADST, Arlington, https://www.adst.org.

93 Als Phillips nach Saigon zurückkehrte: Phillips, *Why Vietnam Matters*, S. 198–201.

94 Am Freitag, dem 1. November: RH an Litty Holbrooke, 2. November 1963, NH.

94 Der Slogan, den Holbrooke sich ausgedacht hatte: Rufus Phillips, «The Story of a School», Memorandum an das Committee on Province Rehabilitation, 23. November 1963, NH.

96 Und nachdem Lodge, der noch sein Mittagessen: Henry Cabot Lodge im Interview, 1979, *Vietnam: A Television History, America's Mandarin (1954–1963)*, WGBH Media Library and Archives, Boston, https://www.openvault.wgbh.org/.

96 «Ich möchte Sie daran erinnern»: Blair, *Lodge in Vietnam*, S. 69.

97 «Ich denke, dass wir einen Großteil»: «Listening in: JFK on Vietnam (November 4, 1963)», 4. November 1963, John F. Kennedy Library, https://www.youtube.com.

98 Im Nachtclub Tu Do: Maurer, Hrsg., *Strange Ground*, S. 103.

98 «Ich glaube, es geht aufwärts»: RH an Litty Holbrooke, 5. November 1963, NH.

98 Halberstam sollte im Dezember: RH an Litty Holbrooke, 3. bis 6. Dezember 1963, NH.

99 Jahre später beschrieb Holbrooke: RH im Interview mit Neil Sheehan, 29. Mai 1976, Library of Congress, Recorded Sound Reference Center, RYB 6803-4, Washington.

100 Siebzig Kilometer südlich von Soc Trang: Jack Cushman im Interview mit Robert Mages, 2013, West Point Oral History Collection, Band 3, West Point, https://www.west-point.org.

101 «Diem musste gehen»: RH an Dean Rusk, 31. Januar 1964, NH.

101 Cushmans Einsatz: Jack Cushman, «Reflections on Vietnam, 1963–64: Trying to Talk to Gen. Westmoreland about COIN», *Foreign Policy*, 6. Januar 2012, https://www.foreignpolicy.com.

102 Ein Spitzenbeamter im Außenministerium: David Halberstam, *War in a Time of Peace: Bush, Clinton, and the Generals*. New York 2002, S. 182.

102 um Joe Alsops Wäsche abzuholen: RH, Aufzeichnung zur Reise nach Vietnam, ohne Titel, 22. bis 23. Februar 2003, NH.

103 Es gab einen Peanuts-Comic: Charles Schulz, *Peanuts*, 6. April 1963.

104 «Die beste Waffe, um jemanden zu töten»: Prochnau, *Upon a Distant War*, S. 162.

105 Lakes Eltern besaßen eine Sammlung: Cartoon von James Thurber, *The New Yorker*, 18. Juni 1938.

107 Diese Frauen, gestand Holbrooke später: RH, Aufzeichnung zur Reise nach Vietnam, ohne Titel, 22. bis 23. Februar 2003, NH.

107 Holbrooke war schockiert: RH, Aufzeichnung zur Reise nach Vietnam, ohne Titel, 22. bis 23. Februar 2003, NH.

107 «Meine Theorie lautet»: Maurer, Hrsg., *Strange Ground*, S. 474.

107 «Nicht nur will ich nicht»: RH, Aufzeichnung zur Reise nach Vietnam, ohne Titel, 22. bis 23. Februar 2003, NH.

108 «die größte Krise»: RH an Litty Holbrooke, 2. Oktober 1962, NH.

108 «herzallerliebstes Schnuckelzuckerpuckerpüppchenherz»: RH an Litty Holbrooke, 27. November 1962, NH.

109 Und so überwand Litty: Litty Holbrooke an RH, 7. Oktober 1962. Zur Verfügung gestellt von Litty Holbrooke.

109 Ich finde, dass es nicht sehr klug ist: RH an Litty Holbrooke, 9. Oktober 1962, NH.

111 Natürlich kannst du sagen: Litty Holbrooke an RH, 14. Oktober 1962. Zur Verfügung gestellt von Litty Holbrooke.

111 Du kannst mich entweder nie, nie: RH an Litty Holbrooke, 10. Oktober 1962, NH.

112 Ich befürchte, dass der Brief: Litty Holbrooke an RH, 14. Oktober 1962. Zur Verfügung gestellt von Litty Holbrooke.

112 Danke, dass du schreibst: RH an Litty Holbrooke, 18. Oktober 1962, NH.

114 Wenn du diesen Brief in Händen hältst: RH an Litty Holbrooke, 19. Februar 1964, NH.

115 Gestern habe ich einen lieben Brief: RH an Litty Holbrooke, 16. März 1964, NH.

115 Oh, Liebling, ich bin: RH an Litty Holbrooke, 20. April 1964, NH.

115 Also, Liebling, wenn du: RH an Litty Holbrooke, 18. Mai 1964, NH.

115 Wenn ich richtig rechne, Liebling: RH an Litty Holbrooke, 24. Mai 1964, NH.

116 Toni half Litty: Litty Holbrooke an ihre Eltern, 17. Juni 1964. Zur Verfügung gestellt von Litty Holbrooke.

116 Am Nachmittag fanden sich im tropischen Garten: Litty Holbrooke an ihre Eltern, 1. Juli 1964. Zur Verfügung gestellt von Litty Holbrooke.

118 1961 hatte Kennedy eine wenig bekannte: Blair, *Lodge in Vietnam*, S. 19.

118 «Für jemanden, dessen Ausbildung»: RH an Dean Rusk, 16. Juni 1964, NH.

119 Der Sicherheitsberater McGeorge Bundy hat einmal gesagt: Fredrik Logevall, *Choosing War: The Lost Chance for Peace and the Escalation of War in Vietnam*. Berkeley 1999, S. 108.

119 Holbrookes Einsatz in Vietnam: RH im Interview mit Neil Sheehan, 29. Mai 1976, Library of Congress, Recorded Sound Reference Center, RYB 6803-4, Washington.

120 Toni schob das Baby: Lake und Lake, «Coming of Age Through Vietnam», S. 24.

122 Am 23. Januar: «Viet Mob burns 5000 Books», *Boston Globe*, 24. Januar 1965, S. 1.

124 Am 6. Februar: RH, «The Smartest Man in the Room», *Harper's Magazin*, Juni 1975; RH, «The Doves Were Right», *New York Times Book Review*, 30. November 2008.

124 Da die USA auf eine Provokation gehofft hatten: Logevall, *Choosing War*, S. 324.

125 Toni Lake und das Baby: Lake und Lake, «Coming of Age Through Vietnam», S. 24.

125 Doch in einer Geheimdepesche: «Telegram from the Embassy in Vietnam to the Department of State», 1. Februar 1965, FRUS 1964–1986, Band II: Vietnam Januar-Juni 1965. Dokumentennr. 54.

127 Holbrookes Freund John Negroponte: RH an Anthony und Antonia Lake, 29. Oktober 1965, NH.

127 «Die Atmosphäre in Saigon»: RH, Aufzeichnung zu einer Silvesterparty, ohne Titel, 27. Februar 1970, NH.

128 «Erst wenn du deine Ehe ruiniert hast»: RH an Robert Komer, «Vietnam Trip Report: October 26 – November 18, 1966». Memorandum vom 1. Dezember 1966, NH.

128 Einmal begleitete Holbrooke Lodge: Willenson, Hrsg., *The Bad War*, S. 147; RH, Aufzeichnung zur Vietnam-Reise, ohne Titel, 1992, NH.

129 Im Herbst 1965: RH, «Pushing Sand», *The New Republic*, 3. Mai 1975.

129 Einige Monate später kehrte: RH, «An Unimportant Incident», undatiert, NH; RH an Philip Habib, «Impressions of 1st Infantry Division», Memorandum vom 16. Dezember 1965, NH.

130 Anfang Dezember 1965: RH, Aufzeichnungen von einer Silvesterparty, ohne Titel, 27. Februar 1970, NH.

133 «Der Druck, etwas zu erreichen»: RH an Dean Rusk, 11. März 1966, NH.

134 «EL hat einen großen Fehler gemacht»: RH an Anthony Lake und Antonia Lake, 29. Oktober 1965, NH.

134 Holbrooke streute auf diese Weise: Stanley Karnow, «Legend of Lansdale's Miracles Badly Tarnished in Vietnam», *Washington Post*, 25. Februar 1966, S. A-1.

134 «zu gegebener Zeit»: Frank Wisner an RH, 2. September 1966, NH.

136 Ein paar Tage später war die Nachtarmee: R. W. Apple, «U. S. Study Calls a Night Army Essential for Victory in Vietnam», *New York Times*, 6. August 167, S. 6.

137 Frank, so dachte er: RH, Notizen zu einer Rede anlässlich des sechzigsten Geburtstags von Frank Wisner, 19. Juli 1998, NH.

137 «Sie haben eine glänzende Zukunft»: RH zitiert in Berland und Schoen, Hrsg., *What Makes You Tick?*, S. 162.

137 «In einem Bericht habe ich gelesen»: Willenson, Hrsg., *The Bad War*, S. 148; RH zitiert in Berland und Schoen, Hrsg., *What Makes You Tick?*, S. 162–163.

139 Johnson wollte «Waschbärfelle an der Wand»: Richard A. Hunt, *Pacification: The American Struggle for Vietnam's Hearts and Minds.* Boulder 1995, S. 71.

140 Im Mai ging Komer nach Saigon: Frank Leith Jones, *Blowtorch: Robert Komer, Vietnam, and American Cold War Strategy.* Annapolis 2013, S. 137–138.

140 «Das ist das Ende»: RH an Litty Holbrooke, 10. Mai 1967, NH.

141 Bei einem Abendessen bei den Lakes: John Helble im Interview mit Thomas F. Conlon, 1998, ADST, Arlington, https://www.adst.org.

143 «Bleiben Sie sitzen», knurrte Joe Alsop: RH im Interview mit E. Benjamin Skinner, 21. August 2002, NH.

144 Bei einem Abendessen bei Polly Wisner: Geoffrey Wolff, «Extravagant Laughter», *Berlin Journal* 20 (Frühjahr 2011), S. 8.

145 Bobby wurde Holbrookes politischer Held: RH zitiert in Berland und Schoen, *What Makes You Tick?*, S. 164.

145 Nach dem Mordanschlag: RH an Ethel Kennedy, 8. Juni 1968, NH.

146 Im Sommer 1966 hörte er: RH, undatierte Aufzeichnung zu einem Treffen mit Averell Harriman, ohne Titel, NH.

148 Der Krieg machte ihn krank: Lake und Lake, «Coming of Age Through Vietnam», S. 24.

148 Anfang 1967 war Lake: James Rosenthal an Anthony Lake, 5. Januar 1967. Anthony Lake Manuscript Collection Schachtel 4, Mappe 1, Library of Congress, Washington.

149 Toni hatte sich inzwischen zur Kriegsgegnerin gewandelt: Lake und Lake, «Coming of Age Through Vietnam», S. 23.

150 James Thomson, ein Asienexperte aus dieser Zeit: James Thomson, «How Could Vietnam Happen? An Autopsy», *Atlantic Monthly*, April 1968.

151 Um ihn im Außenministerium zu halten: Nicholas deB. Katzenbach, *Some of It Was Fun: Working with RFK and LBJ.* New York 2008, S. 254.

153 Gelb hatte gerade einen Auftrag erhalten: A. J. Langguth, *Our Vietnam: The War 1954–1975.* New York 2000, S. 539.

156 «Wir haben uns in dieser Studie»: *The Pentagon Papers*, Senator Gravel Edition, Band 2. Boston 1972, S. 622.

156 Doch der Präsident wollte es nicht hören: «Analyst Assigned to Compile Pentagon Papers Discusses Their Release», All Things Considered, National Public Radio, 14. Juni 2011, https://www.npr.org.

156 An jenem Abend des 1. November: Walter Isaacson und Evan Thomas, *The Wise Men: Six Friends and the World They Made.* New York 1986, S. 678–680.

157 Er fand, dass das Briefing: Katzenbach, *Some of It Was Fun*, S. 268.

157 Holbrooke sah es ebenso: «Memo from Undersecretary of State (Katzenbach) to Johnson», 16. November 1967, FRUS 1964–1968, Band V: 1967. Dokumentennr. 401.

159 Das Weiße Haus reagierte nicht: Katzenbach, *Some of It Was Fun*, S. 268–269.

159 Geistig befand sich Rusk: Dean Rusk an RH, 26. September 1985, NH.

160 Seit einem Sonntagnachmittag im Jahr 1965: RH im Interview mit Richard Rusk, März 1985. Dean Rusk Oral History Collection, Richard B. Russell Library for Political Research and Studies, University of Georgia, Athens, http://purl.libs.uga.edu.

160 Im Dezember 1967: Philip Geyelin an Katharine Graham, 20. Dezember 1967, Philip Geyelin Manuscript Collection, Schachtel 4, Mappe 7, Library of Congress, Washington.

161 «Ich habe die Story weder bestätigt noch abgestritten»: RH an Dean Rusk, 26. August 1985, NH.

162 Im Außenministerium herrschte Panik: Willenson, Hrsg., *The Bad War*, S. 149–150.

162 Westmoreland wirkte auf Holbrooke: Stanley Karnow, *Vietnam: A History*. New York 1984, S. 562.

162 Zehn Tage nach Tet: RH im Interview mit Neil Sheehan, 29. Mai 1976, Library of Congress, Recorded Sound Reference Center, RYB 6803-4, Washington.

164 Im Pentagon begann Clifford: Clark Clifford mit RH, *Counsel to the President*. New York 1992, S. 492.

164 «Wer hat den Brunnen vergiftet?»: Clifford mit RH, *Counsel to the President*, S. 518.

164 Doch es gab zwei Fassungen: George Packer, «From the Vietnam Archive», *The New Yorker*, 12. August 2008, https://www.newyorker.com; Clifford mit RH, *Counsel to the President*, S. 521.

165 Später stellte sich Holbrooke vor: Willenson, Hrsg., *The Bad War*, S. 150.

165 Am 3. April: Clifford mit RH, *Counsel to the President*, S. 529.

166 Rusk, der Johnson noch immer treu ergeben war: Clifford mit RH, *Counsel to the President*, S. 537.

166 Holbrooke besuchte die French Open: RH an Litty Holbrooke, 4. Juni 1968, NH.

166 Harriman erzählte Holbrooke: RH, Audiotagebuch Afghanistan, 4. August 2010, NH.

167 Aus dem Sommer wurde Herbst: Averell Harriman, «Memorandum Prepared by Embassador at Large Harriman», 14. Dezember 1968, FRUS 1964–1968, Band VII: Vietnam September 1968 bis Januar 1969. Dokumentennr. 255.

167 Doch bevor noch irgendetwas in die Wege geleitet werden konnte: John A. Farrell, «Nixon's Vietnam Treachery», *New York Times*, 31. Dezember 2016, https://nytimes.com; Clifford mit RH, *Counsel to the President*, S. 581–584.

167 Der einzige Außenseiter: Walter Isaacson, *Kissinger: A Biography*. New York 1992, S. 129–134.

167 Er rief Nixon an, um ihn zu warnen: Farrell, «Nixon's Vietnam Treachery», https://nytimes.com.

168 «Henry, ich will in der Nixon-Regierung»: RH zitiert in Berland und Schoen, Hrsg., *What Makes You Tick?*, S. 165.

169 Lake dagegen trat wieder in die Regierung ein: Lake und Lake, «Coming of Age Through Vietnam», S. 24.

169 Holbrooke, der den umgekehrten Weg gegangen war: RH an Anthony Lake, 6. Mai 1969 und 21. Juni 1969, NH.

Wie schafft er das nur alles?

171 Also las er an einem Tag: RH, Tagebuch 1970, NH.

173 Lake erfuhr, dass die Protokolle: Jason DeParle, «The Man Inside Bill Clinton's Foreign Policy», *New York Times Magazine*, 20. August 1995.

173 «War mir klar, dass Sie»: Clara Bingham, Hrsg., *Witness to the Revolution*. New York 2017, S. 347.

173 Kissinger rechtfertigte die Maßnahme: Abhörprotokolle – Nixons Anklageschriften –

Sonderermittlung Watergate, Mappe 9/19, National Archives, College Park, https://www.archives.gov.

174 «Stapelweise Protokolle»: Seymour M. Hersh, «Kissinger and Nixon in the White House», *Atlantic Monthly*, Mai 1982.

174 «In der Welt steht ihr Heimatland»: RH an Charles Bohlen, 21. Oktober 1969, NH.

175 Erst sechs Monate später begriff er: Willenson, Hrsg., *The Bad War*, S. 274.

176 Holbrooke betrachtete Watergate: RH an Philip Habib, 6. August 1973, NH.

176 «Auslöser für die Ereignisse»: Willenson, Hrsg., *The Bad War*, S. 275.

176 «Ich wünschte, ich hätte ein halbes Dutzend dieser Holbrookes»: «Department of State Evaluation Form: Richard Holbrooke», 13. März 1972, NH.

176 «Schickt mir bitte»: Litty Holbrooke an ihre Eltern, 22. März 1971. Zur Verfügung gestellt von Litty Holbrooke.

177 «John ist gerade gestorben»: RH zitiert in Berland und Schoen, Hrsg., *What Makes You Tick?*, S. 166.

177 «Gerade bin ich so deprimiert»: RH an Litty Holbrooke, 10. November 1971, NH.

178 «John liebte den Auswärtigen Dienst»: RH, Trauerrede auf John Campbell, undatiert, NH.

180 «Da mein Leben in einer Weise von deinem abhängt»: Litty Holbrooke an RH, 13. Dezember 1971. Zur Verfügung gestellt von Litty Holbrooke.

181 «Wenn Papa kommt»: Litty Holbrooke an RH, 7. Februar 1972. Zur Verfügung gestellt von Litty Holbrooke.

186 Pamela war keine große Schönheit: Kitty Kelly, «The Courtesan and the Consort», New York Social Diary, 30. Dezember 2016, https://www.newyorksocialdiary.com.

187 Steaks aß, die der amerikanische Steuerzahler: Christopher Ogden, *Life of the Party: The Biography of Pamela Digby Churchill Hayward Harriman*. New York 1994, S. 174.

190 «Der Krieg wurde in den Reisfeldern»: Willenson, Hrsg., *The Bad War*, S. 266.

190 «Der Apparat, der versagt»: RH, «The Machine that Fails», *Foreign Policy* 1, Winter 1970–71.

190 «Mit kleinen Lügen»: RH, «A Little Lying Goes a Long Way», *The New York Times*, 10. September 1971.

190 «Das Endlosmuster»: RH, «Relentless Patterns to Our Vietnam Nightmare», *Washington Post*, 15. Mai 1972.

190 «Dissens erforderte außergewöhnlichen Mut»: Anthony Lake, Hrsg., *The Legacy of Vietnam*. New York 1976, S. 161–162.

191 Gelb, der inzwischen bei der *New York Times* arbeitete: Leslie H. Gelb, «The Irony of Vietnam: The System Worked», *Foreign Policy* 3, Sommer 1971.

191 John Negroponte, der noch immer: Tad Szulc, «Behind the Vietnamese Cease-Fire Agreement», *Foreign Policy* 15, Sommer 1974.

192 «Wir erinnern uns deutlicher»: Anthony Lake und Roger Morris, «The Human Reality of Realpolitik», *Foreign Policy* 4, Herbst 1971.

197 Einmal gingen sie zu einer Party: Tom Bethell, «The Making of Richard Holbrooke», *The Washingtonian*, Februar 1980.

198 1975 reiste er nach Berlin: RH an Gail Malcolm, November 1975. Zur Verfügung gestellt von Gail Malcolm.

198 Das Ende der Beziehung begann: RH, Tagebuch 1975, 29. September 1975, NH.

Über den eigenen Schatten springen

202 «Er war eine ausgesprochen seltsame Mischung»: RH, «Pushing Sand», *The New Republic*, 3. Mai 1975.

202 «Er ist der erfolgreichste Diplomat»: RH, «Kissinger: A Hero, Perhaps, But Not a Model», *Boston Globe*, 15. September 1974.

203 Im persönlichen Gespräch bezeichnete er Kissinger: RH im Interview mit E. Benjamin Skinner, 21. August 2002, NH.

203 «Der Anstand verlangt»: Henry Kissinger, Briefing-Unterlagen Polo I, Juli 1971, https://www.scribd.com.

203 «An einer solchen Frist»: RH im Interview mit Neil Sheehan, 29. Mai 1976, Library of Congress, Recorded Sound Reference Center, RYB 6803-4, Washington.

203 «Ich kenne Holbrooke genau»: Gesprächsnotiz, 4. November 1976, FRUS 1969–1976, Band XXXVIII, Teil 2: Organisation und Leitung der Außenpolitik; Public diplomacy 1973–1976. Dokumentennr. 216.

204 In der neuen Ära: RH, «Escaping the Domino Trap», *New York Times Magazine*, 7. September 1975.

204 «Neben den bereits erwähnten»: RH, «A Sense of Drift, a Time for Calm», *Foreign Policy* 23, Sommer 1976.

205 dem Herausgebergremium von *Foreign Policy* angehörte: RH an Samuel Huntington, 11. Mai 1973, NH.

206 Zwei Monate später half er Polly Wisner: RH, «Jimmy Carter: A Personal View», *Newsweek*, 26. Juli 1976.

206 Holbrooke wurde zu einer der Hauptverbindungen: Patrick Tyler, *A Great Wall: Six Presidents and China.* New York 2000, S. 231.

206 Für eines dieser Schreiben bedankte sich Carter: Jimmy Carter an RH, 9. Mai 1976, NH.

207 «Wenn Sie unter diesen Qualifikationen»: RH an Jimmy Carter, undatiertes Memorandum, NH.

207 «Sie haben hervorragende Arbeit geleistet»: Jimmy Carter an RH, Memorandum vom 15. November 1976, NH.

207 An Thanksgiving rief Carter aus Plains an: RH erinnert sich im Interview mit E. Benjamin Skinner an dieses Gespräch, Tonaufnahme vom 6. September 2002, NH; Nayan Chanda, *Brother Enemy: The War After the War.* New York 1986, S. 145–146.; Tyler, *A Great Wall*, S. 234–235.

209 «Das ist wunderbar, Cy»: RH im Interview mit E. Benjamin Skinner, Tonaufnahme, 6. September 2002, NH.

210 «1976 – ich habe JC nicht richtig eingeschätzt»: RH, Notizbuch 1980, 12. Dezember 1980, NH.

210 Holbrooke delegierte die gesamte Verantwortung: Tonaufzeichnung für die ADST, unveröffentlicht. Zur Verfügung gestellt von Kenneth Quinn.

211 Seine Mutter war da: Carol C. Laise an Cyrus Vance, Memorandum «Swearing-in of Richard C. Holbrooke 4:30 p. m., Thursday, March 31, 1977», undatiert, NH.

211 Als Helble sah: William Andreas Brown im Interview mit Charles Stuart Kennedy, 1998, ADST, Arlington, https://adst.org; John J. Helble im Interview mit Thomas F. Conlon, 1998, ADST, Arlington, https://adst.org.

213 Nur dieses Büro ist autorisiert: Elva Morgan an RH, Memorandum vom 7. Juni 1978, NH.

214 Da die republikanische Regierung: Kenneth Quinn, Tonaufzeichnung für die ADST, unveröffentlicht.

214 Seinem Stab gegenüber vermittelte er: Harry E. T. Thayer im Interview mit Charles Stuart Kennedy, 1998, ADST, Arlington, https://adst.org.

216 Vance war überzeugt: Chanda, *Brother Enemy*, S. 145–146.

216 Die Treffen fanden in der neuen: Flora Lewis, «U. S. Won't Bar Hanoi from U. N.: Vietnam to Press Hunt for Missing», *New York Times*, 5. Mai 1977.

216 Als Holbrooke ihm gegenüber Platz nahm: RH im Interview mit E. Benjamin Skinner, 21. August 2002, NH.

216 Auf einer diplomatischen Reise nach Japan: Nicholas Platt, *China Boys: How Relations with the PRC Began and Grew*, Washington 2010, S. 240; Kenneth Quinn, Tonaufzeichnung für die ADST, unveröffentlicht.

217 legte Phan Hien einen geheimen Brief: Chanda, *Brother Enemy*, S. 152.

217 Holbrooke hielt diesen Brief für: RH im Interview mit E. Benjamin Skinner, 21. August 2002, NH.

217 Bei ihrem zweiten Zusammentreffen: Chanda, *Brother Enemy*, S. 152; Kenneth Quinn, Tonaufzeichnung für die ADST, unveröffentlicht.

217 «Herr Minister, lassen Sie uns die Themen»: RH im Interview mit E. Benjamin Skinner, 21. August 2002, NH.

218 Holbrooke erinnerte Phan Hien: Gareth Porter, «U. S. and Vietnam: Prisoners of the Past», *Washington Post*, 3. Juli 1977.

219 Er hielt das Außenministerium für eine Art Erholungsheim: Zbigniew Brzezinski, *Power and Principle: Memoirs of the National Security Adviser, 1977–1981*. New York 1983, S. 228.

219 «Ich kann mich des Eindrucks nicht erwehren»: «Memorandum from President Carter's Assistant for National Security (Brzezinski) to President Carter», 13. Oktober 1978, FRUS 1977–1980, Band XIII: China. Dokumentennr. 143.

219 Brzezinski hielt Vance für ein Mitglied: Brzezinski, *Power and Principle*, S. 43.

220 Als sie wieder in Washington waren, warnten Holbrooke, Lake: I. M. Destler, Leslie H. Gelb und Anthony Lake, *Our Own Worst Enemy: The Unmaking of American Foreign Policy*, New York 1985, S. 96.

221 Vance wollte davon nichts wissen: Tyler, *A Great Wall*, S. 238.

221 Als in *Time* ein Artikel erschien: Destler, Gelb und Lake, *Our Own Worst Enemy*, S. 96.

221 Holbrooke und Oksenberg einte der Wunsch: Tyler, *A Great Wall*, S. 236.

222 Die Kommunistische Partei hatte: Cyrus Vance, *Hard Choices: Critical Years in America's Foreign Policy*. New York 1983, S. 80; RH, Entwurf zu einem Buchprojekt, ohne Titel, 11. November 1980, NH.

223 (Als Blythe Deng zum ersten Mal erblickte): RH, Entwurf zu einem Buchprojekt, ohne Titel, 11. November 1980, NH.

223 «Sie wissen ja», sagte er zu Vance: Vance, *Hard Choices*, S. 82.

224 Holbrooke wusste nicht: RH, Entwurf zu einem Buchprojekt, ohne Titel, 11. November 1980, NH.

224 «Außenpolitik ist kein trockenes»: RH, Entwurf zu einem Buchprojekt, ohne Titel, 11. November 1980, NH.

225 «Ich habe noch nie so einen niederträchtigen»: Tyler, *A Great Wall*, S. 252.

225 Die gesamte Reise war von diesen Demütigungen überschattet: Die Beschreibung der China-Reise von Brzezinski und Holbrooke stützt sich in großen Teilen auf Tylers *The Great Wall*, S. 252–256.

225 Auf dem Flug schob Brzezinski: William H. Gleysteen Jr. im Interview mit Thomas Stern, 2000, ADST, Arlington, https://www.adst.org.

227 Er eilte den Gang nach vorn: Tyler, *A Great Wall*, S. 256; William H. Gleysteen Jr. im Interview mit Thomas Stern, 2000, ADST, Arlington, https://www.adst.org.

228 «Sie müssen sich entscheiden»: «Memorandum from the President's Assistant for National Security Affairs (Brzezinski) to President Carter», 7. Juli 1978, FRUS 1977–1980, Band XIII: China. Dokumentennr. 126.

228 «Das heißt also, wir sind»: Protokoll des Gesprächs zwischen Nguyen Co Thach und Richard Holbrooke, 22. September 1978, Jimmy Carter Presidential Library, NLC-26-32-2-6-9.

228 «Dick Holbrooke rief mich heute»: Michael Oksenberg an Zbigniew Brzezinski, «Dick Holbrooke's Conversation with the Vietnamese», Memorandum vom 22. September 1978, Jimmy Carter Presidential Library, NLC-26-32-1-5-1.

229 Nach einer Stunde abwechselnder Statements: Chanda, *Brother Enemy*, S. 265.

229 «Wir werden Ihnen sagen»: «Thach Holbrooke Meeting on Vietnam», Memorandum vom 27. September 1978, Jimmy Carter Presidential Library, NLC-26-32-2-7-8.

229 In der Zwischenzeit würden beide Seiten: Chanda, *Brother Enemy*, S. 282.

231 Am 11. Oktober traf sich Carter: Jimmy Carter, *Keeping Faith: Memoirs of a President*. New York 1982, S. 195.

231 Brzezinski und Woodcock überredeten den Präsidenten: Chanda, *Brother Enemy*, S. 289–290; Tyler, *A Great Wall*, S. 258.

231 Dann kam eine sehr schlechte Nachricht: Chanda, *Brother Enemy*, S. 294; RH im Interview mit E. Benjamin Skinner, 27. August 2002, NH.

232 In ihrer Kolumne: Rowland Evans und Robert Novak, «A Case of Soviet Disinformation», *Washington Post*, 13. November 1978.

232 Holbrooke rückte bis zum Ende seiner Tage: RH im Interview mit E. Benjamin Skinner, 27. August 2002, NH.

233 Am folgenden Tag unterzeichneten: Die Beschreibung der Ereignisse, die zur Ankündigung der Aufnahme diplomatischer Beziehungen am 15. Dezember 1978 führten, stützt sich in großen Teilen auf Tyler, *A Great Wall*, S. 264–271.

233 Als die Depeschen am frühen Morgen: «Memorandum from Michael Oksenberg to the President's Assistant for National Security Affairs (Brzezinski)», 19. Dezember 1980, FRUS 1977–1980, Band XIII: China. Dokumentennr. 327.

234 Den ganzen Tag lang rief Holbrooke: RH, Notiz vom 4. Juli 1981, ohne Titel, NH; Vance, *Hard Choices*, S. 118.

235 Eine Woche darauf teilten die Sowjets: Vance, *Hard Choices*, S. 110–111.

236 Er war allerdings überzeugt: RH, Notiz vom 4. Juli 1981, ohne Titel, NH.

236 Ende 1980: RH, Notizbuch 1980, 10. Dezember 1980, NH.

236 Später bezeichnete Brzezinski Dengs Haltung: Brzezinski, *Power and Principle*, S. 25.

236 Dengs sechzehn Tage währende «Lektion»: Chanda, *Brother Enemy*, S. 356–360.

237 Anfang 1974: Kenneth Quinn, «The Khmer Krahom Program to Create a Communist

Society in Southern Cambodia», Memorandum (Diplomatenpost) vom 20. Februar 1974. Zur Verfügung gestellt von Kenneth Quinn.

238 «Die neue Regierung strebt»: RH, Aussage vor dem Unterausschuss für Internationale Organisationen des Repräsentantenhauses, 26. Juli 1977, Washington, NH.

239 «Halten wir uns heraus und sehen zu»: William Shawcross, *The Quality of Mercy: Cambodia, Holocaust and Modern Conscience*, New York 1984, S. 68.

240 Jimmy Carters wichtigster Beitrag zur amerikanischen Außenpolitik: Robert B. Oakley im Interview mit Charles Stuart Kennedy und Thomas Stern, 1999. ADST, Arlington https://www.adst.org.

240 Im April 1977 verbrachte er: Raymond Bonner, *Waltzing with a Dictator: The Marcoses and the Making of American Policy*, New York 1988, S. 191; «Holbrooke Discussions with President and Mrs. Marcos», Telegramm vom 20. April 1977, Jimmy Carter Presidential Library, NLC-39-5-4-1.

241 es wurde geschimpft und gebrüllt: Bonner, *Waltzing with a Dictator*, S. 231.

241 Gegen Holbrookes Widerstand: Morton I. Abramowitz im Interview mit Thomas Stern, 2009. ADST, Arlington, https://www.adst.org.

242 Am Abend vor der Abstimmung: Vance, *Hard Choices*, S. 127.

242 Holbrooke erklärte, dass ihm noch nie: Bonner, *Waltzing with a Dictator*, S. 187.

247 «Aus dem einfachen Grund»: RH, Aussage vor dem Unterausschuss für Einwanderung, Einbürgerung und Internationales Recht des Repräsentantenhauses, 4. August 1977, Washington, NH.

247 Holbrooke erlebte den stickigen: RH, «Conscience and Catastrophe», *The New Republic*, 30. Juli 1984.

247 «Sie wollen mir also sagen»: Walter Mondale, *The Good Fight: A Life in Liberal Politics*. New York 2010, S. 213.

248 «Ich war nicht begeistert»: Mondale, *The Good Fight*, S. 215–216.

250 Man hatte Mark Malloch-Brown: Shawcross, *The Quality of Mercy*, S. 176.

250 Viele von ihnen zweifelten: Shawcross, *The Quality of Mercy*, S. 325.

251 «Sehen Sie mal zu, dass hier»: Shawcross, *The Quality of Mercy*, S. 189.

251 «Das übertrifft alles»: «Mrs. Carter Visits Thai Camp: ‹It's Like Nothing I've Seen›», *New York Times*, 10. November 1979.

251 1982 hatten die USA bereits: Shawcross, *The Quality of Mercy*, S. 94.

Da ich jetzt ohne Hoffnung bin

252 «Clifford – Demokraten ruhen sich»: RH, Notizbuch 1980, 2. Dezember 1980, NH.

253 In der zweiten Novemberwoche: Entwurf für ein Buchprojekt, ohne Titel, 11. November 1980, NH.

253 A. M. Rosenthal, der leitende Redakteur der *Times*: Berland und Schoen, Hrsg., *What Makes You Tick?*, S. 167.

253 «In Journalistenkreisen hielt man mich»: RH, Notizbuch 1980, 8. Januar 1981, NH.

253 Dazu notierte er eine Zeile: RH, Notizbuch 1980, 19. Dezember 1980, NH.

254 Zwei Wochen nach Carters Niederlage: RH an Pete Peterson, 19. März 1985, NH.

254 Doch im Januar schlug jemand: RH, Notizbuch 1980, 7. Januar 1981, NH.

255 «Sehr geehrter Mr. Crown»: RH an Lester Crown, 12. Februar 1981, NH.

256 Holbrooke riet Philip Knight: RH an Philip Knight, 1. März 1982, NH.

256 Aber sein Engagement roch: RH zitiert in Berland und Schoen, Hrsg., *What Makes You Tick?*, S. 167.

256 «Hübsches Haus»: RH an Pamela Harriman, 31. Juli 1986, NH.

256 Er kannte die Antwort bereits: Sally Bedell Smith, *Reflected Glory: The Life of Pamela Churchill Harriman*. New York 1996, S. 287.

257 «Geld interessiert mich nicht»: RH zitiert in Berland und Schoen, Hrsg., *What Makes You Tick?*, S. 168.

258 «Eine progressive Außenpolitik»: RH an Gary Hart, 23. Mai 1985, NH.

258 Er forderte, die Menschenrechte wieder: RH, Aussage vor dem Unterausschuss des Repräsentantenhauses für Ostasien und den Pazifikraum, 10. August 1982, Washington, NH.

259 Der Präsident als Oberbefehlshaber der Streitkräfte: RH an Walter Mondale, 16. November 1982, NH.

260 Für altgediente CBS-Journalisten: Sheila Weller, *The News Sorority*. New York 2014, S. 132–133.

261 Sie rief jeden Ministeriumsmitarbeiter: Diane Sawyer im Interview mit David Holbrooke. Zur Verfügung gestellt von David Holbrooke.

261 «DS – gelassen?»: RH, Notizbuch 1980, 12. Januar 1981, 13. Februar 1981, NH.

262 «Hast du die Leute»: RH an Diane Sawyer, «Diary: Trip to Tibet», unveröffentlicht, 8. Juni 1983, NH.

262 Er drängte sie dazu: Diane Sawyer im Interview mit David Holbrooke.

264 «Sie sind meine Heldin»: Joan Juliet Buck, «Live Mike», *Vanity Fair*, Juni 1994.

265 «Es stimmt wohl, dass Mike Nichols»: Liz Smith, «Society Today», *New York Daily News*, 1. Oktober 1987.

265 «Meine Freunde (alle drei)»: RH an Liz Smith, 7. Oktober 1987, NH.

266 Holbrooke schrieb Pam: RH an Pamela Harriman, 31. Juli 1986, NH.

267 Nur zwei oder drei der nächsten Verwandten: Ogden, *Life of the Party*, S. 406–407; Smith, *Reflected Glory*, S. 316–317.

267 Sie gründete ihr eigenes: Ogden, *Life of the Party*, S. 392–396.

267 Seine Anrufe: Ogden, *Life of the Party*, S. 428.

267 manchmal ließ sie die Gespräche aufzeichnen: Smith, *Reflected Glory*, S. 346.

269 «Clark Clifford hat manchmal»: RH, Notiz vom 4. August 1988, NH.

270 Seit Lehman von Shearson/AmEx: RH, Notizen vom 28. und 29. September 1988, NH.

271 Die mahagoniverkleideten Räumlichkeiten: Douglas Frantz und David McKean, *Friends in High Places. The Rise and Fall of Clark Clifford*. New York 1995, S. 324–325.

272 Beim Mittagessen gestand Clifford: RH, Notiz vom 27. Oktober 1987, NH.

273 Im Juli 1965: Clifford mit RH, *Counsel to the President*, S. 419–420.

274 In seinem Senatsbüro beschäftigte: RH, Notiz vom 4. Juni 1988, NH; David Pietrusza, *1960: LBJ vs. JFK vs. Nixon*. New York 2008, S. 148–149; Michael O'Brien, *John F. Kennedy: A Biography*. New York 2005, S. 440–442; Seymour M. Hersh, *The Dark Side of Camelot*. New York 1997, S. 106–110. Holbrookes Nachlass enthält verschiedene Aufnahmen von Gesprächen mit Clifford, aber zu den Ereignissen um Pam Turnure findet sich darin nichts.

275 Als Holbrooke mit Marny Clifford sprach: RH, Notizen zu einem Gespräch mit Marny Clifford, Recherche zu *Counsel to the President*, 7. März 1988, NH.

275 An Bord befand sich: Clifford mit RH, *Counsel to the President*, S. 36.

276 (First American wurde): Clifford mit RH, *Counsel to the President*, S. 268.

276 ein Mann, der von Macht und Geld derart besessen war: Frantz and McKean, *Friends in High Places*, S. 372.

276 Pam Harriman organisierte: Frantz and McKean, *Friends in High Places*, S. 362–363.

277 Er und sein Kanzleipartner: Frantz and McKean, *Friends in High Places*, S. 334.

277 «Ich kann wählen»: Neil A. Lewis, «Washington at Work: Clark Clifford, Symbol of the Permanent Capital, Is Faced with a Dilemma», *New York Times*, 5. April 1991.

277 «Ich bin ein Ausgestoßener»: RH, Notiz vom 30. Januar 1992, NH.

277 Sie sollte es ihrem alten Freund nie verzeihen: Smith, *Reflected Glory*, S. 423.

278 «Ich habe zu wenig Zeit»: RH, Notiz vom 6. Mai 1988, NH.

279 Er rang mit sich: Nicholas von Hoffman, «Bland Ambition», *Spy*, Mai 1990.

280 Holbrooke versuchte, ihr und ihrer Sache: RH an Marie Brenner, 28. Juni 1988, NH.

280 «Auf lange Sicht»: RH, Notiz vom 9. Juli 1988, NH.

281 Vor uns liegt: RH, Notiz vom 7. August 1991, NH.

285 Alle vier Jahre wiederholten die Demokraten: Derek Chollet und James Goldgeier, *America Between the Wars*. New York 2008, S. 30.

286 Als die Veranstaltung zu Ende war: Jason DeParle, «The Man Inside Bill Clinton's Foreign Policy», *New York Times Magazine*, 20. August 1995.

286 Die Rede griff Bush an: Chollet und Goldgeier, *America Between the Wars*, S. 37–38.

287 «Was hast du denn?»: David Halberstam, *War in the Time of Peace*. New York 2002, S. 157.

288 Clinton forderte Luftangriffe: Andrew Rosenthal, «Clinton Attacked on Foreign Policy», *New York Times*, 28. Juli 1992.

289 Großartiger Wahlkampf: RH, Notiz vom 23. November 1992, NH.

289 Strobe Talbott, aus Oxford-Tagen mit Clinton befreundet: Strobe Talbott, Tagebucheintragung vom 19. November 1992. Zur Verfügung gestellt von Strobe Talbott.

Sie werden mich an Bord holen

295 «Das verdammte Ding»: RH, Tagebuch, Dezember 1992, NH.

295 In gut vorbereiteten Aktionen: Laura Silber und Allan Little, *The Death of Yugoslavia*. New York 1995, S. 244–245.

296 Auf einer früheren Reise: RH, *To End a War*. New York 2008, S. 37–38; RH, Tagebuch, Dezember 1992, 29. Dezember 1992, NH.

297 Da war der Fabrikarbeiter: RH, Tagebuch, Dezember 1992, undatierter Eintrag, NH.

297 Als Holbrooke gehen wollte: RH, «Endpaper: Workbook; With Broken Glass», *New York Times Magazine*, 25. April 1993; RH im Interview mit Charlie Rose, *Charlie Rose*, PBS, 4. Januar 1993, https://charlierose.com.

300 In den frühen Neunzigerjahren: Der Hohe Flüchtlingskommissar der Vereinten Nationen, «The State of The World's Refugees: The Challenge of Protection», The UN Refugee Agency, 1. Januar 1993, https://unhcr.org.

300 mit einer Tüte: Christiane Amanpour, «Scream Bloody Murder», CNN 2008, https://www.cnn.com.

301 In Kiseljak begann: Silber und Little, *The Death of Yugoslavia*, S. 296.

301 Ein Sack Kartoffeln: John F. Burns, «At a Lunch in Sarajevo, Muslims Try to Fathom the Hatred», *New York Times*, 3. Januar 1993.

301 Der Flughafen stand unter UNO-Kontrolle: «A Sarajevo Diary – From Bad to Worse», Channel 4, 1993, https://www.youtube.com.

302 Als der Konvoi ankam: Burns, «At Lunch in Sarajevo»; Peter Maass, *Love Thy Neighbor: A Story of War*. New York 1996, S. 175–182; Kevin Sullivan, «U. N. Secretary-General Boutros Boutros-Ghali paid a New Year's Eve ...», UPI, 31. Dezember 1992.

303 Kinder suchten in einem Müllhaufen: RH, «The New Sarajevo», *Travel + Leisure*, 7. Mai 2009.

303 So beiläufig, als wären: RH an Joseph Lelyveld, 7. Januar 1993, NH.

303 Schnee fiel auf die rußschwarzen Hochhäuser: «A Sarajevo Diary – From Bad to Worse».

304 Ein Reporter der *Oslobodenje*: Hamza Bakšić, *Sarajevo Is No More*. Selbstverlag 1995, S. 7, https://www.scribd.com.

304 in einer kleinen, überfüllten Wohnung: Burns, «At Lunch in Sarajevo».

305 Burns verstrickte sich: John F. Burns, «The Death of a City: Elegy for Sarajevo – A Special Report; A People Under Artillery Fire Manage to Retain Humanity», *New York Times*, 8. Juni 1992.

305 Burns hatte die serbischen Artillerieschützen: John F. Burns, «Some Serbian Gunners Shell Their Own Sarajevo Homes», *New York Times*, 27. Dezember 1992.

306 AN DIESER STELLE: David Binder, *Fare Well, Illyria*. Herndon 2013, S. 36.

306 «Du wirst etwas erleben»: RH, «The New Sarajevo».

307 Eine Gruppe von Freunden: Burns, «At a Lunch in Sarajevo».

308 Wenn ich dem neuen Team: RH, *To End a War*, S. 50.

308 Der bosnische Präsident Alija Izetbegović: Alija Izetbegović, *Inescapable Questions: Autobiographical Notes*. Markfield, GB 2003, S. 4.

313 mehrere hundert Männer: Silber und Little, *The Death of Yugoslavia*, S. 180.

313 Bis zum Jahresende wurden: Silber und Little, *The Death of Yugoslavia*, S. 198.

314 Im Sommer 1991: Silber und Little, *The Death of Yugoslavia*, S. 150–151.

315 «Die Muslime bilden zwar»: Silber und Little, *The Death of Yugoslavia*, S. 208.

315 1989 suchte ein Engländer: «A Sarajevo Diary – From Bad to Worse».

315 Mitte der Achtzigerjahre: Dusko Doder und Louise Branson, *Milosevic: Portrait of a Tyrant*. New York 1999, S. 115.

316 Im Herbst 1991: Silber und Little, *The Death of Yugoslavia*, S. 215.

316 Milošević befahl heimlich: Doder und Branson, *Milosevic*, S. 117–118.

317 «Verzetteln Sie sich nicht»: George H. W. Bush im Interview mit Brian Gallagher und Redaktionsleitung, *USA Today*, 4. August 1992, https://www.c-span.org.

318 Zwei Tage nach seiner Rückkehr: RH im Interview mit Charlie Rose, *Charlie Rose*.

319 Holbrooke entwarf ein Memorandum: RH, *To End a War*, S. 50; RH, Protokoll, 3. Januar 1993, NH.

320 Ein paar Wochen später rief Holbrooke: RH, *To End a War*, S. 53.

320 Der Rauch zog über den Flur: Anthony Lake im Interview mit Chris Bury, *Frontline*, «The Clinton Years», PBS, September 2000, https://www.pbs.org.

321 Kissinger erzählte den Leuten: David J. Rothkopf, *Running the World: The Inside Story of the National Security Council.* New York 2005, S. 310.

321 Im Februar lud sich Holbrooke: RH, *To End a War*, S. 54.

321 Die muslimischen Flüchtlinge in einer Kleinstadt namens Srebrenica: Mark Danner, *Stripping Bare the Body: Politics Violence War.* New York 2009, S. 178.

321 weil die Serben Hilfslieferungen blockierten: Silber und Little, *The Death of Yugoslavia*, S. 266.

323 Powell warnte, dass ein amerikanisches Eingreifen: Rothkopf, *Running the World*, S. 325.

323 verdrehte die Augen: Rothkopf, *Running the World*, S. 322.

324 Clintons Meinungsforscher sagte: Elizabeth Drew, *On the Edge: The Clinton Presidency.* New York 1995, S. 150.

325 Zumindest war das die Botschaft: Taylor Branch, *The Clinton Tapes: Wrestling History with the President.* New York 2009, S. 10.

327 Am 6. Mai erzählte: Drew, *On the Edge*, S. 157.

327 Mehrere Karrierediplomaten: Drew, *On the Edge*, S. 143.

327 Er bezeichnete sich als: Thomas L. Friedman, «Clinton's Foreign Policy: Top Advisor Speaks Up», *New York Times*, 31. Oktober 1993.

327 Holbrooke war überzeugt: Rothkopf, *Running the World*, S. 366.

329 «Müssen uns in Europa engagieren»: RH, Notiz vom 1. Dezember 1993, NH.

329 Dann änderte Walter Mondale: Strobe Talbott, Tagebuch, 17. Januar 1993.

329 Holbrooke nahm die Frühausgabe: Elaine Sciolino, «Some Friends Fret as Clinton Is Slow in Choosing Envoys», *New York Times*, 4. Juni 1993.

329 «Die schlechte Nachricht»: RH, *To End a War*, S. 55.

331 «Sagen Sie mir, was»: Craig R. Whitney, «Bonn Journal: What's an Asia Hand Doing in Germany? Plenty!», *New York Times*, 25. Januar 1994.

331 «2215: Nach Ankunft»: Terminplan des Botschafters in Bonn, undatiert, NH.

331 Holbrooke fand den Auftritt der Clintons: RH, Audiotagebuch aus Bosnien, 10. Juli 1994, NH.

334 Am Morgen fuhr Holbrooke in seinem gepanzerten: Memorandum des Regionalen Sicherheitsdienstes, September 1993, NH.

334 Er sah sie über einen Kiesweg schlurfen: Kati Marton, *Paris: A Love Story.* New York 2012, S. 115. RH an Kati Marton, 25. Januar 1994. Zur Verfügung gestellt von Kati Marton.

334 «Stell dir mal die Pilger vor»: Marton, *Paris: A Love Story*, S. 117.

335 Im Hotel in Tours: RH, «KATI KATCHWORDS», undatierte Notiz. Zur Verfügung gestellt von Kati Marton.

335 «Warte mal», sagte sie: RH, «KATI KATCHWORDS».

335 Sie sagte, er sei vielleicht eingeschüchtert: RH an Kati Marton, 25. Januar 1994.

335 «Weißt du, dass ich heute»: RH, «KATI KATCHWORDS».

335 Pam interessierten andere Frauen: Marton, *Paris: A Love Story*, S. 118.

335 Holbrooke fuhr Kati zum Flughafen: RH an Kati Marton, 25. Januar 1994.

335 Trenchant – Das «Wunder»: RH an Kati Marton, 16. Januar 1994. Zur Verfügung gestellt von Kati Marton.

337 Er ließ sie wissen: RH an Kati Marton, 11. Februar 1994, 14. Juni 1994, 5. Februar 1994. Zur Verfügung gestellt von Kati Marton.

337 Heute morgen bin ich: RH an Kati Marton, 21. Januar 1994. Zur Verfügung gestellt von Kati Marton.

340 Eine Frau in Budapest: Kati Marton, *Enemies of the People: My Family's Journey to America*. New York 2009, S. 12.

339 Der lässige Stil ihres Vaters: Marton, *Paris: A Love Story*, S. 67.

340 «Du wirst nie verstehen»: Marton, *Enemies of the People*, S. 13.

342 die Idee des «Paars, das wir sind»: Kati Marton an RH, 15. Februar 1994. Zur Verfügung gestellt von Kati Marton.

342 T. – ich möchte: RH an Kati Marton, 14. Juni 1994.

343 Einige Monate später setzte Lake: Anthony Lake, undatiertes Rücktrittsgesuch, Anthony Lake Manuscript Collection, Schachtel 48, Mappe 2, Library of Congress, Washington.

346 Es war, als wäre auf Lakes Stirn: Anthony Lake im Interview mit Chris Bury, *Frontline*, «The Clinton Years», PBS, September 2000, https://www.pbs.org; Anthony Lake, *6 Nightmares: Real Threats in a Dangerous World and How America Can Meet Them*. New York 2000, S. 146.

346 Berger, Lakes Stellvertreter: Madeleine K. Albright Oral History, Presidential Oral Histories, Miller Center, University of Virginia, https://www.millercenter.org.

347 Ein einziges harmloses Wort: Leslie H. Gelb, «Foreign Affairs; Where's Bill?», *New York Times*, 11. März 1993.

348 Mitte Mai 1994: RH, Audiotagebuch aus Bosnien, 12. Mai 1994, NH.

350 Christopher hatte den Eindruck: RH, Audiotagebuch aus Bosnien, 7. Juni 1994, NH.

350 Zwei weitere Wochen mussten: RH, Audiotagebuch aus Bosnien, 12. Juni, 13. Juni 1994, NH.

351 «Mr. Holbrooke, den wir telefonisch»: Elaine Sciolino, «Christopher and Lake Shuffle Their Staffs», *New York Times*, 14. Juni 1994.

353 Das war ein schlechter Tag: Die folgenden Seiten sind eine Zusammenstellung auf der Grundlage des bosnischen Audiotagebuchs, Einträge vom 10. Januar 1994, 28. März 1994, 9. April 1994, 19. April 1994, 20. April 1994, 7. Juni 1994, 9. Juli 1994, 3. September 1994, 2. Oktober 1994, 8. November 1994, 22. November 1994, 27. November 1994, 13. Februar 1995, 2. März 1995, 16. März 1995, 24. April 1995, 28. April 1995 und 22. Mai 1995, NH.

369 Lake dachte an Lord Nelson: Anthony Lake Oral History, Presidential Oral Histories, Miller Center, University of Virginia, http://millercenter.org.

370 «ich glaube, dass er damit vorerst»: Peter Galbraith, Tagebucheintrag vom 19. Mai 1995, Vorlass Peter Galbraith, National Defense University, Washington. Die Nutzung dieser Sammlung erfolgte mit Erlaubnis von Peter Galbraith.

371 «Die serbischen Unschuldslämmer»: Robert Frasure aus der US-Botschaft in Belgrad, Depesche vom 22. Mai 1995, NH.

371 Im Haus des Botschafters: RH, *To End a War*, S. 64; Tim Weiner, «Clinton's Balkan Envoy Finds Himself Shut Out», *New York Times*, 12. August 1995.

372 «Amerika – eine europäische Macht»: RH, «America, A European Power», *Foreign Affairs*, März / April 1995.

373 Einmal musste er eine Dreiviertelstunde: Christopher Hill, *Outpost: Life on the Frontlines of American Diplomacy*. New York 2014, S. 76.

373 Nach Thanksgiving schickte er: Anthony Lake an Bill Clinton, «Bosnia Policy After the Fall of Bihac», Memorandum vom 27. November 1994, https://www.cia.gov.

374 In vielen Büchern: Lake, *6 Nightmares*; Ivo H. Daalder, *Getting to Dayton: The Making of America's Bosnia Policy*. Washington 2000; Rothkopf, *Running the World*; Carl Bildt, *Peace Journey: The Struggle for Peace in Bosnia*. London 1998; Derek Chollet, *The Road to the Dayton Accords: A Study of American Statecraft*. New York 2005; Bob Woodward, *The Choice: How Bill Clinton Won*. New York 1996; Halberstam, *War in a Time of Peace*; Nancy Soderberg, *The Superpower Myth: The Use and Misuse of American Might*. Hoboken 2005.

374 An einem Tag im Juni: Jason DeParle, «The Man Inside Bill Clinton's Foreign Policy», *New York Times Magazine*, 20. August 1995.

374 «Mr. President, sagen Sie mir»: Woodward, *The Choice*, S. 258.

375 Das wollte er vermutlich auch: George Stephanopoulos, *All To Human: A Political Education*. New York 1999, S. 382.

375 «Ich geh komplett unter»: Halberstam, *War in the Time of Peace*, S. 317.

376 Er schob sein Kinn vor: «Ratko Mladic – Srebrenica Fontana Hotel 1 – July 11, 1995», YouTube, https://www.youtube.com.

378 Boutros Boutros-Ghali, sein Chef: Samantha Power, *‹A Problem from Hell›: America in the Age of Genocide*. New York 2002, S. 403.

378 Wenn mehr Politiker und Beamte: Power, *‹A Problem from Hell›*, S. 410.

378 «Unsere Position ist unhaltbar»: Woodward, *The Choice*, S. 262.

378 Doch er blieb seltsam unberührt: RH, Audiotagebuch Bosnien, 20. Juni 1995, 27. Juni 1995, NH.

380 Jede Behörde hatte eine mögliche: Daalder, *Getting to Dayton*, S. 102.

381 «Wir müssen uns den Arsch aufreißen»: Woodward, *The Choice*, S. 265–266; Stephanopoulos, *All Too Human*, S. 383–384.

381 An Stelle von Holbrooke: Chollet, *The Road to the Dayton Accords*, S. 42.

381 Albright schlug vor: Daalder, *Getting to Dayton*, S. 115.

382 Holbrooke führte schon Gespräche: RH, Aussage vor der Aufsichtsbehörde des Außenministeriums, Mitschrift, 14. Juli 1998, NH.

383 Lakes Gespräche waren so erfolgreich: Weiner, «Clinton's Balkan Envoy Finds Himself Shut Out».

383 Als Christopher, der sein Gemüt: Strobe Talbott, Tagebucheintrag vom 12. August 1995.

383 Sandy Berger rief Lake: Daalder, *Getting to Dayton*, S. 116.

383 Lake legte ihm seine: Chollet, *The Road to the Dayton Accords*, S. 43.

384 Die Idee war ein Knochen: Daalder, *Getting to Dayton*, S. 116; Peter Tarnoff im Interview mit Derek Chollet, Dayton Oral History Project, 23. Oktober 1996, https://www.foia.state.gov.

384 «So etwas können wir nach Srebrenica»: RH, *To End a War*, S. 75.

384 «Wir sollten angesichts der Lage»: Chollet, *The Road to the Dayton Accords*, S. 45; RH, «The Road to Sarajevo», *The New Yorker*, 21. Oktober und 28. Oktober 1996.

384 «Nein, nein, mindestens fünfzig»: RH, Audiotagebuch Bosnien, 23. August 1995, NH.

385 «Ich werde dir Rückendeckung geben»: Roger Cohen, *Hearts Grown Brutal: Sagas of Sarajevo*. New York 1998, S. 448–449; RH, *To End a War*, S. 74–75.

388 «In den vergangenen drei Jahren»: Chollet, *The Road to the Dayton Accords*, S. 21.

388 Eines Tages kehrte Frasure: Hill, *Outpost*, S. 78. Im Buch ersetzt Hill ‹Clinton Brigade›
durch ‹Interagency Brigade›.

388 Alle drei im mittleren Alter: Bildt, *Peace Journey*, S. 90; RH, *To End a War*, S. 8.

389 Als er im November 1994: Peter Galbraith, Tagebucheintrag vom 15. November 1994,
Vorlass Peter Galbraith.

390 Sie aßen kroatische Meeresfrüchte: Peter Galbraith, Tagebucheintrag vom 15. November 1994, Vorlass Peter Galbraith.

390 Er stieg also aus dem Flugzeug: Raymond Bonner, «Minister Says New U. S. Plan Lets
Bosnia Keep Enclave», *New York Times*, 16. August 1995.

391 balkanische Primitivlinge: Peter Galbraith im Interview mit Charles Stuart Kennedy,
1999, ADST, Arlington, https://www.adst.org.

393 Frasure schrieb eine Notiz: RH, *To End a War*, S. 73.

394 An den Straßen verkauften: Peter Galbraith, Tagebucheintrag vom 2. August 1995, Vorlass Peter Galbraith.

394 Als sie sich setzten: «Serbia – Holbrooke Meets Milosevic in Belgrade», 17. August
1995, Archiv der Associated Press, https://wwwaparchive.com.

395 Ein serbischer Psychologe: Doder und Branson, *Milosevic*, S. 138.

396 Milošević trank wie: Rudy Perina im Interview mit Christopher Hoh und Steve Engel,
Dayton Oral History Project, 19. Juli 1996, https://www.foia.state.gov.

396 auch wenn er tatsächlich: Doder und Branson, *Milosevic*, S. 64.

396 Er kam zu dem Schluss: Bildt, *Peace Journey*, S. 86.

396 «Ehrlich gesagt, nein»: Rudy Perina im Interview mit Christopher Hoh und Steve
Engel, Dayton Oral History Project, 19. Juli 1996, https://www.foia.state.gov.

399 Am Morgen des 19. August: Der erste Bericht beruht auf den Darstellungen von RH
und Wesley Clark: RH, *To End a War*, S. 10–13; Wesley K. Clark mit Tom Carhart, *A
Time to Lead: For Duty, Honor and Country*, New York 2007, S. 180–182. Der zweite
Bericht stützt sich auf Interviews, die der Autor mit amerikanischen und bosnischen
Augenzeugen und Überlebenden des Unfalls gemacht hat; auf eine ganztägige
Besichtigung des Unfallorts; und auf zahlreiche Dokumente, die dem Autor zur Verfügung gestellt wurden, darunter Tagebucheinträge von Botschafter John Menzies;
das Notizbuch von Oberstleutnant Randall Banky, das Aufzeichnungen enthält, die
unmittelbar im zeitlichen Umfeld des Unfalls entstanden; eine Darstellung der Ereignisse, die Banky im August 1995 als Empfehlungsschreiben für die Nominierung des
inzwischen verstorbenen Feldwebels David Respass zur Verleihung einer Soldier's
Medal verfasste; ein im NH befindlicher Brief von Banky an RH vom 13. April 1999,
den Banky Holbrooke überreichte, als sie in Minneapolis aufeinandertrafen. Die
wichtigste Quelle dieses Berichts jedoch ist der achtundachtzig Seiten lange, am 1. September 1995 fertiggestellte Abschlussbericht einer Untersuchung der Militärpolizei
der UNO-Schutztruppe, der zahlreiche Karten, Unfallskizzen, Fotos und ärztliche
Bescheinigungen enthält sowie die Aussagen von Banky, Respass, neun französischen
und zwei bosnischen Soldaten. Dieser Abschlussbericht wurde unterdrückt, weder die
amerikanische Regierung noch eine andere Institution hat ihn je veröffentlicht. Der
Autor erhielt eine Kopie von einem ehemaligen Mitarbeiter des Außenminsteriums.
(Die Bemühungen des Autors, über den Freedom of Information Act (FOIA) von 1967
Materialien zum Unfall am Igman und zu anderen Aspekten von RHs Laufbahn zu
erhalten, liefen ins Leere, die mit der gesetzlichen Pflicht zur Herausgabe von amtli-

chen Informationen verbundenen Abläufe funktionieren nicht.) Diese Interviews und Dokumente widersprechen in Teilen den veröffentlichten Berichten und korrigieren die offiziellen Darstellungen bezüglich der Rolle, die weniger bekannte Beteiligte, nicht zuletzt Banky, bei der Rettung gespielt haben.

414 Kruzels Familie wurde anfangs: Strobe Talbott, Tagebucheintrag vom 19. August 1995.

414 Tony Lake musste Sandy Drew: Lake, *6 Nightmares*, S. 161.

418 «Mann, das tut mir echt leid»: Strobe Talbott, Tagebucheintrag vom 19. August 1995.

420 Holbrooke wollte nicht einsteigen: RH, Audiotagebuch Bosnien, 23. August 1995, NH.

421 «Er bewundert dich»: Hill, *Outpost*, S. 85.

421 Obwohl ihr Mann erst vor wenigen Tagen: RH, *To End a War*, S. 89.

421 «Wie kannst du das»: Hill, *Outpost*, S. 82.

421 Vorn war ein VIP-Abteil: James Pardew, Tagebucheintrag vom 29. August 1995. Zur Verfügung gestellt von James Pardew.

422 Von den drei Präsidenten: RH an die Generäle Joulwan und Smith, 9. Dezember 1995, NH.

422 Er hatte so viel Leid gesehen: RH, *To End a War*, S. 97.

422 «Herr Präsident, Sie haben völlig recht»: Izetbegović, *Inescapable Questions*, S. 271.

425 «Und Averell wäre so stolz»: RH, *To End a War*, S. 95.

425 Nachbarn drückten: Strobe Talbott, Tagebucheintrag vom 31. August 1995.

425 Holbrooke fand, es gebe: RH, *To End a War*, S. 104–105.

426 Als der weiß livrierte Kellner: Hill, *Outpost*, S. 87.

426 «Ich wünschte, Bob wäre hier»: Hill, *Outpost*, S. 89; RH, *To End a War*, S. 105–106.

427 Sie redeten und aßen: James W. Pardew, *Peacemakers: American Leadership and the End of Genocide in the Balkans*. Lexington 2017, S. 39.

427 Hin und wieder ging er hinaus: Hill, *Outpost*, S. 89–90.

427 Als Milošević nach zwei: James Pardew, Tagebucheintrag vom 30. August 1995; Pardew, *Peacemakers*, S. 42.

428 «Hey, Les»: Leslie H. Gelb im Interview mit David Holbrooke. Zur Verfügung gestellt von David Holbrooke.

429 Pardew fragte sich: Pardew, *Peacemakers*, S. 40.

429 Es gibt in der amerikanischen Regierung: James Pardew, Tagebucheintrag vom 2. September 1995.

431 Izetbegović entgegnete, dass auch Jugoslawien: Izetbegović, *Inescapable Questions*, S. 270–271; RH, *To End a War*, S. 130–131.

432 Danach, am frühen Morgen des 5. September: RH, *To End a War*, S. 132.

433 Ich höre sie, wie sie zu Milošević sagt: RH, *To End a War*, S. 151.

433 Wie er gegenüber der Presse erklärt: Hill, *Outpost*, S. 90.

433 Wie er Izetbegović sagt: RH, *To End a War*, S. 197.

433 Wie er Pardew sagt: Pardew, *Peacemakers*, S. 48.

433 «Es wird behauptet, dass Diplomatie»: Izetbegović, *Inescapable Questions*, S. 271.

435 Um sich selbst Mut zu machen: RH, Audiotagebuch Bosnien, 14. September 1995, NH.

436 Holbrooke hatte sich geschworen: RH, Audiotagebuch Bosnien, 14. September 1995, NH; RH, *To End a War*, S. 149.

437 Niemand hatte die Serben: Robert A. Pratt, *Selma's Bloody Sunday: Protest, Voting Rights, and the Struggle for Racial Equality*. Baltimore 2016, S. 110.

437 Die Serben unterschrieben: Hill, *Outpost*, S. 105–107; Pardew, *Peacemakers*, S. 56–61; RH, *To End a War*, S. 147–152; Pardew, Tagebucheintrag vom 13. September 1995.

438 Doch als Holbrooke vor die Tür trat: Hill, *Outpost*, S. 109; RH, *To End a War*, S. 163.

438 Milošević flehte Holbrooke an: RH im Interview mit Christopher Hoh und Steve Engel, Dayton Oral History Project, 18. Juni 1996, https://www.foia.state.gov.

443 Izetbegović hasste Verhandlungen: Izetbegović, *Inescapable Questions*, S. 289–290.

444 Er schlief schlecht in Dayton: Izetbegović, *Inescapable Questions*, S. 309.

445 Aber bei Packy's: RH, Dayton-Tagebuch, 1. November 1995, NH.

445 Er ging in einer Mall in der Nähe shoppen: Silber und Little, *The Death of Yugoslavia*, S. 372.

445 lief es nicht besser: RH, Dayton-Tagebuch, 1. November 1995, NH; RH, *To End a War*, S. 238.

446 «Du wirst zwischen ihnen sitzen»: RH, Dayton-Tagebuch, 1. November 1995, NH

446 «Wir haben Jugoslawien immer bewundert»: RH, *To End a War*, S. 245.

447 «Das Schwierigste ist es nun»: RH, Dayton-Tagebuch, 4. November 1995, NH.

447 «Sie würden all das»: RH, *To End a War*, S. 243.

448 «Es wird immer unwahrscheinlicher»: RH, Dayton-Tagebuch, 9. November 1995, NH.

448 «Samstag, Sonntag und Montag»: RH, Dayton-Tagebuch, 10. November 1995, NH.

449 Am Samstag, den 11. November: RH, Dayton-Tagebuch, 11. November 1995, NH; RH, *To End a War*, S. 267–268.

450 Es war eine seiner Finten: RH, *To End a War*, S. 279–280.

450 Selbst Izetbegović: Izetbegović, *Inescapable Questions*, S. 299.

451 Milošević selbst präsentierte die Landkarte: RH, Dayton-Tagebuch, 12. November 1995, NH.

451 Die bosnische Karte: Bildt, *Peace Journey*, S. 139–140.

451 Die Bosnier bedauerten zutiefst: RH im Interview mit Christopher Hoh und Steve Engel, Dayton Oral History Project, 18. Juni 1996, https://www.foia.state.gov.

451 Die Angehörigen von Frasure, Kruzel: RH, *To End a War*, S. 269; RH, Dayton-Tagebuch, 12. November 1995, NH.

451 Bei einem Abendessen: RH, Dayton-Tagebuch, 12. November 1995, NH.

452 Sie spielte mit dem Gedanken: «Classified Information Nondisclosure Agreement», 3. Dezember 1995, NH.

452 Am Mittwochabend: RH, *To End a War*, S. 279.

453 Holbrooke ging quer durch den Saal: RH, *To End a War*, S. 280–281.

454 Er erzählte Holbrooke: Warren Christopher, *Chances of a Lifetime*. New York 2001, S. 267.

455 Als Lake mit Holbrooke über den Parkplatz lief: RH, *To End a War*, S. 282.

455 «Die persönliche Dynamik des Endspiels»: RH, *To End a War*, S. 289.

456 Bildt war der Ansicht: Bildt, *Peace Journey*, S. 146.

456 «Sarajevo muss in Dayton»: RH, *To End a War*, S. 291.

457 «Sie haben Sarajevo verdient»: Silber und Little, *The Death of Yugoslavia*, S. 374.

457 «Sie haben mich reingelegt!»: RH, *To End a War*, S. 295.

458 «Das hier wird meine Ehe ruinieren»: Silber und Little, *The Death of Yugoslavia*, S. 373.

458 Gegen 3 Uhr 30: RH, *To End a War*, S. 299–300.

459 Izetbegović starrte: Izetbegović, *Inescapable Questions*, S. 325.

459 Früher am Abend hatte Izetbegović: Silber und Little, *The Death of Yugoslavia*, S. 375.

460 Am Abend ging Christopher: Bildt, *Peace Journey*, S. 157; Christoper, *Chances of a Lifetime*, S. 265.

460 In dem Bewusstsein: Izetbegović, *Inescapable Questions*, S. 326.

461 Die Balkanpolitiker seien alle verrückt: Bildt, *Peace Journey*, S. 155.

461 vermutete er: Bildt, *Peace Journey*, S. 128.

461 «Geben Sie mir etwas»: Bildt, *Peace Journey*, S. 155.

461 «Das können Sie nicht zulassen»: RH, *To End a War*, S. 306.

462 Holbrooke in seiner Verzweiflung: Peter Galbraith, Tagebucheintrag, November 1995, Vorlass Peter Galbraith.

462 «Das wäre kein belastbares Abkommen»: RH, *To End a War*, S. 308–309.

462 Izetbegović war kurzzeitig: Izetbegović, *Inescapable Questions*, S. 326.

462 Auf Silajdžić wirkte er: «The Death of Yugoslavia, Part 6: Pax Americana», BBC, https://www.youtube.com.

Wir sind unseren Träumen nahe

463 «Ausdauer»: RH zitiert in Martyn Lewis, *Reflections on Success*. London 1997, S. 1.

465 Holbrooke sah genauso gut: RH zitiert in Lewis, *Reflections on Success*, S. 10.

465 «Wir sind unseren Träumen sehr nah»: RH an Kati Marton, 13. Dezember 1995. Zur Verfügung gestellt von Kati Marton.

466 («Ich habe keinerlei Verpflichtungen»): Aussage vor der Aufsichtsbehörde des Außenministeriums, 14. Juli 1998, NH.

469 Zwei Tage nach der Wahl: Strobe Talbott, Tagebucheintrag vom 7. November 1996.

470 Dann schlug Talbott Lake: Strobe Talbott, Tagebucheintrag vom 11. November 1996.

471 Zwei Tage später: Strobe Talbott, Tagebucheintrag vom 14. November 1996.

472 Du und die anderen haben sich gefragt: RH an Strobe Talbott, 16. November 1996, NH.

473 Das erste Vorstellungsgespräch führte Gore: RH an Strobe Talbott, 16. November 1996, NH.

473 Er sah eine zweite Amtszeit vor sich: RH an Strobe Talbott, 16. November 1996, NH.

474 Gore war dabei: Strobe Talbott, Tagebucheintrag vom 16. November 1996.

475 «MKA – sehr wortgewandt»: RH, Menükarte eines Mittagessens auf Einladung des Außenministers, Conrad Suite, New York, 11. September 2000, NH.

475 «Nur wenn du Madeleine nimmst»: Madeleine Albright, *Madame Secretary: A Memoir*. New York 2003, S. 220.

477 «Dies ist nicht der Zeitpunkt «: RH, «Humanitarian Disasters: Forging a New Policy of Prevention», Entwurf zu einer Rede, 13. Januar 1997, NH.

481 «Ich schreibe Ihnen, um Ihnen mitzuteilen»: Ibrahim Rugova an Madeleine Albright, 16. März 1998, NH.

481 «Holbrooke ist außer Kontrolle»: Strobe Talbott, Tagebucheintrag, März 1998.

482 «Wissen Sie eigentlich»: Hill, *Outpost*, S. 127.

482 «Das Kosovo ist für das serbische Volk»: RH, Memorandum an Madeleine Albright und Sandy Berger, 10. Juli 1998, NH.

483 «Ich mag *Dieck*»: Hill, *Outpost*, S. 133.

483 «Ich brauche Sie wirklich dringend»: Strobe Talbott, Tagebucheintrag vom 11. Juni 1998; RH im Interview mit Derek Chollet, 26. März 2000, NH.

484 «Ich habe das ja nicht»: Strobe Talbott, Tagebucheintrag vom 11. Juni 1998.

484 Später sagte sie: Strobe Talbott, Tagebucheintrag vom 18. Juni 1998.

486 Mitteilungen: Zur Verfügung gestellt von Anthony Holbrooke.

486 «Ich muss Sie auf zwei Dinge»: Anonymus an die Aufsichtsbehörde des Außenministeriums, 18. Juni 1998, NH.

488 Holbrooke und Kati erhielten: «Friends of Angelo: Countrywide's Systematic and Successful Effort to Buy Influence and Block Reform», Repräsentantenhaus der Vereinigten Staaten, 111th Congress Committee on Oversight and Government Reform, Untersuchungsbericht vom 19. März 2009, Washington, https://www.oversight.house.gov.

488 «Hielten Sie es für ein Geschenk»: RH, Aussage vor der Aufsichtsbehörde des Außenministeriums, Mitschrift, 14. Juli 1998, NH.

489 «Ich habe die vergangenen drei Monate»: «Anthony Lake's Letter of Withdrawal», *PBS News Hour*, 18. März 1997, https://www.pbs.org.

490 Die Morde der serbischen Truppen überschritten: Ivo H. Daalder und Michael E. O'Hanlon, *Winning Ugly: NATO's War to Save Kosovo*. Washington 2000, S. 43.

490 Anfang Oktober: Strobe Talbott, Tagebucheintrag vom 3. Oktober 1998.

490 Seine juristischen Schwierigkeiten: Strobe Talbott, Tagebucheintrag vom 7. Oktober 1998.

490 Als Bedingung dafür: Strobe Talbott, Tagebucheintrag vom 28. Februar 1999.

491 Holbrooke hielt die Eile: RH an Strobe Talbott, nicht abgeschickter Brief, 16. Mai 1999, NH.

491 Er war nicht einmal sicher: RH an Madeleine Albright und Sandy Berger, Memorandum vom 12. Mai 1999, NH.

491 «Sie werden uns bombardieren»: Rothkopf, *Running the World*, S. 378; Hill, *Outpost*, S. 156.

491 Er wäre am liebsten: Strobe Talbott, Tagebucheintrag vom 22. März 1999.

492 «Warum, frage ich mich»: RH, Aufzeichnung vom 12. Mai 1999, NH.

494 Die Anwaltskosten betrugen: Richard Beattie an RH, 26. März 1999, NH.

495 «Mein Vater hat mit mir»: RH vor dem Senatsausschuss für Auswärtiges, U. S. Senate, 17. Juni 1999, Washington, NH.

Entweder du siegst, oder du stürzt

496 Er verglich sich selbst: James Traub, «Holbrooke's Campaign», *New York Time Magazine*, 26. März 2000.

497 «Natürlich hoffe ich, dass Gore»: Strobe Talbott, Tagebucheintrag vom 28. Februar 2000.

498 In jenem Herbst flog er wöchentlich: RH im Interview mit Derek Chollet, 26. März 2000, NH; James Traub, «Holbrooke in Turtle Bay», *The Unquiet American*, hrsg. von Derek Chollet und Samantha Power. New York 2011, S. 242–243.

499 Holbrooke traf über einhundert Abgeordnete: RH im Interview mit Derek Chollet, 26. März 2000, NH.

500 Holbrooke empfand dieses Gefeilsche: RH im Interview mit Derek Chollet, 20. Juni 2000, NH.

501 Er vertiefte sich in die Haushaltsberechnungen: Traub, «Holbrooke in Turtle Bay», S. 247.

502 Anfang Dezember 1999: «Summary of Ambassador Holbrooke's December 1-12 Trip to Africa», vertrauliche Depesche der Außenministerin, 21. Dezember 1999, NH.

505 Anfang Mai 2000: Justin Pearce, «Diplomats Fail to Bridge the Gap», BBC News, 12. Mai 2000, https://www.news.bbc.co.uk; Jane Perlez, «U.S. Did Little to Deter Buildup as Ethiopia and Eritrea Prepared for War», *New York Times*, 22. Mai 2000.

508 und hielt vor Oligarchen in Kiew eine Rede: Viktor Pinchuk (Interpipe Group) an Sonya Giacobbe (Greater Talent Network), 8. Juni 2004, NH.

509 «Holbrooke will mit dem auffallen»: Roger Cohen, *Hearts Grown Brutal*, S. 449.

511 Er sagte, dass Osama bin Laden: «CNN 9-11-2001 Live Coverage 8:46.32 A. M E. T. – 5.00 P. M E. T.», YouTube 4:17:26, https://www.youtube.com.

511 Je mehr Fernsehauftritte er absolvierte: RH, «Notes of the First Two Weeks After September 11, 2001», 24. September 2001, NH.

511 Im Oktober nutzte er: RH, «After September 11: Creating A Third Transatlantic Alliance», Redeentwurf, 9. Oktober 2001, NH.

512 Nach dem Sturz der Taliban: RH, «Long-Term Dangers in Afghanistan», Gastbeitrag, *Wall Street Journal*, 29. März 2002.

512 «Jetzt, da sich Washington»: RH, «Rebuilding Nations in Crisis», *Washington Post*, 1. April 2002.

513 Holbrooke sprach sich trotzdem: RH, Aussage vor dem Senatsausschuss für Auswärtiges, U.S. Senate, 25. September 2002, Washington, NH.

514 Und er mochte sie einfach lieber: RH im Interview mit dem Autor, Dezember 2007.

515 «Ich bin kein Fan von Dynastien»: Michael Hirsh, «Battle for the Best and Brightest», *Newsweek*, 5. September 2007.

516 Sagen Sie ihm, dass wir ihm VIELLEICHT: Barnett Rubin, unveröffentlichtes Buchmanuskript, Kap. 1. Von Barnett Rubin zur Verfügung gestellt.

517 Als Power in jenem Sommer: RH, Tagebuch Afghanistan, 6. August 2008, NH.

517 Im Juli hatte er eine weitere: RH, Tagebuch Afghanistan, 23. Juli 2008, NH.

517 «Das ist wie eine Kreuzfahrt»: RH, Tagebuch Afghanistan, 27. August 2008, NH.

518 Er und Kati besaßen neun Immobilien: «Questionnaire for National Security Positions», U.S. Office of Personell Management, 6. Januar 2009, NH.

Alles ist anders – und doch genau gleich

524 Eine weiße Taube: Joshua Partlow, *A Kingdom of Their Own: The Family Karzai and the Afghan Disaster*. New York 2016, S. 20.

524 Bei der Abreise: RH, undatierte Notiz, NH.

525 Die Geschichte ist immer wieder erzählt worden: Zu den besten englischsprachigen Büchern zu Afghanistan gehören: Steve Coll, *Ghost Wars: The Secret History of the CIA, Afghanistan, and Bin Laden from the Soviet Invasion to September 10, 2001*. New York 2004; Steve Coll, *Directorate S: The CIA and America's Secret Wars in Afghanistan*

and Pakistan. New York 2018; Anand Gopal, *No Good Men Among the Living*. New York 2014; Dexter Filkins, *The Forever War*. New York 2008; Ahmed Rashid, *Taliban: Militant Islam, Oil and Fundamentalism in Central Asia*. New Haven 2000; Ahmed Rashid, *Descent into Chaos: The United States and the Failure of Nation Building in Pakistan, Afghanistan, and Central Asia*. New York 2008; Sarah Chayes, *The Punishment of Virtue: Inside Afghanistan After the Taliban*. New York 2006; Hassan Abbas, *The Taliban Revival: Violence and Extremism on the Afghanistan-Pakistan Frontier*. New Haven 2014; Barnett Rubin, *Afghanistan from the Cold War Through the War on Terror*. Oxford 2013; Abdul Salam Zaeef, *My Life with the Taliban*. London 2011; J. Kael Weston, *The Mirror Test: America at War in Iraq and Afghanistan*. New York 2016; und Rajiv Chandrasekaran, *Little America: The War Within the War for Afghanistan*. New York 2012.

531 Kael Weston, ein Beamter: Weston, *The Mirror Test*, S. 270–278; RH, «The Longest War», *Washington Post*, 31. März 2008.

533 Am Nachmittag vom 17. November gewährte ihm: RH, Tagebuch Afghanistan, 17. November 2008; RH im Interview mit dem Autor, 27. Juli 2009.

534 Obama war die Art von Person: Diese Erfahrung machte der Autor bei einem Interview mit Senator Obama im Jahr 2006.

536 («meine patriotischen Gene»): RH, Tagebuch Afghanistan, 28. November 2008, NH.

536 Am 20. November: RH, Tagebuch Afghanistan, 28. November 2008, NH.

537 Einige Tage nach ihrem Treffen: RH an Barack Obama, «The Paradoxes of Pakistan and Afghanistan», 21. November 2008, NH.

539 Er legte dar: RH im Interview mit dem Autor, 15. Juni 2009.

540 «Ich bin in dieser Sache»: RH, Tagebuch Afghanistan, 18. Dezember 2008, NH.

541 «8. Beschreiben Sie kurz»: «Questionnaire for National Security Positions», U. S. Office of Personnel Management, 6. Januar 2009, NH.

541 «Er steht kurz davor»: Isadore Rosenfeld, Patientenakte RH, 10. Dezember 2008. Zur Verfügung gestellt von Dr. Holly Andersen.

541 Aber Rosenfeld empfing: «Questionnaire for National Security Positions», U. S. Office of Personell Management, 6. Januar 2009, NH.

542 «Gute Rede, aber»: RH, Tagebuch Afghanistan, 20. Januar 2009, NH.

543 Als Holbrooke an der Reihe war: «President Obama Delivers Remarks to State Department Employees», CQ Transcriptions, *Washington Post*, 22. Januar 2009.

546 «Wieder was gelernt»: RH, Tagebuch Afghanistan, 31. März 2009, NH.

547 Am folgenden Tag schickte Haqqani: Depeschen von Hussein Haqqani an den Außenminister von Pakistan, 30. Januar 2009.

549 Im Regal lag ein Feuerzeug: Marvin Kalb und Deborah Kalb, *Haunting Legacy: Vietnam and the American Presidency from Ford to Obama*. Washington 2011, S. 265.

550 «Ihr Problem ist»: Barnett Rubin, unveröffentlichtes Buchmanuskript, Kap. 1. 1.

550 Zu Nasr sagte er: Vali Nasr, «The Inside Story of How the White House Let Diplomacy Fail in Afghanistan, *Foreign Policy*, 4. März 2013, https://www.foreignpolicy.com.

551 Holbrooke erklärte Rubin: Barnett Rubin, unveröffentlichtes Buchmanuskript, Kap. 2; Barnett Rubin an Kati Marton, 18. Januar 2011. Von Barnett Rubin zur Verfügung gestellt.

552 Holbrooke hatte diese schockierende Zahl: Notizbücher von Burt Field, Eintrag vom 27. Januar 2009. Zur Verfügung gestellt von Burt Field.

553 «Am besten haben es»: RH, Tagebuch Afghanistan, 11. Februar 2009, NH.

556 Als sich Obama und sein außenpolitisches Team: RH, Tagebuch Afghanistan, 22. Januar 2009, NH.

556 Donilon, Jones' Stellvertreter: RH, Tagebuch Afghanistan, 26. Januar 2009, NH.

557 Smalltalk hielt er für Zeitverschwendung: RH, Tagebuch Afghanistan, 23. Februar 2009, NH.

558 «Dies ist ein Krieg»: «Obamas Remarks on Iraq and Afghanistan», *New York Times*, 15. Juli 2008.

560 «Seine Aufgabe ist es»: Chandasekaran, *Little America*, S. 247.

560 «Ich bin überzeugt, dass in den nächsten Monaten»: RH, Tagebuch Afghanistan, 22. Januar 2009, NH.

560 «Erlauben Sie mir, mich im Namen»: RH, Tagebuch Afghanistan, 13. Februar 2009, NH.

562 «Ich mag es nicht, wenn»: RH, Tagebuch Afghanistan, 11. Mai 2009, NH.

562 Manchmal stoße Obama ihm: RH, Tagebuch Afghanistan, 5. November 2009, NH.

567 Es ist mehr als ironisch: RH, Tagebuch Afghanistan, 29. Juli 2009, 7. bis 8. September 2009, NH.

570 Er rechnete sich aus: Sherard Cowper-Coles, «CONFIDENTIAL: CONVERSATION WITH KARZAI 14 MARCH», Memorandum vom 14. März 2009, NH.

570 Holbrooke ermutigte so viele: Kai Eide, *Power Struggle Over Afghanistan*. New York 2012, S. 128.

570 In seinem Tagebuch bezeichnete: RH, Tagebuch Afghanistan, 12. März 2009, NH.

571 Im Umgang mit ihm: Sherard Cowper-Coles, *Cables from Kabul: The Inside Story of the West's Afghanistan Campaign*. London 2011, S. 157, S. 221.

572 Das Erste, was Holbrooke: Eide, *Power Struggle Over Afghanistan*, S. 125–127; Scott Smith, Tagebucheintrag vom 13. Februar 2009. Zur Verfügung gestellt von Scott Smith.

573 «Ich bin ein Freund»: RH, undatierte Notiz zu einem Gespräch mit Karzai, ohne Titel, NH.

573 Holbrooke deutete versuchsweise an: Cowper-Coles, *Cables from Kabul*, S. 210.

574 Wie er von Karzai verlangt hatte: RH, Tagebuch Afghanistan, 9. April 2009, NH.

576 Er flog nach Helmand: Der Autor war bei den Gesprächen anwesend.

577 Ende Juli waren Holbrooke und Eikenberry: Der Autor nahm an dem Mittagessen teil.

580 und auch Cowper-Coles und Eikenberry: Cowper-Coles, *Cables from Kabul*, S. 234.

581 Das Mittagessen wurde wieder: RH, Tagebuch Afghanistan, 7. bis 8. September 2009, NH.

585 Im September erschien: George Packer, «The Last Mission», *The New Yorker*, 28. September 2009.

585 Aber jetzt zitierte er ihn: James Mann, *The Obamians: The Struggle Inside the White House to Redefine American Power*. New York 2012, S. 234.

588 «Kein Körperfett, fällt mir da ein»: Elisabeth Bumiller und Mark Mazzetti, «A General Steps from the Shadows», *New York Times*, 13. Mai 2009.

589 In seinem Tagebuch beschrieb: RH, Tagebuch Afghanistan, 12. März 2009, NH.

591 In diesen Notizen finden sich: RH, Notizen aus den Sitzungen des Nationalen Sicherheitsrats, 7. Oktober 2009, 9. Oktober 2009, NH.

592 Jetzt, im siebenundvierzigsten Jahr: RH, Aufzeichnungen aus Kabul, 20. Juni 2010, NH.

593 «Das ist unerhört»: RH, Tagebuch Afghanistan, 18. Oktober 2009, NH.

593 Er fand sie frustrierend kompliziert: RH, Tagebuch Afghanistan, 29. Januar 2010, NH.

593 Wie du, so glaube auch ich: RH an Hillary Clinton, «Suggested Policy for Afghanistan», Memorandum vom 12. Oktober 2009, NH.

596 «Du bist vielleicht lustig»: RH, «The Proposal», vorbereitende Notizen zu einem Gespräch mit Hillary Clinton, 26. Oktober 2009, NH.

596 «Sie hat Gates rechts überholt»: RH, Tagebuch Afghanistan, 27. Oktober 2009 und 16. November 2009, NH.

597 «Wir haben fast ein Jahr gewartet»: RH, Notizen aus der Sitzung des Nationalen Sicherheitsrats am 23. November 2009.

597 Nach der Sitzung, gegen 11 Uhr: RH, Tagebuch Afghanistan, 23. November 2009, NH.

599 Es tut mir leid, dass Sie: James Jones an Karl Eikenberry, 23. Februar 2010, NH.

599 Holbrooke sah den Brief am 16. März: Frank Ricciardone an RH, 16. März 2010, NH.

603 Jones sei ein «Idiot»: RH, Tagebuch Afghanistan, 18. März 2010, NH.

604 Persönlich habe er gar nichts: RH, Tagebuch Afghanistan, 26. März 2010; RH, Notiz vom 26 März 2010, NH.

604 «Mein Bauchgefühl sagt mir»: RH, Tagebuch Afghanistan, 12. bis 13. April 2010, NH.

607 «Hiermit bitte ich, deinen Vater»: RH, Notiz für Amir Nasr, 3. November 2010. Zur Verfügung gestellt von Vali Nasr.

609 Mögliches Vorgehen: RH, «David Miliband Dinner – UK EMB / KABUL», Notizen, 16. Januar 2010, NH.

610 Im Präsidentenpalast: Der Autor war bei dem Gespräch anwesend.

616 «Vergiss nicht», sagte er: Barnett Rubin, Tabelle der Termine mit RH, 12. August 2009. Zur Verfügung gestellt von Barnett Rubin.

617 «RCH sollte so bald wie möglich»: Barnett Rubin, «Visit to Riyadh, Saudia Arabia, 13–15 April 2009», undatiertes Memorandum, NH.

618 Im August zitierte Mansour: Coll, Directorate S, S. 416–418.

618 Er war durch Heirat: Coll, Directorate S, S. 446.

619 Seinen Kollegen sagte er: Coll, Directorate S, S. 423.

620 «Als die beiden Männer Ende 1972»: Coll, Directorate S, S. 432.

620 Wenn Obama warten würde: RH im Interview mit Steve Coll, 27. Februar 2010. Zur Verfügung gestellt von Steve Coll.

622 «Der Chef sagt»: Michael Hastings, «The Runaway General», Rolling Stone, 22. Juni 2010, https://rollingstone.com.

623 «Sir, ich möchte mich bei Ihnen entschuldigen»: RH, Notiz vom 20. Juni 2010, NH.

623 Ich liege hier: RH an Stanley McChrystal, 22. Juni 2010, NH.

623 «Es tut mir so leid»: RH an David Petraeus, 23. Juni 2010, NH.

625 «eine Viertelmillion Dollar in bar»: Audiotagebuch Afghanistan, Datum unbekannt, NH.

625 «In einem Guerillakrieg gewinnen die Aufständischen»: RH an Hillary Clinton, «At the Crossroads», Memorandum vom 10. September 2010, NH.

626 Kayani hatte ein fünfzehn Seiten: Coll, Directorate S, S. 502.

629 «Urlaub mit K.»: RH, Tagebuch Afghanistan, 30. Juni 2009, NH.

630 Heute war ein schwerer Tag: Das Folgende beruht auf Auszügen aus RHs Audiotagebuch aus Afghanistan, Einträge vom 2. August 2010, 4. August 2010, 5. bis 6. August 2010, 7. August 2010, 9. August 2010, 11. August 2010, 20. August 2010, 23. August 2010,

24. August 2010, 27. August 2010, 14. September 2010, 17. September 2010, 18. September 2010, 22. September 2010, 28. September 2010, 8. Oktober 2010, 2. November 2010, 4. November 2010, 17. November 2010, 3. Dezember 2010 und 7. Dezember 2010, NH.

636 Petraeus hat sich verändert: RH, Notiz vom 28. Oktober 2010, NH.

646 Haqqani schickte ein Telegramm: Depeschen von Hussein Haqqani an den Außenminister von Pakistan, 24. November 2010, 8. Dezember 2010.

646 «Ich fragte mich, ob sie es selbst wissen»: Husain Haqqani, *Magnificent Delusions: Pakistan, the United States, and an Epic History of Misunderstanding.* New York 2013, S. 344.

650 Holbrooke war erschöpft und niedergeschlagen: Michael Abramowitz, «Holbrooke Dinner, Dec 9, 2010» Memorandum. Zur Verfügung gestellt von Michael Abramowitz.

Epilog

663 Eine rosa geblümte Grußkarte: Shuja Pash, Karte der Firma Hallmark, undatiert, NH.

663 Die Trauerfeier: «Ambassador Richard Holbrooke Memorial Service», C-SPAN, 14. Januar 2011, https://www.c-span.org.

664 als würde er in einem einzigen Gewässer treiben: Das Bild geht auf einen Vorschlag von Cameron Munter, dem ehemaligen US-Botschafter in Afghanistan, zurück.

Danksagung

Mein erster Dank geht an Kati Marton, die mir einen Monat nach dem Tod ihres Mannes seinen schriftlichen Nachlass anvertraute, die mir das Exklusivrecht einräumte, daraus zu zitieren, andere aufforderte, meine Arbeit zu unterstützen, und keinerlei Bedingungen stellte außer der einen, dass ich das bestmögliche Buch schreiben würde. Ohne ihr Vertrauen und ihre Großzügigkeit wäre es so nie entstanden.

Ich danke Christian Kerr, der mich bei meinen Recherchen unterstützt hat und bei der Sichtung, Katalogisierung und Bearbeitung der zahllosen Quellen zu Richard Holbrookes Leben ein unverzichtbarer Partner war.

Mein Dank gilt auch jenen, die mir ihre Tagebücher, Briefe, Notizen, Fotos, Videos und weiteres Material zur Verfügung gestellt haben: Michael Abramowitz, Holly Andersen, Randall Banky, Richard Beattie, Ashley Bommer, Steve Coll, John Dempsey, Dan Feldman, Burt Field, Peter Galbraith, Andrew Holbrooke, Anthony Holbrooke, Litty Holbrooke, Vladimir Lehovich, Gail Malcolm, John Menzies, Vali Nasr, Don North, James Pardew, Kenneth Quinn, Saskia Reilly, Barnett Rubin, Scott Smith, Strobe Talbott, Frank Wisner und vor allem David Holbrooke.

Und auch Aida Cerkez und Saša Halulić in Bosnien bin ich zu Dank verpflichtet, sowie Jovana Gligorijević und Bratislav Grubačić in Serbien, Thu Ha Nguyen in Vietnam, Ruhullah Khapalwak, Rod Nordland und SEPAR International in Afghanistan und John McCance am Wright-Patterson-Luftwaffenstützpunkt in Dayton, die bei meinen Reisen unverzichtbare Hilfestellung geleistet haben.

Ich danke der American Academy in Berlin, dem Dorothy and Lewis B. Cullman Center for Scholars and Writers, der New America Foundation, der Whiting Foundation und ihren Mitarbeitern für die großzügigen Stipendien, die mir vier Jahre der Recherche und des Schreibens ermöglicht haben.

Ich danke David Remnick und Daniel Zalewski beim *New Yorker*, die es mir ermöglicht haben, mein Handwerk bei den Besten des Fachs zu erlernen, und Rozina Ali für den klugen Umgang mit den Fakten.

Ich danke den umsichtigen Freunden, die sich die Zeit genommen haben, das Manuskript ganz oder in Teilen zu lesen, und mit ihrem Rat zu seiner Verbesserung beigetragen haben: Daniel Bergner, Roger Cohen, Dexter Filkins, Jonathan Galassi, Eliza Griswold, Gordon Harvey, Larissa MacFarquhar, David Remnick, David Rohde, Vikram Singh, Amy Waldman und Daniel Zalewski.

Ich danke Sarah Chalfant von der Wylie Agency für ihre eifrige und unermüdliche Unterstützung.

Ich danke Sonny Mehta vom Verlag Alfred A. Knopf, der das Buch nahm, bevor ich noch wusste, wie ich es ihm beschreiben sollte; Andrew Miller, der mit seiner Lektorenintelligenz und Freundschaft selbst dann noch an das Projekt glaubte, als beim Autor Zweifel aufkamen; und Zakiya Harris, Erinn Hartmann, Maria Massey und Tyler Comrie, die das Buch in die Welt begleitet haben.

Ich danke meiner Mutter Nancy Packer, die die ersten mühsamen und wichtigsten Schritte unternahm, mir die Kunst des Schreibens nahezubringen.

Ich danke Charlie und Julia, meinem Licht in dunklen Zeiten; und Laura, meiner besten Leserin und Freundin, meinem Prüfstein und tiefsten Herzenswunsch: Mir fehlen die Worte für das, was ich dir schulde, ich habe nur die Liebe.

Bildnachweis

Seite 1 oben: Holbrooke Papers

Seite 1 unten: Courtesy of Vladimir Lehovich

Seite 2 oben: Holbrooke Papers

Seite 2 unten: Courtesy of Vladimir Lehovich

Seite 3 oben: Holbrooke Papers

Seite 3 unten: Holbrooke Papers

Seite 4 oben: Holbrooke Papers

Seite 4 unten: Holbrooke Papers

Seite 5 oben: Official White House Photo

Seite 5 unten: Courtesy of the Estate of Trudi Kearl

Seite 6 oben: Courtesy of Gail Malcolm

Seite 6 unten: Robert Kaiser, U. S. Department of State

Seite 7 oben: Holbrooke Papers

Seite 7 unten: Holbrooke Papers

Seite 8 oben: Jeanne Trudeau (Sawyer)

Seite 8 unten: picture-alliance/dpa/Gero_Breloer

Seite 9 oben: U. S. Department of State / Sergeant Brian
    W. Schlumbohm

Seite 9 unten: Courtesy of Kati Marton

Seite 10 oben: Courtesy of the Estate of Richard Holbrooke

Seite 10 unten: Tom Stoddart / Getty Images

Seite 11 oben: Official White House Photo

Seite 11 unten: Courtesy of Randall Banky

Seite 12 oben: Official White House Photo

Seite 12 unten: Srdjan Ilic / AFP / Getty Images

Seite 13 oben: Berthold Stadler / ddp

Seite 13 unten: Holbrooke Papers

Seite 14 oben: Pete Souza / Official White House Photo

Seite 14 unten: Courtesy of Morgan O'Brien

Seite 15 oben: Courtesy of Morgan O'Brien

Seite 15 unten: U. S. State Department

Seite 16: Courtesy of Morgan O'Brien